U0907000

中国机械工业年鉴系列

2021
中国机械工业集团有限公司年鉴

CHINA NATIONAL MACHINERY INDUSTRY CORPORATION LTD. YEARBOOK

中国机械工业集团有限公司 编

《中国机械工业集团有限公司年鉴 2021》分为重要文献、集团公司发展概况、子公司发展概况、规章制度选编、荣誉汇编、重大经营项目汇编、大事记、附录和国机集团形象展示九部分，集中反映 2020 年国机集团的总体发展情况，详细记录了国机集团及其主要子公司党的建设、战略布局、生产发展、产品产量、市场销售、科技成果及新产品、标准与质量、基本建设和技术改造，以及国机集团、各子公司及员工个人所获得的荣誉等情况。

《中国机械工业集团有限公司年鉴》主要读者对象为政府决策机构、机械工业相关企业决策者，从事市场分析、企业规划的中高层管理人员以及国内外投资机构、贸易公司、银行、证券、咨询服务部门和科研单位的机电项目管理人员等。

图书在版编目（CIP）数据

中国机械工业集团有限公司年鉴. 2021/ 中国机械工业集团有限公司编. -- 北京 : 机械工业出版社, 2022.4

（中国机械工业年鉴系列）

ISBN 978-7-111-70562-8

Ⅰ. ①中… Ⅱ. ①中… Ⅲ. ①机械工业－工业企业－中国－2021－年鉴 Ⅳ. ①F426.4-54

中国版本图书馆 CIP 数据核字（2022）第 062665 号

机械工业出版社（北京市百万庄大街 22 号 邮政编码 100037）

策划编辑：赵 敏

责任编辑：赵 敏

编 辑：万鲁信 董 蕾 魏素芳

责任校对：李 伟

责任印制：刘超琼

北京宝昌彩色印刷有限公司印制

2022 年 8 月第 1 版第 1 次印刷

210mm×285mm · 24.25 印张 · 24 插页 · 670 千字

标准书号：ISBN 978-7-111-70562-8

定价：580.00 元

服务咨询电话：(010)88361066

购书热线电话：(010)88379812、88379838

网络服务：年鉴网：http://www.cmiy.com 机工官网：http://www.cmpbook.com

编辑说明

一、《中国机械工业集团有限公司年鉴》(以下简称《国机集团年鉴》)于2010年首次出版，由中国机械工业集团有限公司(简称国机集团)主管、主办，《国机集团年鉴》编委会编纂，机械工业出版社编辑出版。

二、《国机集团年鉴》是一部全面记载国机集团改革与发展的大型资料性、工具性年刊。《国机集团年鉴》2021版主要记载上年国机集团的改革、创新和发展情况。

三、《国机集团年鉴》坚持面向市场、面向读者，提供准确、翔实的数据、信息和资料，真实地反映国机集团和国机人上年度取得的新发展、新进步、新成就和新风貌。

四、《国机集团年鉴》2021版内容分为重要文献、集团公司发展概况、子公司发展概况、规章制度选编、荣誉汇编、重大经营项目汇编、大事记、附录和国机集团形象展示九个部分，数据截至2020年12月31日。

五、本年鉴在编纂过程中得到了国机集团总部各职能管理部门和子公司的大力支持和帮助，在此深表谢意。

六、未经中国机械工业集团有限公司年鉴编辑部的书面许可，本书内容不允许以任何形式转载。

七、由于编者水平有限，本书难免有疏漏及不足之处，敬请读者批评指正。

中国机械工业集团有限公司年鉴编辑部

2022年3月

“十四五”

建设成为具有全球竞争

中国机械工业集团有限公司

地址：北京市海淀区丹棱街3号

邮编：100080

电话：010-82688888

传真：010-82688811

http://www.sinomach.com.cn

E-Mail：office@sinomach.com.cn

领导工作掠影

2020 年 1 月 25 日（农历正月初一），国机集团党委书记、董事长张晓仑来到下属企业中国中元国际工程有限公司，看望慰问黄锡璆等为防控新冠肺炎疫情坚守工作岗位的同志。

2020 年 7 月 21 日，国机集团党委书记、董事长张晓仑率队到山西省平陆县调研定点帮扶工作。

2020 年 10 月 28—29 日，国机集团党委书记、董事长张晓仑到下属企业中国重型机械研究院股份公司调研。

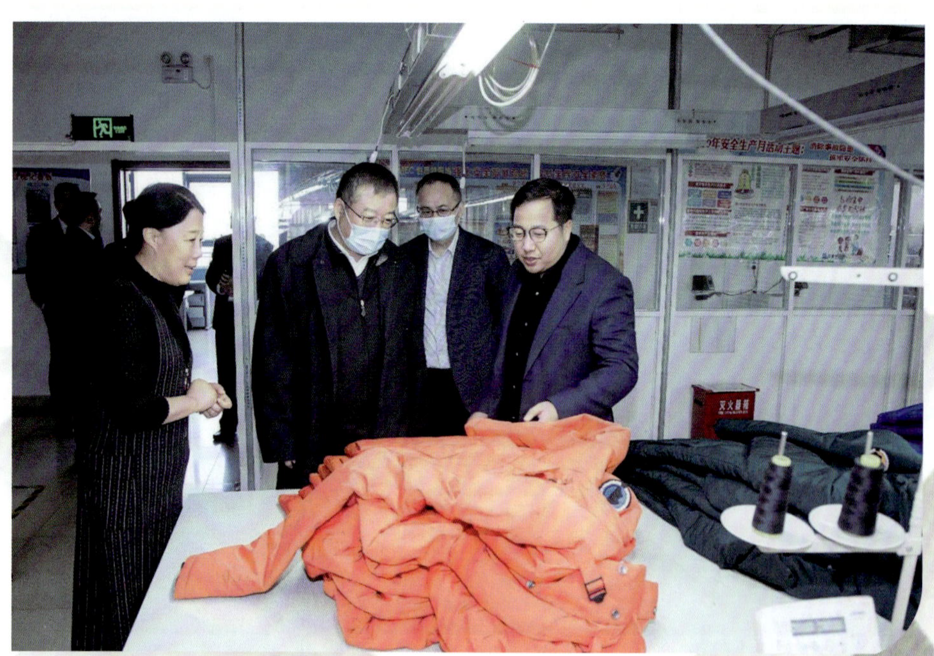

2020 年 11 月 11 日，国机集团党委书记、董事长张晓仑到下属企业苏美达股份有限公司调研。

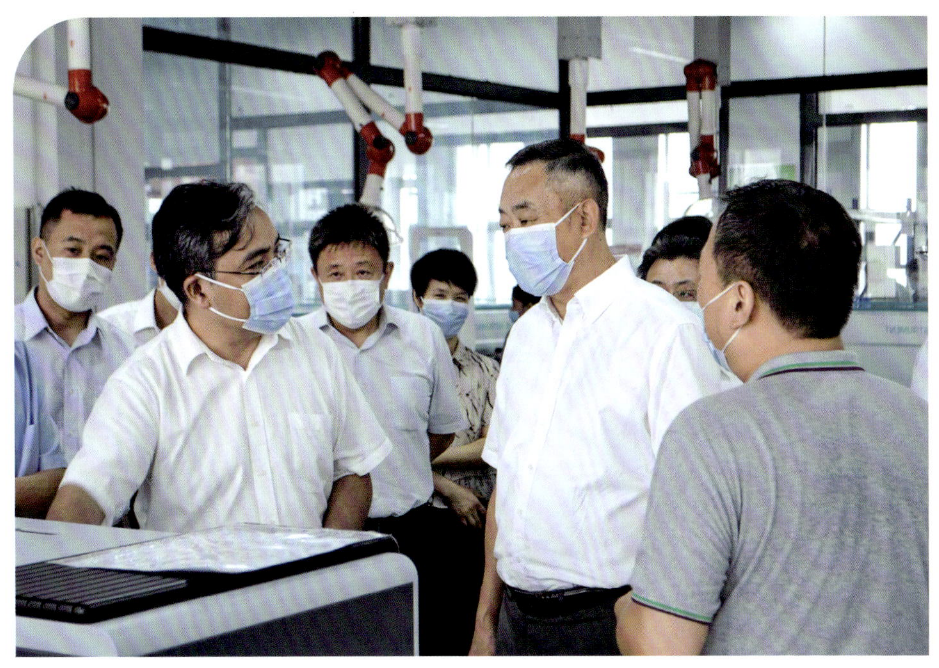

2020 年 8 月 6 日，国机集团总经理、党委副书记吴永杰到下属企业中国地质装备集团有限公司调研。

2020 年 9 月 1 日，国机集团总经理、党委副书记吴永杰到下属企业国机重型装备集团股份有限公司调研。

2020 年 10 月 26—27 日，国机集团总经理、党委副书记吴永杰率队到四川省广元市朝天区调研定点帮扶工作。

2020 年 11 月 26 日，国机集团总经理、党委副书记吴永杰到下属企业国机智能科技有限公司调研。

2020 年 1 月 16 日，国机集团党委副书记、董事宋欣到下属企业中国一拖集团有限公司看望慰问老党员、困难党员及扶贫挂职干部。

2020 年 9 月 22 日，国机集团党委副书记、董事宋欣出席苏美达股份有限公司达人学院揭牌仪式并讲党课。

2020 年 11 月 10 日，国机集团党委常委、副总经理、总会计师邬小蕙到下属企业中国电器科学研究院股份有限公司调研。

2020 年 11 月 17 日，国机集团党委常委、副总经理、总会计师邬小蕙会见上海证券交易所党委副书记潘学先。

2020 年 5 月 28—29 日，国机集团党委常委、副总经理、总审计师高建设到下属企业苏美达股份有限公司调研。

2020 年 8 月 18 日，国机集团党委常委、副总经理、总审计师高建设到下属企业机械工业第六设计研究院有限公司调研。

2020 年 6 月 15 日，国机集团党委常委、副总经理白绍桐参加中乌传统医学中心启动仪式。

2020 年 12 月 2—3 日，国机集团党委常委、副总经理白绍桐参加第 11 届国际基础设施投资与建设高峰论坛及相关活动。

2020 年 6 月 11 日，国机集团党委常委、副总经理丁宏祥到下属企业中国农业机械化科学研究院现代农装中机美诺和保定分公司进行安全生产检查。

2020 年 11 月 13 日， 国机集团党委常委、副总经理丁宏祥出席 2020 中国国际农业机械展览会并组织集团农机板块企业研讨。

2020 年 2 月 13 日，国机集团党委常委、纪委书记、国家监委驻国机集团监察专员雷光华到下属企业中国福马机械集团有限公司调研。

2020 年 7 月 6 日，国机集团党委常委、纪委书记、国家监委驻国机集团监察专员雷光华到下属企业中国农业机械化科学研究院调研。

2020 年 4 月 2 日，国机集团党委常委、副总经理、总工程师陈学东到下属企业国机智能科技有限公司调研。

2020 年 7 月 13 日，国机集团党委常委、副总经理、总工程师陈学东到下属企业国机重型装备集团股份有限公司调研。

中国机械工业集团有限公司年鉴
编辑工作人员

主　　　编： 丁宏祥　中国机械工业集团有限公司　董事、党委副书记

执 行 主 编： 闫卫红　中国机械工业集团有限公司　党委工作部部长

执行副主编： 冯雪峰　中国机械工业集团有限公司　团委书记

编　　　辑： 刘　维

撰　稿　人（按姓氏笔画排列）：

万成娜　王东善　王钰薇　王鹏妍　支春明
石　琼　卢雪霏　曲若柳　乔忠义　任紫涵
刘　岩　刘　跃　刘　维　刘丽霞　许天瑶
孙　昊　孙舒文　杜　实　李晶晶　杨　奥
陆兴培　陈　达　陈　欢　郑　煜　郑睿颖
郝建新　胡　迪　闻艳菊　姜雅楠　袁　杰
徐　玮　高　洋　高一盼　郭　孟　黄　倩
符　蓉　董丽红　蒋　烨　詹　佩　蔡　玲

目 录

第四篇　规章制度选编

第五篇　荣 誉 汇 编

第六篇　重大经营项目汇编

第七篇　大 事 记

第八篇　附　录

第九篇　国机集团形象展示

CONTENTS

Chapter I Important Document

Chapter II The Development Overview of the Group

Chapter III The Development Overview of the Subsidiaries

Chapter Ⅳ Selected Regulations and Rules

Chapter V Honors and Awards

Chapter VI Compilation of Major Business Projects

Chapter VII Milestones

Chapter VIII Appendices

Chapter IX SINOMACH Images

第一篇

重要文献

创新拓展 奋进“十四五”以高质量党建引领集团高质量发展

国机集团党委 2021 年工作报告

2021 年 2 月 25 日

第一部分 2020 年工作总结

2020 年是集团党的建设全面深化的一年，集团党委在党中央的坚强领导下，在国务院国资委党委的安排部署下，坚持以政治建设为统领，全面贯彻落实新时代党的建设总要求，巩固深化“不忘初心、牢记使命”主题教育成果，深化落实“党建巩固深化年”专项行动，持续推进党建工作提质增效，坚持锻造国机所长、服务国家所需，团结凝聚广大党员干部群众，戮力同心、攻坚克难，疫情防控取得巨大胜利，生产经营实现平稳增长，净利润超额完成国资委考核目标，企业改革进一步加强，科技创新成果不断涌现，业务结构进一步优化，脱贫攻坚完美收官，“十三五”目标任务圆满完成，为“十四五”开好局、起好步提供了坚强保证。

一、统一思想，提高政治站位，党的政治建设不断推向新高度

集团党委始终把增强“四个意识”，坚定“四个自信”，做到“两个维护”作为首要任务，以党的政治建设为统领带动党的建设质量全面提高。

1. 在学习贯彻习近平总书记重要指示批示中落实党委责任 集团各级党委认真执行“第一议题”制度，制定完善《贯彻落实习近平总书记重要指示批示督查办法》等工作要求，定期梳理汇总习近平总书记重要指示批示精神，形成贯彻学习、跟进督办和定期报告的常态机制。集团党委全年安排“第一议题”27 次，组织中心组专题学习研讨 8 次，广大党员干部将个人言行同党中央决策部署对标对表，做到了党中央提倡的坚决响应、党中央决定的坚决照办、党中央禁止的坚决杜绝，将“两个维护”体现在第一时间学习部署上，体现在第一时间落地见效上。

2. 在跟进落实习近平总书记重要指示批示中彰显央企担当 集团深入贯彻落实习近平总书记重要指示批示精神，履行央企责任使命，扎实推进有关项目建设、有关工作开展取得更大成效。

（1）中白工业园跨越发展。习近平总书记视察中白工业园 5 年来，集团积极落实习近平总书记“把中白工业园打造成丝绸之路经济带上的明珠和双方互利合作的典范”的指示精神，将中白工业园建设成为了“一带一路”上的标志性项目，国机火炬园项目正式落户中白工业园，有效促进我国高端科研机构、创新型企业与欧亚经济联盟国家之间的科技合作。

（2）有效防控安全风险。集团党委深入贯彻习近平总书记关于安全生产的重要论述，切实落实“党政同责，一岗双责”，党委常委会 6 次研究部署安全生产工作、全面开展安全生产专项整治三年行动和境外突发事件应急处置，确保疫情防控和安全生产两手抓、两手硬，全年未发生较大级及以上生产安全事故，本企业人员未发生生产安全伤亡事故。

3. 在承担急难险重任务中发挥“主力军”作用 面对重大任务和突发情况，集团各级党组织挺身而出，担当作为，在关键时刻“大战大考”中经受住了考验。

（1）逆行而上抗击疫情。面对新冠肺炎疫情冲击，集团党委闻令而动、向“疫”而行，1 月 23 日，成立疫情防控工作领导小组，统筹资源，火速动员；1 月 26 日大年初二，召开领导小组会议，组织各级企业转产、扩产医疗防护物资；1 月 28 日捐款 3 000 万元，成为首批向湖北捐款的中央企业。集团广大干部职工把抗击疫情作为检验初心使命的主战场，不讲条件、不惜代价、不计成本投入战斗，领导干部指挥在前线、共产党员冲锋在火线、鲜红党旗飘扬在一线，2 000 多个基层党组织、4 万多名党员，步调一致、齐心协力，与时间赛跑，与死神较量！在平面口罩机攻关现场，高悬“以战争时期抢造飞机大炮的速度，加快口罩机研制生产”的标语，激励着同志们夜以继日拼搏奋斗。集团 3 天转产医用平面外科口罩，9 天研制成功央企首台医用防护服压条机，10 天研制出首台平面口罩机，12 天为中国石化建成第一条熔喷布生产线，63 天完成 15 条熔喷布生产线，打造了以“三机三品”为核心的医疗防护产业链，用国机速度保证了抗疫和经营“两战赢”，5 类产品产量位列央企前列，先后获得 23 项国家级和省部级抗疫表彰。

（2）党建引领应急处突。集团党委始终把加强境外党建工作作为促进业务发展、防范各类风险的重要支撑。在埃塞俄比亚爆发内战时，集团在埃单位发挥党支部战斗堡垒作用，克服极端困难，充分调动一切资源，组织战时转移。中央企业和地方国企在危难时刻并肩作战、风雨同舟，将江西水建等兄弟单位 68 名人员统一纳入救援行动，经过 2 天 820 公里的长途跋涉，现场所有 204 名同胞从炮火纷飞的战场安全撤离，在危难时刻体现央企责任。党的组织成为境外队伍建设的“稳压器”、境外项目推进的“压舱石”。

4. 在落实中央重大战略部署中贡献国机力量 国机集团始终当好服务经济社会发展的“国家队”。

（1）国家战略科技力量支撑作用充分发挥。坚决落实习近平总书记关于科技创新、装备制造等方面的系列重要论述和讲话精神，“以服务国家战略为己任，坚持创新驱动发展”，新增国家级科研平台 4 家，形成了国家重点实验室、国家工程研究中心等国家级科研创新平台 24 家，科研创新体系进一步完善。结合党建重点项目实施，组织党员干部攻克多项关键核心技术，农机装备、轴承、滤光片、探测器等领域的 7 个项目取得初步成果。

（2）脱贫攻坚成效显著。2020 年，集团落实中央“四个不摘”要求，超额完成各项指标。集团党委召开 52 次专题会议、现场办公会议，推动 4 个定点扶贫县（区）68 个帮扶项目年内全部完成。集团在中央单位定点扶贫工作成效考核中连续被评为“好”，2020 年获评全国教育扶贫典型案例。

5. 在完善公司治理结构中深化企业改革 修订完善公司章程等 8 个治理文件，完善修订“三重一大”决策事项清单，明确党委前置研究讨论重大事项的管理清单，厘清各治理主体权责边界。以国有资本投资公司改革试点为契机，集团党委推动集团改革三年行动方案启动实施，市场化经营机制不断健全，“双百行动”“混合所有制改革”等专项工作平稳推进，全面深化改革不断向纵深推进，党对国有企业的领导全面加强。

二、学思践悟，促进知行合一，习近平新时代中国特色社会主义思想大学习大培训得到新推动

集团党委坚持推动学习贯彻习近平新时代中国特色社会主义思想往深里走、往心里走、往实里走，确保学深悟透、融会贯通、学以致用。

1. 在党的最新理论大培训中提高思想认识 组织全系统开展十九届四中全会、五中全会精神和《习近平谈治国理政》第三卷学习培训班，

将全级次企业党员特别是各级企业班子成员纳入系统培训范围。广泛开展各级企业党委理论学习中心组学习、党支部学习研讨和党员自学，通过全方位、多角度的学习，有力推动习近平新时代中国特色社会主义思想入脑入心，党员干部提高了政治站位，增强了“四个意识”，坚定了“四个自信”。

2. 在围绕中心研讨创新中提高融合能力 贯彻落实习近平总书记“努力在危机中育新机、于变局中开新局”的重要指示精神，组织各级企业开展“解放思想、推动发展”大讨论和“育新机、开新局”大研讨，对接国家所需，聚焦主责主业、结合企业实际，在思想碰撞中解决实际问题、明确未来方向，激发广大党员干部干事创业热情和动力，一批研讨成果转化为了生产经营成果。组织各级企业根据业务板块不同特点，聚焦重大项目实施、重大改革推进、重大科技攻关等中心工作，确定党建重点项目，解决重点难点问题，打造出“党建先锋行”“以党建引领数字化转型”等一批优秀党建品牌，将党的政治优势、组织优势，转化为企业的竞争优势、发展优势。

3. 在完善理论武装机制中提高学习效果 集团党委认真贯彻落实国资委党委关于中央企业党委（党组）理论学习中心组专题学习重点内容，紧密结合工作实际，制定年度中心组专题学习计划，以中心组学习为引领，加强集团系统党员干部政治学习、理论宣传和思想政治教育。完善理论学习机制，列席各二级企业中心组学习，对重点问题、关键环节进行指导把关，督促提升学习质量，按季度通报情况、交流特点、整改问题，把中心组学习情况作为各级党委年度党建工作考核评价重要内容和评分依据。

三、强基固本，聚焦服务大局，基层党组织政治功能和组织力得到新增强

结合学习贯彻《国有企业基层组织工作条例（试行）》，以提升基层党组织的凝聚力组织力为重点，以服务改革发展和生产经营为导向，开展“三大工程”，夯实“三基建设”，推动党建与生产经营深度融合。

1. 推动党建强基，夯实组织基础 积极组织筹备集团第二次党员代表大会，各项工作有序推进。组织开展党的组织和党的工作全覆盖行动，以消除“党建盲点”为抓手，对全级次1 000余家企业班子配备、党组织建设和党员分布情况进行全面梳理，“一企一策”推动整改，以基层组织建设成效提高企业管控、防范经营风险的能力。

2. 推动能力提升，抓好队伍建设 推动专兼职党务干部队伍建设，明确“三年登高计划”。开展专兼职党务干部队伍建设需求调研，编制党务干部应知应会测试题库，制作党建业务培训课件，开展基层党支部书记全员培训，着力打造一支“三懂三会三过硬”的党务干部队伍。

3. 推动制度保障，健全党建体系 制订全面从严治党主体责任清单、规范落实谈心谈话制度、巩固深化“不忘初心、牢记使命”主题教育成果实施意见等10项基层党建制度，不断完善集团全面从严治党制度体系，将主题教育中形成的好经验好做法用制度形式固化下来，为各级党组织履行职责任务提供制度保障。

4. 完善工作机制，落实党建责任 坚持集团党委工作年度会议制度，健全季度例会制度，定期通报党建工作情况，推动落地落实。优化党建考核评价方式，统筹推进集团党委常委、二级企业党委书记、领导班子成员、基层党支部书记4个层面党建述职评议，实现党建工作与生产经营考核联动。

四、以德为先，坚持党管干部、党管人才，干部人才队伍建设得到新加强

集团党委深入贯彻落实新时代党的组织路线，努力打造忠诚干净担当的高素质专业化干部队伍。

1. 选人用人更加规范 坚持“凡提四必”，突出政治标准，严格执行任前公示制度，坚决把好政治关、品行关、能力关、作风关、廉洁关。

2. 干部管理监督不断完善 坚持严管厚爱，鼓励担当作为。认真开展领导干部个人有关事项报告填报、查核及处理等工作。强化日常监督信息共享，形成监督合力。建设国机党校、国机大学，开展干部培训，干部政治素养、专业能力不断提升。

3. 干部培养交流力度不断加大 贯彻落实中央关于大力发现培养选拔优秀年轻干部的精神，全年提拔选任集团党委管理干部 31 名，“70 后”干部 24 人，占 77.4%，“80 后”干部 7 人，占 22.6%，干部能力和年龄结构得到进一步优化。全年共安排 60 名集团党委管理干部交流任职，占管理干部总数 21.1%，从年龄、专业、经历等方面进一步优化企业领导班子结构。

4. 科研人才和技能人才力量进一步加强 健全高层次科技专家和高层次技能专家体系，选拔高级专家、首席专家、突出贡献专家，提高科技创新人才的积极性；选拔技术能手、首席技师、国机大工匠，激发弘扬工匠精神的热情。

五、正风肃纪，加大反腐败力度，党风廉政建设和反腐败工作水平得到新提高

集团党委坚决扛起管党治党政治责任，党风廉政建设和反腐败工作取得明显成效。

1. 强化政治监督，深化政治巡视巡察 推进政治监督具体化常态化，做实做细日常监督，确保党中央决策部署在集团落地见效。深化中央巡视整改，组织开展常规巡视、定点扶贫专项巡视、提级巡视，推进巡视巡察上下联动。开展“四个专项整治”，有力推动解决企业改革发展和党的建设突出问题。

2. 驰而不息纠“四风”、转作风、树新风 深入落实中央八项规定精神，严肃查处违反中央八项规定精神和“四风”问题，以总部机关化改革为突破口，整治重点工作中的形式主义、官僚主义，巩固拓展“基层减负年”成效。

3. 一体推进不敢腐不能腐不想腐 持续加大执纪办案力度，精准运用监督执纪“四种形态”，强化以案促改、以案促治，深入开展警示教育，惩治震慑、惩戒挽救、教育警醒的综合效应充分显现，企业政治生态持续改善。

六、凝心聚力，提高企业软实力，宣传思想文化建设取得新进展

集团党委充分发挥宣传思想文化在坚定理想信念、凝心聚力中的作用，为推动集团高质量发展提供强大动力和思想源泉。

1. 宣传引导不断加强 集团党委深入落实意识形态工作责任制，加强意识形态阵地建设，引导正确舆论导向。积极融入国家疫情防控宣传大格局，及时全面深入报道集团抗疫先进事迹和人物，受到《人民日报》、新华社等主流媒体高度关注，5 次登上《新闻联播》。深度参与“顶梁柱、顶得住”中央企业抗疫先进事迹巡回报告会，组织集团层面巡回报告会，制作抗疫宣传片和抗疫展板，讲好党建引领凝聚抗疫力量的故事，弘扬党员干部担当作为的正能量。围绕脱贫攻坚、进博会、党建巩固深化年等重大战略和重要事件，推出系列报道或专题，进行重点宣传，全景展现集团改革发展与党的建设成果。

2. 红色基因代代传承 举办首个国机集团“机械工业纪念日”活动，组织“守实业、树匠心、兴所长、永创新——机械工业优良传统”主题网络展览。挖掘阳早寒春的精神内涵，打造国机特色的爱国主义教育基地和理想信念教育品牌。

3. 群团优势不断发挥 组织举办集团首届 BIM 技术应用技能大赛等各类技术比武、培训班次，提升集团职工队伍素质。策划“印象国机·抗疫”职工创作作品网络展，举办群众喜闻乐见的乒乓球、羽毛球、篮球邀请赛，丰富干部职工文化生活。引导青年勇担时代责任，3 个青年集体获得全国级表彰，3 个单位获得“全国文明单位”荣誉称号。

4. 统战工作稳步推进 制定集团党委常委与统战代表人士联谊交友工作方案。开展党外人士“爱企业、献良策、做贡献”主题活动。制定《集团党外代表人士建言献策平台工作指引》，建言献策工作室增加到 7 个，更好发挥党外代表人士联系动员作用。

5. 关爱帮扶职工体现真情 对受疫情影响的职工开展帮扶，与疫情期间海外项目现场的职工家属建立“一对一”帮扶机制。组织爱心基金开展职工帮困、子女助学、大病救助以及海外困难职工和患新冠肺炎职工救助，全年共组织 483 万元用于职工防疫和各类救助工作。

回顾过去，成绩令人鼓舞，展望未来，仍需艰苦奋斗。在肯定成绩的同时，我们也要看到，对照新时代党建工作总要求，当前集团党的建设还存在一些不足：各级企业党委自觉主动运用习近平新时代中国特色社会主义思想指导实践的能力还需加强，以党建为抓手破解企业发展难题的意识和方法还要提升。一些企业党委落实国家战略的意识不强，结合企业实际对接国家需要的能力不足，还存在浮于表面、流于形式的情况。基层单位党建与业务融合的载体和方式不够丰富，还需要结合业务类型和队伍特点进一步创新发展。不同业务板块党建工作水平不平衡，还需要强化党建责任，有针对性地制定措施、促进提升。这些问题需要重视，警醒我们坚持党的领导、加强党的建设不能有丝毫松懈。

第二部分　关于 2021 年党委工作

2021 年，我们将迎来中国共产党百年华诞，也即将踏上全面落实“十四五”规划、全面建设社会主义现代化国家的新征程。面对新的发展阶段，面对新的历史使命，我们必须把管党治党责任扛起来，坚持党的领导，加强党的建设，为企业改革发展提供根本保证。今年党委工作的总体思路是：高举中国特色社会主义伟大旗帜，以习近平新时代中国特色社会主义思想为指导，全面贯彻落实党的十九大、十九届二中、三中、四中、五中全会和中央纪委五次全会精神，全面贯彻落实新时代党的建设总要求和新时代党的组织路线，持续推动落实习近平总书记系列重要讲话精神和关于国企改革发展党建的重要指示批示精神，持续推动落实中央经济工作会议精神和中央企业负责人会议部署，立足新发展阶段、贯彻新发展理念、服务构建新发展格局，落实“十四五”规划，紧紧围绕加快建设具有全球竞争力的世界一流企业这一目标，以“党建创新拓展年”为抓手，不断推进党建工作理念创新、机制创新、方式创新，全面推动集团党建向基层拓展、向纵深拓展、向生产经营和改革发展一线拓展，把党的建设优势更好转化为竞争优势发展优势，以高质量党建引领高质量发展，以集团改革发展和党的建设成效庆祝中国共产党成立 100 周年。

一、坚持突出党的政治建设，在贯彻落实中央决策部署中担当作为

旗帜鲜明讲政治是我们党一以贯之的政治优势。做好集团各项工作，必须以党的政治建设为统领，坚决贯彻落实习近平总书记重要指示批示和中央重大决策部署，把准政治方向、坚定政治立场、提高政治能力，在思想上政治上行动上同党中央保持高度一致。

1. 加强党的政治建设，必须以习近平新时代中国特色社会主义思想为指导，不断提高党员干部政治判断力　充分发挥各级企业党委理论学习中心组的示范表率作用，把学好中央精神作为首要职责，把研究企业改革发展作为重大任务，把全面提高能力作为重要目标，制定全年学习计划，健全日常学习机制，推动理论实践融合，带动各级党组织在学懂弄通做实上下功夫，引导各级党员干部切实增强科学把握形势变化、清醒明辨行为是非、有效抵御风险挑战的能力。

2. 加强党的政治建设，必须及时准确把握党中央新精神新要求新部署，不断提高党员干部政治领悟力　坚持把习近平总书记最新重要讲话和指示批示精神，特别是总书记关于国企改革发展和党的建设重要论述，作为“第一议题”，制定贯彻措施，加强督导落实，强化检查考核，确保做到学习跟进、认识跟进、行动跟进。坚持及时

学习掌握党中央作出的决策部署、出台的政策文件，提高政治站位，强化责任担当，在国家战略大局中找准经营发展的突破方向，汲取破解难题的思路方法，切实提高攻坚克难、解决问题的能力和水平。

3. 加强党的政治建设，必须在贯彻落实党中央重大决策部署中担当作为，不断提高党员干部政治执行力 讲政治是具体的，“两个维护”要体现在坚决贯彻党中央决策部署的行动上，体现在履职尽责、做好本职工作的实效上，体现在推动企业改革发展和党的建设实际成果上。各级企业党委要主动对接国家战略，抓好“十四五”规划落实落地，融入国内大循环为主体、国内国际双循环相互促进的新发展格局，围绕科技强国、制造强国、质量强国等重大战略目标，结合企业实际，认真谋划落实国家战略的工作思路和具体措施，确保国家战略部署在企业层面落实落细。要切实发挥自身优势，充分借助集团在工程设计、工程承包、科技研发、装备制造、国际化经营等领域的专业优势和资源优势，在落实国家重大战略中打造国机品牌，创造国机价值。

二、坚持深化党的思想建设，在学习贯彻习近平新时代中国特色社会主义思想中凝聚共识

全面贯彻落实党中央关于庆祝建党 100 周年的部署要求，高水平谋划好学习培训、研究探讨和宣传引导各项工作，更好地以习近平新时代中国特色社会主义思想武装头脑、指导实践、推动工作。

1. 系统全面开展学习教育 按照中央统一部署，深入开展党史学习教育，引导广大党员干部学史明理、学史增信、学史崇德、学史力行，学党史、悟思想、办实事、开新局。发挥国机党校主渠道作用，组织实施党员干部培训班次；围绕重要会议、重大专项，策划开展全级次干部学习培训；坚持党员领导干部讲党课，引导带动广大党员深入开展学习研讨；依托阳早寒春爱国主义教育基地，国机重装、中国一拖等老工业基地，现场开展革命传统教育和理想信念教育，传承红色基因，激发前行动力；完善国机大讲堂、丹棱课堂、线上学习平台等载体，结合巩固深化“不忘初心、牢记使命”主题教育成果，开展党史、新中国史、改革开放史、社会主义发展史学习教育，推动广大党员干部更好把握理论体系、领会核心要义、掌握实践要求。

2. 联系实际开展学习研讨 组织引导广大党员干部紧密结合习近平总书记关于国有企业改革发展和党的建设重要论述，紧密结合集团在经济社会发展中的职责使命，紧密结合企业生产经营和科研活动开展学习研讨和调查研究，融会贯通指导实际，不断提高各级党组织和党员干部把握政策、推动经营、加强党建的能力。开展学习品牌建设，探索创新学习形式和载体，组织开展课题攻关、理论研讨等活动，适时成立思想政治研究会，对重大理论和实践问题进行深入研究，把学习成效体现在推动企业改革发展的实践行动中。

3. 丰富载体开展宣传引导 围绕建党 100 周年积极开展主题宣传、典型选树和宣讲交流，组织开展“百年党旗红，国机在行动”宣讲活动，大力宣传党员干部坚守初心使命、担当作为的先进事迹，大力宣传深化改革、推动企业高质量发展的成功案例。深化落实意识形态工作责任制，建好管好用好宣传阵地，系统梳理建党以来各企业的重大事件、重大成就，总结提炼集团在习近平新时代中国特色社会主义思想指引下取得的丰硕成果、作出的重要贡献，积极主动发声，为企业改革发展凝聚广泛共识、激发奋进力量。

三、坚持加强党的全面领导，在企业改革发展中把握大局

党对国有企业的领导，是政治领导、思想领导、组织领导的有机统一，党组织要发挥领导核心和政治核心作用。

1. 在实现高质量发展中把握大局 要深入贯彻落实党的十九届五中全会精神，把握新发展阶段、贯彻新发展理念、服务构建新发展格局，组织动员各级党员干部职工在融入国内大循环中把握战略机遇、拓展发展空间，在助力国内国际双循环中优化海外业务结构、提升国际竞争优势，坚持稳中求进总基调，以提质增效为核心，全面完成年度目标任务，以高质量党建引领高质量发展。

2. 在深化国企改革中把握大局 要积极主动推进国企改革三年行动，深化国有资本投资公司改革，在调结构优布局中服务国家战略需求，发展实体经济，培育战略性新兴产业和专精特新业务；在健全市场化经营机制中持续推进“总部机关化”问题整改，强化总部在战略引领、资源配置等重大决策上的作用。

3. 在创新驱动发展中把握大局 要在集团各级企业牢固树立“锻造国机所长、服务国家所需”的价值导向，强化科技自立自强的战略支撑，集中优势资源开展关键核心技术攻关，加快探索产业技术研发与成果转化新机制，依靠科技优势巩固集团行业地位，当好现代产业链的“链长”，强化行业基础共性技术研究，主动承担国家重大科研任务，加快把集团打造成原创技术策源地。

4. 在防范化解风险挑战中把握大局 各级企业党委要切实承担起领导责任，加快建立健全有效的风险防控机制，将风险评估作为重大经营事项决策的前置程序，加强部门协调沟通，共同筑牢防范化解重大风险的底线。要压实工作责任，深入开展“扭亏治亏”“两金管控”“压减”等专项行动，及时防范经营风险。要对关系企业改革发展稳定的重大问题把好方向关、政治关和政策关，通过源头介入、深入调研、征求意见、集体研究，把履行保证监督职能贯穿前置研究全过程，确保企业经营行稳致远。

5. 在党的领导融入公司治理中把握大局 贯彻落实中央企业党的领导融入公司治理若干意见，明确党委在决策、执行、监督各环节的权责和工作方式，加快形成权责法定、权责透明、协调运转、有效制衡的公司治理机制，推动党的领导融入公司治理制度化、规范化、程序化。

四、坚持党管干部、党管人才，为建设世界一流企业提供有力干部人才支撑

践行新时代党的组织路线，围绕集团改革发展和党的建设需要，进一步加强集团干部人才队伍建设。

1. 持续加强干部人才工作制度建设 构建以集团全资、控股企业领导人员管理办法为核心的“1+N”制度体系，提高制度的覆盖面和有效性，严格执行干部选拔任用的制度、标准和程序，不断规范选人用人工作。结合“双百”“科改示范行动”“国企改革三年行动”等专项工作，积极稳妥推进职业经理人制度、任期制和契约化管理等工作，发挥市场化机制作用，激发干部人才干事创业的激情活力。

2. 持续加强干部人才队伍建设 突出政治标准和能力标准，大力选拔和使用优秀年轻干部。推进干部交流工作，使更多干部在交流中历练成长。完善人才选拔、人才引进等工作机制，落实国家重大人才工程，对接“制造强国”战略和“工业强基”工程，立足科技自立自强，强化高层科技人才保障，持续开展集团高层次人才评选，畅通科技人才、技能人才成长通道，加大高层次人才培养，加强青年科技人才储备，增强人才队伍整体创新能力，为推动中国装备制造业发展提供人才智力支持。

3. 牢固树立严管就是厚爱的意识 执行党内监督制度，落实经常性谈心谈话机制，培育形成坦诚相见、开诚布公的党内政治生活环境，引导集团各级党员干部自觉在制度监督、组织监督、群众监督下工作，让相互提醒和督促成为党员干部成长发展的助推器。

4. 为党员干部干事创业提供强大支撑 把充分调动干部人才的积极性、主动性、创造性作为各级党组织推动工作的着力点，让广大干部人才特别是企业家、科技领军人才心无旁骛、放开手脚创新创造。各级党委要树立正向激励导向，落实《关于进一步激励广大干部新时代新担当新作为的实施意见》，为呕心沥血做事、不谋私利干事、义无反顾成事的党员干部撑腰鼓劲、保驾护航。

五、坚持抓好基层组织建设，为完成企业生产经营中心任务凝聚强大动力

围绕全国国有企业党的建设工作会召开五周

年，组织实施“党建创新拓展年”专项行动，持续深化党建强基、能力提升、制度保障“三大工程”，不断推动党建工作与生产经营深度融合，以企业改革发展成果体现党建工作成效。

1. 持续深化党建强基工程　组织召开集团第二次党员代表大会，切实做好党委换届工作。对标《中国共产党国有企业基层组织工作条例（试行）》，持续扩大组织覆盖、优化组织设置，有效解决基层企业和班组党建“空白点”，以基层组织建设强化企业管控。对标《中国共产党支部工作条例（试行）》，落实集团《党支部标准化规范化建设工作方案》，按照组织健全、制度完善、运行规范、活动经常、档案齐备、作用突出“六条标准”，持续推进示范党支部创建工作，在装备制造、科研院所、工程项目、贸易服务等领域形成有影响力和带动力的支部工作方法。适时召开基层党建工作交流会，宣传推广有效做法，逐步形成党建传统，打造国机党建品牌。不断加强境外党建工作，根据形势任务，完善集团境外党建工作有关规定，进一步创新组织形式、活动方式、工作机制，充分发挥党组织在经营拓展、项目管理、风险防控、应急处突中的重要作用。积极探索混合所有制企业党建工作模式，加强分类指导，鼓励探索创新，着力解决混合所有制企业党的组织覆盖、党的工作指导、党组织作用发挥等问题，确保国有资本投到哪里，党的建设就强化到哪里，为集团党建向基层和一线拓展提供有力组织支撑。

2. 持续深化能力提升工程　贯彻《中国共产党党员教育管理条例》，实施集团党员教育培训规划。加强党员管理和服务工作，落实“三会一课”等制度，创新党员教育管理形式，结合庆祝中国共产党成立 100 周年，组织各级党员干部回顾初心使命，向党报告工作，明确新时代责任担当，向党作出庄严承诺。结合党史学习教育，结合企业实际和群众需求，广泛开展“我为群众办实事”实践活动，把学习成效转化为工作动力和成效。建立健全党员关爱帮扶机制，不断增强党组织的凝聚力、向心力、创造力。实施集团党务干部队伍建设计划，深化“双培养一输送”，完善集团党建培训课程体系，探索推动党建岗位知识测评，推动各级企业参与承担集团党建重点任务和课题研究，在实践中提升党务干部研究、创新、拓展党建工作的能力和水平。

3. 持续深化制度保障工程　在推动制度制定、执行方面不断创新机制和方式，落实巩固深化“不忘初心、牢记使命”主题教育成果的长效机制，健全完善集团、二级企业和基层党组织党建工作相互衔接、整体推动的制度体系，强化制度执行、监督和管理。优化党建“述评考用”有效贯通的工作机制，实现日常性工作和集中性检查评估有机结合，基层党组织书记述职评议和党建工作考核评价有机结合，企业党建工作考评和经营业绩考核有机结合。逐步健全各级企业党建工作计划管理体系，将不同层级企业党建重点任务和经常性工作纳入年度计划、推进和考核机制。

4. 持续深化党建与业务融合　把提高企业效益、增强企业竞争力作为党组织工作的出发点和落脚点，突出党建与业务深度融合的目标导向，进一步激发强党建促发展的内生动力。围绕“十四五”规划开局起步，组织开展“把握新发展阶段、贯彻新发展理念、服务构建新发展格局”大讨论，在谋划企业改革发展中凝聚发展共识。以“一个党员一面旗帜”为主题，围绕生产经营重点、难点问题开展党员先锋岗、党员示范岗、党员突击队等活动，通过党支部课题攻关、项目攻关、党建共建等载体推进企业生产经营任务的完成，充分发挥基层党组织和广大党员的战斗堡垒和先锋模范作用。

六、坚持全面从严治党，在企业经营发展中发挥引领保障作用

习近平总书记在中央纪委五次全会上指出，各级领导干部特别是主要负责同志必须切实担负起管党治党政治责任，始终保持“赶考”的清醒，保持对“腐蚀”“围猎”的警觉，把严的主基调长期坚持下去，以系统施治、标本兼治的理念正

风肃纪反腐。

1. 坚定不移正风肃纪反腐 构建一体推进不敢腐不能腐不想腐体制机制，重点查处政治问题和经济问题交织的腐败案件，紧盯企业混改、投资并购、招标采购、境外工程项目等重点领域、关键环节和重要岗位，持续加大对靠企吃企、设租寻租、关联交易、内外勾结侵吞国有资产等各种风险背后的腐败问题的查处力度，加大对违规投资经营造成重大损失等问题的追责问责，不断加强对权力运行的监督。深入开展“廉洁宣传教育月”活动，不断加强思想道德教育、党纪国法教育和警示教育。深化纪检监察体制改革，加强全员培训和交流轮岗，努力建设政治素质高、忠诚干净担当、专业化能力强、敢于善于斗争的集团纪检监察铁军。

2. 持之以恒加强作风建设 锲而不舍落实中央八项规定精神，持续纠治“四风”特别是形式主义、官僚主义，聚焦重点问题，实施专项整治，严查快办顶风违纪，进一步建强队伍、提升能力，切实增强各级党员干部履职能力，不断改进工作作风。

3. 推动巡视巡察高质量发展 落实集团巡视巡察工作五年规划，开展常规巡视和巡视“回头看”。建立上下联动工作机制，探索巡视巡察途径和方法，推动巡视巡察与纪检监察监督、干部监督、审计监督、法律风控监督等统筹衔接、协作配合、信息共享，形成监督合力。

七、坚持内聚合力外树品牌，在集团文化建设中汇聚强大精神动力

充分调动各方力量和资源，为集团改革发展凝聚精气神、汇聚正能量。

1. 持续提升集团品牌文化软实力 积极谋划企业文化精品项目，创新开展国企开放日、机械工业纪念日等活动。宣贯“十四五”品牌和文化规划，推进品牌文化与企业经营的融合发展，持续增强品牌传播力度。实施国机品牌与文化“走出去”，增强与兄弟央企、社会团体的交流互动和资源共享。

2. 加强党对统战群团工作的领导 搭建建言献策平台，充分发挥统战成员的智慧力量。贯彻《共青团国有企业基层组织工作条例（试行）》，坚持党建带团建，全面从严治团，加强青年思想引导，服务企业改革发展，服务青年成长成才。充分发挥广大职工的主力军作用，健全劳模评选机制，积极构建服务职工的工作体系，持续开展企业帮扶送温暖活动，继续开展各类文体活动，打造“学习型、服务型、创新型”的职工群众组织。

3. 巩固拓展脱贫攻坚成果 有效衔接乡村振兴战略，结合集团“十四五”规划，推动落实集团农机振兴战略。接续推动脱贫摘帽地区教育、产业、人才、民生等方面帮扶工作，发挥集团在技能教育、农机、规划设计等方面的优势，在实施乡村振兴战略中贡献国机力量、体现国机责任。

同志们，新时代的号角已经吹响，新时代的征程已经开启。让我们紧密团结在以习近平同志为核心的党中央周围，以习近平新时代中国特色社会主义思想为指导，不忘初心、牢记使命，拼搏进取、继往开来，为开启全面建设社会主义现代化国家新征程、为把集团建设成为具有全球竞争力的世界一流企业贡献更大力量！

服务新发展格局　推进高质量发展
为建设具有全球竞争力的世界一流企业不懈奋斗

——在国机集团 2021 年工作会议上的讲话

（2020 年 12 月 29 日）

张晓仑

一、2020 年工作进展和"十三五"基本总结

今年是新中国历史上极不平凡的一年。面对严峻复杂的外部形势、艰巨繁重的改革发展任务特别是新冠肺炎疫情的严重冲击，国机集团全体干部职工以习近平新时代中国特色社会主义思想为指导，全面落实党中央及国务院国资委部署要求，坚持"锻造国机所长、服务国家所需"，准确识变、科学应变、主动求变，保持战略定力、努力化危为机，以抗疫和经营"两手都要硬、两战都要赢"的必胜信念，在大战大考中冲锋在前、勇挑重担，在改革发展中知重负重、迎难而上，取得疫情防控和经营发展"双胜利"。

1. 奋力担当作为，生产经营实现平稳增长　面对世纪罕见的严重冲击，国机集团今年第一季度主要经营指标均出现断崖式下跌，营业收入、利润总额、净利润同比分别下降 24.6%、70.0%、82.0%。非常之时行非常之举，国机集团精心谋划部署，采取有力措施，全体干部职工奋发有为，从第二季度奋起直追，经营指标稳步上升，目前已经圆满完成保增长任务，为中央企业实现"两个力争"目标作出积极贡献。预计全年营业收入、利润总额分别完成预算目标的 102.9%、105.9%；净利润完成国资委考核目标的 113.9%，同比增长 4.4%，达到历史高位；营业收入利润率、研发经费投入强度、资产负债率全面完成国资委下达的考核目标。

2. 勇扛使命责任，抗疫保供彰显担当

（1）奋勇打好疫情防控阻击战。面对突如其来的新冠肺炎疫情，国机集团党委提高政治站位，闻令而动、快速反应，第一时间研究部署，采取有力防控措施，积极投入抗疫斗争。一是加强组织领导。第一时间成立疫情防控领导小组、境外经营工作协调指导小组、医疗物资保障领导小组等组织机构。各企业主要负责人担负起第一责任人，坚守岗位、靠前指挥，迅速形成了全面动员、全面部署、全面加强的疫情防控格局。二是科学有序应对。制定疫情防控预案和复工复产安全生产方案，加强复工复产安全生产工作指导，明确各项防护措施，确保规范、科学、精准施策。着力抓好境外疫情防控，制定印发了境外疫情防控工作指导意见和应急预案等文件，指导、督促做好境外疫情防控的各项工作。有效处置境外应急突发事件，圆满完成伊拉克卡尔巴拉项目现场疫情应急处置任务，紧急撤离埃塞糖厂项目全体现场人员至安全地区，全力保障境外员工的身体健康和生命安全，增强了国机集团"带疫解封"背景下境外经营的核心能力。三是积极捐款捐物。第一时间向湖北捐款 3 000 万元，是首个向湖北疫区捐款的中央企业；疫情初期，组织海外机构积极采购捐赠紧缺医疗物资，全力驰援抗疫一线。

（2）全力打赢应急保供突击战。作为国资委确定的防疫医疗物资设备生产和医疗物资保障

供应的中央企业之一，国机集团勇挑重担、火速推进，不讲条件、不计代价，以战时状态上产能、上产量、保质量，创造了“从无到有”“从有到多”的出色业绩。全力保障重点医疗物资生产供应、全力推进医疗物资生产设备研制、积极承担应急医院项目设计咨询和建设管理、积极研制医疗服务关键产品及设备，快速形成以口罩机、防护服压条机、熔喷布生产设备、医用口罩、医用防护服、熔喷布“三机三品”为标志的医疗物资产业链，5 类产品产量位列央企第一。积极与兄弟央企协同行动，紧急向新兴际华集团调拨 25 台压条机；向中石化、中石油调拨 16 台全自动平面口罩机；积极协助国药集团开展海外物资采购。在党中央、国务院、中央军委及国资委的抗疫先进表彰中，国机集团获得的表彰数量位列央企第一。

3. 服务构建两个循环，众多项目落地实施

（1）积极助力畅通国内大循环。充分发挥设计咨询、研发制造、会展服务等业务优势，抢抓区域协调发展、“两新一重”建设等战略机遇，连续中标多个重大项目。稳妥推进在手项目的建设实施，与一大批中小企业在研发、制造、工程设计与建设等方面积极开展合作，在多地举办“首展”，以“点”带“链”，带动上下游企业协同复工复产，助力拉动地方经济复苏。

（2）主动服务更高水平对外开放新格局。积极践行“一带一路”倡议，扎实推进在建境外工程，不断开拓新项目。国机火炬园在中白两国领导人视察中白工业园 5 周年之际举行奠基仪式，助力服务高科技企业“走出去”。加强与地方政府、兄弟央企的协同合作，探索发展境外中医药产业园，为中医药走向世界贡献力量。深度参与第三届进博会，签订 50 多亿美元订单，促进外贸业务创新发展。

4. 不断深化企业改革，企业活力进一步增强 国机集团改革顶层设计进一步加强，国有资本投资公司改革试点运行有序开展，集团改革三年行动方案启动实施。市场化经营机制不断健全，“双百行动”“科改示范行动”等专项示范工程稳步推进，混合所有制改革和员工持股改革平稳进行。供给侧结构性改革持续推进，传统业务加快转型升级，新兴产业积极培育，产业链价值链不断向中高端转变。“瘦身健体”“两非”剥离“两资”清理、剥离企业办社会职能和解决历史遗留问题等专项工作有效开展，推进企业轻装上阵。

5. 持续加强科技创新，支撑作用进一步发挥 攻克多项“卡脖子”关键核心技术，农机装备、轴承、滤光片、探测器等领域的 7 个项目已经形成样机。多项创新成果实现新突破，获得国家科技进步奖特等奖 1 项，国家科技进步奖二等奖 2 项，主导制定的多项国际标准获批立项或正式发布。科研创新体系进一步完善，获批建设省部级以上科研平台 19 个，转制院所服务行业功能得到提升，为国家重大战略和行业科技发展提供更多技术和服务支撑。

6. 加大资源整合力度，布局结构进一步优化 实现国机重装重新上市，国有资本证券化工作不断推进。加快外部资源重组，把握地方国企混改机遇，外部企业并购重组稳步推进。加强内部资源整合，设立国机海南公司、国机商业保理公司、共享中心，重组国机集团内部融资租赁业务，打造国机特检平台，发挥国机工程集团综合效能，优势业务专业化整合进一步推进。

7. 坚决落实管党治党责任，政治优势进一步巩固 坚持以政治建设为统领，加强党对企业的全面领导，深入贯彻落实习近平总书记重要指示批示和党中央决策部署，“第一议题”制度进一步完善，为企业统筹推进疫情防控和经营发展工作提供了坚强保证。不断健全公司治理主体议事规则，完善党委发挥领导作用的机制，落实党委在“三重一大”事项中的决策权、把关权、监督权。扎实开展“党建巩固深化年”专项行动，有效提升基层党组织政治功能和组织力。抓实抓好思想建设，把学懂弄通做实习近平新时代中国特色社会主义思想作为党委理论学习中心组学习、党员干部教育培训的必修课。成立国机党校、国机大学，建立爱国主义教育基地，进一步拓宽思想教育平台。扎实推进纪检监察体制改革，加强纪检监察组织和干部队伍建设，加大正风肃纪反腐力度，持之以恒推动党风廉政建设和反腐败工作走深走实。持续深化中央巡视整改，推进内部巡视巡察全覆盖。工团组织桥梁纽带作用进一步发挥，国机集团勇夺首届央企机关羽毛球邀请赛冠军。在国资委今年公布的中央企业党建工作责任制考核中，国机集团连续第二年获得 A 级。

8. 贯彻落实脱贫攻坚战部署，扶贫工作完美收官 坚决落实帮扶责任，助力打赢脱贫攻坚战，国机集团在定点扶贫工作的实践中，“扶志气、扶智力、扶产业、扶民生”四翼并举，探索形成了具有自身特色的“教育为根、产业为本、农机为枝、民生为脉”的国机扶贫模式。2012—2020 年，国机集团累计用于扶贫的资金超过 4.5 亿元；实施帮扶项目 330 多个，惠及约 10 万户 30 余万贫困人口；引进各类帮扶资金约 4 600 万元，培养基层干部 5 000 多人。国机集团对地方政府和其他方面安排的 28 个贫困村进行帮扶，共投入帮扶资金约 3 600 万元，引进帮扶资金约 3 900 万元，选派了 18 名驻村第一书记、33 名驻村工作队员，直接帮助贫困人口 7 500 多人。截至 2019 年底，国机集团 4 个定点扶贫县（区）已全部实现脱贫摘帽。国机集团在 2018 年、2019 年中央单位定点扶贫工作成效考核中均获得最高等次“好”的评价。

2020 年，国机集团在生产经营、改革发展、党的建设等方面都取得了良好成效，成绩的取得极为不易。这是在全球经济严重衰退，疫情导致供给中断和需求萎缩同时发生，大宗商品价格剧烈波动等极端情况下取得的；这是广大干部职工克服重重困难，保质量、保任务、抢速度、抢工期，一个环节一个环节抓落实、一个项目一个项目抓推进取得的；这更是在企业坚持算政治账、算长远账、算大账，坚决落实中央部署、坚决服从国机集团安排的情况下取得的。经过大战大考的历练，国机集团央企主力军作用进一步凸显，许党报国为民的政治本色进一步展现。

经过 2020 年的努力奋战，“十三五”我们实现了良好收官。“十三五”时期，是国机集团适应新常态、贯彻新理念的五年，也是克服新挑战、抢抓新机遇的五年。这五年，国机集团党的领导和党的建设进一步加强。践行“两个维护”的制度和机制进一步完善，党委把方向、管大局、保落实的领导作用进一步落实，基层组织政治功能和组织力进一步增强，正风肃纪反腐进一步深化。这五年，国机集团规模实力进一步增强。资产总额、所有者权益稳步增长，国有资产保值增值，综合实力稳中有升，始终位居世界 500 强中游、中国机械工业百强首位。这五年，国机集团发展基础进一步夯实。企业改革迈出新步伐，科技创新取得新成绩，布局结构实现新优化，风险防范能力得到新提升，为实现高质量发展奠定坚实基础。这五年，国机集团影响力进一步提升。积极承担政治责任和社会责任，主动服务国家发展战略，负责任的央企形象进一步凸显。品牌一体化战略顺利实施，品牌知名度进一步提高。

五年来的探索和实践，我们进一步加深了对习近平新时代中国特色社会主义思想的认识，增强了做强做优做大国有资本和国有企业的信心，坚定了走中国特色社会主义道路的决心，有很多经验启示值得我们认真总结和继续坚持。

第一，必须坚持“两个维护”。党中央权威是危难时刻全党全国各族人民迎难而上的根本依靠。特别是新冠肺炎疫情发生以来，我国在以习近平同志为核心的党中央坚强领导下，交出了一份人民满意、世界瞩目、可以载入史册的答卷。企业发展需要始终坚持“两个维护”，坚定以习近平新时代中国特色社会主义思想特别是总书记关于国资国企改革发展和党的建设重要论述作为行动指南，确保改革发展方向不偏，坚定不移朝着做强做优做大的目标迈进。

第二，必须坚持贯彻新发展理念。我国经济进入新发展阶段，坚持和贯彻创新、协调、绿色、开放、共享的新发展理念，是解决企业发展问题的先导和关键。企业发展需要坚定不移把新发展理念贯穿改革发展全过程，推进创新引领、结构优化、绿色发展、开放合作、共享共赢，不断破解发展瓶颈，增强发展动力，塑造发展优势。

第三，必须坚持履行责任使命。国有企业是

中国特色社会主义的重要物质基础和政治基础，是党执政兴国的重要支柱和依靠力量。习近平总书记指出“每个国有企业都有自己的使命”。企业发展需要积极践行责任使命，主动在服务国家战略上走在前列，在落实国家部署上作出表率，在引领行业发展上积极有为。

第四，必须坚持优化布局结构。调整布局结构是企业改革发展的必由之路，是转变发展方式、提高发展质量、做强做优做大的必然要求。企业发展需要适时以横向整合促进行业健康发展，以纵向整合增强协同效应，以专业化整合提高资源配置效率，发挥资源的最大价值；需要以深化供给侧结构性改革为主线，以聚焦主责主业为发力点，以“瘦身健体”为有效途径，实现布局结构不断提质优化升级。

第五，必须坚持传承和创新文化。先进的企业文化是企业持续发展的精神支柱和动力源泉，是企业核心竞争力的重要组成部分。企业发展需要吸收借鉴我国传统文化和新时代文化中的精华，培育特色鲜明、充满生机、符合实际的企业文化，不断积淀文化底蕴，丰富文化载体；需要坚定文化自信，加强文化传承创新，围绕举旗帜、聚人心、兴文化、展形象的使命任务，不断提高企业文化软实力。

二、“十四五”时期改革发展的总体思路

党的十九届五中全会提出了“十四五”时期我国经济社会发展的指导方针、主要目标、重点任务、重大举措。我们要认真学习领会、抓好贯彻落实，要全面分析面临的形势和存在的问题，立足新发展阶段，认真谋划企业“十四五”时期的目标任务和主要措施，扎实推进企业改革发展各项工作，努力取得新的更大成绩。

1. 深入分析面临的形势和问题　党的十九届五中全会和中央经济工作会议深刻分析了当前和今后一个时期面临的经济形势。2021 年世界经济有望出现恢复性增长，但形势依然复杂严峻；我国经济增速可能高于前几年，但我国发展进入风险易发多发期，有利因素和不利因素相互交织。

从有利因素看，新一轮科技革命和产业变革深入发展，国际力量对比深刻调整，人类命运共同体理念深入人心；我国经济长期向好的基本面没有改变，巨大的市场规模和需求扩张空间、建国 70 多年来积蓄起来的综合实力、集中力量办大事的制度优势等为经济发展提供了强有力的支撑和保障；机械行业发展环境总体向好，大部分细分行业走势趋向改善，加快构建新发展格局将促进行业更加平稳健康发展。

从不利因素看，世界经济复苏不稳定不平衡，单边主义、保护主义、民粹主义仍将作祟，产业链供应链区域化、本地化特征更加明显；疫情冲击导致的各类衍生风险不容忽视；我国经济恢复基础尚不牢固，居民消费仍受制约，投资增长后劲不足，出口持续回稳难度较大，“卡脖子”问题仍然突出；机械行业运行仍面临较大压力，账款回收难、资金周转慢、企业负担重，行业固定资产投资复苏缓慢，外贸出口压力犹存。

在看到外部复杂严峻形势的同时，也要看到国机集团自身在改革发展中存在一些突出问题。一是核心竞争力和盈利能力有待进一步提升。有的企业缺乏具有较强市场知名度和国际影响力的拳头产品，企业核心竞争力不足，效益效率有待进一步提高；海外市场开拓受阻，海外业务盈利能力大幅下降。二是布局结构有待进一步优化。传统业务的智能化、数字化、信息化转型升级滞后；主动做减法力度不够，低效无效资产仍然较多，亏损企业治理仍需付出艰苦努力。三是科技研发对产业支撑有待进一步增强。有的企业创新主体意识不强，研发投入和研发能力有待提高；部分企业科技研发优势未能有效转化为市场竞争优势。四是体制机制有待进一步完善。市场化改革力度不够，市场化激励方式的应用不够深入，一些重点难点问题尚待破解，职工干事创业积极性有待进一步提高，企业活力需要进一步释放；集团内部协同体系不够健全，企业参与内部协同的意识不强，业务人员对国机集团内部产品、业务、服务等情况缺乏了解。五是资本运作能力有待进一步提高。资本市场工具运用较少，融资模式单一，资本运作效果不理想；上市公司市值偏

低，与市场的良性互动需要增强。六是风险管控有待进一步加强。一些企业内控基础管理薄弱、风险防范意识不强、重要领域和关键环节风险把控不严，债务、投资、资金、合规、信用、国际化经营等领域存在不少风险隐患。

总的来看，国机集团改革发展正处于一个关键的历史阶段，困难挑战异常严峻复杂，新的机遇也在不断催生呈现。我们既要强化风险意识，坚决守住风险底线，也要强化机遇意识，坚定必胜信心，努力在危机中育新机、于变局中开新局，专注办好自己的事，不断推动企业高质量发展。

2. 国机集团改革发展的总体思路 “十四五”时期，要把国机集团工作放在进入新发展阶段、构建新发展格局的战略抉择中去谋划和推动，放在全面建设社会主义现代化国家新征程中去谋划和推动。要坚持党的全面领导，胸怀“两个大局”，积极发挥中央企业“六个力量”作用，坚持“锻造国机所长、服务国家所需”，继续处理好“稳”与“进”“破”与“立”“质”与“量”“继承”与“创新”的关系，进一步聚焦主责主业，扎实推进国机集团做强做优做大，力争规模、质量、管理到 2035 年初步达到世界一流企业水平。

“十四五”时期，国机集团改革发展的总体思路，概括起来是：坚持“一个引领”，实现“四个目标”，实施“六大举措”，推进“五项任务”。

推进国机集团改革发展全面进步，必须始终坚持高质量的党建引领。要全面加强党的领导党的建设，加速完善党建工作引领企业发展、服务生产经营的制度机制，充分发挥政治优势、组织优势。

综合考虑发展机遇、优势和条件，努力推动国机集团改革发展在多方面取得明显成效。一是高质量发展迈上新台阶。在质量效益明显提升的基础上，实现规模实力持续增长，行业地位显著提升。重大装备、农机装备、纺机装备、科技研发与服务等业务国内一流地位得到巩固。设计咨询与工程承包、供应链集成服务、汽车与会展、产融投资等业务达到细分领域国内领先水平。二是科技创新展现新作为。所承担的央企攻坚工程取得重要成果，攻克一批“卡脖子”关键核心技术，建成若干国家级科技创新平台，制造业强基补链能力实现提升，承担或参与的国家重大科技项目取得创新突破，对国家战略的科技支撑能力、对产业发展的技术引领能力得到增强。三是结构布局实现新优化。优势资源向主业实业进一步倾斜，主责主业管理更加科学，在前瞻性战略性新兴产业的布局比重进一步提升，产业基础高级化、产业链现代化水平进一步提高。四是企业改革取得新突破。国机集团改革三年行动任务全面完成，现代企业制度更加完善，市场化经营机制更加灵活高效，竞争力、创新力、控制力、影响力、抗风险能力进一步增强。

这些目标是立足当下、着眼长远提出来的。为实现这些目标，要重点实施一系列关键举措。一是服务两个循环。深挖国内市场潜力，加强内部协同合作，紧盯重大区域发展、“两新一重”建设等新机遇，积极提供国机产品和服务，助力畅通国内大循环。巩固和扩大国际化经营优势，深耕“一带一路”沿线国家和新兴国家市场，提高中国装备、中国标准“走出去”水平，加大高新技术、高级人才“引进来”力度。二是坚持创新驱动。大力推动科技创新，加大“卡脖子”关键核心技术的攻关力度，加强科研平台体系建设，强化科研院所的行业引领作用，强化科技人才激励，完善国机集团科研创新生态。大力推动商业模式创新，推进装备制造业务由生产型制造向服务型制造转变，积极探索“EPC+”“互联网 +”等新业务模式，加大新一代信息技术与传统产业融合发展力度，为传统业务注入新的发展动力。三是优化布局结构。结合国机集团业务实际和改革发展需要，大力推动业务布局调整，进一步突出主责主业，加快形成与国机集团使命愿景相匹配的战略布局和产业结构。四是开展瘦身健体。按照“有所为有所不为”的原则，对国机集团现有业务组合进行主动管理，完善退出机制，制定退出计划。通过压减、参股投资清理、“两非”剥离、主动退出等方式，逐步退出非核心业务，将资源进一步向核心业务集中。五是持续深化改革。全面把握国有资本投资公司改革试点及国企改革三年行动的精神实质和工作要求，稳步实施国机集团改革三年行动，持续推动三项制度改革，着力在完善中国特色现代企业制度、健全优化国机集团管控体系、深化混合所有制和员工持股改革、推行经理层任期制和契约化管理、推进薪酬激励市场化等关键领域实现突破。六是强化资本运作。探索建立精益管理、行业整合、资本运营“三位一体”市值管理体系。加强投融资管理，对国机集团有关业务进行差异化投资资源分配，国有资本金向优质业务倾斜。

在实施好关键举措的同时，要以推进落实若干重点任务为抓手，确保各项安排部署落地见效。一是推进装备行业重组。围绕国机集团主要装备制造领域，采用“产业链纵向延伸、业务领域横向拓展”两种模式，实现产业链上下游一体化和产业链关键环节的强化。二是推进内部协同发展。建立完善内部协同机制，构建内部交易市场，制订内部交易计划，强化协同目标考核，有效提升国机集团整体竞争优势和价值创造能力。三是推进国机工程集团发展壮大。分步整合重组设计咨询与工程业务，建立科学合理的管理架构，在构建新发展格局中发挥好工程集团的整体优势。四是推进数字化转型。着力建设“数字国机”，明确数字化转型目标、路径和组织机制，打造转型标杆和示范企业。通过内外部并购重组，聚合数字化资源，打造专业数字化平台。五是推进市值提升三年行动。用三年时间，显著改善上市公司基本面，进一步优化业务和资产布局，着力解决制约发展的突出问题，推动上市公司高质量发展。

关于“十四五”时期国机集团改革发展的相关内容将在“十四五”规划中进一步充实完善、细化明确，作出具体安排。各企业要切实抓好贯彻落实，完善本企业的“十四五”规划，建立有效实施机制，提高规划的执行力和落实力。

三、2021年经营目标和改革发展重点工作

2021年是我国“十四五”规划的开局之年，也是国机集团实现“十四五”发展目标的起步之年，具有特殊重要性。做好明年工作，对推进国机集团实现高质量发展至关重要。做好明年工作的总体要求是：高举中国特色社会主义伟大旗帜，以习近平新时代中国特色社会主义思想为指导，全面贯彻党的十九大和十九届二中、三中、四中、五中全会精神，深入学习贯彻习近平总书记关于国资国企改革发展和党的建设的重要论述精神，贯彻落实中央经济工作会议精神和中央企业负责人会议部署，立足新发展阶段、贯彻新发展理念、服务构建新发展格局，坚持稳中求进工作总基调，以推动高质量发展为主题，全面深化国有资本投资公司改革，强化创新驱动发展，优化调整布局结构，防范化解重大风险，提升党的建设质量，全面完成各项目标任务，确保“十四五”开好局，扎实推进国机集团做强做优做大，加快建设具有全球竞争力的世界一流企业，为促进经济社会持续健康发展、全面建设社会主义现代化国家作出新贡献。

2021年主要经营目标在2020年“两利三率”框架基础上新增了“全员劳动生产率”指标，形成了“两利四率”指标体系，这是实现发展质量、效益效率并重的举措。国机集团业绩考核办法将净利润、营业收入利润率、全员劳动生产率作为基本指标，研发经费投入强度作为分类指标，资产负债率作为专项指标。

“两利”强调效益，是企业发展的基石，为企业更好的蓄能增势留出空间；“四率”强调效率，考量单位收入的创利能力（营业收入利润率）、单位收入的科技含量（研发经费投入强度），人均产出效率（全员劳动生产率）和企业杠杆水平（资产负债率）。通过“四率”指标，引导企业持续推动经营效率和发展质量的边际改善，夯实防风险基础，促进持续健康发展。

刚刚结束的中央企业负责人会议指出，2021年中央企业总体目标是：净利润同比增长6%，营业收入利润率达到6.2%，资产负债率不高于65%，研发经费投入强度不低于2.6%、其中工业企业不低于3%，全员劳动生产率增长5%以上。

目前国机集团的营业收入利润率整体偏低，仅 10 家企业高于 6.2% 的考核目标；研发经费投入强度为 2.4%，低于考核目标 0.2 个百分点；全员劳动生产率为 26 万元/人，2021 年完成国资委目标要求需要提升 1.3 万元/人。差距既是压力，也是潜力，更是企业不断推进改革发展的动力。我们要结合集团国有资本投资公司改革试点运行，继续深化"提质增效""瘦身健体"专项行动，打造提质增效"升级版"，努力缩小差距，迎头赶上。

根据董事会的要求，国机集团 2021 年主要经营目标是：实现利润总额 100 亿元，净利润 72 亿元，资产负债率不高于 65%，全员劳动生产率增长 5% 以上。

1. 以主动对接国家战略为导向，服务构建新发展格局 主动对接国家重大战略，既是重大责任、也是重大机遇。要深刻认识构建新发展格局的历史意义，在服务构建新发展格局中主动发力、率先行动，发挥好国机集团在重大区域战略和高水平对外开放战略中的引领示范作用。

积极融入国内大循环。紧跟国家战略部署，深化与地方政府的务实合作，抢抓京津冀协同发展、长江经济带发展、粤港澳大湾区建设、长三角一体化发展、雄安新区建设、黄河流域生态保护和高质量发展、海南自由贸易港建设、成渝双城经济圈建设等国家区域发展战略新机遇，积极提供产品和服务。发挥好国机集团在工程设计、工程承包等领域的专业优势和资源优势，着力在"两新一重"建设上实现新的更大突破。依托国机集团设计院所在民用市政、轨道交通、农业农村、环境水务等领域的丰富经验，积极参与国内基础设施和公共服务设施建设，打造国机品质，形成国机特色。 助力畅通国内国际双循环。发挥好国机工程集团联合舰队作用，深挖"一带一路"项目建设机遇，探索实践"投融建营"一体化项目新模式，不断提升国机集团参与国际竞争的能力和优势。高质量推进在建海外重大工程，加强国际产能合作，着力带动中国制造、中国技术、中国标准和中国服务加快"走出去"。探索发展境外中医药产业园，积极推进中医药走向世界。积极研判、稳妥应对全球产业链布局重构趋势，强化与国际商业伙伴的深度合作，进一步优化海外业务布局。

2. 以提质增效为核心，实现高质量的稳增长 牢牢抓住发展这个第一要务不放松，着力增强提质增效措施的精准性、有效性，夯实国机集团高质量发展基础，努力提高效益、实现稳健增长。

一是向市场升级要效益。科学把握国内消费升级发展趋势，深挖国内市场潜力，巩固深化线上线下营销渠道，用好用足国家出台的各种政策，寻求新的增长点。利用好数字化变革催生的发展动能，推进新一代信息技术和工业生产、工程建设融合发展，推进业务提质增效升级。推动外贸业务向"优进优出"转变，认真研究《区域全面经济伙伴关系协定》（RCEP）签署后对外经贸规则变化，及时有效调整经营策略，抓住一体化共享市场释放的巨大潜力。

二是向业务协同要效益。围绕先进装备制造业、现代制造服务业，进一步优化国机集团科工贸业务协同发展机制，构建完善业务协同发展体系。深入推进国机集团内部资源共建共享和产业链上下游互助合作，巩固合作成果、拓展合作空间，在更多领域实现互利共赢、协同发展。坚持金融服务主业发展的模式机制，大力拓展产融结合的深度和广度，实现以融促产、以融助产。

三是向降本增效要效益。树牢全面预算管理理念，强化预算刚性约束。加强成本精细化管控，明确成本费用管控重点和压降目标，确保营业成本增长低于收入增长。深入开展"扭亏治亏""两金管控""压减"等专项行动，坚定 2021 年亏损面、亏损额基本清零的目标不动摇，真治亏，治真亏；加快清理高风险"两金"，确保"两金"增幅低于收入增幅，稳步提升资金周转效率；继续推进企业管理层级、法人层级压减工作，建立"压减"长效机制。

3. 以国企改革三年行动方案为纲领，深化国有资本投资公司改革 2021 年是国企改革三年行动的攻坚之年、关键之年，主要任务能否落地、是否见效，直接决定着后年能否全面实现预期目标。要突出重点任务，加大工作力度，把实施改革三年行动与国机集团国有资本投资公司改革试点运行结合起来，以钉钉子精神抓紧抓实 2021 年改革各项工作，确保国机集团国有资本投资公司改革取得实质性突破和进展。

一是更加聚焦完善中国特色现代企业制度。深入贯彻“两个一以贯之”，推动党的领导融入公司治理制度化、规范化、程序化。健全外部董事、监事选聘和管理制度，实现董事会应建尽建、配齐建强。修订完善“三重一大”决策制度，进一步厘清各治理主体权责边界。建立董事会向经理层授权的管理制度，明确授权原则、管理机制、事项范围、权限条件，保障经理层依法行权履职。

二是更加聚焦布局优化和结构调整。要下更大功夫深化国有资本投资公司试点改革，在业务布局调整、组织优化、管控体系等方面取得实实在在的成效。围绕国家战略需求，推动优质资源向关键领域集中，大力发展实体经济，积极培育战略性新兴产业和专精特新业务。坚持有所为有所不为，从战略匹配、运营质量两个维度评判，加快非主业、非优势业务的“两非”剥离，抓好无效资产、低效资产的“两资”处置，力争明年完成 70% 以上的“两非”剥离任务，进一步做强做精主业。

三是更加聚焦深化混合所有制改革。坚持“三因三宜三不”原则，积极稳妥、分层分类深化混合所有制改革，务求改革实效。制定国机集团混合所有制改革指导意见，加强对参股企业的管理，坚决防止“只投不管”。研究评估混合所有制改革成效，对具备条件的企业“一企一策”制定混改方案，成熟一个推进一个。

四是更加聚焦健全市场化经营机制。持续推进“总部机关化”问题整改，强化国机集团总部在战略引领、资源配置和产业进退等重大决策上的作用，着力构建“放管结合、服务共享”的国机集团管控体系。深化三项制度改革，在“双百企业”“科改示范企业”推行经理层成员任期制和契约化管理，推进完善市场化的用工机制和薪酬分配机制，探索运用上市公司股权激励、科技型企业股权和分红激励等中长期激励措施，激发企业的活力动力，调动各类人才干事创业的积极性。

五是更加聚焦改革专项工程。发挥好专项工程示范引领和突破带动作用，扎实推进改革措施的综合运用和系统集成。推进落实“科改示范行动”工作方案，着力提升企业创新能力，形成阶段性示范成果。全面盘账对表，阶段性总结“双百”企业改革成果，充实调整“双百”企业名单。深入对接地方国企改革部门，推进重点区域内企业开展综合性改革。深入开展“学先进、抓落实、促改革”专项行动，争当改革标兵、争创改革经验，形成典型引路、比学赶超的生动局面。

4. 以科技创新为支撑，加速催生新发展动能 科技创新是赢得发展主动权的必然选择，是应对竞争新格局的内在要求，是推动高质量发展的重要支撑。党的十九届五中全会和中央经济工作会议把科技创新的地位和作用提升到前所未有的战略高度，强调科技自立自强是促进发展大局的根本支撑。党中央对科技创新作出的深刻论断为我们指明了方向、提供了遵循。我们要矢志创新，牵住科技创新这个“牛鼻子”，下好科技创新这步先手棋，走稳走好国机集团“科技自立自强”的发展道路。

一是发挥作为国家战略科技力量的重要支撑作用。要围绕“锻造国机所长、服务国家所需”的战略定位，紧扣国家重大战略和高质量发展需要，主动承担国家战略咨询研究，参与国家战略顶层设计，为中央和国家战略发展献计献策。面向科技前沿，主动承担国家重大科研任务，加强深空、深海、深地等极端环境装备及新能源装备等前沿性、基础性技术研究。围绕制造强国、科技强国、质量强国等战略，积极发挥国机集团在基础装备与工业基础的技术优势，主动担当，推动我国制造业产业基础能力的提升。要进一步提升农机装备、纺织机械等装备水平，为振兴农机装备、服务乡村振兴战略、保障民生提供支撑。

要重视推进颠覆性、变革性技术的探索与培育，充分利用现代信息技术提升数字化水平。

二是着力提升国机集团技术创新能力。要把关键核心技术攻关工作放在更加重要位置，围绕国家高端装备、绿色、智能等三大技术发展方向，持续推进关键核心技术攻关；加大研发经费投入，推进国机集团重大科技专项组织实施；集中优势资源，扎实推进国务院国资委专项攻关任务，确保所承担任务如期完成考核目标。加大工业基础技术研发力度，聚焦基础零部件/元器件、基础材料、基础制造工艺和装备、质量技术基础、基础工业软件等“工业五基”精准发力，积极参与国家产业基础再造和产业链提升工程，探索推进我国装备制造产业基础共性技术创新平台的构建，助力国家打好产业基础高级化、产业链现代化攻坚战。强化科研平台建设，积极参与国家重点实验室等国家级科研平台的整合与技术创新中心的转建；组建若干家集团级创新平台，打造国家科技创新平台的“预备队”；积极推进国家国防科技创新平台建设，培育军工配套研发与保供重要基地；加快提升院所行业引领作用，强化院所的行业共性基础研究与战略咨询能力。

三是着力完善科技创新机制。围绕人才和机制两个关键点，完善科技创新与激励机制，激发创新热情，构建良好创新生态。进一步完善与推进实施国机集团“项目、科研平台、人才、资金一体化配置”的科技规划体系与运行机制。改进科技项目组织管理方式，形成“揭榜挂帅”机制，完善科技评价机制，加强知识产权保护，提高科技成果转化成效。建立科学合理的薪酬制度与激励措施；建立容错机制，鼓励创新，宽容失败，形成有利于培养优秀企业家、卓越工程师和“工匠型”高技能人才的机制。树立与弘扬久久为功、潜心钻研的“工匠精神”和科学家精神。

5. 以管理提升为支撑，向管理要质量要效益　国机集团已连续多年进入《财富》世界 500 强，但与世界一流企业相比，在盈利能力、创新发展、产业布局、管理水平、质量品牌等方面还有不小差距。不久前，国机集团发布了对标世界一流管理提升行动实施方案，明确了 8 大方面 30 项重点任务。各企业要结合实际，进一步抓好工作落实，大力推进管理体系和管理能力现代化，为打造世界一流企业奠定坚实基础。

一是全面对标，找准短板差距。加强与德国西门子、法国施耐德、日本三菱重工等世界一流企业的对标，围绕企业核心资源的配置管理，适应数字化变革趋势，加快构建现代化管理体系。各企业要合理选择对标企业，科学选取对标要素，既要注重量化指标的对标，也要注重管理理念、创新能力等方面的对标，把对标贯穿到企业生产经营管理全过程和各层级，有效发现问题，明确改进方向。

二是健全体系，提升管理能力。坚持以规范流程、消除盲区、有效运行为重点，加快健全完善内控体系，力争做到体系完整、全面控制、执行有效。梳理优化业务流程，推动企业管理进一步精细化、数字化、智能化。提高信息化水平，合理利用现代信息手段开展管理创新，探索建立与企业实际相适应的信息化管控体系。强化经营统计分析，提高精准研判经营发展形势的能力。开展“阳光采购”工程，加强采购流程的规范化和透明化。树立质量强企观念，广泛开展质量改进、质量攻关，增加高质量、高附加值产品服务的有效供给，打造国机品质优势。完善“大监督”管理机制，强化法律内控作用，推进审计全覆盖，推动派驻监事会有效运行，集聚专业优势，形成监督合力。

三是持续加强品牌文化建设。大力发扬“合力同行、创新共赢”的“和”文化，秉承以“价值、创新、绿色、责任、幸福”为内涵的“五个国机”发展理念，深度挖掘国机集团沉淀的企业文化养分，积极谋划企业文化精品项目，创新开展国企开放日、机械工业纪念日等活动，夯实品牌和文化管理基础，完善制度体系，推进品牌文化与企业经营的融合发展，持续增强品牌传播力度，以软实力打造战斗力、提升凝聚力。

6. 以防范化解重大风险为关键，筑牢高质量发展安全底线 “堤溃蚁孔，气泄针芒。”严控风险是企业持续健康发展的重要前提。我们必须始终保持高度警惕，严防各类风险叠加共振，守住不发生重大风险的底线。

一是切实防范化解债务风险。巩固降杠杆专项工作成果，加强债务动态监控，强化负债规模和资产负债率双重管控，突出对高负债企业的重点督导和分类管理，禁止高负债企业实施推高资产负债率的投资项目。树牢“现金为王”意识，高度重视资金链安全，采取针对性措施加速资金回笼。要高度重视信用安全，严防债务违约，维护国机集团良好的信用形象。严格执行融资预算管理，统筹规划信贷融资和发债融资，确保信贷风险可控在控。财务公司要进一步提高风险控制水平，在确保资金资产安全的前提下，加大内部借款替换外部融资力度。

二是切实防范化解金融风险。金融业务必须紧紧围绕实业、服务国机集团主业有序开展，坚持严控增量、优化存量，以产促融、以融助产，严防脱实向虚，严禁脱离主业单纯做大金融业务。完善金融安全防线和风险应急处置机制，建立健全从集团公司到金融子企业的多层次风险管控体系，杜绝系统性金融风险。强化高风险业务管控，加强对信托、基金、金融租赁等金融业务运行监测，密切关注和应对汇率波动可能衍生的风险。

三是切实防范化解国际化经营风险。提升防范化解国际化经营风险的能力和水平是国机集团迈向世界一流企业道路上的专业课必修课。要高度重视国际化经营合规风险，加强对敏感国家、敏感行业项目的风险评估，积极研判外部经贸规则重大变化，加强工程承包、贸易、投资等涉外业务的合规管理。强化境外风险防控长效机制建设，保障国机集团境外人员、机构、资产以及重大项目安全，不断提高防范化解国际化经营风险的能力和水平。

四是切实防范化解安全环保稳定风险。牢固树立安全生产红线意识，严格执行安全生产责任制，落实全国安全生产专项整治三年行动，加强对重点业务领域的安全和环保隐患排查整治，坚决防范和遏制重特大生产安全责任事故和重大环保事故发生。高度重视信访维稳工作，加强舆情引导，严防大规模群体性事件，切实维护好企业和社会的和谐稳定。

四、关于党的建设重点工作

面对严峻复杂的外部环境和艰巨繁重的改革发展任务，我们必须坚持以习近平新时代中国特色社会主义思想为指导，进一步增强政治意识，提高政治站位，真抓实干把党中央决策部署及国资委工作要求落实到位，为推动国机集团高质量发展提供坚强保证。2021 年党建工作要突出“三个围绕”，一是围绕迎接建党 100 周年，贯彻落实好中央总体部署，结合国机集团实际挖掘红色资源、传承红色基因，广泛开展内容丰富、形式多样的庆祝活动。二是围绕全国国企党建会召开 5 周年，对贯彻落实全国国企党建会重点任务情况进行“回头看”，进一步补短板、强弱项、促提升。三是围绕国机集团党委换届，开好国机集团第二次党员代表大会，持续深入落实《中国共产党国有企业基层组织工作条例》，进一步严格国机集团各级企业党内政治生活，夯实党的基层基础工作。要全面贯彻新时代党的建设总要求和新时代党的组织路线，紧扣“三个围绕”，扎实开展“中央企业党建创新拓展年”，不断推进党建工作理念创新、机制创新、方式创新，以高质量党建引领高质量发展。

1. 坚持党的领导，做到“两个维护” 坚持以政治建设为统领，增强“四个意识”、坚定“四个自信”、做到“两个维护”，着力健全坚持党的全面领导的各项制度规定，进一步完善“第一议题”制度，认真落实《国机集团党委贯彻落实习近平总书记重要指示批示督查办法》要求，对照有没有学习研讨、有没有贯彻措施、有没有督导推动、有没有跟踪问效“四项标准”，确保习近平总书记重要指示批示和党中央决策部署不折不扣落实到位。完善党委发挥领导作用的机制，做到组织落实、干部到位、职责明确、监督严格，从组织上制度上机制上确保党委的领导地位，把党的领导融入公司治理各环节，推动党建优势转化为企业治理优势、竞争优势、发展优势。

2. 坚定理想信念，加强思想建设 持续推动学习贯彻习近平新时代中国特色社会主义思想走深走实，更好武装头脑、指导实践、推动工作。重点抓好集中培训和专题学习，推动广大党员干部在用好做实上下功夫，切实把学习成果转化为推动企业高质量发展的生动实践。围绕建党 100 周年积极开展主题宣传、典型选树和群众性教育等系列活动，系统总结国机集团在习近平新时代中国特色社会主义思想指引下取得的重大成就、作出的重要贡献，大力宣传干部职工创新创业的先进典型，加快构建与具有全球竞争力的世界一流企业相适应的全媒体传播体系，讲好国机故事、唱响国机声音。

3. 推动深度融合，体现党建成效 坚持围绕发展抓党建、抓好党建促发展，把提高企业效益、增强企业竞争力作为党组织工作的出发点和落脚点，突出党建与业务深度融合的目标导向，持续优化党建工作考核评价机制，强化考核结果运用，进一步激发强党建促发展的内生动力。坚持“树导向、抓样板、定模式”的工作思路，在各级党组织中选树先进典型，积极宣传推广，营造党建与业务深度融合的良好氛围，充分发挥基层党组织和广大党员在应对重大突发事件、承担急难险重任务中的战斗堡垒和先锋模范作用。深入贯彻习近平总书记关于脱贫攻坚工作重要论述精神，落实“四个不摘”要求，发挥好央企主力军作用，努力在服务脱贫攻坚与乡村振兴的“接力赛”中跑出新成绩。

4. 提升政治功能，夯实“三基建设” 选树国机集团第二批“示范党支部”，组织开展党建交流会，做好基层党支部标准化规范化建设和“空白企业”“空白班组”验收工作。围绕人才队伍建设规划，组织更大范围、更大规模、更高频次的培训和交流研讨活动。加强分类指导，鼓励探索创新，积极拓展混合所有制企业、境外企业党建工作有效途径和方式。

5. 完善制度体系，加强干部队伍建设 健全“1+N”选人用人制度体系，细化完善选人用人各项制度流程，扎牢织密制度的笼子。完善优秀年轻干部发现培养选拔机制，加大优秀年轻干部选拔使用力度，推进更多优秀 70 后、75 后干部进入企业领导班子。落实国家重大人才工程，开展国机集团高层次人才选聘工作，持续完善人才选拔培养制度。大力推进人才交流，优化员工晋升成长通道，不断加强总部人才队伍建设。发挥好国机党校、国机大学平台作用，加强理想信念教育和党性教育，提高教育培训的针对性和有效性。

6. 推进全面从严治党，进一步加强党风廉政建设和反腐败工作 压实管党治党主体责任和监督责任，加强政治监督，推动各类监督有机贯通、相互协调。持续推进中央巡视整改，准确把握当前面临的形势任务，以实实在在的整改成效助推企业改革发展。发挥巡视巡察利剑作用，开展常规巡视和巡视“回头看”，探索巡视巡察上下联动。巩固深化“不忘初心、牢记使命”主题教育成果，严格落实中央八项规定及其实施细则精神，持续纠治“四风”特别是形式主义、官僚主义。进一步巩固拓展专项整治工作成果。坚持“三不”一体推进、同向发力，紧盯重点领域、关键环节，坚决查处风险背后的腐败问题。

最后特别要强调的是，抓好新冠肺炎疫情防控是做好明年各项工作的基础和前提。当前，新冠肺炎疫情仍在全球蔓延，国内零星散发病例和局部暴发二次疫情的风险依然存在，夺取抗疫斗争全面胜利还需要付出持续努力。要毫不放松抓好常态化疫情防控，慎终如始、再接再厉，全面做好“外防输入、内防反弹”各项工作。落实好国务院国资委有关境外防疫工作要求，集团驻外机构、项目现场要进一步压实防疫责任，细化防疫措施，做好应急处置预案，把工作抓实抓细抓出成效。

同志们，功崇惟志，业广惟勤。构建新发展格局的号角已经吹响，实施新发展战略的征程即将开启。让我们更加紧密地团结在以习近平同志为核心的党中央周围，增强“四个意识”，坚定

"四个自信"，做到"两个维护"，拼搏进取、继往开来，努力完成明年改革发展和党的建设各项目标任务，推进企业高质量发展，确保"十四五"良好开局，奋力建设具有全球竞争力的科技型、管理型、质量型世界一流企业，以优异成绩庆祝中国共产党成立100周年，为全面建设社会主义现代化国家、实现中华民族伟大复兴的中国梦作出新的更大贡献！

改革求变　创新发展　扎实推进世界一流企业建设

——在国机集团2021年工作会议上的报告

（2020年12月29日）

吴永杰

一、2020年经营运行主要工作

2020年，国机集团坚持以习近平新时代中国特色社会主义思想为指导，全面贯彻党的十九大、十九届二中、三中、四中、五中全会和中央经济工作会议精神，按照国务院国资委的各项工作部署和具体工作要求，全面落实集团党委、董事会的各项部署安排，把央企的境界、责任和担当摆在首位，做好"六稳"工作、落实"六保"任务，在集团党委和董事会的正确领导下，以2020年工作会"五个必须"为指导，改革创新，攻坚克难，统筹做好疫情防控和经营发展各项工作，为做好"十三五"收官工作，确保完成决战脱贫攻坚目标任务、决胜全面建成小康社会贡献了国机力量。

1."锻造国机所长，服务国家所需"取得新作为　国机集团坚决贯彻落实习总书记重要指示批示和党中央决策部署，充分发挥核心优势，推进国家重大战略落实落地，在践行初心使命中扛起了应尽之责、做出了应有贡献。

（1）为全面打赢"三大攻坚战"贡献国机力量。在防范化解重大风险方面，集团统筹内控、风险、合规管理，打造一体化管控监督体系，重点加强全链条法律风险防范机制，确保集团依法经营、健康发展。在精准脱贫方面，集团坚持"扶智力、扶志气、扶产业、扶民生"四翼并举，助力4个定点扶贫县（区）全部实现脱贫摘帽，全面完成脱贫攻坚目标任务。在污染防治方面，集团坚决落实生态环境保护工作要求，在生态修复、环境治理、能源高效利用等关键技术上取得突破，以自身优势服务生态文明建设大局。

（2）围绕构建"以国内大循环为主体、国内国际双循环相互促进的新发展格局"，积极融入国家区域发展战略。集团发挥产业链优势，创新业务模式，积极参与海南自贸港、粤港澳大湾区、长江经济带、京津冀协同发展等国家级区域协调发展战略和有关省市地区的重点区域开发建设，加强与海南、重庆、惠州、德阳等地方政府的战略合作，完成了国机海南发展公司的注册和揭牌。2020年，集团先后与地方政府和中央企业新签8个战略合作协议，一些重大合作项目落地取得新进展。

（3）加大国际产能合作力度，积极参与"一带一路"沿线国家发展。2020年，集团克服疫情带来的各种困难，千方百计拓市场、促生效、稳执行，持续加大与“一带一路”沿线国家合作力度。目前，集团在“一带一路”沿线国家设有255家驻外机构，派驻员工8千人。中白工业园、苏美达缅甸工厂、老挝工厂等项目创造了大量就业机会，为所在国家的稳定发展做出了贡献。

（4）积极承担国家重大技术攻关工程。中国一拖的大型高效谷物联合收割机解决了“有机难用”问题；320马力无级变速拖拉机破解“无机可用”难题；国机研究院的高性能荧光滤光片在新冠疫情检测中发挥重大作用；国机精工的动车组轴箱轴承、大功率风电主轴轴承填补国内空白。

（5）发挥机械行业排头兵作用，全面落实制造强国战略。集团围绕高端装备制造、智能制造、农机装备等优势领域，加大推进力度，取得了多项成果。国机精工参与我国载人航天中七大系统特种轴承的研制，为探月工程提供关键轴承，助力“嫦娥五号”登月取土。中地装集团下属奥地公司联合研制高精度重力仪，为珠峰高程测量提供了历史最好的海拔高程起算基准。国机重装率先掌握第三代核电泵壳内壁堆焊全自动焊接技术，开启“华龙一号”核电泵壳批量化生产时代。国机重装下属中国二重成功完成新舟700新型涡桨支线飞机钢起落架模锻件产品全部试制工作，保证了项目研发工作的顺利推进。中国恒天研发纺织行业数字化、智能化关键设备自动络筒机，成为全球四大供应商之一；智能化棉纺成套纺纱设备有力地促进纺织行业的智能化转型升级。

2. 抗击疫情彰显央企担当，交出出色“答卷” 2020年，国机集团认真执行党中央、国务院和国资委对疫情防控的各项部署，将统筹推进疫情防控和经营发展这条主线贯穿全年，医疗防疫物资保供贡献突出，境内外疫情防控成果持续巩固。面对国内疫情防控大战、大考，国机集团闻令而动，逆行返岗，快速转产扩产，推动上下游产业链协同复工达产，不计成本、不计代价，圆满完成医疗防疫物资保供任务，并形成了以“三机三品”为代表的医疗防疫物资产业链。全年累计生产压条机1 010台、口罩机941台、熔喷布生产线87条、熔喷布4 178吨、口罩12.4亿只、防护服8 795万件（其中，医用一次性防护服320万件），生物滤光镜片55万片。其中前五类产品产量列央企第一，圆满完成医疗防疫物资保供任务。在疫情防控总体战中，集团涌现了一批表现突出的先进集体和先进个人。2名同志和1个集体获得国家抗疫先进表彰，7名同志和2个集体获得国务院国资委抗疫先进表彰，在中央企业中名列前茅。2名同志获得广东省抗疫先进个人，56名同志和16个集体获得集团抗疫先进表彰。

面对境外疫情持续蔓延，集团统筹协调境外疫情防控和生产经营工作，周密部署各类防控措施，充分发挥好境外党支部作用，妥善做好现场人员及国内家属的安抚稳定工作，全力落实“两稳、两争、两保”目标任务。2020年，共完成境外项目风险排查近2 000次，协助完成3 239人次新冠疫苗接种工作，办理包机10余架次，搭载逾730名中方员工回国，逾280名中方员工返岗复工，着力避免出现聚集性疫情。境外疫情防控和应急处置能力经受住了考验，为集团国际化经营的持续开展积累了宝贵经验。在统筹做好境内境外疫情防控工作的同时，集团践行央企社会责任。疫情之初，集团积极调动海外各区域中心、驻外机构筹集口罩53.8万个，防护服5 179件，医用手套1.3万双，护目镜5 000副捐往湖北疫区，全力支持湖北抗疫（据有关部门统计，截至2月底，在30家中央企业海外采购、捐赠且运抵湖北的物资中，国机集团捐赠的医用口罩约占总体数量的19%；护目镜约占13%，除三家采购平台企业外）；境外疫情扩散之时，集团加快在赞比亚、突尼斯、厄瓜多尔、马尔代夫等医院、防疫设施工程进度，为各项目所在国抗击新冠疫情贡献力量；集团各企业及驻外机构纷纷采购防疫物资捐赠所在地、所在国政府机构、行业组织和合作伙伴，积极向白俄罗斯政府捐赠集团自产2.1万套无菌防护服，为国际共同抗击疫情贡献央企力量。

3. 生产经营保持平稳发展 2020年，集团完成保增长任务，为中央企业实现“两个力争”目标作出积极贡献。总的来看，主要经营指标稳中有进，经济效益稳步回升。集团27户二级企业中，超五成企业实现净利润正增长，中国恒天、苏美达股份、中国联合、中设集团等4家企业净利润均超过10亿元，另有7家企业净利润超1亿元；国机资产、国机智能、桂林电科院、中国农机院、中国联合、中国一拖、中机国际等7家企业净利润增长超过40%，特别是中国联合、苏美达股份、中国恒天三家企业为集团超额完成净利润目标作出突出贡献。

4. 两个市场开拓取得新成果 2020年，面对全球经济严重衰退和疫情冲击，集团加大两个市场开拓力度，收获多项成果。根据快报数据，集团全年实现新签合同额473.5亿美元，合同成交额432.7亿美元。

（1）加大国内市场开拓力度，积极培育国内发展竞争优势。2020年，各企业紧紧抓住构建新发展格局机遇，及时调整发展策略，积极融入智能制造、区域发展等国家重大战略。国机重装下属二重装备和中国重型院密切协同，签订广东南方东海钢铁冶金工程项目；中海航成功中标海南昌江电厂3、4号机组排水隧洞等工程，合同金额9.52亿元；中机六院陆续承接了郑州城市大脑等一大批行业代表性项目；中国电研拓展健康家电、医疗器械、5G通信等资质，抢抓医疗防疫物资相关检测认证市场机遇；国机汽车新签林肯进口整车分销业务合同，成功续签特斯拉国产车工厂业务，延伸服务链条；中国联合中标6.53亿元的中电海康无锡物联网产业基地（一期）EPC项目，将助力其创建无锡市标杆型产业园项目；国机工程集团发挥集团化作战效应，主动服务粤港澳大湾区建设，与广东惠州签订了千亿级项目合作协议，首个7.8亿元市政道路项目已中标并开工建设。

（2）进一步巩固国际市场传统优势，深挖国际区域发展新机遇。2020年，在全球疫情持续蔓延的形势下，集团逆势破局，在“一带一路”沿线市场中标及签约多个项目，巩固了竞争优势。其中，中设集团阿布扎比光伏项目超过9亿美元，阿铁项目补充协议和北巴塔哥尼亚走廊铁路改造项目总金额达8.16亿美元；国机重装签署柬埔寨上达岱水电站BOT投资项目协议，项目金额近4亿美元；中工国际伊拉克阿尔多拉电站修复改造项目和柬埔寨奥多棉芷省265MW燃煤发电厂项目，合同金额均超过2亿美元。与此同时，在确保海外员工安全的情况下，集团加大在手项目执行力度，部分项目实现了重要里程碑和标志性节点。国机重装柬埔寨200MW重油电厂项目首台机组一次成功点火启机并完成并网发电。中国海航巴基斯坦卡拉奇核电站取排水工程整体施工进展顺利，累计收取工程款超3亿美元。

（3）坚定不移扩大开放，充分利用会展平台优势，推动进出口业务高质量发展。集团发挥专业优势，深度参与了第三届中国国际进口博览会相关工作，积极接洽全球合作伙伴，加大进口力度，签署采购协议十余项，采购金额达50多亿美元，有效推动了集团进出口业务转型升级；向第三届进口博览会提供了高水平的保障服务，受到了国务院国资委和商务部、进口博览局的高度肯定。此外，在常态化疫情防控阶段，集团积极发挥会展业务对经济的带动作用，成功举办北京车展、澳门车展、上海汽配展、国际农机展等大型商业展会，为推动经济复苏带来强劲动力。

5. 多项改革取得新进展 2020年，国机集团以改革应变局，紧紧围绕《国企改革三年行动方案》要求，积极探索，突出实效，完成2020年全面深化改革工作要点，推动管理体制、战略引领、法人治理等改革事项取得阶段性进展。

（1）全面落实国企改革三年行动方案各项任务，发展动力进一步增强。研究制定了《国机集团改革三年行动方案》和工作台账，启动专项工作，推动全面落实改革三年任务；扎实推动国有资本投资公司试点工作，确定改革试点实施方案，明确了管控权责清单；完成集团混合所有制改革工作总体谋划，以“双百”“科改示范行动”等专项示范为重点，稳步推进混合所有制改革和员工持股改革。

（2）强化战略引领，顶层设计持续优化。通过开展“十四五”发展规划编制工作，聚焦主责主业，进一步明确了发展的重点方向和重点任务，初步形成了规划主体框架。

（3）完善现代企业治理体系，治理效能稳步提升。进一步完善“三重一大”决策机制，明确董事会与经理层在决策重大经营管理事项上权责边界；积极有效落实集团党委会和董事会各项决议事项，对决议事项形成闭环管理；建立健全集团派出外部董监事选聘、管理、考核等相关制度，进一步规范约束机制；优化考核分配体系，出台经营业绩考核办法和工资总额预算管理办法，业绩考核和薪酬分配的导向和激励作用得到强化；预算管理水平持续提升，全面预算管理体系不断完善。

（4）强化重组并购与市值管理，优化资源配置。集团以地方国资混改为契机，稳妥推进外部重组，有序推进内部整合，对现有 18 家托管企业进行分类管理；推动中工国际下属北起院等重点企业提级，进一步优化资源配置和管理架构；加强上市公司日常管理，完成国机重装的恢复上市，履行主动退市承诺；推进一拖股份、中工国际 A 股非公开发行工作；加强市值管理，初步形成了市值管理三年行动方案框架。

（5）健全市场化经营机制，人力资源改革不断深入。持续优化集团公司层面组织机构，合并压减部门及部门内设机构，部门数量和编制均低于央企平均水平。完善职务职级序列，理顺员工成长通道。大力选拔优秀年轻干部，不断优化干部人才队伍结构。

6. 结构布局进一步调整优化 在做好传统产业转型升级的同时，集团积极培育新产业，促进业务结构优化，实现新旧动能转换，为集团发展带来新的活力和潜能。

（1）国机工程集团稳步推进，综合效能初步显现。2020 年，国机工程集团完善组织机构，统筹经营发展，协调企业百余个投标项目，保障集团在工程领域的市场开发工作规范有序；发挥协同作用，组织中国联合 BIM 技术应用于中设集团巴林房建项目，提升了拓展海外业务的核心技术竞争力；组织与中国信保高层对接，就合同总额近 50 亿美元的 10 余个海外重点项目进行了逐一沟通，积极推动项目合作。

（2）国机海南公司建设取得阶段性成果。为积极响应和服务海南自由贸易港建设，集团成立了“国机海南发展有限公司”。海南公司作为集团海南区域总部，以粮贸为主业，发挥平台化作用，积极对接海南发展需求，拓展合作领域，为建设好海南自由贸易港贡献国机力量。

（3）完善产业链条，提升整体竞争力。成立了国机租赁、国机保理公司，进一步深化产融结合，为集团主业发展提供更有针对性的金融服务。成立了国机香港公司，提升集团境内外资金的统筹管理能力。成立了国机共享服务公司，助推集团各类服务与保障工作降本增效，推动实现高质量发展。顺应行业改革趋势，整合优质资源，国机特检重组设立方案基本成型。

（4）开展“两非”剥离专项工作，推进结构调整。集团全面开展了“两非企业”调查摸底，制定了2020—2022年“两非企业”剥离工作方案、确定“两非企业”名单，建立“两非”剥离工作追踪督导机制。2020 年，共有 4 户“两非企业”完成改革任务。

（5）持续推动企业压减工作，清理成效显著。强化户数新增管控，严控新设法人层级长于5级、管控层级长于3级的企业；将资产处置工作纳入全面预算管理，符合条件的年初集中批复，提高压减效率，户数由2019年的1 194户压减到1 163户。

7. 科研的支撑和引领作用进一步凸显 集团高度重视科技创新，围绕产业链部署创新链，积极培育科技创新发展新动能，为集团发展提供坚强科技支撑。

（1）科技创新步伐加快。集团在农业机械、地质机械等产品上推广北斗导航系统的应用，应用北斗终端67 000多台，扩大了北斗导航系统的应用范围。中国农机院着力探索农机数字产业化，开展农业生产全过程作业与管理；开展采棉机进口部件替代攻关，成功研制六行棉箱式智能采棉机，推进核心技术自主化；中国一拖成功研发国内首台5G+氢燃料电动拖拉机，其220马力无人驾驶拖拉机实现全流程作业无人化。

（2）科技奖项成果丰硕。集团全年获得国家省部级和全国行业性以上各类优秀成果奖350余项，其中科学技术奖139项，高等级资质全年获批24项，为占领高端市场、扩大市场份额奠定更广阔的资质平台。

（3）科研平台建设成效明显。全年共获批建设省部级以上科研平台18家，其中中设集团下属天津电气院、国机精工下属洛轴所获批国家级企业技术中心。积极推进国家重大技术装备创新研究院筹建，推荐农业机械、纺织机械领域项目申报重大技术装备攻关工程。

8. 经营管控风险呈现平稳态势 2020年，集团加大经营发展风险防范力度，紧盯苗头性、倾向性、潜在性问题，强化监测预警和政策预研准备，坚持系统观念，补齐短板，深化风险管控，增强发展韧性。

（1）切实做好合规经营，提高风险防控能力。集团强化内控管理力度，以合同管理、资金管理等关键环节的管控和约束为抓手，消除管控盲区，推动合规经营；启动季度监控和实时报告机制，将境外项目风险防控纳入重点监控范围；完善采购管理体系建设，开展采购管理专项检查，全方位提高采购的规范化和透明化；建立预算编制审核、下达批复、执行监控、考核评价闭环管理体系，全面预算管理成效显著体现；成立“两金”压控工作专班，制定三年工作方案，通过“晾晒”式通报，层层传达管控压力，工作力度明显加强。此外，初步建立规范有序的责任追究工作机制，加强违规经营投资追责和处置力度，强化制度执行，落实国有资产保值增值责任，有效防止国有资产流失。

（2）推进内部审计改革，强化审计监督效能。建立审计机构向党委和董事会负责的工作机制，由党委常委担任总审计师；开展下属企业“交叉审计”试点，创新审计工作方式方法；积极推进审计全覆盖，全年完成审计项目504项，有效提高内部审计监督效能；指导企业内部审计机构做好监事会业务支撑，发挥监督合力。

（3）加强派驻监事会建设，强化集团监督管控能力。2020年，集团成立派驻监事会，明确职责安排和目标任务；修订完善管理办法等，推进工作制度化建设，与企业建立对接渠道，推动监事工作落实落地；加大现场调研力度，围绕专项问题整改情况，监控企业经营动态，及时关注报送重大风险。

（4）切实抓好安全生产，为生产经营保驾护航。2020年，集团进一步压实安全生产责任，全面开展安全生产专项整治三年行动，创新开展各类专项检查活动，巩固安全生产专项整治工作成效，切实强化疫情防控常态化条件下安全生产工作。同时做好境外应急处置工作，充分体现集团优秀的应急处置能力及关键时刻央企的责任担当。全年集团未发生安全生产主体责任事故和环境污染事故，安全环保形势总体保持平稳向好态势，安全生产情况为近五年来较好的一年。

2020 年，面对前所未有的困难挑战，集团奋力拼搏、开拓创新，我们在生产经营、改革创新等各方面都取得了明显成效，实现了“十三五”良好收官，进一步增强做强做优做大国有资本和国有企业的信心。我们必须坚持“两个维护”，必须坚持贯彻新发展理念，必须坚持履行责任使命，必须坚持优化布局结构，必须坚持传承和创新文化，在 2021 年和“十四五”期间继续发扬积极奋进的优良传统和开拓前行的拼搏精神，为集团高质量发展作出更大的贡献！

二、当前发展的挑战和机遇

2021 年是“十四五”开局之年，也是我国现代化建设进程中具有特殊重要性的一年。我们要主动作为，在危机中育新机，于变局中开新局，做强做优做大国有企业，推动国有资产保值增值。

1.“核心竞争力和盈利能力有待进一步提升”的问题，是集团可持续高质量发展最为核心的关键所在 当前，集团发展面临瓶颈，营业规模已多年未能有突破性进展，主业竞争力明显减弱，与集团高质量发展的要求不匹配。集团装备制造业务规模优势不显著，对于支撑国家“制造强国”的战略目标来说尚有不足；工程承包业务过于依赖国际市场，发展不平衡的问题也较为突出，投融建营一体化服务能力与竞争对手差距加大，市场空间被严重压缩，2020 年对集团的利润贡献度降至新低；贸易服务业务的风险加大，商业模式和市场结构急需优化，拓展国内市场成为迫切需要；产融投资业务，所投资企业利润减少，新业务开展受阻，营业收入和净利润均同比下降。

2.“布局结构有待进一步优化”的问题，是“十四五”期间乃至更长时期的战略性任务 近年来，集团的产业布局结构不断优化，但是仍存在分布过宽、主业不集中、核心竞争能力不强等问题。调整优化集团的业务布局结构，是提升集团核心竞争力、提高发展质量的内在要求，集团要进一步突出重点发展目标和战略定位，有进有退、有所为有所不为，聚焦主责主业，采取有效措施，推动各类要素向主业集中，严控非主业投资。要坚定不移深化供给侧结构性改革，推进结构调整和资源优化整合，巩固和强化优势产业地位，积极布局战略性新兴产业。

3.“科技研发对产业支撑有待进一步增强”的问题，是我们能否跟上国家创新发展新要求的迫切性难题 集团科技研发近年来取得了较好的成绩，但和世界一流企业相比，在科技研发，尤其是核心技术研发方面还存在明显差距，对集团主要业务板块的支撑能力不足。科技创新的体系不够完善，尚未形成以产业为中心、市场为导向，产学研深度结合的创新体系；科技研发的激励机制不够灵活，人才发现、培养机制有待优化；一些“卡脖子”关键核心技术和关键零部件尚未实现有效突破，处于创新链前端的自主性、颠覆性创新成果还未形成；数字化转型进度缓慢，云计算、人工智能、大数据等现代技术促进传统产业转型升级的步伐相对滞后。

4.“体制机制有待进一步完善”的问题，是集团提质增效过程中必须要补齐的短板 集团已在三项制度改革、经理层成员任期制和契约化管理、职业经理人制度等方面积极推进，但目前体制机制仍难以适应市场经济新变化，仍需进一步规范公司治理结构与管理架构，增强企业内生动力。部分企业在疫情期间，体制机制问题更加突出，骨干人员流失较多，对经营队伍稳定产生负面影响。

5.“资本运作能力有待进一步提高”的问题，是集团在更高的水平和台阶上盘活资本、更好地发挥资本效能所必须要解决的问题 部分企业缺少资本运作意识和能力，资金成本居高不下，企业财务费用压力大增，企业现金流偏紧。集团持有的部分上市公司股权比例偏高，存在资源闲置现象，市场活跃度不高，股权结构有待优化。上市公司市值整体偏低，融资能力不足，融资工具运用较少，通过资本市场直接融资比例远低于市场平均值。

6.“风险管控有待进一步加强”的问题，是必须引起我们高度警觉的大问题 如果风险管控能力、水平和效果远远跟不上企业的发展节奏和步伐，可持续高质量发展就无从谈起。集团带息负债规模仍处于高位，存贷双高现象仍然突出；部分企业过分依赖债务融资投资经营，超出自身可持续承受能力；亏损企业户数和亏损额依然未有根本性改善；“两金”规模较大，占压资金问题严重；担保风险较高，资金回笼速度慢；部分企业内控体系不健全，融资性贸易屡禁不止，违规开展高风险业务，造成难以挽回的损失。与此同时，新签、生效和在手合同不足的问题以及汇兑损失加大的问题也需要引起高度关注。集团工程承包领域在手合同严重不足，新签合同额明显下降，随着储备项目减少，以海外市场为主的工程承包业务规模存在进一步萎缩的可能；美元兑人民币汇率波动较大，集团工程承包板块、贸易板块多家企业出现大额汇兑损失。

总的来看，面对问题和挑战，我们要准确把握形势，坚定必胜信心，把困难作为倒逼集团转型升级的强大动力，紧抓改革发展机遇。要按照“十四五”时期改革发展的总体思路：坚持“一个引领”，实现“四个目标”，实施“六大举措”，推进“五项重点任务”，推动集团改革发展全面进步。要始终以服务党和国家大局为宗旨，扎实推进高质量改革发展，充分利用一切机遇，协同应对一切挑战，以实际行动推动集团向世界一流企业迈进。

三、2021年重点任务安排及措施意见

中央企业负责人会议指出：展望明年，世界经济有望出现恢复性增长，但形势仍然复杂严峻。各企业要科学分析形势，把握发展大势，围绕高质量发展总目标，坚定信心、迎难而上、抢抓机遇，创新求变，全面贯彻落实晓仑董事长对2021年六项重点任务的部署。为高质量完成好这六项重点任务，我们还需要在以下6个方面进一步做好相应的工作。

1.完成好“对接国家战略，服务构建新发展格局”这项重点任务，需要进一步“锻造国机所长，服务国家所需”

（1）主动对接制造强国等国家战略，推动解决“卡脖子”问题，推动制造业及制造服务业高质量发展。要大力发展先进制造业，推动装备制造业转型升级；要加大科研攻关，努力突破核心技术瓶颈，解决卡脖子问题；要强化制造企业标准化建设，夯实产业发展基础；要推动产业链价值链向高端发展，提高装备附加值和竞争力；继续集中科研优势力量进行科技攻关，在国家重大技术装备服务领域实现更多突破，助力我国高端重大技术装备产业再上新台阶。

（2）找准合作切入点，全面助力区域经济发展。要发挥好海南公司的平台作用，利用集团产业优势、海南政策优势及区位优势，打造集团农业贸易业务综合平台，助力海南自贸港建设；要打造区域发展中的国机样板工程，深化与惠州、德阳、赣州等地方政府的合作，推动重大项目落地实施，为区域市场提供持续发展动力；要发挥集团规划设计、科研开发、工程建设等优势，以贸易+会展服务为切入点，在区域发展中进一步提升国机品牌形象。

（3）积极践行“一带一路”倡议，充分研究利用 RCEP 规则，强化国际业务优势。要继续深入贯彻落实国家“一带一路”倡议和中医药“走出去”战略，发挥国机工程集团的协同优势、海外区域中心的业务辐射优势；要积极参与 RCEP 更高级别的开发，切实做好区域自贸协定等政策的研究学习，主动对接发展策略，优化海外业务布局；要加大海外市场尤其是东盟市场的开拓和属地化经营力度，发挥中国标准走出去的带动效应，在高质量执行好在手项目的同时，做好风险防控，积极培育新的业务增长点。

2. 完成好“以提质增效为核心，实现高质量的稳增长”这项重点任务，要扎实做好统筹常态化疫情防控和经营发展工作，奋力实现集团年度经营发展目标

（1）坚持疫情防控不放松，做好常态化疫情防控各项工作。严格落实“外防输入、内防反弹”的防控策略，强化宣传教育，巩固防疫成果，进一步加强境外疫情防控，严防境内外聚集性疫情发生。要做好医疗防疫物资产能储备，确保关键时刻顶得上、靠得住。要切实强化境外疫情防控能力，使之成为境外业务拓展的核心竞争力，为海外项目安全顺利执行提供坚强保障。

（2）聚焦集团经营发展任务，全力谋划，综合施策，确保“两利四率”及各专项目标的如期实现。要始终牢牢把握向市场升级、向业务协同、向降本增效要效益这一主线，保持战略定力，坚持战略引领，结合企业实际，细化、分解“两利四率”指标，采取有效措施，推动集团经营指标稳步提升；要做好对经营发展指标的统计、分析与监督工作，进一步强化指标完成进度的按期跟踪；要把各项举措落到实实在在的行动上，用好窗口时间，集中精力改革创新，保市场、抓签约、促生效、重执行、避风险，以 2021 年经营工作开门红，为集团“十四五”高质量发展开好局、起好步。

3. 完成好“以国企改革三年行动方案为纲领，深化国有资本投资公司改革”这项重点任务，需要深化聚焦解决重点、难点、堵点，推动集团改革三年行动取得新进展

（1）进一步扎实推进集团治理体系建设。要坚决贯彻两个“一以贯之”，严格落实“四同步、四对接”要求，将党的领导融入公司治理各环节，形成各司其职、各负其责、协调运转、有效制衡的公司治理机制；修订完善“三重一大”决策事项清单，加强企业“三重一大”执行监管，确保“三重一大”决策制度的落实落地；强化集团派出外部董监事、派驻监事会职责管理，不断提升下属企业董事会、监事会规范运作以及董事会科学决策的能力和水平。

（2）加大战略重组与上市公司治理力度。要围绕集团总体战略定位，引导优势资源向主业实业倾斜，针对产业短板、重大技术、关键资质等需求推进产业重组；要稳步开展集团内部资源整合工作，加快推进集团特检、工程承包、科研院所等领域业务整合，加快形成与集团使命愿景相匹配的战略布局和产业结构；要进一步强化上市公司治理，集中优势资源打造上市公司核心竞争力；要充分发挥专业平台功能，运用好资本市场创新工具，推进科技型企业科创板上市、优质子企业分拆上市；要进一步完善市值提升三年行动方案，加强上市公司日常监管，优化股权机构，增强上市公司资本价值创造能力。

（3）突出抓好“双百行动”“科改示范行动”、管理提升等专项工作。要充分发挥专项工程的示范引领和突破带动作用，扎实推进改革措施的综合运用和系统集成，纳入有关试点和专项工程的企业要成为样板、率先实现；要落实对标一流管理提升方案和工作清单任务，按照建立常态化对标机制要求，实现对标经常化、整改制度化、管理规范化；对下属企业开展“两非企业”剥离专项工作培训，季度跟踪企业完成情况，重点跟踪督导剥离难度大的项目，力争在2021年底完成70%“两非企业”剥离工作；要全面推进完成退休人员社会化移交工作，完成“三供一业”分离移交、厂办大集体改革等收尾工作，确保2022年剥离企业办社会职能历史遗留问题全面收官；要强化利用外部渠道，实现工商信息和产权系统、压减系统、决算系统中户数层级信息的比对，进一步提高压减工作的管控力度。

（4）大力推进内部改革。要按照国有资本投资公司管控目标，进一步明晰集团公司各部门职责边界，持续优化调整管理职能；要持续完善选人用人制度体系，不断细化、规范各项制度流程，保障员工队伍稳定；要持续推进优秀年轻干部队伍建设，加大选拔使用力度；要进一步建立和完善工资总额分类管理机制，加强企业负责人薪酬管理；要进一步建立健全中长期激励机制，不断激发企业发展活力。

4.完成好“以科技创新为支撑，加速催生新发展动能”这项重点任务，需要以创新驱动为核心，进一步提升科研优势对集团产业发展的支撑力度

（1）修改完善“十四五”科技发展规划。围绕创新链布局产业链，加大“卡脖子”、高端装备、智能化、数字化、信息化、工业“五基”等关键领域、核心技术的攻关力度，进一步提升技术创新能力。以建设“数字国机”为契机，进一步围绕产业链布局创新链，推进集团数字化转型，塑造科技创新优势，优化现有业务盈利模式，全面提升科研力量对集团产业链发展的支撑作用。

（2）发挥转制院所在产业基础能力提升中的作用。要发挥集团转制院所的平台作用，在推动产业基础能力提升中承担更重要的任务。要大力提升转制院所基础研究能力，聚焦工业“五基”研发与供给，牵头组建产业基础协同创新平台。要加强转制院所在我国行业关键共性与核心技术、产业基础技术研究的能力，支撑打好产业基础高级化、产业链现代化攻坚战。

（3）强化高水平科研平台建设。要进一步推进“国家重大装备产业基础创新联盟”组建，积极争取技术创新中心建设；要加强集团现有国家级平台建设，对接国家技术创新中心等高水平科研平台，布局建设集团级科研平台。

（4）打好关键核心技术攻坚战，增强产业链供应链自主可控能力。要加快关键核心技术攻关，抓好“1025专项”实施，加强关键节点检查，做好专项实施保障服务，确保集团承担的15项任务保质、保量、保期顺利完成，努力在关键领域实现自主可控，保障相关产业链供应链安全，实现依靠创新驱动的内涵型增长。

（5）推进重大科技专项，积极承担国家科技项目，着力解决制约国家发展和安全的重大难题。要完善集团支持重大科技专项的方式和管理办法，深化“揭榜挂帅”机制，加强基础研究，注重原始创新，优化研发方向布局，实施一批具有前瞻性、战略性的集团重大科技项目。要围绕国家重大需求和行业发展需要，发挥集团优势，积极对接有关部委和行业协会、学会，在重点领域组建创新联合体，承担国家重大科技项目，支撑国家战略和重点工程的实施。

（6）加快高端科技人才培育发展，完善科技人才激励机制。要把高端科技人才队伍建设摆在更加突出位置，优化完善高层次科技专家选拔机制，加大人才引进力度；要积极引智聚力，加强高层次、高水平人才培养，为集团科技创新发展广泛汇聚智慧力量。

5.完成好“以管理提升为支撑，向管理要质量要效益”这项重点任务，需要在管理上“深耕细作”，提升集团管控能力

（1）要切实推动扭亏治亏，巩固管控成效。2021年是亏损企业治理三年专项行动的收官之年，各企业要坚定亏损面、亏损额清零的目标不动摇，真治亏，治真亏，对于扭亏进度不及预期的企业，企业党委要专题研究，分析原因、细化工作方案、强化工作落实；对于已经扭亏的企业，要巩固工作成果，健全长效机制，防止返亏返困。对于纳入国务院国资委重点亏损子企业治理任务清单的企业，更是要当作政治任务，早作谋划，倒排时间，力争在第三季度提前完成任务。

（2）加强“两金”压降工作，确保企业资金安全。要全面落实“两金”管控要求，细化“两金”压降三年工作方案；要健全完善“两金”管控长效机制，进一步明确协同压降工作职责；创新“两金”处置盘活措施，发挥国机租赁与国机保理功能，运用融资租赁工具，共同防范下游支付风险，运用商业保理工具，快速回笼资金，减少支付压力，优化报表、压降“两金”。

（3）增强集团经营管控能力。要强化经营统计与经营分析，提升经营数据的准确性，对重要经营指标、重点业务、重点国别市场等进行分析研究，提高经营决策、产业布局和市场开拓的科学性；要增强横向沟通协作，以精准的信息掌握和高效的协作为基础，提升协同作战能力；要开展集团“阳光采购”工程，完善采购管理制度体系，全面开展采购管理检查，促进集团采购管理规范化、透明化；要深入开展质量提升行动，完善标准、计量、检验检测、认证认可等质量基础设施建设，推进集团向专业化和价值链高端延伸。

6. 完成好“以防范化解重大风险为关键，筑牢高质量发展安全底线”这项重点任务，需要苦练内功，不留盲区和死角

（1）强化合规管理，不断完善内控体系建设。要完善制度建设，继续全面梳理内控体系短板弱项，深化内控、风险、合规管理监督制度优化整合，有效发挥统一管控作用；要强化制度意识，自觉尊崇制度、严格执行制度，加大违规经营投资责任追究力度，坚决维护制度的严肃性和权威性，杜绝有令不行、有禁不止；加强风险防控，有效提升重大风险评估监测水平；突出问题导向，加大内控体系监督评价工作力度。

（2）强化审计监督作用。持续推进审计工作体制机制改革，进一步增强内部审计独立性和权威性；以问题和风险为导向开展审计，提高审计的针对性、及时性和有效性；着力抓好审计发现问题整改落实，对长期未完成整改、屡审屡犯的问题开展跟踪审计和整改“回头看”，对违规违纪违法问题线索及时移交处理，形成监督闭环。

（3）强化集团监事监督作用。通过持续推进派驻监事会工作模式，创新工作方法，总结工作经验，打造具有国机特色的大监督体系；不断强化外派监事对各企业经营管理、战略投资、资金债务、“两金”管控等方面风险的监管，进一步畅通管理渠道，强化国有资产监管；深入开展专项监管活动，加强对海外企业、重点项目、专项工作等监督检查，严防境内外资产流失，助推企业高质量发展。

（4）进一步抓好安全环保与职业健康管理。要全面树牢安全、绿色、健康发展理念，更好统筹发展和安全，深入推进安全生产专项整治三年行动，狠抓安全环保和职业健康责任落实，有效防范安全环保风险隐患；要强化境外安全风险管控措施，全面保障境外人员安全；要继续打好污染防治攻坚战，优化产业结构，服务减污降碳与国土绿化行动。

在做好上述六项重点任务的同时，我们还要凝心聚力，做优存量，做大增量，更要开足马力，抢抓机遇，开拓两个市场，努力构建国机发展新格局。

（1）整合优势资源，加大国内市场开拓。要深入研究国内区域政策和行业政策，积极响应粮食安全、能源安全、乡村振兴、绿色发展等战略号召，优化业务布局，培育发展新动能；要强化两个市场联动，打造一批高质量的产品与服务供应链；要创新合作模式，加大合作力度，补齐短板、锻造长板，加快解决转战国内市场的项目资质、业绩、资源、人才等问题；要强化设计咨询业务，发挥引领市场的发展作用。

（2）深耕海外市场，稳住海外市场基本盘。要稳步推进海外业务，持续关注海外国别政治和经济形势，及时调整开发策略，不断优化市场布局；要把握各国疫情后重振经济、工业化建设及产业链重构机会，抢占发展先机，带动装备制造产品“走出去”；要千方百计推动项目生效，围绕重点项目，打通堵点、解决难点、消除痛点；要深入推进属地化经营，加快海外区域中心建设，提高整合和管理当地资源的能力。

（3）进一步推动产融合作，助力海外业务取得新突破。要推进海外 EPC 融资创新，持续开拓融资渠道、优化融资结构、降低融资成本，不断创新产融合作模式，着力推进外溢性强、社会效益高的项目发展。

（4）进一步加大协同力度，营造良好的内部协同氛围。要围绕“锻造国机所长，服务国家所需”强化业务协同和融合发展，打造优势产业集群；要以行业资源优势做引领，发挥行业集成的协同效应，形成集团相关行业领域产业链；通过推进国机工程集团实质化运行，进一步整合集团优质资源，发挥“联合舰队”作用，不断提升核心竞争力，打造标杆企业；要发挥集团在会展行业的优势地位，利用进博会、广交会、服贸会、消博会等国家级展会平台，推动集团两个市场互联互通。

同志们，改革发展从无坦途，攻坚克难方显珍贵。我们要以习近平新时代中国特色社会主义思想为指导，在“十四五”开局之年，坚持稳中求进工作总基调，坚持改革发展为主线，坚持常态化疫情防控不放松，牢牢把握新发展格局，加大改革力度，加快创新转型步伐，在新常态下育新机开新局，在新机遇下稳增长谋发展；按照晓仑董事长讲话要求，围绕“十四五”时期集团改革发展总体思路，全力落实各项举措，力争到2025 年实现行业地位显著提升、国内一流持续巩固、细分领域国内领先的目标，努力实现集团高质量发展，扎实推进世界一流企业建设步伐，以积极的成果为集团“十四五”开好局做贡献，以优异的成绩迎接建党 100 周年！

第二篇

集团公司发展概况

经济运行概况

2020 年，中国机械工业集团有限公司（简称国机集团）以习近平新时代中国特色社会主义思想为指导，全面落实党中央及国务院国资委部署要求，坚持“锻造国机所长、服务国家所需”，准确识变、科学应变、主动求变，以抗疫和经营“两手都要硬、两战都要赢”的必胜信念，在大战大考中冲锋在前、勇挑重担，在改革发展中知重负重、迎难而上，取得疫情防控和经营发展“双胜利”。

【主要经济指标】

2020 年，国机集团总体生产经营规模保持稳定，主要经营指标稳中有进，经济效益稳步回升。营业收入利润率、研发经费投入强度、资产负债率全面完成国务院国资委下达的考核目标，完成保增长任务，为中央企业实现“两个力争”目标作出积极贡献。2019—2020 年国机集团主要经营指标完成情况见表 1。2020 年国机集团获得的各项主要排名情况见表 2。2019—2020 年国机集团新签合同额和合同成交额见表 3、表 4。

表 1　2019—2020 年国机集团主要经济指标完成情况

指标名称	2019 年	2020 年	同比增长（%）
资产总额（亿元）	3 836.1	3 549.0	-7.5
所有者权益（亿元）	1 334.8	1 242.8	-6.9
营业总收入（亿元）	2 979.1	2 878.1	-3.4
利润总额（亿元）	102.6	109.3	6.5
净利润（亿元）	76.7	80.1	4.4
归属母公司所有者的净利润（亿元）	31.2	39.4	26.3
科技支出投入（亿元）	71.7	75.0	4.6
利税总额（亿元）	184.5	199.4	8.1
应交税金总额（亿元）	107.8	94.8	-12.1
全员劳动生产率〔万元 /（人·年）〕	26.4	28.7	8.7
净资产收益率（%）	5.9	6.3	增长 0.4 个百分点
总资产报酬率（%）	3.7	3.9	增长 0.2 个百分点
国有资本保值增值率（%）	105.6	103.5	下降 2.1 个百分点
经济增加值	31.8	40.3	增长 8.5 个百分点

表 2　2020 年国机集团获得的各项主要排名情况

评选单位	国际工程新闻记录	国际工程新闻记录	中国对外经济贸易统计学会	中国企业联合会	中国机械工业联合会	美国《财富》杂志
评比项目名称	ENR 全球 250 家最大国际工程承包企业	ENR 全球 225 强国际工程设计咨询企业	中国对外贸易企业 500 强	中国企业 500 强	中国机械工业 100 强	世界财富 500 强
名次	35	69	24	71	2	284

表 3　2019—2020 年国机集团新签合同额

业务类别	2019 年累计（万美元）	2020 年累计（万美元）	同比增长（%）
工程成套	1 669 003	1 444 709	-13.4
设计咨询	158 640	178 752	12.7
进出口贸易	1 652 555	1 795 017	8.6
国内贸易	1 429 094	1 681 736	17.7
研发生产	496 882	554 600	11.6
合计	5 406 174	5 654 814	4.6

表 4　2019—2020 年国机集团合同成交额

业务类别	2019 年累计（万美元）	2020 年累计（万美元）	同比增长（%）
工程成套	1 102 412	917 273	-16.8
设计咨询	151 357	172 528	14.0
进出口贸易	1 712 938	1 784 257	4.2
国内贸易	1 519 400	1 706 989	12.3
研发生产	532 642	593 611	11.4
合计	5 018 749	5 174 658	3.1

【主要领导及子公司】

2020 年国机集团主要领导见表 5。2020 年国机集团二级子公司名单见表 6。

2020 年国机集团控股上市公司名单见表 7。

表 5　2020 年国机集团主要领导

姓名	职务
张晓仑	董事长、党委书记
吴永杰	董事、总经理、党委副书记（2020 年 7 月任职）
宋　欣	董事、党委副书记
邬小蕙	党委常委、副总经理、总会计师
高建设	党委常委、副总经理
白绍桐	党委常委、副总经理
丁宏祥	党委常委、副总经理
雷光华	党委常委、纪委书记、国家监委驻国机集团监察专员
陈学东	党委常委、副总经理、总工程师
王　强	总法律顾问
刘祖晴	总经济师、职工董事、工会主席
王锡岩	纪委副书记
孙　淼	董事会秘书
罗　艳	市场总监

表 6　2020 年国机集团二级子公司名单

序号	企业名称	序号	企业名称
1	中国机械设备工程股份有限公司	16	国机融资租赁有限公司（国机商业保理有限公司）
2	中工国际工程股份有限公司	17	国机集团北京共享服务中心有限公司
3	中国恒天集团有限公司	18	国机集团北京教育咨询有限公司
4	中国福马机械集团有限公司	19	国机重型装备集团股份有限公司
5	中国海洋航空集团有限公司	20	中国一拖集团有限公司
6	中国地质装备集团有限公司	21	苏美达股份有限公司
7	中国机械工业建设集团有限公司	22	中国浦发机械工业股份有限公司
8	中国自控系统工程有限公司	23	中国联合工程有限公司
9	国机财务有限责任公司	24	机械工业第六设计研究院有限公司
10	国机汽车股份有限公司	25	合肥通用机械研究院有限公司
11	中国机械国际合作股份有限公司	26	国机精工股份有限公司
12	国机资产管理有限公司	27	中国电器科学研究院股份有限公司
13	中国农业机械化科学研究院	28	国机智能科技有限公司
14	国机集团科学技术研究院有限公司	29	桂林电器科学研究院有限公司
15	国机资本控股有限公司	30	国机海南发展有限公司

表 7　2020 年国机集团控股上市公司名单

序号	证券代码	股票名称	上市公司全称
1	01829.HK	中国机械工程	中国机械设备工程股份有限公司
2	002051.SZ	中工国际	中工国际工程股份有限公司
3	600335.SH	国机汽车	国机汽车股份有限公司
4	600710.SH	苏美达	苏美达股份有限公司
5	601399.SH	国机重装	国机重型装备集团股份有限公司
6	002046.SZ	轴研科技	国机精工股份有限公司
7	688128.SH	中国电研	中国电器科学研究院股份有限公司
8	601038.SH	一拖股份	第一拖拉机股份有限公司
9	600099.SH	林海股份	林海股份有限公司
10	601798.SH	蓝科高新	甘肃蓝科石化高新装备股份有限公司
11	600444.SH	国机通用	国机通用机械科技股份有限公司
12	900953.SH	凯马 B	恒天凯马股份有限公司
13	000666.SZ	经纬纺机	经纬纺织机械股份有限公司
14	00641.HK	中国恒天立信国际	中国恒天立信国际有限公司

董事会运行情况

2020年，国机集团董事会紧密结合企业实际，始终坚持规范高效运行，进一步加强战略引领，深入推动改革创新，高度重视风险防控，切实维护出资人利益，确保了企业稳定运行。

【人员构成及机构设置】

2020年，根据党中央、国务院安排，国机集团董事会人员构成相应调整。7月，吴永杰任国机集团董事、总经理、党委副书记；8月，经国机集团第三届董事会第八次会议同意，吴永杰任董事会战略与投资委员会委员；12月，国务院国资委调整了国机集团两名外部董事，高福来、蔡洪平不再担任国机集团外部董事，沙先华、张希为国机集团新任外部董事；经国机集团第三届董事会第十三次会议同意，沙先华任董事会战略与投资委员会、审计与风险委员会委员，张希任董事会提名委员会、薪酬与考核委员会委员。

至此，国机集团董事会共有董事9人，其中，外部董事5人，非外部董事4人（职工董事1人），分别为：党委书记、董事长张晓仑，董事、总经理、党委副书记吴永杰，董事、党委副书记宋欣，外部董事尚冰、姜鑫、董学博、沙先华、张希，职工董事刘祖晴。

董事会下设四个专门委员会：战略与投资委员会、提名委员会、薪酬与考核委员会、审计与风险委员会。其中，战略与投资委员会、提名委员会外部董事占多数，薪酬与考核委员会、审计与风险委员会成员全部由外部董事担任。

根据公司章程和董事会工作制度，国机集团设立董事会办公室作为董事会的办事机构，具体负责公司治理政策理论研究和相关事务、筹备董事会和董事会专门委员会会议、指导子企业的现代企业制度建设和董事会建设等工作，为董事会提供专业支持和服务。同时，规定战略投资部、人力资源部、资产财务部、审计部、法律及风控合规部等部门分别作为董事会各专门委员会的支撑部门，协助专门委员会开展工作。

【制度建设情况】

为不断加强董事会制度体系的科学性和完整性，提升董事会运作的合规性和有效性，国机集团董事会每年对治理文件进行系统梳理，并根据规范要求和运行实际进行修订完善。2020年，国机集团认真贯彻落实《中国共产党国有企业基层组织工作条例（试行）》以及国务院国资委印发的《中央企业公司章程指引》，坚持和加强党的领导，紧密结合董事会运行实际，对包括公司章程、董事会工作制度在内的8个治理文件进行了全面修订。公司章程进一步明确了党委是公司的法定治理主体及其主要职责，并对国机集团党委、董事会、董事长、经理层的职权进行了完善。2020年，国机集团公司章程获得国务院国资委批复。

国机集团坚持“两个一以贯之”，在公司章程和相关治理文件规范下，重大经营管理事项都经党委常委会研究讨论，再提交董事会或经理层作出决定，党委、董事会、经理层各司其职、各负其责、协调运转、有效制衡的公司治理机制不断完善。

【主要工作及成效】

2020年，国机集团董事会认真贯彻习近平新时代中国特色社会主义思想和党的十九大及历次全会精神，严格按照公司章程和相关治理文件规范运行，切实发挥定战略、做决策、防风险等方面作用，取得了良好成效。

1. 规范高效召开董事会会议 2020年，国机集团共召开董事会会议11次，审议议案27项，听取各类汇报7项；召开董事会专门委员会会议4次，共听取和审议议题8项。召开专项汇报会

1 次，外部董事务虚会 1 次。

董事会审议讨论的议案涉及预算决算、资产处置、基本制度、风险内控、利润分配、重大投资、融资担保等事项，体现了董事会对重大决策、重要项目、重大风险的关注。严格议事过程，确保董事会科学决策。严格执行董事会决议，落实定期报告制度。

2020 年，面对突如其来的新冠肺炎疫情，国机集团董事会及时审议了《关于国机集团对湖北省进行捐款的议案》，支持国机集团承担中央企业社会责任，支援湖北疫情防控；密切关注疫情进展情况，并开展相关工作，有力支持国机集团疫情防控工作。

2. 高度重视战略引领 国机集团董事会高度重视企业发展战略研究，强化战略引领作用，正确把握战略方向，确保企业实现持续健康发展。2020 年是国家“十四五”规划编制年，同时，中央提出实施国企改革三年行动，并出台行动方案。国机集团董事会高度重视集团“十四五”规划编制工作，多次听取国机集团“十四五”规划纲要、国机集团业务布局与组织再造思路框架等的相关汇报，认真研讨国机集团改革发展面临的挑战和风险、存在的困难和问题，进一步厘清国机集团改革发展总体思路、主要举措等，为国机集团科学编制“十四五”规划、破解发展困局提供了重要指引。

3. 着力防控化解风险 国机集团董事会高度重视风险防控，严格落实中央“六稳”“六保”有关要求，密切关注、努力化解重要风险事项，确保企业整体运行平稳。2020 年，新冠肺炎疫情给企业经营带来巨大影响。国机集团董事会密切关注企业生产经营状况，按季度听取集团财务情况和经营运行情况的汇报，详细了解企业疫情防控、复工复产以及财务运营情况，及时提示做好相关风险防范，为国机集团防疫抗疫、平稳运行、完成全年目标任务保驾护航。国机集团董事会高度重视财务决算、内部控制和全面风险管理发现的问题和风险，召开审计与风险委员会、董事会会议审议国机集团2019年度财务决算报告、内控体系工作报告等，并提出意见建议和要求；高度关注、努力化解重大项目、重点企业显露的风险，专项听取项目进展情况汇报，密切跟进，确保相关工作按计划推进，推动企业健康稳定运行。

4. 加强外部董事履职服务 国机集团认真落实《中央企业外部董事选聘和管理办法》以及《关于加强中央企业外部董事履职支撑服务的工作方案》有关要求，加强外部董事履职服务，做好履职支撑工作。

充分发挥外部董事作用，外部董事工作中坚持分工不分家，全部由外部董事组成的薪酬与考核委员会、审计与风险委员会会议一般都邀请非委员外部董事列席。非委员外部董事列席专门委员会会议成为工作常态，这样既有利于外部董事更好地熟悉企业各方面工作情况，又能够促进相互之间的意见沟通和工作交流，充分吸收外部董事的智慧。

国机集团认真组织外部董事参加集团重要工作会议，并就集团重大事项有关情况做好与外部董事的信息沟通；召开专项汇报会，就外部董事关注的重大风险事项进展情况、财务决算批复及整改落实情况等，组织相关部门向外部董事进行汇报；加强对外部董事信息服务，不定期搜集整理国资监管动态、集团动态和企业改革动态信息，编制《董事参阅》提供给外部董事。国机集团主要领导不定期与外部董事座谈交流、个别沟通，增加共识，促进工作。

5. 认真开展董事会调研 国机集团董事会把调研作为一项常抓不懈的重要工作，非外部董事的调研一般结合日常工作开展，外部董事则以调研组的形式不定期开展。2020 年，受新冠肺炎疫情影响，国机集团董事会结合董事会会议开展调研，组织外部董事对下属 11 家企业进行了实地调研，调研涉及多个业务板块重点企业，为董事会后续科学决策提供支撑。

6. 加快推进下属企业治理体系建设 2020 年，国机集团直接管理的二级子企业共 27 家，其中，建立规范董事会的有 25 家，1 家企业因特殊原因未进行公司制改制，1 家企业因规模较小未建董事会，设立 1 名执行董事。按照国务院国资委全面深化改革工作的部署及要求，国机集团加快推进下属企业治理体系建设。

2020年，国机集团建立了派驻监事会工作体制机制。设立3个派驻监事会，覆盖9家集团重点二级子企业，加强对企业的综合监管。印发《中国机械工业集团有限公司派驻监事会管理暂行办法》《中国机械工业集团有限公司派驻监事会考核评价与薪酬待遇管理暂行办法》，督促企业制订支持配合国机集团派驻监事会监督检查工作办法，为派驻监事会开展工作提供制度保证。

优化调整国机集团派出外部董(监)事队伍。根据下属企业公司章程规定，国机集团梳理派出外部董（监）事情况，对派出外部董（监）事进行任免调整，进一步优化派出外部董（监）事队伍。截至2020年年底，国机集团共向直接管理的下属二级企业派出36位外部董事、16位外部监事。

重视下属企业董事会评价工作。国机集团开展列席下属企业董事会工作，下属企业召开董事会会议，集团总部相关职能部门派员列席，深入了解企业董事会规范运行情况；组织下属企业提交董事会工作开展情况报告，为评价企业董事会运作的规范性、有效性打好基础。

认真开展对下属企业公司章程的审核工作。在审核下属企业报送的公司章程及公司章程修订稿时，国机集团要求企业落实《中国共产党国有企业基层组织工作条例（试行）》以及《中央企业公司章程指引》有关要求，进一步明确各治理主体机构设置、职责权限及工作机制等，从根本制度上推动下属企业治理体系建设。

7. 强化派出外部董（监）事履职支撑 2020年，国机集团进一步建立健全集团派出外部董（监）事履职管理制度。印发了《中国机械工业集团有限公司外部董监事管理暂行办法》《中国机械工业集团有限公司外部董监事考核评价与薪酬待遇管理暂行办法》，对国机集团派出外部董（监）事履职相关事项以及下属企业支撑外部董（监）事履职、规范董事会运作等作出详细具体的规定和安排，并组织召开制度宣传贯彻培训会议，确保办法落实落地，为国机集团派出外部董（监）事履职打好基础。

从集团层面加强对派出外部董事履职支撑。编制印发了国机集团《派出外部董事履职指南》，提示派出外部董事在履职时需要关注的重点内容和要求，提升派出外部董事履职能力，并为下属企业董事会其他董事以及高管人员、相关工作人员工作提供参考。

继续做好派出外部董事信息服务。按照国机集团总部与派出外部董事信息沟通目录，不定期将相关通知文件发送给派出外部董事。加强与派出外部董事日常沟通服务，及时回应派出外部董事诉求。

组织召开派出外部董事工作交流会，宣传贯彻国机集团重要管理制度，增进沟通交流；组织派出外部董事参加国机集团年度工作会议、国机集团三年改革行动实施方案培训会议等，不断提升派出外部董事履职能力水平。

生产经营

2020年，国机集团面对复杂的外部形势和市场环境，深入落实党中央、国务院及国务院国资委决策部署，贯彻新发展理念，转变发展方式，加强内部协同，优化资源配置，防范化解重大风险，积极推动业务提质增效、转型升级，保持了整体平稳的发展态势。

【市场开拓进展】

2020年，国机集团加大“两个市场”开拓力度，收获多项成果。全年实现新签合同额为473.5亿美元，合同成交额432.7亿美元。

1. 加强国内市场开拓力度，积极培育发展国内竞争优势 2020年，各企业积极融入智能制造、军民融合、区域发展等国家重大战略。国机重装下属二重装备和中国重型院密切协同，签订广东南方东海钢铁冶金工程项目；中海航成功中标海南昌江电厂3号、4号机组排水隧洞等工程，合同金额9.52亿元；中机六院陆续承接了郑州城市大脑、北部战区“203工程”等一大批有行业代表性的项目；中国电研拓展健康家电、医疗器械、5G通信等资质，抢抓医疗防疫物资相关检测认证市场机遇；国机汽车新签林肯进口整车分销业务合同，成功续签特斯拉国产车工厂业务，延伸服务链条；中国联合中标6.53亿元的中电海康无锡物联网产业基地（一期）EPC项目，将助力其创建无锡市标杆型产业园项目；国机工程集团发挥集团化作战效应，主动服务粤港澳大湾区建设，与广东惠州签订了千亿元级项目合作协议，首个7.8亿元市政道路项目已中标并开工建设。

2. 进一步巩固国际市场传统优势，深挖国际区域发展新机遇 2020年，国机集团在“一带一路”沿线市场中标及签约多个项目，巩固了竞争优势。中设集团阿布扎比光伏项目超过9亿美元，阿铁项目补充协议和北巴塔哥尼亚走廊铁路改造项目总金额达8.16亿美元；国机重装签署柬埔寨上达岱水电站BOT投资项目协议，项目金额近4亿美元；中工国际伊拉克阿尔多拉电站修复改造项目和柬埔寨奥多棉芷省265MW燃煤发电厂项目，合同金额均超过2亿美元。国机集团同时加大在手项目执行力度，部分项目实现重要里程碑和标志性节点。国机重装柬埔寨200MW重油电厂项目首台机组一次性成功点火启机并完成并网发电。中国海航巴基斯坦卡拉奇核电站取排水工程整体施工进展顺利，累计工程款超3亿美元。

3. 坚定不移扩大开放，充分利用会展平台优势，推动进出口业务高质量发展 国机集团发挥专业优势，深度参与第三届进口博览会相关工作，积极接洽全球合作伙伴，加大进口力度，签署采购协议十余项，采购金额达50多亿美元，有效地推动进出口业务转型升级；向第三届进口博览会提供了高水平的保障服务，得到国务院国资委和商务部、进口博览局的高度肯定，并相继发来感谢信予以鼓励。在疫情防控常态化阶段，国机集团积极发挥会展业务对经济的带动作用，成功举办北京车展、澳门车展、上海汽配展、国际农机展等大型商业展会，为推动经济复苏带来强劲动力。

【国际化经营和重大项目进展】

1. 稳步推进中白工业园项目建设 截至2020年12月31日，入园企业总数达67家，其中，中国企业36家，白俄罗斯企业14家，第三国企业17家，协议投资总额超过12亿美元。其中，28家企业动工建设，16家企业已投产运营。在金融时报集团旗下杂志FDI举办的2020年全球自由经济区评级中，中白工业园被评选为“一带一路”倡议最佳经济特区。

2. 积极参与基础设施互联互通建设 2020年，国机集团阿根廷贝尔格拉诺货运铁路（以下简称贝铁）改造项目取得新进展。该项目是我国政府支持企业走出去的“421”项目，改造线路为1 500多km，是国机集团在阿根廷乃至南美洲最大的工程承包项目。原合同中贝铁改造路段于2020年年初全部完工。改造完成后，粮食从萨尔塔运到东部罗萨里奥港口的时间从一周缩短到一天。2020年12月11日，国机集团下属CMEC与阿根廷交通部签署了阿根廷贝尔格拉诺货运铁路改造项目补充协议五和北巴塔哥尼亚走廊铁路改造项目合作备忘录。

3. 积极履行社会和环境责任、促进东道国经济社会发展和民生改善

（1）2020年10月20日，由国机集团下属CMEC总承包的老挝230kV乌江水电站二期输变电项目获得业主签发的接收证书，标志着该项目提前7个月完工、移交业主并进入质保期。项目的带电投运为老挝北部地区稳定供电提供了有力保障，给当地人民生产生活带来极大便利。

（2）2020年10月31日，国机集团下属中国重机投资运营的柬埔寨达岱水电站完成实际销售电量8.66亿kW·h，提前完成年度计划发电任务目标。这是达岱水电站连续第6年超额完成年度发电任务，同时累计安全生产2 272天。柬埔寨达岱水电站是柬埔寨王国装机规模最大的单级水电站，占其国内水电总装机容量的1/4，也是国际社会推崇的绿色、环保、可再生清洁能源项目。

【境外工程承包】

截至 2020 年年底，国机集团在手执行工程成套及设计咨询项目合同总金额 381.5 亿美元，其中，境外项目合同总金额 227.8 亿美元，公司工程项目收入中来自海外业务的比例超过 60%。2020 年国机集团在手执行对外工程承包项目情况见表 8。

表 8　2020 国机集团在手执行对外工程承包项目情况

合同金额	＞1 000 万美元	＞5 000 万美元	＞1 亿美元
项目数量（个）	499	124	62
合同总金额（亿美元）	345.2	259.5	217.3
其中：境外项目数量（个）	139	72	45
境外项目合同金额（亿美元）	225.4	208.7	189.3

【国际合作交流】

1. 深度参与国际交流合作　组织参加中乌双边企业家理事会、B20 峰会、金砖国家工商理事会、中法企业家委员会、APEC 5 个国际组织合作交流和 7 个国际会议。

2. 驻外机构管理科学有效　完成国机集团海外第四个区域中心的设立，为 19 户驻外机构办理设立手续，注销驻外机构 13 户，为 20 户机构办理报到登记手续，并做好中白工业园日常协同管理工作。

3. 深度参与国际标准制定　2020 年，国机集团下属中国电器科学研究院股份有限公司、北京起重运输机械设计研究院有限公司（北起院）、济南铸锻所检验检测科技有限公司参与起草多项国际和国家标准，涵盖起重机械、清洁能源、港口岸电、个人护理产品、铸造机械等多个产业，促进了产业发展及产品升级。其中，北起院牵头制定的国际标准 ISO 4306-4：2020《起重机—术语—第 4 部分：臂架起重机》是首项由我国牵头制定的起重机械国际标准，实现了中国主导制定起重机械国际标准零的突破。

【安全生产】

2020 年，国机集团牢固树立安全发展理念，坚守安全生产红线，以疫情防控常态化下安全生产风险防范为重点，以有效防范重特大事故事件为目标，以安全生产专项整治三年行动为抓手，统筹疫情防控和安全生产，强化防范措施，健全责任体系，筑牢责任链条，深入开展安全生产隐患排查治理工作，加强宣传教育培训，进一步夯实安全生产基层基础工作，全面完成年度各项工作任务。全年未发生生产安全主体责任事故，未发生不良影响的境外安全突发事件，安全生产形势总体保持平稳。

加强制度建设。2020 年，国机集团制定印发《中国机械工业集团有限公司岗位安全生产责任制规定》，明确了各个岗位的安全生产职责，在集团公司层面建立了全员安全生产责任制度，形成安全生产“层层负责、人人有责、各负其责”的责任体系，严格责任落实。

强化责任考核和奖惩。2020 年，国机集团采取自查自评与统一考核相结合、年度考核与平时考核相结合的办法，对下属所有企业的安全生产责任目标完成情况进行考核。23 家下属企业考核结果为 A 级，2 家为 B 级，1 家为 C 级。

持续巩固安全生产管理体系。截至 2020 年年底，国机集团有 179 家企业通过安全生产标准化达标认证。其中，一级企业 2 家，二级 91 家，三级 86 家。同时，142 家企业通过了 OHSAS 18 000 职业健康安全管理体系认证。

2020 年，国机集团组织各层级企业对生产经营全过程逐级进行危险因素辨识和评价，加强日常监督管控，严防较大及以上生产安全事故和突发事件发生；对 29 个生产制造企业或工程承包项目开展安全生产检查和疫情防控常态化下安全生产新风险防范检查；开展安全生产专项检查8 178次，排查安全生产隐患44 378项，完成隐患整改44 243项，隐患整改率达99.7%；举办安全生产培训班3 393次，共培训168 485人次；组织开展应急演练1 994次，63 543人次参加演练，发布境内外安全预警通知30余次；在安全生产月期间，组织各类活动876场次，开展网络课堂培训411场，制作典型事故案例剖析警示教育片156部，组织16 420人次参加“安全生产大家谈”云课堂学习；策划、编著工程承包和装备制造系列安全管理手册；组织各级企业参加应急管理普法知识竞赛，共计12 879人参赛；印发关于新冠肺炎疫情防控、复工复产等文件15个，安全有序推动复工复产。

2020年，国机集团荣获中国安全生产协会“安全管理标准化示范班组创建活动优秀组织单位”称号。

【节能减排】

国机集团强化能源节约和生态环保各项工作措施，努力建设资源节约型和环境友好型企业，2020年未发生重大环境污染事件，生态环境风险可控受控。截至2020年年底，国机集团能源消费量较2015年下降25.95%，万元产值综合能耗（可比价）下降39.01%，万元营业收入综合能耗（可比价）下降5.88%，二氧化硫排放量下降97.02%，化学需氧量排放量下降95.43%，圆满完成“十三五”任务目标。

2020年，国机集团印发《关于进一步加强能源节约与生态环境保护工作的通知》，要求各企业严格落实能源节约与生态环境保护主体责任，加强重组或托管后新纳入管理范畴的下属企业节能环保工作管理，确保工作要求能够贯彻到基层一线；启动《中国机械工业集团有限公司能源节约与生态环境保护季度工作动态》编印工作，切实加强能源节约与生态环境风险管控工作；印发《关于开展能源节约与生态环境保护工作的提示函》，加强对新纳入管理范畴企业的日常管理；开展对标交流工作，编制《对标提升行动方案和工作清单》，切实保障集团绿色发展；以“绿水青山，节能增效”和“绿色低碳，全面小康”为主题，组织开展节能宣传周系列宣传活动，取得积极成效；印发《国机集团关于加强节能减排工作的指导意见》，制定《国机集团生态环境保护风险排查治理工作检查清单》，全面归纳整理涉及生态环境保护工作的风险点，督导企业辨识环境因素、整改生态风险、严守生态红线。

【经营管理】

2020年，国机集团积极应对内外部环境变化，不断夯实核心竞争力，社会影响力持续提升，在中国机械工业100强排名中位列第2；在2020年“全球250家最大国际工程承包商”榜单上列第35位；在2020年“国际工程设计企业225强”位列第69位；2020年再次入选世界500强，位列第284位。

国机集团修订并发布了《中国机械工业集团有限公司下属企业业绩考核管理办法》，以高质量发展为引导，实施“一企一策”差异化考核。按照国机集团新版业绩考核管理要求，以企业财务决算为基础，结合各专项工作完成结果，做好对所属企业2020年经营业绩考核结果核算，考核结果更加体现出鼓励创效的核心精神，并根据考核结果兑现了企业主要负责人薪酬。

【“两金”压降】

2020年，国机集团全面盘点历史数据，夯实工作基础；创新管控模式，多措并举；制定“两金”管控三年工作方案，推动管控工作“走深”“走实”。截至2020年12月底，国机集团应收账款和存货净值合计972.9亿元，与期初相比下降2.6%，压减和管控工作取得初步成效。

【压减和资产处置】

国机集团将压减和资产处置工作纳入全面预算管理。2020年年初，明确各企业压减和资产处置目标，年中跟踪目标的落实情况，年底进行总结。上述工作机制实现了压减和资产处置的闭环管理，推动集团逐渐落实“三级管理五级法人”，资产处置合规、高效。

自2016年5月压减专项工作启动至2020年年末，国机集团累计压减法人企业380家，法人层级由最长的 10 级压减至 9 级，管理层级由最初的 7 级压减至 5 级。2020 年国机集团压减 88 家企业，新设立 22 家，全年净压减 66 家企业。

【“处僵治困”】

2020 年年底，国机集团完成了 91 家“僵尸”和特困企业的治理任务，治理总数在中央企业中名列前茅。

【抗击新冠肺炎疫情】

2020 年，国机集团统筹推进疫情防控和经营发展，快速转产扩产，推动上下游产业链协同复工达产，圆满完成医疗防疫物资保障供应任务，并形成以“三机三品”为代表的医疗防疫物资产业链。全年累计生产压条机 1 010 台、口罩机 941 台、熔喷布生产线 87 条、熔喷布 4 178t、口罩 12.4 亿只、防护服 8 795 万件（其中，医用一次性防护服 320 万件）、生物滤光镜片 55 万片。其中，前五类产品产量列中央企业第一，圆满完成医疗防疫物资保障供应任务。在疫情防控总体战中，国机集团涌现出一批表现突出的先进集体和先进个人，2 名同志和 1 个集体获得国家级抗疫先进表彰，7 名同志和 2 个集体获得国务院国资委抗疫先进表彰，在中央企业中名列前茅。2 名同志获得广东省抗疫先进个人，56 名同志和 16 个集体获得国机集团抗疫先进表彰。

面对境外疫情持续蔓延，国机集团全力落实“两稳、两争、两保”目标任务，共完成境外项目风险排查近 2 000 次，协助完成 3 239 人次新冠疫苗接种工作，着力避免出现聚集性疫情。

在统筹做好境内境外疫情防控工作的同时，国机集团积极践行中央企业社会责任。疫情之初，国机集团积极调动境外各区域中心、驻外机构筹集口罩、防护服、医用手套、护目镜捐往湖北疫区，全力支持湖北抗疫；境外疫情扩散之时，国机集团加快在赞比亚、突尼斯、厄瓜多尔、马尔代夫等的医院、防疫设施工程进度，为各项目所在国抗击新冠肺炎疫情贡献力量；国机集团各企业及驻外机构纷纷向所在地、所在国政府机构、行业组织和合作伙伴捐赠防疫物资，向白俄罗斯政府捐赠国机集团自产的 2.1 万套无菌防护服，为共同抗击疫情贡献中央企业的力量。

科技创新发展

2020 年，国机集团持续推进科技创新驱动高质量发展，立足新发展阶段，贯彻新发展理念，围绕服务新发展格局，召开新时期首次科技大会；强化科技创新顶层设计，启动国机集团“十四五”科技发展规划编制工作；全面推进“1025 专项”实施；深度参与国家战略咨询与规划工作，牵头承担国家发展改革委重大技术装备攻关工程、农业机械领域攻关总体思路的编制工作；围绕进一步提升行业影响力，组织开展国家科学技术奖提名推荐，开展国机集团科技奖、优秀标准、优秀专利、优秀科技期刊、国机质量奖等奖励评审；围绕国家科研平台优化调整改革，部署开展国机集团现有国家级科研平台的评估与评价；优化国机集团重大科技专项组织模式，采取“揭榜挂帅”强化项目承担企业主体责任。

2020 年，国机集团获得省部级和全国行业性以上各类优秀成果奖 390 项，其中科学技术奖 108 项。申请专利 2 726 项，其中发明专利 1 046 项；获授权专利 1 905 项，其中发明专利 353 项；登记软件著作权 373 项。主持或参加制修订国际、国家和行业标准 470 项，其中国际标准 6 项、国家标准 194 项。通过充分利用国家支持自主创新方面的有关税收优惠政策、国机集团技术开发专项经费引导、争取国家项目与资金支持、加大自身投入等多种有效途径，国机集团投入研发经费75.0亿元，研发投入强度达2.61%。

【科研成果】

2020年国机集团科研成果(奖励、专利、论文、标准、软件著作权）产出情况见表9。

表9　2020年国机集团科研成果产出情况

序号	成果名称	数量（项）
1	获得省部级以上各类成果奖	390
	科学技术奖	108
2	申请专利数量	2 726
	其中：发明专利数量	1 046
3	获授权专利数量	1 905
	其中：发明专利数量	353
4	制修订标准数量	470
	其中：国际、国家标准数量	200
5	发表论文数量	2 819
6	软件著作权登记数量	373

【科技创新体系及平台建设】

（1）开展现有国家级研发平台评估评价，部署提升研发平台能力、提升与创新基础条件建设。组织开展对依托国机集团下属企业建设的国家级研发平台的评估工作，对评估为优秀的科研平台支持180万元/家，对评估为合格的研发平台支持70万元/家，以激发研发平台活力，提升研发平台研究能力。截至2020年年底，国机集团拥有企业国家重点试验室6家，国家工程技术研究中心7家，国家工程实验室6家，国家工程研究中心4家，国家企业技术中心19家，国家级技术创新联盟7家，国际合作基地5家，博士后工作站28家，国家生产力促进中心6家，国家级质检中心25家，全国标准化委员会80家。国机集团拥有的国家级科研及服务平台数量超过160家，在相关技术领域处于科技创新优势地位，在推动行业的技术进步，带动中小企业创新发展，提升产业核心竞争力等方面发挥着重要作用。2020年国机集团国家级研发平台评估结果见表10。

表10　2020年国机集团国家级研发平台评估结果

序号	平台名称	依托单位
优秀平台（6家）		
1	国家压力容器与管道安全工程技术研究中心	合肥通用机械研究院有限公司
2	国家农业机械工程技术研究中心	中国农业机械化科学研究院
3	压缩机技术国家重点实验室	合肥通用机械研究院有限公司
4	国家仪表功能材料工程技术研究中心	重庆材料研究院有限公司
5	国家传感器工程研究中心	沈阳仪表科学研究院有限公司
6	拖拉机动力系统国家重点实验室	中国一拖集团有限公司
良好平台（14家）		
1	农业生产机械装备国家工程实验室	中国农业机械化科学研究院
2	土壤植物机器系统技术国家重点实验室	中国农业机械化科学研究院
3	高性能测温材料国家地方联合工程实验室	重庆材料研究院有限公司
4	工业产品环境适应性国家重点实验室	中国电器科学研究院有限公司
5	国家电气传动工程研究中心	天津电气传动设计研究所有限公司
6	金属挤压与锻压装备技术国家重点实验室	中国重型机械研究院股份公司

（续）

序号	平台名称	依托单位
7	国家超硬材料及制品工程技术研究中心	郑州磨料磨具磨削研究所有限公司
8	超硬材料磨具国家重点实验室	郑州磨料磨具磨削研究所有限公司
9	大型铸锻件数值模拟国家工程实验室	中国第二重型机械集团公司
10	太阳能干燥技术装备国家地方联合工程实验室	中国农业机械化科学研究院呼和浩特分院有限公司
11	国家橡塑密封工程技术研究中心	广州机械科学研究院有限公司
12	工业摩擦润滑国家地方联合工程研究中心	国机智能科技有限公司
13	国家精密工具工程技术研究中心	成都工具研究所有限公司
14	国家草原畜牧业装备工程技术研究中心	中国农业机械化科学研究院呼和浩特分院有限公司

（2）积极推进新科研平台体系建设。2020年，国机集团共获批省部级以上科研与服务平台16家，其中国家级平台2家。“机械工业高端数控锻压装备工程技术研究中心”“机械工业铸造装备工程技术研究中心”“辽宁省管道智能感知与健康管理专业技术创新中心”“河北省数字影像装备与数字显示技术重点实验室”“河南省轴承创新中心”“陕西省‘四主体一联合’文物岩土与结构工程技术研究中心”“江苏省天龙制药滴眼剂工程技术研究中心”等14家省部级科研平台获批建设，涉及装备制造、智能传感、工业基础、工程建筑、医药健康等诸多领域，进一步夯实了技术创新与产业发展基础。2020年新获批的省部级以上科研及服务平台见表11。

表11　2020年新获批的省部级以上科研及服务平台

序号	科研平台名称	单位名称
	国家级科研及服务平台	
1	洛阳轴承研究所有限公司技术中心（国家企业技术中心）	洛阳轴承研究所有限公司
2	天津电气科学研究院有限公司技术中心（国家企业技术中心）	天津电气科学研究院有限公司
	省部级科研及服务平台	
1	广东省知识产权示范企业	中国电器科学研究院股份有限公司
2	中国纺织机械协会“高速卷绕头产品研发中心”	中国恒天集团有限公司
3	中国纺织机械协会纺织工厂智能管理系统产品研发中心	中国恒天集团有限公司
4	机械工业高端数控锻压装备工程技术研究中心	中国汽车工业工程有限公司
5	机械工业铸造装备工程技术研究中心	中国汽车工业工程有限公司
6	辽宁省管道智能感知与健康管理专业技术创新中心	沈阳仪表科学研究院有限公司
7	河北省数字影像装备与数字显示技术重点实验室	秦皇岛视听机械研究所有限公司
8	天津企业技术中心	天津工程机械研究院有限公司
9	河南省轴承创新中心	洛阳轴承研究所有限公司
10	河南省技术转移示范机构	洛阳轴承研究所有限公司

（续）

序号	科研平台名称	单位名称
11	国家装配式建筑产业基地	中机国际工程设计研究院有限责任公司
12	陕西省“四主体一联合”文物岩土与结构工程技术研究中心	机械工业勘察设计研究院有限公司
13	江苏省天龙制药滴眼剂工程技术研究中心	上海海虹实业（集团）有限公司
14	重庆市独立法人新型企业研发机构	中机高科（重庆）环保工程有限公司

【科技成果获奖情况】

根据《社会力量设立科学技术奖管理办法》《中国机械工业集团科学技术奖励办法》，组织完成了2020年度中国机械工业集团科学技术奖的申报、评审、报批、公告、授奖、奖金拨付等工作，本年度共奖励项目26项，其中，一等奖3项、二等奖9项、三等奖14项，奖励个人近200人。2020年度中国机械工业集团科学技术奖获奖项目清单见表12。

表12　2020年度中国机械工业集团科学技术奖获奖项目清单

序号	项目名称	完成单位	主要完成人
一等奖（3项）			
1	500MPa超高压水刀装备及复合材料加工应用	合肥通用机械研究院有限公司、武汉大学、成都飞机工业（集团）有限责任公司、南京大地水刀股份有限公司、沈阳奥拓福科技股份有限公司、广州华臻机械设备有限公司	薛胜雄　陈正文　陈　波　鲁　飞　何　凯　龙新平　任启乐　庞　雷　李岳峰　武子全　王永强　巴胜富　韩彩红　赵红军　曲玉栋
2	精整生产线核心装备及产品质量智能综合控制技术开发	中国重型机械研究院股份公司、燕山大学	景群平　白振华　张康武　冀俊杰　贾海亮　刘亚星　孙亚波　马兰松　郝　瑾　范海峰　李宏伟　刘渭苗　尹　刚　靳恩辉　徐长安
3	精密、高效、数控电火花加工技术与应用	苏州电加工机床研究所有限公司、苏州三光科技股份有限公司、清华大学、上海交通大学、武汉华中数控股份有限公司、烟台环球机床附件集团有限公司	吴　强　吴国兴　万符荣　周志凯　韩福柱　奚学程　向　华　朱红敏　曲维康　王　应　许庆平　王昌喜　王文浩　刘　斌　顾洪良
二等奖（9项）			
1	收获机械全生命周期智能监管技术与系统装备	中国农业机械化科学研究院、中联重机股份有限公司、河南科技大学、中国农业大学	苑严伟　陈　度　高一平　周利明　金　鑫　赵　博　贡　军　王升升　吕程序　王书茂
2	高精度面板智能化冷连轧生产线自主研发与推广应用	中国重型机械研究院股份公司、东北大学、西安交通大学、重庆万达薄板有限公司、燕山大学、北京科技大学	徐利璞　孙　杰　计　江　张　琦　赵团民　李兴华　屈薛勇　姜万录　张清东　寇　鹏
3	新型高速纺熔复合非织造布生产线及工艺技术	中国纺织科学技术有限公司、宏大研究院有限公司	安浩杰　陈　曦　帅建凌　崔洪亮　赵建林　王卫东　梁占平　慎永日　郝丽霞　郭奕雯
4	面向家电智能柔性生产关键技术研究及应用	中国电器科学研究院股份有限公司、安徽擎天伟嘉装备制造有限公司、广东美的暖通设备有限公司、华南理工大学	佘和青　陈传好　张　平　肖莉芳　王一风　郭君柱　马　芳　陈昕叶　李　方　李志中
5	东方红-LY1204/LY1304/LY1404轮式拖拉机	中国一拖集团有限公司、第一拖拉机股份有限公司、洛阳拖拉机研究所有限公司	王东青　张永明　薛志飞　徐书雷　杨桂香　杨婉丽　王世强　王兴伟　康　健　赵　旭

（续）

序号	项目名称	完成单位	主要完成人
6	精密刀具数控磨削用复合结合剂超硬材料砂轮开发及应用	郑州磨料磨具磨削研究所有限公司	赵延军　张高亮　刘权威　钱灌文　朱建辉　王礼华　史林峰　左冬华　熊华军　吴晓磊
7	高地隙自走式喷杆喷雾机技术研究及产业化应用	中国农业机械化科学研究院、江苏大学、现代农装科技股份有限公司、埃森农机常州有限公司、合肥多加农业科技有限公司	杨学军　贾卫东　张　铁　嵇国俊　秦广全　严荷荣　董　祥　尹素珍　孙　星　王之东
8	三维激光在数字建筑系统中的关键技术研究与应用	机械工业勘察设计研究院有限公司	杨永林　廖东军　潘东峰　杨　超　丁吉峰　郑建国　朱海雄　吴一同　谭　钿　刘兆慧
9	挂面（米粉）智能化加工关键技术装备研发与集成应用	中国农业机械化科学研究院、克明面业股份有限公司、青岛海科佳智能装备科技有限公司、中国包装和食品机械有限公司	李世岩　柳先知　陈克明　张　瑶　徐龙朝　梁晓军　王金永　贾　甲　唐三江　曾问兰
三等奖（14项）			
1	医疗临床检验仪器用精密光学滤光器件关键技术研究与应用	沈阳仪表科学研究院有限公司	赵帅锋　费书国　阴晓俊　李　野　高　鹏
2	大型煤制油装置关键设备循环换热分离器研制与应用	上海蓝滨石化设备有限责任公司、国家能源集团宁夏煤业有限责任公司、中科合成油工程股份有限公司	张延丰　李　虎　姚田绪　常春梅　杨　勇
3	基于载荷谱的工程机械动力系统及元件基础试验平台技术研究与应用	天津工程机械研究院有限公司	李莺莺　张卫东　刘艳芳　许佳音　李淑萍
4	航空发动机用高强不锈钢、高温合金异形材料及元件	重庆材料研究院有限公司	张十庆　王　宏　李　方　霍世军　李少龙
5	特殊服役工况关键零部件表面高可靠性功能薄膜制备技术与应用	北京金轮坤天特种机械有限公司、中国农业机械化科学研究院、哈尔滨工业大学	汪瑞军　田修波　詹　华　李振东　巩春志
6	高效房间空调器绿色制造关键技术研究及应用	中国电器科学研究院股份有限公司、广东美的制冷设备有限公司、哈尔滨工业大学（深圳）	王　玲　符永高　章晓斌　张　浩　万　超
7	建筑隔震技术在医疗建筑设计中的应用	中国中元国际工程有限公司	陈　兴　张　兴　王文正　陈艳辉　杨金华
8	数字化铸造工厂示范工程	机械工业第六设计研究院有限公司	黄力生　刘统洲　彭　凡　郝　礼　苏见波
9	基于高效节能及可靠性提升的H系列挖掘机的研究及产业化	国机重工集团常林有限公司	黄鸣辉　刘　浩　孙中林　仇维蓉　钱　勇
10	反渗透膜元件自动化柔性卷制生产线研发	中国联合工程有限公司	章宇庆　郭伟华　周炳水　谌建国　黄金雷
11	节能环保型兰炭生产工艺及装备的研发应用	陕西冶金设计研究院有限公司、神木市兰炭产业服务中心、陕西双翼煤化科技实业有限公司	赵　杰　田朋军　陈晓菲　曾明明　蔡　毅

（续）

序号	项目名称	完成单位	主要完成人
12	1 000MW 级高标准大型水电铸锻件制造技术开发及生产应用	二重（德阳）重型装备有限公司	吴　穷　张军宝　孟相利　杨晓兵　孙　嫘
13	棉纺成套设备网络监控与管理系统平台建设	北京经纬纺机新技术有限公司	杨华明　刘　铁　范红勇　章国政　李远超
14	SGMW 宝骏二期涂装车间 M+E+U1 总承包项目	中国汽车工业工程有限公司、机械工业第四设计研究院有限公司	陈　勇　许志军　张德义　高广亮　卢　顺

【项目管理与实施】

1. 国家项目的申报、管理和重大项目的实施工作

（1）积极争取与承担各类国家项目，2020 年度累计获批国家项目 49 项。

（2）编制国机集团 2020 年科技项目综合计划。2020 年度，国机集团下属企业执行的国家项目、省市项目、集团重点项目共计 367 项，项目总投入 50.55 亿元。国家重点项目（包括国家自然科学基金项目、国家科技重大专项项目、国家重点研发计划项目等）共计 214 项，累计总投入 18.49 亿元。国机集团重大科技专项 21 项，总投入 16.55 亿元。省市项目 132 项，总投入 17.52 亿元。

（3）国家项目管理工作。按照国家项目主管部门要求，加大推进项目实施进程，做好项目实施过程中的梳理和调整，重大项目稳步推进，取得良好成效。2020 年先后完成 136 项国家项目的验收，为项目交付使用，发挥效益，规范运营，提供了保障。

2. 国机集团重大科技专项工作　按照工作安排，2020 年度组织了国机集团重大科技专项项目的申报与评审工作。经评审，确定立项 4 项，总投入 1.59 亿元。组织完成“智能化棉纺成套纺纱设备”项目的验收，项目形成一批高端的核心纺机设备，以满足纺纱行业用户高速、高效、节能、智能的需求。

3. 新产品开发　2020 年，国机集团新产品开发经费支出 15.90 亿元，开发新产品 832 项，新产品实现销售收入 154.16 亿元，其中出口额为 51.62 亿元。在技术转让方面，实现收入 7.04 亿元，其中专利转让与授权收入 156 万元；全国技术市场交易卖出额为 3.42 亿元。

【质量与资质管理】

1. 注重管理实效，持续提升体系管理效能　编制并发布新版《管理手册（GLSC-2020）》和 73 项《程序文件（CXWJ-2020）》。组织完成管理体系审核任务。组织召开 2020 年“四标一体化”管理评审会议。

2. 聚焦主责主业，组织实施质量提升行动　编制《关于开展装备制造业务质量提升行动的工作方案》，制定《关于推进装备制造业务质量提升的指导意见》，推动各相关企业持续开展质量提升行动。国机集团推进的质量评选活动取得可喜成绩，下属三磨所申报的河南省质量奖获第一名；三磨所入围中央企业 QC 小组成果发表赛并获得二等奖；下属青岛宏大销售部英萃 QC 小组荣获 2020 年全国优秀质量管理小组荣誉称号；经纬纺机“实施的产品全生命周期精品工程的经验”成为全国质量标杆。

3. 紧跟政策动态，全力保障资质管理服务　国机集团发挥专家把关作用，积极与国家有关资质审批部门进行沟通，24 项甲级企业资质获有关部委核准通过。及时印发资质政策指导文件，组织召开资质政策研讨会，积极动员下属大型设计院利用资质申报绿色通道，争取高级别设计、施工资质认证。跟踪各部委资质政策调整动态，组织下属企业按照国际发展合作署最新文件要求申报对外援助项目咨询服务单位资格，指导集团各企业申报相关资质。承担系统内注册设备监理师管理工作，完成下属企业 36 名注册设备监理师注册管理。

【专项管理工作】

1. 强化集团标准化工作，发挥标准引领作用 为落实国家标准化战略，推动国机集团标准化工作发展，国机集团组织开展优秀标准奖评选工作，有效地促进国机集团乃至行业标准与技术协同进步。2020 年度奖励标准项目 26 项，其中，一等奖 5 项、二等奖 8 项、三等奖 13 项；评选出标准化工作突出贡献单位 4 家。2020 年度“中国机械工业集团有限公司优秀标准奖”获奖清单见表 13。

表 13 2020 年度“中国机械工业集团有限公司优秀标准奖”获奖清单

一、标准化工作突出贡献单位			
1	合肥通用机械研究院有限公司		
2	北京起重运输机械设计研究院有限公司		
3	中国电器科学研究院股份有限公司		
4	中国农业机械化科学研究院		
二、优秀标准项目			
序号	**标准名称**	**获奖单位**	**获奖者**
一等奖（5 项）			
1	GB 50849—2014《传染病医院建筑设计规范》	中国中元国际工程有限公司	黄锡璆 林向阳 涂 路 刘 颖 王 健 刘 强
2	JB/T 12746—2015《含缺陷高温压力管道和阀门安全评定方法》	合肥通用机械研究院有限公司	范志超 杨铁成 江慧丰 董 杰
3	GB/T 36026—2018《油气工程用高强度耐蚀合金棒》	重庆材料研究院有限公司	李永友 黄国平 王东哲 刘海定 万 红 王明波 莫 燕
4	GB/T 36507—2018《工业车辆 使用、操作与维护安全规范》	北京起重运输机械设计研究院有限公司	赵春晖 王墨洋
5	ISO10987-2:2017 *Earth-moving machinery— Sustainability— Part 2: Remanufacturing*	天津工程机械研究院有限公司	尚海波 贾晓雯 陈树巧 李广庆 刘 佼 张 钰 邓艳芳
二等奖（8 项）			
1	JGJ/T 72—2017《高层建筑岩土工程勘察标准》	机械工业勘察设计研究院有限公司	张 炜 张旷成 张继文 高术孝
2	IEC 60335-2-29：2016 *Household and similar electrical appliances — Safety— Part 2-29: Particular requirements for battery chargers*	中国电器科学研究院股份有限公司	黄文秀 陈永强 周燕舞
3	GB/T 23641—2018《电气用纤维增强不饱和聚酯模塑料（SMC/BMC）》	桂林电器科学研究院有限公司	马林泉 周雨力 孙 宇
4	NB/T 47045—2015《钎焊板式热交换器》	上海蓝滨石化设备有限责任公司	周文学 陈战杨 赵 亮
5	GB/T 35477—2017《超硬磨料 人造金刚石微粉》	郑州磨料磨具磨削研究所有限公司	刘明耀 包 华 陈学伟 张林州 王志强

（续）

序号	标准名称	获奖单位	获奖者
6	NB/T 31094—2016 NB/T 31119—2017 NB/T 31120—2017 NB/T 31121—2017 风力发电设备　特殊环境条件与技术要求系列标准	中国电器科学研究院股份有限公司	揭敢新　王　俊　黄开云　许雪冬　刘　鑫
7	JB/T 12938.1—2016 JB/T 12938.2—2016 JB/T 12938.3—2016 JB/T 12938.4—2016 板坯连铸机系列标准	中国重型机械研究院股份公司	刘赵卫　杨拉道　周士凯　李勤勇　李新强
8	GB/T 51188—2016《建筑与工业给水排水系统安全评价标准》	中国中元国际工程有限公司	黄晓家　孙　巍　贺凤云
三等奖（13 项）			
1	GB/T 36698—2018《带式输送机设计计算方法》	北京起重运输机械设计研究院有限公司	张喜军　王引生　程潞梓
2	GB/T 6083—2016《齿轮滚刀　基本型式和尺寸》	成都工具研究所有限公司	沈士昌　曾宇环
3	GB/T 34891—2017《滚动轴承　高碳铬轴承钢零件　热处理技术条件》	洛阳轴承研究所有限公司	雷建中　扈林庄　梅亚莉
4	JB/T 13138—2017《储油罐清洗设备》	合肥通用机械研究院有限公司	巴胜富　庞　雷　鲁　飞
5	NB/T 47008—2017 NB/T 47010—2017 NB/T 47009—2017 承压设备用钢锻件系列标准	合肥通用机械研究院有限公司	章小浒　陆戴丁　姜　恒
6	GB/T 13932—2016《铁制旋启式止回阀》	合肥通用机械研究院有限公司	黄明亚　彭　林
7	JB/T 13114—2017《单双动反向卧式铝挤压机》	中国重型机械研究院股份公司	张　君　侯永超　辛宏斌
8	GB/T 35722.1—2017 GB/T 35722.2—2017 家用和类似用途智能电自动控制器系统系列标准	中国电器科学研究院股份有限公司	孔睿迅
9	IEC 60665:2018 *A.C. ventilating fans and regulators for household and similar purposes — Methods for measuring performance*	中国电器科学研究院股份有限公司	黄文秀　陈灿坤　胡恒莹
10	GB/T 33084—2016《大型合金结构钢锻件　技术条件》	二重（德阳）重型装备有限公司	游　卫
11	GB/T 20319—2017《风力发电机组　验收规范》	中国农业机械化科学研究院呼和浩特分院有限公司	王建平

（续）

序号	标准名称	获奖单位	获奖者
12	GB/T 35218—2017《拖拉机可靠性　台架试验方法》	中国一拖集团有限公司	李京忠　罗艺军　陈　嵩
13	GB/T 51218—2017《机械工业工程设计基本术语标准》	中国联合工程有限公司	赵拥军　李峻棣　王鸿冰

2. 开展优秀科技期刊评选，推动科技期刊回归学术本源　2020 年，国机集团组织对集团所属机械制造、机械设计、材料科学、石化工业、农业工程等众多学科领域的 43 种科技期刊进行评选，构建国机集团科技期刊支持体系，推动科技期刊回归学术本源，实现高质量发展。2020 年度奖励科技期刊 38 种，其中，一等奖 3 种、二等奖 4 种、三等奖 9 种、鼓励奖 22 种。2020 年度“中国机械工业集团有限公司优秀科技期刊奖”奖励清单见表 14。

表 14　2020 年度“中国机械工业集团有限公司优秀科技期刊奖”奖励清单

序号	期刊名称	主办 / 承办单位	创刊年份	学科分类
一等奖（3 个）				
1	农业机械学报	中国农业机械化科学研究院	1957	农业工程
2	压力容器	合肥通用机械研究院有限公司	1984	机械制造工艺与设备
3	功能材料	重庆材料研究院有限公司	1970	材料科学综合
二等奖（4 个）				
1	流体机械	合肥通用机械研究院有限公司	1972	机械工程设计
2	包装与食品机械	合肥通用机械研究院有限公司	1983	食品科学技术
3	润滑与密封	广州机械科学研究院有限公司	1976	工程与技术科学基础
4	仪表技术与传感器	沈阳仪表科学研究院有限公司	1964	仪器仪表技术
三等奖（9 个）				
1	电气传动	天津电气科学研究院有限公司	1959	电气工程
2	金刚石与磨料磨具工程	郑州磨料磨具磨削研究所有限公司	1980	机械制造工艺与设备
3	轴承	洛阳轴承研究所有限公司	1958	机械制造工艺与设备
4	绝缘材料	桂林电器科学研究院有限公司	1966	材料科学综合
5	农业工程	北京卓众出版有限公司	2011	农业工程
6	工具技术	成都工具研究所有限公司	1964	工程与技术科学基础
7	工业炉	机械工业第五设计研究院有限公司	1978	动力工程
8	环境技术	中国电器科学研究院股份有限公司	1983	电子技术
9	真空	沈阳真空技术研究所	1964	工程与技术科学基础
鼓励奖（22 个）				
1	模具工业	桂林电器科学研究院有限公司	1975	机械制造工艺与设备
2	石油矿场机械	兰州石油机械研究所	1972	石油天然气工程
3	大型铸锻件	中国第二重型机械集团公司大型铸锻件研究所	1979	机械制造工艺与设备
4	工程机械	天津工程机械研究院有限公司	1964	机械制造工艺与设备

（续）

序号	期刊名称	主办 / 承办单位	创刊年份	学科分类
5	重型机械	中国重型机械研究院股份公司	1953	机械工程设计
6	管道技术与设备	沈阳仪表科学研究院有限公司	1993	机械制造工艺与设备
7	电工材料	桂林电器科学研究院有限公司	1966	材料科学综合
8	工程与试验	长春机械科学研究院有限公司	1961	工程与技术科学
9	石油化工设备	兰州石油机械研究所	1972	石油天然气工程
10	设备管理与维修	北京卓众出版有限公司	1980	工程与技术科学
11	矿业装备	北京卓众出版有限公司	2011	矿山工程技术
12	起重运输机械	北京起重运输机械设计研究院有限公司	1961	机械制造工艺与设备
13	中国重型装备	中国第二重型机械集团公司	1984	机械制造工艺与设备
14	拖拉机与农用运输车	洛阳拖拉机研究所有限公司	1974	农业工程
15	汽车与驾驶维修	北京卓众出版有限公司	1992	交通运输工程
16	工程机械与维修	北京卓众出版有限公司	1994	机械制造工艺与设备
17	成组技术与生产现代化	机械工业第六设计研究院有限公司	1984	工程与技术科学
18	汽车电器	长沙汽电汽车零部件有限公司	1962	电气工程
19	日用电器	中国电器科学研究院股份有限公司	1958	电气工程
20	人造纤维	保定天鹅新型纤维制造有限公司	1971	材料科学综合
21	地质装备	中国地质装备集团有限公司	2000	地质学
22	移动电源与车辆	兰州电源车辆研究所	1970	电气工程

3. 鼓励发明创造，开展优秀专利评审 为鼓励发明创造，加快企业科技创新，奖励对发明创造与运用作出突出贡献并取得优异成绩的专利发明人与专利权人，2020 年国机集团首次设立“中国机械工业集团有限公司优秀专利奖”，奖励专利 35 项，其中，一等奖 4 项、二等奖 11 项、三等奖 20 项。2020 年度“中国机械工业集团有限公司优秀专利奖”获奖名单见表 15。

表 15 2020 年度“中国机械工业集团有限公司优秀专利奖”获奖名单

序号	专利号	专利名称	专利权人	发明人
一等奖（4 项）				
1	ZL201510482125.7	一种乙烯裂解炉管用微合金化 25Cr35NiNb 合金钢	合肥通用机械研究院、合肥通用机械研究院特种设备检验站	陈 涛 刘春娇 连晓明 范志超
2	ZL201710548484.7	地毯丝加捻机	宜昌经纬纺机有限公司	杨华明 张 明 许金甲 汪 斌 杨华年 刘娅娥 陈文涛 陆国兴 江海波 张焕军 宋 虎 李 琪
3	ZL201610068055.5	一种三段式铝型材淬火冷却装置和冷却方法	中国重型机械研究院股份公司	张 君 王 军 杨丹峰
4	ZL201510814021.1	一种超高切割垂直度整体型超薄树脂砂轮及制备方法	郑州磨料磨具磨削研究所有限公司	杜晓旭 陈 锋 肖 峰 李大水 王思亮

（续）

序号	专利号	专利名称	专利权人	发明人
二等奖（11 项）				
1	ZL201410213350.6	用于快速测温的铂铑热电偶微细丝材料及制备方法	重庆材料研究院有限公司	唐会毅　吴保安　刘庆宾　汪建胜　王云春　陈小军　罗凤兰　陈兴汉　潘　勇
2	ZL201710478997.5	一种分离石膏的离心式生产系统	合肥通用机械研究院、铜陵有色金属集团股份有限公司金冠铜业分公司	张德友　陈崔龙
3	ZL201610584972.9	一种开架式气化器海水分配系统	甘肃蓝科石化高新装备股份有限公司、上海蓝滨石化设备有限责任公司	张尚文　芦德龙　周少斌　文晓龙　王海鹏　唐卫军　李海涛　李金波
4	ZL201310689296.8	一种牵引式农具耕深在线检测方法及装置	中国农业机械化科学研究院	苑严伟　杨炳南　董　鑫　周利明　张俊宁
5	ZL201610907226.9	一种高效节能分体式抽吸辊筒	郑州纺机工程技术有限公司	王晓雨　张永康　吕宏斌　亓国红　娄冬冬　徐嗣鑫　马甲楠
6	ZL201611223919.2	基于多联梭阀组的先导液压控制系统及钻机	恒天九五重工有限公司	马少焱　吴江苏
7	ZL201410317213.7	一种极薄带钢精整机组运行参数设计方法	中国重型机械研究院股份公司	张康武　李　剑　任玉成　孙亚波　刘渭苗
8	ZL201510379282.5	一种检测流体磁性颗粒的装置与方法	广州机械科学研究院有限公司	贺石中　陈闽杰　冯　伟　冼建波　何佳乐　陶　辉
9	ZL201610032093.5	一种核电主泵试验装置	中国联合工程公司	曾　鹏　陈　波　胡益鑫
10	ZL201721476193.3	一种污水脱氮除磷装置	中机国际工程设计研究院有限责任公司	蒋剑虹　尹　疆　唐清畅　罗友元
11	ZL201510466829.5	一种聚醚醚酮改性聚四氟乙烯复合材料、轴承保持架及其制备方法	洛阳轴承研究所有限公司	王　枫　王　萍　孙小波　王子君　时连卫　李雪梅
三等奖（20 项）				
1	ZL201410654730.3	一种低温固化的汽车铝轮毂专用底粉粉末涂料及其制备方法	广州擎天材料科技有限公司	李　光　高庆福　程　里　曹秋秋　陈　雄　丁振刚
2	ZL201410623507.2	基于循环嵌套模型的多通带滤光片	沈阳仪表科学研究院有限公司	任少鹏　赵帅锋　吴增辉　胡雯雯　王忠连　张玲玲　张艳姝
3	ZL201410440415.0	一种环境室工况调节系统	中国电器科学研究院有限公司	郑毅穗　刘　旭　毛海莲
4	ZL201410457295.5	水平井填砂试验井筒装置	甘肃蓝科石化高新装备股份有限公司、机械工业兰州石油化工设备检测所有限公司、上海蓝滨石化设备有限责任公司	章发明　陈　磊　杨永安　王　航　张永红　王　东　刘金荣
5	ZL201410844202.4	一种光伏组件户外暴露试验方法	中国电器科学研究院有限公司	曾湘安　冯江涛　揭敢新　冯　皓　陈心欣　姜　川　江　鲁　李　慧　王受和
6	ZL201410273676.8	轮式拖拉机压力控制阀	第一拖拉机股份有限公司	张　璐　张　凯　刘　涛　雷　蕾　师二产　罗水成

（续）

序号	专利号	专利名称	专利权人	发明人
7	ZL201610253639.X	一种自动络筒机插管装置及插管方法	青岛宏大纺织机械有限责任公司	车社海　贾　坤　周爱红　李　潇　陈俐坊
8	ZL201610957100.2	一种适用于高温真空环境的材料性能测试装置	中机试验装备股份有限公司	王　慧　姚丙南　刘利强　范　辉　马双伟　谷春华
9	ZL201610475649.8	一种具有丝、麻特征的功能性纤维素纤维及其制备方法	恒天海龙（潍坊）新材料有限责任公司	李昌垒　马君志　秦翠梅　王　东　吴亚红　郝连庆　刘　乐
10	ZL201410661804.6	一种环锭细纱机锭带双张力盘装置	经纬智能纺织机械有限公司	郭金燕　田克勤　谈　叡　张丽萍　李嘉琦　尹利雄　龚　锦　邓　靖　王建根　张满枝　苏旭华　石华睿
11	ZL201610037825.X	核电稳压器波动管的间隙式制造芯模及制造方法	二重集团（德阳）重型装备股份有限公司 中广核工程有限公司	陈小波　宋树康　郑建能　陈红宇
12	ZL201610455018.X	用于弯直管内壁堆焊的装置和弯直管内壁堆焊方法	二重集团（德阳）重型装备股份有限公司	王雪骄　郑建能　王迎君　金　卿　晏君文　张海林　黄志刚　曾国文　邹克建
13	ZL201610050464.2	外变径铝合金无缝管材挤压生产方法	中国重型机械研究院股份公司	黄　胜　张　君　侯永超　丁建文　付永涛
14	ZL201410821873.9	用于重型瓦片式螺母柱的卧式试装方法	二重集团（德阳）重型装备股份有限公司	史苏存　尹代萍　崔晓明　吴晓云　刘瑞祥
15	ZL201510654778.9	一种电磁开关阀的逻辑油路控制系统及故障自动诊断方法	中国重型机械研究院股份公司	丘铭军　郭星良　艾春璇　宁　博
16	ZL201410415708.3	制动盘盘体的铸造方法和装置及由此制得的制动盘盘体	中设集团装备制造有限责任公司	安朝阳
17	ZL201610395488.1	一种自锐性金刚石砂轮及其制备方法	郑州磨料磨具磨削研究所有限公司	韩　欣　牛俊凯　闫　宁　邢　波
18	ZL201610466835.5	用于人工操作的桥式起重机吊钩防摇控制方法及系统	北京起重运输机械设计研究院有限公司	吴昊罡　周奇才　岳文翀　唐超隽　王　睿　王　璐　朱　跃　刘玲锦
19	ZL201510067758.1	通道间干扰和直流漂移自动扣除电路	北京海光仪器有限公司	李明章　杜　江　孙　鹏　闫京山
20	ZL201711201384.3	切削刃区表面有微凹坑的刀具	成都工具研究所有限公司	陈　云　耿子瑜　曾　莉　田　良

4. 扎实推进知识产权工作　2020 年，国机集团在知识产权方面投入 3.75 亿元，知识产权质押融资 45 万元；完成 1 905 项授权专利和 373 项软件著作权的入库和材料审查。2020 年度下属单位授权专利和登记软件著作权情况见表 16。

表 16 2020 年度下属单位授权专利和登记软件著作权情况（以授权发明专利数量排序）

序号	单位名称	授权专利	授权发明专利	软件著作权
1	国机精工股份有限公司	101	60	13
2	中国农业机械化科学研究院	118	46	52
3	合肥通用机械研究院有限公司	53	45	17
4	中国恒天集团有限公司	357	33	40
5	国机重型装备集团股份有限公司	138	31	8
6	国机集团科学技术研究院有限公司	71	27	8
7	中国电器科学研究院股份有限公司	75	22	41
8	中工国际工程股份有限公司	116	15	11
9	苏美达股份有限公司	68	15	4
10	国机智能科技有限公司	56	15	44
11	桂林电器科学研究院有限公司	23	11	3
12	中国一拖集团有限公司	160	7	10
13	中国机械设备工程股份有限公司	67	6	36
14	中国联合工程有限公司	132	5	16
15	国机汽车股份有限公司	124	4	19
16	中国地质装备集团有限公司	21	4	0
17	中国浦发机械工业股份有限公司	44	3	2
18	中国机械工业建设集团有限公司	19	3	0
19	中国福马机械集团有限公司	88	1	7
20	机械工业第六设计研究院有限公司	70	0	42
21	中国海洋航空集团有限公司	4	0	0

5. 促进质量对标提升，优化完善国机质量奖 2020 年，国机集团修订《国机质量奖管理办法》，设立管理和服务创新奖，优化评审程序和评价体系，确保评选结果的高标准和高质量；强化奖励力度和激励方式，进一步建立健全质量激励制度，通过评奖创优实现对标提升。2020 年评选奖励企业奖 2 家，项目奖 10 项。2020 年度“国机质量奖”获奖名单见表 17。

表 17 2020 年度“国机质量奖”获奖名单

奖项类别	序号	获奖企业和项目名称
企业奖	1	中国一拖集团有限公司下属第一拖拉机股份有限公司
	2	中国恒天集团有限公司下属经纬智能纺织机械有限公司

（续）

<table>
<tr><th>奖项类别</th><th>序号</th><th>获奖企业和项目名称</th></tr>
<tr><td rowspan="5">项目奖（产品）</td><td>1</td><td>国机集团科学技术研究院有限公司下属重庆材料研究院有限公司　核电关键测温仪表</td></tr>
<tr><td>2</td><td>中国一拖集团有限公司下属第一拖拉机股份有限公司　东方红LY1204/LY1304/LY1404轮式拖拉机</td></tr>
<tr><td>3</td><td>中工国际工程股份有限公司下属北京起重运输机械设计研究院有限公司　全自动垃圾搬运起重系统</td></tr>
<tr><td>4</td><td>中国恒天集团有限公司下属恒天嘉华非织造有限公司　一次性医用外科口罩</td></tr>
<tr><td>5</td><td>国机集团科学技术研究院有限公司下属沈阳仪表科学研究院有限公司　生物医学检测精密滤光片</td></tr>
<tr><td rowspan="3">项目奖（工程）</td><td>1</td><td>合肥通用机械研究院有限公司　基于反硝化技术的城镇污水高标准稳定达标排放关键工艺研究和应用项目</td></tr>
<tr><td>2</td><td>中工国际工程股份有限公司　中白工业园一期起步区基础设施建设项目</td></tr>
<tr><td>3</td><td>中国机械工业建设集团有限公司下属中国机械工业第二建设工程有限公司　玻利维亚圣布埃纳文图拉糖厂项目安装工程</td></tr>
<tr><td rowspan="2">项目奖（管理和服务创新）</td><td>1</td><td>中国联合工程有限公司　杭州九峰垃圾焚烧发电工程项目</td></tr>
<tr><td>2</td><td>合肥通用机械研究院有限公司下属合肥通用机械研究院特种设备检验站有限公司　承压设备合于使用评价技术</td></tr>
</table>

6. 组织开展创新创业活动　在国机集团范围内征集2020年全国大众创业万众创新活动周展示项目、全国科学防疫科普微视频项目，组织下属企业参加2020年全国工业互联网安全技术技能大赛、第三届中央企业熠星创新创意大赛。高质量推进国机集团“质量月”活动，组织约27 400人参加全国企业员工全面质量管理知识竞赛，荣获优秀组织奖。

资本运营

【外部重组】

2020年，国机集团抓住地方国有资产混合所有制改革的契机，重点围绕重大技术装备领域，稳步推进与相关地方重大技术装备集团的重组工作。对重组标的企业开展专项调研，同时选聘中介机构对重组标的企业开展尽职调查及审计评估工作，研究制定初步方案。

【内部重组】

1. 优化国机集团架构布局　根据国机集团总体定位和战略目标，以上市公司为核心平台，以专业化、市场化、证券化、扁平化的为目标，推动国机集团组织架构优化。

2. 组织推进整合板块资源　推动国机工程集团实体化；制定国机海南公司组建初步方案；推进中工国际下属北起院提级事项，挖掘优质院所资源、促进业务协同；推进完成中机国际对中国机床、机床销售公司的托管工作，进一步推进展览业务资源整合；推动国机特检集团资源整合。

3. 结合专项任务，以优化资源配置为目标，协同推进所属企业开展内部重组工作　结合国机集团专项任务，以优化资源配置为目的，推进部分下属企业通过吸收合并、股权划转、增资扩股等多种方式加快资源调整，制订部分院所重组方案，保留细分领域优质科研资质。指导国机重装下属成都重机公司吸收合并成都工程公司。

4. 完成国机集团下属托管企业情况梳理及后续工作安排 对国机集团托管企业进行全面摸查，针对存在的问题进行改革提升，完善托管审批管理流程，明确权责边界，落实托管责任，统一管控模式，优化评价机制，并对现存托管企业进行分类管理，有效推进资源整合优化。

5. 重大资本运营 根据国机集团发展战略和资本运营整体筹划，结合企业长远发展及挖掘内在价值需要，启动实施 CMEC 以吸收合并方式从香港联交所退市工作。

【改革工作】

1. 积极部署开展国机集团三年改革行动 按照国务院国资委要求，国机集团积极部署开展国企三年改革行动，快速建立工作机制，制订国机集团三年改革行动方案及工作台账，部署下属企业开展相关工作。

2. 结合国有资本投资公司试点工作及专项改革任务，稳步推进混合所有制和员工持股改革 结合国有资本投资公司试点工作要求，推进制度建设，以“双百”企业及“科改示范行动”为重点，稳步推进企业综合性改革。根据国务院国资委部署，制订国机精工、中国重型院“科改示范行动”综合改革方案及工作台账。指导中国农机院、中设集团、中机六院等下属企业理性开展混合所有制和员工持股改革工作。

3. 全面推进剥离企业办社会职能和解决历史遗留问题改革收尾工作 国机集团“三供一业”分离移交共涉及下属 70 家企业，“三供一业”分离移交项目共 190 多项，实际完成分离移交户数34.3万户，协议金额21亿元。截至2020年年底，“三供一业”职能移交已基本完成，大部分企业家属区改造工作已基本完成。“三供一业”资金清算工作于 2020 年 8 月完成并报送国务院国资委审核。

厂办大集体改革工作积极推进，2020 年年底完成 56 家厂办大集体职工安置工作，累计安置在职职工 3 781 人，在职职工安置率达 97.6%，完成国务院国资委下达的年度任务目标。

国机集团各企业退休人员共计约 11.6 万人，至 2020 年年底已实施社会化或取得复函的退休人员约 10.6 万人，约占退休总数的 91.1%。

【投资工作】

1. 完善投资管理制度体系

（1）优化投资审查机制流程，修订并下发《中国机械工业集团有限公司投资审查委员会工作办法》。

（2）严格执行负面清单禁入制度，制定《国机集团境内外投资项目负面清单（2020 年度）》，将不具备分红能力的非战略性参股投资等列入负面清单。

2. 严格投资项目备案审批 进一步严格投资备案审批，按照国资委及集团要求，严控非主业投资，坚决杜决高风险低收益、推商资产负债率的投资，否决不合格投资项目 7 项，涉及投资总额约 8 亿元。

3. 持续加大投资监管力度 完成 2019 年第三方独立投资并购后评价报告，组织开展 2020 年投资项目评价工作，更加注重投资过程管理，进一步加强评价结果应用。

【其他重要事项】

1. 推进对标世界一流管理提升行动 2020 年，国机集团开展对标世界一流管理提升行动，制定《国机集团对标提升实施方案》和工作清单。围绕一条主线（加强管理体系管理能力建设），聚焦三大功能（战略管控、价值创造、服务支撑），提升“八种能力”，全面提升管理现代化水平，不断培育企业核心竞争能力。

2. 稳步开展上市公司运作 国机重装于 2020 年 6 月 8 日在上海证券交易所重新上市，以实际行动履行了主动退市时的承诺。按照财政部对国有资本金的相关管理要求，稳步推进一拖股份 A 股非公开发行工作。

综合管理

【人力资源管理】

2020年，国机集团进一步提高人力资源工作的系统性、主动性，持续提高工作的制度化、规范化水平，为集团发展提供组织保障。

1. 落实党管干部原则，持续推进干部队伍建设 2020年，国机集团进一步加大干部交流力度，进一步优化企业领导班子结构，促进企业改革发展。同时，不断加强干部的思想淬炼、政治历练、实践锻炼、专业训练，提升干部的政治素养、专业能力、斗争精神和斗争本领。

选拔优秀年轻干部，2020年，国机集团党委管理干部的能力和年龄结构得到进一步优化，1970年以后出生的干部占33%，比2019年提高6.1个百分点；1975年以后出生的干部占12.6%，比2019年提高4.7个百分点。

扩大选人用人视野，以国机集团全资、控股企业领导人员管理办法为中心，围绕干部培育、选拔、管理、使用，进一步规范和细化各项制度与程序。制定《关于明确对集团下属部分二级以下企业领导班子管理方式的意见》，将转制科研院所、上市公司等42家二级以下企业列为纳入集团扩大选人用人考察范围，将其领导班子成员纳入扩大选人用人考察范围，给予重点关注，加强跟踪了解，根据工作需要和干部一贯表现，进行统筹调配使用，为国机集团加强干部管理、企业更好地发挥作用创造了有利条件。

2. 围绕改革发展部署，完善企业领导班子建设 2020年，国机集团稳步推进9家企业领导班子换届考核，推进了企业领导班子有序衔接和持续优化；在集团系统内开展下属二级企业财务总监公开遴选，并对二级企业财务总监进行了通盘调整；对二级企业纪委书记进行集中调整，全部配备到位并实现专职专责，同时将纪委书记岗位作为干部培养锻炼的重要岗位；全面开展二级企业领导班子及班子成员年度考核，加强对班子运行情况、班子成员履职情况的全面了解，提高对班子、班子成员画像的精准度。

3. 强化集团管控要求，健全出资人代表队伍 建立完善董监事选聘、履职及考核评价配套制度，2020年完成《国机集团派驻监事会管理暂行办法》《国机集团派驻监事会考核评价与薪酬待遇管理办法》《国机集团外部董监事管理办法》《国机集团外部董监事考核评价与薪酬待遇管理办法》等制度，为董（监）事履职提供遵循依据；统筹调整派出董（监）事，选优配齐出资人代表队伍，全年补充调整二级企业外部董（监）事87人次，进一步健全完善国机集团法人治理结构；设立3个派驻监事会，进一步健全集团对二级企业的监督工作机制，保障集团合法权益。

4. 严格按照上级部署，协同推进国机集团党委换届 规范做好国机集团“两委”委员的推荐、考察及相关工作，稳步推进10家二级企业党委换届相关工作，为企业改革发展提供政治保障。

5. 立足国有资本投资公司，深化总部机构改革 2020年，国机集团持续优化组织机构，精简总部组织机构和编制，部门和编制数量均低于中央企业平均水平；完善职务职级序列，规范借用人员管理，理顺员工成长通道，进一步充实总部人才队伍，不断完善绩效考核制度，持续优化总部建设。

6. 坚持严管厚爱相结合，持续强化干部监督 严格做好个人事项报告管理，2020年，集团党委直接管理干部个人有关事项报告如实率较上年度提升18个百分点；规范开展“一报告两评议”，以此为抓手，加强对企业选人用人工作的日常监督和指导工作力度，不断规范下属企业选人用人工作。

7. 规范收入分配秩序，强化干部正向激励 2020年，国机集团深化薪酬制度改革，激发员工干事创业的积极性、主动性和创造性，树立讲担当、重担当的鲜明导向。

（1）完善收入分配制度体系。修订完成工资总额备案制管理办法以及下属企业工资总额管理实施细则和企业负责人薪酬管理办法。

（2）加强工资总额管控。进一步严肃收入分配纪律。

（3）加强企业负责人薪酬待遇管理。坚持分类管理，建立完善与选任方式相匹配、与企业功能定位相适应、与经营业绩紧密挂钩的差异化决定机制，将考核结果作为下属企业负责人薪酬核定的基本依据，发挥考核指挥棒的作用，充分激发企业领导人的担当作为能力。

8. 以高层次人才为重点，提升人才队伍建设质量 依据《国机集团人才队伍建设规划（2016—2020年）》要求，以提升国机集团自主创新能力，实现科技自立自强为目标，不断优化国机集团高层次科技专家、高层次技能专家选拔机制，使更多高层次专家能够立足本学科、本行业、本领域，发挥领军作用。

（1）落实集团党委对高层次科技专家关爱政策。做好院士的聘任和待遇保障工作，发挥院士的科研领军作用和影响力。

（2）落实国家重大人才工程和相关政策。全年新增各层次专家73人，新评选青年人才191人，推荐高层次评审专家9人；加大人才引进力度，落实人才政策，全年拨付人才津贴967万元；对10个“技能大师工作室”给予资金支持，充分发挥高技能人才在科技攻关、创新创效、人才培养等方面的示范引领作用。

（3）落实稳就业各项要求。国机集团的80余家下属企业招聘3 000余人，以实际行动为稳就业、保就业大局作出贡献。

9. 克服疫情不利影响，多样化开展人才培训 贯彻落实党中央加强新时代干部教育培训工作的部署要求，2020年8月27日揭牌成立国机党校；认真落实干部培训教育有关要求，完成中组部教育培训评估工作和调研工作，确保干部参训率；充分发挥在线学习平台作用，共开发32门内部在线学习课程，实现学习充电不断线。2020年如期完成接收安置军转干部工作，共接收军转干部2人。

【战略管理】

1. 系统开展“十三五”规划评估工作 对国机集团过去五年的规模效益、产业结构、科技创新、改革、管理等进行系统梳理和回顾，评价“十三五”完成效果，找出发展瓶颈和短板，为“十四五”规划的编制提供参考。

2. 高质量编制国机集团“十四五”发展规划 “十四五”发展规划以“引领机械工业发展，推动人类社会进步”为使命，以打造“科技驱动的世界一流企业”为总体定位，聚焦科技研发与服务、先进装备制造、工程承包与供应链三大主业，重点发展工业基础研发、高端重型装备、高端农林地质装备、高端纺织装备、设计咨询与工程承包、供应链集成服务、汽车与会展、产融投资八大业务板块，积极培育节能环保、新能源等新兴业务，通过实施“六大举措”“两步走、双提高”，主要业务板块到2025年实现“四个整体一流、四个细分领先”。

3. 推进与政府、企业的战略合作 2020年，国机集团积极推进与中央、地方国有、民营和外资企业的战略合作，签订协议10份，20多个合作项目落地，为区域发展贡献国机力量，推动共筑“双循环”发展格局。

【协同管理】

1. 积极推动外部协同 落实国机集团与东风公司在新能源汽车领域的合作，携手开拓第三方市场；深入推进国机集团与海南、江西、江苏、浙江等11个省、市地方政府的协同合作，共发出《战略合作函》11份；积极参与各商会协会、国家有关部门组织的活动，为集团的业务发展创造良好的外部条件。

2. 强化内部协同合作 全面梳理各下属企业细分领域的独特优势，助力“长项更长、优势更优”，为下一步全面推进内部协同合作奠定基础；编辑印发《国机制造》《国机标准》等系列丛书，推动集团内各企业业务合作；起草集团内部业务协同管理办法，规范内部业务协同管理工作。

3. 做好协同基础管理工作 起草《中国机械工业集团有限公司内部业务协同管理办法（试行）》，统计各企业2020年度集团内部业务协同额，协同推进企业境内外项目取得积极进展。

【采购管理】

2020年，国机集团以采购管理制度修订、开展采购管理专项检查、强化采购管理监督等为落脚点，持续推动采购管理工作。创新工作模式，夯实管理基础，完成巡视整改任务，取得阶段性成效，推进采购工作规范化、透明化。

（1）进一步完善国机集团采购相关制度。完成国机集团采购管理及考核奖惩相关制度的修订印发。对适用于集团总部的采购（招标）办法进行修订，完善供应商管理与非招标方式选择的规定。

（2）探索建立符合集团工作特点的采购管理专项检查工作机制。采取企业自查与交叉检查相结合的方式开展采购管理工作专项检查。

（3）推动采购管理协同监管机制建设，初步形成协同监管的工作机制。

（4）参与采购中心筹备建设。配合集团共享服务中心筹备组，对采购中心建设方案进行统筹谋划。

【财务管理】

1. 全面加强财务管理能力，助力企业转型升级 2020年，国机集团持续强化全面预算管理，推动形成“目标－预算－执行监督－考核奖惩”的闭环体系，优化内部资源配置。修订发布新的业绩考核管理办法，通过降本增效、“瘦身健体”“处僵治困”等工作，不断提升企业运营质量。

科学研判发展新趋势，培养适应新时代、新要求的财务人员。通过专题培训、内部交流、学习沟通等多种形式，培养一批业务精湛、视野开阔、能力过硬、作风优良的财务骨干队伍。持续推进财务信息化建设，大幅提升会计核算系统性能，通过会计标准信息的管控和应用，大幅降低集中管理的难度，提升了会计信息质量，提升服务和支持经营决策的能力。规范业务操作流程，完善规章制度，强化内部控制的有效性，切实推动各企业提升经营管理水平。

2. 聚焦资金管控能力提升，为高质量发展提供保障

（1）采取有效措施，多方整合资源提高资金集中度。2020年年末可归集资金集中度达到71.2%。

（2）加强债务风险管控能力，持续降低资产负债率。通过合理控制贷款规模、加强资金预算、积极进行资产处置等综合手段，化解企业流动性风险，守住不发生债务风险的底线。2020年12月底，资产负债率为64.8%，同比下降0.4个百分点。

【审计监督】

2020年，国机集团持续推进审计体制机制改革、创新审计工作方式方法，落实审计全覆盖要求，发挥审计“强监督、控风险、促发展”的作用。

1. 加强内部审计领导体制机制建设 2020年，国机集团贯彻落实国资监管各项政策要求，以制度为抓手，推进内部审计体制机制改革，强化对内部审计重大工作的顶层设计、统筹协调。印发《内部审计工作规定》，建立内部审计工作向集团党委、董事会负责的工作机制，加强了党对审计工作的领导；2月设立总审计师，由国机集团党委常委、副总经理高建设担任；单独设立国机集团审计部，负责内部审计、对口审计署及国资委相关司局、外部监事管理与服务工作。

2. 丰富完善制度体系 2020年，国机集团修订印发《内部审计工作规定》，确立了国机集团审计工作的基调和方向；修订《经济责任审计规定》，强化任中审计，增加责任界定，细化审计范围和内容，调整审计计划制定程序；修订《审计结果运用办法》，强化整改落实，明确整改落实责任、加强审计结果共享、建立审计问题整改台账和销号制度；新制定了 11 项审计部内部管理工作规范，以规范操作、高效管理、提升质量，落实、落细、落深集团各项制度。

3. 抓好审计项目实施 以问题和风险为导向，突出重点，推进审计全覆盖。2020 年，国机集团共开展审计项目 639 个，包括财务收支审计、经济责任审计、基建审计、工程承包项目审计、效益审计、内控审计及其他审计，审计资产总额 4 997 亿元，共提出审计意见和建议 1 690 条。

4. 加强审计结果运用 国机集团 2020 年深度挖掘审计结果价值，促进审计效能最大化。

（1）对审计发现的普遍性、典型性问题进行深入分析，把审计工作的微观成果提升到企业发展的宏观层面，促进审计工作“审计一点、规范一片”目标的实现。

（2）修订《审计结果运用办法》，明确各方整改责任，通过建立整改台账、制定整改验收标准、实行验收销号制度，形成审计监督闭环。

（3）依托国机集团党风廉政建设和反腐败协调小组沟通会商机制，信息共享、结果共用，增强监督工作合力；对审计发现的问题线索，按照相关规定及时移交相关部门进行问责处理，助力维护风清气正的政治生态；经济责任审计报告及时提交组织人事部门，作为干部任免、考核奖惩的重要依据，强化企业领导干部监督管理。

5. 推进内部审计改革 要求下属企业建立内部审计机构向党委、董事会负责的工作机制，提高审计的独立性和权威性；要求下属企业设立内部审计机构，加强统一管控；启动统一制定审计计划工作，加强源头管理；统筹全集团审计资源，试点开展“交叉审计”，不仅有效缓解了审计人员紧张的问题，还“以审代训”，在实践中锻炼提升了审计队伍专业能力；建立审计部企业联系人机制，对企业的运营管理实施持续、深入跟踪，及时了解掌握企业重要情况。

6. 加强审计队伍建设 2020 年，国机集团多措并举，提升全集团审计工作能力及水平。

（1）打造“总部 + 中心 + 中介”三位一体的审计人力资源队伍。加强总部审计人员岗位锻炼和培养，提升“单兵作战能力”和团队协同能力，培育和打造一支精干高效的总部审计队伍；统筹管理和高效运用各企业审计人员，充实审计中心管理和专业技术人员；招投标确定中介审计机构，充分利用社会审计资源，形成与集团内审资源的优势互补，提升审计工作效率。

（2）加强审计文化建设，以审计精神凝聚力量。组织“国机集团审计文化创立征集活动”，归纳出“担当、价值、专业、创新、廉洁”的审计精神。加大审计工作宣传力度，反映审计改革、审计成效，展示集团审计风采。

（3）以审前培训、专题培训、国务院国资委视频会为平台，组织培训和交流研讨，有效促进审计整体业务水平提升。

7. 加强与国务院国资委、国家审计署的沟通与配合 指定专人对口国家审计署，建立国家审计署工作周报制度；组织多家企业编制报送《企业年度工作报告》；组织开展调研和审计整改项目，按时、保质、保量配合完成国家审计署工作。

8. 做好外派监事管理与服务工作 结合调研，对国机集团的《外部董监事管理暂行办法》《派驻监事会管理暂行办法》进行宣传贯彻，协同集团董事会办公室组织对外部监事进行制度培训和履职培训。组织收集并分析下属企业监事会年度工作报告、工作计划及外部监事年度履职报告，对下属企业监事会运作情况持续跟踪，指导下属企业监事会规范运行。

【法律管理】

2020 年，国机集团持续深化“法治国机”建设，扎实推进疫情防控法律保障工作。

1. 做好法律审核，为经营工作提供法律支撑

（1）全力做好法律审核工作。实现合同、规章制度、重大决策法律审核的制度化、流程化、信息化管理，推动下属企业逐步实现法律审核的

“三化建设”，强化事前法律风险防控。

（2）全力提供法律咨询服务。就破产清算、产权无偿划转、棚改项目等事项进行法律论证、提出法律意见建议，充分发挥法律工作的服务功能。

2. 加大对重大案件跟踪管理及支持力度，防范化解诉讼风险

（1）抓好案件日常备案管理，建立重大案件管理台账，落实“有案必报、大案专报”的制度规定，重点跟踪大案、要案，压实涉案企业的案件处置主体责任。

（2）积极主动作为，组建诉讼仲裁项目组，搭建重大案件处理案外沟通渠道，组织召开外部律师及专家研讨会，最大限度支持、协助下属企业处理重大案件。

（3）以案为鉴、以案释法，组织开展典型案例交流、宣讲。通报典型案例，汇总、梳理、讲解国机集团3年来发生的11类重大典型案件，对普法宣传和风险防范起到良好的推动作用。

3. 筹建国机集团法律服务中心，成立专家项目组及建立常年法律顾问库 通过组建诉讼仲裁及工程承包项目组，建立两个法律专业领域的专家顾问团，初步建立重大疑难案件的会商研讨机制。以“集中采购”的方式选聘一批国内外顶尖的律师事务所和优秀的外部律师，组成集团常年法律顾问库。通过上述“内联外引”的方式，搭建起内外法律资源互联互通的平台，推动法律智力资源集中共享，为各企业解决重大疑难法律问题提供法律咨询等智力支持服务。

4. 推进制度建设，加强普法宣传，“法治国机”建设取得积极进展

（1）推动国机集团规章制度体系建设，全面修订法律管理规章制度。

（2）做好民法典的学习宣传贯彻，线上线下相结合开展法律教育培训，在全集团营造浓厚的学法尊法守法用法氛围。

（3）完成法治央企建设总结验收工作。围绕五年法治建设规划，主动自查、边查边改，以查促改、建立长效机制，将整改措施落到实处，确保法治国机建设目标如期实现。国机集团两名下属企业法律人员获中央企业“法律事务先进工作者”称号。

5. 加强境外法律风险排查处置，为国机集团国际化经营提供法律保障

（1）全面排查境外法律风险，重点排查疫情引发的涉外法律风险，整理形成《关于依法防控疫情　切实防范法律合规风险工作进展情况的报告》。

（2）印发《中央企业合规管理系列指南》，指导各企业依法合规经营，防范化解国际化经营过程中的重大风险。

6. 开展疫情防控法律保障专项工作

（1）强化组织领导保障，迅速部署工作，有效防范风险。成立“国机集团疫情防控法律保障专项工作组”，组织下属企业依法防控疫情，并为企业复工复产提供专业支持。

（2）开展疫情防控相关法律问题研究，及时提示相关风险。编发《国家及地方疫情防控法律法规政策汇编》《最高法及最高检疫情防控指导案例汇编》，详细收录中央及地方发布的应对疫情的政策法规，为企业提供参考依据。

【风险管控】

2020年，国机集团内控体系工作坚持以风险为导向，坚持底线思维，加强内控组织体系建设、强化重大风险评估和监测、完善追责问责制度、建立健全违规责任追究工作体系，不断促进企业提升风险防控能力与合规经营能力。

1. 启动内控及风险合规统筹监督体系建设

（1）按照《中国机械工业集团有限公司国有资本投资公司试点改革方案》，优化完善国机集团内控、风险、合规管理组织架构。建立国机集团内控及风险合规领导小组及下设领导小组办公室。

（2）按照国务院国资委有关内控一体化建设工作要求和国机集团综合改革统一部署，研究编制国机集团风险、内控、合规体系统筹一体化建设思路和规划方案。开展内控、风险和合规管理工作对标交流与研讨。

（3）印发《关于做好2020年企业内部控制体系建设与监督工作有关事项的通知》，推动企业建立健全内控体系。组织开展国机集团全级次企业内控自评价，促进内控管理持续优化。

（4）进一步整合优化内控、风险管理和合规管理监督工作，梳理、汇总形成《国机集团2020年度内控体系工作报告》。

2. 强化重大风险评估和监控 国机集团加大风险管控力度，完善重大风险评估、报告、督查机制。

（1）多措并举开展2020年度重大风险评估，全面深入梳理国机集团面临的内外部各类风险挑战。聚焦重大风险，编制出台《国机集团2020年度重大风险评估报告》，有针对性地提出应对举措。

（2）启动重大风险季度监控和实时报告机制，印发《国机集团重大经营风险事件报告工作规则》，进一步畅通风险信息渠道，加强风险关键点管理，建立国机集团重大风险信息立体化报告机制。

（3）聚焦重大风险事件管控，建立风险事件跟踪工作台账。对典型事件和共性问题开展核查，召开专项风险处置研究会议，有针对性地提出风险管理建议，跟踪指导企业落实整改，梳理、编制专项风险报告。

（4）加大境外风险监控力度。结合国务院国资委有关排查要求，督导企业将境外项目风险防控纳入重点监控范围，切实增强企业境外经营风险防范意识，梳理、编制《国机集团关于境外投资业务内部控制情况的汇报材料》，编制印发《关于做好境外风险防范工作的通知》，指导企业加强风险监测预警，持续做好境外项目风险防范工作。

3. 细化对企业内控与风险管理工作指导

（1）编制《国机集团2020年内控监督和风险检查工作方案》，对8家下属企业进行现场督导检查，强化合同管理、资金管理、印章管理等关键环节的管控和约束，消除管控盲区，切实防控企业重大风险。

（2）印发《关于做好企业重大风险、内控缺陷监控和整改工作的通知》，切实形成整改工作闭环管控模式。

（3）及早部署2021年度内控工作报告编写和重大风险评估工作。

（4）结合企业实际工作遇到的问题，编制出台“报告工作常见问题答疑文件”，统一标准口径和数据节点等要求。组织各企业风控部门召开年度风险评估和内控工作报告答疑研讨视频会，确保报告工作的质量。

4. 完善追责问责体制机制 2020年，国机集团建立健全违规责任追究工作体系，不断夯实追责问责工作基础。

（1）修订《国机集团违规经营投资责任追究实施办法（试行）》，进一步细化责任追究范围和资产损失标准，完善违规经营投资责任追究制度。按照归口管理和分级负责相结合的原则，健全追责问责组织体系，推动追责工作责任主体覆盖全级次企业，初步形成实体和程序两方面相对完整的追责问责制度体系。

（2）制定《国机集团违规责任追究问题线索处置管理办法》。构建问题线索发现、受理、初核、核查、处理、督办、整改的体系化、规范化追责机制。分解、细化体系建设工作任务，编写《国机集团关于违规经营投资责任追究工作体系建设改革目标任务完成情况的报告》，总结国机集团2020年违规追责体系建设情况，提出2021年体系建设工作任务和思路。

（3）印发《国机集团关于进一步做好企业违规经营投资责任追究工作实时报告有关事项的通知》等，形成《国机集团年度追责工作报告》。

5. 推动融资性贸易风险敞口处置 国机集团严控融资贸易风险，持续高压严管态势，树牢企业红线意识。

（1）开展融资性贸易风险处置专项工作。

（2）加强对企业“一对一”指导。采取法律手段，积极处理风险敞口，全力挽损减损。

（3）加强集团总部相关部门横向联动，共同推动加快处置。

（4）严控融资性贸易风险。加大企业排查力度，强化贸易业务关键环节风险管控，提升企业合规经营能力，坚决杜绝融资性贸易业务和“空转”“走单”等虚假贸易业务。

【信息化建设】

1. 信息化管控能力持续提升

（1）加强信息化工作的顶层设计，组织编制国机集团“十四五”信息化专项规划。

（2）落实国务院国资委国资监管信息化建设“三年行动计划”，推进“三重一大”等企业监管系统深化应用，建立与国务院国资委之间的数据实时交换通道，顺利通过“三年行动计划”专家组验收评估。

（3）深化国机集团管控信息化系统建设，组织编制《国机集团数字化在线监管建设方案》，完成投资、质量、科技等5个子系统建设，集团管控信息化水平再上新台阶。

（4）强化集团数据资产管理，梳理“国资监管业务数据指标库”以及集团监管数据库近47 000个指标，搭建数据资产管理平台，数据指标在线采集、动态管理、可视化展示和数据共享水平明显提升。

2. 网络安全各项工作有序开展

（1）落实《网络安全法》，实施国家网络安全等级保护制度，初步形成国机集团等级保护管理工作机制。

（2）强化信息化基础设施安全保障，加强网络安全顶层设计，推进重要信息系统分级、分区、分域防护工作，实现集团管控和国资监管重要信息系统和核心数据的安全防护。

（3）完善网络安全应急体系建设，开展网络安全应急演练，圆满完成多个专项网络安全保障工作，应急组织保障能力进一步巩固提升。

（4）积极开展网络安全信息通报工作，畅通三级网络安全信息通报渠道，有效防范突发网络安全事件事故。

（5）加强人才队伍建设和宣传培训，组织开展国家网络安全周宣传活动、国机集团网络安全技术大赛等。

（6）积极参与国务院国资委网络安全专项预研和试点工作，圆满完成国资国企网络安全在线监管平台接入工作。2020年，国机集团无重大网络安全事故事件发生，获国家网络与信息安全信息通报中心先进表彰。

3. 信息化基础保障体系持续优化

（1）推进“互联网＋办公”融合，完成集团视频会议与云视频会议升级连通。2020年，为集团各级企业提供包括传统视频会议、云视频会议、视频直播和点播在内的150余次视频保障，涉及参会人数达到28 640人次，分别较上年增长100%和121%。

（2）紧抓国内信息化基础建设升级机遇，组织与运营商开展基础网络升速降费谈判，签署线路租赁框架协议，2020年，国机集团信息化专线租赁成本同比降低约1/2，部分企业年度专线费、租赁费降低56%。

（3）推进国机集团云数据中心建设，升级扩容集团计算资源池，实现云化管理、动态配置，信息化基础资源利用效率提升70%，服务响应时间由原来的45天减少到2天。

（4）组织编制国机集团自主可控应用替代工作方案，在集团内开展自主可控应用替代试点。

（5）完成国机集团与中纪委、商务部、国务院国资委的信息化专项工作。

4. 适应管理方式新变化，提升信息化敏捷支撑能力 适应新冠肺炎疫情防控和企业生产经营方式新变化，优化移动化办公应用深度和广度，推动管理在线、办公在线、员工在线，年内上线财务报销、健康上报等一批小程序、小应用；推进国机集团云视频会议上线，实现集团云视频会议到末级企业全覆盖，助力集团疫情防控和复工复产，实现常态化远程办公。

【品牌管理与建设】

2020 年是国机集团品牌一体化“深化年”。

（1）开展品牌一体化，落实质量和效果检查。集团 768 家各层级企业涉及品牌一体化的 10 大系统 60 多个项目的完成情况、落地效果的全面检查，查缺补漏，整改提升；集团战略规划部完善升级 VI 应用，全面评估推进品牌一体化中各 VI 应用落地的质量和效果，结合实际应用中发现的问题，系统调整和升级 VI 手册，对部分应用规范和要求进行细化、拓展、完善和优化。

（2）谋划“十四五”品牌战略规划。一是评估 2018—2020 品牌战略规划实施情况，结合集团发展战略，审查内外部环境，编写《国机集团品牌战略规划（2018—2020）评价报告》。二是开展国机集团“十四五”品牌战略规划编制工作。

（3）加大品牌传播力度。一是策划“510”中国品牌日品牌传播活动，提高全员品牌意识。二是参加国务院国资委主办的“第三届中央企业品牌故事大赛”。国机集团微电影作品《时间的重量》和文学类作品《是谁让“放羊娃”们创造奇迹——巴基斯坦塔尔项目中的中国师傅与洋徒弟》入选优秀品牌故事。

【社会责任】

1. 编制发布集团 2019 年社会责任报告（中英文版） 2020 年，国机集团发布了第 10 份社会责任报告，被评为“金蜜蜂 2020 优秀企业社会责任报告长青奖”二星级，实现荣誉再升级。

2. 责任案例入选国务院国资委年度中央企业社会责任蓝皮书 责任案例涵盖国机集团社会责任管理、海外履责、疫情防控、公益慈善、生态文明等方面的履责成效。

3. 积极参加“大爱无国界”国际义卖活动 在保持自身持续发展的同时，国机集团积极履行社会责任，热心支持公益事业，彰显中央企业担当。2020 年组织参加第 12 届“大爱无国界”国际义卖活动，捐款 80 万元。

【企业文化建设】

1. 丰富企业文化活动 国机集团将开展员工文化活动作为企业传承红色文化的重要组成部分。2020 年 8 月 7 日，举办首个“机械工业纪念日”活动，纪念国机集团振兴我国机械工业使命传承发源点，回顾各级企业不忘初心、改革发展的历史进程，增进员工对于集团企业文化的认知与理解，进一步激发责任感和使命感，将“红色基因”转化为攻坚动力。

2. 拓展文化传播方式和渠道 持续推广国机集团卡通人物形象应用，用动漫形象展现国机集团的历史和文化。首次运用国机集团卡通形象制作动画短片，并在“国机集团学习强国号”上线时首播，短片累计浏览量达 40 余万次，获得较好传播效果。发挥和放大工业遗产的文化功能和社会价值，丰富企业文化内涵，国机集团“第一拖拉机制造厂”“中国第一台人造金刚石六面顶压机”2 个（处）工业文化遗产成功入围国务院国资委中央企业工业文化遗产（机械制造行业）名录。国机集团选送的微视频作品《忠诚敬业为民守望》，获得第一届中央企业践行社会主义核心价值观主题微电影（微视频）优秀奖。

3. 强化企业文化顶层设计 按照国机集团“十四五”规划编制工作安排，启动企业文化建设规划编制，强化协同和凝聚合力，聚焦发挥企业文化对生产经营的促进作用，为建设具有全球竞争力的世界一流企业，构筑坚实的思想基础和文化保障。

4. 学习宣传“央企楷模” 2020 年 12 月 23 日，国务院国资委党委在北京举行第五届“央企楷模”发布活动，国机集团中元国际顾问、首席总建筑师黄锡璆获此殊荣。为进一步展示和宣传身边的中央企业先进典型的感人事迹和崇高精神，国机集团制作了“央企楷模”黄锡璆先进事迹短视频、印发主题海报，并在自有媒体平台广泛宣传，激发广大党员干部职工奋斗“十四五”、奋进新征程的强大精神力量。

【新闻宣传】

2020 年，国机集团开通强国号和推特账号。

截至2020年年底，国机集团在集团层面共建有11个自有媒体平台，即《国机集团报》、微信公众号、官方网站、强国号、英法俄西4个外语网站、*SINOMACH TODAY* 英文杂志以及脸谱、推特2个海外社交媒体账号，宣传格局进一步完善。

1. 内部宣传亮点纷呈 2020年，国机集团紧密围绕国家大事、社会热点、集团重点工作策划宣传工作。围绕抗击疫情、全国两会、北斗卫星、中医药“走出去”、珠峰测量、国机重装上市、脱贫攻坚、进博会等进行重点宣传，专题策划立体、深入。全年《国机集团报》出版23期，微信推送295期538条，网站发布2 256篇，外语网站发布159篇，英文杂志出版4期，海外社交账号脸谱推送128条次、推特推送74条次，强国号发布553篇。各平台注重策划，加强深度报道，粉丝数、阅读量均大幅提升。海外社交账号粉丝近10万人，辐射亚洲、非洲、欧洲和北美洲等。

2. 对外宣传成果显著 2020年，中央主流媒体多次关注、报道国机集团发展情况。聚焦国机集团改革发展、抗击疫情、中白工业园建设等主题以及抗疫先进人物等，《人民日报》、新华社、中央广播电视总台、《经济日报》《光明日报》《学习时报》《经济参考报》《中国青年报》等都进行了专门报道，5次亮相《新闻联播》。新华社采访刊发《抵御风险挑战 把握发展主动权》，报道国机集团稳产业链、供应链的做法和成效，取得了良好的社会效应。

3. 重大主题宣传影响深远 国机集团以战时速度开展抗击疫情主题宣传，及时报道中央精神、集团部署、重要进展；聚焦一线，集团总部与各企业全程联动，推出大量鲜活的典型人物、典型事迹进行报道，在全网引起强烈反响；关注职工、关心企业，推出大量防疫知识文章。积极融入国家疫情防控宣传大格局，借助中央权威媒体、学习强国、国务院国资委官网、国资小新等平台，扩大传播范围。《人民日报》、新华社、中央广播电视总台、《经济日报》《光明日报》《学习时报》等中央主流媒体纷纷关注国机集团疫情防控和复工复产工作，海外媒体也关注了国机集团转产扩产重点医疗物资工作。截至2020年4月疫情高峰期结束，关于国机集团抗击疫情、复工复产的网络报道量超过2万篇次，在中央企业中位居前列。圆满完成全国抗疫先进选树工作和各级抗疫先进事迹报告。制作抗疫主题宣传片和宣传展板。

4. 舆情管理平稳有序 2020年，国机集团舆情管理日常监测到位，预警及时，舆情整体平稳。

党建工作

【党组织基本情况】

截至2020年12月31日，国机集团共有党组织2 176个，其中，党委187个、党总支125个、党支部1 864个；共有党员41 341人，其中，在岗党员33 473人、女性党员10 818人。

【持续加强政治建设】

国机集团党委始终把增强“四个意识”，坚定“四个信念”，做到“两个维护”作为首要任务，以党的政治建设为统领带动党的建设质量全面提高。

1. 在学习贯彻习近平总书记重要指示批示中落实党委责任 国机集团各级党委认真执行“第一议题”制度，制定完善“贯彻落实习近平总书记重要指示批示督查办法”等工作要求，定期梳理汇总习近平总书记重要指示批示精神，形成贯彻学习、跟进督办和定期报告的常态机制。2020年，国机集团党委全年安排“第一议题”27次，组织中心组专题学习研讨8次，广大党员干部将个人言行同党中央决策部署对标对表，做到了党中央提倡的坚决响应、党中央决定的坚决照办、党中央禁止的坚决杜绝，将“两个维护”体现在第一时间学习部署上，体现在第一时间落地见效上。

2. 在跟进落实习近平总书记重要指示批示中彰显中央企业担当 国机集团深入贯彻落实习近平总书记重要指示批示精神，履行中央企业责任使命，中白工业园实现跨越发展，安全风险实现有效防控，相关工作开展取得更大成效。国机集团党委深入贯彻习近平总书记关于安全生产的重要论述，切实落实“党政同责，一岗双责”，党委常委会6次研究部署安全生产工作，确保疫情防控和安全生产两手抓、两手硬。

3. 在承担急难险重任务中发挥“主力军”作用 面对重大任务和突发情况，国机集团各级党组织挺身而出，担当作为，在“大战大考”中经受住了考验。

（1）逆行而上抗击疫情。面对新冠肺炎疫情的冲击，国机集团党委闻令而动，成立疫情防控工作领导小组，统筹资源，火速动员，用国机速度保证了抗疫和经营“两战赢”。

（2）党建引领“应急处突”。国机集团党委始终把加强境外党建工作作为促进业务发展、防范各类风险的重要支撑。党的组织成为境外队伍建设的“稳压器”、境外项目推进的“压舱石”。

4. 在完善公司治理结构中深化企业改革 2020年，国机集团完善修订“三重一大”决策事项清单，明确党委前置研究讨论重大事项的管理清单；以国有资本投资公司改革试点为契机，全面加强党对国有企业的领导。

【强化理论武装】

国机集团党委坚持推动学习贯彻习近平新时代中国特色社会主义思想往深里走、往心里走、往实里走，确保学深悟透、融会贯通、学以致用。

1. 在党的最新理论大培训中提高思想认识 组织全系统开展十九届四中全会、五中全会精神和《习近平谈治国理政》第三卷学习培训班，将全级次企业党员特别是各级企业班子成员纳入系统培训范围。广泛开展各级企业党委理论学习中心组学习、党支部学习研讨和党员自学，通过全方位、多角度的学习，有力推动习近平新时代中国特色社会主义思想入脑入心，党员干部提高了政治站位，增强了“四个意识”，坚定了“四个自信”。

2. 在围绕中心研讨创新中提高融合能力 贯彻落实习近平总书记“努力在危机中育新机、于变局中开新局”的重要指示精神，组织各级企业开展“解放思想、推动发展”大讨论和“育新机、开新局”大研讨，对接国家所需，聚焦主责主业，结合企业实际，在思想碰撞中解决实际问题、明确未来方向，激发广大党员干部干事创业热情和动力，一批研讨成果转化为生产经营成果。组织各级企业根据业务板块不同特点，聚焦重大项目实施、重大改革推进、重大科技攻关等中心工作，确定党建重点项目，解决重点难点问题，打造出“党建先锋行”“以党建引领数字化转型”等一批优秀党建品牌，将党的政治优势、组织优势，转化为企业的竞争优势、发展优势。

3. 在完善理论武装机制中提高学习效果 国机集团党委认真贯彻落实国务院国资委党委关于中央企业党委（党组）理论学习中心组专题学习重点内容，紧密结合工作实际，制定年度中心组专题学习计划，以中心组学习为引领，加强集团系统党员干部政治学习、理论宣传和思想政治教育。完善理论学习机制，把中心组学习情况作为各级党委年度党建工作考核评价重要内容和评分依据。

【全面深化“三基建设”】

结合学习贯彻《国有企业基层组织工作条例（试行）》，以提升基层党组织的凝聚力、组织力为重点，以服务改革发展和生产经营为导向，2020年国机集团开展了“三大工程”，夯实“三基建设”，推动党建与生产经营深度融合。

1. 推动党建强基，夯实组织基础 组织筹备国机集团第二次党员代表大会，组织开展党的组织和党的工作全覆盖行动，以消除“党建盲点”为抓手，对全级次1 000余家企业班子配备、党组织建设和党员分布情况进行全面梳理，“一企一策”推动整改，以基层组织建设成效提高企业管控、防范经营风险的能力。

2. 推动能力提升，抓好队伍建设 推动专兼职党务干部队伍建设，明确“三年登高计划”。开展专兼职党务干部队伍建设需求调研，开展基层党支部书记全员培训，着力打造一支“三懂三会三过硬”的党务干部队伍。

3. 推动制度保障，健全党建体系 制订国机集团全面从严治党主体责任清单、规范落实谈心谈话制度、巩固深化“不忘初心、牢记使命”主题教育成果实施意见等10项基层党建制度，不断完善国机集团全面从严治党制度体系，将主题教育中形成的好经验好做法用制度形式固化下来，为各级党组织履行职责任务提供制度保障。

4. 完善工作机制，落实党建责任 坚持集团党委工作年度会议制度，健全季度例会制度，定期通报工作情况，推动党建落地落实。优化党建考核评价方式，统筹推进国机集团党委常委、二级企业党委书记、领导班子成员、基层党支部书记4个层面党建述职评议，实现党建工作与生产经营考核联动。

【巡视巡察】

2020年，国机集团党委深入学习贯彻习近平总书记关于巡视工作的重要论述，持续深化政治巡视，不断推动巡视巡察工作高质量发展。

1. 全力做好中央巡视整改工作 国机集团党委高度重视中央巡视整改工作，把持续深化中央巡视整改作为重要政治任务，坚持机构不撤、队伍不散、标准不变、力度不减，坚持举一反三、上下联动，持续深化整改，巩固工作成效。截至2020年12月31日，已完成整改工作468项，完成比例达98%，比2019年增加170项；已取得阶段性进展工作9项，占比为2%。在深化巡视整改工作中，国机集团党委更加注重标本兼治，持续补短板、强弱项，2020年共制修订各类规章制度近百项，内控体系进一步健全完善，全面从严治党各项工作不断强化。

2. 持续深化政治巡视 2020年，国机集团党委采取多种方式，统筹推进内部巡视巡察。

（1）开展定点扶贫专项巡视，对27家下属企业开展定点扶贫专项巡视，有力地推动集团在4个扶贫县（区）的各项任务落实落地。

（2）开展常规巡视和提级巡视，对2家下属企业党委开展常规巡视，对1家下属企业党委开展提级巡视，充分发挥巡视利剑作用。同时，贯彻落实《国机集团党委关于所属企业党委开展巡察工作的意见》，稳步推进巡察工作。对7家二级企业巡察工作情况进行调研检查，推动下属企业提高工作质量；以巡视带巡察，在开展常规巡视期间，指导被巡视企业同步开展内部巡察，充分发挥巡视对巡察的示范、指导、推动作用，巡察对巡视的补充、拓展、延伸作用，既较好地完成了巡视任务，又带动了巡察工作开展。截至2020年年底，国机集团21家二级企业对其下属的111家企业开展了巡察，推动全面从严治党向基层延伸。

3. 不断提升巡视工作质量

（1）细化监督重点，规范操作流程，提高巡视监督质量。研究制定《国机集团党委巡视“四个落实”监督内容参考要点》，确定98项监督重点，推动巡视监督内容具体化，为巡视组精准发现问题发挥指导作用。认真总结巡视工作经验，进一步完善巡视工作流程，把中央巡视新部署新要求融入巡视工作全过程，将巡视工作划分为6大环节、39个节点、80个重点事项，制订工作流程图，实行全过程、节点式、精细化管理，不断提高巡视工作质量效果。

（2）完善工作机制，压实“两个责任”，着力提升整改成效。建立分管领导负责，纪检机构、组织和巡视部门、派驻监事会等共同参与的巡视反馈和督促整改工作机制；完善责任约谈工作机制，集团党委书记、纪委书记重点约谈被巡视企业党委书记、纪委书记7人次，压实被巡视企业整改落实“两个责任”。规范巡视移交工作，向纪检监察机构移交问题线索15件，督促做好线索处置工作；向有关职能部门通报巡视发现的问题，发挥专业优势、督促问题整改，发挥巡视标本兼治作用。2020年在常规巡视集中整改阶段，推动被巡视企业建立规章制度 260 项，优化工作流程 72 项，追回经济损失 6 400 余万元，对被巡视企业补短板、强弱项，提升经营管理水平，强化全面从严治党发挥了重要作用。

4. 加强巡视巡察队伍建设，加强干部培训，不断提升履职能力 落实《国机集团巡视巡察干部教育培训规划（2019—2022 年）》，组织全系统巡视巡察工作培训；首次将下属企业巡察骨干纳入培训范围，以发挥骨干的示范带动作用，推动教育培训工作深入开展。坚持“以干代训”，在实践中培养锻炼干部。按照“一岗多备、动态优选、轮换选调、专职专责”的原则，抽调纪检、巡察、组织、审计、财务等方面的业务骨干参加内部巡视，优化队伍结构，提升专业能力；选派业务骨干参加中央巡视工作，在更高层面进行巡视监督实战锻炼。加强管理监督，严明纪律要求，改进工作作风，坚决防止跑风漏气和以巡谋私，打造忠诚干净担当、纪律作风过硬的巡视巡察干部队伍。

【纪检监察】

2020 年，国机集团纪委认真贯彻落实十九届中央纪委四次全会部署和集团党委工作要求，聚焦主责主业、切实履职尽责，纪检监察工作取得新进展新成效。

1. 坚持不懈学懂弄通做实习近平新时代中国特色社会主义思想，忠实践行“两个维护”取得明显成效 严格落实“第一议题”制度，采取线上线下多种方式开展学习研讨，深入学习贯彻习近平新时代中国特色社会主义思想，根据《中央纪委国家监委机关贯彻落实十九届中央纪委四次全会工作部署分工方案》和国机集团党委 2020 年工作要点，研究制定的纪委 7 个方面 57 项主要任务已全部完成。

2. 科学精准稳慎有效实施监督，推动党中央疫情防控决策部署落实落细工作取得明显成效 成立疫情防控监督工作领导小组，制定监督实施方案，明确 21 项重点监督任务和 57 项现场督查清单，采取“四不两直”形式 60 余次深入 31 家企业一线现场监督检查、提醒纠偏，把监督触角盯在疫情防控和复工复产达产工作最前沿。

3. 认真履行协助职责、监督责任，推动国机集团全面从严治党主体责任和监督责任同步落实取得明显成效 协助国机集团党委总结 2019 年党风廉政建设和反腐败工作，部署 2020 年重点任务。协助集团党委把好选人用人关，回复党风廉政意见 309 人次。开展廉政谈话、签订《廉洁承诺书》，督促建立和落实与下级企业“一把手”谈心谈话制度、建立对二级企业“一把手”重点监督事项清单。

4. 充分发挥巡视在党内监督中的利剑作用，与时俱进深化政治巡视巡察取得明显成效 中央巡视反馈问题的整改措施完成 97.7%，中央巡视移交的 172 件问题线索已全部办结。协助集团党委对 2 家企业开展常规巡视、27 家企业开展定点扶贫专项巡视、1 家企业实施提级巡视，发现问题 80 个、移交问题线索 15 件。

5. 锲而不舍落实中央八项规定及其实施细则精神，纠“四风”与树新风并举取得明显成效 2020 年，国机集团纪委在 2019 年“四风”问题专项整治的基础上，继续对违反中央八项规定精神和“四风”问题紧抓不放，重点整治统筹推进常态化疫情防控和企业生产经营等工作中的形式主义、官僚主义，查处违反中央八项规定精神和“四风”问题。

6. 加大执纪执法办案力度，一体推进“三不”、深化标本兼治取得明显成效 党的十九大以来，国机集团处置存量、遏制增量力度持续加大、效果明显，党员干部敬畏党纪国法的意识明显增强。

7. 深化纪检监察体制改革，建设高素质专业化纪检监察干部队伍取得明显成效 2020 年，国机集团成立总部机关纪委，设立集团财务资产纪检监察中心，建立健全“四位一体”纪检工作责任体系，二级企业纪委书记全部专职专责。深化全员培训，线上线下培训干部 3 000 人次，实现了集团纪检监察干部培训全覆盖。制定和落实《国机集团纪委办公室党员干部行为规范》，防止“灯下黑”。

【统战工作】

制订国机集团党委常委与统战代表人士联谊交友工作方案，调整更新国机集团领导与党外代表人士联谊交友名单，为扎实做好集团党委常委与统战代表人士联谊交友工作提供了依据和操作规范。

开展党外人士“爱企业、献良策、作贡献”主题活动，充分发挥党外干部优势，进一步凝心聚力。设计“国机集团党外人士调查问卷”，了解疫情期间党外人士思想动态，征集其对企业复工和提升统战工作的意见建议。充分利用培训研讨、座谈会议、在线交流以及建言献策工作室等形式，为企业发展集思广益，引导党外人士在国机集团高质量发展中比担当、比作为、比贡献。

加强对统战代表人士的走访慰问关怀。通过重大节日期间的走访联系、对生病住院的人员及家属的探视看望，帮助解决具体困难，传递集团关怀。

【其他工作】

国机集团下属 4 家在京企业被评为首都文明单位（标兵）。深入开展精神文明建设工作，努力将精神文明建设成果转化为激发企业高质量发展的内生动力。

精神文明建设工作成效显著。国机集团下属中国中元国际工程有限公司首次被中央文明委评为第六届“全国文明单位”；中国第二重型机械集团有限公司、苏美达股份有限公司两家企业通过复核，继续保留“全国文明单位”称号。

继续开展院士“逢五逢十”纪念活动。2020 年 7 月初，国机集团党委书记、董事长张晓仑看望中国工程院院士、国机集团首席科学家徐建，祝贺他从业 40 周年。

重视做好复转军人工作。2020 年八一建军节期间，国机集团党委以实地走访、发放慰问金、慰问信等形式，向奋战在扶贫攻坚、抗疫保供一线以及退休的复转军人代表送去关怀和祝福。

【共青团工作】

截至 2020 年年底，国机集团共有团组织 968 个，其中，团委 116 个，支部（总支）852 个。团干部 2 142 名，其中，专职干部 23 名，兼职 2 119 名。共有 35 岁以下青年 42 693 人，其中 28 岁以下团员 15 369 人。

2020 年，国机集团团委坚持“围绕中心，服务大局”工作主线，认真履行思想引领、团结动员、服务联系的工作职责，引导广大团员青年积极投身到建设具有全球竞争力的世界一流企业的新征程中。

1. 强化思想教育，共青团引领力进一步提升

（1）以科学理论武装头脑，坚定理想信念。团委组织开展青年学习活动，引导团员青年深入学习习近平总书记重要指示批示精神，提升团员青年政治站位、明确使命职责。“五四”期间，召开习近平总书记五四寄语精神专题学习视频会；开展 8 类有关“绽放战疫青春 • 坚定制度自信”主题宣传教育实践活动。

（2）深入开展爱国主义教育，厚植家国情怀。围绕国机集团防疫促产重点工作，开展“唯奋斗 耀青春”系列专题视频宣传活动，引导团员青年将个人前途与企业发展、国家建设紧密联系，增强责任感。组织动员团员青年向湖北省捐款，向中国青基会捐款 37.99 万元。

（3）弘扬社会主义核心价值观，凝聚时代精神。持续举办“书香丹棱　书话青春”青年读书会，弘扬优秀传统文化、红色革命文化、社会主义先进文化，引导青年增强社会主义核心价值观的情感认同、价值认同。

2. 融入中心，共青团服务力进一步提升

（1）开展大动员，引导青年勇担重任。针对企业在防疫促产工作中面临的“急难险重新”等任务，不断深化“青年突击队”“青年文明号”等青年活动内涵，广大团员青年在抗疫保供中作出重要贡献。

（2）开展青年志愿服务，助力复工复产。在全系统组织开展“与雷锋同行——青心聚力战‘疫’促产”系列青年品牌活动，传递青春正能量。全系统 1.2 万名青年志愿服务者活跃在疫情防控、复工复产一线。

（3）开展青年创新创效，提升职业技能。举办国机集团青年创新工作交流现场会，营造创新创效的文化氛围。组织团员青年参观国家农机装备创新中心，强化青年创新责任担当。在全系统开展青年技能大赛，积极为团员青年搭建创新创效平台，为企业储备一批创新型、专业型、技能型青年人才。

（4）凝聚脱贫攻坚，探索帮扶新模式。“六一”期间，开展“手挽手　圆梦微心愿”青年品牌活动，4 000 余名国机职工子女帮助 4 个定点帮扶地区小朋友完成 5 000 余个“微心愿”，并送出了价值 26.9 万元的爱心书包、爱心文具，加强对贫困地区儿童的人文关怀，和他们一起度过一个有意义的节日，助力脱贫攻坚。

3. 搭建平台，青年成长渠道进一步提升

（1）关心关怀青年，为其成长指明方向。“五四”前夕，国机集团党委书记、董事长张晓仑寄语广大青年，为青年成长指明方向。组织开展全系统计算机网络管理员培训班，提高青年职工的专业技能水平。

（2）服务青年，使他们的归属感进一步增强。疫情防控期间，为因疫情影响造成监护缺失的职工子女提供心理疏导、学习指导等；团委与工会联合开展海外员工家属关怀服务，帮助青年解决后顾之忧。“六一”期间，开展儿童艺术作品征集活动，营造幸福国机的文化氛围。

（3）选树青年榜样，典型引路作用进一步凸显。2020 年，国机集团共有 4 个青年集体、1 名个人获得全国级表彰，14 个青年集体、20 名个人获得省部级表彰。团委加大青年典型宣传力度，营造崇尚先进、学习先进、争当先进的青年文化氛围。

4. 从严治团，共青团组织力进一步提升

（1）加强团组织建设，基础建设规范化持续提升。以党建巩固深化年为契机，推动二、三级企业团组织开展“应换必换”“应建必建”工作。修订《国机集团优秀共青团员、优秀共青团干部和国机集团五四红旗团委（团支部）评选表彰实施办法》，推动制度建设。

（2）加强队伍建设，团干部履职尽责能力明显提升。借助在线视频形式，开展团干部培训活动，共培训 700 余人，不断提升团干部履职尽责能力。进一步创新团干部思想教育方式，通过专家远程辅导、撰写心得感悟、微课堂、云研讨等多种形式，实现习近平总书记重要讲话精神和党中央重大决策部署学习的常态化、制度化，不断提升团干部理论修养水平。建立团委书记任前谈话机制，不断增强团干部队伍战斗力。

（3）加强沟通交流，共青团凝聚力有效提升。召开“育新机、开新局”专题研讨会，团委委员围绕集团安排部署、各自工作情况，开展专题研讨，拓展工作思路，更好地推进工作开展。举办共青团工作片区交流研讨会，分享经验、交流心得、不断凝聚力量，推动各项任务落实见效。

【工会工作】

2020 年，国机集团各级工会组织聚焦主战场，在统筹推进疫情防控和生产经营各项工作中彰显了工会力量。

1. 强化思想引领，“中国梦 · 劳动美”主题活动丰富多彩

（1）思想政治引领进一步强化。举办基层工会干部培训班，深入系统地学习习近平总书记关于工人阶级和工会工作的重要论述。

（2）职工队伍建设进一步增强。继续推动落实国机集团《关于提高技术工人待遇的意见》，部分企业的技能自主鉴定、新型学徒制、技能等级津贴落实等工作取得重大进展；举办第 12 期班组长培训班；加强劳模培养选树工作，薛志飞、韩增德、李会东获全国劳模荣誉称号，田鹏获全国优秀工会工作者称号。

（3）精神文化活动进一步丰富。继续开展“中国梦 · 劳动美”主题活动，组织中央企业之间的篮球、羽毛球友谊赛，参加央企机关羽毛球邀请赛并获得冠军；举办了“东方红杯”“中国联合杯”乒乓球、羽毛球、篮球邀请赛，形成了深受职工欢迎的集团文体活动“区域品牌”。

2. 发挥组织优势，抗击疫情及生产攻坚战成果丰硕

（1）助力阻击战。集团及各下属单位工会开展疫情防控和复工复产专项劳动竞赛，征集战疫情“金点子”及职工合理化建议，有力地保障了防疫物资生产供应。

（2）全力抓保障。国机集团各级工会发挥组织优势，对在海外工作的 2 772 名职工的在国内的家属进行了“一对一”帮扶，划拨专款用于海外员工在国内家属的防疫和救助。

（3）强化主旋律。举办了“印象国机·抗疫”职工书画、篆刻、摄影作品网络展及评选活动，营造良好的抗疫和复工复产文化氛围，并制作《致敬劳动者——五一特别专刊》网络H5动态相册，搭建网上展厅，展厅总访问量近216万余次；工会女工委员会组织开展了“携手抗疫，国机巾帼展风采”宣传活动。

3. 搭建成长平台，职工素质提升工作取得新的进展

（1）劳动竞赛丰富多彩。开展“补损失、赶进度、保增长、比工时、比进度”等“五比”劳动竞赛；开展以“保交付、保质量、保安全”为主题的专项竞赛，促进部分国外项目按时完工交付。

（2）技能竞赛深入广泛。国机集团工会积极探索企业在新产业、新业态、新组织中开展技能竞赛活动，举办国机集团首届BIM技能大赛，10家单位的95名选手参加大赛，6个团队12名选手脱颖而出。

（3）创业创新方兴未艾。国机集团各单位积极承接国家“大众创业，万众创新”活动。作为重要的创新基地，截至2020年年底，国机集团共有劳模及工匠创新工作室61个，比上年度有较大幅度增长。其中，中国一拖薛志飞劳模创新工作室被评为全国示范性劳模和工匠人才创新工作室。

4. 履行维权职责，持续推进和谐稳定劳动关系构建

（1）发挥职代会作用。国机集团各单位工会重视从源头参与相关制度制定，对职工关注的工资集体协议、奖惩制度等制度进行审议。

（2）民主管理水平得到较大提升。2020年，国机集团是唯一荣获全国厂务公开民主管理先进单位殊荣的中央企业。

（3）协商解决机制不断完善。2020年，国机集团劳动争议调处率达到100%。

5. 完善服务体系，满足美好生活需要能力显著提高

（1）拓宽困难职工救助途径。2020年，国机集团继续开展“国机爱心基金”捐助活动，向557名职工发放爱心救助款344.54万元；不断拓宽爱心基金职工救助途径，2020年增加了对海外职工患新冠肺炎的救助。

（2）开展针对性送温暖活动。新冠肺炎疫情发生后，集团工会要求各单位有针对性地开展大规模的送温暖活动，真正做到了细微之处显真情。

（3）普惠性服务体系建设再上新台阶。部分单位工会推出“菜篮子工程”等，丰富了疫情期间职工食堂食材。各单位把职工服务体系和消费扶贫结合起来，集团及下属单位以消费助扶贫款项3 096余万元。

6. 加强自身建设，职工之家创建有成效

（1）基础管理水平有新提升。在组织建设方面，国机集团工会召开了2次工会委员会，认真梳理研究新时期工人阶级和工会工作面临的新情况新问题；筹备成立集团工会工作研究会，制定下发研究会章程。严格执行届期管理制度，完成4家下属企业工会换届审批工作。在工会干部队伍建设方面，举办近百名工会干部参加的培训班。在工会经费管理方面，完成了在京企业工会经费收缴工作，对部分企业工会经费使用管理中存在的问题进行了整改。

（2）“智慧工会”建设有新突破。部分工会利用“互联网+”举办各类线上活动，开发线上职工意见征集、报销审批、生日祝福等功能，开展网上知识竞赛、运动打卡等工会活动。充分发挥互联网运营中心作用，举办网上练兵、网上双创等竞赛活动。

（3）职工之家创建有新进展。部分单位新建了职工运动馆或改建了职工活动中心等。

【扶贫工作】

1. 高质量打赢脱贫攻坚战 2020年，国机集团党委认真学习贯彻习近平总书记在决战决胜脱贫攻坚座谈会上的讲话精神，统筹推动疫情防控和定点扶贫工作，通过“扶智力、扶志气、扶产业、扶民生”四扶并举，深化“教育为根、产业为本、农机为枝、民生为脉”的国机扶贫模式，助力河南省固始县、淮滨县和山西省平陆县、四川省广元市朝天区4个定点扶贫县（区）在脱贫摘帽的基础上，实现贫困村全部“出列”、贫困人口全部脱贫，绝对贫困全面消除，高质量打赢脱贫攻坚战。国机集团在2018年、2019年、2020年中央单位定点扶贫工作成效考核中均被评为“好”（最高等次）。

2. 全面超额完成各项扶贫指标 2020 年，国机集团在 4 个定点扶贫县（区）投入帮扶资金 3 386.62 万元，完成计划的 106.5%；引进帮扶资金 69.38 万元，完成计划的 138.7%；培训基层干部 1 266 名，完成计划的 316.5%；培训技术人员 9 123 名，完成计划的 388.2%。围绕教育、产业、医疗、技能培训、党建等方面的 68 个项目开展精准帮扶；购买贫困地区农产品共计 1 753.32 万元，帮助销售 1 342.79 万元农产品。对地方政府和其他方面安排的 28 个贫困村，投入帮扶资金 857 万余元，引进帮扶资金 1 016 万余元，选派 11 名驻村第一书记、15 名驻村工作队员，直接帮助贫困人口 2 473 人。同时，发挥行业所长，向甘肃省舟曲县职业技术学校捐赠 8 台工程机械（价值 210 万元），助力舟曲县如期高质量打赢脱贫攻坚战。

3. 加强组织领导，推动帮扶举措精准落地 2020 年，国机集团党委组织召开 31 次专题会议、3 次专门发文，专题研究安排部署定点扶贫相关工作，推动定点扶贫各项举措精准实施。国机集团主要负责人和分管负责人分别到 4 个定点扶贫县（区）开展调研和督促检查工作，累计 216 人次赴 4 个定点扶贫县（区）开展考察调研 32 次，组织开展 30 次督促检查活动，形成 21 份督促检查报告；组织开展定点扶贫专项巡视工作，对定点帮扶工作中发现的各类问题及时整改，为定点帮扶举措的高效实施和精准落地提供保障，为高质量打赢脱贫攻坚战保驾护航。

4. 选派挂职扶贫干部 2020 年，按照中央有关要求，国机集团选派 4 名扶贫挂职干部在 4 个定点扶贫县（区）从事脱贫攻坚工作，且均挂任所在县（区）常委或副县（区）长职务，分管或协助分管扶贫工作；并向 4 个定点扶贫县（区）贫困村派驻 4 名驻村第一书记。新冠肺炎疫情发生后，国机集团党委认真贯彻党中央、国务院决策部署，对年内到期、尚未轮换的派驻扶贫干部原则上均延期到年底，保持扶贫干部队伍和帮扶力量稳定。有 4 名挂职扶贫干部（含驻村第一书记）在助力定点扶贫县（区）打赢疫情防控阻击战中表现优秀，被派驻单位纳入选人用人干部名单。

5. 加强宣传，讲好国机扶贫故事 2020 年，国机集团积极为《中国扶贫年鉴》供稿，每季度编发 1 期《扶贫工作简报》，并利用国机集团网站、报纸、微信公众号、学习强国号等渠道，宣传报道定点扶贫工作成效和扶贫干部突出事迹。另外，还积极协调定点扶贫县（区）当地的电视台、政府网站、报纸等媒体资源，全面展示国机集团定点帮扶成果，讲好国机扶贫故事。

国机集团投资建设的淮滨苏美达服装科技发展有限公司荣获全国脱贫攻坚先进集体。国机教育扶贫模式2020年入选全国教育扶贫典型案例，并获评为国务院扶贫办“企业精准扶贫专项案例50佳”。

第三篇

子公司发展概况

中国机械设备工程股份有限公司

【基本概况】

中国机械设备工程股份有限公司（简称中设集团或CMEC）成立于1978年，是新中国第一家工贸公司，世界500强企业中国机械工业集团有限公司的核心子公司。历经40多年发展，中设集团已经成为一家以工程承包和产业开发业务为核心，融合贸易、设计、勘察、物流、研发等全产业链支撑的大型国际化综合性企业集团，能够提供区域综合开发及各种类型工程项目的前期规划、设计、投资、融资、建设、运营、维护等“一站式”定制化解决方案。

中设集团打造了以工程承包、贸易与服务、设计咨询、投资和资产运营以及新兴业务组成的“4+X”业务组合，以“一带一路”沿线国家和国内重点区域为主要市场，积极服务“双循环”新发展格局的构建，在国内外市场均有亮眼的业绩。

作为“一带一路”倡议的先行者，中设集团业务遍布160多个国家和地区，设立了9个海外区域中心和100多个海外派驻机构，在近60个国家和地区拥有海外工程项目，并继续加大区域化、属地化建设，深度掌控全球产业链供应链、服务构建“双循环”。

在国内市场，中设集团在京津冀、大湾区、长三角、长江经济带、黄河流域、海南自贸区等国家区域协调发展重点领域均有开发和建设项目。

【经营业绩】

2020年中设集团主要经济指标完成情况见表1。

表1 2020年中设集团主要经济指标完成情况

指标名称	2019年	2020年	同比增长（%）
资产总额（万元）	5 376 144.39	5 101 922.54	-5.10
净资产（万元）	1 795 839.54	1 831 042.08	1.96
营业收入（万元）	2 831 574.89	1 911 973.79	-32.48
利润总额（万元）	281 650.99	157 789.99	-43.98
技术开发投入（万元）	87 521.91	60 814.65	-30.51
利税总额（万元）	302 461.52	214 478.25	-29.08
EVA值（万元）	302 461.52	214 478.25	-29.09
全员劳动生产率〔万元/（人·年）〕	74.15	48.30	-34.86
净资产收益率（%）	12.66	6.60	下降6.06个百分点
总资产报酬率（%）	5.27	3.17	下降2.10个百分点
国有资产保值增值率（%）	112.76	104.36	下降8.40个百分点

说明：①资产总额同比减少27.42亿元，主要由于支付应付供应商款项及支付企业所得税使货币资金下降。此外，随着工程项目的开展与业主结算使合同资产下降。

②净资产同比增加3.52亿元，主要由于经营积累增加。

③营业收入同比减少 91.96 亿元，利润总额同比减少 12.39 亿元，主要是受新冠肺炎疫情影响，海外工程承包项目面临诸多风险和不确定因素，许多项目处于停滞状态或执行进度放缓，收入较低，项目执行效益降幅较大。

④技术开发投入同比减少 2.67 亿元，主要是受新冠肺炎疫情影响，工程项目进展缓慢，相应的业务技术服务费、设计费支出减少。

⑤利税总额同比下降 29.09%，主要由于本期利润总额同比下降。

⑥ EVA 同比减少 10.57 亿元，主要由于受新冠肺炎疫情影响，2020 年净利润同比下降较大。此外，因所有者权益基数较大，随着经营积累，2020 年平均所有者权益增长至 181.72 亿元，相应资本成本为 12.11 亿元，综上使得 EVA 同比锐减。

⑦全员劳动生产率同比下降 25.85 万元 /（人 • 年），主要由于本期营业利润下降使劳动生产总值下降。

⑧净资产收益率下降、总资产报酬率下降、国有资产保值增值率下降，均由利润总额同比下降导致。

【改革改制】

2020 年 4 月 23 日，中设集团完成对哈尔滨电站设备成套设计研究所有限公司(简称哈成套)的并购交割工作。

按照国机集团统一部署，中设集团于 2019 年第二季度重新启动对哈成套的重组工作，并于 2020 年 4 月 17 日完成哈成套的工商信息变更工作。哈成套重组工作历时近一年，先后完成法律尽调、业务尽调、人员精算口径、审计报告、评估报告，并完成了在国机集团的备案审核程序，最终以 10 088.58 万元完成对国机科学院所持有哈成套的 64.82% 股权的收购工作。

哈成套重组工作的顺利完成，履行了上市时避免同业竞争的承诺，同时通过重组有较强技术实力的科研院所，增强了承包工程全产业链的服务能力，特别是在前端的电站设计能力以及后端的电站运维能力方面，进一步巩固了中设集团在国际工程承包领域的技术实力。

按照国务院国资委和国机集团统一部署，全民所有制改制是国企改革三年行动方案确定的一项重要任务。此次主要涉及中电工下属的两家企业，即重庆中电实业发展公司、中国电工设备厦门公司。截至 2020 年年底，重庆中电实业发展公司已完成工商注销手续，获得重庆市巴南区市场监督管理局准予注销的通知书；中国电工设备厦门公司因其子公司的其他出资人股份被查封，其子公司无法注销，导致中国电工设备厦门公司无法同注销。

【工程承包】

1. 项目开拓多措并举 继续精耕传统市场，新签订阿布扎比 PV2 光伏电站项目合同 9.48 亿美元；阿根廷贝尔格拉诺货运铁路项目增补合同款 8.16 亿美元；塞尔维亚贝尔格莱德中央污水处理厂项目合同 2.76 亿美元；伊拉克哈里尔水泥厂项目合同 2.1 亿美元；乌兹别克联合水泥公司水泥厂项目合同 2.72 亿欧元。大力开拓新兴市场，新签马达加斯加电力项目合同 2.07 亿美元；亚美尼亚 55MW 光伏电站项目合同 3 910 万美元。布局新兴领域，新签订菲律宾生物质和泰国生物质发电项目，共计 1.34 亿美元。不断提升国际公开竞标能力，中标塞内加尔河流域古尔巴西水电站项目、孟加拉变电站项目；乌拉圭北部 500kV 环网输变电项目、几内亚输变电项目、尼泊尔变电站项目等。

中设集团已生效项目主要有：土耳其碳化硼项目、巴林保障房项目、斯里兰卡电站煤场扩建项目和安哥拉道路修复项目等。

2. 项目执行攻坚克难 截至 2020 年年底，公司共有 79 个在执行海外项目，执行情况基本平稳。老挝乌江水电站、斯里兰卡贾夫那供水、科特迪瓦输变电、厄瓜多尔输变电、赞比亚医院及配套工程等 14 个项目完工。赞比亚两所综合医院提前交付并作为新冠肺炎患者定点收治医院在赞比亚抗击疫情中发挥了重要作用，得到了赞比亚政府和我国驻赞比亚大使馆的充分肯定。此外，一批项目完成“标志性节点”，赞比亚卢西瓦西上游水电站项目 1 号水轮发电机组顺利完成 72h 并网试运行；伊拉克萨拉哈丁电站项目 2 号炉水压实现一次试验成功；肯尼亚风电项目进入调试阶段；马尔代夫住房三期项目（1 530 套住房）首栋楼主体结构封顶；塞尔维亚科斯托拉茨电站二期项目完成锅炉基础全部浇筑工作，开始锅炉钢结构的吊装工作，标志着项目主体工程进入“快车道”；巴基斯坦塔尔煤矿运维项目克服新冠肺炎疫情和极端天气的影响，产煤 379.9 万 t，保障了电站项目的正常运行。

3. 不断加强能力建设 着力引导并推动事业部进行专业化分工，培育具有自身特色的专业核心能力，以专业化提升市场竞争能力。继续增强科技在业务中的应用，由哈成套承担的电站远程智能控制系统，包括建成的电站大数据中心，已在一些项目中使用。同时推进集中采购，加强供应商管理；强化信息化应用；深化属地化建设，规范国别代表管理，优化核心市场管理，释放了市场开发活力；提高招投标业务比例；加强 HSE 及计划进度管理；强化设计管理等。逐步打造具有竞争力的工程管理体系，不断提高盈利水平和市场竞争能力。

【贸易与服务】

1. 迅速抢抓市场机遇 贸易业务受新冠肺炎疫情影响严重，但部分子公司危中寻机，积极开拓防护物资贸易业务，弥补了新冠肺炎疫情造成的出口下降，实现了进出口指标的增长，防疫物资出口额超过 5 000 万美元。

2. 市场开拓内外联动 积极落实“稳外耕内”策略，市场开发实行内外联动。一是继续打造明星业务和拳头产品，对重点业务和单元精准扶持，中经东源、苏州公司的海外仓业务、通用公司的矿山设备成套供货 + 进口贸易业务、国贸公司的中南美地区新能源业务和中经东源公司的北美建材业务等都取得一定成效。二是为加大国内业务开拓力度，成立了国内业务事业部。通过项目合作、产品研发、国内渠道建设等，加大对国内市场的开发力度，如装备公司高端铸锻件业务的研发、中经东源的农产品内贸业务、通用公司的进口业务、国贸公司的智能型熔断器研发、苏州公司的天然气进口业务等。三是积极利用中国国际进口博览会等高端商贸平台，扩大公司的进口业务；筹备参加海南进口消费品博览会，积极寻求贸易机会；抓住 2022 北京冬季奥运会契机，以进口国外机场专用除雪设备为切入点，积极参与国内大基建项目建设。

3. 顺利完成板块重组 中设集团确定了贸易类子公司整合重组方案，以核心子公司建设为基础，打造贸易与服务板块“4+2”核心业务，以一体化经营、各自打造自己核心竞争力的方式将各核心子公司做大、做强、做专。

【设计咨询】

1. 经营保持稳健增长 设计咨询板块积极应对新冠肺炎疫情带来的影响和市场变化，抢抓市场机遇，加大国内市场开拓力度，业务保持稳健增长，利润指标增幅在 10% 以上，新签合同额增幅近 30%。

2. 持续提升综合实力 围绕向“科技型工程公司”转型的目标，不断推进业务创新，持续优化业务结构，提升全产业链服务能力和市场竞争力。下属单位中机国际新设立西南、西北、华北分院，加快推进全国布局；着力提升工程建设全过程服务能力，努力开展 EPC 工程总承包和全过程工程咨询；抓住海绵城市、智能制造、装配式建筑、医疗、产业园区等重点领域的发展机遇期，积极开拓相关市场，连续 3 年荣登“中国工程设计企业 60 强”榜单。下属单位机勘院以市场需求为导向，不断补齐专业能力，持续延伸产业链条，加速拓展工业民用建筑和市政环保领域的工程检测和工程承包业务，促进综合实力的提升；完善市场布局，开展了设立郑州、重庆分院的可行性研究。

【科技创新】

持续加大科技创新的投入力度，充分发挥科研项目和专项技术孵化的市场带动作用，在创新平台建设、重大项目研发、标准规范编制等方面取得了较好的成绩。2020 年共申请专利 19 项，获得省部级与行业科学技术奖 4 项，获得国机集团 2020 年度优秀标准奖二等奖 1 项，获批省级科技创新平台 3 个。

【投资和资产运营】

成立投资和资产运营事业部。一批项目取得不同程度的进展。在国外，中标缅甸光伏电站项目和孟加拉垃圾发电项目，斯里兰卡拉卡维亚 4 号机扩建项目、莫桑比克煤电一体化项目积极推进；在国内，跟踪开发河南平顶山叶县 100MW 先进压缩空气（盐穴）储能项目、宁夏红寺堡新能源基地建设等项目。

在投后管理方面，针对塔尔煤电一体化、马

尔代夫光伏、中设国联等投资项目，设计投后管理体系，编制投后管理手册。

【经营管理】

中设集团启动“十四五”规划的编制工作，确定“以工程承包为基础，以创新和科技为驱动，成为具有全球布局和核心竞争力的多元化增值服务商”的发展定位，打造“4+X”的多元化业务组合，为下一步发展明确了方向。

对总部相关部门和职能进行优化调整，并在该基础上完成了新一届领导班子和中层干部换届工作。新一届领导班子平均年龄由 53 岁降低至 48.9 岁，中层干部平均年龄从 46.6 岁降低至 43.34 岁，中设集团干部队伍年轻化迈出实质性的一步。为进一步理顺体制机制，成立体制机制创新重大专项领导小组，成立了“管理层激励”“混改及推进科创板上市”等若干专项工作组。通过紧锣密鼓的工作，明确了拟推进混改上市的子公司。

为进一步提升核心竞争力，加强对新技术的研发和应用推广，为项目开发和执行的专业化提供有效支撑，成立了光储技术中心和输变电技术中心；颁布全公司范围内跨部门、跨板块、跨法人、跨区域的业务协同管理办法，搭建协同平台，引导鼓励经营单位之间开展业务协同合作，得到各经营单位广泛响应并已取得一定实效；为贯通供应链，召开供应链工作会议，建设集中采购平台，利用设备、物资和服务采购的规模化优势，进一步降低成本。

为加强市场开发和属地化建设，出台“海外区域中心建设指导意见和实施细则”，在近 10 个国家筹备设立区域中心；为激发人才活力，畅通交流渠道，出台新的考核和激励制度，设立“中设专家”人才库，建立首席技术专家和青年人才交流等制度。

不断扩大“朋友圈”，推动与各领域领先企业的合作。先后与大唐电力海外投资公司、华为公司、宁德时代等国内知名企业建立战略合作伙伴关系，积极与三峡国际公司、中国铁建国际投资公司、国家电投云南公司洽谈战略合作，并在缅甸光伏电站、墨西哥光伏电站、孟加拉垃圾电站等项目与各行业优秀企业开展双赢合作。

此外，两金、治亏、压降、账户清理、清欠、资金集中、品牌一体化等专项工作稳步推进；安全生产警钟长鸣，没有发生人身伤亡事故，没有发生一般及以上设备、火灾、责任交通和环境污染等方面事故。

【党建工作】

2020 年，虽然遭遇了突如其来的新冠肺炎疫情和深度变化的国内外政治经济环境、市场竞争环境的强力冲击，中设集团党委把持战略定力、坚持系统观念、全面贯彻落实中央决策部署和国机集团党委要求，抓住党建和经营深度融合这条工作主线，团结和带领全体党员和干部职工，全力抗疫情、稳发展。

1. 切实落实“第一议题”制度 巩固深化“不忘初心、牢记使命”主题教育成果，制定并印发《公司党委贯彻落实习近平总书记重要指示批示和党中央决策部署工作规定》；将习近平总书记重要指示批示精神作为党委会、党委理论学习中心组学习研讨的重点内容；贯彻落实习总书记对塞尔维亚科斯托拉茨项目、阿铁项目等一批重点工程的重要指示批示精神，全力推进项目进度，持续强化开拓力度，取得良好成效。

2. 全面贯彻党的十九届五中全会精神 充分发挥党委理论中心组学习示范引领作用，通过专题学习、读书班重点学习等，坚持原原本本学、结合实际学；通过支部集中学习研讨，开展线上线下集中培训，以及领导班子成员带头宣讲、各所属党组织书记上好专题党课等多种方式，将全会精神清楚、准确地传达给全体党员和干部职工；将学习党的十九届五中全会精神与此前全面开展的“育新机、开新局”大讨论紧密结合，统一思想、凝聚共识，为改革发展做好思想动员；牢牢对接中央部署、集团战略，制定“十四五”规划。

3. 充分落实党建经营深度融合 严格落实“三重一大”决策制度实施办法，严格执行“三重一大”前置程序，推动“党建进章程”“双向进入、交叉任职”领导体制要求落地；执行中设集团《改革三年行动实施方案（2020—2022 年）》，立足实际，明确专业化的建设方向，坚定新能源工程建设的市场布局，打造投资和资产运营板块、推动粮食综合开发等新兴业务的突破；通过搭建协同平台、集中采购平台，重组贸服业务，加快区域中心建设等措施，推动业务模式创新；通过组织架构全面调整、成立体制机制创新重大专项领导小组等措施，推动体制创新；通过成立光储技术中心、试运行输变电技术中心、持续加大科技创新的投入等措施，推动技术创新；通过强化集团化管控、疏通管理流程、创新企业文化建设等措施，推动了管理创新。

4. 着力提高基层党组织建设质量 召开第二次党员代表大会，完成新一届党委、纪委换届工作，选举产生出席国机集团第二次党员代表大会的党员代表；完成中设集团下属40多家单位的党组织与中层干部换届工作，进一步推动干部的年龄结构合理化、观念意识现代化、素质能力专业化；立足公司业务特点，着力加强境外党建工作，切实发挥境外党组织在海外新冠肺炎疫情防控中的战斗堡垒作用；着重培育“电商扶贫”“养老人才扶贫”两个特色精品项目，以贫困户为主角，打造贫困地区发展的内生动力，为打赢脱贫攻坚战作出了积极贡献。

5. 严抓党风廉政建设和反腐败工作 聚焦党委书记履行第一责任以及领导班子成员履行“一岗双责”，严格落实主体责任清单，党委成员按照分工和分管领域，协助纪委共同探索抓早抓小抓苗头，做好分管领域干部的思想政治工作；在开展的“靠企吃企、巡视巡察整改、四个专项整治”等工作中，党委成员在各自分管领域对发现的问题及时督促整改落实；中设集团党委委员、班子成员全面完成参加各级党组织学习研讨和讲党课活动的要求，认真参加各种常态化警示教育活动，认真参加“以案为鉴、筑牢防线”党员领导干部专题民主生活会；按计划高质量完成两轮7家企业的巡察工作。

【信息化建设】

持续提升系统整合能力、加强数据互联互通、促进信息化与业务融合，中设集团信息化建设以新大楼信息化建设和系统整合专项工作为主线，同时在该基础上陆续完成新大楼搬迁、系统整合规划设计、网络安全加固等重大信息化专项工作。

1. 新大楼信息化建设 中设集团信息化管理部门协调内外资源，保质保量完成了新大楼数据中心建设、新大楼网络建设和优化、新大楼桌面云建设等项目，并根据新大楼搬迁计划对旧大楼的信息系统进行迁移，完成了新旧大楼的平滑过渡。

2. 系统整合专项工作 为进一步加强数据的互联互通，提升用户访问体验，规范信息化建设和运维，启动系统整合专项工作，陆续完成邮件系统升级改造、企业微信实施部署、经管系统移动审批以及系统整合规划设计，为2021年系统整合实施建设奠定了扎实基础。

3. 网信安全专项工作 结合新大楼信息化建设，全面推广桌面云部署、终端安全管控软件部署、终端防病毒部署工作，进一步提高了终端设备的安全性和规范性；同时通过部署的容灾备份模块对核心业务系统进行容灾演练，进一步保障了核心数据安全。

4. 信息化管理提升工作 通过引入专业信息化技术团队，提升了新旧大楼数据中心的运维水平；同时结合规划成果，陆续输出数据中心运维规范、桌面云申请规范、信息化项目建设等相关规范制度，逐步推进信息化集中化建设和运维，切实避免信息化的重复投资和建设。

【企业文化建设】

完成《中设集团企业文化行为规范》初稿；在海外项目现场成立青年突击队，在新冠肺炎防疫和经营工作中积极发挥青年主力军作用；积极做好疫情期间对职工的关心和慰问工作、做好对境外员工及家属的帮扶和慰问工作；更新多语言的业务宣传片，搭建展厅展示系统，建立起专业性与宣传力并重的1+N业务宣传体系；在微信平台、《中设通讯》和内网网站上开辟“致敬海外坚守者”栏目，宣传介绍近百位疫情期间坚守海外机构与项目现场的中设人；拍摄以中设人抗击疫情的感人故事为主题的“纪念CMEC成立42周年”视频、以老中青三代中设人使命传承为主题的“纪念国机集团首个机械工业日”视频；弘扬工匠精神、劳模精神，开展法律知识竞赛、财务知识竞赛；组织参加国机集团举办的多个体育赛事、“第一届建筑信息模型（BIM）

技术应用技能大赛”“印象·国机”系列比赛和活动，均取得优异成绩，充分展示了中设人的风采。

在“十四五”规划开局之年，为更好地展现中设集团可持续发展实践成果，发布《中国机械设备工程股份有限公司 2020 年可持续发展报告》。这是中设集团连续 8 年公开进行可持续发展工作的信息披露，并首次将“社会责任报告”更名为“可持续发展报告”，旨在增强与利益相关方沟通效率，共创可持续的未来。

中设集团荣获“第十届中国证券金紫荆奖”——最具社会责任感上市公司、“海外可持续实践卓越企业奖”，海外履责行动得到专业智库认可。

【抗击新冠肺炎疫情】

2020 年年初，面对突如其来的新冠肺炎疫情，中设集团积极快速响应并及时启动中设集团疫情防控各项工作，第一时间搭建快速高效的沟通平台，保障经营管理工作有序开展。编制中设集团疫情防控专项工作预案，发布各项防疫工作相关通知，建立健全常态工作机制。

针对海外项目现场众多、情况复杂的特点，中设集团通过严格外派管控、加强沟通和上报、视频会议和视频巡查、及时采购发放防疫物资、开展境外疫情风险排查整改专项工作等措施，做到了境外项目和人员全覆盖。

新冠肺炎疫情发生以来，中设集团积极向国内疫情地区、境外有关国家捐赠防疫资金及物资。协助兄弟单位，妥善处置疫情。公司疫情防控形势总体平稳可控，未发生聚集性疫情，荣获国机集团“应急处置 + 疫情防控 + 能力建设”专项奖。

中工国际工程股份有限公司

【基本概况】

中工国际工程股份有限公司（简称中工国际，股票代码 002051）拥有主要经营性子公司 9 家、境内子公司 30 余家（包括 5 家高新技术企业）、驻外机构 70 余家。境内外员工近万人（含外籍员工）。

中工国际积极践行“走出去”战略和“一带一路”倡议，积极服务京津冀协同发展、长三角一体化、粤港澳大湾区、海南自贸港等区域发展战略，聚焦工程承包、设计咨询、装备研发与制造、投资运营和贸易物流五大业务板块，为客户提供勘察设计、规划咨询、融资投资、成套设备采购供应、施工与项目管理、运营维护等综合服务。中工国际是我国综合实力最强的设计咨询单位之一，是我国起重运输机械行业综合技术实力最强的高科技型企业之一。中工国际在海外建设了百余个交钥匙总承包工程，为 1 000 多家国内外医院提供技术服务，业务涉及全球六大洲的 100 多个国家和地区。

【经营业绩】

2020 年，中工国际实现营业收入 79.66 亿元，同比下降 25.25%，业绩下降的主要原因是受新冠肺炎疫情蔓延、国际局势动荡影响，部分国家停航、封港、封国，公司境外项目所需的人员、设备材料等无法按时到达现场，项目执行遭遇困难，部分项目处于停工状态，整体进度比预期滞后，对全年经营业绩造成较大影响；中工国际的国际工程承包及进出口业务占比较大，受人民币单边升值影响，中工国际汇兑损失较大。

2020 年，国际工程承包业务累计完成承包额 3.38 亿美元，累计完成新签合同额 17.26 亿美元，累计完成生效合同额 2.31 亿美元；公司咨询设计业务新签合同 24.99 亿元，国内工程承包业务新签合同 38.40 亿元；装备制造全年新签合同额 15.09 亿元。2020 年中工国际主要经济指标完成情况见表 1。

表 1　2020 年中工国际主要经济指标完成情况

指标名称	2019 年	2020 年	同比增长（%）
资产总额（万元）	2 199 948.33	2 168 285.14	-1.44
净资产（万元）	1 101 557.91	1 069 463.08	-2.91
营业收入（万元）	1 065 680.02	796 599.01	-25.25
利润总额（万元）	121 254.02	-9 953.61	-108.21
技术开发投入（万元）	61 201.71	50 533.48	-17.43
利税总额（万元）	142 291.03	5 607.69	-96.06
EVA 值（万元）	59 286.38	-59 790.12	-200.85
全员劳动生产率〔万元 /（人・年）〕	47.89	25.52	-48.91
净资产收益率（%）	9.83	-0.94	下降 10.77 个百分点
总资产报酬率（%）	5.65	-0.37	下降 6.02 个百分点
国有资产保值增值率（%）	110.69	98.90	下降 11.79 个百分点

【改革改制】

按照国务院国资委和国机集团关于“双百行动”综合改革的总体要求，有序推进双百行动各项工作，推动《国企改革三年行动方案（2020—2022）》落地，进一步提升公司高质量发展水平，激发企业内部活力。在本部层面，聚焦价值创造，分类调整优化组织机构，持续优化人力资源结构，打造专业、精干、高效的服务型总部。不断优化业务流程和管理流程，加大对业务单元的授权力度，减少不必要的审批环节，提高决策效率。继续加强工资总额管控，调整完善公司业绩考核、薪酬分配与激励机制，薪酬分配向高忠诚度、高贡献度、高发展潜力的员工倾斜，提升骨干员工的工作积极性。在子公司层面，积极推进中国中元双百行动综合改革工作，通过引进战略投资者进行混改和建立员工持股机制，充分激发企业活力；积极支持一切符合政策导向的、有利于提升企业竞争力和盈利能力、有利于激发员工创造力和能动性的一切改革措施。

2020 年外部经营环境发生深刻变化。中工国际准确把握党中央关于国际国内形势的科学分析和重大判断，贯彻落实《国企改革三年行动方案（2020—2022）》，科学谋划公司“十四五”发展规划，用改革的思路破解难题，用创新的举措推动落实，适时做出战略调整，向全系统发出“二次创业”动员令，深入分析研判形势，灵活调整市场开发策略，推动国内国际双轮驱动发展。同时，公司持续推动三项制度改革。加强考评机制，对于部分能力、业绩、担当不足的干部，采取降职、免职、劝退等措施，切实推进“领导干部能上能下”。

【重大决策与重大项目】

1. 中白工业园取得高质量发展　按照国机集团统一部署，全力以赴做好中白工业园的受托管理工作。2020 年 5 月 12 日，在中白两国领导人视察园区 5 周年纪念日之际，国机火炬园举行奠基仪式，中央电视台、新华网等国内主流媒体对此进行了报道，扩大了企业知名度和影响力。9 月 5 日，在 2020 年中国国际服务贸易交易会上，中白工业园获全球服务示范案例奖，是唯一入选的境外经贸合作区。11 月 4—10 日，中白工业园与国机火炬园共同参加在上海举办的第三届中国国际进口博览会。在《金融时报》旗下 *FDI* 杂志举办的 2020 年全球自由经济区评级中，中白工业园被评选为“一带一路”倡议最佳经济特区。

2. 援建项目平稳顺利进行 老挝玛霍索综合一期工程主体通过中期验收，项目已完工程量占一期工程总量比例为85%；援厄瓜多尔乔内医院项目主体工程封顶；尼泊尔博卡拉国际机场项目完成机场主跑道、滑行道、停机坪等道面工程以及航站区全部建筑单体的结构施工，总体进度完成63.69%；援白俄罗斯国家足球体育场项目完成3根试验桩的施工、静载实验以及工程桩的施工准备工作；援塔吉克斯坦政府办公大楼项目于8月30日正式开工，截至2020年年底，主楼基坑开挖完成65%，主楼基础人工挖孔桩施工完成35%。

3. 重大项目进展

（1）埃塞瓦尔凯特糖厂项目。合同金额6.47亿美元，2020年完成承包额353万美元，累计完成6.37亿美元。该项目分两期，一期工程已实现机械竣工并完成了消缺整改工作，待业主签署竣工证书；二期工程主要构筑物混凝土施工基本完成，正在进行电气安装施工。

（2）乌干达工业园区输变电项目。该项目合同金额9 998万美元，至2020年承包额累计完成9 221万美元。项目4个变电站完工，4条线路中的3条完工。

（3）埃塞俄比亚BELES-1号12000TCD糖厂改造项目。项目合同金额9 500万美元，2020年承包额完成3 803万美元，累计完成5 521万美元。目前主要设备已安装完成，正在进行汽轮机、锅炉的调试工作。

（4）肯尼亚城网改造LOT2项目。合同金额8 727万美元，2020年承包额完成392万美元，累计完成392万美元。线路设计工作完成90%，变电站设计完成30%。完成线路塔材80%的生产，部分出运，施工单位开展施工准备及动员工作。

（5）厄瓜多尔蒙特西纳伊医院建设项目。合同金额14 283万美元。2020年主要工作为项目收尾、临时验收前整改等，于7月23日签署临时接收函并交付业主使用。

（6）援厄瓜多尔乔内医院项目。合同金额5 466.95万美元，累计完成工程承包额2 708.56万美元。2020年重点完成了装饰装修安装及调试工作。项目整体施工进度完成比例为85%。

（7）中白工业园一期市政基础设施建设项目。合同金额2.46亿美元，2020年承包额完成2 269.86万美元，累计完成1.92亿美元。大部分项目已完工并陆续移交业主，目前正按计划开展剩余道路和管网建设。

（8）乌兹别克斯坦PVC综合体建设项目。合同金额4.39亿美元，2020年项目实现了机械竣工，项目整体（除甲醇装置）投产运行，并通过72h工艺性能考核。

（9）长白山山水林田湖草生态保护修复工程打捆项目一标段项目。合同金额20.6亿元，2020年收款3.21亿元，累计收款8.93亿元。项目总体进度累计完成69.38%。

（10）大理州人民医院医疗核心区建设项目。合同金额18.15亿元，2020年收款2.38亿元，累计收款2.38亿元。现场临建建设完成，基坑土方工作完成71%，基坑支护工程完成65%，塔楼工程桩完成56%。

（11）大理海东市三级综合医院EPC总承包项目。合同金额8.11亿元，2020年收款1.57亿元，累计收款5.36亿元。项目总体进度累计完成88.1%，正在进行外装工程以及室内装饰装修工作。

（12）杭州市仓前街道梦想小镇安置区块一、二期设计采购施工（EPC）总承包项目。合同金额8.03亿元，2020年收款1.8亿元，累计收款2.85亿元。一期项目总体进度累计完成55%，二期项目总体进度累计完成45%，正在进行楼板浇筑施工。

（13）浙江省浦江县中医院迁建工程设计采购施工（EPC）总承包项目。合同金额4.67亿元，2020年收款4 800万元，累计收款6 200万元。项目总体进度完成22.5%，正在进行大楼的砌筑工作。

【市场开拓】

1. 海外工程承包 受海外新冠肺炎疫情持续影响，多国采取人员出入境管控和减少流动聚集等防控措施，市场开发难度大幅上升。中工国际克服多重困难，深耕“一带一路”沿线市场，全力以赴促进项目签约生效，取得一定成效。2020年，中工国际海外工程承包业务累计新签合同额17.26亿美元，主要包括伊拉克阿尔多拉电站修复改造项目、柬埔寨奥多棉芷省265MW燃煤发电厂项目、斯里兰卡马哈基图拉水库项目、乌克兰生物质发电厂建设项目、乌兹别克PVC生产综合体建设项目二期、白俄罗斯生物炼化厂项目、厄瓜多尔佩德纳莱斯30床医院建设项目等。生效合同额2.31亿美元，主要包括厄瓜多尔保障房建设项目、尼日利亚埃多州防洪工程项目、秘鲁胡宁省圣马丁医院项目和斯里兰卡马哈基图拉水库项目等。

2. 国内工程承包与设计咨询 咨询设计业务新签合同24.99亿元，国内工程承包业务新签合同38.40亿元。医疗建筑市场保持强劲发展态势，率先引入“平疫结合设计理念”，引领全国传染病医院设计发展，品牌影响力进一步提升；民用建筑创作水平不断提升，区域影响力显著增强；持续抢占新基建高地，中标国网北京、国家超算中心“天河三号”、合肥综合性国家科学中心先进计算交叉研究与公共服务平台等信息基础设施建设项目，市场竞争力得到进一步加强；持续保持供热供冷业务市场优势，加大技术研发，实现技术突破引领；紧抓民航基建技术与市场核心机遇，在保持机场服务配套区核心业务优势的基础上，发力飞行区、临空经济、临空产业市场的经营投入。

3. 装备制造 全年新签合同额15.09亿元。索道板块新签一批滑雪场项目及旅游索道项目，其中新疆可可托海国际滑雪场1索填补了国产大小循环滑雪索道的空白，创下多项国内及亚洲纪录。仓储板块在巩固医药物流市场占有率的同时，不断拓展业务领域，签约上海良信电器海盐基地智能物流仓储系统集成等项目。起重板块新签佛山生活垃圾与污泥资源化等项目。散料板块实现新突破，新疆其亚长距离带式输送机项目顺利通过验收并移交业主使用。

【科研成果】

中工国际高度重视科技创新，坚持把创新作为引领发展的重要动力，加大系统内科技协同力度，编制“十四五”科技发展规划，科技创新实力再上新台阶。

参加中国工程建设协会主导的《国际工程建设项目风险管理标准》《国际工程建设项目风险管理实施指南》编制工作。为进一步提升为客户提供完整解决方案的能力，公司积极组织开展调研，规划业务财务一体化信息平台建设。

2020年，中工国际及所属企业共获得省部级以上科学技术（进步）类奖项9项，申请专利124项，获授权专利105项，其中授权发明专利14项。主持或参与制修订标准27项，发表论文300余篇。下属企业中国中元作为会长单位牵头组建中国建筑学会医疗建筑分会、北京工程勘察设计协会工程总承包分会，行业影响力得到进一步提升。BIM工作成果显著，在第十一届“创新杯”建筑信息模型（BIM）应用大赛等大赛上屡获佳绩。北起院开展北京市企业技术中心的申报筹备，组织参加2020首届全国机械工业设计创新大赛，荣获国机集团“标准化工作突出贡献单位”称号。

中工国际优秀科技创新成果集中涌现。中国中元主编的我国首部《传染病医院建筑设计规范》等多部标准填补了国内空白；受国家卫健委、住建部委托主编的《新型冠状病毒肺炎应急救治设施设计导则（试行）》以及向国际标准化组织ISO提案的《呼吸道传染病应急医院建设导则》，为全球抗疫贡献了中国智慧，并收到国家卫健委规划司的感谢信。北起院牵头制定的关于臂架起重机的国际标准正式发布，作为首项由中国牵头制定的起重机械国际标准，实现了中国主导制定起重机械国际标准零的突破。中工武大参与编制各类标准规范11项，其中《农田排水工程技术规范》已发布实施，体现了其在水利领域的领先优势。

【产权制度改革】

自国务院国资委2011年7月颁布并施行《中央企业境外国有产权管理暂行办法》以来，中工国际严格执行此办法。为了加强中工国际出资企业产权登记管理，及时、真实、动态、全面反映中工国际产权状况，根据《中华人民共和国企业国有资产法》《企业国有资产监督管理暂行条例》（国务院令第378号）、《国家出资企业产权登记管理工作指引》（国资发产权〔2012〕104号）、

《中国机械工业集团有限公司产权登记管理暂行办法》（国机财〔2016〕369号）等法律、行政法规和国机集团相关管理办法，中工国际财务部制定《中工国际国有资产产权管理实施细则》内部制度。

按照《国机集团国有资产产权管理规范指引》的相关规定，履行并完备各种境外国有产权管理程序，采取专人管理及各职能部门配合的方式，落实到户，管理到户，同时在执行中不断完善与补充，取得了较好的成效。

【经营管理】

1. 谋划“十四五”发展蓝图，推进资产优化布局 结合内外部环境变化，中工国际在全系统提出“二次创业”号召。通过编制公司“十四五”发展规划，开展专题研讨，力促内部协同，打造中工系统整体性合力和优势。推动内部重组，完成北起院管理层级提升工作。落实国机集团部署，开展提质增效、对标世界一流和去总部机关化等专项行动，扎实推进低效无效资产处置。大力推进中国中元“双百行动”综合改革，积极引入外部投资者，完成员工持股改革方案。

2. 优化人力资源体系，强化机制体制建设 中工国际力推“三项制度改革”落地，修订并发布《中工国际工程股份有限公司薪酬管理办法》《中工国际工程股份有限公司绩效管理办法》；强化工资效益联动机制，工资总额管控成效显著。发布《中工国际干部交流管理办法》，建立系统内人才流动机制。在全系统开展企业文化和人才队伍建设工作。中国中元调整组织架构，完成对所属6家二级法人单位的领导干部换届考核，加大科技创新人才培养力度。北起院制定“面向北起院总体企业发展战略的人才发展战略研究报告”，为系统性培养人才明确了方向。

3. 规范财务管控体系，降本增效成果显著 全面梳理财务管理制度，规范财务管控体系。强化业财融合，取得银行授信343.8亿元。严把费用预算关口，降本节支效果明显；有效利用国家政策，获得收益2.21亿元。加强外汇风险管控，出台首个远期结售汇管理办法。优化境内外税务管理，提升风险管理能力。狠抓账户及资金集中管理，超额完成国机集团下达的指标。多措并举，“两金”治理初见成效。融资工作嵌入前期开发，深耕国内项目融资市场。对中工环境和中工沃特尔实施一体化管理，大幅节约租金和人员成本。

4. 深入推进依法治企，持续完善风控体系 紧紧围绕国企改革三年行动方案中的重点任务，着力健全领导责任体系、依法治理体系、规章制度体系和合规管理体系。紧密围绕一线加强法律服务，全面排查及防范新冠肺炎疫情可能引发的各类风险，开展不可抗力法律问题研究，协助项目组开展索赔工作。积极处理各类法律纠纷，切实保障公司合法权益。及时组织召开“三会”，确保重大事项工作的合法合规。强化内部控制体系建设，完成多个审计专项工作。重新梳理风险分类检测指标体系和重大风险事件跟踪监测要求。

5. 优化完善项目管理，高度关注安全生产 优化项目管理评审流程和评审权限，修订项目管理相关制度。加强项目前期策划和中期预警，严格项目采购与合作伙伴管理，从整体上把控项目风险，督导各项目有序执行。指导落实新冠肺炎疫情防控及复工复产各项安全措施，组织编制专项应急预案，密集召开项目安全视频巡检，高效处置境外安全突发事件。

6. 丰富宣传形式内容，点亮中工品牌形象 通过微信矩阵、新媒体等多个平台加大企业宣传力度，全面展示央企形象。亮出一线成绩，讲好中工故事，凝聚强大正能量。推出新样本，优化内外网，全面加强品牌建设。公司在抗疫中作出的突出贡献受到党中央、国务院国资委以及上级单位的系列表彰。中工国际连续10年获得信息披露考核A级。中国中元荣获第六届“全国文明单位”，入选“中国工程设计企业60强”。北起院成功获评“中国重型机械行业卓越企业”和“中国重型机械行业信用等级AAA企业”。

【党建工作】

1. 坚持以党的政治建设为统领，坚决做到“两个维护”，以高质量党建引领公司高质量发展 党委坚持和加强党的全面领导，将党的领导与完善公司治理结构有机结合。严格落实“三重一大”决策制度，制定党委议事规则，修订“三会”相关制度，充分发挥党委领导和前置把关作用。公司党委始终把学习贯彻习近平新时代中国特色社会主义思想作为首要政治任务列入年度重点工作，并作为中心组学习和党员干部教育培训工作的主题主线，以中心组学习、读书班、研讨会等多种方式开展全面学习。

2. 坚定政治站位，肩负国企担当，不折不扣落实党中央决策部署和上级党委各项工作要求 中工国际党委认真贯彻习近平总书记指示批示精神和党中央决策部署，将深入学习贯彻习近平总书记重要讲话精神以及关于本企业重要指示批示精神作为党委会会议“第一议题”，将有关工作纳入党委会最重要的议事内容，定期研究部署。持续深化“不忘初心、牢记使命”主题教育成果，健全党建制度体系，增强党组织的创造力、凝聚力和战斗力。将党的建设与生产经营管理深度融合，设立党员示范岗、党员责任区、党员突击队，激励广大党员在急难险重任务中挺身而出，充分发挥先锋模范作用。持续夯实基层组织建设，推进党支部标准化、规范化建设，加强对基层党支部日常工作督导检查。按照“五个不减”工作方向积极探索境外党建工作新模式，确保对境外党员思想教育、激励关爱到位。

3. 落实管党治党责任，巩固深化党风廉政建设和反腐败工作 中工国际党委不断加大全面从严治党力度，修订全面从严治党主体责任清单，逐级压实党风廉政建设主体责任。持之以恒贯彻落实中央八项规定精神，坚持不懈纠正“四风”问题，坚持做好重要节日、关键时点落实中央八项规定的警示教育提醒。制定实施《中工国际党委干部谈话管理暂行办法》，进一步增强纪律意识和规矩意识。深入落实党风廉政建设和反腐败工作协调机制，构建“各负其责、统筹协调、信息共享、优势互补、综合监督”运行机制和“大监督”工作格局。修订公司党委巡察工作规定等制度，按计划开展党委巡察工作，以高质量的巡察工作推动企业治理效能提升。

4. 不断强化人才与干部队伍建设，持续推进“三项制度”改革 高度重视专家队伍建设和专业人才培养，积极参与国机集团各类人才申报。张新平、王顺亭 2 人被评为“享受政府特殊津贴人员”，刘武胜被聘任为国机集团首席专家，黄晓家被聘任为国机集团突出贡献专家。先后组织 52 人次参加中组部、中纪委、国务院国资委、国机集团等组织的各类培训，持续提升领导干部和骨干员工的政治素养和专业能力。不断修订完善选人用人相关制度，构建选人用人制度体系。持续推动“三项制度”改革，加强考评机制，激励干部担当作为，营造正确的选人用人导向和风清气正的生态环境。改革和重构薪酬绩效管理体系，强化绩效导向，激励价值创造，切实做到收入能增能减。

5. 密切联系群众，发挥群团组织桥梁纽带作用 充分发挥广大职工在公司改革发展中的主力军作用，切实履行以职代会为基本形式的民主管理。依托群团组织开展形式多样、丰富多彩的群工活动，展现中工人积极向上的精神风貌。加强党建带团建，组织开展青年学习讲堂、志愿服务，引领和帮助团员、青年坚定理想信念，岗位建功立业。加强退休干部关怀慰问，妥善推进退休人员社会化相关工作。举办公司系统内统战人士学习座谈会等活动，充分调动统战人士助推企业改革发展的积极性。

【信息化建设】

网络安全和信息化工作紧密围绕公司整体战略规划和全年工作指导思想及工作方针，按照全年信息化整体工作计划有序推进各项工作。围绕强化网络安全建设、促进业务协同融合开展和推进具体工作。

1. 安全建设 启动公司等级保护二期工作，取得 8 个信息系统的备案证明，并启动 2 个系统测评工作；部署服务器杀毒平台，统一管控、提高预防病毒能力和效率；部署统一日志管理系统，收集公司重要设备日志；部署异常流量清洗设备，清洗外来异常流量，保障网络稳定性；部署服务器主机加固系统，加强主机安全，对主机的权限、进程、网络等进行安全把控，控制横向传播，提高服务器内的整体安全；部署 360 天擎统一终端杀毒平台，提高预防终端病毒和杀毒能力；部署终端准入系统，拒绝有安全隐患的计算机接入网络中，保证办公网络的安全可靠；组织公司 2020 年网络安全培训会，邀请行业网络安全专家进行授课，增强企业员工网络安全意识。

2. 应用系统建设 启动OA系统电子公章，提高公文流转效率；核对和梳理现有各类审批流程并对接收公文等流程进行优化，进一步提高公司行政办公审批的效率并加强了风险控制管理。将用友财务NC6.5系统更新至NCC系统，并与国机集团同步对接，结合公司的业务以及使用需求，对系统进行多次功能优化，财务系统在应用效率与稳定方面有了显著提高；启动公司业财一体化建设工作，组织外部企业调研和公司内部问卷调研，完成业财一体化初步方案和预算；按国机集团品牌一体化要求，完成OA门户首页版式布局改版优化工作。

3. 基础设施 升级公司无线网络，提高无线网络稳定性；升级虚拟化系统，新版虚拟化系统运行更加平稳、性能更高、管理更简便；升级公司电子机房UPS系统，保证电子机房在断电情况下能正常运转；升级监控系统，保障公司安防水平；完成视频会议系统的升级改造，升级后可支持多种会议模式；租用小鱼易连云会议系统，实现公司总部和海外现场高效沟通。

【企业文化】

以企业文化建设为抓手，充分发挥党建引领作用，深入推广企业文化理念，注重文化建设与经营管理相融合。各事业部、各部门和各子公司在新冠肺炎疫情的初期，积极响应、多部门联动，充分利用各自优势资源和条件，为抗疫一线提供各种支援。疫情好转后，党、工、团以及各事业部、各部门、各子公司在员工思想、凝心聚力方面，积极行动，因地制宜地开展形式多样的企业文化交流学习和活动，企业文化建设工作有序开展。

【社会责任】

作为落实国家“走出去”战略的排头兵和践行“一带一路”倡议的生力军，中工国际把践行社会责任、回报社会作为一项重要使命，在海内外项目所在地积极履行企业责任，坚持实施属地化运营，结合工程行业特点，积极完善社区基础设施建设，创新开展社会公益活动，参与关乎国计民生的重大社会活动。为项目所在地的社区发展贡献中工力量，为社区居民创造更优越的生活环境。

中工国际重视社区建设，注重与当地社区的关系维护，为社区提供医疗卫生服务，支持社区文体教育等事业，建设基础设施，推荐本地就业，促进项目所在地的社区发展，获得了当地社区及其他相关方的充分信任与支持。

在用心打造精品工程、绿色工程的同时，中工国际坚持互利共赢原则，改善当地就业环境，积极参与各项公益事业，在抢险救灾、农村支援、教育支援、社会福利等诸多领域进行无私援助，实现了企业与员工、企业与社会的和谐发展，在国内外树立了良好的企业形象。

【抗击新冠肺炎疫情】

2020年2月23日，国家卫健委发布新冠肺炎疫情预警以后，中工国际党委第一时间成立疫情防控工作领导小组，按照国家卫健委、国务院国资委、国机集团的有关要求，全面部署境内外疫情防控工作。中工国际系统内各单位迅速出动，形成联防联控“一盘棋”格局，多渠道、多举措持续加强对驻外员工及其家属的关爱帮扶工作，切实保障境内外员工生命安全和身体健康，保持企业稳定运行。具体工作内容如下：

1. 落实国机集团要求，指导境外机构、项目部开展疫情防控工作 按照国机集团要求和疫情防控工作小组的安排部署，针对各驻外机构、项目部组织召开的巡检视频会议多达75次，做到对各驻外机构、各项目全覆盖。始终把疫情防控作为最紧急、最重要的任务来抓，层层压实责任，健全工作机制，周密安排部署，指导各境外机构、项目部按照国家及国机集团相关要求，严格贯彻落实各项疫情防控措施，抓紧抓实抓细境外疫情防控工作。

2. 编制疫情防控应急预案，指导各境外机构、项目部开展疫情防控应急演练 及时编制“中工国际新型冠状病毒感染肺炎疫情防控专项应急预案”“中工国际境外疫情防控专项应急预案”，加强公司及各境外机构、项目部的应急处置能力。指导各境外机构、项目部建立切实可行的应急预案，认真开展疫情防控桌面推演，确保在突发疑似或确诊人员时妥善处置。

3. 指导项目部采取有效措施处置突发疑似、确诊病例 随着世界各国疫情形势逐步发展，中工国际海外项目部陆续出现了确诊病例。项目部及时上报驻所在国使（领）馆，公司每天连线项目部一线人员，组织项目部严格排查疑似人员，指导工作人员采取有效措施处置突发疑似、确诊病例，及时、高效地控制住疫情，并防止进一步扩散。确诊人员也得到有效救治，2020 年未出现重症患者，中籍、外籍雇员经治疗后全部转为阴性恢复正常，有力保障了公司中、外籍雇员及其家属的生命安全。

此外，中工国际系统内各单位在全球医疗应急物资筹措、医疗建筑设计等方面发挥优势作用，为打赢疫情防控阻击战作出积极贡献，荣获党中央、国务院国资委和国机集团的多项表彰。中国中元顾问、首席总建筑师黄锡璆被评为“全国抗击新冠肺炎疫情先进个人”“全国优秀共产党员”“央企楷模”等，中国中元党委荣获中央企业抗击新冠肺炎疫情先进集体及中央企业先进基层党组织荣誉。中工国际集体和多名员工被评为国机集团抗击新冠肺炎疫情先进集体和个人。中工国际党委在全系统广泛开展抗疫先进事迹宣传，大力弘扬伟大抗疫精神。

中国中国恒天有限公司

【经营业绩】

2020 年，中国中国恒天有限公司（简称中国恒天）统筹推进新冠肺炎疫情防控与复工复产，做好“六稳”工作，落实“六保”任务，抓紧抓细抓实聚焦主业，深化改革，力促高质量发展，圆满完成国机集团下达的全年经营任务，为国机集团完成保增长任务、中央企业实现“两个力争”目标作出积极贡献，被国机集团授予“2020 年先进单位”。2020 年中国恒天主要经济指标完成情况见表 1。

表 1　2020 年中国恒天主要经济指标完成情况

指标名称	2019 年	2020 年	同比增长（%）
资产总额（万元）	9 192 798.01	8 596 974.90	-6.48
净资总额（万元）	2 532 463.22	2 136 059.76	-15.65
营业总收入（万元）	4 298 820.96	4 210 952.48	-2.04
利润总额（万元）	200 421.70	258 297.99	28.88
技术开发投资（万元）	73 654.73	89 012.82	20.85
利税总额（万元）	519 757.09	424 685.12	-18.29
EVA 值（万元）	16 349.00	67 931.00	315.51
全员劳动生产率〔万元 /（人・年）〕	31.48	33.85	7.53
净资产收益率（%）	5.50	8.00	增长 2.50 个百分点
总资产报酬率（%）	3.98	5.02	增长 1.04 个百分点
国有资产保值增值率（%）	87.52	87.73	增长 0.21 个百分点

中国恒天近年来各项财务指标总体保持稳定，营业总收入和利润总额一直保持在 420 亿元和 25 亿元左右，但主业盈利能力不强，利润增长点少，经营性利润有限，带息负债率高，2020 年利润增量主要来自恒天嘉华等防疫物资生产企业在抗疫非常时期的效益增长。

【改革改制】

面对艰巨繁重的新冠肺炎疫情防控和生产经营任务，中国恒天保持改革发展定力，在推动强化战略引领、管理体制变革、市场化经营机制改革、优化布局结构等重大事项方面取得新进展。

1. 加强战略引领 组织编制中国恒天“十四五”发展规划纲要；按照聚焦装备制造业的发展定位和要求，围绕聚焦主业、管理提升、转型发展等方面开展课题研究，形成 18 项研究成果，对规划编制和经营决策形成有力支撑。

2. 推进综合改革 重塑战略运营型总部管控模式，构建中国恒天三级管控架构；确定 14 家直接管理企业及其委托管理企业，制定直接管理企业和委托管理企业指导意见；完善“7+1”管理体系制度，推动委托管理企业产权整合；出台干部管理制度，强化班子建设和年轻干部选拔任用及干部交流，中国恒天综合改革成效初步显现。

3. 推进“强总部”建设 制定“强总部”建设指导意见，各部门主动为企业纾困解难取得初步成效；推进总部机关化整改和对标世界一流管理提升行动；加强总部信息化建设，完成总部 OA 系统调整升级，实现公文处理信息化；完成总部“三定”方案制订，多方位、多举措推动总部能力建设。

4. 推动“双百行动” 制定“双百行动”综合改革实施方案，明确“五突破一加强”重点改革事项和承担单位。制订经理层任期制和契约化管理方案，恒天汽车经理层选聘工作圆满完成，完成山东凯马经理层契约化任期制方案（草案）。中纺科技宏大研究院职工持股激励方案基本完成。对恒天嘉华进行资产证券化培育工作基本确定，中国恒天市场化经营机制改革迈出实质性步伐。

5. 完善法人治理体系 按照分类管理原则，对全资企业、股权多元化非上市企业、上市公司三种类型的企业实施差异化管控；不断完善“双向进入、交叉任职”领导体制，党组织负责人和董事长实现“一肩挑”。

6. 优化“三资”结构 成立中国恒天公司资本、资产、资金“三资”结构优化专班，拟定“三资”结构优化方案，多次向国机集团汇报，并达成基本共识；短时高效完成 7 家共 34 户“两非”法人企业剥离至国机集团指定平台；争取国机集团增资 10 亿元。中国恒天“三资”结构得到一定改善，为未来结构调整赢得了空间。

【重大决策与重大项目进展情况】

强化组织领导，积极协调内外资源，妥善化解难题，全力推进八大重点工程，重点项目梯次落实。

聚焦纺机核心主业，积极推进“21 项纺机技术难题”攻关，强化资源配置，加强与高校和科研院所等合作，提高企业技术攻关能力。

做强做优做大郑州区域。恒天重工成立专项工作组，拟定项目计划书，稳步推动“国家级医卫防护材料研发储备产业园”项目，与政府进行多轮沟通，达成初步共识。

整合汽车业务资源，明确发展定位，编制完成《中国恒天“十四五”汽车业务规划（草案）》；推动商用车业务加快发展，雅安越野车、赣州商用车及衡阳智电项目建成投产；实现 GINAF 退出。

加快推进搬迁项目建设，保定天鹅项目全面投产，恒天立信中山搬迁项目基本完成，潍坊欣龙搬迁项目主体工程完工；加速盘活存量土地资源，恒天立信、潍坊欣龙、华源莱动按计划完成老厂区土地处置，保定天鹅土地处置方案获国机集团批复。

推动纺织贸易业务整合，编制《中国恒天纺织贸易“十四五”规划》；完成中服集团贸易平台业务整合、人员调整、资产剥离；强化贸易业务风险化解，加强风险识别、监督与防范，严禁融资性贸易。

促进中融信托业务高质量发展，不断优化公司治理架构及制度，传统业务稳步发展，转型业务积极推进，风险管理成效突出，实现利润17亿元，超额完成年度考核目标。

推动地产业务有序退出。西塘项目和黄冈项目退出取得进展，陕西华龙项目完成行为审批，漳州项目有望完成退出协议签订。

推进资产管理平台能力建设，印发《中国恒天资产管理平台管理指导意见》，明确资产管理平台功能定位、主要任务、责权边界和运行保障；完成北京汽研所作为承接中国恒天“两资”“两非”指定平台相关手续办理工作。

【市场开拓】

受新冠肺炎疫情影响，全球棉纺机械市场需求下滑50%以上，国内外展会推迟，中国恒天下属中纺对外公司积极参加线上展览会，通过虚拟展台展示棉纺全流程；经纬纺机组建中恒供应链有限公司，强化在纺织供应链的核心地位，启动芦山县等智能纺纱工业园项目的招商和喀什中泰工业园项目审批工作；恒天重工紧紧抓住无纺布市场需求激增和国家“新基建”部署的契机，订单实现历史性突破；恒天立信按照“每单必争、一单一策”的营销策略，紧跟“国内国际双循环”的市场战略，积极谋划海内外营销资源整合，加强不同产品出口转内销的营销力度；恒天凯马加大线上销售，探索物流新模式，借助线上平台营销，同时加大销售网点铺设力度，对优势市场持续下沉销售渠道，对弱势区域定向突破，全年新开设销售网点111家；中融信托充分利用信息化、科技化手段，完成平台升级，新一代财富管理平台三期投产上线。

中国恒天下属经纬智能、新技术公司在短时间内成功开发出N95全自动口罩机和半自动口罩机，并累计销售130余台，其中，出口欧洲15台，销售收入超过1亿元；恒天重工向中石化、中石油供应19条熔喷布生产线，签署熔喷布生产线合同130余条，水刺生产线80余条，全年新增订单超过18亿元；与山东鸿泰鼎签署10万t绿色纤维装备合同；与恒逸、新凤鸣、桐昆等企业签署涤纶装备合同；与河南省、郑州市政府及入园投资企业共同投资组建国家级医卫防护材料研发储备产业园，计划总投资15亿元；中纺对外公司与印度尼西亚PT.MULTI SPUNINDO JAYA公司签署3.2m SSMMS丙纶纺粘熔喷复合非织造布生产线合同，合同金额780万美元；恒天立信在“烟台业林”“河北三利”成功打造2个智能印染厂示范项目；新材料工程公司承接亚太森博（山东）浆纸有限公司Lyocell纤维项目，合同总金额1.28亿元。

【科研成果】

中国恒天持续推进“21项纺机技术难题”的解决，已解决6项。推进“卡脖子”技术攻关，梳理列出“十四五”期间“卡脖子”技术11项，明确攻关目标进度，加快推进。积极推进新产品开发，下达2020年度新产品开发计划项目112项，完成82项，完成率达73.21%。助力防疫抗疫，圆满完成“两机”研发攻坚并实现市场化销售。经纬纺机“全流程智能化棉纺成套设备及系统”通过科技成果鉴定，成为纺纱行业标杆；JWF1580超长智能型细纱机整机技术达到国际先进水平，填补了国产超长细纱机的技术空白。恒天重工“年产2万t莱赛尔纤维成套生产线设备”实现全线贯通；年产6万t莱赛尔纤维后处理成套设备填补了国内空白；年产15万t大容量粘胶短纤维成套设备及4个子项目通过科技成果鉴定，整体技术达到国际领先水平；凯马汽车推出潍柴WP2.3与云内490两款创业版车型，组建中卡专项研发团队新开发14t和18t中卡之星三轴车投放市场。

多项科技成果获得国家和省部级表彰。宜昌纺机的“高性能工业丝节能加捻制备技术与装备及其产业化”项目获国家科技进步奖二等奖；青岛宏大、经纬新技术的“VCRO自动络筒机”项目获中国纺织工业联合会科技进步奖一等奖；恒天纤维参与的“新型生物基材料聚丁内酰胺的创制与应用”项目获中国轻工业联合会技术发明奖一等奖；中纺科技、宏大研究院的“新型高速纺熔复合非织造布生产线及工艺技术”项目获中国纺织工业联合会和国机集团科技进步奖二等奖。获省部级以及全国性行业科学技术奖29项；新增获得授权专利324项，其中发明专利28项；新制（修）订国际标准、国家标准和行业标准32项。

【产权制度改革】

1. 公司制改制 2019年年底，中国恒天仍有咸阳纺织机械厂、常德纺机益高实业总公司、常德纺织机械厂、郑州纺织机械厂、河南省纺织机械厂、宜昌纺织机械厂和中纺机中原公司7家全民所有制企业未实施改制。截至2020年年底，完成2家企业改制，分别是常德纺织机械厂改制为常德嘉园纺机企业管理服务有限公司，宜昌纺织机械厂改制为宜昌纺织机械有限公司，剩余5家企业改制工作仍在推进中。

存在的问题：一是划拨土地。各地国土资源管理部门对政策的理解和执行存在差距，多数会要求改制后的企业缴纳国有土地出让金，不能再无偿划拨使用，或给企业经营、存续带来沉重负担；二是历史问题。多数全民所有制企业都是老企业，历史遗留问题多，且掺杂了“处僵治困”“三供一业”等专项治理，改制涉及的矛盾较为突出。

2. 压减法人层级和企业户数 层级压减方面，恒天立信完成下属10家企业的股权变更，最长法人层级压缩到7级。中融信托最长法人层级压缩到9级，帮助中国恒天管理层级从10级降为9级；全年完成压减退出企业30家、剥离至北汽研究所34家企业（共64家），系统梳理中国恒天参股投资情况，确定三年整改计划；积极推动地产项目有序退出，推进整体转让和单个项目转让。

3. 剥离企业办社会职能和解决历史遗留问题

（1）根据国务院国资委、国机集团要求，中国恒天积极推进“三供一业”及历史遗留问题处理，57个“三供一业”分离移交项目完成资金清算工作，共涉及中国恒天14家企业，完成分离移交户数134 936户，实际发生分离移交费用77 291万元。

（2）进一步梳理核查集团下属厂办大集体改革情况。组织完成邵阳纺机下属4家厂办大集体方案报批、人员分流安置，以及注销工作。中国恒天所属27家厂办大集体有19家完成改革任务，获得中央财政补助资金4 231万元。

（3）组织所属“僵困”企业开展2020年特困企业补助资金申报，以及处置“僵尸”企业补助资金清算工作，对补助资金进行审核和清算，对“僵困”企业资金绩效自评情况进行统计和补充，对中国恒天获得的“僵困”企业补助资金使用情况进行梳理核实。

【主要管理经验】

1. 经营管理

（1）强化亏损企业专项治理。提高治亏政治站位，“一企一策”落实目标措施责任，强化动态监控、督导检查、风险提示和难题化解，通过通报、约谈等方式，统筹推进治亏工作，取得一定成效，全级次企业亏损面同比下降19.04%，亏损额同比下降近1亿元。

（2）强化“两金”压控。分类制订“两金”压控年度目标，细化跟踪落实，对“两金”占用处于非正常状态的企业及时预警并下发提示函；2020年年末中国恒天“两金”净额较年初下降8.52%，优于预算目标21.02亿元。

（3）强化负债率控制。严控带息负债规模，在2020年第三季度按期兑付60亿元永续中票前提下，2020年年末较6月末减少57.15亿元；通过争取国家防疫专项贷款、政策性贷款、发行债券融资等手段，积极筹措低成本资金，进一步优化带息负债结构。

（4）强化资金集中管理。积极克服受限资金多、境外企业及防疫贷款无法归集的影响，全年平均资金集中度（全口径）为30.76%。同时加快银行账户清理，全年注销282户，净销户率达14.94%。

（5）强化采购管理。推进采购管理工作的转型提升和价值创造，全面完成国机集团要求的“上网采购率60%、集中采购率60%、公开采购率50%”的目标。

（6）强化全面风险管控。加强担保管理，压缩担保规模，2020年年末中国恒天实际担保较预算减少24.83亿元；制定《中国恒天合规管理办法（试行）》，促进企业合规经营；积极开展内控评价，大力防范高风险业务，开展境外风险和新冠疫情法律风险专项排查，严禁开展融资性贸易。

（7）强化内审监督。全力推进“大监督”管理体制机制建设，强化审计、纪检、巡察、法律、财务等条线协同监督，共享信息，发挥优势互补，实现监督最大效能；全年开展审计项目 174 项，审计覆盖率为 81%，实现可量化审计价值 3.16 亿元。

（8）强化安全生产与节能环保管理。严格按照《2020 年度安全生产责任书》《2020 年度节能环保责任书》，抓实监督检查、隐患排查和治理；积极推动开展安全生产专项整治三年行动、安全生产月等活动，未发生重大安全生产和环保责任事故，安全生产获得国机集团考核评价“A 级”。

【党建工作】

中国恒天党委坚持以政治建设为统领，深化理论学习，完善和落实“第一议题”制度，教育引导广大党员干部增强“四个意识”，坚定“四个自信”，做到“两个维护”。加强党对企业的全面领导，大力推动党建工作融入公司治理、引领改革创新，严格落实党委会前置程序，确保党委发挥好把方向、管大局、保落实的领导作用。召开中国恒天第三次党员代表大会，完成“两委”换届工作；15 家二级直管企业（包括恒天文投）和具备条件的基层企业全部完成“党政一肩挑”改革，在规模较大的 3 家二级直管企业配备专职党委副书记。坚持党管干部、党管人才原则，调整理顺基层党组织设置和隶属关系，配齐企业领导班子。突出加强“三基建设”，全面完成基层党组织按期换届专项排查整改任务。坚持党要管党、从严治党与依法治企相结合，压紧压实管党治党主体责任和监督责任，全面推进纪检体制机制改革，综合运用“四种形态”，重点整治“四风”。持续巩固强化问题整改，开展 4 个专项整治，抓好长效机制建立，有力净化中国恒天政治生态，营造风清气正的干事创业氛围。

【信息化建设】

积极推进信息化（系统）建设，印发《关于加强企业信息化项目建设的统筹管理的通知》（中国恒天科〔2020〕345 号文），要求系统统一品牌、统一编码规则、统一数据管理，成功完成中国恒天总部 OA 协同办公系统调整和升级。升级后总部电子公文收发流程全部迁移线上运行，全面提升会议管理功能，增加了与法务系统、人力系统的待办集成等。面对 2020 年突发的新冠肺炎疫情，先后搭建环境测试微信群视频等 9 种互联网会议解决方案，通过在总部机房部署 3 个服务组件（防火墙、网闸、设备管理服务器），扩展升级宝利通高清视频会议系统，实现通过移动端设备、互联网线路接入总部高清视频会议的功能，满足中国恒天召开高质量视频会议的需要。

【企业文化】

中国恒天党委十分注重企业文化对企业发展的价值引领作用，在企业文化建设方面开展一系列富有成效的工作，在精神、制度、行为等层面都加大了建设力度，为中国恒天改革发展注入精神力量。在继承优秀文化积淀的基础上不断加以创新、变革和重塑，对某些企业文化理念重新进行梳理诠释，注入新的内涵，以便更好地为企业发展凝聚人心、集结力量，讲好恒天故事，将文化理念转化为职工的情感认同和行为习惯，增强中国恒天文化软实力。

【社会责任】

履行国机集团定点扶贫山西省平陆县牵头单位职责，按照国机集团“扶智力、扶志气、扶产业、扶民生”四翼并举的精准扶贫模式，投入帮扶资金 717.46 万元，引进帮扶资金 30 万元，开展产业扶贫、教育扶贫、培训基层干部、培训技术人员、同舟工程——中央企业参与“救急难”行动等 5 类 8 个扶贫项目，共计培训基层干部 239 人、技术人员 2 735 人，救助特困家庭 54 户；消费扶贫超过 2 000 万元，建设现代化“国机平陆现代农业采摘示范园”“国机平陆农产品加工中心”，惠及贫困户 439 户共 1 432 人，得到平陆县委县政府和广大干部群众的肯定和赞扬。

2020 年，中国恒天累计对外捐赠 1 263 万元，其中扶贫捐赠 392 万元。

【抗击新冠肺炎疫情】

面对突如其来的新冠肺炎疫情，中国恒天充分发挥自身医用纺织防护材料及纺织装备制造业务优势，坚决完成上级下达的急难险重任务，以“没有条件创造条件也要上”的战时状态紧急转产扩能，医用平面口罩、N95 口罩机、防护服压条机、熔喷布及熔喷布生产设备五类产品产量均位列央企第一，为国机集团形成以“三机三品”为标志的中央企业医疗防护物资产业链作出突出贡献，发挥了大国重器顶梁柱的关键作用，获得国机集团“医疗物资产业链培育奖”。

1. 全力推进复工复产 根据国务院国资委、国机集团疫情防控要求和复工复产工作安排，疫情发生之初，中国恒天成立复工复产安全指导组和办公室，统筹推进企业疫情防控和复工复产，于 2 月 10 日召开全集团防疫和复工复产工作推进视频会，要求下属重点企业成立相应机构，制订复工复产细化方案，建立复工复产日报制度。指导境外企业疫情防控和复工复产工作，全力保障境外企业职工身体健康和生命安全。生产型企业复工率在 2 月底达到 95.3%。

点对点纾困解决直管企业在疫情防控和复工复产过程中的突出问题与困难，召开多场“统筹推进疫情防控和复工复产促进企业业务发展专题会”，编制“企业调研情况汇总表”，形成问题清单和解决方案暨管理提升意见书，协助企业向国家部委申报疫情防控重点保障企业资格，申报防疫补贴资金，编制疫情防控资金申请报告，落实落细常态化防控措施和属地防控要求。

2. 重点防控物资供应保障和调度 恒天嘉华累计生产医用平面口罩 12.4 亿片、熔喷布 4 178t；恒天重工仅用 9 天成功研制出 10 台压条机，累计生产 730 台，成为首个研制成功医用防护服压条机的央业；中纺科技宏大研究院、邵阳纺机等企业集中优势资源开展熔喷设备攻关，累计供应熔喷布生产线 87 条；经纬纺机成功研制 N95 全自动和半自动口罩机，累计销售 130 余台。积极推进无纺布产业相关项目建设，恒天嘉华高端医卫防护复合工艺非织造材料项目、恒天重工国家级医卫防护材料研发储备产业园项目、中纺科技埃及无纺布项目等相继启动，为形成中央企业医疗防护物资产业链作出了贡献。

积极捐款捐物，做好口罩保供，第一时间向湖北疫区捐款 737.86 万元，疫情期间境内外累计捐款 771.26 万元；调拨口罩 1 023 万片，保供国机集团及所属企业、重要客户、兄弟央企，彰显央企社会责任担当。

中国福马机械集团有限公司

【基本概况】

中国福马机械集团有限公司（简称中国福马）成立于 1979 年，前身为林业部机械公司。1994 年，被列为国务院百家建立现代企业制度试点单位之一。1998 年划归中央大型企业工委。2003 年，成为国务院国资委监管的中央企业。2007 年与中国机械工业集团有限公司重组，成为其全资子公司，公司总部位于北京市。现有二、三级企业 19 家，其中，林海股份有限公司为上市公司。2019 年 12 月，中国福马对中国国机重工集团有限公司实施托管。

中国福马是从事专用设备研发、制造、销售的大型中央企业，是中国林业机械协会的会长单位。业务主要由农业机械、动力装备和车辆、人造板机械、工程贸易、工程机械五大业务板块组成。其产品多次被中国质量协会用户委员会认定为“全国用户满意产品”。产品出口到美国、加拿大、日本、欧洲、南亚、东南亚等 130 个国家和地区，享有较高的市场声誉。“十二五”以来，大力推进“绿色能源开发”项目，在宁夏、江苏、广东等地建设了多个大型地面光伏电站和分布式光伏项目。近年来，探索并形成手扶插秧机、高速插秧机的研发、制造和销售能力。

中国福马持续加大科技投入，拥有国家认定的企业技术中心2个、博士后科研工作站2个、省部级以上科研机构12个、省级高新技术企业3家，拥有15名享受国务院特殊津贴专家，累计获国家级科技进步奖5项、省部级科技进步奖74项；累计获得授权专利784项，其中包括1项欧洲专利在内的发明专利123项；主持参与近60项国家标准、行业标准的制定与修订。拥有先进的生产制造系统，在泰州、苏州、镇江、常州、天津等地拥有多个生产基地。动力机械板块拥有40余条自动化水平较高的专业生产线和柔性生产线。林业装备板块拥有多种“精、大、稀”加工和检测设备，在国内同行业中加工能力位居前列。

【主要指标】

面对错综复杂的经营环境，中国福马坚持稳中求进工作总基调，统筹抓好新冠肺炎疫情防控和生产经营工作，按照高质量发展要求，把握发展机遇，积极应对挑战，充分认识面临的困难，采取各种措施，保持公司稳定经营局面。2020年实现营业收入19.71亿元，其中，林业装备、内燃机及配件制造实现收入16.51亿元，占合并后销售收入总额的83.77%；贸易业务实现收入2.44亿元，占比为12.39%；太阳能发电实现收入0.41亿元，占比为2.06%；其他业务实现收入0.35亿元，占比为1.79%。2020年中国福马主要经济指标完成情况（不包含国机重工）见表1。2020年国机重工主要经济指标完成情况见表2。

表1　2020年中国福马主要经济指标完成情况（不包含国机重工）

指标名称	2019年	2020年	同比增长（%）
资产总额（万元）	265 691.92	275 389.11	3.65
净资产（万元）	151 045.95	152 921.75	1.24
营业收入（万元）	168 923.49	197 129.15	16.70
利润总额（万元）	2 254.92	2 845.72	26.20
技术开发投入（万元）	4 098.98	5 526.34	34.82
利税总额（万元）	6 024.22	7 180.30	19.19
EVA值（万元）	-5 873.96	-4 512.24	23.18
全员劳动生产率〔万元/（人·年）〕	12.83	13.02	1.48
净资产收益率（%）	1.04	1.52	增长0.48个百分点
总资产报酬率（%）	1.74	1.89	增长0.15个百分点
国有资产保值增值率（%）	101.95	101.40	下降0.55个百分点

表2　2020年国机重工主要经济指标完成情况

指标名称	2019年	2020年	同比增长（%）
资产总额（万元）	587 545	494 506	-15.84
净资产（万元）	150 925	129 606	-14.13
营业收入（万元）	235 311	208 923	-11.20
利润总额（万元）	2 821	-29 459	—
技术开发投入（万元）	13 646	9 199	-32.59
利税总额（万元）	10 260.44	-24 282.57	—

（续）

指标名称	2019 年	2020 年	同比增长（%）
EVA 值（万元）	-1 310.04	-33 377.20	—
全员劳动生产率〔万元 /（人 · 年）〕	6.26	3.73	-40.42
净资产收益率（%）	1.13	-21.27	下降 22.40 个百分点
总资产报酬率（%）	2.90	-3.42	下降 6.32 个百分点
国有资产保值增值率（%）	104.77	81.10	下降 23.67 个百分点

【改革改制】

为进一步做大做强做优人造板机械板块，激发板块活力，优化产业链，提升工作效能，加快产业布局优化和机构调整，中国福马成立了人造板机械集团。人造板机械集团内部企业管理层级、产权关系和经营业务不变，内部各企业以独立法人形式存在。人造板机械集团致力于承接重大项目、发挥协同效应，搭建公共平台、提升整体水平，创新体制机制、增强企业活力，加强投融资能力、助推业务转型升级。

【市场开拓】

统筹抓好新冠肺炎疫情防控和生产经营各项工作，努力降低疫情带来的不利影响，做好“六稳”工作、落实“六保”任务，全力拼抢市场份额，实现经营指标稳中有升。

1. 动力机械板块 特种车辆、摩托车，稳定老市场，积极开拓新市场、新客户，以“小中求大”模式提升销量。实现特种车销售 2.2 万辆，同比增长 30%；摩托车出口 2.15 万辆，同比增长 47%，均创 10 年来新高。

2. 农业机械板块 手扶式插秧机在总体市场下滑的情况下逆势而上，克服新冠肺炎疫情影响，快速复工复产，抢抓机遇，获得大额订单，全年销量 1.2 万台，同比增长 42.6%，细分市场份额占全国第一；高速插秧机全年销售 200 台，为产品开发、完善和扩大销售打下坚实基础。

3. 森防机械板块 在内蒙古、山东、湖南等地取得中标业绩，营业收入同比增长 22%，其中核心利润产品 8hp（1hp=735.499W）泵、高扬程森林消防泵的销量大幅度增长，全年销量超过 2 000 台。

4. 人造板机械集团 生效砂锯线合同 17 条，多层成套线 1 条；新增砂光机合同 115 台；非木质砂光机市场实现非木质合同 29 台；浙江丽人新型人造板项目成功生效；积极与国机集团内部企业合作，生效非木质材料连续压机主机 1 套；积极向造纸备料领域延伸发力，成功生效了玖龙、金田项目，首次打进大型造纸企业，制浆系统共实现新签有效合同 9 456 万元的历史新高。

5. 木工机械方面 实现木工带锯条产业链延伸业务突破，“津林”牌带锯条、钢制送料盘业务实现增长。

6. 工程贸易板块 依托林业机械设备制造优势，以市场为导向，积极适应新形势、拓展新领域，向木材加工和人造板产业的上下游延伸，进军造纸制浆行业取得突破。9 月 2 日，从海外进口的第一批木片顺利到达曹妃甸港，货值约 2 600 万元。

7. 新能源方面 完成上网电量 4 466 万 kW · h，同比增加 260 万 kW · h。

8. 工程机械板块 整机内销业务新发展一级代理商 23 家；挖掘机实现整体销售同比增长 57%；结构件拓展新业务，实现外配业务收入 2.93 亿元，同比增长 24%；桥箱业务、销轴配套业务持续增长，加工业务持续上升，实现外配业务收入 1 151 万元，同比增长 59%；胶管业务实现外配业务收入 952 万元，同比增长 36%。

【科研成果】

申报专利 111 项，其中发明专利 34 项；获得授权专利 86 项，其中发明专利 1 项。

1. 特种车辆板块 围绕“高端化、系列化、专业化”，完成 LH1100U-D 项目、领程等多型号特种车辆、摩托车及其发动机开发、试生产和批量生产。LH300ATV-D全地形车、LH200（MB200）摩托车、LH188MR-A发动机3项新产品顺利通过江苏省工信厅鉴定。林海500系列全地形车获江苏省“2020紫金奖工业设计大赛”产品组金奖。

2. 农业机械板块 完成新外形及汽油动力版高速插秧机开发、批量生产，初步完成无人驾驶版高速插秧机工程样机试制，进行打浆机二轮样机的开发试制；适应市场需求，完成四级消防泵、新款便携式风力灭火机批量生产。高速插秧机获得5项实用新型专利，并通过江苏省农机鉴定总站现场鉴定，获得农机推广鉴定证书。

3. 人造板机械集团 完成国家标准《刨花板生产线验收通则》外文版编制工作；开发出具有自身特色的4尺（1尺≈0.33m）新一代刨花板连续压机，为产品向数字化转型迈出关键一步；完成新一代砂锯线的设计和新型纵锯试制，实现产品的升级换代；该生产线产能大，8尺产品产能≥2 200m^3/d，4尺产品产能≥1 450m^3/d；速度快：砂光线≥150m/min，锯切高度≥230mm；毛板、成品板规格变化一键到位，“砂、锯、拣、包”实现集成化应用开发及推广，形成一体化解决方案；改进完善新型EX系列磨机，设计开发制浆系统常压磨浆系统主机和辅机。“新型高得率节能型木质纤维制备系统”荣获中国机械工业科学技术奖二等奖。“BX4614/5、BX4616/5型环式刨片机技术创新及应用”荣获第五届中国林业产业创新奖三等奖。完成“BX4920/7环式长材刨片机及进料系统”检测，成功获得江苏省首台（套）重大装备认定。

4. 工程机械板块 新能源纯电动挖掘机、装载机产品在上海中国国际工程机械、建材机械、工程车辆及设备博览会（Bauma China 2020）上正式发布并初步取得到中铁建、中交集团等客户认可；小型多功能装载机完成试制组装并顺利装车。

【经营管理】

1. 生产经营总体实现平稳增长 勇挑重担，攻坚克难，统筹推进新冠肺炎疫情防控和生产经营各项工作，努力降低疫情带来的不利影响，全体干部职工保持定力、坚守岗位、负重前行、化危为机，保持了经营运行持续平稳。

2. 质量管理工作进一步强化 林海集团组织林海工业园、九龙工业园相互验货，出具报告并整改。苏福马开展设计质量管控活动，进一步规范技术开发过程。镇江中福马开展重点单机以及工段项目质量策划，落实重点专项检查和质量跟踪。

3. 成本管控和“两金”压降取得新进展 销售费用和管理费用较预算下降7 094万元。积极争取各地、各级政府补贴，减少费用和税费支出2 110万元。

总部为盘活资金，缓解资金压力，减少坏账损失，成立应收账款清欠小组，制订催收工作方案，做到一企一策，明确具体人员，逐项落实，有效开展工作。

4. 安全生产形势总体平稳 进一步完善安全生产相关制度，通过“四不两直”的方式进行安全检查，加大安全生产监督检查力度，防范安全生产事故发生，积极推进“双重预防机制”建设。

【党建工作】

1. 贯彻习近平新时代中国特色社会主义思想和党的十九届五中全会精神 中国福马党委把深入学习习近平新时代中国特色社会主义思想作为首要政治任务，组织学习宣传贯彻《习近平谈治国理政》第三卷，修订《贯彻落实习近平总书记重要指示批示和党中央决策部署工作规定》，全年党委、党委理论学习中心组共组织18次专题学习，使“第一议题”制度有效落实。印发党的十九届五中全会精神学习宣贯方案，系统广大党员、干部通过自学、集中培训、集中研讨等形式学习。同时，将学习贯彻党的十九届五中全会精神与开展“解放思想、推动发展”大讨论有机结合，将我国“十四五”时期的重大方针、战略、举措作为谋划中国福马“十四五”发展思路的立足点，系统企业组织81次讨论交流，两级领导班子17次深入研讨，凝聚发展共识，找准发展思路、目标和措施，完成了企业“十四五”发展规划编制初稿。

2. 加强党的领导，落实全面从严治党责任 贯彻落实党中央决策部署，全面落实从严治党责任。制订、下发党建工作要点、宣传思想工作要点，23 项重点工作的 52 项具体工作计划全部完成。开展“党建巩固深化年”专项行动，14 条工作措施全部完成；开展中国福马班子成员、下属企业党组织书记、企业班子成员、基层党组织负责人 4 个层面党建述职评议考核工作，共 125 人次进行了党建述职。组织对下属企业党建工作考核评价，考核结果与班子成员年度薪酬挂钩；党组织书记积极履行第一责任人责任；领导班子成员履行一岗双责责任，全年调研、指导党建工作均达到或超过 4 次；完成党建进章程工作；所属三级企业实现董事长、党组织书记“一肩挑”；坚持党建工作与中心工作同谋划、同部署、同推进、同考核。

3. 扎实开展“党建巩固深化年”活动，推进党建与中心工作融合 各企业围绕党建工作重点项目“助力企业提质增效”，推动党建与中心工作深度融合。林海集团科室第一党支部党员突击队，奋力开拓市场，经营业绩逆势“飘红”。林机通机事业部党支部攻坚克难小组攻克 60 多项技术难题，成功研发出无人驾驶高速插秧机。苏福马公司探索出“1+N”党建与业务融合工作模式，镇江中福马公司的“特色‘2+1 重点工作’体系”等各具特色的党建与业务融合优秀案例凸显出来。常林公司开展“奋战 60 天，实现新突破”劳动竞赛，60 天内完成挖掘机计划生产入库量，胶管销售额实现预计目标，助力企业提质增效。

4. 加强党的组织建设，夯实党建基础 落实党管干部、党管人才原则，加强干部选拔、任用工作。按照“双向进入、交叉任职”要求，按程序对林海股份公司、林海集团行政领导班子进行换届，调整了福马振发公司领导班子。落实党的组织和工作全覆盖要求，对国机重工 16 个“空白班组”提出整改要求，提前完成整改工作。开展境外党建工作情况排查，规范发展党员工作。各基层党支部开展形式多样的主题党日活动。

5. 落实党风廉政建设责任，营造风清气正政治环境 贯彻中央八项规定精神，持之以恒反对“四风”。认真开展形式主义、官僚主义专项整治。严格把控文件数量，发文数量同比下降 4%，会议费用较上年下降 33%。中国福马党委积极履行党风廉政建设主体责任，全年 5 次听取纪委的工作汇报，研究贯彻落实国机集团党委的工作部署及党风廉政建设的重大问题相关工作情况。与各直属企业签订党风廉政建设和反腐倡廉工作责任书，开展党风廉政建设责任制考核工作。积极落实国机集团党委巡视反馈意见，组织巡视整改落实。

【社会责任】

中国福马党委强化责任担当，认真研究部署对河南省固始县的各项扶贫工作举措，推动各项工作落实落细，认领 2020 年度帮扶资金 25 万元，助力河南省固始县高质量打赢脱贫攻坚战。同时，组织国机重工开展扶贫工作，采购贫困地区农副产品。落实《关于做好中央企业定点扶贫县贫困农民工就业帮扶工作的通知》要求，苏州苏福马公司结合自身用工计划，提供部分岗位在国机集团国聘招工专区在线招聘。

光伏电站建设取得良好的社会效益。2020 年，宁夏振启光伏电站累计输送清洁电力 4 466.27 万 kW·h，相当于节约 0.548 9 万 t 标准煤。光伏电站积极开展各种果树、醉鱼草等绿色植物种植，做好日常养护，有效提高光伏板区植被覆盖率和平均生物量，起到防风固沙、降低扬沙扬尘、净化空气、增加空气含氧量的作用。

【抗击新冠肺炎疫情】

面对突发的新冠肺炎疫情和复杂严峻的经营形势，中国福马积极采取措施，统筹抓好疫情防控和复工复产工作。快速反应，构建疫情防控网络。春节期间，成立以两级班子主要负责人为成员的新冠肺炎疫情防控工作领导小组，全面统筹部署疫情防控工作。各企业严格执行属地政府的有关要求，及时采取措施，切实防止疫情扩散。

印发疫情防控工作方案、员工手册、防控应急预案，制订有针对性的疫情防控措施并组织严格落实。各企业积极筹备疫情防控物资，采取有效措施开展疫情防控工作；主要领导深入企业一线检查指导疫情防控和复工复产工作。

复工以后，将疫情防控重点放在生产和工作过程中，加强员工健康和行为管理。加强疫情期间境外经营管控工作，确保相关人员生命安全、身体健康；积极履行社会责任、全力支持疫情防控工作，中国福马和国机重工向湖北省捐款30万元；林海集团4名业务骨干逆行而上，紧急驰援兄弟单位国机智能口罩机生产调试工作，确保口罩机按时交付；林海集团全力支持地方政府做好防疫消毒工作，向泰州市城管局、海陵区提供一批喷杆防疫喷雾机等防疫车辆，助力泰州市、海陵区，打赢疫情防控阻击战。林海集团公司荣获泰州市海陵区“抗击新冠肺炎疫情先进企业”。林海集团采购装备管理中心主任徐建军被评为“国机集团抗击新冠肺炎疫情先进个人”。

中国海洋航空集团有限公司

【基本概况】

中国海洋航空集团有限公司（简称中国海航）前身是1985年由海军组建成立的中国海洋航空公司，主营通用航空、海洋运输和国际贸易等业务。1999年9月根据党中央关于军队不再经商办企业的决定，经国务院批准，原海军直属的3家企业、4个地区企业管理局及所属共68家企业并入中国海洋航空公司，成立中国海洋航空集团公司，由海军移交中央大型企业工委管理，总部设在北京，子公司及分支机构主要分布于沿海地区。2003年归由国务院国有资产监督管理委员会管理。2008年2月与中国机械工业集团有限公司重组，成为其全资子公司。2013年12月底，中国海航顺利完成公司制改制，更名为中国海洋航空集团有限公司。中国海航注册资本76 847.3万元。截至2020年年底，在册从业人员2 707人。

中国海航的业务领域涉及工程承包、医药健康、国际贸易、文化旅游、航运物流、置业管理等。在工程承包领域，拥有港口与航道、建筑和市政施工总承包、钢结构工程专业承包等5个一级资质及9个二级资质，承建了大量的港口、码头、机场、道路、桥梁、核电水工、地下洞库、工业与民用建筑等工程，多次获中国建筑工程鲁班奖、国家优质工程金奖，特别是在核电水工领域处于国内领先地位。在医药健康领域，拥有2家医药生产和1家医药流通企业，取得25项医药研发专利，三类医疗器械生产资质和三类医疗器械经营资质。在国际贸易领域，业务范围辐射亚、非、拉、北美和欧洲等多个地区；在文化旅游服务领域具有境内外旅行社业务经营许可，并具备酒店、餐饮、食品、城市客运和汽车租赁服务等特殊经营资质。在航运物流领域，拥有多种类型船舶组成的运输船队，可为中外客户承运油料、粮食等各种商品；参股的航空公司下属上市企业——中信海洋直升机股份公司，可为海洋石油勘探开发和各类应急救援提供直升机专业飞行服务。在置业管理服务领域，拥有房地产开发及物业服务二级资质及分布在沿海城市的多处物业及数十家宾馆。

【主要指标】

2020年，面对严峻复杂的外部形势和新冠肺炎疫情的冲击，中国海航准确识变、科学应变，保持战略定力，努力化危为机，统筹协调推进疫情防控和经营发展各项工作，全体干部员工团结一致、积极进取、扎实经营，全年改革发展各项工作取得较好成绩。

2020 年中国海航主要经济指标完成情况见表 1。

表 1　2020 年中国海航主要经济指标完成情况

指标名称	2019 年	2020 年	同比增长（%）
资产总额（万元）	417 407	515 553	23.51
净资产（万元）	81 263	104 297	28.35
营业收入（万元）	441 008	446 146	1.17
利润总额（万元）	5 262	5 402	2.66
技术开发投入（万元）	4 194	5 967	42.27
利税总额（万元）	27 144	19 243	-29.11
EVA 值（万元）	−361	1 918	631.30
全员劳动生产率〔万元 /（人・年）〕	17.40	16.12	-7.36
净资产收益率（含少数股东权益）（%）	3.17	3.30	增长 0.13 个百分点
总资产报酬率（%）	1.96	1.71	下降 0.25 个百分点
国有资产保值增值率（%）	100.41	100.46	增长 0.05 个百分点

截至 2020 年 12 月 31 日，中国海航资产总额达 51.56 亿元，负债总额为 41.13 亿元，所有者权益 10.43 亿元，归属于母公司所有者权益 9.37 亿元。

【改革改制】

中国海航大力开展总部去机关化改革、国企改革三年行动，在总部建设、机制更新、模式探索方面进行大胆改革，其中总部去机关化改革在优化机构设置、精简审批事项、改进文风会风、畅通人才交流等方面采取切实有力的措施，补足管理短板，提高了总部的战略管理能力、经营决策能力、业务开发能力和风险管控能力。积极开展对标“双一流”工作和对外交流与合作，同华润医药、通用技术、国药集团、霍尼韦尔（中国）等国内外优秀企业进行深入交流、对标行业先进企业，探索发展新路径。积极开展国企改革三年行动，加大所属企业混合所有制改革和员工持股改革的调研和论证，年内先后对华海公司、青岛海滨、今辰药业、天龙制药的混改工作进行了有效沟通。

【重大决策与重大项目】

1. 重大决策　3 月 27 日，中国海航董事会四届十二次会议审议通过《关于中国海航 2020 年银行融资计划》议案。

5 月 13 日，中国海航董事会四届四十四次会议审议通过《关于海虹实业申请所属今辰药业投资建设巢湖医药产业园一期工程项目的议案》。

7 月 29 日，中国海航董事会四届四十六次会议审议通过《关于收取 2019 年度资本收益的议案》《关于将广东中洋所持广海公司整体产权无偿划转给中国海航的议案》。

9 月 25 日，中国海航董事会四届四十八次会议审议通过《中国海洋航空集团有限公司企业负责人履职待遇、业务支出管理办法》的议案。

12 月 10 日，中国海航董事会四届五十次会议审议通过《中国海洋航空集团有限公司下属企业业绩考核管理办法》的议案。

2. 重大项目进展　巴基斯坦卡拉奇核电站取排水工程进展顺利。收到业主颁发的优秀竣工证书并协调业主完成量单的签收，同时，基本完成项目“消缺”工作，累计收取工程款 3.11 亿美元，完工量与收款进度稳步配比。

【市场开拓】

中国海航深入分析研判新冠肺炎疫情防控国内常态化形势及国际疫情发展趋势，加速补回因疫情延误的生产经营进度，凝神聚力抓市场、抓项目、抓落实，取得多项成果。全年实现新签合同额 12 亿美元，同比增长 26.25%。

中海总局以国内大循环为主体、国内国际双循环相互促进，继续巩固国内核电水工传统市场，稳步实施国外工程项目。其中，海南昌江核电厂3号、4号机组排水隧洞及转换井工合同额5.43亿元，创中国海航国内核电水工领域合同额新高。

今辰药业氯化钾缓释片全年销量7.5万件，实现年销售收入1.4亿元，成为全系统历史上第一个单品销售收入突破1亿元的产品；天龙制药珍珠明目滴眼液品牌“苏春”“乐珠”年销量超过3 000万瓶，合计实现销售收入超过1亿元。

贸易服务业务化疫情之“危”为发展之“机”，在2019年布局医疗器械贸易业务并引进专业人才的基础上，抢抓医疗防疫物资供应的市场机会，开展口罩、防护服、呼吸机等物资的出口业务，实现项目利润1 400万元；在协助国药集团开展新冠肺炎病毒疫苗“走出去”的过程中展现能力、体现价值，有效推动海外医疗项目取得阶段性进展。

【科技创新】

一是开展科技创新及质量提升体系建设专项工作，梳理全系统科技及质量管理组织机构，并对科技活动、知识产权、企业资质、标准及工法信息等数据进行梳理。二是组织召开科技交流专题会，并制订“优秀专利奖励办法”，鼓励全系统加强科技创新工作。三是全系统投入科技研发费用6 086万元，同比增长45.12%，今辰药业始终坚持践行持续创新的发展机制，通过自主研发、吸收再创新，累计取得37项专利和创新成果，被评为巢湖市2019年度“创新十强企业”。

【产权制度改革】

中国海航的产权制度改革，坚持国机集团一盘棋的大格局，积极承接国机集团“十四五”规划，进一步聚焦主责主业。一是强化资产管理，优化产业布局，以资源整合为手段进行优化配置，提升内部资源利用效率。二是强化资产处置，对不符合发展战略且盈利能力、业务规模、资产状况、与主业协同性较差的企业，通过市场化手段实现退出，为全面完成亏损企业治理、“处僵治困”等专项工作任务打好基础。三是强化产权信息管理，以企业基本信息情况表、国务院国资委产权管理综合信息系统中的产权登记信息、纳入年度决算报表范围的企业户数、压减系统为基础，加强企业户数和层级监管，确保产权信息有效衔接。

【经营管理】

用辩证思维看待新冠肺炎疫情对经济社会发展的深远影响及国民生活习惯的深刻变革，持续推进业务资源整合、加强内部协同合作，不断聚焦核心业务、打造核心产业发展平台，努力“在危机中育新机，于变局中开新局”。

1. 把握“大健康”新机遇，以新思路育新机、开新局 践行新发展理念，认真学习习近平总书记关于中医药工作的重要论述，积极落实《国务院关于扶持和促进中医药事业发展的若干意见》，作为国机集团推动中医药“走出去”专项工作小组的成员单位，积极对接相关企业、全球化品牌和国际化组织，调整业务发展重心，集中生物制药产业和文旅小镇土地资源，打造中医药种植、加工、研发、制造和销售的完整产业链。

2. 对接国家重大区域战略，打造协调发展新格局 一是落实国机集团与海南省协同发展工作组在海南区域的调研要求，进一步加强海南自由贸易港建设战略合作，谋划海南企业转型升级。二是总部工程成套事业部协同东海华庆在雄安新区建设白洋淀游船码头项目，人和海虹在雄安新区的业务也已开展，中海总局在雄安、天津地区的各项目进展顺利，借助重大区域发展战略的外溢及辐射效应，京津冀协同发展的业务布局初步形成。三是海虹实业今辰医药产业园建设项目进展顺利，同时深入调研盐城化学原料药及制剂产业基地项目，谋划产业链延伸并扩大制剂产能，聚合上海、苏州等地医药企业的业务布局，推进长三角区域一体化发展。

3. 清理整合低效无效资产，盘活存量、提升效能 一是开展“两非”剥离专项工作，以财务数据为基础，以经营统计为支撑，进一步梳理明确“两非”企业范围，5家企业纳入“两非”剥离清单。二是统筹规划、分步实施吸收合并广东中洋专项工作。广东中洋领导班子高度重视、积极落实，清理母子公司财务、税务、劳务、法务等事项；广海公司提级得到国机集团批复并完成工商、产权登记变更。三是多次协调太原市政府，推进总部位于太原双塔南巷的土地收储事项，签订补偿协议。

【党建工作】

中国海航党委以习近平新时代中国特色社会主义思想为指导，全力加强党对企业的全面领导。坚持以党的政治建设为统领，坚决落实中央重大决策部署以及国机集团党委工作部署，“第一议题”制度逐步完善，统筹推进新冠肺炎疫情防控、复工复产和经营发展工作。坚持把党的领导融入法人治理结构，进一步细化明确企业决策事项清单，落实好党组织在“三重一大”重要事项中的决策权、把关权、监督权。深化落实党建责任体系，持续贯彻落实全面从严治党主体责任清单要求，中国海航党委经常性监督检查、季度通报和述职考核评议制度实现制度化、规范化，领导干部在分管领域履行“一岗双责”更加清晰，全面从严治党向基层进一步延伸。注重“不忘初心　牢记使命”主题教育成果转化，持续完善领导干部读书班、专题调研及成果交流研讨的工作学习方法，学习教育、调查研究、检视问题和整改落实的长效机制进一步巩固。认真贯彻新时代党的组织路线要求，坚持正确选人用人导向，加大干部交流力度，积极培养选拔任用优秀年轻干部，多措并举推进干部队伍建设。深入开展“党建巩固深化年”专项行动，持续开展“三基”建设，基层党组织标准化规范化建设进一步强化，党建与中心工作融合的载体更加多元。持续强化党风廉政建设和反腐败斗争，有效落实“两个责任”，拓展压实监督检查、深化巡察，举一反三开展以案促改专项整改。坚持发挥群团桥梁、纽带作用，深化企业民主管理、职工帮扶慰问、定点扶贫和消费扶贫工作，汇聚企业发展能量，彰显央企责任担当。

【信息化建设】

一是在常态化新冠肺炎疫情防控形势下，广泛应用视频会议系统，有效减少传达层级、切实压减会议数量。二是推进财务核算、报表信息系统升级改造，借助信息化手段逐步落实基础数据标准化、管理信息可视化、管控流程规范化的精益管理理念，实现财务信息数据同源、标准统一、信息共享、集中管理。三是充分发挥信息公司系统集成优势，展示中国海航信息化服务能力。智慧园区立体防控信息系统参加了国机集团“新基建”网络安全优秀综合解决方案的征集，并作为优秀方案报送国家网络与信息安全信息通报中心。

【社会责任】

落实河南省信阳市淮滨县国机教育扶贫基金30万元，资助家庭经济困难的大学生，重点是将建档立卡的贫困户家庭学生纳入圆梦大学行动计划。组织开展对国机集团4个定点扶贫县和湖北地区滞销农产品进行消费扶贫采购，鼓励和引导职工采取“以购代捐”“以买代帮”等方式购买扶贫产品，助力贫困群众脱贫增收。全年共采购30余种农产品，总计22.9万元。积极响应国机集团团委“手挽手——圆梦‘微心愿’”活动，为定点帮扶地区学生购买爱心书包。

【抗击疫情】

1. 严密防控、科学有效应对境内境外疫情　今辰药业生产的藿香正气片等3个品种药物被列为新冠肺炎防疫临床治疗用药，并被列入安徽省首批疫情防控重点保障企业名单；信息公司在疫情期间紧急开发的4款产品入选首批中央企业数字化抗疫产品名录，其中“战疫金盾”项目受到中央电视台专访；中海总局巴基斯坦核电水工项目部建立三级疫情联防联控机制，有力保障了境外项目的平稳执行及驻外员工的身体健康。

2. 展现责任、担当使命，驰援、采购防疫物资　新冠肺炎疫情发生伊始，中国海航根据中央防疫领导小组要求，应国药集团海外医疗防疫物资采购支援请求，总部各事业部协同作战，迅速组织成立支援工作组，充分发挥自有资源和境外业务网络优势，推进落实当时湖北省尤其是武汉市严重短缺的医疗防护物资在海外的采购工作，展现中国海航人新时代的央企责任和使命担当，并为后续防疫物资、医疗设备出口及与国药集团的全方位合作奠定了坚实的基础。

中国地质装备集团有限公司

【基本概况】

中国地质装备集团有限公司（简称中地装集团）成立于1987年，前身是原地质矿产部中国地质机械仪器工业公司，1999年并入中国机械工业集团有限公司，为国机集团所属全资子公司。

中地装集团作为全国最大的地质专用设备的生产企业，近些年始终跻身于行业技术发展的前沿，并发挥着引领和带头作用，在经济总量不断提升、经济效益不断提高的同时，充分发挥了大型国有企业应该承担的社会责任和行业主力军的作用。

中地装集团的产品涵盖地质勘探的主要流程。从地面地球物理勘探，到地质钻探、取岩心，再到井中探测，以至于矿产的化学分析。业务主要包括物探仪器（重力、磁法、电法、地震、放射性和井中仪器等）、钻探机械（岩心钻机、汽车钻机、水井钻机、工程钻机、泥浆泵、钻塔、钻机配件等）、钻探工具（钻杆、钻头、孔底钻具、凿岩钎具、人造金刚石及制品、硬质合金及制品等）、分析仪器（原子吸收、原子荧光、等离子光谱仪、电化学分析仪、测汞仪等）等产品的研发、制造与销售。产品的应用领域覆盖地质、冶金、有色、煤炭、石油、核工业、国防、建筑、水利水电、交通、环保等行业，总生产能力和市场占有率处于国内地质装备制造行业前列。

中地装集团作为中国地质装备制造行业的龙头企业，多项产品为国内外首创：在地质机械领域，研发生产了国内首台全电驱电控岩心钻机、立轴式岩心钻机、变量泥浆泵和机械动力头式基础工程施工钻机；在地质仪器领域，研发生产了世界首台全自动双道氢化物发生原子荧光光度计、唯一采用直流塞曼技术背景的原子吸收分光光度计、亚洲唯一的高精度石英弹簧重力仪。中地装集团的磁力仪和绳索取心钻具等产品居国内领先水平。中地装集团有20多项产品获得国家银质奖，50多个产品获得省部级优质产品奖和科技成果奖，其主导产品在国内地质装备市场占主导地位，直接服务于多项国家重点建设项目。

近年来，中地装集团积极拓展新的经营领域，实施“走出去”战略，充分发挥企业自身在行业内优势，延伸产业链，拓展工程承包和贸易业务，构建外贸经营平台。中地装集团先后成功承担了50多项国家技术创新项目和重点新产品开发项目，有多项产品运用于国家重点建设项目，取得了良好的经济和社会效益。

中地装集团拥有地质装备行业唯一一家“国家认定企业技术中心”，建有我国唯一的、并具国际先进水平的超低磁实验室和电子测试实验室，担负关键技术装备的研究、开发、试验工作。中地装集团有5家下属企业获得省级科技创新企业称号。中地装集团与国家自然资源部、中国地质调查局，以及一些大专院校、科研院所保持长期紧密的合作关系，在产品发展方向和技术创新等方面，得到了他们的大力支持和具体指导。

中地装集团牵头申报的“深部地质矿产勘查产业技术创新战略联盟”被国家科技部列入第三批联盟试点单位，以提升勘查技术和装备的国产化水平。中地装集团作为联盟理事长单位，对外承担主体责任。中地装集团是第一批由国家23个部委联合认定的国家级工程实践教育中心，是中国矿业联合会地质与矿山装备分会的理事长单位。

中地装集团总部现设有11个职能部门，9家下属全资子企业分别是：中地装（北京）科学技术研究院有限公司（简称中研院）、中地装张家口探矿机械有限公司（简称张探公司）、衡阳中地装备探矿工程机械有限公司（简称衡探公司）、中地装重庆探矿机械有限公司（简称重探公司）、中地装（北京）地质仪器有限公司（简称北仪公司）、中地装重庆地质仪器有限公司（简称重仪公司）、中地装（无锡）钻探工具有限公司（简称无锡公司）、北京海光仪器有限公司（简称海光公司）、北京奥地探测仪器有限公司（简称奥地公司）。拥有 1 家全资机构——衡阳工业职工大学（简称衡阳职大）、1 家控股公司——中地装重庆地质装备有限公司（简称重庆地装）、1 家参股子公司——派力工程有限公司（简称派力公司）。

【经营业绩】

2020 年度中地装集团实现主营业务收入 57 670.86 万元，比上年增加 158.58 万元，增幅为 0.28%；其他业务收入 4 141.52 万元，比上年增加 472.61 万元，增幅为 12.88%。

2020 年度中地装集团营业总成本为 62 179.18 万元，比上年下降 820.11 万元，降幅为 1.30%。其中，营业成本 38 182.06 万元；期间费用 22 622.09 万元；税金及附加 1 375.03 万元。成本费用总额占营业收入比为 100.59%。2020 年中地装集团主要经济指标完成情况见表 1。

表 1　2020 年中地装集团主要经济指标完成情况

指标名称	2019 年	2020 年	同比增长（%）
资产总额（万元）	163 551.91	176 749.56	8.07
净资产（万元）	64 078.25	66 197.92	3.31
营业收入（万元）	6 1181.20	61 812.38	1.03
利润总额（万元）	2 401.50	7 337.99	205.56
技术开发投入（万元）	4 014.94	4 394.01	9.44
利税总额（万元）	7 961.46	16 529.03	107.61
EVA 值（万元）	2 205.83	2 550.52	15.63
全员劳动生产率〔万元 /（人 • 年）〕	16.11	15.82	-1.80
净资产收益率（%）	3.29	3.79	增长 0.50 个百分点
总资产报酬率（%）	1.99	4.60	增长 2.61 个百分点
国有资产保值增值率（%）	103.68	103.96	增长 0.28 个百分点

【重大决策与重大项目】

1. 土地盘活工作　张探公司老厂土地盘活进入收尾，衡探公司完成二环东路土地盘活项目；重探公司老厂土地调整规划方案获批，与合作方加快推进开发；重仪公司处置老厂区土地及地上建筑物方案得到国机集团批复，土地盘活和棚改项目取得实质性进展。

2. 新园区建设工作　张家口和重庆 2 个地质装备产业园建成收尾，张探公司、重探公司、重仪公司和重庆地装搬迁入园。

【市场营销】

1. 积极抓市场、稳经营、保增收　各级企业认真贯彻落实党中央和国机集团有关要求，着眼化危为机，注重统筹协调，持续加强市场跟踪，积极与用户沟通，市场开拓工作取得较好成效。海光公司全年完成 1 455 台产品销售合同，合同金额共 1.4 亿元，同比增长 4%。衡探公司持续拓展高山送水、矿山排渣等新领域，抓好非开挖配套泥浆泵销售工作，货款回笼 95% 以上。中研院对市场需求快速反应，全年参与 10 个项目投标，中标 5 个项目，开拓了河南、新疆等市场，推动多功能钻机、车载钻机、便携式钻机的销售。张探公司主攻细分市场，履行合同 11 项，合同金额总计 3 134 万元，全部按期供货、实现收入。奥地公司实行弹性工作制，赶急件、抢任务，按计划完成中国地震局 DI 磁力仪订单。北仪公司积极应对疫情影响，狠抓合同执行，努力做到应收尽收，合同款收缴率达到92.5%，新签合同综合增长率达10.2%。贸易与工程事业部中标中海油服6 000t生物柴油项目，合同金额4 825万元。通过加强与国内公司合作，拓宽国外贸易市场，实现营业收入4 800万元。

2. 积极培育新的经济增长点 扩大分析仪器新产品增量，拓展物探仪器发展空间，培育钻探装备新的增长点，促进了环保装备业务发展。海光公司连续13年荣获“科学仪器行业领军企业”荣誉称号和2020年度“朱良漪分析仪器创新成果奖”。石墨炉、测汞仪、流动分析仪、快速溶剂萃取仪、HGF-V系列高端原子荧光等新产品年度销售4 690万元，同比增长2倍。重仪公司OBS、OBN海洋仪器持续发展，EPS一体化数字地震仪荣获重庆市重大新产品认定。其研制开发的万元级以下一体化地震仪及手机操作系统，满足了低端产品市场和野外使用需求。奥地公司优化改进了电子重力仪、绝对重力仪、磁通门磁力仪、质子磁力仪等产品技术，同时，磁法仪器在地震局系统取得突破。衡探公司围绕非开挖施工岩石钻进、油气管道铺设等施工工艺要求，研制推出新型泥浆泵，保持了行业领先地位，获评湖南省“小巨人”企业。中研院、张探公司盯住核工业系统的市场需求，共同推进“北方砂岩性铀矿探采专用装备”的研发应用。重探公司简化产品系列，突出锚固钻机、工程钻机系列，积极向基建、环境治理及小型水电市场推进成果转化。无锡公司加强煤田定向钻进市场开拓，全面梳理产品生产成本，平均毛利润提升20%以上。重庆地装开展了污水脱氮、盐水淡化、多维电解处理设备、叠螺式格栅机等项目试验，获得4项新型专利授权，进一步拓展了环保业务。

【科技创新】

1. 科技项目有序实施，取得较好成效 深地资源勘查开采专项“5 000m地质岩心钻机关键技术与装备研制”“智能重力与磁法测量系统研发”“地面多功能电磁探测系统产品化研究”项目顺利通过中期检查。海光公司的“通道间干扰和直流漂移自动扣除电路”专利，获得国机集团优秀专利奖三等奖；重仪公司的“大功率时频激电发射机”项目，入选重庆英才项目引进计划。

2. 科技成果创造新纪录，拓展新业务领域 奥地公司的“珠峰号”重力仪助力2020年珠峰高程测量人员成功登顶，助力中国实现人类首次峰顶重力测量。中研院、张探公司联合研制的电动顶驱深孔钻机在我国铀矿资源科学深钻工程项目中，创造了150mm大口径绳索取心的最大钻深纪录，并为国内首座海上自升式勘探试验平台提供配套装备。中研院研制推出的微型履带多功能钻机顺利进入土壤水质调查治理领域。

【改革改制】

协调推进北京地旅压减处置工作，完成重庆九州公司吸收合并，“三供一业”移交、张探厂办大集体改革工作等基本收尾，总部和在京企业退休人员社会化工作取得积极进展。

【主要管理经验】

1. 科学组织筹划，强化改革举措 对接国机集团高质量发展考核指标体系，推进经营改革，调整形成新的考核指标，修订完善了中地装集团领导班子综合考核评价与薪酬管理办法、下属企业负责人薪酬管理办法和业绩考核管理办法等制度。对总部进行了组织结构调整，制定实施了整治总部机关化和对标一流促进管理提升工作方案；对张探公司实行事业部制的内部改革。此外，按计划完成干部人事档案专项审核60%的年度目标，相关企业“处僵治困”、吸收合并、教学管理、退休人员社会化等改革工作取得进展或收尾。

2. 狠抓贯彻落实，强化责任担当 各级企业围绕“两个大局”和“六稳六保”要求，积极化解新冠肺炎疫情对经济形势的影响。着眼服务国家所需和企业自身发展，努力在“专精特新”上下功夫，抓好产品技术研发和业务创新，参与完成珠峰测量、5 000m钻机研发等重大项目任务，受到上级好评和社会赞誉。持续拓展核工业、铀矿、煤炭、环保、土壤治理、海洋勘查、地震监测、军工产品等领域，增强了经营发展的源动力。同时，梳理编制了“十四五”规划基本思路，抓好战略筹划，推进提质增效、亏损治理、质量技术提升等专项行动，取得了阶段性成效。

3. 加强内部管控，强化风险防范 根据部门组织机构变化，及时调整明确相关职能分工，并全面梳理完善管理制度，修订、补充、调整制度37项，做到上下对接，强化了闭环管理。加大信息化建设力度，推进完成覆盖全集团各层级的新OA系统搭建及流程运行工作。围绕保障需求，加强了财务资产管理和全面预算管理，协调做好融资、担保等工作，抓好投资管理，进一步规范了全级次企业投资预算、计划、立项、决策等全流程程序。加强全面风险管控、法律服务和内部审计工作，防范系统性重大风险发生。抓好安全生产和节能环保工作，全年实现无事故、无伤亡，在国机集团考核中连续6年达到A级。

【党的建设】

1. 加强理论武装，提高政治站位，促进知行合一 中地装集团党委始终把增强"四个意识"、坚定"四个自信"、做到"两个维护"作为首要的政治任务，持续推动习近平新时代中国特色社会主义思想往深里走、往心里走、往实里走。一是严格落实党委会"第一议题"制度，及时学习贯彻习近平总书记重要讲话和关于本行业本企业重要指示批示精神。广大党员干部将个人言行同党中央决策部署对标对表，做到了党中央提倡的坚决响应、党中央决定的坚决照办、党中央禁止的坚决杜绝，将"两个维护"体现在第一时间学习部署上，体现在第一时间落地见效上。二是把习近平新时代中国特色社会主义思想，党的十九届三中、四中、五中全会精神和《习近平谈治国理政》第三卷等内容作为政治理论学习的重点，不断创新学习方式，充分激发广大党员干部学习的积极性。三是严格落实党委理论学习中心组学习制度，全年累计组织党委理论学习中心组学习6次。同时，运用理论成果开展研讨，推进党建与经营两融合两促进，实现了思想教育有提升联系实际有收获。四是扎实推进党员学习教育全覆盖，强化"学习强国"学习平台运用，强化学习自觉，引导全体党员适应新时代、新形势，贯彻新任务、新要求。全年累计组织党员学习党的十九届四中全会、五中全会精神辅导报告会共12场次。

2. 扎实推进"党建巩固深化年"专项行动 开展"党建巩固深化年"专项行动工作部署，提出5项重点任务，明确5项工作措施。一是制定贯彻落实《中国共产党国有企业基层组织工作条例（试行）》实施方案，对存在的问题明确整改措施、责任分工及整改完成时限。以消除"党建盲点"为重点，完成对各级企业党员分布、党组织覆盖、党组织功能作用等方面的全面梳理，对发现的问题提出明确的整改措施。二是开展解放思想大讨论，组织"育新机、开新局"专题研讨、科技报告会5场次，统一思想，凝聚共识，明确"十四五"战略规划思路。三是加强"三基建设"，持续推进基层党支部标准化、规范化建设，推动党的组织和工作全覆盖、无盲区。完成7家单位的党组织换届改选，按期换届完成率100%。四是抓好"巩固深化'不忘初心、牢记使命'主题教育成果意见"学习贯彻，落实工作要求。

3. 坚持党管干部原则，加强干部人才队伍建设 坚持党管干部原则，公平公正选拔任用干部，加大力度推进干部年轻化。着力加强干部能力素质培养，完善管理体制和干部人才激励机制，不断激发广大干部员工干事创业积极性。一是加强干部交流工作。制定干部交流管理办法，加强干部多岗位锻炼培养，全年累计调整、交流干部共计17人次。二是持续推进优秀年轻干部发现培养选拔工作。制定中地装集团"青年干部""青年高潜"人才选拔管理办法，共有52人入选国机集团及中地装集团"青年干部""青年高潜"人才库。三是突出"强激励、硬约束"的指挥棒作用，修订完善《领导班子综合考核评价与薪酬管理办法》《下属企业负责人薪酬管理办法》。四是开展人才队伍建设工作调研，形成职工队伍建设工作指导意见。同时，充分利用各类培训资源，组织1 096人次参加相关业务提升培训。

4. 严格落实党风廉政建设和反腐败工作 以党的政治建设为统领，落实新时代党的建设总要求，坚决扛起全面从严治党主体责任，着力推进全面从严治党向纵深发展。党委定期听取纪委工作汇报，专题研究党风廉政建设和反腐败工作，把管好班子、带好队伍、抓好落实作为首要职责，党委书记坚持重要工作亲自部署、重大问题亲自过问、重点环节亲自协调，以负首责、负主责、负全责的政治自觉发挥表率引领作用。党委领导班子成员自觉履行“一岗双责”，注重加强对分管部门和所联系单位的监督管理，定期与相关成员谈心谈话，发现苗头性、倾向性问题及时提醒纠正，做到了守土有责、守土负责、守土尽责。全年签订“党风廉政建设责任书”和“廉洁承诺书”47份。开展43次廉洁教育活动。运用“四种形态”抓好执纪监督。对3家下属企业开展巡察工作，跟踪督导抓好问题整改。

5. 持续推动党建与中心工作深度融合 持续贯彻落实全国国有企业党建工作会议精神。坚持围绕中心抓党建、抓好党建促发展，充分发挥党委“把方向、管大局、促落实”的作用。2020年，党委会前置研究77项“三重一大”议题，确保企业规范有序、健康平稳运行。一是统筹抓好新冠肺炎疫情防控和复工复产，扎实做好“六稳”工作，全面落实“六保”任务，统筹抓好疫情防控和复工复产工作，实现疫情防控“零”报告。紧紧围绕目标任务，群策群力，共克时艰，超额完成国机集团下达的经营任务指标。在资产负债率和“两金”管理方面实现有效压控，做到了整体风险可控。二是构建“463”党建工作体系。研究并提出5 000m智能地质钻探技术装备研发及应用示范、甘肃粮油系统测汞仪改进生产、珠峰号高精度重力测量仪研制、潜标耐压及甲板单元模块攻关4个党建重点项目，形成“党委统、支部抓、党员带”三级闭合联动、共同发力的工作格局，用党建“软实力”助推生产经营“硬发展”。

6. 发挥党建引领作用，积极做好新闻宣传、群团工作 一是严格落实意识形态工作责任制，定期研究意识形态工作，制定宣传工作要点，做好日常新闻信息的收集、整理、审核及发布，2020年在内外网发布新闻100余条、出版12期中地装集团报，牢牢掌控意识形态领域主动权。二是积极做好走访慰问和扶贫工作。2020年开展走访慰问困难职工、党员39人次。落实山西省运城市平陆县扶贫项目支持资金及消费扶贫共计40万元。海光公司向平陆县疾控中心捐赠原子荧光分析仪1台，为该县疫情防控、饮水安全提供保障。三是积极开展共青团工作。开展“绽放战疫青春·坚定制度自信”教育实践及青年联谊活动。组织参加“振兴杯”全国青年职业技能大赛，获得国机集团初赛一等奖。

中国机械工业建设集团有限公司

【基本概况】

中国机械工业建设集团有限公司（简称中机建设、SINOCONST）前身是始建于1953年的中国机械工业建设总公司，为我国成立最早的大型国有施工企业之一。公司注册资金6.7亿元。具备住建部批准的工程施工总承包特级资质、建筑行业设计甲级资质、商务部批准的对外经营权和AAA级资信等级。通过了ISO9001质量管理体系、ISO14001环境管理体系和GB/T28001职业健康安全管理体系审核认证。公司现有15个全资子公司、3个工程公司、26个分公司、8个参股公司和1所国家示范性技师学院。公司现有员工1万余人，其中各类专业技术人员3 000多人。

中机建设与国内外的科研院所、知名企业和金融机构建立了全方位、深层次的战略合作关系，以市场为导向，以创新为动力，着力提升市场营销、项目管理、技术工程和资本运营四个能力，重点打造机电工程、电力工程、矿产冶炼工程、化工石油工程、公共与民用建筑和基础设施工程六大业务板块，主要经济技术指标连续多年保持快速增长。

【主要指标】

2020 年，中机建设成本费用占营业收入比重为 98.38%；实现进出口总额 3 609.67 万美元，合同成交额 120.07 亿元。2020 年中机建设主要经济指标完成情况见表 1。

表 1　2020 年中机建设主要经济指标完成情况

指标名称	2019 年	2020 年	同比增长（%）
资产总额（万元）	661 231.76	707 440.34	6.99
净资产（万元）	113 151.82	117 640.45	3.97
营业收入（万元）	721 404.38	950 921.73	31.82
利润总额（万元）	12 163.84	12 683.52	4.27
技术开发投入（万元）	10 524.48	15 873.67	50.83
利税总额（万元）	26 028.59	30 452.81	17.00
EVA 值（万元）	4 932.65	13 392.72	171.51
全员劳动生产率〔万元 /（人 • 年）〕	14.59	9.98	-31.61
净资产收益率（%）	9.50	11.31	增长 1.81 个百分点
总资产报酬率（%）	3.33	3.44	增长 0.11 个百分点
国有资产保值增值率（%）	109.65	104.41	下降 5.24 个百分点

截至 2020 年年底，全系统在建项目 860 项，实现企业总产值 107.83 亿元，其中，境内项目实现产值占 82.89%，境外项目实现产值占 17.11%，整体进展情况良好。完工项目获得业主好评。

【生产经营】

1. 集约经营深入发展　中机建设下达“母公司营收”战略考核指标，各下属单位积极使用中机建设经营资源开展市场营销，集约经营的理念进一步深入人心。2020 年中机建设立项金额 2 717 亿元，中机二建、中国三安、中机四建立项金额同比增幅均超过 300%。2020 年中机建设资源新签合同 68.86 亿元，实现营业收入 50.73 亿元。

2. 区域经营持续巩固　中机建设紧跟国家重大区域战略，加大重点区域经营布局，2020 年设立了惠州分公司、上海分公司。明确广州分公司、山东分公司的区域经营考核机制，确定北京分公司、雄安办事处托管单位，压实区域经营责任。各下属单位紧抓国内市场机遇，深入挖掘区域内的优质资源，加大市场营销力度，国内新签合同比重显著提高，各重点区域经营成果突出。

3. 板块转型扎实推进　各下属单位认真践行集团板块转型战略，持续巩固工业工程传统板块，重点发展公共与民用建筑、市政公用板块，积极探索新兴业务板块，有的放矢地实施板块转型。全年工业工程板块签约额为 53.44 亿元，公共与民用建设板块签约额为 40.26 亿元，市政公用板块签约额为 37.26 亿元。

工业工程板块：各下属单位紧盯行业动态，积极维护新老客户，中机四建深耕潍柴集团，中国三安巩固沙钢运维，中机一建继续与恒力石化合作，中机二建开发了威盛上华新客户，中机建设总部深化与中信建设白俄区域合作，在机电、石化、冶炼等行业领域不断强化优势业务。

公用与民用建筑工程板块：各下属单位狠抓区域建设机遇，承接了齐河梦溪园、德州陵城润德公馆、深圳海心小学幼儿园、唐山廉政宣教中心、湛江市文化中心等项目，为板块发展打下良好基础。

市政公用工程板块：各下属单位在水务环保方面持续发力，承接了宜昌花艳、雅安名山、蚌埠沫河、烟台水厂、广汉污水等一大批项目。中机五建在垃圾焚烧领域持续探索，获得海创广西平果项目。中机四建在水环境综合治理领域实现突破，签约光山豫资项目。广州分公司、山东分公司陆续承接惠州、衢州市政道路项目，为市政市场拓展积累了经验。

新兴业务领域：各下属单位紧抓新冠肺炎疫情后医药行业的投资机遇，取得较好的经营成效。中机建设总部签订重庆中药研究院、武汉生物研究所细菌类疫苗标准化厂房、天府生物城成都蓉生药业重组凝血因子生产车间等项目；中机澳门签订离岛医疗综合体项目；中机二建签订达诚佳禾中药产业园工程项目，为国家医疗体系建设贡献了企业力量。

4. 业态转型稳中求进 中机建设以新基建为主导，设立投融资中心，协助各单位进行投融资项目信息筛选，并提供有关项目解决方案，发挥投融建业务引领作用。中机建设抓住国机工程集团创立机遇，紧跟国家区域发展战略，充分发挥国机集团整体优势，大胆探索和尝试工程承包新业态、新模式，以国机集团名义成功签约惠州湾产业新城合作建设框架协议，为中机建设发展增添了新的经济增长极。“投融建营”一体化的业态转型呈现新成效。安徽大观海绵街区项目积极探索财务金融创新，顺利完成贷款置换，贷款利率降低 15% ～ 20%，节约财务费用 2 575 万元，为提升“投融建营”一体化项目盈利能力创造了良好的条件。加强“投融建”项目的动态监控与考核评价，统筹项目各阶段、全要素、全过程的风险防控，下大功夫推进“投融建”项目的融资交割工作。2020 年安徽安庆停车场、河南安阳内黄文化体育图书馆以及第一高级中学等 3 个项目融资贷款协议正式签订。顺应国内工程总承包业务发展，积极承接 EPC 工程总承包项目，进一步推进业态转型。全年累计签订 EPC 工程总承包合同 21.53 亿元，为企业业务升级提供了良好支撑。

【企业深化改革】

1. 推进项目执行模式转型 一是组织解放思想大讨论，中机建设党委组织开展“项目执行模式转型，我们怎么干”的解放思想大讨论活动，形成了“要想实现长期可持续的高质量发展，必须坚定不移地推动项目执行模式转型”的共识。二是制定配套的政策机制，为使解放思想大讨论成果落地生根，制定了在建项目部二次开发、滚动开发奖励办法；修订项目执行考核管理办法，明晰项目团队地权责利，从机制上激发项目经理部微观主体活力。三是组织先行先试，中机建设总部以武汉生物所标准厂房项目作为先行先试项目，采取一系列改革措施，确保落实深化改革方案要求。四是构建保障措施，集团以提升全系统采购管理工作水平为主线，推动重点区域、重点材料的规模集中采购，在山东片区试点钢筋年度集中采购，取得良好效果。

2. 优化选人用人机制 一是健全选人用人制度体系，印发《中机建设人才引进办法》；修订干部管理、薪酬考核管理等规章制度 16 项，进一步完善了“1+N”选人用人制度体系。二是优化用人机制，积极探索和尝试聘用高管人员采取“党管干部”与“市场化竞争”有效结合的方式，面向社会公开招聘下属单位财务总监。三是加大引才引智工作力度，加强业务核心骨干社会招聘，逐步建立健全适应市场化机制的薪资体系，进一步改善人员结构，妥善缓解工资总额问题。四是组织青年干部集中培训，在组织机构调整和干部选拔任用中，增强干部职工横向交流力度，增加职工多岗位历练经历，强化人才培养。五是持续加强人才评审申报，以人岗匹配、人事相宜为目的，激发企业内生活力。

3. 完善高质量考核体系 进一步完善经营考核激励约束机制，建立系统、科学的绩效考核体系，修订印发下属单位和业务机构的经营业绩考核管理办法，发布“2020 年‘双过半’激励方案”；完善企业“两利三率”考核体系，新增“营业收入利润率”“全员劳动生产率”“带息负债率”等指标；通过层层分解考核指标，引导下属单位注重结构调整、精益管理，实现各层级的业务支撑和协同；建立经营业绩跟踪管理机制，形成企业高质量发展的考评指标体系。

4. 主动实施财务转型 中机建设加强财务深化改革，以服务业务为目标积极实施财务转型。一是发挥央企资信优势，深化银企合作，加大与国有“四大行”、政策性银行的合作力度，继续扩大在中国进出口银行、中国建设银行的授信额度。二是继续改革资金支付方式，运用多种金融工具进行分供款支付，减少资金占用，降低财务费用。三是构建公司资金池，进一步体现资金市场价值，优化资金配置，助力企业转型发展。四是降低下属单位使用公司资金成本，优化内部借款结构调整，变“被迫”为“主动”，更大力度地支持优质业务发展，降低资金风险和担保风险。

5. 积极构建大监督体系 一是以“大监督”格局为引领，统筹协调内部监督资源，推进各层级监督的深度融合，建立目标统一、权责明确、上下联动、协调贯通的监督体系，全面提升监督工作的针对性、及时性和有效性。二是成立审计中心，深化改革审计管理体制。以全系统在岗审计人员为基础，从技术、工程、法律、财务专业领域选取符合要求人员纳入审计中心，形成内部审计对工程、技术、法律等专业事项的审计能力，推动审计全覆盖。三是组织专项巡察，组建巡察工作组，将“三重一大”事项管理、干部人事工作、财经纪律等作为内部巡察重点，排查问题隐患、堵住风险漏洞，强化对权力运行的监督和制约，为企业高质量发展提供强有力的政治保障。

【科技创新】

1. 持续强化工程设计能力 加大对工程研究设计院的培育，调整组织机构，加强设计专业人员引进，以工程项目为载体，加大系统内外技术资源的集成与整合，提供对工程总包和 EPC 项目的技术支撑与设计优化，打造中机建设工程设计能力，为板块转型和链位转型提供支撑。公司印发《工程设计研究院专业工程工作室管理办法》，鼓励工程研究设计院为各下属单位、业务机构提供设计咨询服务。工程研究设计院年内以公司设计资质承接安庆市市区公共停车场 PPP 项目、某装备车库项目、内蒙古优然牧业牧场项目的设计任务，优化设计和施工组织方案，配合合肥工大工程训练中心、东电阳江等项目投标，协助“投融建”项目投资、盈利水平测算，积极服务市场开发。参与项目重要技术方案的审查，为项目执行提供技术保障。编制印发《设计工作管理实施细则》《设计与开发管理制度》《工程设计研究设计院图纸图框标准规则》文件，规范设计工作标准，进一步提高设计支撑业务能力。

2. 深入推广建筑信息模型（BIM）技术应用 中机建设深入开展 BIM 技术应用。完成武汉生物所厂房项目的全部建筑结构模型和部分机电管综模型的搭建应用，以及合肥工业大学工程训练中心、内黄县文化体育图书馆项目、东电阳江厂房建设项目的建筑模型搭建。总部完善 BIM 中心的建设，加快 BIM 专业人员的培养，建立系统内 BIM 技术人员信息档案，编制发布《建筑信息模型（BIM）命名规则标准》《BIM 团队建设与机制改革实施策划书》等规范性文件；组织各单位参加国机集团首届 BIM 技能大赛，荣获机电组“一等奖”、土建组“三等奖”；中国三安参加中国建筑业协会第五届中国建设工程 BIM 大赛，其西安胜利饭店改造项目获三等奖，进一步推进中机建设全系统 BIM 技术应用的广度、深度和水平。

3. 不断加强创优与技术创新 不断推进技术创新，以项目科研活动引领中机建设技术研发，修订《中机建设技术工程深化改革方案》《科技活动项目（课题）管理办法》《科技活动经费核算管理办法》和《技术专家管理办法（试行）》，开展“科技活动项目（课题）实施”视频培训，编制和发布企业级工法 15 项，推动四新技术和自主技术创新在各个重点工程项目上的应用。

积极开展项目技术和质量创优，获得省部级科技奖 5 项，其中，广州分公司承建的广州市萝岗区 KXC-P4-4 地块线坑村改造项目荣获“第十二届广东省土木工程詹天佑故乡杯”奖；中机二建承建的“玻利维亚圣布埃纳文图拉糖厂项目”获得“国机质量奖”；中机工程承建的“宁波金海晨光化学股份有限公司 5 万 t/a 弹性体项目安装工程”和中国三安承建的“烟台万华 PO/AE 一体化项目 12 万 t/a 聚醚多元醇装置（硬泡）建设工程”荣获“2019—2020 年度中国安装工程优质奖（中国安装之星）”；中机二建承建的深圳光明新区文化艺术中心项目通过“中国建筑工程钢结构金奖”现场核查，为鲁班奖的申报打下了坚实基础；中机钢构承建的西藏自治区自然科学博物馆第一标段项目”等 4 个项目荣获省部级优质工程奖。中机四建郑州汽车工业厂房建造技术工程研究中心获得郑州市认证批准。

【主要管理经验】

1. 对标一流谋划战略思路 根据国务院国资委“开展对标世界一流管理提升行动”的要求，组织专项研究和学习，认真思考主业定位与战略目标，仔细研究深化改革、科技创新、数字化转型、布局优化与结构调整等问题。积极对接国家“十四五”经济社会发展规划，全面贯彻新发展理念，主动融入以国内大循环为主体、国内国际双循环相互促进的新发展格局，精心谋划中机建设“五五”战略规划，组建战略规划编制领导小组，做好长远发展的顶层设计，形成战略规划总体思路，推动中机建设高质量发展。

2. 加快推进信息化建设 积极实施信息化建设，重点围绕信息集成门户的搭建、各业务模块的协同以及实现业务财务一体化、数据标准化、信息流动共享、精细管理落地等方面，打通各部门之间“数据墙”。实现投标、合同、项目管理、财务管控、线上制度模块等功能在门户系统的集成应用。新 OA 系统、新财务系统的开发满足了 PC 端、移动端一体化要求，实现随时随地办公。

公司以信息化为手段，持续深化财务管理，进一步打通项目费用支出、收入与项目管理模块的核心数据，融合项目管控需求，制定业财信息化模块建设计划和实施方案，积极推动构建项目管理全过程财务信息管控系统。初步构建项目类 13 项财务管理流程。

进一步提升采购电子商务平台功能的流程化、阳光化、信息化、专业化，完成分包服务采购管理模块的开发，实现各类采购方式全覆盖、电子化招标采购全覆盖，缩短采购周期，实现降本增效。

3. 强化资金资产管控 一是强化资金管控，提升资金效益。持续深入推进内部资金集中管理，定期分析通报资金集中管理工作推进情况，确保实现中机建设资金管理目标。超额完成年度银行账户销户目标。落实降杠杆减负债工作要求，平衡短期生产经营需要和融资限额，合理控制带息负债规模，将带息负债成本降至最低。二是在加强资金要素的降本增效方面，积极推动与中国进出口银行的合作，洽谈取得银行 3 亿元低利率贷款的方案，估计贷款利率可低至年化 3.5%，每年可节约财务费用 100 多万元。三是盘活存量资产，提高资产营运效益。修订印发《资产处置管理办法》；针对“低效无效资产或满五年不分红”情形的 4 家参股企业明确了退出方案和时间表；完成中机二建厂办大集体改制工作，对于维护职工稳定、盘活存量资产、解决历史问题有着重要意义；顺利完成中机建设总部、中机一建、中机工程、中机四建、德阳学院的“三供一业”移交改制工作。

4. 加强项目过程管控 公司全面加强项目过程管控。一是继续完善项目体系建设，推进项目模块化、程序化、合规化管理。编制发布项目管理手册，全方位指导项目策划、组织、实施、控制和协调，实现高效率项目管理。编制《中机建设采购合同示范文本汇编》，涵盖工程类、服务类、物资类采购，实现采购合同的规范化、制度化。印发分供商管理办法，以量化动态考核的方式，管理分供商，为打造中机建设分供供应链奠定了坚实基础。二是加强项目策划，更新“项目实施计划书”模板，提高项目执行的计划性，查漏补缺，实现公司签约项目实施计划书的全部签署，以高标准策划促进项目执行模式转型。三是强化项目执行监管的全覆盖，加强项目月报审查，开展重点项目季度分析，对重点项目成本进行动态审核及纠偏，掌握项目执行状态，分析发展态势，及时发现问题，提前预警，配合并监督责任单位采取有效措施。

5. 提供经营资源的效率和价值 一是组织工程业绩补录及归档专项工作，完成近 10 年 580 项工程业绩的信息录入，完善和维护工程业绩资源库，建设与运行工程业绩查询模块，实现项目信息自动集成，构建工程业绩信息的共享平台。二是加强注册人员社会招聘，加大取证激励力度，增加稀缺专业持证人员数量，为经营生产提供人力资源保障。持续完善和加强公司执业人员、专业岗位人员证件信息及使用管理，动态监控人员证件的用途、期限，实时更新借用信息，及时催收和解锁人员证件。三是加强军民融合准入工作，获得部队后勤保障部、火箭军、海军等合格供应商资格，为军民融合业务开展打好基础。四是实施区域信用分值提升计划，进一步组织重点区域市场信用分值调查、方案制定与改进落实。北京市住房和城乡建设委员会信用评分得到大幅提升，评分为 87.5 分。

6. 持续提升品牌形象 一是推动国机集团品牌一体化向纵深覆盖，通过提高企业文化视觉传达效果，统一企业 LOGO 在各类文件中的应用，加强品牌管理；颁布《临建设施标准化手册》，推行国机集团品牌在项目临建标识的应用。二是加强企业文化建设，充分发挥“一报一网一系统”的主阵地、主渠道、主平台、主窗口作用，挖掘在经营发展、疫情防控、脱贫攻坚等工作中的先进典型事迹，讲好中机建设故事，汇聚奋勇当先、努力拼搏的源动力。三是组织 AAA 信用评价，2020 年成功获得中国施工企业管理协会和北京市建筑业联合会 AAA 信用等级认定。四是积极开展与地方政府的高层对接，加强企业宣传，持续打造企业品牌形象。

【党建工作】

加强政治建设，将学习贯彻习近平总书记重要讲话精神和关于本行业本企业重要指示批示精神作为党委会议“第一议题”，将践行“两个维护”体现在推动高质量发展的具体举措中。建立“不忘初心、牢记使命”长效机制，扎实开展“党建巩固深化年”专项行动，不断提升基层党组织政治功能和政治组织力。加强思想建设，深化党委理论学习中心组学习，凝聚推动企业改革发展强大思想力量。完善意识形态工作制度，加大宣传阵地管理力度。加强干部队伍建设，深入开展干部交流，积极发现、培养、选用优秀年轻干部。加强党风廉政建设和反腐败工作，持续深化政治巡察。坚持党的建设与中心工作深度融合。党委主抓全面深化改革，围绕改革发展的难点重点，确定年度党建重点项目并扎实推进完成。

【社会责任】

1. 产业扶贫 中机建设总部向国机集团定点扶贫的四川省广元市朝天区投资 183 万元，为鱼洞乡东沟村打造前胡（中草药）种植产业园及修建通组路等；中国三安共投入帮扶资金 53 万余元，兴建中药材“天麻”加工厂发展村级集体经济；中机一建共投入帮扶资金 23 万余元，解决四川省德阳市中江县辑庆镇柳河村、永丰乡柏杨村贫困问题。

2. 扶智扶贫 一是职业教育扶贫。德阳安装技师学院组织完成国机集团对口帮扶的四川省广元市朝天区 186 名贫困生参加全日制职业教育。学院深入朝天区 25 个乡镇的 64 个贫困村调查摸底，走访开展集中教育扶贫政策宣讲 104 次，有适龄子女的建档立卡贫困户家庭 216 户。完成阿坝州藏区“9+3”免费职业教育 767 人，就业率 100%；完成“三免三定”，连续 3 年承担德阳市职教扶贫，德阳辖区建档立卡贫困户子女 153 人；完成校企合作扶贫；助推甘肃省贫困地区学生 326 人到院学习技能，通过校企合作开展订单式培养；学院对四川省凉山彝族自治州和甘孜藏族自治州地区贫困山区少数民族 1 750 人开展免费职业教育；完成西藏民族地区职教帮扶，与西藏那曲职业学校、西藏技师学院联合培养贫困学生 352 人。二是短期培训扶贫。开展朝天区创业就业培训，累计在 24 个乡镇开展短期技能培训 25 期，共培训 1 442 人。

3. 消费扶贫 全系统各级党组织主动与存在农产品滞销情况的贫困地区对接联系，积极采购滞销农产品。2019 年以来，累计购买国机集团 4 个定点扶贫县农产品 78 万余元，非定点扶贫地区消费扶贫资金 38 万余元。

4. 落实国机集团定点扶贫专项巡视整改 针对巡视发现的问题立行立改，印发《关于进一步加强定点扶贫资金管理的通知》，开展教育扶贫项目专项审计，切实落实整改工作。

中国自控系统工程有限公司

【基本概况】

中国自控系统工程有限公司（简称中国自控）前身是成立于1980年的原国家机械工业部直属的中国自动化控制系统总公司，现隶属于国务院国有资产监督管理委员会管理的中国机械工业集团有限公司，是以工程承包为核心业务，集贸易、研发以及技术服务为一体的国有独资公司。成立以来，完成工程承包、设备成套、进出口贸易、软件开发、技术服务等国内外项目数千余项，市场遍及亚洲、非洲、美洲等100多个国家和地区；业务范围涵盖输变电工程、新能源与环境工程、自动化工程、智能建筑工程、安防工程及信息系统集成等，业务领域涉及交通、石化、建材、电力、市政、信息处理与应用、智能制造和智慧行业。曾多次荣获国家及省市级各类奖项。

【主要指标】

2020年中国自控主要经济指标完成情况见表1。

表1　2020年中国自控主要经济指标完成情况

指标名称	2019年	2020年	同比增长（%）
资产总额（万元）	81 568.41	58 010.20	-28.88
净资产（万元）	21 994.98	19 305.84	-12.23
营业收入（万元）	57 849.31	44 693.96	-22.74
利润总额（万元）	1 010.75	-3 411.58	-437.53
技术开发投入（万元）	370.23	118.96	-67.87
利税总额（万元）	1 356.13	-3 166.65	-333.51
EVA值（万元）	-611.32	-3 932.90	543.35
全员劳动生产率〔万元/（人·年）〕	12.29	11.41	-7.16
净资产收益率（%）	3.22	-10.85	下降14.07个百分点
总资产报酬率（%）	1.83	-4.11	下降5.94个百分点
国有资产保值增值率（%）	103.08	88.34	下降14.74个百分点

【改革改制】

1.持续推进降本增效　加强全面预算管理，提升预算管理效力，充分发挥财务的监督职能，持续加大一般性管理费用和非经营性开支的压降力度。不断提升精细化管理水平，强化全员、全要素、全过程成本管控。深挖“两金”潜力，加大存量应收账款催收力度，严控新增应收账款规模，减少不良“两金”和减值损失，降低资金占压成本。

严格控制人工成本，执行经营效益和薪酬联动机制，确保人工成本增长与效益增长相匹配。强化成本费用管控，加大管理费压减力度，做到成本费用增幅低于营业收入增幅。持续优化资产和业务结构，推进长期没有回报的股权投资清理，提高经营效益和运营质量，有效应对当前经济形势的严峻挑战。

2.提高债务风险防控能力　加强债务动态监测，高度重视资金链安全，保持现金流充裕，提升偿债能力。采取有效措施，降低带息负债规模，努力完成“降杠杆减负债”目标。2020年年末，公司资产负债率为67.1%，较上年末降低5.9个百分点，超额完成国机集团下达的管控目标。

3.贯彻落实《国企改革三年行动方案（2020—2022年）》 全面贯彻落实上级决策部署，为推进建立国有企业改革“1+N”政策体系，中国自控成立改革三年行动领导小组，统筹解决方案实施过程中出现的重大问题，督导推进改革工作落实落地。共制订完善“三重一大”决策事项清单、健全下属企业董事会（监事会）相关制度、进一步明确公司主责主业和发展目标、推进混合所有制改革等50余项重点任务举措。同时，建立定期汇报工作机制，结合中层干部例会和月报机制，改革三年行动领导小组每月听取整体改革工作推进情况，协调解决改革中的重大问题，安排部署下一步工作，力争2022年12月底之前全面落实改革三年行动方案。强化日常监督考核，将各项改革工作纳入职能部门绩效考核，加强监管，狠抓落实。

4.企业内部全面深化改革 中国自控计划对属于退出类的8家参股公司进行股权清理，在保障公司利益的前提下，严格按照国有资产的转让程序推进。同时，计划对下属企业进行混合所有制改革，积极开展市场调研，结合公司业务发展及细分行业优势，与有意向的产业链内的企业进行洽谈摸底，积极引入外部股东，扩大企业资本。

5.违规经营投资责任追究制度建立实施 为加强和规范公司违规经营投资责任追究工作，落实国有资产保值增值，防止国有资产流失，中国自控修订《违规经营投资责任追究实施办法》，建立违规经营投资责任追究工作领导小组并下设办公室，由总经理担任领导小组组长，对公司开展违规经营投资责任追究工作进行部署，相关部门负责人担任小组成员履行具体职责，审计法律部作为归口管理部门，严控违规事项发生，强化企业经营合规性。

【重大决策与重大项目】

1.淄博市中心医院西院区智能化项目竣工验收 中国自控承建的淄博市中心医院西院区智能化项目顺利通过业主验收，在智能化医院领域再添佳绩。

该项目建筑面积为23万m^2，公司负责其智能化系统建设，运用技术创新，使其具备诸多亮点。例如，采用具备集中管理和远程启停设计功能，实现不同区域、不同场景设置的智能照明系统，以及为医院后勤部门提供具备异常报警功能的数据分析窗口，便于其快速响应和处理的能耗监测系统等。这些新技术的应用使得院区更加智能化、便捷化，同时也能满足节能降耗的环保要求。

2.中国航油管控系统标准化统一平台建设工程正式启动 中国自控承建的中国航油管控系统标准化统一平台建设工程于年内有序推进。该工程以“硬件统一配置、功能统一规划、操作统一界面”为总体建设目标，以“数据标准化、程序组件化、界面模型化”为实施思路，从全过程智能化控制和全方位信息化管理角度，实现对油库自控系统和安防系统的完全集成。建成后，该工程能够解决各机场油库建设标准不统一的问题，同时有助于降低油库工程自控及通信部分信息化系统建设成本，确保航油生产安全、高效，为后续的统一运维奠定基础。该工程的实施，体现了公司在油品储运领域智能化、智慧化建设方面的专业能力。

3.青岛港董家口港区原油商业储备库工程（一期）顺利竣工 该储备库共520万m^3，已通过业主验收。该项目在山东原油管网中起到重要的支点作用，有效助力青岛港港区提升油品疏运能力，确保原油储备安全和紧急情况下的快速投放，为推进山东油品储运行业的行业整合、精益运营和物流延伸作出积极贡献。公司项目部全体人员历经数月奋战，确保项目按期进油投产，为我国自控在百万吨油品储运领域再添佳绩。

【市场开拓】

2020年中国自控中标和新签合同金额为6.2亿元。公司本部新签项目52个，中标和签约金额约4.3亿元。

1.持续深耕成熟市场 凭借在港口、油品储运自动化、安防和建筑智能化方面的专业技术实力和品牌优势，中国自控2020年深入拓展港口、油品储运业务市场。

中国自控签约中国航油基建工程自控及通信部分信息化系统项目，先后实施了芜湖、泉州、普洱、南宁、天府、银川6个机场航油项目，涵盖航油供油全业务链条的智能化控制和信息化管理，为实现公司聚焦油品行业战略，持续开拓航油系统、部队后勤保障项目奠定基础。

持续开拓优质客户市场，依托青岛港董家口港区，广饶、潍坊等库区项目的成功经验，连续中标青岛港董家口港区原油码头二期、原油商业储备库一期和浙江青峙液体化工码头等项目，巩固了公司在油品、液化品储运工程领域及山东沿海港口地区的优势地位。着力推进软件业务平台建设，借执行唐山港港口企业危险货物智能化安全管理示范工程之机，打造港口危险化学品安全管控平台。积极参与青岛港应急管理平台等智能、智慧项目投标，培育软件业务增长极。

坚持合作共赢，积极与青岛港开展深入合作，开拓并成功中标青岛港董家口港区液体化工码头及仓储工程项目，该项目主要用于LPG和低温液化品的装卸及中转储运，进一步拓展了公司的业务，提升了公司在能源储运行业的工程能力和在行业的品牌影响力，全面打造发展新优势。

加快对接建筑智能化领域高端市场，持续深挖建筑智能化领域，中标及新签合同额稳步增长，已突破1.4亿元。中国自控聚合资源，精准对接国家机关、企事业单位智能化建设，连续签约国家市场监督管理总局、国家机关事务管理局、中国计量科学研究院、北京航空航天大学、兰州市第二中学等智能化建设项目，加速推进公司在建筑智能化、智慧化业务领域的转型升级。

2. 深入服务国家战略 借助公司专业优势，着力加大在军队后勤保障、国家战略储备及政府机关等重点客户的业务拓展。新签该类型项目14项，在执行的项目金额1.5亿元。中国自控承接的国家粮食和物资储备局多个项目，在疫情防控形势向好、项目有序复工后，克服诸多困难，在规定验收期前顺利竣工。

3. 积极参与“一带一路”建设 经过不懈努力，中国自控成为可提供海、陆风电项目全过程解决方案的系统工程服务商，在泰国、巴基斯坦、马拉维等多个国家成功实施服务项目，积累了一定业绩和信誉度。虽然国际工程业务受全球新冠肺炎疫情影响，但中国自控迎难而上，积极拓展海外可再生能源电力市场，成功中标柬埔寨磅清扬60MW光伏发电EPC项目，项目金额3 300万美元。同时，与业主签署战略合作协议，在孟加拉、斯里兰卡等国家开展深度业务合作。

下属中国电缆工程有限公司（简称中缆公司）坚持“以支柱市场为中心，覆盖周边市场发展”的开发战略，加快推进海外业务属地化经营。以科威特为海外区域中心试点，充分挖掘当地市场，顺利签约科威特水电部电缆维护项目。不畏疫情，积极作为，严格落实各项防控措施，有序安排斯里兰卡项目复工复产，年内完成50%以上铁塔基础施工，发运90%的设备，为后期立塔架线工作的全面展开提供保障。同时，持续与新市场接轨，跟进科特迪瓦、尼泊尔、巴基斯坦、埃塞俄比亚等区域市场。

【主要管理经验】

1. 在战略规划方面 坚持“专、精、特”发展思路，贯彻落实《国企改革三年行动方案（2020—2022）》，围绕工业自动化、建筑智能化、安防工程、输变电工程和可再生能源电力工程5个领域，进一步明确发展路径和措施。公司本部大力推进平台化战略，获得软件能力成熟度集成模型认证（CMMI）以及信息技术服务标准–运行维护资质（ITSS）资质证书，完成ISO 20000（IT服务管理体系）和ISO 27001（信息安全管理体系）认证，提升了公司业务能力、安全管理水平和信用等级，拓展了业务模式。

2. 在管理提升方面 对标世界一流，有序推进提质增效。优化公司治理结构，修订“企业决策事项及权限表”，进一步规范公司决策程序。持续开展制度和流程缺陷的审查工作，加强公司内部控制体系的有效性测试评价，完善内控手册，明确责任划分，整合多头审批报备。强化工作筹划能力，本部各部门制订年度工作计划，按月分解落实，切实促进管理水平上台阶。中缆公司大力开展全面质量提升活动，紧扣重点，统一思想认识，积极推进市场开拓、项目管理、人才培养、降本增效等多项提升整改工作，通过部门间协同配合，取得阶段性成果。

3. 在人才培养方面 中国自控本部不断优化考核激励机制，修订《绩效考核管理办法》，突出针对性、实效性和协同性。强化人力资源规划设计，修订“部门职责说明书”“员工岗位职责说明书”。健全干部能上能下机制，选拔 80 后、90 后干部 4 人，同时根据考核结果，调整部分干部薪酬水平，做到奖罚分明。抓好人才队伍建设，招聘新员工 17 人。创新人才培养模式，选拔部门见习助理，提升员工责任意识和担当精神。中缆公司着力优化人才支撑体系建设，建立新员工评价机制，创新人才培养模式。加大培训体系建设，贴合培训需求，积极开展业务基础知识、FIDIC 合同模板培训以及举办外聘专家业务交流会，提升员工业务素质。

4. 在信息化建设方面 坚持以数字化转型的战略高度，系统部署和全面推进网络安全和信息化工作。推动内控指引、“三重一大”事项的信息化建设，构建网络安全平台，搭建覆盖全系统的应急响应体系。开展以提高网络安全意识，辨别办公环境网络安全隐患的网络安全培训，为公司“十四五”期间网信工作的稳步推进奠定坚实基础。公司加快建设工程项目管理与财务系统，提高 OA 流程流转效率，进一步优化全面预算管理，补齐采购和运输环节的管理短板。

5. 在企业文化建设方面 以“举旗帜、聚民心、育新人、兴文化、展形象”为使命任务，统筹线上线下两条线，加强企业文化阵地建设。开展全员参与的企业文化内核大讨论，提炼出“精于专业、敏于行动、勇于担当、善于协同”的企业精神及“信息时代变革者、智慧工程引领者”的企业愿景。坚持正确的价值导向和舆论导向，抓好抗疫复工宣传工作。充实企业文化理念体系，制作企业宣传片、宣传墙，打造文化支撑，聚合力，促发展。同步推进品牌一体化建设，增强国机集团品牌辐射力。

【抗击新冠肺炎疫情】

1. 在境外疫情防控方面 中国自控坚决执行党中央、国务院、国务院国资委和国机集团对常态化疫情防控的部署，统筹做好疫情防控工作和经营运行工作，深入排查隐患，切实防范疫情风险。在境外疫情防护保障中，针对科威特、孟加拉、斯里兰卡和马拉维项目部，制订疫情防控及安全排查工作实施方案，第一时间寄送防疫物资。先后制（修）订《境外疫情和应急处置操作指南》4 次，组织境外项目部进行疫情应急演练，消除风险隐患，提升境外疫情防控能力。

2. 在境内疫情防控方面 中国自控疫情防控办公室积极作为，组织编制应急预案，有序开展各项防控和应急工作。充分完善应急物资、防护用品的保障准备工作，建立沟通联络机制，密切关注疫情有关信息，及时掌握员工外出动态，保障员工身体健康和生命安全。

组织党员和团员进行防疫捐款共 1.5 万余元；对驻守海外项目现场的员工和湖北滞留员工开展帮扶慰问。

国机财务有限责任公司

【基本概况】

国机财务有限责任公司（简称国机财务）于 2003 年 7 月经中国银行业监督管理委员会批准成立，是具有企业法人地位的非银行金融机构。股东为中国机械工业集团有限公司及其下属 25 家成员单位，注册资本 15 亿元。

2020 年，国机财务紧紧围绕国机集团发展战略，牢牢把握稳中求进工作总基调，统筹推进疫情防控和经营发展，立足“资金归集、资金结算、资金监控、金融服务”4 个平台功能定位，认真落实年度重点工作和专项行动，在把握机遇、主动作为、夯实基础、筑牢防线等方面采取一系列措施，内强管理，外优服务，深化产融结合，发挥金融服务平台的作用，不断提升价值服务能力，推动国机集团实现高质量发展。

【主要指标】

2020 年国机财务主要经济指标完成情况见表 1。

表 1　2020 年国机财务主要经济指标完成情况

指标名称	2019 年	2020 年	同比增长（%）
资产总额（万元）	3 879 501.00	3 832 300.00	-1.22
净资产（万元）	283 075.00	307 727.00	8.71
营业收入（万元）	90 270.00	84 288.00	-6.63
利润总额（万元）	37 428.00	39 528.00	5.61
利税总额（万元）	40 554.00	42 440.00	4.65
EVA 值（万元）	11 672.00	10 479.73	-10.21
全员劳动生产率〔万元 /（人 · 年）〕	822.00	687.00	-16.42
净资产收益率（%）	10.89	10.05	下降 0.84 个百分点
总资产报酬率（%）	1.09	1.03	下降 0.06 个百分点
国有资产保值增值率（%）	116.31	110.65	下降 5.66 个百分点

【疫情防控和金融服务】

国机财务坚持以国机集团战略发展为主线，继续针对成员企业经营链条，扩大金融品种和金融服务规模，积极发挥自身金融服务平台的作用，做精做细金融服务产品。面对突如其来的新冠肺炎疫情和严峻复杂的市场经济形势，国机财务团结和带领国机全体员工抗疫情、稳发展，促改革、增效益，全面完成各项经营指标，不断提升价值服务能力。

1. 统筹推进疫情防控和复工复产　国机财务第一时间成立疫情防控领导小组和工作组，研究制定应急预案和各阶段防控工作措施，全面摸排掌握员工身体健康状况，做好疫情防控信息的宣传和引导。提前复工调试启动远程办公系统，2020 年 1 月 27 日（大年初三）即恢复结算业务办理，顺利完成各项捐款调拨业务，为企业付款开辟“绿色通道”，多措并举，保障成员企业各项资金业务办理需求。同时，加大疫情期间的金融服务保障，为成员企业提供专项授信额度等业务，主动与成员企业协商解决到期贷款的衔接和还款方式，为成员企业融资租赁业务提供延迟收取租金的金融支持，与企业共渡难关。

2. 着力发挥资金平台功能　国机财务借助疫情期间线上业务办理优势，强化远程线上服务与结算业务推介，法人开户覆盖面达 72%，切实扩大资金结算规模和覆盖面，通过不断加强资金支付风险防范，提高资金监控的服务效果，全年累计向国机集团报送的大额资金交易笔数和金额，同比增长 8% 和 27%。通过积极调研企业的资金管理需求，协助成员单位加强对其下属企业的资金风险管控，提高成员企业结算风险防控能力。

3. 持续提升金融服务能力　国机财务认真落实国家和国机集团有关政策要求，积极跟进国机集团各企业发展动态，主动对接金融需求，助力企业项目实施，针对成员企业各项目中的保函业务需求，及时跟进项目进展，利用保函业务助力项目顺利实施，同时给予企业优惠的函证费用，降低企业成本。在落实国机集团降杠杆减负债专项工作要求方面，积极对接国机集团债券发行资金使用安排，积极参与国机集团及成员企业债券发行业务，协助企业控制发行成本；在融入国机集团主要企业打造产业链进程中，持续提升金融服务水平。通过不断完善延伸产业链业务模式与办法，积极向成员企业拓展各项业务，大幅提升业务规模。

4. 持续扩大外汇业务规模 积极拓展跨境资金集中运营管理平台服务。通过运用跨境资金集中运营管理主办企业资格，解决成员企业外币融资需求，业务同比增长 1.2 倍。

（1）首次打通国机集团与香港财资中心的连接，充分发挥境内资金池优势，为国机集团提供境外放款额度通道，为拓展国际业务提供有力金融保障。

（2）深入挖掘潜在客户，进一步扩大即期结售汇业务覆盖范围。国机财务通过代理经常项目收付汇业务及资金归集服务带动新增了中国重型、中经东源、莱州华汽等企业参与结售汇业务，进一步扩大外汇业务覆盖范围。

（3）积极推进外汇资金归集、即期结售汇、集中收付汇、跨国公司归集等工作，提高外汇业务配置运用能力，促进提升外汇业务规模。外币日均存款同比增长 1.5 倍，外币利润同比增长 8%。

【主要管理经验】

1. 补短板强弱项，持续提升内部管理能力

（1）研究市场资金和企业资金运行规律，在坚持统筹协调、自我平衡的原则下，合理安排资产负债期限结构。在备付金安全前提下，积极研究市场形势，通过多样化的同业产品配置，提升资金创效能力，有效应对新冠肺炎疫情发生以来的市场资金价格倒挂、资产荒的不利局面。

（2）优化存量、盘活存量，通过调整股票投资规模占比，优化存量投资结构，盘活市场认可度较高的政策性银行债等存量投资产品，丰富投资产品的运用渠道，提高资产创效能力。

（3）强化成本费用管控，充分利用疫情期间的财税、社保等优惠政策，降低整体税费等成本，通过编制成本管控计划，从细、从严控制支出规模与标准，强化预算刚性约束。

（4）积极推动会计标准化工作，建立统一标准和规则，推动主数据标准化，为数据引用、搭建平台打下扎实基础，进一步提升核算管理和数据管理水平。

2. 落实监管要求，持续强化风险防控

（1）结合制度建设年专项行动，累计梳理完成 200 余项内控管理制度，按照实用、规范和可操作的要求，提出“废、改、立”方案，持续完善制度建设。

（2）坚持风险导向，将合规管理融入业务管理。根据业务风险程度加强分类审查，强化跟踪，测算各类监管指标对信贷、投资、同业等业务的影响，划定业务合规开展的规模边界。

（3）内外部审计相结合，进一步提升后台督导质效。坚持风险导向原则，坚持内部审计领域全覆盖，借助外部审计力量，对信息科技管理、合规管理开展专项审计，强化审计对公司经营活动的监督力度。

（4）持续推进法治建设，营造学法、遵法、守法、用法氛围。完善制度设计，在新冠肺炎疫情防控、专项风险事件处理中研究制定周密的法律风险防范方案，为公司经营保驾护航。以《中华人民共和国民法典》宣传为核心，组织开展多种形式的普法活动，营造良好的法治氛围。

【党建工作与企业文化建设】

国机财务秉承国机集团“和”文化，坚持以党建工作引领企业文化发展，崇尚“务实、创新、合规、敬业”的企业文化。进一步深化思想政治建设。坚决落实“第一议题”制度，深入贯彻落实习近平总书记重要指示批示精神和党中央决策部署，强化思想理论武装；开通微信公众号，开展“国庆月”系列活动，强化意识形态引领；以“党建巩固深化年”专项行动为抓手深化党建和经营融合，开展“提质增效”、党员“亮身份作承诺”“解放思想、推动发展”和“育新机、开新局”大讨论等主题活动，围绕公司改革发展难题和“十四五”规划建言献策，积极推动党建与经营融合；持续强化“三基建设”，认真落实“三会一课”制度，开展系列主题活动，切实发挥党员模范带头作用；压实“两个责任”，突出政治监督，成立党风廉政建设和反腐败工作协调小组，围绕“关键节点”“关键少数”“关键领域”，加强日常廉洁警示教育，强化日常监督；以党建带团建，组织开展“致敬抗疫英雄”“六一微心愿”“五四青年讲堂”等活动，增强员工凝聚力和活力。

【社会责任】

做好河南省固始县定点扶贫工作，拨付 30 万元帮扶资金，组织工会和员工开展扶贫消费 1.27 万元；向湖北省捐款 50 万元，全体党员干部自发捐款 1.55 万元，为打赢脱贫攻坚战和疫情防控阻击战贡献力量。

国机汽车股份有限公司

【基本概况】

国机汽车股份有限公司（简称国机汽车）是国机集团控股的 A 股上市公司（股票代码：600335）。

2011 年 11 月，根据国机集团汽车板块战略规划，通过资产置换方式，将其所属企业中国进口汽车贸易有限公司（简称中进汽贸）整体注入鼎盛天工工程机械股份有限公司，并更名为国机汽车。“中进汽贸”品牌、管理及业务体系保留，成为全资二级企业。2013 年 5 月，国机汽车以增资方式，持有中进汽贸原所属企业中进汽贸（天津）进口汽车贸易有限公司（简称中进进口）71% 控股权；2013 年 10 月，以增资方式，持有中进汽贸原所属企业中进汽贸服务有限公司（简称中进租赁）53% 股权，并将 2 家公司管理层级调整为二级企业。2013 年 9 月，国机汽车出资 5 000 万元设立二级企业国机汽车发展有限公司（简称国机发展）。2013 年 12 月，国机汽车收购宁波宁兴投资有限公司 51% 股权，并将其更名为宁波国机宁兴汽车投资有限公司（简称国机宁兴），设为二级企业。2014 年 7 月，国机汽车完成对中国汽车工业进出口有限公司（简称中汽进出口）的改制重组工作，中汽进出口成为二级企业。2015 年 6 月，国机汽车出资 3 000 万美元成立汇益融资租赁（天津）有限公司（简称汇益融资），设为二级企业。2017 年 4 月，国机汽车联合国机资本、中国电器院、中机国际、深圳国基、共青城欣盛鑫、上海龙创 6 家企业，注册资本 8 亿元，设立国机智骏汽车有限公司（简称国机智骏）。国机汽车为第一大股东，持有 40% 股权。2018 年 4 月 3 日，国机汽车停牌，启动中国汽车工业工程有限公司（简称中汽工程）资产重组，于 2018 年 12 月 26 日正式上报证监会审核。2019 年 3 月 14 日，中汽工程资产重组项目获得证监会批复；4 月 8 日，中汽工程完成工商变更登记，中汽工程成为国机汽车全资子公司，国机汽车注册资本由 1 029 736 837 元增至 1 456 875 351 元；5 月 27 日，国机汽车完成中汽工程股权交割，重组完成。

【经营业绩】

2020 年是极不寻常的一年。年初，国机汽车党委意识到生产经营可能面临的困难，确定“强党建、保目标”主题，大力推动统筹新冠肺炎疫情防控和复工复产、加强风险管控、推动各级企业的经营管理、抢抓市场、降本增效等工作，生产经营取得一定成效。2020 年国机汽车主要经济指标完成情况见表 1。

表 1　2020 年国机汽车主要经济指标完成情况

指标名称	2019 年	2020 年	同比增长（%）
资产总额（万元）	3 789 314.40	3 219 760.59	-15.03
净资产（万元）	1 026 400.62	1 044 442.30	1.76
营业收入（万元）	5 216 214.12	4 413 481.08	-15.39
利润总额（万元）	70 247.15	49 878.52	-28.95
技术开发投入（万元）	66 097.53	60 560.03	-8.38
利税总额（万元）	313 042.86	257 710.51	-17.68
EVA 值（万元）	39 094.19	2 059.95	-94.73
全员劳动生产率〔万元 /（人•年）〕	50.16	48.32	-3.67
净资产收益率（%）	5.41	2.42	下降 2.99 个百分点
总资产报酬率（%）	2.57	2.01	下降 0.56 个百分点
国有资产保值增值率（%）	106.01	104.92	下降 1.09 个百分点

截至 2020 年 12 月 31 日，国机汽车资产总额较 2019 年年末减少 56.95 亿元。其中，存货余额 67.20 亿元，较 2019 年年末减少 53.94 亿元，主要系进口车型减少库存车辆所致。国机汽车所有者权益 104.44 亿元，较 2019 年年末增加 1.80 亿元。

国机汽车 2020 年 EVA 值较 2019 年下降 94.73%，主要是由于利润和研发投入均有下降所致。

国机汽车净资产收益率同比下降 2.99 个百分点，总资产报酬率同比下降 0.56 个百分点，主要系净利润同比下降所致。

【重大决策】

2020 年国机汽车完成 3 个投资项目的审批决策，即国机汽车参与竞拍济南铸锻所持有国机铸锻 30.23% 股权项目、中进汽贸收购中通公司所持国机财务 1.64% 股权项目、国机汽车投资设立资管计划。

年度完成投资 9.45 亿元，同比减少 2.77%，完成年度投资计划的 82.74%，其中，固定资产投资 4.13 亿元，同比减少 45.07%；股权投资 5.32 亿元，同比增长 141.81%。

【重大项目】

1. 捷豹路虎进口汽车项目　中进汽贸继续为捷豹路虎（中国）投资有限公司提供车辆进口、自理（代理）清关、仓储、物流服务，并在此基础上，不断探讨延伸业务的可能。2020 年实现营业收入 52.81 亿元。

2. 阿斯顿马丁认证、进口、物流服务项目　中进汽贸作为阿斯顿马丁品牌国内唯一授权进口商，为阿斯顿马丁公司提供车辆的车型认证、一般贸易车辆进口、物流及特殊车辆进口服务，并提供 CCC 认证及目录维护管理服务。2020 年实现营业收入 4.47 亿元。

3. 特斯拉物流服务项目　中进汽贸继续为特斯拉中国提供天津港、上海港进口特斯拉车辆的清关、商检、仓储、检测、车辆维护、运输服务；在此基础上，成功拓展特斯拉国产车物流服务业务。2020 年实现营业收入 0.7 亿元。

4. 菲克进口汽车项目　中进汽贸直面新冠肺炎疫情影响，积极配合菲克厂家达成采购和销售进度计划，加强物流安全管控，保持高效服务质量，助力主力车型市场销量稳步提升，为双方的持续战略合作奠定了坚实的基础。2020 年实现营业收入 43 亿元。

5. 国产合资及自主品牌　中进汽贸继续发挥“批发 + 仓储物流 + 零售”各板块资源协同优势，紧盯市场动向，把握合作机遇，推进与上汽大众、一汽大众、广汽传祺等 23 个品牌主机厂及大搜车、京腾租车、花生好车等新零售平台的合作。2020 年实现营业收入 50 亿元。

6. 大众进口汽车项目 中进汽贸不断配合大众汽车（中国）销售有限公司提升、完善批发零售管理能力体系，不断加强资金风险、合同风险和融资风险管控，协助大众汽车完成年度销售目标及国Ⅴ车辆清库。2020 年实现营业收入 82 亿元。

7. 奔驰改装车项目 中进汽贸通过福建奔驰汽车有限公司授权改装企业——江苏车驰汽车销售有限公司完成 290 台改装底盘车批量销售，为进一步成为福建奔驰汽车有限公司的大客户合作伙伴奠定基础。2020 年实现营业收入 1 亿元。

8. 保时捷项目 中进汽贸继续为保时捷（中国）汽车有限公司提供车辆进口清关、仓储、物流服务，并针对厂家需求，新增空运及天津港保税服务，增加与厂家的合作黏性。2020 年实现营业收入 5 800 万元。

9. 进口福特整车批售项目 中进进口 2020 年采购福特进口汽车 3 756 台，完成批发销售 4 996 台，实现销售收入 18.76 亿元。

10. 进口林肯整车批售项目 中进进口 2020 年采购林肯进口汽车 11 085 台，完成批发销售 8 600 台，实现销售收入 36.91 亿元。

11. 进口福特整车港口服务项目 2020 年到港福特汽车 12 575 台，完成整备 13 940 台次，质量提升 9 235 台，发运 12 730 台，保养 38 642 台。

12. 国机智骏汽车制造项目

（1）生产资质变更。国机智骏生产资质变更工作取得重大进展，2020 年完成工商变更、江西省发展改革委备案、工业和信息化部现场审查等工作，并被列入 11 月 30 日工业和信息化部第 338 批公告，取得新能源乘用车生产资质。

（2）K11-P05 车型开发。对 K11-P01 车型进行升级开发，将续驶里程提升到 305km，于 2020 年年中批量上市，并获国家补贴资金。

（3）S11-P05 车型开发。在 S11 车型基础上，开发匹配孚能电池的 430km 车型，于 2020 年年底获得产品公告，进入免税目录。

【市场开拓】

1. 进口汽车贸易服务业务 全力稳固现有业务，在各合作伙伴和品牌全部维持持续合作的同时，努力开拓新的品牌产品，成功签约林肯进口整车分销业务。积极开拓产业链上的新业务，拓展特斯拉国产车物流服务业务，开拓捷豹路虎整车及汽车零配件备库存服务项目，2020 年获取新项目 12 个。

2. 汽车工程业务 成功中标合同金额超 22 亿元的陕汽重型载货汽车扩能 EPC 总承包项目。大力拓展海外业务，新签合同 54 个，成功中标特斯拉、大众德国的总装生产线项目，实现首次进入德国市场，竞争力跃升全球范围前 3 位。

3. 汽车租赁业务 新增重点客户 19 个，积极参与全国性汽车租赁招投标项目，全年参与投标 346 次，中标 177 次；继续发展“高端客户长期租赁”模式；与 12 个重点客户成功续约。

4. 汽车零售业务 获得东风日产、东风本田品牌授权；基盘客户首保回厂率达 110%，比 2019 年增长 22%；二手车成交比 2019 年增长 13%；二手车置换率比 2019 年增长 20%。

5. 融资租赁业务 新增重点客户 6 个，对应项目过会批复金额 51 亿元（含通道业务 35 亿元），实际投放金额约 31 亿元（含通道业务约 23 亿元），可实现收入超过 1.4 亿元、毛利润超过 6 000 万元。存量客户中，2019 年过会武汉地铁通道项目于 2020 年年中完成投放 5 亿元，为支持武汉市复工复产作出贡献。

6. 汽车制造业务 国机智骏 2020 年生产汽车 3 451 辆，销售 4 012 辆（其中海外市场销售 4 辆）。

7. 网络渠道开发 全年累计新增签约网点 55 家，清理无效网点 21 家，累计有效网点 69 家。

【科技成果】

装备研发项目申请立项 13 项，通过评审 2 项。11 项在申请流程中，项目完成率 72%，验收达标率 100%；获批 2020 年国家智能制造系统解决方案供应商、天津市智能制造系统解决方案供应商，成为行业内唯一一家“双牌照”企业，并获得科技部农业装备聚集区协同制造等项目。截至 2020 年年底，共有国家级、省市级装备研发项目（课题）8 项，其中，完成结项验收 4 项、提交验收资料 1 项、完成年度执行情况检查 3 项；全年获得财政支持资金 3 272.25 万元。

BIM 能力建设方面，中汽工程基于宝马项目正向三维协同设计研究及实践，固化设计流程、手册等管理和技术标准，建立项目 BIM 设总制度，规范、深化 BIM 正向设计在工程中的应用，在国机集团 BIM 技术应用技能大赛中，中汽工程获得团体赛冠军 1 项和个人赛二等奖 2 项。

申报维护专利资质和高新技术企业认定方面，全年申请专利 169 项，其中，申请发明专利 32 项，申请软件著作权 22 项；获授权专利 108 项，其中，发明专利 4 项，土建公用专利 14 项；获软件著作权 14 项。

【主要经营管理经验】

1. 持续健全与完善公司制度体系，推动公司治理体系和治理能力提升 按照《公司法》《证券法》《上市公司治理准则》以及中国证监会有关规范性文件的规定和《上海证券交易所股票上市规则》的要求，持续完善法人治理结构，健全治理制度体系，严格履行信息披露义务，确保经营运作的规范有序。在公司治理、战略管理等方面充分发挥董事、监事作用，与外部董事、监事加强沟通与交流，主动、及时传递企业发展信息；与独立董事定期沟通，在定期报告与重大事项披露前征求独立董事的意见。

2. 强化管理原则，持续推进以管理提升各项工作落实 紧紧围绕公司改革发展和企业实际，确立国机汽车总部的管理原则，强化总部职能部门“支持、服务、管理和价值创造”四位一体的功能落实，以“先、早、快、实”为原则转变作风、提高工作质量和工作效率，不断深化协同管理。

3. 财务管理体系建设持续加强，建立财务战略管理框架 推进从财务会计向管理会计的转型、从专业管理向价值创造的提升，初步建立财务战略管理框架体系。全面梳理、新定和修改财务管理制度，完善内部借款的闭环管理，推动全面预算管理，优化财务分析，加强境外财务管理，实现境外企业付款终审由境内母公司审批，大幅提高对境外资产的管控力度。

4. 强化合规管控 进一步健全与完善投资管控制度体系，全面落实国机集团投资管控模式和常态化要求，提升管控效率和质量。最大限度地服务于企业业务开拓发展，构建固定资产投资月度备案审批方式，既满足国资监管要求又确保合规、高效开展。加强对下属公司的服务与支持，实现项目协同。

5. 强化培训，提升青年人才能力 面对新冠肺炎疫情影响，及时创新培训形式，运用新技术，积极整合外部培训资源，组织 4 期在线学习培训，共有 8 780 人次参与，课程播放量累计 18 万次。实施“续航者计划”——第四期青年人才培训，弘扬奋斗者作风，磨练青年人才意志品质。

6. 加强审计 强化建设制度，规范工作流程，建立三级复核、会商、复盘等机制，提升审计质量和效率，助力管理提升和共同分享成长。加强对二级公司审计，二级公司审计项目同比增加 89%，初步形成“上审下”的内部审计管理体制，发挥审计“促管理、控风险、强监督”的作用，为推动公司健康可持续发展提供支撑。

7. 安全生产 连续 6 年获得国机集团安全生产 A 级证书；防疫物资保障供应等工作成绩斐然。严管厚爱，以党风廉政出效益为原则推行各项工作。

【党建工作】

1. 巩固深化政治建设

（1）坚持党对国有企业的领导。一是规范建立落实“第一议题”制度，将学习贯彻成果与企业“防范化解风险挑战”“深化改革创新”相结合，形成推动企业变革发展的具体举措。二是贯彻落实上级重大决策部署，聚焦主责主业融入“双循环”新发展格局，探索“新赛道”业务推动企业转型升级；国际化经营成效明显，被纳入“中证国企一带一路指数”样本股；科技创新成果突出，荣获国机集团 2020 年度科技创新奖 5 个奖项；助力国机集团帮扶的 4 个扶贫县区实现脱贫摘帽；完成公司“十四五”规划编制。三是坚决打赢新冠肺炎疫情阻击战。四是扛起巡视整改政治责任，全面接受国机集团党委巡视。梳理整改问题 52 个，制订整改措施 238 项，完成整改问题 32 个，完成率为 62%；完成整改措施 207 项，完成率为 87%。

（2）落实全面从严治党责任。一是注重发挥党委“把方向、管大局、保落实”作用。修订《国机汽车股份有限公司党委会议议事规则》，修订完善“三重一大”事项清单，召开党委会46次，对重大问题把好方向关、政治关和政策关，决策质量显著提高。二是开展“党建巩固深化年”专项行动。专题召开党委会研究制定工作方案明确目标、制定举措；成立专班推进指导组加强领导、压实责任；召开专项行动启动会解读方案、动员部署；专项对个别企业进行党建工作系统提升，对4家企业党组织开展现场督导检查。“巩固深化年”各项重点任务有序落实，成效明显。三是压紧压实党建责任。制定《国机汽车2020年党建工作指导要求》，明确7项党建工作着力点，确定59项重点工作；签订党建目标责任书34份，组织党委班子成员开展年度党建述职，对总部3个党支部及下属7家二级企业开展党建述职评议考核。

2. 巩固深化思想建设

（1）加强宣传思想工作。一是加强理论武装。二是加强意识形态工作。制定《国机汽车党委2020年意识形态、网络意识形态工作方案》，制定特定项目舆情处理预案，与人民网等专业机构合作，定期出具舆情监控报告。三是加强形势任务教育。

（2）深入开展“解放思想、推动发展”大讨论和“育新机、开新局”专题研讨。做好解决当前问题和规划未来发展的有机衔接，汇聚企业高质量发展智慧动能。一是以问题导向开展“解放思想、推动发展”大讨论。聚焦“危机•责任•生存发展与管理提升”主题，领导班子及全级次企业按照“认清危机、严格管理、痛定思痛、检讨责任”的要求深入查找当前影响企业高质量发展的问题，提出改进方向措施推动问题整改。二是以目标引领组织“育新机、开新局”专题研讨。通过多级次开展“育新机、开新局”头脑风暴，研讨“十四五”规划编制，人人为公司战略转型建言献策。经过两个大讨论的思想碰撞，强化各级狠抓执行的责任担当，增强攻坚克难的决心信心、凝聚战略转型的思想共识，为公司管理全面提升、实现企业变革发展提供智慧与动能。

3. 巩固深化组织建设

（1）落实党管干部、党管人才原则。一是完成有关党组织和行政换届工作。二是健全完善干部工作制度。三是推进干部人事档案专审工作。四是做好干部教育培训工作。五是加强干部监督。认真做好个人有关事项报告工作，从严落实因私出国（境）管理制度，做好因私证照管理工作。六是推进退休人员社会化工作。目前涉及12个省42家企业的1 569名退休人员完成了相关移交工作，完成率达99%。

（2）持续加强“三基建设”。一是夯实党的基本组织。靶向发力消除“党建盲点”，按要求完成党组织和工作全覆盖。探索将主题党日搬进“云”端，实现学习教育“零接触”和交流研讨“零距离”。二是建强党的基本队伍。三是落实党建制度机制。制定《国机汽车贯彻落实中国共产党国有企业基层组织工作条例（试行）实施方案》。

4. 巩固深化作风、纪律建设 一是强化履行政治监督责任。推进政治监督具体化常态化，做实做细日常监督，确保党中央决策和国机集团部署落地见效。监督推进“四个专项整治”，紧盯“关键少数”和重点岗位、重要事项，开展专项监督检查。牢牢把握政治定位，规范开展“四个落实”政治巡察。二是坚定不移正风肃纪反腐。严肃查处违反中央八项规定精神和“四风”问题，严肃处置信访举报和问题线索，实事求是运用监督执纪“四种形态”，严肃追责问责违规经营投资问题。扎实推进“制度建设年”专项行动、开展“廉洁宣传教育月”活动，落实“三个区分开来”，体现严管厚爱。三是深化纪检监察体制改革。落实重大事项请示报告制度，加强下属二级企业纪检机构组织建设和年度考核。强化纪检干部日常监督管理，防止“灯下黑”。

5. 加强党对统战及群团工作的领导 调动各方力量和资源，为公司改革发展凝聚精气神、汇聚正能量。加强统战工作，召开“爱企业、献良策、做贡献”主题座谈活动；注重发挥群团组织桥梁纽带作用，工会精心开展员工关爱，深入开展温暖、温馨、温情服务，提升职工幸福感、归属感，中汽工程获评“全国厂务公开民主管理先进单位”；共青团围绕中心开展青年工作，中汽工程昌兴机加车间车工班组获“全国青年安全生产示范岗”荣誉。

【信息化建设】

一是完成OA系统等保2.0定级、备案工作。二是开展网络安全宣传周相关工作。三是总部固定资产管理系统上线。提升固定资产的管理效率，解决财务账面与实际资产脱离、固定资产使用Excel手动管理、固定资产盘点繁琐等实际问题；统一盘点、梳理固定资产类别清单，建立基础数据库，实现资产最大化利用。四是配合各个二级公司，完成中汽进出口ERP系统二期、中进进口林肯业务批发系统、中进汽贸业务一部业务系统优化改造项目、业务二部区域中心库系统等系统上线。

【企业文化】

1．推进企业文化建设 国机汽车党委坚持企业文化建设，立足“企业文化服务于生产经营”基本定位，不断创新和丰富文化活动载体，探索企业文化建设的新思路、新途径和新方法，增强企业文化的凝聚力和向心力。通过加强宣传思想工作，夯实企业文化建设基础，通过抓好精神文明建设，不断丰富企业文化建设内涵。在营造舆论宣传氛围中，筑牢“国机汽车”微信公众号、国机汽车官网、OA办公系统等媒体平台主阵地，传播企业党建新闻，弘扬企业文化正能量，将企业文化根植于广大干部职工中。

2．做好工会工作 引导职工群众听党话、跟党走，围绕中心，服务大局，让职工群众有更多获得感、幸福感、安全感。创新工作方式方法，工会活动覆盖面和参与度极大提升，累计近6 000余人次参与工会举办的各类线上活动，活动参与率同比增长近300%。工会用实际行动当好国机汽车高质量发展的“助推器”，做到活动不停止，服务不断档，成效看得见。

3．共青团活动丰富多样 紧扣“围绕中心，服务大局”工作主线强化青年思想引领、凝聚青年力量、促进青年成长、夯实团建基础，充分发挥党的助手和后备军的作用。全年开展重点工作13项，将国机汽车青年职工团结起来，提升青年队伍素质、加强青年队伍思想意识，引导青团队伍为企业发展作贡献。

【统战工作】

以“爱企业、献良策、作贡献”主题座谈活动为牵引，开展调查问卷及座谈交流，引导统战人士献言建策，积极参与到企业建设发展上来。

【品牌战略】

2020年是品牌一体化工作深化年。国机汽车依次开展品牌一体化自查、督查、协查等工作：自查11项、实地监督检查下属企业6家、汇总检查结果并形成报告31份、统计照片53张。配合国机集团专项组开展检查工作，对9个系统进行实地考察及汇报，国机汽车完成率达100%，共完成61项，修订细节6处。同时，完成国机集团品牌一体化办公用品集采工作，参与该次集采的企业共14家。

【社会责任】

1．价值国机汽车 创造价值，保障利益相关者。持续规范运作、提高信息披露质量、构建良好的投资者关系管理体系，不断提升价值创造能力，赢得监管机构及资本市场的广泛认可。

2．创新国机汽车 创新发展，驱动转型升级。坚持以创新驱动发展，全面推动资源创新、科技创新、产品创新、模式创新，以创新为引擎，向创新要效益。坚持“科技兴企”战略，致力于汽车工程技术领域的智能化和精益化设计，以高效、绿色、智能为核心，以柔性化装备、绿色环保装备、机器人系统应用、智能控制为技术主导方向，充分发挥行业龙头优势。

3．绿色国机汽车 低碳理念，建设美丽中国。践行绿色发展理念，将生态文明建设与企业发展有机融合，落实各项低碳节能政策法规，部署企业能源节约与环境保护工作，形成绿色管理模式，夯实绿色发展基础。在节能环保资金投入方面，加大资金投入，投入资金较上年显著提高。

4．责任国机汽车 责任担当，夯实管理基础。积极践行行业责任，为行业政府主管部门提供进口汽车市场数据分析支撑服务；在履行企业责任方面，缴纳各类税金207 832万元，积极参与“抗疫稳岗扩就业、国资央企在行动”网络招聘活动，尽可能为高校毕业生、农民工等群体提供就业岗位，全系统共招录各类人员781人，其中招纳应届毕业生128人。

5. 幸福国机汽车 和谐氛围，成就人生梦想。坚持“共创、共建、共享、共赢”理念，建立与公司发展、业绩增长相适应的员工权益保障机制和员工分享激励机制，更好地发挥员工的积极性、主动性和创造性，让员工共享企业发展成果。通过搭建成长平台、营造民主管理氛围、保障职工生产安全、维护职工身心健康等途径，不断开展各类文体活动，丰富员工的文化生活，提升职工个人价值。

【抗击疫情】

新冠肺炎疫情发生以来，按照“坚定信心、同舟共济、科学防治、精准施策”要求，加强统筹协调，积极主动作为，坚决打赢疫情防控的人民战争、总体战、阻击战。期间，国机汽车领导班子多次召开党委扩大会、总经理办公会、专题会等，研究部署疫情防控和复工复产工作，全年全系统没有发生确诊和疑似病例。

1. 高度重视，加强对疫情防控工作统一领导 把统筹做好疫情防控、加快复工复产和深化改革各项工作作为当前重大政治任务去推动。一是第一时间成立疫情防控工作领导小组，建立工作机制及日常机构，各下属企业也相应建立一整套的工作机制，形成疫情防治工作合力，确保政令的畅通、高效。二是完善工作方案，细化落实防控措施，压实疫情防控主体责任，加强对下属企业的指导，统一指挥、统一协调、统一调度。三是快速反应、统筹部署疫情防控各项工作，通过多种渠道多次部署、落实国机集团有关工作要求。

2. 迅速行动，及时制定疫情防控有效措施 坚持高标准、严要求，深入细致扎实推进各项工作，措施、方法恰当。一是严格落实追踪报告制度，落实确诊与疑似人员每日零报告、重大事项及时报告等制度；多次开展全系统员工健康、接触湖北省人员、返回工作地、滞留湖北等情况的详细摸排，共摸排1万余人（含劳务派遣人员）。二是聚焦个体防护，落实属地政府防控要求，严格执行外地返京自行居家隔离14天的要求；严格要求所有员工每日早晚各测一次体温，并将体温计读数报送专人汇总存档。三是落实落细防控措施，每日对办公场所进行消毒、通风等；严密监控国机汽车大楼进出口等重点安全部位，加强体温检测、安保登记工作，做好突发情况应对预案；严格执行应急值守制度。

3. 加强医用物资和生活必需品应急保供 一是加强对口罩、酒精消毒液等重要防护物资储备需求的科学测算，重点保障必要在岗工作人员的需求。二是最大限度地解决值班人员生活所需，全力做好后勤保障工作。

4. 强化新闻宣传和舆论引导 一是时刻关注疫情防控工作情况，及时发声，领导小组办公室以国机汽车领导班子的名义向全系统干部职工发布公开信，营造坚定信心、凝心聚力、共克时艰、共同抗疫的良好氛围。二是注重把握好新闻工作的“时、度、效”，加大宣传工作力度，宣传报道防疫抗疫的优秀典型和感人事迹，传递正能量。充分利用国机汽车OA、微信群等渠道，加强科学普及疫情防控知识的宣传教育，引导职工正确、理性看待疫情，增强自我防范意识和防护能力。

5. 为全社会疫情防控贡献企业力量 向湖北省慈善总会捐款50万元；中汽工程所属中汽监理承担洛阳版“火神山”医院——洛阳市新型冠状病毒防控应急救治中心紧急建设项目的项目管理及监理工作；国机智骏向赣州经开区疾控中心提供应急车辆、捐款用于疫情防控；中汽进出口通过古巴驻华使馆向古巴捐赠防疫物资。国机汽车党委和工会分别组织开展爱心捐款活动，全力驰援抗疫一线。

【扶贫工作】

国机汽车在四川省广元市朝天区、河南省淮滨县、河南省固始县直接投入扶贫资金累计370.38万元，用于设施扶贫、教育扶贫、产业扶贫、就业扶贫等领域。通过抓民生建设、抓项目实施、抓消费扶贫等精准扶贫措施，2018年至2020年，国机汽车系统内近2 700名职工累计消费扶贫总金额3 239 012元，使脱贫攻坚工作呈现行动快、劲头足、状态好、氛围浓的良好局面。2020年，国机汽车工会参与帮扶的3个县（区）全部实现脱贫摘帽。

中国机械国际合作股份有限公司

【基本概况】

中国机械国际合作股份有限公司（简称中机国际）隶属于国机集团，作为国机集团的会展平台，中机国际积极践行国家战略，匠心打造中国品牌名片，带领中国企业“走出去”，推动我国装备企业的全球化进程。

中机国际拥有 20 多家分（子）公司，业务遍及世界五大洲的 100 多个国家和地区；近年来，连续获得“中国会展业十大影响力会展公司”“中国十佳品牌展览工程企业”“中国最佳出展组织奖”等荣誉，具有展览工程一级资质。

商业会展是中机国际的核心主业。中机国际拥有超过 60 年办展经验的专业化团队，已形成境内外自主办展、代理出国展览、展览工程服务等完整的展览业务体系。2020 年，共执行境内外自办展项目 40 个，展出面积 200 万 m^2。

2020 年是不平凡的一年，新冠肺炎疫情发生对世界经济社会造成巨大影响。中机国际主动求变、化危为机，以高水平党建引领高质量发展，实施“资源、业务、管理”三大协同，融合发展线上线下会展项目，积极服务双循环经济，坚守疫情和风险防控底线，实现公司经营和管理工作的稳步发展。

【主要指标】

2020 年中机国际主要经济指标完成情况见表 1。

表 1　2020 年中机国际主要经济指标完成情况

指标名称	2019 年	2020 年	同比增长（%）
资产总额（万元）	90 563.60	76 383.16	-15.66
净资产（万元）	46 221.48	46 165.13	-0.12
营业收入（万元）	76 050.09	44 372.46	-41.65
利润总额（万元）	1 316.31	1 095.12	-16.80
利税总额（万元）	2 286.31	1 834.23	-19.77
EVA 值（万元）	-2 053.87	-2 435.62	-18.59
全员劳动生产率〔万元 /（人·年）〕	35.57	29.24	-17.80

【业务发展】

中机国际将优势资源向会展业务倾斜，促使会展业务进一步做强做优做大。境内自办展项目、境外会展项目、会展运营服务项目、大客户定制服务项目等各层次会展项目稳定发展，资源共享逐渐形成良性互动。中机国际会展产业链进一步完善，会展价值链进一步提升。2020 年完成境内外自办展项目 40 个，展出面积 200 万 m^2；实施境内展示工程项目 17 个；新增线上展会及活动 12 个；实际执行境外出展项目 10 个，组展面积 7 145m^2。按照国机集团要求，完成对中国机床的托管工作。2020 年，中国机床积极探索业务模式创新，实现国内中资企业第一个中标国际商业贷款的设备采购项目：项目总金额 1.5 亿元的驻马店人民医院项目。完成第三届中国国际进口博览会（简称进博会）技术装备展区招展面积近 5 000m^2，并在进博会现场签署“2022 年中国工业博览会”10 万 m^2 的合作框架协议。

2020 年新开发开拓会展项目 55 个，新项目主要有中国汽车工业（法国）品牌展览会、中国汽车摩托车及零配件（葡萄牙）品牌展；石家庄春季车展；亚洲再制造展（ReMaTec Asia）和意大利博洛尼亚国际汽车保养、轮胎及维修展览会；中国商品和服务（白俄罗斯）展览会、中国机械与智能制造（泰国）品牌展；世界公共交通展览会、英国铁路工业装备及轨道交通展；中国航空产业高质量创新发展大会；沈阳国际美容及健康产业展览会；全国农商互联暨精准扶贫产销对接大会等。

完成的境内自办展项目主要有：上海零部件展、全国汽配会、全国摩配会、沈阳汽博会、呼和浩特车展、三磨展、佛山车展、广州新能源车展、广州零部件展、杭州车展、东莞车展、深港澳车展等。中机国际自办展项目正在逐步做强做大，品牌影响力逐年提升。

1. 中机国际核心类项目取得新成绩 2020年上海汽配展是新冠肺炎疫情发生以来全球规模最大的商业会展，中机国际携手合作方，克服重重困难，迎来29个国家和地区的3 845家企业共同参展。展会整体展示面积达28万 m^2。展会首次构建全新的AMS Live线上服务平台，助力现场与会者和海外业内人士共同参与行业盛会。经过16年发展，上海汽配展见证并参与中国汽车后市场不同发展阶段的迁移和产业变革大潮，已经成为行业共享的顶级盛会。

第十六届北京车展作为2020年全球唯一举办的顶级国际汽车展览会，展出面积达20万 m^2，展示车辆785辆，共吸引观众53万人次，世界著名汽车零部件企业、国内知名主机厂商、后市场供应商等共700余家企业参展，充分展示中外汽车零部件行业最新前沿技术与发展趋势。

第十五届北京机床展是2020年全球唯一成功举办的国际顶级机床展，近500家机床工具企业参展，展览面积5万 m^2，吸引近2万名实名制专业观众来参观。

2. 中机国际潜力类项目迈上新的台阶

（1）汽车类项目。2020年佛山春季、秋季两届车展面积共10万 m^2。经历3年的发展，佛山车展已成为佛山地区权威的品牌车展，与东莞车展、深港澳车展已经一起实现公司在粤港澳大湾区的合理车展布局。

2020年，广州零部件展（简称AAG），展出面积10万 m^2，迎来13个国家和地区的近1 500家参展企业。经过6年的深耕细作，AAG已发展成为华南地区规模最大的汽车后市场品牌展览，是粤港澳大湾区零部件行业国际技术交流及综合性商贸合作的高效平台，受到跨国展览公司的高度关注。

广州新能源车展，历经5年的培育和发展，成为粤港澳大湾区新能源汽车及供应链领域最大的专业展览会。特斯拉、威马等知名新能源汽车企业均积极参展，并首次对氢燃料电池技术进行专业展示。

（2）中机国际服务国家战略项目获得广泛赞誉。在进博会上，中机国际负责智能及高端装备馆的招展工作，承担中央企业整体组织工作，负责中白工业园、招商局等多家单位展台搭建工作。中机国际为进博会提供的高水平服务得到国务院国资委、商务部和进口博览局的书面表扬和高度评价。西麦克展览有限责任公司（简称西麦克）针对线上举办的广交会，推出专场视频直播培训，受邀为湖北、辽宁、陕西、内蒙古、宁夏、宁波、绍兴、沧州等地方交易团专场直播培训，累计数万人次观看直播。西麦克作为中国国际消费品博览会的官方合作伙伴，积极响应国家战略，在海南自贸港成功举办苏格兰、白俄罗斯、泰国、比利时4场线上推介会。在海外大型车展集体按下“暂停键”的情况下，澳门车展展出面积达6.5万 m^2，吸引近40个主流乘用车品牌参展，这不仅为澳门会展业复苏注入强心剂，也将会展业打造成为推动澳门乃至湾区经济高质量发展的新引擎，进一步加快粤港澳大湾区建设。

3. 自办展取得新的进展 中机国际自办展涉及汽车及配件、摩托及摩配、机械装备及智能制造、新能源、教育、安全生产等类别。

在做好新冠肺炎疫情防控的同时，中机国际率先启动多地“首展”，拉动地方市场和经济复苏，推动汽车、机床、智能制造、消防安全等多个产业快速复苏，为区域经济和全球供应链注入强劲动力。

2020年6月举办的佛山春季车展是新冠肺炎疫情发生以来广东省“第一展”、粤港澳大湾区“第一展”，同时也是2020年国机集团“第一展”、中机国际“第一展”，为粤港澳大湾区会展业和消费市场吹响复苏号角。

第88届全国汽配会是2020年国内举办的首场大型汽配行业展会，参展企业1 500多家，展位近2 200个，有3万多名国内外汽配专业采购商参展。第80届全国摩配会是新冠肺炎疫情之后摩配行业举办的首场大型展会，展览面积4万m^2，是摩配行业的高质量展会。

粤港澳大湾区车展前身为“深港澳国际车展”，已成功举办23届。2020年在粤港澳大湾区一体化战略下，展会升级迭代，展出面积达13万m^2，共有102个汽车品牌参展，展出新车近1 000辆，现场举办近50场新闻发布会。呼和浩特车展作为内蒙古地区2020年首场大型国际展览盛会，总展览面积超过7万m^2，接待观众突破15万人次，现场销售及订单共5 670辆，意向成交额达11.3亿元，在内蒙古汽车行业及上下游相关产业链引发广泛的关注。

沈阳车展全面打响辽沈地区会展业复苏第一枪，展会规模达13万m^2，吸引110余个品牌、1 000余辆车辆参展，继续保持辽沈第一大展的地位。

杭州秋季车展有近60个汽车品牌参展。自2000年创办以来，杭州车展已成功举办20届，是中外汽车厂商开拓浙江市场的重要“桥头堡”。华南地区最受瞩目的年终汽车盛宴——东莞车展展出面积达16万m^2。参展汽车品牌超100个，1 500辆全新整车展出，有力地拉动了华南地区汽车消费市场。

广州新能源车展经过5年的培育和发展，被正式列入商务部经贸类展会序列，成为粤港澳大湾区新能源汽车及供应链领域最大专业展览盛会。

广州零部件展（AAG）作为华南地区汽车售后市场专业领域的首个展会，展出面积达6万m^2，共有1 028家参展企业。

亚洲再制造展览会是国内唯一的汽车再制造类展会，本届规模6 000m^2，参展企业52家，同期活动20场，展会深入推动国内再制造行业的蓬勃发展。

中机国际与广交会同期同场举办的广州机器人展、广州数控机床展，在做好疫情防控的同时，为促进华南地区智能制造产业发展搭建了交流平台。

广州应急安全博览会3天累计意向交易额达20亿元，历经10年积淀，其专业化程度、展览规模、论坛质量、活动成效均获得业界广泛认可，成为中国第一大应急安全展览会和中国第二大消防专业展览会。

佛山三磨展涵盖三磨行业新产品、新技术、新理念和运营模式。郑州三磨展和佛山三磨展已形成南北呼应的三磨品牌展览格局。

青岛职业教育展期间，举办了1场洽谈会、3场国际会议、6场教师研修班、23场平行论坛等30余场系列活动，吸引来自14个省市自治区的专业人士参与，多项校企合作项目启动并举行签约仪式，推动我国职业教育与世界教育接轨。

温州进口展邀请20多个国家（地区）的50多位驻华使节、商（协）会代表出席，来自46个国家和地区的302家企业参展，成功搭建起一个进口商品交易展示平台，成为温州和浙江省践行全面对外开放新思想的重要举措。

柳州车展、包头车展、洛阳车展分别成为中机国际在当地会展行业重启的大型国际性展会。石家庄车展是中机国际2020年收官之作，展会面积超过5万m^2，超过50个主流品牌参展。车展还首创云观车展，聚合运用“云端＋实地”观展模式，实现线上线下共享盛宴。石家庄车展为河北省汽车消费市场点亮新的风向标，并进一步促进中机国际在京津冀地区会展行业的合理布局。

4. 境外展会依旧亮点突出 2020年，中机国际原计划出展100多个项目，受新冠肺炎疫情影响，境外展会绝大部分停办，但中机国际组织的展会仍有突出亮点：3年1届的印度国际塑料橡胶展览会，中机国际组织300余家企业赴印参展，组展面积超过5 000m^2，中国展团面积创历届新高，并成为该展最大海外展团。已在中国广州、上海两地连续举办5届的中印塑料产能对接会首次转移到印度孟买举办，参会代表超过500人。

5. 同期会议活动实现双线融合 中机国际持续提升展览项目同期活动质量和数量，开发培育行业内和国内外具有一定影响力的会议论坛，将会议论坛发展成为公司新型的盈利业务。将部分会议论坛移植到云上和线上，使得会议论坛受众数量迅速增长。

佛山车展在疫情下率先开发“云看车”，是2020年第一个实现线上线下双线会展的会展项目，访问量达83万人次。佛山车展展会期间将线下车展移植到线上，成功打造“云车展”，创新推出线上线下同步办展的模式，取得良好的效果。佛山车展开幕当天登上“学习强国”广东学习平台的媒体推荐。

上海汽配展新增652场线上活动，借助AMS Live实现线上+线下的创新服务模式，增加线上会议、线上贸易配对及展会现场活动等，为海外观众创造更多信息沟通、贸易洽谈、技术交流的机会。

北京机床展在举办前期，持续发起多场线上论坛，引起行业高度关注。北京机床展结合互联网、视频直播、虚拟现实及数据分析等技术，成功将线下展会的功能和场景移植到线上，成为线上点击量超过5万人次的专业类展会。

6. 线上会展迈上新台阶 中机国际认真贯彻落实中央关于创新招商引资、展会服务模式的部署要求，积极主动应对新挑战新冲击，加快会展业务数字化转型步伐。通过云会展平台等创新手段，先后与巴基斯坦、智利、白俄罗斯、泰国、马来西亚、越南等“一带一路”沿线国家和中国澳门地区，以及数十个行业加强交流合作，帮助国内外企业拓展国际市场，搭建国际合作桥梁。

上线“国机云展览”平台，加速线上会展布局，整合各类数字化资源。中机国际在海外出展严重受挫的情况下，积极开拓新型业务，举办海外市场线上6个主题11场展览会，得到商务部外贸发展事务局和参展企业及客户的认可。2020年巴基斯坦塑料包装及食品加工线上展览积极探索展览与互联网、大数据的有机融合，快速搭建线上展览平台，并积极联合境内外产业集群地、合作方及商（协）会，在特殊时期为中国外贸企业“走出去”提供优质的平台和服务。举办4场中国商品和服务（白俄罗斯）线上展览会系列对接活动，3场海外防疫物资线上展览会，以及中国国际汽车及零部件（智利）线上展览会，东盟国际机械与智能制造线上展览会，越南国际塑料线上展览会。

“后疫情时代2020中国商用车市场发展机遇”云论坛开启商用车领域“云论坛”的先河，五地连线行业知名专家，吸引13万专业网友观看直播。玉环市出口交易会实现2个专场的网上交易，分别完成200多场次精准配对，为企业与卖家在汽配领域的双边经贸往来搭建有效沟通桥梁。

国机云展览平台正式上线，北京机床展、北京车展、广州新能源展、澳门车展、沈阳车展、沈阳美博会均登陆云展览平台，最大限度地利用现有的客户、产品、观众和数据资源，开发线上潜在服务功能。

【战略合作】

在全球会展项目严重缩水的情况下，中机国际力破困局，开拓多个新项目。西麦克主办的第八届成都国际旅游展，联动成渝，立足西南，辐射全国，助推成渝经济圈建设。展会汇聚34个省（市）文旅厅局代表，吸引来自1 029个国家和地区的30位驻华使领馆、旅游局参展，参展单位超过200家，专业采购商300余家，累计接待观众近7 000人次。

在进博会上，中国机床签订“2022年中国工业博览会”落地国家会展中心（天津）合作协议，展会计划规模10万m^2，涉及工业互联网、工业自动化、智慧汽车装备、机床工具、钣金设备、焊接设备、锻造铸造、印刷机械等领域。展会将推动制造业升级和新兴产业发展，助力加速中国与世界相互共同发展的时代进程。

2020年首届中国（菏泽）国际未来城市汽车展览会在菏泽举办，创下“三个第一”：展会是在菏泽市首个由商务部参与、主导的展会；展会是在菏泽市首个由央企主办、承办的展会；该届菏泽车展在规模、品牌、展出车辆上，都创下菏泽之最。

中机国际积极策划互联网 +、传感器、直播电商、网络视听、影视科技、汽车零部件及再制造等项目方案，推动落实厦门网络视听展、河间汽车零部件及再制造展等项目取得初步进展。

【改革发展】

中机国际进一步加强党建、经营、财务“三大体系”建设，取得显著成效。

1. 加强党建体系 中机国际全面贯彻党的十九大和十九届二中、三中、四中、五中全会以及中央经济工作会议、国机集团工作会议精神，动员全公司立足新发展阶段、贯彻新发展理念、推进高质量发展、服务新发展格局，全面加强党的建设，扎实推进改革发展，不断为打造世界领先的会展企业而努力奋斗。

2. 优化经营管理体系 中机国际完善经营管理组织建设，设立经营管理部。建立健全经营管理体系，多维度及动态展现公司的运行状态。完善内部协调机制，形成监督检查合力，完善风险识别和评估体系，保障经营业务安全运营。改进管理方式，通过经营管理制度和业务流程，对重大项目加强经济运行监管。制定和完善经营管理制度，持续加强项目评审、集采等方面的工作。

3. 提升财务管理体系 中机国际审计工作由被动向主动转变，实现审计工作全覆盖。完成专项审计、任期审计、交叉审计等多项工作，为公司决策提供可靠依据。法律与风控合规工作以风险管理为导向，合规管理监督为重点，完善规章制度体系，严格审核合同范本，进一步提升风险防控能力。同时，全力推进重大案件和诉讼处理进展。财务工作在做好财务核算督导决算的同时，全面系统升级更新财务系统和报表系统，落实两金压减、亏损企业治理，完成财务预算，加强财务环节控制，资金和财务管理与业务更为融合。

【管理经验】

加强基础管理，为业务发展提供良好环境；提高职能部门服务意识，增强对业务发展的服务保障能力。

综合管理工作围绕“上传下达、服务保障”核心，细化制度管理，加强会议管理、公文管理、外事管理。人力资源管理工作围绕“人力资本”这一核心，加强干部管理，打造培训体系，提升人力资源价值。信息管理工作贴近业务一线，确保信息系统稳定运行，为会展业务提供数字化保障。董事会办公室工作紧扣发展战略，深入推进建立责权明确的现代企业法人治理结构。针对疫情对会展、贸易项目造成的风险，法律工作针对业务相关的不可抗力风险，提前研判、有效防范应对因疫情引发的合同违约、项目逾期等风险。通过实施法律诉讼准备申请止付令、深入研究讨论保函条款和证据文件、持续履行质保义务等一系列措施，成功解除印度电站项目 362 万美元质量保函风险。中汽国际成功完成 11 台平行进口库存车销售，收回资金 600 万元。纪检和巡察管理工作围绕关键少数，精准运用监督执纪四种形态，惩前毖后，为公司加强党风廉政建设提供保障。数据中心努力推进公司数据库平台搭建，为会展项目提供多渠道宣传、多种形式的现场增值服务，工作取得卓有成效的进展。

【党建工作】

1. 突出首位意识，政治建设不断巩固

（1）坚持党的领导，强化理论武装，贯彻落实党中央重大决策部署，党委发挥领导作用到位。一是以习近平新时代中国特色社会主义思想武装头脑、指导实践、推动工作。二是及时传达学习中央及上级党组织重大决策部署、重要会议和文件精神，坚决抓好贯彻落实。三是完善并严格落实党委会（党总支、党支部）、董事会和总经理办公会议事规则。

（2）认真履行全面从严治党主体责任，党委书记履行党建第一责任，班子成员履行“一岗双责”。一是认真贯彻落实国机集团党建工作会议精神和国机集团党委 2020 年党建工作要点，制订并下发 2020 年党建工作要点、纪委工作要点以及党委中心组学习计划，指导所属党组织制订年度工作计划。二是坚决落实国机集团《各级党委履行全面从严治党主体责任清单》。及时明确、细化党建责任主体及分工，并通过相应的指导帮助督促机制，保证责任落实。三是党委书记认真履行党建第一责任，班子成员履行“一岗双责”。党委领导班子成员分别签订党建及党风廉

政建设责任书，廉洁承诺书，均按要求落实党建工作责任，严格落实党组织研究讨论“三重一大”事项前置程序要求，按时参加党委中心组学习，落实党建工作联系点工作要求，参加双重组织生活，开展谈心谈话。

2. 抓实理论武装，思想建设不断加强

（1）抓好以党委理论学习中心组为重点、以党支部组织全体党员集中学习教育为根本的政治理论学习。中机国际党委中心组组织集体学习研讨6次，完成12个专题的学习内容，推进理论教育与业务学习的有机融合。

（2）重视加强意识形态工作。中机国际党委严格按照意识形态工作责任制实施细则，做好舆情监测和舆情报告工作，规范突发事件的新闻应急处置工作，正确引导舆论，维护、提升公司品牌形象。

（3）努力做好宣传报道工作。新闻宣传围绕党的建设工作展开，从具体业务和服务模式出发，讲述各支部党建活动的亮点、经验及效果。数据中心探索线上展览模式，完善系统基本功能，丰富线上服务内容，实现线上线下联动。

（4）因地因时制宜开展形势任务教育。开展学习“十四五”等主题系列宣教活动，凝聚强烈的发展共识。

3. 打基础、固根基，干部队伍和“三基”建设有力推进

（1）深入贯彻全国组织工作会议精神，严格落实党管干部、党管人才原则，全面加强干部管理各项工作。召开专题会议，传达会议精神，对现有干部管理相关规章制度进行修订和补充；严格落实“凡提四必”工作要求、“一报告两评议”工作制度，增加选人用人工作的透明度，实现监督工作融入干部工作始终。

（2）加强党组织“三基”建设，配齐配强党务人员和党务工作机构，高标准完成“两委”换届选举工作。夯实党的基本组织，依托生产经营基本单位持续推进基层党组织全覆盖。建强党的基本队伍，加大党务干部和业务干部双向交流力度。全面健全基本制度，推动基层党建规范化、科学化水平不断提升。

4. 提高政治站位、落实管党治党责任，扎实做好党风廉政建设、反腐败工作和作风建设

（1）扎实履行“两个责任”。中机国际党委、纪委于年初、年中召开党建暨党风廉政建设和反腐败工作会，学习贯彻落实会议精神。中机国际党委书记与领导班子成员、总部各部门和子公司负责人、各基层党组织书记签订“党风廉政建设责任书”，将主体责任及“一岗双责”落实情况纳入年度履职考评范围。中机国际党委定期听取纪委关于公司党风廉政建设和反腐败工作情况报告。

（2）作风建设常抓抓常。中机国际党委、纪委强化日常监督与开展专项检查相互配合，持续发力。注重日常宣传学习教育，强化监督提醒力度，积极发挥党员群众监督作用，促进党员干部带头弘扬优良作风。

（3）持续营造健康向上的廉洁文化。积极开展警示教育、“廉洁宣传教育月”等活动，促使廉洁文化入脑入心。

5. 高度重视以党建带群团工作，为中机国际改革发展稳定营造良好氛围

（1）重视团委工作。中机国际党委指导团委制定年度团委工作计划，组织开展“我与党委书记面对面”主题团日等活动，勉励青年员工培养“建功必定有我，功成不必在我”的精神境界。

（2）支持工会开展工作。组织开展庆专项主题活动等，及时开展送温暖活动，不断增强员工获得感、幸福感。

6. 强化制度建设，不断提升制度执行力

围绕打造党建工作体系，不断健全完善中机国际党建工作制度建设。及时梳理修订相关制度，出台16项工作制度；抓好制度宣传贯彻落实工作，明确制度相应的程序、流程、责任主体，有效提高制度的执行力。

国机资产管理有限公司

【基本概况】

国机资产管理有限公司（简称国机资产）前身为北京华隆进出口公司，2011 年更名为国机资产管理公司，2017 年 9 月完成公司改制，名称变更为国机资产管理有限公司，是国机集团下属专业化综合性资产管理战略平台。

国机资产注册资本 13.5 亿元，由国机集团全额出资，属法人独资有限责任公司，经营范围包括投资与资产管理，产权经纪，房屋租赁，进出口业务，机械产品、电子产品销售，汽车销售，技术开发、技术推广、技术服务和技术咨询。

截至 2020 年 12 月 31 日，国机资产资产总额为 25.51 亿元，已逐步发展成为以资产处置、资产运营和资产投资为核心主业的专业化综合性资产管理公司。

【主要指标】

2020 年，国机资产合并口径净利润 34 097 万元，实际管理公司完成考核指标净利润 1 806 万元，优于国机集团 2020 年年初考核指标（1 393 万元）；完成期间费用控制考核指标同比下降 57%，优于国机集团 2020 年年初考核指标（同比下降 10%），以上为考核口径数据。2020 年国机资产主要经济指标完成情况（合并报表口径）见表 1。

表 1　2020 年国机资产主要经济指标完成情况（合并报表口径）

指标名称	2019 年	2020 年	同比增长（%）
资产总额（万元）	291 007	255 147	-12.32
净资产（万元）	180 525	189 738	5.10
营业收入（万元）	18 831	9 668	-48.66
利润总额（万元）	5 473	39 239	616.96
技术开发投入（万元）	739	524	-29.09
利税总额（万元）	6 899	40 402	485.62
EVA 值（万元）	-6 369	22 458	452.61
全员劳动生产率〔万元 /（人·年）〕	44.11	155.30	252.07
净资产收益率（%）	2.61	18.42	增加 15.81 个百分点
总资产报酬率（%）	2.36	14.51	增加 12.15 个百分点
国有资产保值增值率（%）	109.23	105.56	下降 3.67 个百分点

【要事与重大决策】

1 月 8 日，国机资产领导班子调整宣布大会在公司总部召开。

2 月，新冠肺炎疫情发生后，国机资产建立疫情防控工作指导组，制订疫情防控期间复工复产工作方案，全力做好防控工作。

2 月 28 日，国机资产顺利完成中国中元剥离资产接收工作。

5 月 26 日，国机资产领导班子成员任职宣布会议在公司总部召开。

6 月 12 日，国机资产第一届董事会第十三次会议审议通过“转让中国汽车工业进出口武汉有限公司5%股权项目”。

7月，北京置业工体西里小区防控岗被朝阳区授予“防疫先锋岗”称号。

7月14日，国机资产召开领导班子调整宣布大会。

10月10日，国机资产党员大会在京召开，选举产生新一届党委委员。

11月10日，国机资产第二届董事会第二次会议同意组织机构调整；审议通过香港四级公司清理处置项目；同意协议转让杂志社股权；同意挂牌转让厦门华隆所属房产；同意清算注销国机东方前海（杭州）有限公司。

12月10日，国机资产第二届董事会第二次会议同意对中汽重庆实施破产清算。

【资产管理】

2月，完成中国中元剥离资产接收和主要资产的日常运营管理工作。这是该公司近年来接收资产规模最大的一项，接收资产总额为4.8亿元，涉及7个部门和北京置业子公司。

6月，完成《国机资产2010—2018年资产管理经验总结回顾》的校对和付印工作，该书精心挑选18个资产处置典型案例，对处置过程中遇到的问题和处理经验进行了总结和提炼。

6月，完成驻京办、驻外办资产委托管理运营方案，委托北京置业完成全部8处房产的管理全接收和对外出租；向国机集团上报专项报告《关于中国海航处置原驻太原办事处房产现状和后续处置意见》。

7月，重庆机电破产项目完成破产终结裁定和工商注销工作，至此中汽重庆3家子公司的破产工作完成，为2021年中汽重庆破产扫清了道路。

8月，上海华隆转让完成场内交易，2020年回收资金285万元。

9月，北京卓众出版有限公司发函意向受让《中国汽车市场》杂志社有限责任公司100%股权，股权转让方案得到国机集团同意。

【资产运营】

1. 参控股运营管理方面　国机资产进一步规范各参股企业“三会议案”表决流程，充分发挥公司派出人员职能，加强对参股企业定期信息采集，及时了解参股企业经营状况，判断参股股权质量；优化股权管理制度体系，及时调整公司现有股权管理制度。

2. 不动产运营方面　国机资产为规范不动产管理，制定相关制度，下属北京置业经营管理保持平稳，国机西南大厦实现扭亏为盈。为积极落实国家、地方和国机集团的各项房租减免政策及要求，制订落实租金减免方案，用实际行动彰显国企的责任担当。

【重大项目】

1. 成都投资公司　国机资产下属子公司国机投资管理成都有限公司2020年度实现扭亏，至此合并范围内无亏损企业，国机资产完成亏损企业治理专项考核目标，并荣获国机集团“亏损企业治理奖”。

2. 中国中元剥离资产接收项目　1月接到国机集团《关于加快推进中元国际及规划院股权托管移交有关工作的通知》，国机资产迅速成立工作组，于2月完成主要资产接收，3月起围绕市场化运营方案和物业管理，以及闲置资产的市场化招租运营开展工作，在资产盘活和证照完善工作上取得进展：完成通州永乐闲置厂房的对外出租工作，租金提升40%，实现了资产盘活和效益提升；东北科技创意产业园房产证完善工作，完成竣工验收和结算备案工作，具备申请办理房产证的条件；长春6万m^2闲置土地，政府同意收储。

3. 王府井项目　历时近7年的调研、论证和方案研究，迈出了提起诉讼的重要一步，从2020年下半年起通过法律手段推动解决历史遗留问题，涉及的2项诉讼皆提交到相关法院立案，项目推进取得实质性进展。

4. 业务发展方面

（1）产权经纪业务。国机资产代理国机集团及下属企业在产权交易所有序开展产权经纪服务工作。不断增强服务意识，将产权经纪服务向前端延伸，加强与国机集团内各单位的联系，走访20余家重点企业，宣传贯彻国机集团精神及资产处置管理要求，提供资产处置方案咨询和建议，开展产权交易流程辅导，取得良好效果。截至2020年12月31日，产权经纪累计服务项目53项，完成项目29项，标的额7.83亿元。产权经纪业务累计分佣 54 万元。

（2）市值管理业务。在沪深两市环境总体向好的背景下，市值管理业务稳健前行。存量市值管理与增量市值管理稳健执行既定方案实施波段操作，全年实现盈利 1 187 万元。11 月 10 日，在收到《关于处置你公司所持上市公司股票的通知》（国机财函〔2020〕179 号）后，国机资产对自持股票进行减持，截至 2020 年 12 月 31 日股票处置盈利 11 634 万元，资金回收 26 520 万元。

【管理经验】

1. 国机资产发展战略 国机资产以“十三五”执行评价为基础，扎实推进规划编写工作，开展多场次、多层次、多角度的专题研讨，面向全体员工广泛征集意见建议，集中调研走访多家央企资产管理公司，积极与国机集团各相关部门汇报交流，满足规划与国机集团发展方向相契合。

2. 人力资源管理

（1）完善人才队伍建设。修订《员工职业发展管理办法》，进一步通畅公司专业技术通道和员工职业发展路径，使员工在职业通道能上能下。持续推进高层次人才招聘工作，加速高质量人才梯队建设，提升人才量级与人才价值创造能力。结合疫情防控要求创新性地开展线上 + 小范围线下培训模式，满足公司员工培训需求。

（2）持续做好干部管理工作。国机资产以组织选拔方式提拔任用 1 名领导干部，对 2 家子公司领导班子开展任期考核。干部提拔和任期考核严格按照公司干部管理规定的有关程序规范进行，决策环节严格按照“三重一大”决策制度的要求，坚持党委集体讨论决定，充分发挥“民主集中制”，切实提高选拔干部的公信度。

（3）不断加强薪酬激励建设工作。按照国务院国资委有关业绩升、薪酬升，业绩降、薪酬降的分配指导原则，持续优化完善薪酬福利制度体系。对核心骨干人才给予符合其贡献程度的激励保障，充分发挥薪酬福利体系的聚才效应，努力做到薪岗匹配，不断提高员工工作积极性，为公司经济创收、业务开拓、服务提升打下坚实基础。

3. 财务管理

（1）新财务信息系统上线，提升财务管控能力。按照国机集团统一部署，国机资产组织安排下属企业及托管企业（含中元）按时完成 NC 系统向 NCC 系统平稳过渡及新旧报表系统衔接。

（2）加强全面预算闭环管理，促进公司经营指标完成。建立以预算编制、关键财务指标分析、预算执行监控、结果分析为一体的全面预算管理体系。预算目标与公司战略目标、国机集团考核指标相结合，监控、分析执行偏差，对于存在问题，及时采取措施予以纠正。严格执行“无预算不支出”“先预算后实施”，发挥全面预算管理作用。监控总部各部门收入、费用预算执行进度，严控各部门费用支出，发挥预警功能；坚持原则，按制度办事，严格执行“负面清单”机制，确保合规运营。

强化财务核算基础管理工作，以年度预算为基础、以国机集团考核指标和公司战略为目标、以财务快报和月度财务状况分析报告为载体、以年度决算报告为结果，加强财务基础管理，确保会计核算信息及时、完整、真实有效；采取措施，监控和加强亏损企业治理，完成“两金”压减、降杠杆、提质增效、清欠民营企业款项等国机集团布置的专项工作。

4. 内部控制与合规管理 以“强内控、防风险、促合规”为目标，积极推进内控、风险和合规管理监督整合优化，建立健全以风险管理为导向、合规管理监督为重点，严格、规范、全面、有效的内部控制体系，增强风险驾驭能力，筑牢风险防范堤坝。

（1）优化组织。为进一步发挥内控、风险及合规管理职能，不断优化完善组织架构，将公司内控、风险及合规管理从职能上进行整合，成立审计与法律风控部，负责完善公司内部控制体系、开展风险评估与监测工作，以及合规体系建设和监督等工作，为有关工作的开展提供组织保障。

（2）深入评估。结合外部环境及公司实际，创新方式、方法，采用调查问卷形式，全面调查、分析公司面临的风险因素，深入评估、研究应对策略，实施全方位过程管控。对有关风险进行密切关注，不断加强全面风险管控，牢牢守住不发生重大风险的底线。

（3）促进合规。国机资产不断健全合规组织管理，完善内控及风险合规管理体系，成立内控及风险合规领导小组与工作小组，保障合规工作有效落地。同时，不断加强合规制度建设，修订《合规管理办法》并严格落实，通过对机构、内容、机制、文化的进一步明确，扩大合规管理覆盖面。公司通过加强组织领导、组织合规培训和有效防控法律风险等，不断增强全员合规意识。

（4）强化监督。建立健全内部审计领导体制，由董事长分管公司内部审计工作，强化内部审计监督工作的权威性；优化管理机构，将审计与风控业务从资产财务部剥离，增强内部监督工作的独立性；进一步健全、完善公司内部审计管理制度及内控评价办法，提高公司内部监督工作的规范性。建立审计人员资源库，为开展全面、有效内部监督工作提供人员保障，同时加大内部审计、内控评价等工作中发现问题的整改力度，以形成良性循环，促进公司内控体系不断完善与有效执行，构建内控体系长效运行机制。

（5）完善内控。成立内控制度梳理课题组，对公司制度文件进行全方位分析、梳理，从规范性、体系性、专业性等维度考量，有针对性提出整改建议，并充分运用到公司制度体系建设中，不断完善、细化各项管理标准，新增制度10项、修订制度28项，废止制度3项，打造标准化、科学化及专业化的内控制度体系。

【企业文化】

将企业文化建设年度主题确定为“创新年”。组织开展团队建设、企业文化建设征文、领导接待日、领导见面日和专题研讨活动，宣扬典型事迹、典型人物、典型案例，发挥模范人物在企业文化建设中的示范和榜样作用。设立企业文化奖项，对在企业文化建设中表现突出的单位和个人进行表彰奖励；定期组织员工体检，聘请专业机构对员工开展心理指导；开展羽毛球、健步走等文体活动，加强人文关怀，全面营造和谐的工作氛围。

在对外文化输出方面，落实国机集团推进品牌一体化工作要求，持续推进一体化工作建设，监督指导子公司积极落实。完成物料集采的接收及检查工作，对公司司旗、桌旗及茶杯等日常用品统一更换，深化全员品牌意识。督导国机西南大厦完成户外标识安装工作，实现点亮国机工程。

【信息化建设】

根据新冠肺炎疫情防控要求，结合远程会议、远程办公工作需要，大力提升公司会议网络系统；顺利完成资产管理信息系统初步验收工作；加强网络安全管理，积极进行网络安全宣传，安排防火墙升级等相关工作。

【安全生产】

1. 完善组织和制度，力抓安全生产体系建设 逐级建立安全生产管理体系，建立健全安全生产规章制度，重点修订《安全生产事故及境外突发事件综合应急预案》，以及交通、火灾、突发事故和食物中毒等专项应急预案。建立安全生产责任制，进行安全生产责任分解落实。

2. 完善风险管控和隐患排查双重预防机制，力抓安全生产前端治理和过程控制 定期深入开展安全生产监督检查和专项整治工作。加强应急预案演练，增强突发事故应急处理的响应能力。加大安全知识培训力度，普及安全知识。

3. 完善安全生产专项整治方案，力抓重点工作见到实效 制定《安全生产专项整治三年行动实施方案》，成立安全生产专项整治三年行动领导小组及办公室，落实责任到人。围绕重点领域和环节细化整治方案，列出操作性强的整治清单，将整治落到实处。

【党的建设】

国机资产始终坚持党委统揽全局，推动全面从严治党，以“党建巩固深化年”专项行动为抓手，巩固拓展“不忘初心、牢记使命”主题教育成果，扎实开展公司党委换届、“三基建设”等重点工作，深入推进党的建设和生产经营深度融合，以高质量党建推进企业高质量发展。

1. 履行政治责任，坚决做到“两个维护” 一是贯彻落实“第一议题”制度，认真学习习近平总书记重要讲话精神和重要指示批示精神。二是贯彻落实全面从严治党主体责任，创新工作方式方法，制作任务卡，将主体责任具体化、清单化。三是落实“三重一大”决策程序，进一步梳理决策事项清单。

2. 服务国机集团战略，贯彻落实决策部署 一是全面做好新冠肺炎疫情防控。及时成立疫情防控工作领导小组，落实各项防控措施，指导“战疫情、防风险、促发展、保稳定”。全体员工无感染，所管物业无疫情。二是加大定点扶贫力度。投入 28 万元用于河南省信阳市淮滨县谷堆乡老关小学校舍基础设施改造升级，组织员工捐赠书籍，并帮助解决学校留守儿童的实际难题；组织各级工会采购扶贫产品共计价值 11.9 万元，较好落实了“消费扶贫任务”。三是全力落实“六稳六保”，落实好国家关于应对新冠肺炎疫情进一步帮扶服务小微企业和个体工商户缓解房屋租金压力的指导意见；响应国机集团专项减持任务，深化市值管理，完成国机集团部署的任务目标。

3. 深化理论武装，引领推动企业发展 一是深入学习贯彻党的十九届四中、五中全会精神，做到公司班子成员、中层干部、党支部书记和全体党员集中学习培训全覆盖。二是扎实开展中心组研讨和调查研究，学习《习近平谈治国理政》第三卷，提升理论学习效果，巩固深化主题教育成果。三是党课宣讲全覆盖，领导班子成员全员上阵，结合分管工作和联系点，为党员讲党课、为员工作宣讲。

4. 夯实基层党建工作，推进党建经营融合 一是加强组织建设，完成公司党委换届及基层支部换届，配齐配强班子成员；二是开展“党建巩固深化年”专项行动，开展“党建重点项目”“岗位建功”“育新机、开新局”专题研讨等系列活动，推进党建经营融合；三是加强督导检查，夯实“三基建设”，提升党建工作质量。

5. 深化党风廉政建设，打造良好政治生态 一是开展廉洁宣传教育活动。全年开展、参加反腐倡廉教育 20 多场。全年未发现违法违纪情况。二是开展党风廉政“制度建设年”专项行动。梳理形成国机资产全系统“党风廉政建设和反腐败、监督类制度清单”，健全完善党风廉政建设和反腐败工作制度体系。三是做好巡视整改和巡察工作。推动落实扶贫巡视整改，针对扶贫专项巡视反馈问题制订整改措施，推动巡视整改任务圆满完成，同时开展巡察“回头看”工作，向被巡察企业反馈巡察意见，督促被巡察单位整改落实。

【廉洁从业】

1. 加强监督管理，建立健全监督格局 一是加强对领导干部的监督管理，建立各级领导干部廉政档案。二是构建大监督格局，成立党风廉政建设和反腐败工作领导小组及监督协调组，设立党风监督员，定期召开监督协调会，集中研究解决监督问题。三是落实廉洁承诺制度，组织新任职中层干部签订“廉洁承诺书”，促进廉洁从业。

2. 保持高压态势，推进“三不”体制建设 一是加强制度体系建设，组织总部各部门、子公司对党风廉政建设和反腐败、监督类制度进行集中梳理、分类评估和修订，推动完善监督体系。二是加强反腐败形势研究，召开专题会议学习党内政策法规及典型案例，结合实际查找企业反腐败工作中面临的问题与挑战。三是开展“四个专项整治”监督，成立由党委书记任组长的领导小组，以及班子成员牵头的工作组，开展专项整治工作，落实好国机集团重要工作部署。

3. 推进作风建设，落实八项规定精神 一是整治形式主义问题，将反对形式主义与总部机关化整改、提质增效工作同推进、同部署，形成 30 条整改措施并全部完成，探索为基层减负的有效途径。二是坚持“一节一提醒”，通过约谈相关部门负责人、印发紧盯“四风”通知等，督促提醒各单位和党员干部严守纪律要求，清正廉洁过节。三是开展廉洁警示教育活动，通过召开警示教育大会、观看警示录、讲党课、开辟党风廉政微课堂等形式，增强党员领导干部廉洁从业的思想自觉、政治自觉和行动自觉。

【抗击疫情】

1. 加强组织领导，力保各项防控部署落实到位 迅速组织部署加强新冠肺炎疫情防控工作组织领导力量，落实公司疫情防控工作组和复工复产工作安全指导组的各项部署，组织传达重要通知精神。制订发布公司复工复产工作方案、临时弹性工作制方案、加强二级响应下疫情防控措施等重要方案、中秋国庆两节期间常态化防控管理方案、严格离京外出管理等疫情防控方案，并有序组织实施；多次下发疫情防控紧急通知，开展人员健康管理、行程及接触史情况排查等工作。

2. 加强防控手段，力保常态化疫情防控措施到位 一是加强疫情防控常态化管理，提升疫情防控工作质量。坚持群防群控的工作方针，做好员工上岗体温监控和外来人员登记审查；采购发放个人防护用品和疫情防控所需物资。二是坚持密切防控，加强疫情监测和信息报送。建立疫情防控零报告制度和报告体系。三是组织实施公司总部的日常防控工作，做好人员健康管理、出差管理、离京管理、用餐管理、防疫物资保障等工作。四是严格控制人员流动，配合阻断病毒疫情传播，配合处于高风险地区员工核酸检测工作，排除风险。

3. 加强宣传教育，力保员工自我防控意识到位 时刻关注各地疫情防控信息，定期通报各地疫情防控情况，及时从官方渠道搜集整理新型冠状病毒防控知识，发布在公司微信群。教育引导干部员工正确认识疫情防控，不信谣，不传谣，消除不必要的恐慌，科学开展自身防护。

中国农业机械化科学研究院

【基本概况】

中国农业机械化科学研究院（简称中国农机院）成立于1956年，隶属于世界500强中国机械工业集团有限公司。总部位于北京奥运村核心地区，在岗员工4 000余人，拥有6家全资子公司、13家控股子公司和4家直属单位，是国家首批创新型企业和高新技术企业。

中国农机院建有1个国家重点实验室、2个国家工程实验室、2个国家级工程技术中心和3个国家级质量监督检验中心，是农业装备产业技术创新战略联盟、国家饲草料生产科技创新联盟、食品装备产业技术创新战略联盟和首都生物质能产业创新战略联盟理事长单位。

业务领域包括高端装备、农业工程、创新与服务三个板块，涵盖农牧业装备、特种装备、汽车配套、农产品与食品工程、冷链与环境工程、勘察设计与施工、信息技术与精准农业、标准与检测、出版传媒等领域，是中国农业机械领域战略策源中心、技术创新中心、产品辐射中心和国际交流中心。

当前，中国农机院秉承推动中国农业机械技术进步及产业升级的使命，以“价值型农机院”为引领，致力于建设“创新农机院、智慧农机院、幸福农机院”，围绕现代农业装备核心领域，发展多元产业，打造具有国际竞争力的一流企业。

【主要指标】

2020年中国农机院主要经济指标完成情况见表1。

表1　2020年中国农机院主要经济指标完成情况

指标名称	2019年	2020年	同比增长（%）
资产总额（万元）	583 011.24	560 390.95	-3.88
净资产（万元）	123 607.47	137 047.43	10.87
营业收入（万元）	414 739.76	387 967.06	-6.46

（续）

指标名称	2019 年	2020 年	同比增长（%）
利润总额（万元）	12 331.38	25 162.18	104.05
技术开发投入（万元）	21 548.41	22 574.97	4.76
利税总额（万元）	30 674.47	42 258.62	37.76
EVA 值（万元）	13 662.84	36 251.51	165.33
全员劳动生产率〔万元 /（人·年）〕	18.81	23.27	23.71
净资产收益率（%）	4.85	16.47	增长 11.62 个百分点
总资产报酬率（%）	4.08	6.08	增长 2 个百分点
国有资产保值增值率（%）	99.86	108.66	增长 8.80 个百分点

【改革改制】

1. 提高站位、强化担当，谋篇布局彰显使命 总结“十三五”的经验与成效，系统梳理中国农机院经营、资本运作、科技、人才、平台、拳头产品、战略合作等发展现状；高起点谋划“十四五”规划编制工作，聚焦中国农机院未来发展定位、发展模式、实现路径和体制机制改革等，凝聚智慧达成共识。

2. 聚焦科技前沿和“卡脖子”难题，以关键核心技术攻关为主线，推进重大装备创新 高效智能采棉机技术突破推动采棉机产业升级，形成了三行棉箱式/圆包式、六行棉箱式/方包式/圆包式系列技术装备。小区种子播种机、高效智能玉米联合收获装备、玉米去雄机、高地隙田间管理多功能平台等成为专项亮点性重大成果；食用菌培养基装瓶机、瓶栽食用菌液体接种机、袋栽香菇液体接种机、袋栽黑木耳液体菌种接种机技术水平国际领先。新一代电液伺服动静疲劳试验机、10 000kN 大型轴向拉力疲劳寿命试验机、核应急无人机及机器人等填补空白。

3. 立柱架梁、固本培元，人才梯队更加完善 成立研究生院，完善研究生教育管理体系，构建产学研用的开放式人才教育培养模式，打造国内外专业学术交流和行业高水平人才交流互动发展平台，形成高水平人才培养体系；1 人入选国家百千万人才工程、1 人获国务院政府特殊津贴；10 人入选国机集团“青年干部”“青年高潜”，2 人入选国机集团首席专家，充实增强国家级、集团级战略科技人才和科技领军人才队伍。

4. 清理低效无效投资，消除“出血点” 贯彻落实“整体瘦身，精干主业”战略思路，结合国机集团压减专项工作，不断清理低效无效投资、连续多年亏损和非持续经营、缺乏核心竞争力的企业，集中有限资源发展培育主营业务。采取清算注销、股权转让方式清理企业 3 家（呼伦贝尔市华德旅行社有限责任公司、湖州安达汽车配件有限公司、中机南方机械股份有限公司），截至 2020 年年底，全级次法人单位由“十二五”末的 73 家（不含 2 家托管企业）减少为 47 家（含新合并企业 1 家），累计压减企业 27 家。

5.“技术 + 资本”双引擎驱动，促进资产证券化 完成中机试验第二次定向增发工作。根据国机集团批复方案，中机试验按照“新三板”规则，完成了第二次定向增发工作。虽然 2020 年资本市场比较低迷，但中机试验还是顺利征集到了投资方，并获得投资者的认可，共募集资金 9 683 万元，其中包括现金 9 000 万元，股权 683 万元。

【重大决策与重大项目进展情况】

1. 国有资本金项目获批，支撑核心技术攻关条件和能力建设 “智能农机装备关键技术升级与攻关”国有资本金项目获批，项目建设周期为 3 年，获 2 亿元国有资本金支持。建设内容包括：智能农机装备核心技术攻关条件升级、智能农机装备卡脖子技术重点攻关、智能农机数字化云服务平台升级。项目完成后将极大缩短我国与发达国家的技术差距，推动传统农机装备向智能化升级，推动由单一环节技术、单机产品供应向全程全面、成套装备供应转变，实现更多依靠技术价值驱动、更多发挥集成优势的引领型发展。

2. 瘦身健体、提质增效、资本运作取得实效 一是综合施策精准发力，亏损治理取得重大进展。完成企业法人压减4家。二是聚焦主责主业，推动现代农装重大资产处置。剥离现代农装株洲公司股权后，成功完成安达汽配和中机南方全部股权对外转让，战略退出汽车配件领域，集中资源聚焦农业装备主业，改善现代农装公司资本市场形象。

【市场开拓】

1. 高端装备核心业务业绩稳定增长 “中农机”采棉机销量同比增长90%；大型青饲机销售同比增长70%以上，市场占有率提高5个百分点。推出3款全新分段式马铃薯收获机。“华德”打捆机销售同比增长17%，市场占有率稳居同类产品榜首。高端摊铺机远销几内亚、柬埔寨等海外市场，销量同比增长23%。持久蠕变试验机销售超600台（套），大型结构测试设备销售覆盖航空航天、核能动力、石油管道和轨道交通等领域。

2. 农业工程市场创新开拓 销售挂面智能干燥生产线8条，与鲁花集团签订24条挂面烘干线合作框架协议；完成蒙古国捐赠的3万只肉羊屠宰加工任务；深耕湖北和武汉工程勘察市场，实现较好突破。

【科技发展】

1. 信息技术与服务经济效益提升 开启车辆检测“一站式”服务模式，在18家道路运输车辆达标车型检测机构中，业务量排名第4位；提升标准化服务质量，扩展检测项目标准124项，发布国家及行业标准40项，组织40余项农机新产品团体标准制定。聚焦保护性耕作作业远程监测设备，全年实现销售7 993套，进一步夯实吉林农机全程信息化市场占有率；中标“吉林省农业机械化智慧云平台升级建设项目”，为全环节大数据创新应用奠定基础；新研发北斗水田卫星平地机，在东北农垦区水田示范作业效果良好。以学农教育项目为主线拓展新业务，取得北京市初中生社会大课堂市级资源单位资质；新媒体平台持续发力，助力抗击疫情、承接各类品牌传播，经济效益和社会效益双丰收。

2. 科技创新成果颇丰 承担国家重点研发计划重点专项项目（课题、任务）82项，主持项目13项、主持课题44项。其中“智能农机装备”重点专项任务62项，推进智能采棉机、大型青饲收获机、高效打捆机、薯类智能收获机以及农机智能控制系统等高端装备创新。

组织申报国家科技进步奖5项、省部级科技奖14项；获省部级科技奖9项。其中，“旱田智能高效种植关键技术及装备”“设施蔬菜清洁高效育苗移栽技术与装备”分别获中国机械工业科学技术奖一等奖和三等奖；4项成果分别获国机集团科技奖二等奖、三等奖。

3. 加强知识产权布局，完善质量体系建设 拥有有效专利283项，全年申请专利57项、获授权专利36项，2项专利分获国机集团优秀专利奖二等奖、三等奖。2020年被评为国机集团标准化工作突出贡献单位，1项标准获国机集团标准奖三等奖。组织通过质量体系三年再认证审核。

【党建工作】

1. 压实全面从严治党主体责任 强化落实“第一议题”制度，严格执行“三重一大”事项决策前置程序；坚持党管干部、党管人才；确保党的组织和党的工作全覆盖；完善班子成员党建责任清单，推动落实“一岗双责”；坚持执行联系点制度，发挥党员领导干部示范带动作用。

2. 筑牢理想信念精神根基 巩固深化“不忘初心、牢记使命”主题教育成果，把阳早寒春故居打造成国机集团理想信念教育品牌。加强全媒体传播平台建设，注重舆论引导，多渠道多角度全面展示中国农机院改革发展、科技创新、企业文化的各项成果与经验，创造良好的舆论氛围，激励全体员工勇担使命，主动作为。

3. 持续提升基层党组织工作质量 全面推进党组织按期换届工作，持续推动支部工作标准化、规范化，培育示范党支部；提高新发展党员质量，注重从高知群体、青年骨干、艰苦岗位、生产经营管理和项目一线发展党员，完善党员发展审核评价机制；深入开展党员责任区创先争优活动，引导党员特别是党员领导干部在重要项目和急难险重任务中勇挑重担。

4. 深化党建工作与中心工作深度融合 聚焦“十四五”战略规划制定、提质增效、党建工作与经营工作深度融合三大主题，明确提出加强“十四五”战略规划顶层设计，把企业健康发展作为提质增效的落脚点。各级党组织以此为契机，鼓励全体员工为培育企业核心竞争力、寻找新的经济增长点建言献策，引导全院干部职工把思想和行动统一到企业发展这个第一要务上来。精心安排中国农机院“党建先锋行”专项工作，将党建要求融入加强党的领导、重大项目实施、重大科技攻关、“十四五”战略规划制定、党务干部能力提升、党员作用发挥等具体工作。

5. 加强党风廉政建设 发展积极健康的党内政治文化，增强党内政治生活的政治性、时代性、原则性、战斗性，巩固扩展作风建设成果，巩固打造风清气正的政治生态。

【信息化建设】

信息化工作围绕管理信息化和业务信息化稳步开展，着重关注“有质量发展”“持续提升”两大主题，注重信息化管理能力建设和业务信息化水平提升，加强统一化、标准化建设，推动信息化管理水平持续高质量提升。账号治理与身份认证规范化，切实提升账号与身份管理质量。组织撰写《中国农机院账号治理与安全认证方案》，该方案被国机集团选为优秀方案，并代表国机集团参与国务院国资委“‘新基建’网络安全优秀综合解决方案”的评选。

【企业文化建设】

围绕中心工作和发展大局，开展形式多样的线上、线下活动，凝聚力量、团结人心，营造健康向上的企业文化氛围。注重维护职工群众的民主权利，开展形式多样的创新创效活动，帮助解决子女上学问题，关心关爱女职工。结合青年特点持续开展 Y-TALK、Y-Together 系列活动；组织“绽放战疫青春·坚定制度自信”五四青年节主题团日活动；推进“青年大学习”；走进“青年文明号”；组织青年志愿者前往太阳村献爱心。

【社会责任】

坚决打赢脱贫攻坚战，签订扶贫责任书，落实定点帮扶资金 28 万元，采购定点扶贫地区农产品累计超过 55 万元，关心关爱贫困地区儿童健康成长，定点扶贫点河南省信阳市淮滨县如期实现脱贫“摘帽”目标。受国机集团党委委托，中国农机院专家组到国机集团定点扶贫点四川省广元市朝天区对核桃产业、高山陆地蔬菜及农机应用进行实地调研，推进扶贫工作有序有效进行。

【抗击疫情】

中国农机院党委专题研究、统筹部署新冠肺炎疫情防控和复工复产各项工作，确保员工生命安全，确保企业生产经营平稳运行。新冠肺炎疫情发生后，中国农机院党委第一时间向湖北省和武汉市捐款 50 万元，向中机三勘、新疆中收捐助疫情防控物资；第一时间为患病职工送去慰问金，了解驻外职工相关信息，对疫情期间监护缺失儿童进行统计，组织全院党员自愿捐款，关注员工心理健康，宣传疫情防控知识，引导职工群众正确应对疫情。院纪委落实监督责任，根据《国机集团纪委新冠肺炎疫情防控监督工作实施方案》和“企业复工复产疫情防控工作检查表”开展专项检查，现场检查 13 家在京单位，重点关注主体责任落实、强化疫情防控、精准复工复产等情况，对发现的问题及时反馈，督促立行立改。快速落实上级管理部门、院疫情防控工作领导小组的各项工作指示，形成线上线下相结合，各级防疫责任主体联动的工作传达和督办机制，持续做好疫情防控常态化工作；全院职工同心协力、排除万难，在严防疫情的同时扎实推动复工复产，通过提前隔离、抢抓进度、倒排工期等方式在最短时间内恢复产能；通过直播带货、在线营销、线上签约等多种方式开拓市场。在全院职工的不懈努力下，将疫情对生产经营影响降到最低程度，实现全年疫情防控和经营生产的双胜利。

国机集团科学技术研究院有限公司

【基本概况】

国机集团科学技术研究院有限公司（简称国机研究院）是国机集团重要的科技子公司，是增强国机集团整体技术创新能力的重要创新主体，它的成立（2010 年成立）是国机集团向“创新型国机”迈进的战略部署。

国机研究院始终秉持以科技创新助力国机集团进入世界一流企业的建设目标，充分发挥国家需求对接、科技资源整合、核心技术研发、高端人才聚集、体制机制改革、科技服务/咨询六大平台功能，围绕关键基础材料、先进基础制造工艺、核心基础零部件/元器件、质量技术基础、基础工业软件等领域，积极实现在国家科技项目、国家级平台建设、关键核心技术、国家科技奖励、高层次人才与创新团队、经济规模与盈利能力、体制机制和行业影响力八方面的突破，对标国内外知名研发机构，紧盯国家战略需求，瞄准关键核心技术，特别是“卡脖子”“短板”问题，加强创新资源整合，深化产业业务融合，加大科技研发投入，加快科技成果转化，综合实力不断增强。

按照国机集团部署，2019 年完成与沈阳仪表院、重材院联合重组，完成对济南铸锻所检验检测公司的收购；2020 年天津电气科学研究院、兰州电源车辆研究所（简称兰电所）托管进入国机研究院，国机工程振控中心团队转入研究院。国机研究院已成为国机集团重要的科技子公司，社会知名度和行业影响力正逐步提升。

国机研究院拥有二级企业 9 家，其中 8 家为原机械工业部直属研究院所。截至 2020 年年底，国机研究院资产总额为 36.53 亿元（含新托管的 2 家单位），实现主营业务收入 18.75 亿元。员工总数 2 115 人，其中，工程技术人员 941 人、研发人员 579 人，院士 3 人、享受政府特贴 36 人，正高级职称 101 人、高工 322 人，博士 21 人、硕士 247 人。

国机研究院积极推进科技创新体系建设，现有国家工程（技术）中心 3 个、国家重点实验室 1 个、国家企业技术中心 1 个、国家地方联合工程实验室 1 个、博士后工作站 2 个、国家和行业生产力促进中心各 1 个、行业质检中心 10 个（国家级 6 个）、国际标准化委员会 1 家、全国标准化委员会 7 家、行业标准化委员会 2 家、各类省部级科研平台 30 余个。

2020 年新增国家级科技项目 15 项，项目获批金额超 1.2 亿元；获省部级以上（含国机集团奖）科技奖励 7 项；申报发明专利 60 项、获授权发明专利 19 项；发表论文 112 篇，其中，被 SCI 收录 3 篇。重材院、沈阳仪表院的 2 个国家级研发平台获得“集团优秀创新平台”称号。新批准设立省级创新平台 2 项，获批工业和信息化部产业技术基础公共服务平台（信息服务类）1 个。科技投入约 3.2 亿元。

2020 年组织召开国机研究院标委会工作交流会和检验检测工作交流会，努力提升行业共性服务能力，制（修）订国际标准 1 项、国家标准 9 项、行业标准 19 项；获国机集团科技期刊一等奖、二等奖、三等奖各 1 项，优秀标准奖一等奖 1 项，产品质量奖 2 项。

成立国机研究院第一届技术委员会，组建国机研究院创新团队 27 支。获批享受政府特殊津贴专家 3 人，推荐国机集团高级专家 12 人，获批正高级工程师 7 人。

【主要指标】

2020 年国机研究院主要经济指标完成情况见表 1。

表 1　2020 年国机研究院经济指标完成情况

指标名称	2019 年	2020 年	同比增长（%）
资产总额（万元）	255 088.73	235 793.57	-7.56
净资产（万元）	112 450.39	108 052.11	-3.91
营业收入（万元）	134 821	139 916.36	3.78
利润总额（万元）	-2 726.35	-8 316.07	-205.03
技术开发投入（万元）	21 242.96	34 876.98	64.18
利税总额（万元）	3 142.23	-3 214.41	-202.30
EVA 值（万元）	2 953.10	2 743.52	-7.10
全员劳动生产率〔万元 /（人·年）〕	16.28	13.32	-18.18
净资产收益率（%）	-2.95	-7.70	下降 4.75 个百分点
总资产报酬率（%）	0.20	-2.18	下降 2.38 个百分点
国有资产保值增值率（%）	94.62	91.98	下降 2.64 个百分点

备注：1.2019 年合并口径：国机研究院本部、北强所、哈成套、沈阳仪表院、重材料院。
2.2020 年合并口径：院本部、北强所、沈阳仪表院、重材料院、哈成套（1—4 月）。
3.2020 年亏损较大，一是因拨付国机集团重大科技专项研发经费 1.44 亿元；二是因合并抵消转让哈成套股权投资收益 7 027.97 万元。

【改革改制】

为加快实现“做实、做优、做强”发展目标，按照国机集团部署，整合国机集团科技资源。2020 年，吸收国机工程振动控制中心团队进入研究院，实施对天津电气科学研究院和兰州电源车辆研究所的托管工作。全面承接二级企业管理职能，各项工作有序运行。整合后，国机研究院拥有各类全资、控股企业 33 家，参股企业 6 家。

2020 年，“网拍”收购济南铸锻所检测检验科技有限公司，吸收国机工程振动控制中心团队进入研究院，实施对天津电气科学研究院和兰州电源车辆研究所的托管工作。

【重大决策与重大项目】

强化战略引领，持续优化顶层设计。国机研究院“十四五”发展规划提出“1568”发展战略，即：打造“1”个国内一流的集团中央研究院，做强“5”大核心业务，搭建“6”大平台，实现“8”项突破的总体目标，为国机研究院未来发展确立重要的行动纲领。

站在满足国家需求、支撑国家战略的高度，推动重大院组建筹备，积极协助国家发展改革委开展重大技术装备攻关工程研究。同时，国机研究院牵头组织行业单位研究提出农业机械领域重大技术装备攻关工程思路，并对全国各省、自治区、直辖市提出的 70 余项备选项目进行梳理，向国家发展改革委提交《农业机械重点攻关首批实施方案》，并遴选出首批实施条件较好的 6 个项目，发挥了牵头筹建重大院的“国家队”作用。

2020 年国机研究院获批国家级科技项目 15 项。其中，由沈阳真空所牵头，联合其他 6 家国内优势单位申报工业和信息化部重大短板装备专项工程，项目获专项经费 7 950 万元；国机研究院本部申报 2020 年国机集团重大科技专项项目 2 项，其中牵头 1 项、参研 1 项，获支助经费 1 650 万元。

【科研成果】

国机研究院参与科技部、发展改革委、工业和信息化部、国家自然科学基金重大项目等工作，为国机集团有关优势研究方向和重点项目进入国家“十四五”重大、重点专项规划发挥积极作用。

组织国机集团内兄弟单位，提出国家重点研发计划“十四五”重大研发需求项目建议 8 项。

组织提出国家自然科学基金重大项目等一批国家级重大、重点科技项目建议。

协助中国重型院、北京金轮公司、国机智能开展项目申报；协助中国农机院成功申报工业和信息化部农机装备新材料产业示范应用平台项目；协助中国农机院、中国一拖申请工业和信息化部某专项项目 2 项。

承担国机集团重大科技项目管理工作，国机研究院共下拨 2017 年、2018 年和 2019 年度立项的集团重大科技专项经费 1.6 亿元。协助国机集团筹建“央地合作创新中心”，按照国机集团和地方政府达成的意向，积极策划落实与重庆市签订相关协议，组织专家完成对重庆市农机装备重点企业的调研，为重庆市农机装备发展提出建设性意见。

【经营管理】

围绕国家所需，加强科技创新协同。围绕国家和行业科技发展需要，发挥国机研究院的平台优势，协调内外部资源，加强与国家部委、重点龙头企业的对接；围绕“卡脖子”技术、“短板”装备，组织国机研究院所属院所及国机集团相关单位联合承担国家、地方重点科研项目以及集团重大科技专项，形成创新合力。

完善总部组织架构，建立健全各项制度。基本完成院本部建章立制工作；获得 ISO9001 质量管理体系认证证书，向“管理型 + 业务型”总部建设迈出坚实的第一步。

加强人才建设。重视人才队伍培养，围绕关键技术和核心产业，遴选、建设若干支分级管理、结构合理的创新团队。搭建高端人才平台，为集团所属京外企业引进、培养高层次人才及团队创造条件。

【党建工作】

坚持以政治建设为统领，加强党的全面领导。深入学习宣传贯彻习近平新时代中国特色社会主义思想，增强“四个意识”，坚定“四个自信”，做到“两个维护”。完善党委发挥把方向、管大局、保落实领导作用的机制，落实党委在“三重一大”事项中的决策权、把关权、监督权。扎实推进党建工作，制定党建工作计划、理论中心组学习计划，对全年党建工作进行部署安排。院班子成员将党建工作安排纳入日常工作范围，赴企业开展调研，赴基层联系点支部讲党课，履行“一岗双责”责任。

深化理论武装，坚定党员干部理想信念。组织各级领导干部重点学习《习近平谈治国理政》第三卷等原文原著和习近平总书记在历次重要会议讲话精神和指示批示精神，特别是关于强化国家战略科技、推进高质量发展等的重要论述和指示批示精神，积极把理论学习成果运用到推动国机研究院改革发展工作中去。

落实新时代党的组织工作路线精神，着力建设领导班子和干部队伍。坚持以提高领导班子和党员干部的思想政治素质为引领，不断强化党的政治纪律和政治规矩，始终坚持民主集中制原则，严格执行民主生活会、组织生活会等组织生活制度。着力抓好党员领导干部队伍的综合能力素质建设，选派党员领导干部参加中组部、国务院国资委和国机集团举办的各类培训。

严格落实党管干部原则。制定《国机研究院全资、控股企业领导干部管理办法》。坚持以“对党忠诚、勇于创新、治企有方、兴企有为、清正廉洁”的好干部 20 字标准，作为选人用人的工作导向，严格执行干部选拔任用制度，严格规范干部选拔任免程序，对所提任的干部执行“凡提四必”，加强对新提任干部的考核和评议，加强对所属企业领导班子的考核，加强对年轻干部的选拔任用。对所属企业“一报告两评议”中认可度较低的干部，院主要领导对其约谈。完成对沈阳仪表院的行政换届考察工作。

扎实推进“党建巩固深化年”专项行动，深入开展党建和业务融合专项工作。院总部带头积极落实，各所属企业结合实际，细化工作方案，具体深入落实。2020 年 6 月 24 日，召开“党委书记 + 科研项目负责人面对面”视频座谈会，各级企业党委书记及科研部门负责人、科研项目负责人共 80 余人齐聚线上，就科研项目实施、科技攻关、科研产业化等重点问题进行“解放思想、推动发展”大讨论，共同推动党建与科技创新融合。8 月 7 日，开展“育新机、开新局”专题研讨会，与会人员重点围绕高质量编制“十四五”发展规划、解决“卡脖子”“短板”问题进行深入研讨，取得良好效果。院党委及时听取“1025”工程等重点科研项目进展情况汇报，分析解决问题，检查督促项目按照进度节点完成，目前所有重点项目进展顺利。

坚持党管人才，着力打造高素质人才队伍。国机研究院高层次人才队伍建设成绩显著，获批国务院特殊津贴专家3名、正高级工程师7名；成立国机研究院第一届专业技术委员会；制定《创新团队建设管理办法》，批准认定国机研究院第一批创新团队及首席专家；制定《引进高层次毕业生安家费发放办法》，对所属企业引进的博士生给予政策支持。

持续推进基层党支部标准化、规范化建设，不断完善基层党建工作体系。组织全院各基层党支部对照《标准化规范化工作方案》开展全面自查，对前期培育的3个示范党支部进行验收。以消除“党建盲点”为重点进行全面梳理，对存在“空白班组”的企业，督促整改组织学习贯彻落实《中国共产党基层组织选举工作条例》，按期完成各级党组织换届工作。

扎实推进巡视整改工作。针对国机集团党委对重材院提级巡视所反馈的问题，院党委积极落实整改主体责任，督促推动重材院党委落实巡视整改任务；同时以下看上，查摆自身问题，制订整改台账，明确责任领导、责任部门和整改时限，扎实推动整改各项措施落实落地。经过2个月的集中整改，巡视反馈问题整改取得明显成效。

【社会责任】

1. 克服疫情困难，推进复工复产 新冠肺炎疫情发生后，国机研究院迅速成立疫情防控领导小组，统筹安排部署，统领各级企业做好应急预案，落实防控措施。在做好疫情防控常态化工作的同时，积极为所属企业提供防疫物资，推动全院上下有序复工复产。各级党组织和广大党员在疫情防控和复工复产中冲锋在前、主动担责。沈阳仪表院在疫情大战大考面前勇于担当，全力保供，涌现出汇博光学公司、费书国等一批抗疫先进集体和先进个人，受到国务院国资委、国机集团党委的表彰。

2. 落实定点帮扶任务 院党委深入学习贯彻习近平总书记关于扶贫工作的重要指示批示精神。足额落实定点帮扶资金30万元，圆满完成“定点帮扶责任书”培训任务。完成国机集团党委扶贫专项巡视反馈意见整改任务。

国机资本控股有限公司

【基本概况】

国机资本控股有限公司（简称国机资本）成立于2015年8月，由国机集团联合部分所属企业及建信（北京）投资基金管理有限责任公司共19家股东单位共同发起成立，注册资本23.7亿元。国机资本定位于国机集团的投资平台，通过“募投管退”的形式，开展投资融资、战略并购、资源整合、产业孵化等业务，已逐步形成股权投资、基金管理、证券投资等业务线条。下属2家子公司，分别为国机资本香港有限公司（简称香港公司）和国机（北京）投资基金管理有限责任公司（简称基金公司）。

经国机集团董事会明确，国机资本坚持3个运营原则：一是坚持以国机集团战略为导向，紧密围绕国机集团发展战略所确定的重点产业和领域开展投资。二是坚持“自担风险、自负盈亏”的市场化原则，做到投资业务的专业化、市场化。三是坚持国机集团内外部业务、战略投资与财务投资业务共同发展原则，在“市场化”原则下，既投资于促进国机集团及国机资本自身长远发展的长期战略性投资项目，也投资于以退出为手段，以经济效益为目标的短期财务性投资项目。

【主要指标】

2020 年国机资本主要经济指标完成情况见表 1。

表 1　2020 年国机资本主要经济指标完成情况

指标名称	2019 年	2020 年	同比增长（%）
资产总额（万元）	317 406.87	291 320.97	-8.22
净资产（万元）	246 269.56	235 850.22	-4.23
营业收入（万元）	3 069.05	530.22	-82.72
利润总额（万元）	5 835.37	4 425.47	-24.16
利税总额（万元）	5 976.64	4 549.58	-23.88
EVA 值（万元）	-10 013.08	-12 038.58	-20.23
全员劳动生产率〔万元 /（人・年）〕	270.82	170.67	-36.98
净资产收益率（%）	2.12	1.52	下降 0.6 个百分点
总资产报酬率（%）	3.01	2.14	下降 0.87 个百分点
国有资产保值增值率（%）	118.45	98.84	下降 19.61 个百分点

【业务发展】

1. 坚持服务国机集团　国机资本以服务国机集团为宗旨，在投资方向上优先集团核心主业、战略性新兴产业和国际化经营，重点布局于集团重组改革、高端制造、新兴产业培育和金融业务四大方向。截至 2020 年年底，国机资本有在投资项目 26 项，投资金额 25.18 亿元，累计实现投资收益约 3.6 亿元，服务集团的能力不断提高。

2. 努力增加收益　国机资本克服新冠肺炎疫情影响，统筹抓好各项业务。不断完善投资台账，通过采取视频会议、电话交流、现场调研等线上线下相结合的方式，保持与被投资企业沟通顺畅，及时了解企业经营情况变化，多方探讨增加投资收益的可行方式。国机资本积极把握中国通号减持机会，制定缜密可行的减持策略，严格按交易策略进行减持，共计卖出中国通号 2 207.75 万股，累计回收资金 1.46 亿元，获得收益 2 180 万元。减持点位为下半年最高，实现中国通号含分红及转融通等综合收益 16.8% 以上。

3. 加强基金管理　基金公司不断完善治理架构，加强基础管理，制订规章制度。进一步发挥基金管理人的功能，推进基金产品发行。积极跟进中国联合、中国中元等集团内部混合所有制改革、“双百”等企业情况。与苏美达股份等内外部上市公司合作，探讨设立“上市公司 +PE”产业基金的模式，助力企业发展和产业转型升级。

4. 拓宽融资渠道　积极落实国机集团降本增效，置换外部高成本融资的要求，6 月从国机集团取得 2.5 亿元借款，用于置换中国工商银行的高利率贷款，减少利息支出 1 277 万元，利息支出较上年下降 38%。

5. 服务金融管理　国机资本代表国机集团行使部分金融业务管理职能，积极做好与集团相关企业业务对接，全面分析新冠肺炎疫情对金融业务的影响，按照国务院国资委安排，开展业务自查，梳理风险隐患，提出整改措施，提前制定风险防范预案。要求有关企业进一步加强金融业务管理，不断完善制度机制，落实风险防范责任，规范有序开展业务工作，更好地服务国机集团主业发展。

6. 加强规划编制　国机资本积极做到“四个加强”和做好“十四五”规划制订工作。一是加强组织领导。将“十四五”规划编制提上重要议事日程，班子成员带头研究梳理发展思路。二是加强计划安排。制订明确的工作计划和重要时间节点，加强信息反馈，开好工作进展通报会、沟通协调会和专题研讨会。三是加强对标研究。通过多个维度选取对标企业，进一步查找问题，发现不足，启发思路，学习经验。四是加强顶层设计。充分考虑公司的禀赋特点，有所为有所不为，力求规划的可操作性。

【党建工作】

紧紧围绕服务业务经营中心，积极履行政治责任，不断增强“四个意识”、坚定“四个信念”、做到“两个维护”。制定《国机资本党支部工作细则》，对党建工作具体做法进行细化明确。增设纪检部门，加强人员力量，探索形成与国机集团财务资产纪检监察中心衔接顺畅的工作机制。开展“解放思想、实事求是、推进工作全面发展”大讨论活动和“育新机、开新局”专题研讨活动，梳理创新发展计划 33 条。在留学归国人员、非党员员工中开展“献良策、促发展”活动，收集意见建议 23 条，逐条进行研究落实。

【队伍建设】

在人才队伍建设方面，坚持提质与增量双向并重。从四大会计师事务所、专业投资银行等机构招聘具有 CPA、CFA 等资质的人员 4 名，从基金公司招聘 1 人。同时，进一步充实经营班子，选拔符合集团管理要求的青年干部 1 名、青年高潜人才 2 名，做好人才储备和培养。

【财务管理】

严格执行全面预算管理制度，各项费用控制在预算范围内，完成各项考核指标；通过香港公司提前偿还贷款，降低财务费用完成亏损治理；从国机集团内部取得低息贷款置换外部贷款，减少利息支出；严格执行资金集中管理，完成资金集中度目标；完成全年银行账户销户工作，达到国机集团要求。

【风险控制】

坚持“理性合规、稳健审慎”的风险合规管理理念，强化人人都是风险管理者的意识，坚持关口前移、深入一线，风控人员提前参与项目调研、方案设计、交易谈判等工作，开展风险合规检查，消除隐患，为业务开展提供支撑和保障。同时，定期组织各部门及子公司开展内外部风险识别、风险评估工作，针对风险评估结果制定风险应对策略，防范风险的能力不断提升。

【制度建设】

对规章制度进行认真梳理，制定、修订制度 11 项，制定干部管理办法、银行账户管理办法、突发火灾事故应急预案、信息工作管理办法、会议议案办理办法等制度。修订完善费用报销管理办法、差旅费报销管理办法、境内外管理办法、采购管理办法、企业负责人履职待遇与业务支出管理暂行办法、领导干部因私事出国（境）管理办法等制度。

【安全生产】

高度重视安全生产工作，全年组织 6 次安全生产培训、2 次消防应急演练活动，高质量完成“安全生产责任目标完成情况自查报告”。通过全年努力，将安全生产考核评级提高为 A 级。

【专项工作】

1. 亏损专项治理 国机资本及其所有子公司均实现盈利，无亏损企业。其中以前年度存在亏损的香港公司，通过增资、提前还贷和投资企业分红等有效方式实现净利润 532 万元。

2. 疫情防控工作 国机资本根据新冠肺炎疫情发展和上级部署，及时制订疫情防控期间的工作方案，明确各岗位防控责任，严格监督方案落实，确保各项防控措施扎实落实。全部员工无疑似、无确诊。在严密防控疫情的同时，统筹经营业务和基础建设，实现“两手抓、两手硬”，确保疫情防控期间各项业务正常开展。

国机融资租赁有限公司（国机商业保理有限公司）

【发展概况】

国机融资租赁有限公司（简称国机租赁）是国机集团在产融投资板块打造的融资租赁平台，2018 年 5 月在天津市自贸区东疆港区成立。国机租赁响应国家“金融服务实体经济”的号召，以“服务国机集团战略，助力主业发展”为宗旨，致力于为国机集团产业链上下游客户提供优质的融资租赁和商业保理服务解决方案，定位于存量业务的“推进器”、增量业务的“孵化器”、业务风险的“降压器”和内部协同的“链接器”，努力实现“以融促产、以融助产、产融结合”，打造具有国机特色的融资租赁服务平台。

国机商业保理有限公司（简称国机保理）是国机集团所属的商业保理平台，是国机集团全资子公司。国机保理聚焦国机集团在装备制造业和现代制造服务业两大领域的业务定位，致力于挖掘国机集团内部成员单位及其供应链贸易中上下游企业的融资需求，为供应链上的企业提供融资服务。

国机租赁和国机保理（简称公司）依托国机集团的产业资源优势，以良好的品牌、风险管控和信用状况与多家银行、金融机构等建立战略合作关系，注重打造专业化的人才团队，坚守“融资、融物、融智，融合、融汇、融通”服务理念，塑造公司的核心竞争力，除服务于国机集团内部企业外。公司积极贯彻落实“乡村振兴”“碳达峰、碳中和”等国家战略，助力国机集团打造农业机械、纺织机械等装备供应链“链长”，稳步开展设备设施、工程贸易等融资租赁及商业保理业务，为客户提供全方位、专业化、多元化的金融服务。

【主要指标】

2020 年国机租赁主要经济指标完成情况见表 1。

表 1　2020 年国机租赁主要经济指标完成情况

指标名称	2019 年	2020 年	同比增长（%）
资产总额（万元）	22 240.97	244 032.02	997.22
净资产（万元）	11 255.21	203 875.00	1 711.38
营业收入（万元）	1 493.15	1 760.73	17.92
利润总额（万元）	1 143.74	2 014.46	76.13
利税总额（万元）	1 152.98	2 073.22	79.81
EVA 值（万元）	857.80	−5 475.65	−738.34
全员劳动生产率〔万元 /（人·年）〕	151.55	187.02	23.40
净资产收益率（%）	7.64	1.40	下降 6.24 个百分点
总资产报酬率（%）	4.49	1.13	下降 3.36 个百分点
国有资产保值增值率（%）	107.70	112.69	增长 4.99 个百分点

【改革改制】

2020 年 8 月，国机集团对国机租赁完成增资 2 亿美元并进行工商变更，公司注册资本增至 2.14 亿美元，国机集团持股 92.53%。

12 月，国机商业保理有限公司在北京通州区注册成立，注册资本金 5 亿元。

【重大项目】

国机租赁自 2020 年 8 月 7 日完成国机集团增资工商变更登记到 2020 年年末，新增投放项目 5 个，累计投放资金 10.72 亿元，其中，国机集团内部协同业务 4 个，国机集团外同业合作业务 1 个，国机集团内部业务占 80%。

国机保理自 2020 年 12 月 3 日成立到 2020 年年末，新增投放项目 4 个，累计投放资金 6.02 亿元，全部为国机集团内部协同业务。

1. 国机重装飞轮储能设备直租项目 该项目飞轮储能设备生产商为二重储能，经销商为成都重机，承租人为中国重机，资金方为国机保理，业务全链条均为国机集团所属企业。该项目旨在让各方以飞轮储能设备直租销售模式，为国机重装的飞轮储能产品未来面向市场销售，推出配套标准化、流水线化的金融产品打下良好基础，并实现国机租赁在国机集团产品销售方面“以融促产、以融促销”的“推进器”价值。

2. 苏美达 – 六院铸锻河北钜兴设备直租项目 该项目总体规划设计由中机六院完成，并建议提出部分国产设备采购国机集团内国机铸锻生产的静压造型线，达成“设计和设备”首轮国机集团内协同；部分国外设备由苏美达技贸完成代理进口并由苏美达商务咨询为客户办理该批进口设备外币分期业务，达成“代理进口兼金融服务”第二轮国机集团内协同；国机租赁联合国机铸锻完成静压造型线的设备融资租赁，达成“设备和租赁服务”第三轮国机集团内协同。该项目实现了国机集团内五方三轮协同，充分发挥国机租赁的业务“链接器”作用。

3. 经纬纺机保理项目 该项目国机保理以经纬纺机向 26 个客户销售设备形成的应收设备款开展保理业务，快速为经纬纺机收回货款 1 亿元，降低应收账款回收风险，改善经营性现金流，提高资金使用效率和周转率，有效发挥国机保理“降压器”作用。

4. 一汽租赁同业合作项目 该项目租赁资产转让业务模式意义重大。一是满足国机租赁完成增资之初的业务需求，高效利用账面资金；二是快速积累“零售”项目业务经验，为国机租赁服务国机集团内“零售”产品打好基础；三是建立与其他央企租赁公司同业合作，探索出央企互助的合作道路；四是跑通资产转让业务模式，为将来国机租赁优化资产配置，调节国机集团内外单一客户集中度和关联度等指标做好模式储备。

【市场开拓】

国机租赁和国机保理以国机集团外业务为辅，发挥“孵化器”的作用，争取为国机集团带来新的增量业务，在深度贯彻落实“双循环”的指导思想下，实现良好开局。

1. 国机集团内业务取得新突破 一方面通过国机集团官网、报纸、各项工作会议宣传推广，获得各方广泛关注；另一方面，主动对接，积极走访国机集团内兄弟企业，宣传公司、宣传产品、调研需求，为租赁和保理业务开展逐步打开通道。公司走访中国农机院、CMEC、国机重装、苏美达、中国一拖、中国恒天、中国联合、轴研科技、中国福马、合肥通用院、中工国际等兄弟企业，获得相关单位的支持和合作意向，并与国机重装、中国农机院、经纬纺机、苏美达技贸、三磨所、合肥通用院等多家国机集团内重点企业建立深度业务合作关系。截至 2020 年年底，为 6 家单位开展租赁保理业务，投放资金近 2 亿元。

2. 国机集团外部业务合作迈出关键一步 一方面走访一汽租赁、中铝租赁、中铁建金控、中粮资本、五矿资本、海淀国投、大北农等多家优秀同业机构和外部重点客户，在交流经验的同时，逐步探索同业合作和业务拓展的机会，短期内成功为中国农机院孵化 460 万元增量业务；另一方面搭建同业合作模式，与一汽租赁的 10 亿元资产包转让合作为未来优化资产配置打好业务模式基础，与国新租赁的合作解决国机集团内部关联交易问题，在坚持合规合法经营的同时，不断进行业务创新，持续为国机集团创造价值，推动业务高质量发展。

【经营管理】

1. 财务管理 一是根据国机集团财务管理要求和融资租赁行业特点，不断完善财务管控体系，出台多项财务管理制度，强化预算管理，做好税务研判，进一步规范公司财务管理。二是根据国机集团财务信息化工作推进安排，按时完成公司新旧核算系统、报表系统切换和无缝对接，提升会计信息质量和效率。三是提前介入项目方案，强化项目财税审查，严格落实放款要求，认真参与租后管理，进一步做到业财融合。

2. 融资管理 一是优化资金配置，提升资金收益。在满足公司经营需要、风险可控的前提下，对公司闲置资金进行科学合理安排。通过与合作银行多方询价对比，最终取得较高的资金收益。同时，通过资金安排强化与各银行的联系，为建立通畅的融资渠道，保证业务顺利开展做好准备。二是积极拓展公司融资渠道。增资完成后，公司积极与国机集团合作银行取得联系，介绍公司发展现状及战略规划，推动授信工作落地，为后续业务发展做好资金准备。公司新增银行授信1.38亿元，同时于2020年3月24日在招商银行完成公司首笔3 800万元授信提款。

3. 风险控制方面 一是积极应对行业政策风险。公司针对监管政策、会计政策、税收征管等一系列政策，逐步完善内部风险控制体系及风险预警机制，并持续展开自评工作，制定（修订）完善各项内部控制、风险管理、合规管理等制度。二是加强项目风险控制，严格执行业务制度流程。严格执行风险管理相关制度，针对各类行业的准入制度，落实操作环节真实性。在尽职调查环节，严格实行风险管理部人员陪同市场业务部人员协助并监督其完成尽职调查的流程，确保资料真实性。通过项目各项环节审批后，由风险管理部按照“审批意见书”起草相关合同协议，并由风险管理部人员进行面签及办理相关抵、质押手续。合同签署环节完成后，由风险管理部人员监督落实各项放款条件，避免风险操作，降低主观判断误差，针对每个风险点制订有针对性的控制流程和控制措施，确保项目全程风险可控。三是加强合规管理工作，提高全员合规意识。持续关注融资租赁行业监管政策、法律法规的变化对公司经营和业务运作带来的影响，顺应政策要求，合理设计项目合同及方案；定期聘请专门的律师事务所协助公司开展项目法律查询和咨询，以更客观地防范和控制合规风险；加强公司员工专业技能、职业道德培训，组织开展法律合规培训讲座，提升依法合规意识和风险管控能力。四是完善体系、动态监管，不断提升资产管理质量。严格执行租后检查制度，加大租后现场资产巡视和非现场检查频次，并且建立完善租后工作小组职能，明确租后检查小组人员职责，对项目实行精细化、动态化、差异化的租后管理，加强项目风险的及时预警及应对。此外，加强对风险资产的分类管理，根据重大风险事项及时调整分类等级，针对不同项目风险水平和运行情况，及时形成有针对性的方案。

4. 人力资源管理 一是优化升级薪酬体系，根据公司发展现状，参考同行业薪酬水平，修订发布《薪酬与考核管理办法》，建立更有竞争力的薪酬体系，更好地激发员工工作积极性。二是首次全面开展360°绩效考核，初步形成适应公司当前发展需要的、符合市场原则和行业特点的激励与约束机制，打破由上级考核下级的传统考核制度，根据考核结果反馈的全面性，提高员工工作满意度的同时，促进员工综合能力的提升。三是创新拓宽招聘渠道，首次通过国务院国资委官网、国资小新、国机集团官网、智联招聘多渠道面向全社会公开招聘，招贤纳才，壮大员工队伍，夯实人才基础。团队成员保持党员多、年纪轻、学历高、经验足的优势，保障各项业务工作专业化开展。

【党建工作】

2020年9月，国机租赁党支部成立，由国机财务党委管理。国机租赁党支部深入学习贯彻习近平新时代中国特色社会主义思想和党的十九大、十九届二中、三中、四中、五中全会精神，坚决落实党中央和国机集团党委重大决策部署，严格落实全面从严治党各项措施，扎实开展“党建巩固深化年”专项行动，努力实现以高质量党建引领公司高质量发展。

健全党建工作机构，配齐专职党务工作人员；按照“双向进入、交叉任职”制度要求，实现公司领导担任支委体制；健全党组织议事决策机制，细化完善“三重一大”事项决策程序；落实党管干部原则，把握正确的用人导向；坚持不懈地推进党风廉政建设，签订党风廉政建设责任书；认真履行“三会一课”组织生活制度，通过党建主题活动，组织企业文化活动，为建设稳健优质的国机集团融资租赁和商业保理平台，打造干净担当、德才兼备的人才队伍奠定坚实基础。

【企业文化】

发扬国机集团“合力同行，创新共赢”的“和”文化，立足企业“融资、融物、融智”业务特点，打造以“融合、融汇、融通”等理念为核心的“融”文化和“家庭、阳光、奋斗、守责”的“家”文化。认真策划、组织各类企业文化活动，努力在国机集团和行业内树立国机租赁和国机保理品牌，促进品牌文化与企业经营的融合发展，以企业文化软实力和品牌软实力打造战斗力，提升公司凝聚力。

国机重型装备集团股份有限公司

【基本概况】

国机重型装备集团股份有限公司（简称国机重装）是国机集团的控股子公司，是以中国二重核心制造主业为平台，整合国机集团重型装备板块优质资源，组建的集科工贸于一体的国家级高端重型装备企业，2018 年 3 月正式运行，2020 年 6 月在上交所上市。

国机重装下属二重（德阳）重型装备有限公司（简称二重装备）、中国重型机械有限公司（简称中国重机）、中国重型机械研究院股份公司（简称中国重型院）以及国机重装成都重型机械有限公司（简称成都重机）4 家企业，并受国机集团委托管理中国第二重型机械集团有限公司（简称中国二重）、二重（镇江）重型装备有限责任公司（简称镇江公司）。

【主要指标】

克服新冠肺炎疫情影响，逆势而行，奋力拼搏，全力推进生产组织，大力拓展国内国际市场，积极推进科技创新，持续推进深化改革，努力取得生产经营良好成效。2020 年国机重装（含托管企业）实现合同成交额 124.06 亿元、营业收入 106.06 亿元、利润总额 5.41 亿元，继续保持平稳运行的良好势头。2020 年国机重装及托管企业主要经济指标完成情况见表 1。

表 1　2020 年国机重装及托管企业主要经济指标完成情况

指标名称	2019 年	2020 年	同比增长（%）
资产总额（万元）	3 816 158	3 560 577	-6.70
净资产（万元）	1 841 226	1 660 837	-9.80
营业收入（万元）	1 143 644	1 060 642	-7.26
利润总额（万元）	63 084	54 101	-14.24
技术开发投入（万元）	62 937	64 309	2.18
利税总额（万元）	84 519	77 631	-8.15
全员劳动生产率〔万元 /（人·年）〕	24.33	24.64	1.27
净资产收益率（%）	2.94	2.80	下降 0.14 个百分点
总资产报酬率（%）	2.15	1.89	下降 0.26 个百分点
国有资产保值增值率（%）	103.60	101.51	下降 2.09 个百分点

【生产经营】

1. 在市场开拓方面 牢牢把握“双循环”新发展格局，及时调整营销策略，国内市场订货额逆势上扬，主要传统产品订货均有不同程度增长，成功签订南方东海钢铁项目，合同金额突破国内项目合同额历史新高；检验检测、物流运输等现代服务业领域取得较好市场成效。国际市场持续发力，重点投资项目取得突破性进展，达岱水电站项目获得柬埔寨政府批准，完成“三项协议”签订。

2. 在项目执行方面 为“华龙一号”全球首堆提供主泵泵壳、稳压器、蒸发器等核岛设备锻件，为乌东德、白鹤滩等巨型水电工程提供高端关键铸锻件；柬埔寨200MW重油电厂项目首台机组一次成功点火启机与并网发电，成为防疫与经营两不误的典范；老挝南俄4水电站员工努力克服困难，成为当地唯一没有停工停产的项目；埃塞俄比亚轧钢项目顺利通过验收，成为中埃两国产能合作实现共赢的典型案例；柬埔寨达岱水电站连续第6年超额完成年度发电任务，被柬埔寨国家电力公司授予“发电卓越奖”。

【科技创新】

重大技术装备研制能力进一步加强，成功研制出300兆瓦级重型燃气轮机锻件等高端产品，实现了国产化替代；突破滚筒飞剪全数字模块化智能设计等关键技术，取得较好成效。新兴产品研发取得新进展，飞轮储能系列装置被工业和信息化部纳入绿色数据中心先进适用技术产品目录；油基钻屑处理装备一次性带料热负荷试车成功；垃圾熔融裂解设备示范线全部达标并通过地方政府验收。2020年4家企业被批准为国家高新技术企业，高新技术实现研发制造企业全覆盖；获得省部级科技奖励39项，同比增长143%，其中，板坯连铸生产线装备等4个项目获得一等奖；获得国家专利授权153项；制（修）订国家、行业标准56项。

【企业改革】

积极推进三项制度改革，不断完善考核激励机制；深化财务管理改革，试点推进财务共享中心建设和实施财务总监外派制度；中国重型院获批为国家科技改革示范企业。深化供给侧结构性改革，落实央企装备制造业结构性调整布局举措，历经5年不懈努力，国机重装在上交所重新上市，受到上级肯定和市场认同，成为国机集团和国内同行业市值最大上市公司。

【党建工作】

国机重装党委以习近平新时代中国特色社会主义思想为指导，巩固和深化“不忘初心、牢记使命”主题教育成果，推动全面从严治党向纵深发展，为夺取新冠肺炎疫情防控和生产经营双胜利提供坚强保证。

1. 坚持把政治建设摆在首位 坚持“第一议题”制度，及时跟进学习习近平总书记最新重要指示批示精神和党中央决策部署，认真研究贯彻落实措施。组织中心组学习13次，“吃透”中央精神，深入研讨公司发展战略、改革举措、科技创新等重大课题。召开公司第一次党代会，全面推动各项决策部署落地落细。充分发挥党委领导作用，严格执行“三重一大”决策制度。

2. 加强干部队伍和人才队伍建设 认真贯彻新时代党的组织路线，建立健全干部考核机制，实施综合考核评价。严格执行干部选任程序，选优配强各级班子，对有关单位领导人员实施提级管理。制定实施干部交流和培训计划，100名干部进行交流任职。精准培养优秀年轻干部，12人实现职务晋升。着力集聚各方面优秀人才，推荐91人次申报上级各类人才专项。

3. 扎实开展“党建巩固深化年”专项行动 制定专项行动方案，做好《中国共产党国有企业基层组织工作条例（试行）》《中国共产党支部工作条例（试行）》的对照检查工作。开展党的组织和党的工作全覆盖排查工作。深入开展党支部标准化、规范化建设和示范党支部建设，二重装备锻造厂党支部被国务院国资委党委命名为“中央企业基层示范党支部”。召开“党建共建”工作经验交流会，推动党建工作与生产经营深度融合。

4. 加强宣传思想工作 认真落实意识形态工作责任制，加强宣传制度建设。进一步完善大宣传工作格局，创新传播方式方法，推进传统媒体与新兴媒体融合。以公司重新上市等重大事件为契机，进一步加大外宣力度，提升公司市场形象。

经常性开展形势任务教育，提振全体员工信心士气。积极开展企业文化职能战略调研，全面推进国机集团品牌一体化落地。

5. 加强党风廉政建设和反腐败工作 健全党风廉政建设和反腐败工作机制，持续推进纪检监察体制改革，完善全面从严治党相关制度93项。强化纪律、警示教育，开展“廉洁宣传教育月”等活动76次，9 227人次参加。深入落实中央八项规定精神，进一步纠治形式主义、官僚主义。认真开展“四个专项整治”，持续开展疫情防控、科技创新等监督检查。对3个所属企业党委开展巡察，督促做好整改工作。

6. 加强群团工作 认真做好公司第一次工代会筹备工作。组织开展劳动竞赛6次，表彰先进集体118个、个人40人次。两名职工获得四川省劳模称号。筹备公司第一次团代会，召开纪念五四运动101周年青年座谈会，开展“精准扶贫、青春助力”主题团日等活动。

【企业管理】

深入调研、广泛征求意见，科学编制企业“十四五”规划，明确建设世界一流高端重型装备综合服务商战略定位和构建“一体两翼”发展格局。策划开展对标世界一流管理提升行动和总部“机关化”专项整治行动。积极推进亏损企业治理、法人户数和层级压减、资金集中度提升、“两金”压降、降杠杆减负债、民企清欠、清产核资等专项工作。完善全面风险管理体系，健全内控、合规管理制度。建立大监督工作体系和运行机制，强化内部审计、法律和重大经营项目监督管理。加强安全、质量、环境、保密体系建设，确保有效运行。

【社会责任】

1. 严格做好新冠肺炎疫情防控工作 国机重装总部和在德阳企业的1 200余人次党员职工历时42天，参与社区疫情防控工作，为助力地方疫情防控贡献力量。认真组织开展驻外机构和人员疫情防控工作，提供急需的疫情防控物资，严格遵守人员出入境报批制度。驻外机构参加国务院国资委和国机集团组织的线上疫情防控巡检工作3次，参加各类疫情防控知识培训6次。国机重装3名职工被评为国机集团抗疫先进个人，其中，1名职工同时被评为四川省抗疫先进个人。

2. 扎实做好扶贫工作 认真开展国机集团定点扶贫专项巡视问题整改，切实履行国机集团定点扶贫四川省广元市朝天片区牵头单位职责，全面完成国机集团2020年各项帮扶任务和20个帮扶项目，广元市朝天区64个贫困村和2.55万名贫困人口全部实现脱贫。继续做好四川省德阳市中江县永丰乡帮扶工作。

3. 积极服务“一带一路”建设 继续深入参与“一带一路”建设，在柬埔寨、印度尼西亚、埃塞俄比亚等国持续发力，扎实做好各项重点民生项目的建设和运营。国机重装投资运营的柬埔寨达岱水电站继续保持平稳运行，为当地社会提供稳定的清洁能源和税收。埃塞俄比亚轧钢项目顺利通过验收，成为中埃两国产能合作实现共赢的典型案例。中国重机高度重视并积极履行社会责任，以捐赠防疫物资、资金等方式积极助力支持柬埔寨等国家疫情防控工作。

4. 坚持诚信经营、合规运营 国机重装依法合规开展经营生产活动，负责任地对待每一个利益相关方，合同完成率和用户满意率稳步提升，采购、外协等风险管控不断完善，增进了与各利益相关方的沟通交流。将质量管理贯穿经营管理全过程，通过持续加强质量体系建设、完善质量奖惩机制、强化监督管理、严控质量风险、狠抓质量提升等举措，有效促进产品质量的稳定提高。坚持以人为本，全心全意依靠职工办企业；组织召开劳模、女职工、青年等座谈会；开展金秋助学、送温暖、送清凉、员工健康体检、大病医疗救助等活动，构建和谐劳动关系。深入开展民主管理，保障职工民主权益。

5. 高度重视安全环保和节能减排工作 不断加强企业安全生产和环境保护。搭建生产现场、安保、环境及消防等实时监控与管理平台，通过强化安全责任落实，加强安全生产隐患排查治理，加强员工安全培训，保障员工职业安全健康，推进企业安全文化建设，切实提高企业的本质安全性，进一步巩固企业安全生产标准化创建成果。开展环境保护工作专项检查。对二重装备等企业环保设备运行情况进行专项检查，确保重要环保设备稳定有效运行，有效防止环境污染事故的发生，切实履行企业的社会责任。

6. 积极参与地方政府治理 国机重装团委组织 86 名青年志愿者进驻四川省德阳市旌阳街道城南社区，参与德阳市创建全国文明城市工作，助力德阳市成功入选第六届全国文明城市。

【疫情防控】

面对突如其来的新冠肺炎疫情，国机重装第一时间成立疫情防控领导小组及工作组，迅速行动、靠前指挥，精准施策、科学防治，建立高效畅通工作机制，及时掌握疫情防控动态，对风险点进行全面排查，全力筹措口罩等防疫物资，做好国内疫情防控工作。境外各项目部和代表处克服各种困难，落实落细疫情防控措施，严格管控人员流动，强化防疫知识培训，做好“一对一”关爱帮扶。在抗疫大战大考中，公司全体干部职工勇于担当、无私奉献，共同筑起防疫的坚强堡垒，确保生产经营工作有序开展。

中国一拖集团有限公司

【基本概况】

中国一拖集团有限公司（简称中国一拖）是国机集团下属的农业装备制造企业，其前身为第一拖拉机制造厂，始建于 1955 年，是我国“一五规划”时期 156 个重点建设项目之一。经过 65 年的发展，中国一拖已经形成以农业机械制造为核心，同时经营动力机械、零部件等多元产品的大型装备制造企业集团。主要从事农业机械、动力机械等产品的研发、制造和销售，拥有强大的拖拉机全产业链生产制造能力，主导产品涵盖“东方红”系列大中小型轮式拖拉机、履带式拖拉机以及收获机械、柴油机、备配件、环卫车辆等。中国一拖成立以来，累计向社会提供 350 余万台拖拉机和 280 余万台动力机械，为我国的“三农”建设作出积极贡献。旗下第一拖拉机股份有限公司分别在香港联合交易所和上海证券交易所上市，是一家拥有“A+H”上市平台的农机企业。

【主要指标】

1. 主要经济指标 2020 年中国一拖主要经济指标完成情况见表 1。

表 1 2020 年中国一拖主要经济指标完成情况

指标名称	2019 年	2020 年	同比增长（%）
资产总额（万元）	1 425 200	1 482 272	4.00
净资产（万元）	474 797	482 586	1.64
营业收入（万元）	676 716	947 273	39.98
利润总额（万元）	-27 856	12 576	145.15
技术开发投入（万元）	39 202	38 384	-2.09
利税总额（万元）	-15 725	29 401	286.97
EVA 值（万元）	-35 675	7 450	120.88
全员劳动生产率〔万元 /（人・年）〕	10.86	15.29	40.80
净资产收益率（%）	-6.54	1.81	增长 8.35 个百分点
总资产报酬率（%）	-0.29	2.21	增长 2.5 个百分点
国有资产保值增值率（%）	87.33	97.00	增长 9.67 个百分点

2. 财务分析

（1）收入利润情况。全年实现营业收入94.72（合并口径）亿元，同比增长39.98%；实现利润总额1.26亿元，同比增加4.04亿元。

（2）现金流量情况。2020年期初，企业现金及现金等价物共计11.79亿元，期末现金及现金等价物共计14.73亿元，现金及现金等价物净增加额为2.94亿元。

（3）资产负债情况。2020年期末资产总额为148.23亿元，较年初增加5.71亿元；期末负债总计99.97亿元，较年初增加4.93亿元；期末所有者权益总额48.26亿元，较年初增加0.78亿元；资产负债率67.44%，较年初增加0.75个百分点。

【改革改制】

中国一拖坚持全面深化改革，特别是加大关键环节改革力度，为提质增效创造有利条件。一是公司层面深化对二级单位经营团队的目标考核激励，各二级单位加大对骨干员工、业务团队、独立核算单位的考核激励力度。二是通过制定并实施《关于营销队伍建设的指导意见》及《营销大区产品经理管理办法》，加强营销队伍的建设与管理改革；授权放权，增强营销政策的灵敏性。三是明确研发项目分类、立项决策程序和资金安排，使技术中心与一线经营单位明确各自定位与责任；通过实施项目制，推进多方跨部门、跨单位合作。四是启动燃油喷射与传动部件整合、收获机与机具业务的整合工作。五是推进混合所有制改革、“两非”剥离和压减等专项工作。

【重大决策与重大项目进展】

1. 重大股权投资项目　一是洛阳福赛特环保科技有限公司增资项目。开展环卫市场化服务业务，深化“车辆制造＋综合服务”业务发展新模式，加快制造服务一体化转型步伐。二是洛阳智能农业装备研究院有限公司增资扩股项目。加快建设国家农机装备创新中心。三是东方红农业服务科技（河南）有限公司项目。投资新设公司，为河南省农业生产提供更加专业化的服务。四是东方红农业服务科技（广西）有限公司项目。投资新设公司，为广西甘蔗生产提供更加专业化的服务。

2. 重大项目进展情况

（1）现代农业装备智能驾驶舱数字化工厂项目。已完成工厂建设、生产线布局和工艺调整，并投入试生产；完成工厂和产品的数字化设计及仿真、管理信息数据融合等。2020年1月顺利通过河南省工信厅组织的项目专项验收。

（2）雨污分流及中水处理系统升级改造项目。2020年12月完成设计能力建设，通过验收投入使用，排放指标达到环保要求。

（3）中小件造型线改造项目。完成投资建设，并进行单项工程验收、投入生产调试。

（4）铸锻厂污染源提标治理项目。2020年6月完成项目投资建设，进行单项工程验收并投入生产。

（5）中功率拖拉机品质提升智能化改造项目。在原有厂房、制造能力及公司整体规划基础上，进行新厂区规划和工艺布局。规划实现装配、涂装、试验200台/天（高产月）及年产35 000台（套）的生产能力。预计2022年年底建成投产。

（6）非道路国五柴油机产业化项目。利用柴油机公司四号厂房，引进先进生产设备，新建缸体及缸盖生产线，改造原有装配、试验生产线，形成年产YTN/YM系列中型柴油机40 000台的生产能力。预计2025年建设完成。

（7）东方红柴油机热试线智能环保提升项目。规划布局柴油机公司2号厂房LR柴油机热试线，增设功能性设施，提升改造质量控制和热试效率，净化治理现有生产热试台架发动机热试过程中产生的排放污染物，实现达标排放。预计2022年建成。

【市场开拓】

面对新冠肺炎疫情，重点围绕加强营销政策牵引、强化渠道管理、优化产品组合、创新营销模式、提高服务保障等措施，大力拓展国内、国际市场，巩固提升行业领先优势，实现主导产品销量稳步增长。

1. 国内市场　一是适度调整资金政策，保障市场货源储备；鼓励经销单位开展重点客户维系、以旧换新等营销新模式，支撑市场销售。二是提高产品组合和促销的有效性和竞争力。三是持续强化渠道管理，提升整体运行质量。农装产品经销渠道较年初减少 60 家，大、中型拖拉机渠道贡献率同比分别增长 45.4%、37.4%。四是扩展服务承诺中农机具产品品类，缩减服务到位时间，调整培训模式，推进服务备件五级保障体系建设，发挥区域单元生产储备机制，科学储备长线产品。

2. 国际业务 及时掌握市场情况，认真分析市场态势，积极制定应对措施。一是调整产品结构和业务模式，提升营销能力。二是俄罗斯、阿塞拜疆、格鲁吉亚 3 个国家有效渠道总数同比增长 80%，新渠道进货量贡献率达到整体增量的 70%，为该区域 142% 的增幅发挥重要作用。对巴基斯坦的出口销量实现重大突破。在非洲市场的年销量超过前两年的总和，科特迪瓦子公司市场转型初见成效。三是满足巴基斯坦市场的经济型产品研发和满足乌克兰的简配经济型拖拉机等具有区域特点和竞争优势的产品研发工作进展顺利。

【产品销售】

2020 年中国一拖主要产品销量情况见表 1。主导产品销售整体呈增长走势。

表 1　2020 年中国一拖主要产品销量情况

产品名称	销量（台）		同比增长（%）
	2020 年	2019 年	
大中型拖拉机	53 567	41 809	28.12
收获机械	2 512	1 813	38.55
农机具	8 948	7 238	23.63
柴油机	116 401	90 252	28.97

【签约情况】

在战略合作方面，中国一拖秉持开放合作理念，充分发挥自身在中国农机行业的品牌、技术、渠道及客户资源等优势，积极开展与政府、国内知名企业、重点高校的技术合作、业务合作、供应链合作，加快协同创新步伐，推进智能农机与智慧农业发展，打造竞争新优势。

与中车大连电力牵引研发中心有限公司，在智能化电力牵引型农机装备的研发应用及市场推广方面开展合作；与深圳大疆创新科技有限公司共建智慧农业社会化服务平台，在销售与服务渠道、研发方面开展深度合作；与北京首农集团共同在农事等多领域寻求新的商务合作模式；与江西省农业农村厅，开展农机产业链资源整合路径探索、农机技能培训、产品全生命周期服务等合作。与宜阳县政府签署共建中国一拖洛阳智慧农业示范园项目框架协议。与河钢、安钢集团、中国农业大学工学院、江苏大学、国家农机装备创新中心等单位签署合作协议。

【科研成果】

“东方红 LP2004/LP2204/LP2404/LP2604 轮式拖拉机”“东方红 LN1804/LN2104 轮式拖拉机”“东方红 2BMQZ-2 型牵引式指夹免耕播种机”“动力换挡传动系在线检测系统”等 20 个项目通过河南省科技成果鉴定。

2020 年申请专利 193 件，获授权专利 161 件；主持/参与制（修）订国家标准 11 项、行业标准 1 项。

【产业化发展】

中国一拖实施研发项目 93 项，新产品贡献率达 57.5%。

1. 拖拉机产品 完成 LH/LN 和 LY/LN/LX/LK 系列部分型号拖拉机的推广验证、整机试制、批量上市等工作；完成 2 台无级变速拖拉机整机试制；完成 SG、SK、ME 系列部分产品开发及上市；完成 MF70/80 系列部分产品优化升级和 MF、MY 系列部分产品整机试制。

2. 柴油机产品 完成 LR 系列部分产品可靠性提升、性能开发，以及配套产品批量市场验证；完成 LR6M、4M 四气门，YM6S 大气道方案设计及试制；完成 LR 防爆机相关设计开发及可靠性验证；完成 YTN5 新平台柴油机的试制试验和 YTN7 的图纸设计；完成 LR4A 欧Ⅴ柴油机的试制试验和整机试制；推进拖拉机平台国四柴油机的市场验证。

3. 收获机具产品 完成穗茎兼收玉米机、青饲料收获机、玉米籽粒收获机等 5 种新机型的田间试验验证及产品推广鉴定；完成 4LZ-9A 轮式单纵谷物收割机田间试验验证以及商品化图纸改进；完成无人驾驶大田智能收获机器人方案和图样设计。完成 1LFT-450/550、1LFT-460/560 液压翻转犁、1LF-440 液压翻转犁快换装置的试制、试验和推广鉴定；完成 1BQ-4.0 型动力驱动耙、2BMQZ-2/2BMQZ-4/2BMQ-8 播种机等产品的试制、实验和开发等。

4. 智能化产品 开发基于大轮拖拉机整机的倍速转向控制系统，完成 LY1004 样机试制；开发 PTO 与悬架提升联动技术，完成 LX2204 样机改制；进一步拓宽自动驾驶系统选装应用，完成 LN/LX/LY 系列部分机型 28 个自动驾驶机型的认证资料上报；完成 LF1104-C 无人驾驶室机型，以及 LF2204 无驾型无人驾驶机型的试制、调试，并实现销售。

【产权制度改革】

贯彻《国机集团改革三年行动实施方案（2020—2022）》，全面深化产权制度改革，完善业务结构和国有资本布局，激发企业活力。

1. 积极推进合资合作 推进燃油喷射业务对外合资合作，谋求业务转型。

2. 积极推进“两非”剥离和压减等专项工作 积极推进非主业资产股权处置工作，完成所持华泰保险股权处置，收回大额资金并实现投资收益；加大非主业参股公司清理工作，对参股公司南阳祥瑞实施清算注销；通过对神通公司、烟机公司、黑龙江农装公司的处置，压减法人户数 3 家。

3. 对新业务实施混合所有制改革 针对处于创业阶段的农业服务等新业务，推进公司化运营。通过强化团队责任，实现风险共担，引进职业经理人和团队跟投等方式，实施混合所有制改革，为业务健康发展提供体制保障。

4. 规范产权管理制度流程 修订完善股权投资管理办法、股权投资审查委员会工作办法、股权投资后评价管理办法。截至 2020 年年末，股权投资管理办法完成办公会审批。

【经营管理】

1. 战略管理 以“十四五”规划编制为契机，持续强化战略引领作用。一是抓好“十四五”规划编制。2020 年 5 月份正式启动编制工作，11 月末初步形成业务规划、职能规划和公司规划，报送《中国一拖“十四五”（征求意见稿）》至国机集团审核。二是着力培育农业服务、物流、环服业务等转型新业务。

2. 财务管理 强化价值创造和风险管控，夯实管理基础，培育财务人才，努力提升精益管理水平，为扭亏振兴提供有力保障。一是通过细化“1+2+N”滚动预算管理，持续开展目标成本管理，强化“两金”过程管控，使综合产品毛利率较同期上升 2.34 个百分点，期间费用同比下降 0.82%。二是拓展直接融资渠道，定向增发，一拖股份持股比例增至 48.81%；及时调整贷款期限，争取基准下浮 10% 的优惠利率，降低融资成本；严格账户清理和资金监控，压减 19 个账户。三是认真领会和及时把握国家扶持政策，灵活运用财金政策，税务筹划创收增效。

3. 质量管理 优化过程控制，以质量提升促进公司转型升级，增强产品市场竞争力。一是修订质量手册及 12 个程序文件、16 个管理标准；加强内审员队伍建设，组织开展体系培训。二是发布、实施公司《质量风险管理办法》《质量成本管理办法》《股份公司质量挂旗方案》等相关制度规范。三是确定新产品质量管控方案，控制上市风险;对新产品采购样件实施全数全项检验。印发《拖拉机零部件唯一编码方法（试行）》，追溯采购件质量责任；督促供应商加强过程质量管控。四是下发产品认证工作流程，及时分享相关信息，提高认证工作效率；完成 LN/SG 系列部分主销产品的推广鉴定工作，确保主销产品及时被增补到补贴目录中。

4. 生产经营管理 积极协调新冠肺炎疫情防控和恢复生产经营秩序的关系，仅用10天使洛阳本地供应链恢复率达100%。一是生产运行管理。通过制订预案，合理控制，大中型拖拉机综合订单履约率达98.65%。完善生产系统管理评价体系，指导各单位弥补管理弱项，开展精益生产管理、成本管控等相关培训92次，745人次参加培训。合理控制存货规模，加强"两金"目标管理。二是目标成本与费用管理。在各二级单位搭建目标成本管理三级体系，强化专业化管理与引导，生产全过程成本费用科目逐渐覆盖，建立成本分析的管理体系，提高产品价值链盈利能力。费用收入占比同比下降4.1%。三是采购管理。通过实施采购集中整合，以及波段采购、锁价建储，联合供应商优化采购价值链，拓展招标范围、体现竞价优势等措施，实现采购降本率5.72%。落实质量协议签订与执行，严格执行采购件质量考核，实现采购质量PPM值2052。持续强化采购管控力度，采购体系运行符合率达88.9%。四是供应商管理。持续优化供应商队伍，通过业绩评价、类别整合、专项整治等方式，累计淘汰30家供应商。

5. 人力资源管理 以人员总量控制与人力资源结构优化为主线，以人才引进与开发、激励机制建设、人力资源管理体系建设为支撑，为公司经营目标实现作出积极贡献。一是新冠肺炎疫情期间，深挖内部潜力，调动单位相互支援，建立后方人员前方顶岗常态机制，及时缓解用工需求。二是绩效激励改革方面，制定实施下属单位企业负责人，一厂一策、差异化绩效考核办法；调整职能部门薪酬、绩效管理办法，建立薪点薪酬制序列。工资总额管控改革方面，按照"效益涨、工资涨、效益降、工资降"的原则，制定实施工资总额预算管理办法，坚持推进"1+3"工资预算管理模式，促进实现员工收入与效率同步提升。三是加强东方红学院管理体系和培训能力建设，完善领导干部、营销人员、技能人员和通用职业技能课程体系，全年累计培训近5 000人次。成功申报河南省职业技能等级自主认定单位，及省级企业培训中心，为一线生产人员技能提升、职业发展奠定坚实基础。

【党建工作】

中国一拖党委充分发挥党建的引领作用，聚焦与业务的深度融合，以高质量党建促进企业振兴发展。

1. 学习贯彻习近平新时代中国特色社会主义思想 一是落实"第一议题"制度，全年进行中心组集体学习6次，学习总书记系列重要讲话及上级会议精神。二是落实农业农村部关于"不误农时抓好春耕备耕，确保小康之年粮食和农业丰收"的要求，召开4次专题会议，多次深入下属企业调研指导工作，确保万名职工零疑似、零感染，并率先实现全产业链复工。三是坚持创新驱动，纯电动氢能源拖拉机等多款高端产品研制成功；服务乡村振兴，两家农业服务科技公司成立并投入运营；对接"一带一路"，以东方红（洛阳）国际陆港为核心的生产服务型国家物流枢纽项目申报成功；推进脱贫攻坚，作为国机集团淮滨片区扶贫牵头单位，圆满完成定点扶贫任务。

2. 学习贯彻党的十九届五中全会精神 十九届五中全会召开后，中国一拖党委组织747名各级领导干部参加国机集团组织的网络培训班。党委书记和其他班子成员带头讲党课，推动全会精神进基层。同时，党委理论学习中心组召开"育新机、开新局"专题研讨会进行深入研讨，确定中国一拖"十四五"战略定位和发展思路。

3. 一以贯之地落实国企党建会重点任务 一是同步谋划、部署党建与业务工作，根据业务工作调整，同步设立调整液压传动、收获机具等单位党组织。二是所属全级次企业全部实现党建工作纳入公司章程。三是严格落实党委前置研究企业重大事项程序，召开党委常委会30次，研究"三重一大"事项80项。四是全年共调整使用干部125人次，建立优秀年轻干部数据库，干部队伍结构进一步优化。

4. 推进落实"党建巩固深化年"专项行动 一是持续加强"三基"建设。召开中国一拖第十三次党代会，指导所属8个党组织完成换届工作，实现党的组织和党的工作全覆盖。举办"微党课"大赛和"育新机、开新局"党的知识竞赛，构建不忘初心、牢记使命的长效机制。二是推进党建与业务深度融合。将“战疫情　保春耕　谋振兴”等主题劳动竞赛确定为年度党建重点项目，广大党员职工提出了 274 个“疫情金点子”。主动挖掘基层单位在党建促发展方面的有效做法，发布 5 个典型案例和 19 项亮点项目。

【信息化建设】

信息化建设坚持“管理驱动、规划统一、业务协同、风险控制”的原则，积极探索云计算、大数据、移动化、物联网和人工智能新技术应用，加强信息系统的集成共享，加快推进信息化与管理业务融合，促进管理水平提升。一是推进智能农机平台建设，通过提升自主能力，开发完善智能农机平台。二是实施财务业务一体化，实现 ERP 线上单位的业务与财务一体化管理和精细化产品成本核算。三是完成财务软件切换，完成财务信息化 NCC 项目实施，以替换金蝶 EAS。四是建设智能办公协同平台。完成 SHR、智能办公、合同管理等系统模块建设、部署，实现上线运行。五是推动数字管控平台建设项目启动实施。

【企业文化建设】

围绕企业脱困振兴和新冠肺炎疫情防控工作重点，落实 2020 年度党建工作重点任务的分解安排，开展形势任务教育、不断加强思想宣传工作和企业文化建设，为企业高质量发展提供思想保证和文化支撑。

1. 全面修订企业文化理念　中国一拖党委结合大讨论活动成果，推进企业文化理念体系升级。特别邀请外部企业文化专家对中国一拖企业文化建设情况进行研讨交流。通过广泛征求意见，最终形成由 3 个核心理念和 6 个特色理念组成的文化理念体系。

2. 推进职业化员工队伍建设　持续开展优秀职业化员工评选活动，定期组织开推介评选会，通过自下而上与自上而下相结合的方式，评选出优秀职业化员工 50 名、优秀职业化团队 10 个，并利用各种媒体平台宣传报道他们的先进事迹。

3. 坚持发布企业文化建设典型案例　组织开展第五届企业文化典型案例大赛，评选出《“僵尸”班列“复活”记》等十大优秀案例。重点围绕企业痛点、难点和瓶颈问题，挖掘整理发布《推倒门前那堵墙！》等文化案例，引导员工敢于正视问题，凸显企业文化的正向引领作用。组织召开以“配件缺失后的用户体验”为主题的文化分享会，引导各单位结合实际举一反三。

4. 加强员工形势任务教育　中国一拖党委以大讨论活动为抓手，加强对员工的形势任务教育。2020 年年初印发《“我心中的‘三个第一’”大讨论活动方案》，在全公司范围内开展大讨论。中国一拖党委书记、董事长黎晓煜发表系列署名文章和讲话，为大讨论活动有序推进明确目标和方向。中国一拖党委通过印发工作通报，召开座谈会、“面对面”交流、形势任务宣讲等形式，统一员工思想。600 余名青年员工在微信号上留言、发表感想；700 余名员工积极参与“我心中的三个‘第一’”主题征文；4 000 余名员工现场聆听 10 场“育新机、开新局”巡回宣讲，有序推进活动开展。

【社会责任】

1. 帮扶送温暖活动　职工救助方面，全年救助 999 人次，发放各类救助款 126 万元，发放“金秋助学”未来基金 16.3 万元；关爱职工方面，组织先进及劳模疗养休养，采购食品解决加班职工就餐问题，为基层一线职工发放纯净水、清凉物品，9 216 名职工获重大疾病互助保障等。

2. 履行社会责任　一是脱贫攻坚专项扶贫工作小组贯彻落实党中央、国务院相关决策部署，推进落实国机集团、河南省、洛阳市精准扶贫工作相关措施；2 次召开会议研究脱贫攻坚工作，落实工作责任、组织推进工作实施。二是 18 名帮扶责任人帮扶 21 户贫困户，完善制定帮扶计划，帮助落实政策，开展环境整治，赠送价值 3 万余元的生活学习必需品；对捐赠的农机持续跟踪保养、维护，培训农机手，完成小麦收割等作业 660 余亩。三是推进纸房村农产品绿色化、特色化、品牌化，购买价值 70 余万元的纸房村红薯粉条、栾川豆腐等农副产品，解决 20 个贫困户劳动力的就业。新冠肺炎疫情期间，以消费助力脱贫攻坚，采购魏县滞销鸭梨 8 000 斤，采购淮滨县滞销大米2 000斤，帮助解决优质农产品销售困境。

【抗击疫情】

新冠肺炎疫情发生后，中国一拖迅速成立疫情防控领导小组，认真贯彻落实农业农村部关于“不误农时抓好春耕备耕，确保小康之年粮食和农业丰收”的方针，以及各级政府关于疫情防控的决策部署，统筹推进疫情防控和复工复产，企业经营持续保持良好的发展态势。

1. 部门联动，坚决做好新冠肺炎疫情防控工作 各单位、各部门严格按照地方政府及公司疫情防控工作办公室的统一要求，协调联动，突出重点，抢抓关键，实时监控疫情防控新情况、新变化。公司疫情防控办公室联合各职能部门及相关单位，监控公司全体员工身体状况，全力解决各单位在疫情防控期间遇到的各项难题。为保障职工身体健康和生命安全，为职工采购并发放42万个口罩等防疫物资。

2. 主动响应、积极应对，恢复正常生产经营秩序 面对严峻的新冠肺炎疫情防控形势，迅速成立抗疫保供工作组，排查员工健康状况，部署防疫物资调度，结合所在地区疫情防控要求，确定复产复工方案，快速制定生产预案，抓细抓严抓实各项防控措施。复工后，对生产现场人员，实行体温监测、轮岗上班、分时就餐；对管理岗位及辅助人员，采取分组排班、缩短工作时间、远程协同办公等措施；对安排外出的营销人员和服务人员，配发“防疫包”，确保员工防护安全。

3. 理清资源、未雨绸缪，确保周边配套保供 及时向省市有关政府部门进行专项报告，协调供应商复工复产工作进度，在解决物流运输、原材料供应及人员返岗等问题上，得到大力支持。3月初，实现洛阳市供应商复工率100%，为公司迅速提升产能提供坚实基础。

4. 精心组织、科学调度，为高产月保驾护航 新冠肺炎疫情有所缓解后，为夺回疫情期间形成的“欠产”，坚持统筹兼顾和“一盘棋”思维，科学组织排定生产计划，调动内外部资源，通过“日保周、周保月”，快速达到满负荷生产。

苏美达股份有限公司

【基本概况】

苏美达股份有限公司（简称苏美达股份），经过40多年的蓬勃发展和几代苏美达人的接续奋斗，发展成为一家在产业链拓展与供应链运营领域颇具市场规模和品牌影响力的国际化、多元化企业集团。截至2020年年底，苏美达股份旗下法人单位总数197家、海外机构41家、全资及控股实业工厂40家，总资产近450亿元、在职员工约2.4万人。2020年，公司实现主营收入985.9亿元，其中，进出口总额超88.19亿美元，内贸收入530亿元，实现利润总额22.28亿元。

“十四五”时期，苏美达股份坚持“打造数字化驱动的国际化产业链和供应链、成为国内国际相互促进的双循环标杆企业”的战略定位，主要从事产业链和供应链的组织与整合，包括大宗商品贸易、机电设备进口等供应链运营业务，大消费及先进制造、生态环保及清洁能源等产业链业务，重点培育孵化医疗健康、数字化产业两大新业务领域，持续推动高质量可持续发展。

【主要指标】

2020年苏美达主要经济指标完成情况见表1。

表 1　2020 年苏美达主要经济指标完成情况

指标名称	2019 年	2020 年	同比增长（%）
资产总额（万元）	4 203 650.20	4 475 572.83	6.47
净资产（万元）	1 054 981.97	1 097 488.55	4.03
营业收入（万元）	8 567 233.62	9 858 990.51	15.08
利润总额（万元）	193 714.58	222 778.84	15.00
技术开发投入（万元）	37 079.77	36 631.81	-1.21
利税总额（万元）	258 116.75	275 440.39	6.71
EVA 值（万元）	112 905.84	123 629.90	9.50
全员劳动生产率〔万元 /（人・年）〕	13.31	14.10	5.94
净资产收益率（%）	15.64	15.55	下降 0.09 个百分点
总资产报酬率（%）	5.81	6.10	增长 0.29 个百分点
国有资产保值增值率（%）	110.53	111.37	增长 0.84 个百分点

【科技管理】

坚持市场导向，持续加强技术研发，不断提升产品核心竞争力，为自主品牌建设奠定基础。截至 2020 年 12 月 31 日，苏美达股份拥有国家地方联合工程研究中心 1 个、国家级工业设计中心 1 个、国家级博士后科研工作站 1 个、国家级认可实验室 2 个、省级以上技术平台 10 个、高新技术企业 9 家，专利 474 项，其中发明专利 101 项。

1. 动力工具板块　申请专利 139 项，其中发明专利 72 项，获专利授权 44 项（发明专利 10 项），被工业和信息化部评为“国家工业企业知识产权运用试点企业”。基于无刷直流电机的高压清洗机驱动系统及方法专利，被评为“江苏省职工十大发明专利”“省部属企业职工优秀发明专利”。起草的 3 项国家标准和 3 项行业标准正式发布实施，被全国电动工具标准化技术委员会评为“标准化工作先进单位”。

新产品开发方面：完成开发并可进入产业化的 18V、20V 锂电池系列产品、系列汽油草坪机、交流扫雪机等各类新品 56 项；高集成度轻量化高效节能稀土永磁电机入选《江苏省重点推广应用的新技术新产品目录》《南京市创新产品应用示范推荐目录》。公司“高集成度轻量化稀土永磁节能电机系统研发及产业化”项目入选“江苏省科技成果转化项目”。割草机器人产品获江苏省智能家居领域优秀产品。智能公司入选“灵雀”二星级企业，并入选江苏省专精特新小巨人企业。动力公司获批组建新能源动力装备工程技术研究中心，并获南京市发展改革委批准建设南京市高效节能动力装备工程研究中心。

2. 新能源板块　获发明专利授权 2 项，累计获 22 项授权有效专利，其中，10 项发明专利。能源公司下属辉伦太阳能公司 Phono Solar 品牌被欧洲知名调研机构 EUPD 评为 2020 年澳大利亚市场“顶级组件品牌”，辉伦研究院微电网开发部的“微电网能量管理系统（EMS）开发”荣获江苏省省部属企业职工十大科技创新成果奖，辉伦 Phono Solar 品牌入选 2020—2022 年度江苏省重点培育和发展的国际知名品牌榜单，连续第 7 年获“彭博新能源财经（BNEF）Tier 1 光伏组件制造商”称号，辉伦太阳能半片 330W 光伏组件被澳大利亚行业媒体 *CLEAN ENERGY REVIEWS* 评为“2020 最高效光伏组件”。

3. 机电板块　苏美达机电公司申请专利 15 项，其中，发明专利 2 项；获授权专利 17 项，其中，授权发明专利 1 项。下属德隆公司丹佛斯 D1P 缸体项目、ARM 伺服臂项目、LVKV 液压斜盘项目、德国德韧电池盖项目、舍弗勒轮毂项目、博世 Jet Pump（应用于氢能源电池）项目等进入批量生产阶段。顺利研发出三燃料动力发电机组并实现批量生产。2kW 逆变机组通过优化升级设计，性能大幅提升。

4. 纺织服装板块 发明专利“一种有色涤纶丝的制备方法”通过审核，成为苏美达股份积极推动节能环保、打造绿色科技供应链的新成果。该专利采取新型染色方法和技术，从根本上消除了染料排放，降低能源消耗，减少废水废气排出，实现纺织品生产及产品的节能环保。

5. 环境工程板块 2020 年 9 月，苏美达成套公司与河海大学联合申报的科研项目“污染场地热修复中的微生物分子生态相应级生物强化机制研究”通过国家自然科学基金委员会批准。

【综合管理】

1. 人力资源管理 发布《苏美达股份有限公司总部岗位竞聘管理办法》，健全公司人才选用机制。2020 年 10 月，苏美达出台总部岗位竞聘管理办法，进一步拓宽员工职业发展通道，创造有利于人才脱颖而出的良好氛围。12 月，资产财务部开展部分岗位内部竞聘，共 3 个大类 29 个岗位，21 人竞聘成功并被聘任。

2. 财务管理

（1）财务内控体系建设和执行情况。推动制度建设不断完善，开展制度排查，对相关制度进行增补修订，新修订《江苏苏美达集团有限公司境外佣金管理办法》《苏美达股份有限公司内部关联交易及费用分摊管理办法》。聚焦整改降控出实效，开展年度“四清”工作专项行动，对逾期“两金”、参股投资、在手项目、涉诉案件进展和内审问题整改情况进行全面复盘，并对半数以上公司的现场库存进行实地盘查，最终形成内容详实、维度丰富的“四清”专项报告，对子公司当期经营情况和遗留问题进行全面“体检”。在“两金”风险管控方面，持续建立完善“两金”考核机制，强化闭环管理。通过综合施策，公司逾期“两金”较年初减少 45%，清理存量逾期总额超 8 亿元。

（2）财务管控能力提升情况。推动财业一体化发展。以业务为合作伙伴，不断向业务前端延伸拓展，实现财务与业务的深度融合、协同共进、一体发展。推动供应链金融赋能。利用公司金融资源优势，探索供应链金融运用，赋能各子公司业务扩展，提升公司在产业链的话语权，增强客户黏性，借助信息化建设，探索嵌入供应链金融模块。围绕内贸、出口等业务场景，主动接洽、储备一批金融机构；此外，积极研究政府扶持政策，储备一批政府资源，为项目后续开发推进提供支持。

3. 风险防范 建设法律服务资源库，包括律师资源库、商标资源库、公证资源库等，整合优质法律服务资源，打造一流合规经营环境；编印《合规简报》，加强合规管理，做好合规专员队伍建设，同时明确违规追责红线；针对各业务公司不同需求开展专项培训、牵头内部交流等，强化合规经营理念，提高风险防控能力，提升内控管理水平。

4. 信息化建设 完成与国机集团财务的数据对接；持续优化 ORACLE 业财系统，支撑大宗商品、机电设备业务再上新台阶；海外业财系统覆盖面大幅提升；协同办公、费用控制，实现二级公司全覆盖；取得网络安全二级等保证书；纺织板块和供应商的链接试点上线。

【重大项目和重大决策】

1. 金晖兆隆 2×6 万 t 生物降解塑料（PBAT）项目总承包合同签约 2020 年 12 月签约的该项目由成套公司负责总承包，聚友化工提供 PBAT 的专利技术和设备工作。

2. 中标镇江市餐厨废弃物及市政污泥协同处理二期设备采购及配套服务项目 2020 年 12 月中标的该项目是全国第 4 批餐厨废弃物资源化利用和无害化处理试点项目，也是国内首家采用餐厨废弃物与生活污泥协同处理项目。该项目为二期工程，建设规模为 360t/d，包括餐厨废弃物 150t/d、废油脂 30t/d、污泥 180t/d。

3. 厄瓜多尔总统莫雷诺视察成套公司承建的杜兰医院 2020 年 11 月，厄瓜多尔总统莫雷诺赴杜兰 120 床医院项目现场，视察工程建设进展和新冠肺炎疫情防控情况。杜兰医院项目是厄瓜多尔瓜亚基尔市重要的惠民工程，建成后将成为当地最大的综合型医院，可惠及 200 万人，创造 400 个就业岗位。

4. 承建的六安市城北污水处理厂二期工程实现通水试运行 2020 年 11 月，承建的六安市城北污水处理厂二期工程实现通水试运行。该项目是安徽省污染防治攻坚战的重要环保工程，成套公司采用多工序平行交叉作业的方式，克服场地限制、工艺安装复杂等困难，提前 3 个月完成通水试运行目标。项目的建成对提升淠河水质、保护饮用水源淠河总干渠有着重要意义。

5. 中标宁波杭州湾新区新建污水厂一期工程项目 2020 年 11 月，中标宁波杭州湾新区新建污水厂工程（一期）PPP 项目（机电设备）。该项目是成套公司作为联合体牵头方中标的又一个超亿元污水处理厂项目，建设规模 10 万 m^3/d。成套公司将提供全厂污水处理设备，包括高效沉淀池系统、反硝化深床滤池系统、臭氧工艺系统、制氧工艺系统、污泥低温干化系统设备等。

6. 中标吴江经济技术开发区运东污水处理厂四期扩建及升级提标改造工程设备采购项目 2020 年 9 月中标的该项目将集中处理经济开发区京杭大运河以东地区综合污水，四期扩建及升级提标改造项目规模为 10 万 m^3/d，设备供货范围包含已建 6 万 m^3/d 提标所需设备、扩建 4 万 m^3/d 所需设备及新建 10 万 m^3/d 深度处理设施所需设备。

7. 中标南京市栖霞区餐厨废弃物处置厂会资本合作（PPP）项目 2020 年 8 月，以联合体形式中标的该项目是公司环保产业基金自设立以来，在环保领域涉足的第一个 PPP 项目。

8. 参建的南京市高新区北部污水处理扩容改造项目正式通水 2020 年 6 月，参建的南京市高新区北部污水处理扩容改造项目提前达成“6.30 通水节点”目标任务。

9. 签约越南晨星集团 106MW 光伏电站 EPC 合同 2020 年 6 月，成套公司与越南晨星集团签约 Saomai 二期 106MW 光伏电站 EPC 合同。该项目是越南安江省规模最大的光伏电站项目，对节能减排和当地电力供应具有重要意义。

10. 南京首座餐厨垃圾处理场一期工程投产 2020 年 4 月，南京首座市级餐厨垃圾处理厂——江北废弃物综合处置中心一期工程（二阶段）顺利投料，正式进入负荷调试阶段。待全部调试完成后，江北废弃物综合处置中心一期工程整体处理规模将达到餐饮垃圾 400t/d、厨余垃圾 200t/d，并具备油脂垃圾 50t/d 的处理能力。

11. 交付 1 艘 22 000m^3 LEG 运输船 该船为气体船，可用于运载乙烯、乙烷、丙烯、氯甲烷等液体货物。船总长 159.95m，型宽 25.2m，型深 17.35m，设计航速 15 节（1 节 =1.852km/h），配备 4 个双体式 C 型圆柱带球形头液货罐，以及 2 个 C 型甲板罐，可同时装载 3 种不同类型的货品，兼具节能、环保和低油耗等特点。

12. 交付 3 艘 6 万 t 内贸散货船 该船型总长 199.98m，型宽 34m，型深 16.6m，服务航速 12.5 节，最大载重接近 61 000t，排放可达 Tier I 标准。该系列船是苏美达针对国内客户优化设计的新船型，可实现江海直达，能够节省物流成本，缩短物流周期，能够为船东带来更加丰厚的经济收益。

13. 交付 10 艘 63 500t 散货船 该船型是苏美达船舶的拳头产品之一，在业界拥有良好声誉，设计水平处于国际一流。

14. 交付 3 艘 82 000t 散货船 该船型长 228.9m，型宽 32.26m，型深 20.1m，结构吃水 14.45m，航速 14.2 节，安装日本三菱重工设计的节能装置反作用鳍和螺旋桨，性能指标领先世界同类产品。在同样排水量及载货量的情况下，可降低 5% 的油耗指标；同时，加装脱硫塔系统，中和内燃机燃烧废气中的硫化物，满足国际海事组织的要求，减少对大气的污染，保护生态环境。

15. 服装板块持续推进工贸一体化 新制衣一体化项目部依托资源优势，持续打造优质服务能力，被斐乐（FILA）认定为专属车间，品牌优势持续凸显；事业十二部和淮滨科技开展一体化试点，优质客户巴拉巴拉（Balabala）规模较上年度有较大增长，淮滨科技专业化工厂雏形已初步显现。

16. 校服板块 TOP 级学校持续开发 伊顿纪德以“助力复学”作为起点，顺势开启高阶营销，“逆向工程”百强学校开发。2020 年，接触超过 377 所学校（TOP500 级别），有实际业务进展的 TOP 级别学校 54 所，签订合同或有明确签订意向的有 30 所，新拓展学校合同总额近 4 000 万元，TOP 头部客户学校开发和新客户学校开发数量取得公司自成立以来历史性突破，“极限经营”经营力达到历史新高度。

17. 投资并购 NVM 公司 完成美国 NVM 资产并购项目，NVM 公司投后管理平稳，经营状况良好。该公司坐落于美国北卡罗来纳州夏洛特市，成立于 2004 年，是一家集制造、分销、仓储于一体的高端品牌宠物用品生产商，拥有 150 000ft^2（1ft^2=0.092 903m^2）厂房和先进的自动化生产设备，与 SAMS、WALMART 等北美大型零售商及电商平台具有长期合作关系。

18. 中标北京南法信云计算数据中心项目 2020 年 5 月，携手世界领先的发动机制造商英国罗尔斯罗伊斯公司，成功中标南北京法信云计算数据中心备用电源项目。

19. 抢抓进博会机遇签约多个项目 与金光集团 App 签订战略伙伴关系框架协议。技术公司为其印度尼西亚公司提供出口代理 + 融资解决方案的咨询服务，签约金额为 35 亿美元，将在 5 年内分多次完成。

与印度阿夏普拉矿业有限公司签订合作框架协议。技术公司从源头开始给几内亚矿山提供金融、商务、渠道等多方位支持，为工厂和矿山提供全方位供应链延伸服务。

与罗尔斯罗伊斯动力公司签署战略合作协议及采购框架协议。双方在商用柴油发电机板块长期保持着良好合作关系，将进一步深化在数据中心、金融、民生、政企等领域的合作。

20. 入选江苏省互联网平台经济“百千万”工程名单 6 月，江苏省发展改革委发布“第五批江苏省互联网平台经济‘百千万’工程重点企业认定名单”，技术公司成功入选，成为江苏省互联网平台经济“百千万”工程重点企业之一。

【市场营销】

苏美达坚持国内国际市场并重，内外贸业务并举的发展思路，持续推动两个市场同步发展。

1. 机电设备进口 持续强化运营能力升级，充分发挥供应链多环节能力优势，继续坚持大客户战略、大品牌策略、金融带动贸易、数字化转型，运营规模再创历史新高，进口开证超 45 亿美元。

2. 大宗商品运营 聚焦供应链运营能力提升，推动运营能力升级，持续发挥综合服务优势和国际国内“两个市场、两种资源”运营能力，扎实推进数字化转型、期现结合、工程配送、供应链金融、物流集成服务等战略创新步伐。年运营大宗商品规模达 3 950 万 t。

3. 服装板块 防疫物资业务快速发展。2020 年 2 月，探索尝试防护服生产，为公司防疫物资业务开拓赢得先发优势。随着新冠肺炎疫情蔓延欧美，海外防疫物资需求激增，服务贸易板块快速反应、抓住机遇，克服周期短、节奏快、标准不一等诸多困难，多渠道开发防疫物资订单。

市场布局优化。主营业务保持欧、美、中三大市场稳步发展，快速拓展多个新兴市场。日本市场规模突破千万美元，澳大利亚市场规模同比增长 33%，南美市场增长 16%。

产品类型延伸。将产品类型从传统的梭织外套类向针织类、梭织轻薄类产品拓展，将产品做广、将服务客户做深。梭织轻薄类、针织类产品比重稳步提升。

平台赋能实业发展。持续推进标准工时，截至 2020 年年底，建立单工序数据 2 416 条，符合公司夹克、棉服、羽绒服等主要产品 95% 以上工序的使用。

供应链管理加强。持续推进六国制造产能布局，国内国外占比为 70∶30。加强供应商准入、评级工作，合作加工厂 833 家，其中 B 级以上占比为 86%。合作面料厂 1 208 家、辅料厂 1 454 家，B 级以上占比为 68%。

加大研发力度。研发面料新品种 3 000 余种，研发款式 800 余款，其中，自主研发近 400 款。

4. 纺织板块 旗下美国 Berkshire 公司增长显著。把在美国市场拥有稳定营销渠道和终端客户的 Berkshire 品牌引入中国市场，不断提高企业和产品品牌在行业内的影响力。引入大 IP 故宫品牌授权，将 Berkshire 品牌引入天猫，拓展直播、网上商城等线上营销渠道，扩大产品影响力。

5. 校服板块 数字化建设取得新进展，紧推大数据平台建设，成立消费者事业部，“数字搭配师”小程序开发并高效推广，以微信商城为标志打造新数据平台，秒级并发可达 10 万，购物体验大幅提升；线上团购模式初步应用，可实现分享、邀请等模式，完成基础分佣体系建设。

6. 动力板块 五金公司在海外市场取得重要业务突破，欧洲、北美、日澳三大市场业务齐头并进。自主品牌业务与电商业务有力扩张，线上业务同比增长近 300%。日本 18V 平台产品打入家电产品，并向保温服、按摩器等产品实现跨界延伸。北美 24V 平台全年新出货 47 款，实现向非园林工具品类产品的拓展。

7. 机电板块 为岚图汽车提供主动行人保护铰链产品，携手解决新能源汽车安全问题。所属德隆股份顺利通过德国博世公司亚太区团队供应商 P1 审核，进入博世公司全球采购体系。FIRMAN 发电机成功布局日本市场，并深耕美国和加拿大市场，在核心市场的便携式发电机组销售额达 1.45 亿美元。研发三燃料发电机组，实现销售超 8 万台。

8. 船舶板块 响应“双循环”战略，拓展国内市场，2020 年接到 29 艘船订单，其中内贸订单 19 艘。航运板块在中型干散货船市场发力，拓展船舶管理和航运服务业务，通过国内、国际联动，管理、运营船舶 35 艘。重视技术研发，自行开发 84K plus 型散货船、63.5K plus 型散货船，获得市场认可。下属新大洋造船提交专利申请 11 项，获得专利授权 4 项。

9. 能源板块 2020 年 1 月，与德国 Wattkraft 公司签署 500MW 年度合作协议；6 月，中标富士康 21.4MW 电站运维项目；7 月，完成 17MW 法国碳足迹项目订单交付，再签订第二批 17MW 订单，累计合同额 1 115 万欧元；11 月，签订 LG 化学 11MW 分布式电站 EPC 项目，该项目为年度公司工商业分布式单体容量最大项目；12 月，与京能集团、厚德资本签约东源县 100MW 光伏项目；青海切吉 5 万 kW 风电项目并网发电。

10. 医疗设备进口板块 开拓医疗耗材类业务，截至 2020 年年底，共开发医院客户 120 多家，经营耗材品种约 110 种，完成销售收入约 2.15 亿元。

【社会责任】

苏美达股份作为国机集团淮滨片区成员单位对口帮扶河南省淮滨县，持续推进国机集团“一个服装总厂 + 多个村庄扶贫车间”的立体化精准产业扶贫模式；作为央企驻苏单位，根据江苏省委、省政府“五方挂钩”帮扶工作安排，派出扶贫干部参加江苏省泗阳县扶贫工作队，赴泗阳县庄圩乡淮河村实施定点扶贫。截至 2020 年年底，帮扶地区均实现脱贫摘帽目标。

1. 产业扶贫，增强贫困地区造血功能 2020 年为 77 户建档立卡贫困户提供就业岗位。所有建档立卡贫困户的工资收入远超当地脱贫标准，全部实现脱贫。

淮滨苏美达与当地政府合作，制订详细招工方案，与各扶贫车间所属辖区部门共同配合开展落实招工计划，争取提供更多的就业岗位，同时紧抓入职贫困户的业务技能培训工作。

淮滨苏美达认真按照“一手抓防控、一手抓生产”要求，制订工厂防疫工作方案，并扎实推进工作，做到疫情防控不松懈，产业扶贫不停歇，切实避免因疫返贫，让尚未脱贫的建档立卡贫困人员通过产业扶贫早日脱贫。

2. 驻村帮扶，扎实助力乡村振兴发展 选派优秀干部参加江苏省委驻泗阳县帮扶工作队，在江苏省泗阳县庄圩乡淮河村开展定点扶贫，助力乡村振兴发展。

深入扶贫一线，因地制宜驻点帮扶。有针对性地申报帮扶项目。开展瓜蒌育苗基地项目、瓜蒌深加工项目、水生蔬菜深加工厂房建设项目、扶贫厂房建设项目 4 个产业项目，以及大楼社区新建文化休闲广场、路面改造、村污水管网建设、卫生室扩建改造 4 个民生项目。

创新教育扶贫，公益项目成效显著。对泗阳县 43 所村部小学启动苏美达“故事田”儿童哲学教育扶贫公益项目，建立线上公益课堂、线下互动教学的长期帮扶机制。与泗阳县庄圩乡淮河村共同设立“淮河村优秀学子奖励计划”，向该计划捐助 3 万元资金，向 10 多名考入清华大学、华南理工大学等高等院校的优秀学子发放助学金。

促进消费扶贫，打开特色产品销路。通过社区直供、电商平台、直播带货等方式，采购帮扶地的水果、大米等农副土特产品，初步建立起公司和淮滨、泗阳两地的供销渠道，为形成长期稳定的消费扶贫合作关系奠定基础。累计购买和帮助销售贫困地区农产品 20 余万元，成效明显。

助推共建共享，爱心捐助传递温暖。与淮河村签署“城乡结对，文明共建”协议，共建文明示范支部、援建文明实践广场、援建户外健身路径等6个项目。

【企业文化】

发布新版“22466”企业文化体系，组织8期新版企业文化体系研讨营，推动企业文化落地。承办2020年全国企业文化现场会，荣获“全国企业文化最佳实践企业”称号。

【宣传工作】

围绕举旗帜、聚民心、育新人、兴文化、展形象的使命任务，持续提升宣传工作水平。强化思想引领，深入学习贯彻习近平总书记重要讲话精神和对关于所在行业的重要指示批示、党的十九届五中全会精神。加大宣传力度，围绕“抗击疫情彰显央企担当”“积极融入双循环”“新版企业文化发布及落地”等专题在中央电视台、《人民日报》、新华网、人民论坛网、双月谈等平台进行重点宣传报道，有效提升社会认知度。弘扬先进典型，围绕抗疫先进、党工团荣誉集体及个人、重要经营奖项等开展宣传，营造崇尚先进、学习先进、赶超先进的浓厚氛围。以施丽君为原型的微视频《忠诚敬业为民守望》荣获第一届中央企业实践社会主义核心价值观主题微电影（微视频）优秀奖。

【党建工作】

苏美达股份党委坚持以习近平新时代中国特色社会主义思想为指导，以“党建巩固深化年”专项行动为抓手，持续推进党的领导与公司治理有机统一、党的建设与生产经营深度融合，加快推动党建工作提质、增效、升级，以高质量党建引领高质量发展。

1. 加强理论学习 严格落实“第一议题”制度，党委会及时跟进传达学习习近平总书记最新讲话和中央决策部署最新要求。组织党委中心组学习9次，围绕《习近平谈治国理政》第三卷、推动贸易高质量发展、数字化转型、双循环发展等专题，开展多种形式学习研讨。大兴调查研究之风，领导班子成员开展“公司治理体系和治理能力现代化”基层联系点专题调研，并召开调研成果交流会。迅速掀起学习宣传贯彻党的十九届五中全会精神热潮，组织575名党员干部参加集团培训班，举办党委中心组读书班，开展专题研讨，坚持以全会精神统领企业发展。加强政策理论研究，与人民日报社人民论坛杂志社开展“双循环新发展格局”课题合作，深度研究、创新宣传苏美达双循环发展实践经验，系列课题成果被人民论坛网、光明网、中国网、中国经济网等10余家主流媒体刊载或转发，党委主要负责人《坚定做“双循环”发展的践行者》理论文章在《人民论坛》杂志刊发。

2. 推动融合发展 完善“三重一大”决策机制和议事规则，厘清党委和董事会、经营层等其他治理主体的权责边界，形成各司其职、各负其责、协调运转、有效制衡的公司治理机制；充分发挥党委领导核心作用，召开党委会25次，研究讨论“三重一大”议案236项，加强对决策事项的跟踪督办，坚持每季度“回头看”，提高决策执行质量。树立党的建设与中心工作深度融合鲜明导向，将“能源控股公司扭亏脱困”作为公司党建重点项目，成立10支党员战斗突击队推进项目实施并完成目标任务。同时，加强对二级党组织党建重点项目的跟踪督促。聚焦“优化市场结构、大力开拓国内市场”，开展“解放思想、推动发展”大讨论，围绕“十四五”战略制定开展“育新机、开新局”专题研讨，为推动企业提质增效和转型升级，统一思想，凝聚共识。开展国机集团首个“机械工业纪念日”活动，激发责任感和使命感。广泛开展岗位建功活动，评选13个“基层示范党支部”、13个“疫情防控工作先进集体”和20名“疫情防控工作先进个人”，树立榜样，鼓舞斗志。

3. 加强组织建设 召开年度干部大会，进一步明确责任担当的干部选拔任用导向，加强各级领导班子建设和优秀年轻干部队伍建设。探索开展干部交流工作，全年累计完成纵向、横向和轮岗交流13人次。加强干部日常考核，组织中层干部自我评价，召开3场中层副职干部座谈会。强化人才培养，成立“达人学院”，创新开展达人启航、初航、领航、护航、远航系列培训。召开公司党员代表大会，增补党委委员、纪委委员各1名，选举4名同志为国机集团第二次党代会代表。认真落实《中国共产党国有企业基层组织工作条例（试行）》《党委（党组）落实全面从严治党主体责任规定》，修订《各级企业党委工作规则》《基层党支部工作细则》，全面提升党建工作标准化规范化水平。全面排查“党建盲点”，针对28家“空白企业”和156个“空白班组”，一企一策推进整改。举办首期入党积极分子培训班，发展党员54名。制定“2020年党员教育培训安排”，通过参加国机集团组织的党的十九届四中、五中全会精神培训班，公司党支部书记和党务干部培训班、井冈山培训班等载体，开展党员干部和党务干部教育培训1 400余人次。开展党委班子成员党建述职评议和二级党组织书记、基层党支部书记抓党建工作述职评议，推动管党治党责任落实；建立党建工作例会制度，召开纪念中国共产党成立99周年大会暨党建工作会议，不断完善基层党组织经常性督促指导工作机制。

4. 改进作风建设 严守合规经营底线，对二级党组织全面开展“八规四风”专项检查，发现各类问题55个，提出工作建议19项，推动整改落实。一体推进“不敢腐、不能腐、不想腐”机制，制定《职工违纪违规处理办法（试行）》，综合运用“四种形态”问责处理70人次，形成有效震慑。发挥巡察“政治体检”作用，对2家子公司开展巡察，对4家子公司开展巡察“回头看”，做好巡察“大文章”。加强纪检干部和纪检机构建设，组织“达人护航”首期纪检干部业务能力提升研讨班，不断提升纪检工作效能。开展廉政警示教育和党建纪检综合知识测试，提出“五坚持五反对”，倡导廉洁文化和勤俭作风，涵养风清气正的政治生态。

5. 加强群团和统战工作 顺应群团共建、融合发展大势，牵头成立G12单位团建联盟，公司团委喜获“全国五四红旗团委”荣誉称号。成立“党外人士创新工作室”，组织开展统战人士“爱企业、献良策、作贡献”主题系列活动，发挥统战成员智慧和力量。

【抗击疫情】

1. 紧急转产医用防护服 新冠肺炎疫情发生后，面对全国医用防护服等医疗防控物资紧缺的形势，积极响应国务院“国企尽快转产扩能”的号召和国机集团“不惜一切代价转产防护服”要求，第一时间启动转产工作，克服原辅料和设备供应缺乏等困难，全力投入生产，不到10天实现日产防护服突破万套的纪录。10月，在国务院国资委党委召开的中央企业抗击新冠肺炎疫情表彰大会上，苏美达股份的施丽君荣获“中央企业抗击新冠肺炎疫情先进个人”殊荣。

2. 履行央企使命 技术公司主动承接南京市防疫物资进口供应工作，作为紧缺医用物资指定委托进口平台，第一时间组建专业团队，加班加点快速配合省市主管部门，在全球抢购保障物资，在确保地方医疗物资稳定供应的基础上，协助主管部门为境外疫情严重地区提供物资支持。

伊顿公司筹措防疫物资，给湖北省100多个中小学校和全国1 500多所学校、50家教育行政机构寄去防护物资，获得广泛赞誉。

中国浦发机械工业股份有限公司

2020年，面对新冠肺炎疫情影响和复杂严峻的国内外形势，中国浦发机械工业股份有限公司（简称中国浦发）坚持以习近平新时代中国特色社会主义思想为指导，按照国务院国资委的工作部署和工作要求，贯彻执行国机集团2020年工作会议的各项要求，坚持把握稳中求进工作总基调，坚持以供给侧结构性改革为主线，坚持用全面、辩证、长远的眼光看待困难、风险和挑战，着力防范风险、化解风险，强化对所属企业的管理和服务能力，提升公司核心竞争力，推动高质量发展。

【主要指标】

2020年中国浦发主要经济指标完成情况见表1。

表1　2020年中国浦发主要经济指标完成情况

指标名称	2019年	2020年	同比增长（%）
资产总额（万元）	2 590 570.46	695 655.17	-73.15
净资产（万元）	745 405.58	265 376.61	-64.40
营业收入（万元）	1 174 648.23	666 618.29	-43.25
利润总额（万元）	17 774.00	5 865.88	-67.00
技术开发投入（万元）	22 307.07	11 572.86	-48.12
利税总额（万元）	27 588.02	22 775.92	-17.44
EVA值（万元）	-26 933.01	-12 890.02	52.14
全员劳动生产率〔万元/（人·年）〕	33.51	37.58	12.15
净资产收益率（%）	0.93	0.92	下降0.01个百分点
总资产报酬率（%）	2.56	1.95	下降0.61个百分点
国有资产保值增值率（%）	100.00	98.64	下降1.36个百分点

【改革改制】

通过资产重组收购蓝亚检测全部股权和吉润置业部分股权，为提升市场竞争力、增强持续盈利水平、新增主营业务板块、创造新的营收点等各方面提供良好基础。收购吉润置业部分股权提升了中国浦发在工业地产领域的开发经营实力。蓝亚检测被评选为上海市高新技术企业。

对公司本部以及所属子公司已登记和需补录的产权信息进行梳理、核对和修改，协助指导子公司人员熟悉信息系统并正确填报，与国机集团沟通协调解决产权登记中的难点问题，完善国有产权管理工作。

【重大决策】

面临部分所属企业流动性风险危机“大考”，中国浦发一手抓企业危机应对，一手抓职工思想稳定，帮助各级企业职工坚定信心，克服困难，交出满意“答卷”。

对蓝科高新高层进行调整，蓝科高新的经营管理、财务管理、组织人事等各方面工作由中国浦发全面控制，生产经营稳中有进，科研生产等各项业务管理有条不紊。2020年4月，蓝科高新发布“关于公司股票撤销其他风险警示暨停牌的公告”，股票简称由“ST蓝科”变更为“蓝科高新”，成功摘帽。

通过资产重组，中国浦发收购了蓝亚检测全部股权。蓝亚检测是CNAS实验室认可的第三方检验检测机构和国家市场监督管理总局核准的特种设备综合检验机构和无损检测机构。主要业务范围覆盖特种设备检验检测、鉴定评审和特种设备检测领域内的技术开发、技术咨询、技术服务等。蓝亚检测形成了以甘肃、东北、新疆、西南、内蒙古、延长、华东、福建八大年均产值在1 000万元以上的固定项目部，风险评估和气化炉专项检验两大专业项目组；以常规检验检测为基石，以失效分析、安全评定、高端无损检测新技术为特色的技术经营运行模式，实现了经营工作的稳定发展。考虑到蓝亚检测的历史因素，为保持其生产经营的连续性，蓝亚检测仍由中国浦发委托蓝科高新代为管理。

【重大项目进展】

蓝科高新完成迪拜光热电站一期PT1熔盐储罐（2台）建造和熔盐储罐（8台）附件预制合

同，并新签迪拜 950MW 光热 + 光伏电站熔盐储罐建造项目分包项目。2020 年 8 月签下欧洲某知名船运公司 7 艘大型集装箱货轮开式烟气脱硫塔（EGCS）订单，这是年内全球船舶脱硫行业最大的订单。

蓝科高新通过开式船用烟气脱硫系统（O-EGCS）项目，3 年共承接 80 条国外船只的烟气改造。通过巴西国家石油公司 UPGN 项目打开南美市场，获得巴西国家石油公司合格供应商资格。通过实施伊拉克 GPP 项目，蓝科高新板式换热器、空冷器首次打开伊拉克市场。历时 26 个月承建的中海油流花 16-2 项目 FPSO 上部摇摆塔器和 LPG 储罐，是国内首次自行设计和制造 FPSO 上部模块设备，为公司成为海上 FPSO 市场核心设备供货商积累了宝贵经验，奠定了坚实的基础。

“十三五”期间，公司共完成产品制造 4 974 台，完成产品制造总重量 97 703.32t。

中国空分新签斯尔邦二期丙烷产业链空分空压装置项目；2020 年 1 月，新签祁门县污水处理厂迁建工程（一期）EPC 总承包项目，该项目采用改良型 A2/O 工艺；5 月，新签的常山县城东污水处理厂及配套管网建设工程，是目前承接单项合同额最大的水处理项目，也是环境工程公司承接的单个设计合同额当前最大的项目；9 月，新签中石化西北油田分公司塔河油田东部老区集中制氮注气工程（站内工程）总承包项目。中国空分以提供项目全周期解决方案的科技型工程服务商为定位，以市场开拓、项目推进、创新引领三大重点为抓手，以“为用户创造价值”为使命，以高起点、高标准、高质量落实好项目指挥部的总目标，发挥核心技术优势，努力打造精品工程。1 月，中国空分获得由杭州高新区党工委，高新区管委会，滨江区委、区政府颁发的“2019 年度工业龙头企业”奖牌。

中机联合中标丽水市江南公寓、丽东公寓全过程代建开发项目；中机联合承建的西安咖啡街区拓展建设项目（嘉会坊）荣获 2020 年“西湖杯”优秀设计一等奖；承建的中国工商银行浙江省分行钱江新城办公大楼装修工程荣获“西湖杯装饰工程优质奖”。中机联合以打造“全产业链城乡建设服务商”为战略定位方向，完成初步筹建，进入企业发展第一阶段的下半场——发展培育期。

蓝亚检测新签订中石油塔里木油田压力容器、常压储罐检验检测及评价项目，中石油大连石化分公司 2020 年加热炉炉管、常压储罐检验检测及催化、蒸馏等装置压力容器、压力管道定期检验项目，中石油云南石化大检修特种设备检验及服务项目，中石化天津石化大检修压力容器、压力管道定期检验项目，中海壳牌现场检验技术支持项目，延长石油（集团）延安炼油厂 2020 年特种设备检验评估项目，金川集团公司羰化冶金厂压力容器全面检验项目，山西太钢不锈钢能源动力总厂工业管道全面检验项目等。同时，蓝亚检测的管道智能内检测关键技术研究与应用、石化装置小接管相控阵检测技术、涉氨冷库管道检验及评价技术服务方面有了较大突破。

【科研成果】

中国浦发高度重视、积极开展科技创新，为公司高质量发展提供坚实基础。2020 年申报国机集团科学技术奖、优秀期刊奖、专利奖、标准奖、质量奖等共 12 项，分别获得国机集团科学技术奖三等奖 1 项、优秀标准奖二等奖 1 项、优秀专利奖 2 项和优秀期刊奖“鼓励奖”2 项，共获奖励 21 万元。通过国机集团科技信息系统报送各类科技项目获省部级以上奖 6 项，其中获科学技术（进步）类奖项 4 项、其他类 2 项；申请专利 64 项，其中发明专利 16 项；获授权专利 43 项，其中发明专利 3 项；主持制定、修订国家及行业标准 17 项；发表论文 53 篇。

通过省部级鉴定科研项目 4 项，其中，液态阳光加氢站示范项目、特大型高酸性天然气净化装置安全运行关键技术及装备开发与应用、高酸性天然气净化装置腐蚀与控制关键技术研究 3 个项目评定结果为国际先进；2 万 m^3 低温乙烯储罐研制评定结果为国内领先。

【经营管理】

建立健全的经营管理、投资管理、科技管理、质量管理等管理体系，强化项目全过程管理，履行前期备案、中期跟踪，重点加强后期评价工作，与所属企业管理部门上下贯通，对项目进行监控和评价。做好对下属企业的派出董事、监事管理工作，指导下属企业做好董事会和监事会的有效运行。建立投资委员会制度，完善投资管理体系。

严格落实国机集团“主动识别、全面管控；突出重点、务求实效；分级分类、权责清晰；体系融合、协同开展”的全面风险管理原则要求，整合公司管理体系，强化管理职能，确保风险管理贯穿公司的管理决策、制度制定、业务执行以及监督评价等各个环节；围绕企业战略规划目标，结合公司业务特点，准确定位重点风险领域，提出解决方案，加大经营发展风险防范力度；推进内部审计改革，设置独立审计部门，健全公司内部审计领导机制，推进对所属企业审计监督全覆盖，统筹监事会监督与内部审计监督有机融合，发挥监督合力，提升对下属企业的管控水平；成立法律与风控合规部，并将全面风险管理、内部控制管理以及合规管理等管理职能归口到一起，开展内部控制和全面风险管理评价，排查各项风险，形成风险预判报告；强化“大监督”体系建设，加强案件管理、法律咨询及合同审核、风险控制等工作，为公司经营管理提供法律支撑。

【党建工作】

面对严峻形势，中国浦发党委全面贯彻落实党中央、国务院国资委和国机集团党委的重大决策部署，强化战略思维、全局思维和底线思维，保持战略定力，勇于担当作为，战疫情、克风险、强管控、稳发展、把方向、管大局、促落实，深入推进“党建巩固深化年”专项行动，在危机中育新机，于变局中开新局，将党的建设深度融入企业中心工作，推动中国浦发稳中有进、稳中向好。

1．强化政治担当，党的政治建设进一步加强 中国浦发党委始终把政治建设放在首位，发挥党的政治建设对党的各项建设的统领作用，增强“四个意识”，提高政治能力，强化政治担当，为企业的发展把准方向。

2．完善公司治理，党的全面领导进一步深入 中国浦发党委坚持加强党的领导和完善公司治理相统一，全面落实“两个一以贯之”要求，完善体制机制，不断加强党对国有企业的全面领导，推动制度优势更好转化为治理效能。

3．不断强化思想建设，生产经营基础得以进一步稳固 中国浦发党委不断加强思想建设，引导党员领导干部和职工群众进一步坚定发展信心，用先进典型激励员工干事创业的热情，生产经营基础进一步稳固。

4．推进组织建设，基层建设水平进一步提升 坚持党管干部、党管人才。调整总部机构并进一步明确职责，选派总部干部到职能部门和部分下属企业任职，组织人员参加浦东干部学院培训，提升干部党性修养、经营理念以及开拓能力。严把选人用人关，通过组织考察提拔重用19人次，推进干部队伍年轻化；对中国浦发“两委”委员候选人初步人选、团委书记人选进行全面考察，保证党委、团委换届工作顺利进行。对所属企业董事会、监事会进行调整，做好蓝科高新领导班子、中机联合财务总监等选任工作，完善企业班子配备。修订《干部交流管理办法》，制定《中国浦发系统人员借调方案》，积极报送享受政府特殊津贴人员和青年干部、青年高潜人选等。制定《中国浦发所属全资、控股企业业绩考核管理办法》《中国浦发所属全资、控股企业负责人薪酬管理暂行办法》。加强外事管理工作。

全面建强基层组织。通过调整党组织设置、重新明确党组织管理归属、建立联合党支部等方法，推动20家下属企业党的组织和工作全覆盖。特别是按照“一体化”运行的思路，指导推动蓝科高新、上海蓝滨顺利换届。届满的各级党组织按期完成换届，保证各级企业党的建设有效开展。

全面强化基本队伍。举办浙江大学党务工作者培训班，组织党员集中教育周活动。强化各级党支部“三会一课”制度落实的刚性，开展主题党日活动，加强党员发展对象和入党积极分子培养，做好示范党支部培育的直接指导，制定《重大工程项目党建工作指导手册》，统筹做好境内外党建工作。

5.进一步落实全面从严管党治党主体责任 认真学习贯彻国机集团党委关于“各级党委履行全面从严治党主体责任清单”，以及《中国共产党国有企业基层组织工作条例（试行）》实施方案；结合国机集团“党建巩固深化年”专项行动工作安排制定本级落实方案，逐项推动落实。

采取普遍过与重点查的方式，组织党委班子成员述职，开展基层党组织书记述职工作。党委书记切实承担起管党治党第一责任人职责，对二级企业党委（支部）书记进行全面从严治党谈话，推动全面从严治党向基层延伸。

持续推动作风改进。公司下属二级企业董事长均由班子副职领导担任，工作重心前移，加强对分管领域和联系单位的联系和党课教育，引导各级干部将精力用在干事创业上。修订完善党风廉政制度，督促完善配套制度，构建作风建设长效机制。在重要节假日前通过召开会议、下发文件、约谈提醒、发送提醒信息、编制廉政专题简报等方式，督促各级干部持续贯彻中央八项规定精神，坚决反对“四风”。

主动加强纪律建设。召开年度党风廉政建设和反腐败工作会议，与各直属党组织签订党风廉政建设责任书。组织各级干部和党员群众代表对领导班子和班子成员进行党风廉政民主测评。发挥审计、法务、财务等部门的监督合力，对下属单位“三重一大”决策事项进行监督和核查。向中国空分党委反馈巡察意见，组织对中机联合开展政治巡察，为企业健康发展提供政治支撑。开展“廉洁教育宣传月”活动，召开教育警示大会，邀请专家作专题讲座，以案明纪律，筑牢拒腐防变的思想底线。对所属企业相关负责人履职进行约谈，对新调任干部开展任前廉洁提醒谈话。定期听取纪委工作报告，充分发挥纪委监督责任。

6. 坚持党管群团，企业发展合力进一步增强 重视并加强与各级统战人员的联系，积极参加经信系统统战培训。各企业和总部的职工收入明显提高，职工的幸福感、获得感明显增强，对中国浦发的向心力明显增强。公司工会积极为员工购买口罩、消毒液、测温仪等防疫物资，组织慰问一线抗疫员工；组织参与“印象国机·抗疫”职工书画摄影网络展、“劳动筑梦，悦读伴行”职工读书活动，丰富职工文化生活。公司团委召开纪念五四运动座谈会，举行“志在青春不负韶华”主题团日等活动，传承五四精神；广泛开展青年志愿者活动，积极参与企业和社区的抗疫工作，为抗击疫情、复工复产作出贡献。

【信息化建设】

以公司战略为指引，根据国机集团信息化工作指导和公司管理要求，为保障网络安全和稳定运行，通过对关键设备的例行巡检和异常分析，结合运维监控系统，及时发现并处理基础架构运行环境的 100 多项异常情况和安全隐患，提高信息化应用的保障能力。定期优化基础设施和系统管理的配置，优化网络设备和服务器的访问策略，保障网络、信息系统的安全和稳定，并通过应急演练，检验配置效果。

信息系统应用针对用户体验进行重点优化，配合国机财务 NCC 系统推广、应用。配合公司的管理、组织和制度调整，完成 OA 系统的调优工作，梳理和调整流程 50 多个，保障管理要求的有效落地，解决手机端公文等附件预览问题，提升办公效率，改善用户体验。

持续推进和加强业务管理信息系统建设，认真参与国机集团 NCC 财务信息系统的推广和系统集成应用，并在信息系统高可用性和异地容灾等信息化基础配备等方面进行探索，为构建“横向到边、纵向到底”信息系统积极准备。

【抗击新冠肺炎疫情】

积极应对新冠肺炎疫情，促进复工复产，将疫情的影响降至最低，为公司提质增效提供安全保障。

第一时间成立疫情防控工作领导小组和办公室，及时传达上级有关会议精神，收集公司疫情有关情况报告，掌握境内外员工身体状况信息，确保中国浦发系统内员工“零感染”。

定期对中国浦发系统内办公场所进行全面消毒，要求所有进出办公大楼人员必须进行体温监测检查并佩戴口罩。同时，加强各个场所、公共用品消毒频次，及时发布疫情防控重点地区情况，提醒员工安全出行。

认真研判国内外疫情防控工作进展，建立全方位疫情防控能力体系，完善疫情防控方案，降低疫情风险和衍生风险。

成立中国浦发境外防控领导小组，召开境外项目疫情防控工作电话会议、境外疫情防控专项会议，全面掌握境外员工健康动态，保障和关注境外员工日常需求和身心健康。

中国联合工程有限公司

【基本概况】

中国联合工程有限公司（简称中国联合）是以原机械工业第二设计研究院为核心，联合多家国家甲级勘察设计单位组建的大型科技型工程公司，隶属于中国机械工业集团有限公司，总部设在杭州市。

中国联合现有员工 6 000 多人，专业技术人员占 95% 以上，拥有 8 位全国勘察设计大师，104 位享受国务院政府特殊津贴的专家。曾经有 7 位中国工程院、中国科学院院士在公司工作过，现有高级技术职称专家 1 635 人（含正高级工程师 170 人），各类国家一级注册工程技术人员 1 900 人次，美国项目管理专业协会（PMI）认证的项目管理专业人士（PMP）80 人。

公司设有工业工程、民用工程（一、二）、能源工程、工程建设、装备、全过程咨询、国际工程等业务板块。作为国内最早组建的国家大型综合性设计单位之一，中国联合设计了以上海电气、东方电气和哈尔滨电气三大动力基地为代表的一大批国家装备制造业骨干企业，设计和建设了 300 多座电厂，以及数以千计的标志性民用建筑。经过 60 年的纵横驰骋和市场竞争的风雨磨砺，中国联合服务领域早已从单一的机械行业扩展到工业、电力、建筑、市政等 20 多个行业，成为国内首批获得工程设计综合甲级资质的企业。中国联合服务方式也从工程设计向前后延伸到工程建设全过程，在继续做精做强设计咨询业务的同时，积极开拓工程总承包和项目管理业务，大力提升 EPC 能力，积极参与国际竞争。

多年来，该公司始终遵循“与顾客共同创造价值”的经营理念，完成 2 万多项大中型工程；主编、参编国家、地方和行业标准、规范 100 余项；获得国家科技进步奖 28 项（其中一等奖 2 项）、国家级各类工程技术奖 100 多项、各类省部级奖 1 000 多项。

在住房和城乡建设部对全国 1 万多家勘察设计单位“综合实力和营业收入排名”中，中国联合连年进入百强榜，最高排名在第 11 位。在美国《工程新闻记录》（ENR）对“中国工程设计企业 60 强”的统计排名中，中国联合也连年榜上有名，排名在 10 名左右。该公司连年被授予“重合同守信用”企业称号，获得 AAA 企业信用评定等级。

【主要指标】

2020 年中国联合主要经济指标完成情况见表 1。

表 1　2020 年中国联合主要经济指标完成情况

指标名称	2019 年	2020 年	同比增长（%）
资产总额（万元）	1 028 472.61	947 828.01	-7.84
净资产（万元）	225 874.87	333 319.94	47.57
营业收入（万元）	1 158 161.44	1 239 267.56	7.00
利润总额（万元）	52 626.46	150 860.91	186.66
技术开发投入（万元）	90 532.24	102 981.32	13.75
利税总额（万元）	74 014.44	188 450.48	154.61

（续）

指标名称	2019 年	2020 年	同比增长（%）
EVA 值（万元）	59 361.76	141 279.78	138.00
全员劳动生产率〔万元 /（人 • 年）〕	40.66	54.05	32.93
净资产收益率（%）	21.19	46.04	增长 24.85 个百分点
总资产报酬率（%）	5.04	15.28	增长 10.24 个百分点
国有资产保值增值率（%）	122.51	155.68	增长 33.17 个百分点

【疫情防控】

面对突如其来的新冠肺炎疫情，中国联合党委抓早、抓实、抓严、抓全，紧盯“确保干部职工身体健康和生命安全”首要目标，建立 1 个组织架构，确定 1 套工作机制，搭建 1 组工作流程，发行 1 本指导手册，构建 5 个“1”疫情防控体系。2020 年 1 月 21 日，中国联合党委发布紧急通知。1 月 22 日成立疫情防控工作组，开发大楼进出管理系统等 9 个审批流程，以信息化手段实现精准管控。发布《公司复工新冠疫情防控应急预案》，科学、规范、有序地做好各项防控措施。印发《新型冠状病毒感染肺炎疫情防控工作问责办法》，扎实开展疫情防控监督工作。疫情防控各工作小组和相关部门人员各司其职、各尽其责、严防死守，保障每位员工健康安全。

中机中联快速反应，成为九龙坡区第一批复工复产单位。

中联西北院主动请缨战疫，仅用 72h 就完成了西安咸阳国际机场旅客转运分流中心工程设计任务。累计完成 24 项应急医院和口罩生产线的咨询设计和改扩建设计任务，充分体现了国有企业的责任和使命担当。

【党建工作】

持续深入学习贯彻习近平新时代中国特色社会主义思想和党的十九大和十九届二中、三中、四中、五中全会精神，认真落实“第一议题”制度，全年共学习上级会议精神及习近平总书记重要讲话 37 次，开展 9 次理论中心组学习会和 2 次领导班子读书会。组织公司党员领导干部深入联系点宣讲党的十九届四中全会精神。深入学习宣传贯彻《习近平谈治国理政》第三卷。

开展“解放思想、推动发展”大讨论暨“育新机、开新局”专题研讨活动。公司本部召开公司第二次党员代表大会第二次会议，完成本部 26 个党支部换届。中机中联、中联西北院党委召开第二次党代会，选举产生新一届党委和纪委。

继续与井冈山国家干部学院等 3 所党校合作举办 4 期培训班，共 226 人参加。修订《公司党支部党建标准化指导手册》，对支部党建考核实现常态化。组织开展专兼职党务干部能力测试。推进“一支部一品牌”建设，积极发掘党建特色做法。

整改完成国机集团党委巡视反馈的 18 项意见。完成对 2 家子公司党委党建考核意见反馈，督促问题整改。

加强对意识形态工作的制度建设，做好舆情监测工作。积极向国机集团投稿，在《浙江日报》上宣传全过程工程咨询业务。持续推进企业展厅建设。

持续加强“1+N”党员密切联系群众和“1+1”党内帮扶工作。召开民主党派和无党派人士代表座谈会，开展“爱企业、献良策、作贡献”主题问卷调查活动。参加浙江省勘察设计行业协会思想政治工作与企业文化委员会第五届会员大会，当选主任委员单位。

【社会责任】

加大扶贫力度，密切联系四川省广元市朝天区、浙江省温州市文成县黄坦镇和新疆喀什市帕哈太克里乡，积极完成国机集团山西平陆农产品消费扶贫任务。积极推进国机集团党委定点扶贫工作巡视反馈意见的整改工作。完成公司负责监督的 3 个扶贫项目。

【监督执纪】

召开季度监督工作例会，督促职能部门认真

履行职责。扎实开展“四个专项整治”工作。

印发《中国联合本部重点关键岗位廉洁风险点、风险源辨识清单》。拓宽党内监督渠道，为公司党委管理干部建立廉政档案188份。扎实开展“廉洁宣传教育月”活动。坚持在节假日等重要节点以短信、微信、下发通知等方式提要求、打招呼，共发送1 300余人次。

完成对中机中联党委为期20天常规巡察。编制《公司党委巡察工作手册》《公司党委巡察技术知识》，提高巡察工作规范化水平。开展采购分包专项巡察。

【综合管理】

编制完成《公司2020—2022年滚动发展规划》《公司2021—2035年中长期发展纲要》《公司“十四五”发展规划》。子公司初步完成“十四五”发展规划编制工作。

持续做好制度建设工作，新制定20项、修订32项规章制度，现有规章制度275项。编制公司提质增效行动、“总部机关化”整改、对标一流管理行动等方案。

规范董事会决策程序，落实各项议题。组织外部董事监事调研，开展董事培训。修订完善“三重一大”决策事项清单。加强公司本年度重点工作、数字化目标、会议议定事项的督办力度。

1. 加强信息化手段运用，提升人力资源管理水平 申报推荐各类专家134人次，1人被评为浙江省勘察设计大师，12人入选国机集团青年“高潜”和青年干部，59人被认定为杭州市高层次人才。推荐正高级工程师24人，评定高级工程师194人。人力资源管理信息化水平不断提高，业务流程增至68个，干部述职、培训考试、宣讲等采用线上方式，提升工作效率。

新建浙江理工大学等实践基地，举办校园专场宣讲会14场，全年录用新毕业大学生147人，从社会招聘305人。

制定并发布实施《七支人才队伍建设实施细则（试行）》。2 715人根据自身职业发展定位完成相应队伍的职级申报。553名协议上岗人员签订上岗协议和竞业限制协议。中机中联积极响应退休人员社会化工作，完成全部移交工作。中联西北院严格执行干部选拔任用工作制度，引进、提拔干部20人。

结合公司实际及时调整组织结构，设立项目实施管理部，加强总承包项目进度质量管控。设立全过程工程咨询中心，适时对电力院和电力工程公司、工业二院和工业工程建设公司进行机构合并，支撑业务发展。

2. 深化财务管控和信息化建设，不断提升服务水平 实现1家企业的压减工作，年度平均资金集中度达70.83%，资产负债率64.84%，完成国机集团下达的管控目标。持续提升“两金”管理水平，确保公司在业务持续增长的态势下，“两金”规模及风险可控。

启用工程项目财务管理系统、财企直连管理系统，落实“审核标准融入流程”管理理念，运用录制视频、流程提示等手段，加强财务制度和管理流程的宣传贯彻。完成国机集团新老财务管理系统和报表管理系统切换。

开展内部培训交流、流程优化与改进等工作。做到长期未处理流程的动态管控，为实现财务限时办结制打下扎实基础。

中机中联、中联西北院不断修订财务管理作业文件，调整优化审批流程，强化“两金”管控和应收账款的日常监控和催收。

3. 注重技术创新，培育公司竞争优势 新立项1项特色技术开发专项，推进10项特色业务执行。获得各类工程技术奖96项，其中国家级3项、省部级58项。获得国机集团优秀专利奖二等奖1项。获授权发明专利5项、实用新型专利90项、外观设计专利2项、软件著作权2项。获得国机集团优秀标准奖三等奖1项。主编2项国家标准获批，在编各类技术标准24项，其中国家标准7项。

获批全国博士后科研工作站。自主研发的“新型沸石转轮＋催化燃烧废气处理工艺”首次在军工企业中推广应用。

积极开展建筑产业化研究工作，被确定为国家装配式产业基地。开展绿色建筑研究，牵头成立相关分会，率先编制《加快推进建筑产业化与绿色建筑深度融合发展相关工作计划》。

科技研发逐步转型为公司统筹模式，实行公司副总工程师牵头，板块、专业分级分层、自上而下、科研立项引导模式。

完成国机集团“中国设计和标准‘走出去’”课题论文撰写。参与国机集团“中国工程院重大咨询项目研究课题地下空间开发与地下工程建设法律法规体系研究”“工业软件产业基础能力提升”课题研究。

4. 加大产品监控力度，全面提升设计质量　组织 15 场专业设计人员资格考试，对 2 248 人进行资格认定。全年组织各类设计、技术评审会 41 场。加强信息化建设，开发设计人员资格管理、设计评审、施工图抽查等线上流程。对 20 余个进入设计阶段的重大项目进行质量审查，发现问题 1 030 条。开展设计产品质量抽查，抽查项目 43 项，折合 A1 图样 19 231 张，发现问题 1 516 条，总结各专业典型问题 262 条。全年未发现违反强制性条文情况。

5. 统筹协调生产经营，为生产部门提供支撑　本部完成公司注册地变更及上海新设子公司工商注册。工程勘察岩土工程专业资质成功升为甲级，获得建筑工程施工总承包一级资质。中机中联获得房屋建筑工程监理资质（甲级）证书和工程勘察乙级资质证书。中联西北院获批市政公用工程施工总承包二级、超限高层建筑工程施工图审查资质，完成环境保护设施设计和施工证书、压力管道设计许可证的现场审核和延续换证。

加强重大项目管理，每月发布公司重大项目清单。积极协调公司跨部门及与子公司间经营冲突，处理项目备案登记 3 797 次。完成投标文件评审 727 次、生产经营合同评审 9 127 次。对 3 年及以上未收款项目合同进行排查，厘清合同和收款存量。完成 218 个项目的顾客满意度调查，顾客满意度持续上升。

持续加强采购管理，围绕总承包项目预计利润率目标的实现进行采购全过程管控。开展采购过程不规范等问题专项检查 2 次。编制工程项目施工招标文件示范文本，规范工程项目招标。优化采购流程，确保规章制度落实到流程管控中。处理工程项目采购类评审 4 325 次，设计分包类审批和评审 443 次，物资采购类评审 563 次。完成数码表现等重要物资和服务的集中采购。完善合格供应方评价机制，建立“黑名单”制度，做好合格供应方的分级分类管理，评出优秀供应方 25 家次，纳入“黑名单”供应方 8 家次。

6. 落实生产安全责任，确保公司生产安全　全年开展 280 余次项目现场的安全、质量检查和复工防疫综合检查工作，强化疫情防控常态化应急管理，排查出一般隐患 460 多项，针对性地提出 560 多项安全管理重点和注意事项，动态跟踪整改措施落实情况，形成闭环管理。

层层签订安全生产责任书，落实生产安全责任。积极组织开展“安全生产月”“安全生产万里行”活动。制定公司安全生产专项整治“三年行动计划”，以安全风险隐患排查整治为重点，强化生产作业过程安全管理。有效防范和坚决遏制各类安全生产事故的发生，保持安全生产稳定态势。推进安全文明施工标准化建设，提高本质安全。

认真组织管理体系内审、管理评审，保证外审工作顺利完成。召开 2020 年度公司工程总承包工作研讨会，推动公司总承包实施水平整体提升。

7. 加强审计法律监督，有效防范运行风险　对公司内部控制、风险管理、合规管理情况进行审计，并按照国机集团要求，梳理公司内控、风险、合规情况，以“强内控、防风险、促合规”为工作目标，推动企业完善风险控制管理工作。开展中机中联董事长任期经济责任审计，以及本部中层干部离任审计工作；开展工程三公司管理效益审计、重大项目跟踪审计、二级生产部门及后勤部门考核审计工作，强化日常监督，通过效益分析提供科学的审计建议。中联西北院开展全面风险管理及内部控制评价工作、季度风险监测、高风险投资自查工作。

完善项目风险评估管理流程，累计完成项目风险评估 61 项，涉及金额 337 亿元。制定重大项目风险清单，建立重大 EPC 项目风险信息库，动态跟踪防范风险。修订《中国联合与其他单位合作项目实施细则》，完成重大总承包合同审查 161 项。建立并完善诉讼、非诉讼纠纷管控体系、合规管理体系。积极推进普法宣传工作。中机中联法律风险管控贯穿项目全过程，建立经济合同（网上流程）、规章制度、重要决策、重大项目法律审核全覆盖，坚持从源头发现问题、控制风险。

贯彻落实国机集团“双百企业”综合改革及混合所有制改革工作要求，持续做好体制机制改革工作。全面完成“三供一业”分离移交工作。完成与滨江区政府合作协议的签署，为进一步推进混改工作打下基础。

8. 整合信息化资源，为公司运转提供信息化支撑 加强对职能管理工作的信息化支撑。人力资源管理信息化建设全面铺开，持续推进7支人才队伍建设系统的开发。资产财务管理信息化上线成本管理系统、接口系统，解决多年来在多系统间人工处理难、效率低的问题。

Polycom云系统三件套、xSky存储三合一、联想网盘等新系统采取私有云系统的模式成功上线，为IT系统向虚拟化发展奠定基础。基础存储采用分布式架构，为各类IT系统提供容灾、容错方面的解决思路。面向对象存储开发技术的应用，为系统向互联网平台研发提供发展空间和技术支持。

9. 加强工团建设，营造幸福中联 组织开展共青团“学习习近平总书记五四寄语精神”的主题活动。评选、公布60名第四届“新员工之星”。组织读书月、技能分享等多种活动。中国联合团委和中机中联团委被评为国机集团“五四”红旗团委，3个团支部被评为国机集团“五四”红旗团支部，3人被评为国机集团优秀共青团干部，4人被评为国机集团优秀共青团员。

完成“工会法人资格证书”的到期换证工作，完善经费支出报销制度。组织“国机集团爱心基金”捐款，共募集国机爱心基金50.7万元，为13位重病及家庭经济困难的员工申请到补助7.3万元。关心关爱女性职工，组织广大职工开展线上活动，中机中联完成爱心母婴室装修。成功承办国机集团“中联杯”羽毛球赛。组织员工参加国机集团职工篮球邀请赛并获亚军。中机中联成立书法、足球、篮球等文体协会，举办第一届职工运动会和篮球、游泳、钓鱼等比赛。中联西北院承办陕西省勘察设计行业“中联西北院杯”乒乓球大赛。

做好离退休人员的关心服务工作。获浙江省部属企事业工会“三外”项目职工之家奖励3.2万元，获浙江省部属企事业工会“美丽院区”等奖励。中联西北院荣获陕西省劳动竞赛优胜集体、西安市重点工程立功竞赛等先进集体和个人荣誉60多项。

机械工业第六设计研究院有限公司

【基本概况】

机械工业第六设计研究院有限公司（简称中机六院）创建于1951年，是拥有工程设计综合甲级资质的国家大型综合设计研究院，隶属于国机集团。主要从事工程咨询、工程设计、工程监理、项目管理、工程总承包等业务，致力于打造“国内一流的绿色与智能工程服务商”。2020年12月，中机六院从河南省郑州市中原中路191号搬至新址中原西路126号（建设用地面积62 434.04m²，总建筑面积87 267.11m²），办公条件及办公环境得到了极大改善。

截至2020年底，中机六院有9个职能管理部门、10个生产部门、7家子公司、1家直属分公司。拥有中国工程院院士1人、中国工程设计大师1人、省勘察设计大师3人、享受政府特殊津贴专家24人、研究员级高级工程师88人、高级工程师689人、各类国家注册工程师1 309人次。

拥有全国工程设计综合甲级资质、工程监理综合资质、建筑工程施工总承包一级资质和建筑智能化设计甲级资质、工程造价咨询甲级等专业资质；具有商务部援外设计、援外监理等资格。业务涵盖工业、民用与市政工程等领域，项目遍布全国各省、自治区、直辖市和世界70个国家与地区。

70年来，中机六院完成大中型工程项目2万余项；牵头或参与国家绿色与智能制造重大科技专项40余项；主编、参编国家和行业标准、规范62项；荣获中国土木工程创新最高奖詹天佑奖2项，国家科技进步奖6项，国家优秀工程设计金、银、铜奖10项，鲁班奖及国家优质工程奖37项，各类省部级奖800余项；获国家授权专利282项，其中，发明专利18项、软件著作权登记255项。

中机六院是国内机床工具与无机非金属行业专业设计院，是国内烟草、铸造、煤炭机械、石化机械、风电机械、重矿机械、工程机械、轨道交通装备、农业机械等行业和领域的设计强院。在智能与信息化、智能工厂、绿色建筑、大型工厂和园区规划、企业生产流程再造、高难度结构、暖通空调、工业除尘、大型公用建筑、市政和环境工程等方面具有国内先进的工程技术。

中机六院建有绿色建筑信息模型化国家地方联合工程实验室、博士后科研工作站、河南省绿色与智能工程技术诊断院士工作站、河南省工厂数字化建造工程技术研究中心等7个科研平台，在工业与信息化深度融合、绿色与数字化技术应用方面走在同行前列。近年来牵头负责或承担了20项国家重大科研项目，进一步巩固和提升了公司在绿色、智能制造等领域的技术优势。

秉承"敢为人先，永争一流"的企业精神，竭力"打造国内一流的绿色与智能工程服务商"，为客户提供工程建设领域的全过程、全方位服务，为社会、客户、员工创造更大价值。

【主要指标】

2020年中机六院主要经济指标完成情况见表1。

表1 2020年中机六院主要经济指标完成情况

指标名称	2019年	2020年	同比增长（%）
资产总额（万元）	161 479.55	194 793.79	20.63
净资产（万元）	102 740.65	111 195.46	8.23
营业收入（万元）	124 521.83	146 268.44	17.46
利润总额（万元）	13 217.89	15 156.68	14.67
技术开发投入（万元）	10 615.35	12 584.20	18.55
利税总额（万元）	18 384.48	20 416.28	11.05
EVA值（万元）	14 180.01	16 005.48	12.87
全员劳动生产率〔万元/（人·年）〕	21.17	22.30	5.34
净资产收益率（%）	11.58	12.03	增长0.45个百分点
总资产报酬率（%）	8.94	8.51	下降0.43个百分点
国有资产保值增值率（%）	112.04	112.56	增长0.52个百分点

【改革改制】

研究制定《中机六院改革三年行动实施方案（2020—2022年）》，建立工作台账，明确任务时间表，扎实推进各项重点工作，以改革创新激发发展动力，推动公司高质量发展。

1. 持续优化资源配置 围绕发展战略落地，进一步整合工业业务及绿色、信息与智能技术相关资源，成立工业与智能中心，智能工厂业务取得突破性发展。整合民用工程业务资源，成立民用工程中心，发挥平台技术支撑作用，增强大客户、大项目经营能力。成立科技发展部，进一步推进科技创新工作。

2. 改革考核机制，强化考核导向 中机六院结合战略导向和发展实际，修订《中机六院经理层考核及薪酬分配办法》《中机六院生产部门考核办法》《中机六院职能管理部门考核办法》等绩效考核制度，针对部门特点和工作重点，分类梳理考核指标，对生产部门增加“区域经营”“经营支持”等考核要素，对职能管理部门重点考察管理与服务水平提升，将考核“指挥棒”指向高质量发展。同时，在部门考核中，加大公司整体业绩与部门员工考核优秀率的关联力度，进一步增强绩效考核的正向激励作用。

【重大决策】

认真研判发展形势，深入分析发展现状，聚焦主责主业，在充分评估“十三五”发展规划落实情况的基础上，主动对接国家和国机集团发展战略，按照顶层设计、上下结合、内外联动的原则，高标准谋划“十四五”发展规划，制定未来5年发展路线图，即坚持绿色、智能发展方向，大力发展绿色、智能工程业务。

【市场经营】

围绕市场经营持续发力，多措并举、综合施策，打“组合拳”，经营成效持续显现。

1. 经济指标平稳运行 2020年中机六院发展态势良好，完成营业收入14.63亿元，同比增长17.46%；完成利润总额1.52亿元，同比增长14.67%；完成EVA1.60亿元，同比增长12.87%。

2. 强化区域深耕和协同经营 建立健全区域分工和协同经营机制，既强调聚焦主责主业守好“责任田”，又坚持“一盘棋”激发整体经营合力，取得显著成效，有力巩固传统区域市场的影响力，进一步对接融入长三角、京津冀、粤港澳大湾区、海南自贸区等国家重点战略区域，承接南京迈瑞研发生产基地三期工程、空军唐山机场配套设施建设工程、三亚西水中调工程等一批代表性项目。

3. 聚焦大项目经营 发布《中机六院大项目管理办法》，建立大项目快速响应机制，统筹公司高层次人才等资源配置，集中优势力量开展大项目经营。充分发挥自身技术优势和业务专长，与中建系统、中铁系统、中冶系统等大型中央企业进行战略合作，联合经营大型高端品牌项目。承接合同额1 000万元以上项目29个，大项目累计合同额10.3亿元，同比增长11.87%，占签订合同总额近一半，大项目经营成效明显。

4. 持续优化业务布局 做强做优主业，加快开拓战略性新兴业务，在智能制造、智慧医院、现代物流、新基建等重点领域持续发力，陆续承接了浪潮电子郑州生产基地生产线、曙光信息服务器生产线、太重集团智能高端装备产业园、解放军总医院国家转化医学中心与急救部、郑州国际物流园公路港、宁波农副产品冷链物流中心工程、郑州市城市大脑一期工程等代表性项目。

5. 加快业务提质升级 继续推进BIM、绿色、信息与智能技术及其与工业、民用、市政工程领域传统业务的深度融合，增强价值创造能力，以技术优势拓展传统业务的市场空间。陆续承接河北中烟石家庄卷烟厂、西安恒大文化旅游城、郑州理工职业学院新校区、郑济高铁滑浚站片区基础设施建设项目、商丘市集中供热环形主干管网西线工程等一批品牌项目。

6. 推进业务模式创新 准确把握国家政策取向和行业发展趋势，加大优势领域的EPC工程总承包和全过程工程咨询业务的开拓力度，着力发展基于BIM的建设工程全生命周期数字化服务模式，陆续承接湖北中烟卷烟材料厂易地改造EPC工程总承包、中国陶瓷电商物流园全过程工程咨询、长垣市产业集聚区智能管理综合服务系统、海南省政务服务中心BIM咨询服务等一系列项目。

【科研成果及产业化发展】

1. 开展政府重大科技专项研究和标准规范的编制工作 充分发挥各级政府科技专项对中机六院工程全生命周期数字化、智能工厂建设新模式等方面研发工作的推动作用，持续扩大中机六院数字化、智能化技术在国内的技术优势和品牌影响力，提升中机六院整体市场形象。完成各级政府科技专项，分别为：牵头完成“农机装备工艺设计仿真及信息集成标准研究和试验验证”专项，参与完成“卓郎新疆纺纱机械智能工厂”“网络协同设计关键技术标准研究及试验验证”“三全速冻食品全流程智能制造新模式应用项目”“农机装备行业智能工厂通用集成模型标准研究和试验验证”“面向船舶管系加工的数字化车间集成标准研究与试验验证”“隧道掘进机装备远程运维标准研究与验证”“基于供应链的工业机器人协同设计/制造标准体系研究与试验验证”“工业互联网边缘计算基础标准和试验验证”和“数字化车间互联互通互操作标准研究与试验验证”。牵头负责的国家重点科技研发计划“面向纺织服装产业集聚区域的网络协同制造集成技术研究与示范”项目正式启动；参与申报并获批准立项国家科技专项 8 项，其中，国家级工业互联网平台应用创新推广中心项目是河南省唯一一家国家级工业互联网平台应用创新体验中心。

完成标准规范编制 4 项，其中，参与编制《智能制造能力成熟度模型》《智能制造能力成熟度评估方法》《应急发热门诊设计示例（一）》3 项国家标准，牵头编制《城市轨道交通信息模型应用标准》1 项地方标准。

2. 科技创新取得新突破 聚焦“绿色”“智能”两大发展方向，加大科技创新和成果转化力度，着力培育核心技术竞争力，持续锻造企业所长，不断夯实高质量发展的基础。

（1）持续优化科技创新体制机制，成立智能工厂、医卫建筑、建筑创作技术委员会，推动落实委员会科技创新和成果转化职责，充分发挥技术委员会的引领带动作用；健全科研成果应用效果后评价及激励机制，促进公司科研项目选择方向的科学性和科技投入的精准性，进一步推动科技创新成果的应用转化和迭代更新。

（2）瞄准行业前沿和市场需求，围绕重点领域继续加强关键核心和基础共性技术创新研究和应用实践，努力推动技术进步和发展，取得一系列科研成果。圆满承办国机集团第一届建筑信息模型（BIM）技术应用技能大赛；荣获省部级及以上奖项 56 项。自主研发“用于装配式混凝土结构中的钢筋机械连接结构”“病房内墙面结构”“托盘密集库结合托盘横梁货架的储分方法及系统”“自动推出式补货拣选货架”“消失模烘干室蒸汽加热系统”“冷冻食品生产工艺流程可视化管理平台 V1.0”“智能装备远程运维系统 V1.0”等，形成一批专有技术，获得国家授权专利 70 项，软件著作权登记 42 项。

（3）持续开展智能工厂、BIM、绿色建筑、装配式建筑等新技术定制化培训，全年开展线上培训 8 场、线下培训 31 场，共培训人员约 2 600 人次。助力优势技术与主营业务深度融合，持续推动公司先发技术优势转化成有效的生产力和竞争力。

3. 科研平台管理工作取得新成就 绿色建筑信息模型化国家地方联合工程实验室建设完成并通过验收。国机工业互联网研究院（河南）有限公司 2020 年入选工业和信息化部《中小企业数字化赋能服务产品及活动推荐目录》，成为河南省中小企业数字化服务商、河南省人工智能创新性企业。公司充分利用科研平台优势，申报并中标国家工业互联网平台应用创新推广中心项目（牵头）、国家工业互联网标识解析二级节点建筑材料行业应用服务平台项目（参与）、国家智能制造标准试验验证平台建设——面向智能制造领域的标准试验验证公共服务平台建设项目（参与）等，对中机六院科技创新工作起到重要作用。

【产权管理】

股权投资预算 13 703.79 万元，其中：收购特色设计院投资 5 000 万元，郑州中兴工程监理有限公司增加注册资本 3 500 万元（作为股权投资），中国陆源国际工程有限公司增资 2 500 万元，国机工业互联网研究院（河南）有限公司增资扩股 1 155.50 万元，收购河南硕华工程造价咨询事务所投资 600 万元，参股洛阳市吉利区污水处理厂、固废处理厂、吉利区水系建设项目投资 500 万元，参股河南省温县国家储备林基地建设项目投资 448.29 万元。

【管理经验】

1. 做好经营基础管理，规范经营秩序

（1）营造规范有序的经营制度环境。制（修）订《中机六院 BIM 与信息技术和主营业务融合补贴办法》《中机六院大项目管理办法》《生产部门业务和区域分工清单》《中机六院协同经营管理办法》《中机六院大客户管理办法》等一系列规章制度，对 BIM 技术支持、大项目管理、业务分工、协同经营、大客户管理、业务区域深耕等进行了梳理、规范和优化。

（2）加强市场形势研究分析。召开总承包业务发展座谈会、双循环座谈会、民用和市政业务发展座谈会，整理医卫市场分析报告、新基建市场分析报告、军民融合项目招投标特点分析报告、2020年政府工作报告分析、公司资质分析报告、公司跨省备案情况与建议、公司分支机构发展方案等专项市场分析和管理报告。全方位搜集行业政策和市场信息，及时传递给经营人员，帮助经营人员了解市场动态、紧跟市场形势。

（3）强化区域深耕和协同经营。建立健全区域分工和协同经营机制，搭建中机六院经营资源信息化平台，共收集经营资源693条，各部门查询共580次，有力地促进了各部门之间的经营协同。

（4）持续加大对分支机构的管控力度。为深入研究分支机构发展思路，科学构建分支机构管理体系和运行模式，编制《分支机构发展规划汇编》，向主要领导提出“公司分支机构发展方案”建议。认真梳理各分、子公司，对明确后续不再发生业务的分、子公司及时清理注销。

（5）深化投标一站式服务。推进投标平台建设，全年累计收集中标通知书450份，接收劳动合同原件1 000余本，扫描公司人员注册证近900份，累计处理各类借阅文件4 000余次，促进了投标工作便利化，极大地了提升了投标效率。

2.风险管理深入实施，内控质量显著提升 持续推进内控、风险管理和合规管理一体化工作，严格工程总承包业务投标审查、合同评审等过程管理，不断增强风险管控能力；严格执行内控、风险管理和合规管理监督制度，强化执纪问责；强化制度力量，提高制度执行力；与各部门第一负责人、党组织书记、风险监控负责人签订风险防控责任书，层层落实风险管理责任；在重大决策、重要项目安排和大额度资金运作事项决策前，进行科学、审慎、充分的可行性研究、论证，开展专项风险评估，充分揭示风险，提出应对措施，对“三重一大”事项严格按照程序决策；建立健全内部审计制度体系，加大审计监督力度，与风险管理、内控管理和公司治理相结合，在促进依法经营、完善内控、防范风险、提高效益、严肃财经纪律和提升发展质量等方面发挥了重要作用，被评为“全国内部审计先进集体”。

3.强化政治监督，做实做细日常监督，发挥监督保障执行，促进完善发展作用 严管和厚爱相结合。精准运用监督执纪“四种形态”，对违规违纪问题持续保持高压态势，对不实举报及时予以澄清，激励干部担当作为；同时回访受处分领导人员，既维护纪律的严肃性和权威性，又真心关爱干部，促进干部从“有错”向“有为”转变。

突出政治监督，抓好“关键少数”。总结近年来监督执纪经验和发现的问题，制定“中机六院纪委对同级及下级主要负责人监督事项清单”，完善对“一把手”的监督机制，推动对“一把手”监督的制度化、常态化，着力化解监督难题，强化对权力运行的制约。

4.通过多种途径狠抓落实，持续提升质量管理水平

（1）完善质量管理体系，保持“质量管理体系AAA级认证”。根据新版GB/T 45001—2020《职业健康安全管理体系要求及使用指南》的变化，开展“三标一体化”管理体系文件换版工作，顺利通过“三标”管理体系传统认证，2020年质量管理体系升级版认证总体评分较上年提高9.3分，获AAA级评价，并且“信息化”“数字化”等4个过程取得免审资格。

（2）贴近生产一线，聚焦质量通病，不断完善质量体系。

①开展质量改进建议征集活动。编制《设计质量管理调查问卷》并发放到公司各生产部门。共收到各部门员工反馈问卷367份、改进建议1 320条，经提炼获得有效建议18条，并组织相关部门落实改进措施。

②组织编制质量通病手册。编制并发布建筑、结构、暖通、给排水、电气5个专业《民用工程（住宅）专业设计质量通病手册》。对2019年设计项目质量复抽查问题进行总结提炼，形成“2019年公司设计项目质量抽查违反强制性条文清单”。分专业归纳图样审查常见质量问题并提出解决方案，提升设计咨询成品质量及稳定性。

③进一步规范设计质量风险管控。结合内审情况，立足咨询设计业务风险控制，优化完善设计过程控制资料模板，规范设计过程关键点的风险识别工作，修订“设计阶段计划表”、研究纲要、设计要则、开工报告和设计评审纪要 5 个模板文件，并将模板同步到二维协同设计平台供生产部门参考使用。

（3）开展全过程质量检查，不断加强知识积累，推进设计过程和产品质量的持续改进。

①加强质量监督和过程管控，对设计类项目施工图 A 级和工程类项目合同额超过 2 亿元的项目实现施工图复抽查和现场检查全覆盖；严格管理工程设计和工程总承包项目不执行国家工程建设标准强制性条文行为，强制性条文执行率达到 100%。开展施工图设计复抽查及工程质量过程监督检查近百项，覆盖公司所有生产部门；组织项目质量和服务的回访、评价和跟踪，顾客满意度持续提升。

②加强对生产部门技术指导。对施工图设计复抽查、设计变更、设计控制电子文件袋、设计质量和服务回访等各项检查结果进行统计分析，定期在全公司范围内进行剖析和通报，发布设计质量报告 6 份、质量信息统计分析报告 1 份，提出整改及预防措施 46 项。

③加强设计后期资料的收集、不断充实知识库内容。收集生产部门上传的施工图审查合格证、整体竣工验收报告、完工报告 175 份。收集汇总施工图审查机构审图意见 1 800 余条，总结分析常见问题并开展专项培训。同时，为提高专业技术人员的业务能力，开展 13 场内容丰富的质量培训交流，并将培训视频作为知识积累素材同步上传至 EEP 平台，为中机六院设计质量的持续改进提供了知识保障。

（4）严格落实国机集团要求，广泛开展质量宣传。为深入贯彻落实党中央、国务院关于建设质量强国的重大决策部署，根据国家和国机集团要求组织开展“质量月”系列活动，在公司网站上开辟“质量月”宣传专栏，及时报道质量月活动开展情况，挑选优秀设计过程记录制作质量宣传展板，选报优秀质量团队和个人事迹参与国机集团“我身边的质量故事”专题活动，营造良好的质量氛围，提高员工的质量意识。

（5）完善工程总承包管理体系文件，修订工程总承包各项管理制度，规范工程总承包项目管理。根据国家《房屋建筑和市政基础设施项目工程总承包管理办法》，GB/T 45001—2020《职业健康安全管理体系要求及使用指南》，补充和修订工程总承包程序文件、工程总承包质量作业标准、工程总承包环境职业健康与安全作业文件及应急管理作业文件，保证管理体系文件与国家最新政策、规范、标准衔接一致。

修订《公司工程总承包项目管理办法》，制订工程总承包项目的经营、生产组织、资源配置、合同及支付等工作程序，指导各生产部门规范开展工程总承包业务。

发布《公司生产类（工程承包）采购标准文件》，分类建立承包类采购文件参考模板，规范生产部门采购文件编制，提高承包类项目采购工作质量和效率。

（6）加强承包类业务分包采购、支付过程审查。全年审批承包类供应商入库 355 项，完成供应商复评价 81 项，审查项目采购策划 30 项，启动承包类项目采购 524 项，完成采购 415 项，组织分包合同评审 524 项（其中重大采购会议评审 13 项）。对公司实施的 44 个承包（其中工程总承包 21 个）项目采购预算执行情况进行专项排查，对公司 7 个生产部门、16 个承包项目分包采购及合同支付进行专项抽查，做到生产部门全覆盖、各类承包业务全覆盖。对检查中发现的问题及时督促生产部门整改，提高生产部门对公司采购制度的执行意识，有效防范分包风险。

（7）加强承包项目过程质量督导，提升服务质量。制订和发布工程总承包项目巡检计划，开展工程总承包项目现场质量专项检查和客户满意度调查。全年对在建项目的施工质量、管理风险进行专项检查 7 次，排查出工程质量隐患 13 项、较大管理风险 3 项，督促项目部按时落实整改。

通过对工程总承包项目现场跟踪督导，工程总承包项目服务能力、工程质量管理水平得到持续提升，年度未出现工程质量事故，承包项目质量自检率达100%，其中黄鹤楼香精香料产业园（一期）EPC项目荣获武汉地区建筑业2020年QC成果奖及多个子项优质结构工程奖。

5. 完善安全管理制度，落实安全生产责任 编制《应急预案管理办法》，修订《危险源辨识、风险评价和策划控制程序》《环境和职业健康安全运行控制程序》《应急准备和响应控制程序》等18项安全生产规章制度，确保各项安全生产管理制度文件的完整性和实效性。加强安全生产教育培训，组织员工参加安全生产知识竞赛，开展施工现场高空坠落、火灾等事故应急演练、应急预案培训，提高公司应急管理能力。严格落实“党政同责、一岗双责、失职追责”工作要求，组织各级行政及党组织负责人层层签订“安全生产责任书”24份、“双向承诺书”3 145份，分解安全生产目标，落实安全管理责任。

6. 加强工程总承包项目现场安全生产情况检查 检查工程总承包项目现场安全生产的制度落实、资料管理、品牌一体化、标准化建设情况，及时通报检查结果，提出督促落实整改。开展现场安全生产专项检查7次，查找出安全生产隐患33项，均逐项落实整改。未出现安全生产事故，在国机集团年度安全生产责任目标考核中被评为优秀企业。

7. 财务管理水平持续提升 一是加强内控、严防风险，推进制度化建设。修订4项规章制度，发布26项重要通知。二是组织推进新收入准则落地实施。组织新收入准则的学习，优化信息系统，分析差异原因，为新准则实施做好准备。三是完善财务信息化建设，提高会计信息质量。在对以前年度建立的19项财务信息化管理系统进行持续优化的基础上，建立承兑汇票认领模块和EEP与NCC系统的对接功能。在提升财务管理综合水平及工作效率的同时，逐步实现各系统之间数据的关联与共享。四是优化财务分析模板，引入“量本利”分析法，对经营数据变动原因进行科学分析，为公司经营决策提供依据。五是各项财务指标均完成预算目标，且预算偏差率控制在10%以内。引入全面预算理念，以经营预算为龙头，优化编制流程、召开专题会议、统一规则，指导各生产部门合理预测2021年度预算目标。六是强化“两金”专项清理工作，发布系列催收文件，制定“两金”管控“三年工作方案”，利用信息化平台，每月发布“两金”账龄信息并监督落实；为确保债权诉讼时效，组织对账龄超过2年的应收账款发函确权。七是在资金共管账户持续增加、因诉讼冻结部分资金的压力下，统筹全级次银行账户及资金情况，顺利完成国机集团资金归集度和账户压减指标。八是有序开展每月报表上报及年度决算、汇算工作，报送及时性和准确性符合国机集团要求。

持续推进业财融合，加强财务人员培养及团队建设。一是积极组织开展外部和内部培训，多渠道提升财务人员能力。二是推进财务精细化、标准化管理，按专业优化业务管理中心，促进人才梯队建设。三是持续推进轮岗制度，提高财务人员的综合能力。四是明确岗位职责和考核要素，督促财务人员自我提升。

8. 推进品牌建设，提升品牌形象

（1）加强学会、协会管理。支持各部门加入对业务发展具有重要促进作用的行业学会、协会，鼓励各部门积极在学（协）会各类重大会议上发出中机六院声音、展示中机六院形象。

（2）强化品牌管理及对外宣传。落实国机集团品牌一体化战略，加强宣传能力建设，提升品牌形象。应用新媒体品牌宣传模式，借助网络平台拓展品牌宣传渠道。加强自媒体建设，进一步提高业务及品牌宣传的及时性、针对性和有效性，不断提升企业品牌价值和社会影响力。加强重大活动的品牌宣传策划，以立互联网思维、全媒体运作，实现品牌传播价值最大化。加强意识形态工作，注重舆论引导，完善舆情应对机制，为公司发展创造良好的舆论氛围。

【党建工作】

中机六院党委坚持以习近平新时代中国特色社会主义思想为指导，围绕新时代党的建设总要求，巩固深化“不忘初心、牢记使命”主题教育成果，深入开展“党建巩固深化年”专项行动，全面推动党的建设与生产经营深度融合，为公司年度营业收入创历史新高、顺利实现“十三五”圆满收官提供了坚强的政治保证。

1. 党的政治建设取得新成效 中机六院党委坚持将政治建设摆在首位，持续增强“四个意识”，坚定“四个信念”，做到“两个维护”，以党的政治建设为统领带动党的建设质量全面提升。深入贯彻中央和国机集团党委决策部署，认真落实“第一议题”制度，深入贯彻全国国有企业党的建设工作会议精神，统筹做好疫情防控和复工复产各项工作，认真履行国机集团定点帮扶河南省信阳市固始片区牵头单位职责，圆满完成年度帮扶任务。压紧压实全面从严治党主体责任。加强党的建设整体谋划和工作指导，优化党建工作考核评价体系，强化考核结果运用，党建工作考核结果与党组织委员和党员领导干部绩效工资挂钩，将考核软指标转化为硬约束。

2. 党的思想建设进一步提升 充分发挥党委理论学习中心组的示范引领作用，全年组织 9 次中心组集中学习。举办基层党建实务专题培训班、“中国航天发展 64 年及我们的努力与突破”专题报告会、党风廉政建设暨反腐败专题辅导报告会等。公司各基层党组织以建设学习型党组织为目标，开展党员轮流讲党课、竞赛答题等多种形式的学习活动，新思路、新形式、新做法不断涌现，形成“领导带头引领学、党员积极参与学、群众主动融入学”的浓厚氛围。

3. 基层党组织建设进一步增强 按期完成中机六院“两委”换届选举。加强党支部标准化、规范化建设，开展示范党支部创建活动。加大从业务骨干和领导干部中发展党员的力度，党员发展质量明显提升。以开展“党建巩固深化年”专项行动为抓手，全面推进党建与业务工作深度融合。开展“解放思想、推动发展”大讨论、“育新机、开新局”专题研讨。聚焦协同经营、区域深耕、大客户经营等公司年度重点工作，确定党建重点项目。广泛开展“岗位建功”系列活动，深化党员责任区、示范岗、先锋队建设。广大党员在新冠肺炎疫情防控、完成“双过半”任务目标、新址搬迁、争创营业收入历史新高、为中机六院成立 70 周年献礼等各项工作中，主动担当、积极作为，发挥先锋模范作用。

4. 党风廉政建设和反腐败工作水平不断加强 深入落实中央八项规定精神，修订完善中机六院《进一步改进工作作风的实施细则》《领导干部履职待遇、业务支出管理实施细则》等制度，坚决防止“四风”问题反弹回潮。深化“放管服”，精减会议数量，提高会议效率，公司党委会议比 2019 年减少 34%，总经理办公会比 2019 年减少 37%；运营分析例会从每月 1 次改为每 2 个月召开 1 次。结合“总部机关化”专项整改工作，推动部门改进工作作风，各项管理工作持续优化。制定《巡察工作规定（试行）》等相关工作制度，组建巡察人才库。严格对照“四个落实”要求，完成对 4 家公司直属党组织的巡察工作，强化整改落实，深化标本兼治。

5. 宣传思想文化建设取得新进展 加强基层党组织宣传阵地标准化建设。加强新媒体建设，形成传统媒体和新媒体融合发展的宣传载体。严格落实意识形态工作责任制，加强意识形态阵地建设。开展庆祝建党 99 周年“七一”主题活动，表彰先进党组织和先进个人、推广示范党支部典型案例、宣传疫情防控和复工复产先进事迹，用身边人讲好身边事，让身边事激励身边人，取得良好的宣传效果。

6. 持续做好群团、统战、信访等各项工作 公司团委按期完成换届选举。中机六院工会承办国机集团第一届建筑信息模型（BIM）技术应用技能大赛，荣获国机集团授予的“最佳赛事保障奖”。举办首个“机械工业日”升旗仪式、“奋斗的青春最美丽——我与六院的故事”分享会等系列活动。中机六院工会连续四年被评为国机集团“工会工作先进集体”。开展统战人士“爱企业、献良策、作贡献”主题活动。持续开展领导接访日工作，切实解决员工反映的问题。

【信息化建设】

1. 梳理优化流程，持续完善公司信息化平台

（1）现场服务知识的电子化收集。开发“现场服务 App”，取消纸质“现场服务记录表”，实现现场拍照、问题及措施记录、客户现场评价及电子签名等功能。将现场服务过程中产生的各类知识信息变为结构化数据，数据同步归集到知识库，设计人员现场服务中遇到问题可直接在手机上查询类似问题的解决措施，提升现场解决问题能力。

（2）规范文本类成品归档流程，升级电子归档系统。将电子文本以压缩包上传归档的方式变更为 PDF 文档上传方式，取消设计人员打印文本并送至档案室归档确认环节，减轻了设计人员归档负担。

根据施工图电子审查平台的要求，优化电子底图（PDF 版）的生成模式与展示方式，减少 PDF 转换的中间环节，实现 PDF 由 DWG 的直接转换，为全面实施电子审图提供了平台支撑。同时，归档图样增加无签章版 PDF 格式图样文件，便于电子图样的交付。

2. 加强网络安全管理，保障网络信息安全

（1）完成网络安全等级保护 2.0 标准（二级）测评与认证工作。为进一步提高中机六院网络信息系统的安全可靠性，2020 年 6 月中机六院网络安全等级保护 2.0 标准测评项目正式启动，增加了网络安全设备，完成了弱口令更新、系统技术加固等一系列工作。经过初评、复评和验收 3 次严格审核，公司信息系统最终达到了信息安全等级保护二级的要求，顺利通过测评。

（2）加强分支机构网络安全分级管控。中机六院总部通过 VPN 设备可远程配置分支机构的防火墙规则，对杀毒软件进行统一的病毒库更新、系统补丁更新和运维管理，实现 4 个分支机构网络安全管理的统一管控。

（3）开展网络安全宣传活动。7 月组织 2020 年公司网络安全知识竞赛，共 1 341 人参与答题，优秀率达 92%。同时，在 9 月“2020 国家网络安全宣传周”期间开展一系列宣传活动：在公司网站、微信公众号开辟宣传专栏，印制《网络安全知识手册》，张贴宣传海报、开展网络安全自查等，普及网络安全知识，提高全体员工的网络安全意识。

（4）重视信息化基础设施的运行维护。全年更换交换机 5 台，新部署服务器 1 台、入侵防御系统 1 台，更换中心机房 UPS 电池，维修保养机房空调室外机，在四川分院部署视频会议分支系统 1 套。完成对欧特克、PKPM、广联达、盈建科、探索者、迈达斯等专业软件的升级与增购，保证了设计工具的持续有效。

【人力资源管理】

1. 统筹做好高层次人才选拔和引进工作

（1）做好高层次人才选拔工作。中机六院人事部组织各部门申报公司高层次人才，共设定 9 个行业领域、10 个专业。为充分选拔公司高层次人才，选拔过程中及时对选拔领域和选拔专业进行优化，向有关部门和领导多次征求意见，组织多轮次补报补选。最终选拔出行业领军人物 5 人、一梯队 28 人、二梯队 31 人；专业拔尖人才 8 人、一梯队 47 人、二梯队 57 人，各类人才合计 176 人。该项选拔工作解决了公司高层次人才工作长期以来无有效抓手的现状，为资源定向流动机制的实施、加快公司高层次人才队伍建设奠定了坚实的基础。

（2）首次引进省建筑设计大师。引进辽宁省建筑设计大师 1 名，这是中机六院首次引进省级建筑设计大师高端人才。

2. 持续健全晋升、薪酬、激励体系

（1）完善岗级晋升工作。制定岗位岗级晋升原则及细则，对岗级调整各项原则进行详细阐述和准确量化。依据干部晋升标准，共有 11 个部门的 23 位中层副职领导干部岗级晋升一级；依据员工晋升标准，407 人岗级晋升一级，64 人晋升岗位，提高了岗位晋升工作的科学性和规范性。

（2）加强收入分配指导。制定《生产部门员工年度收入核定指导意见》，修订部门员工年度收入核定办法，建立更加规范科学的薪酬机制。

（3）开展荣誉员工评选，构建长效激励机制。中机六院人事部制定《“庆祝公司成立70周年”专项奖励评选办法》，探索建立公司荣誉员工评价体系，营造公司员工创先争优的浓厚氛围。

（4）针对高层次人才，制定高层次人才绩效考核与薪酬待遇具体办法。

3. 优质高效完成退休人员社会化工作 无因退休人员社会化引发的上访或投诉。

4. 加强信息化建设，借助信息手段，优化管理 人事部积极谋划组织，编制部门信息化工作开发策划书，内容涵盖干部管理、绩效考核、岗位晋升、职称评审等9类工作19项信息化模块建设。

5. 履行社会责任，主动承担区民兵组织整顿工作 根据《河南省“十三五”时期民兵组织规模和年度训练任务调整方案》精神及郑州市中原区政府要求，积极履行央企社会责任，人事部主动承担郑州市中原区2020年民兵组织整顿工作，组织公司各部门30名志愿者组建民兵应急连道路抢修排（被中原区确定为中原区民兵应急连负责单位）。鉴于在2020年民兵组织整顿工作中的优异表现，公司被评为中原区军地联合优秀单位，并作为中原区区内唯一一家企业单位参评郑州市军地联合优秀单位。

【企业文化】

紧密围绕新冠肺炎疫情防控、经营生产、新址搬迁、迎接公司成立70周年等大事要事，开展企业文化活动。综合运用微信、网站、中机六院通讯等媒体，做好疫情防控政策解读，广泛宣传在疫情防控中涌现出的先进典型和感人事迹。开展公司史料征集、“印象·191号”“留住六院记忆”等系列活动，为告别老院址、迎接新家园营造良好的氛围。在新院址以线上直播方式成功举办公司成立70周年云庆祝活动，进一步增强了员工自豪感、荣誉感和归属感。深入贯彻落实国机集团品牌一体化部署要求，加强品牌管理，报送的微电影《时间的重量》荣获国务院国资委主办的“第三届中央企业品牌故事大赛”中央企业优秀品牌故事，中机六院被评为“河南省文明单位”。

【社会责任】

认真履行国机集团定点帮扶固始片区牵头单位职责，协调片区单位全面落实年度帮扶任务，捐赠帮扶资金50万元，通过组织员工采购固始农产品等方式，实现消费扶贫93万元。组织职工子女参加“手挽手——圆梦‘微心愿’”心愿认领活动，为河南省信阳市固始县郭陆滩镇孙棚小学建档立卡贫困户学生献爱心。帮扶河南省新密市石庙村新建党建文化广场宣传栏，以“结对帮扶手拉手·党建引领促发展”为主题，开展“党的十九届五中全会”精神宣讲，捐赠文化广场活动物品，开展卫生清洁志愿服务等活动。

【抗击新冠肺炎疫情】

面对突如其来的新冠肺炎疫情，中机六院积极妥善应对，迅速成立疫情防控领导小组，建立疫情防控体系，统筹开展疫情监测、物资储备、生产调度等各项工作，同时全力推进复工复产，经营指标实现逆势上扬。在境外疫情复杂严峻的形势下，该公司一手加强境外工作人员疫情防控指导，做好境外员工家属关爱帮扶，一手稳妥推进境外在手工程项目复工复产，保障项目正常运行，该公司4项境外项目被评为“优良工程”。在做好自身疫情防控的同时，该公司践行中央企业的担当，贡献抗疫力量，迅速成立抗疫突击队，为10多家医院和应急卫生系统提供技术支持，编制《工业建筑改造为方舱医院的建设运营技术指南（试行）》，为抗击疫情贡献国机智慧。同时，广大党员干部职工积极向抗疫一线捐款捐物、无偿献血，展现了六院人的责任担当。多个集体和个人受到国机集团表彰。

合肥通用机械研究院有限公司

【基本概况】

合肥通用机械研究院有限公司（简称合肥通用院）1956年成立于北京，1969年搬迁至合肥，是原机械部直属的国家一类科研院所，1999年转制为科技型企业，同年加入国机集团。2018年1月，合肥通用院改制为国机集团独资的有限责任公司。

合肥通用院主要从事石化、能源、冶金、燃气、环保、国防军工等行业通用机械及化工设备的设计开发、产品研制、检验检测、设备监理、工程承包、设备成套和职业教育等，工程技术研发涵盖压力容器与管道、流体机械、包装食品机械及石油装备等领域的20多个专业。拥有上市公司“国机通用”（股票代码：600444）和17家全资及控股子公司。截至2020年12月31日，全院在职职工1427人，研发人员占80%以上，其中，具有高级职称365人；拥有博士49人，硕士306人。

合肥通用院是国家创新型企业、国家高新技术企业、国家技术创新示范企业、国家火炬计划重点高新技术企业，是国家压力容器与管道安全工程技术研究中心、压缩机技术国家重点实验室、国家国际科技合作基地（国际联合研究中心）、国家中小企业公共服务示范平台、科技服务业行业试点、通用机械产业技术基础公共服务平台、国家创新人才培养示范基地、工业大数据应用技术国家工程实验室（分实验室）和国家企业技术中心等国家级科技创新和技术服务平台的依托单位，是国家“极端环境重大承压设备设计制造与维护技术创新战略联盟”的理事长单位。设有压缩机制冷设备、泵阀、密封件产品3个国家质量监督检验中心和博士后科研工作站（可独立招生）、企业院士工作站，以及压力容器与管道安全安徽省技术创新中心、压缩机技术安徽省实验室等20余个省部级科研平台。同时，还是1个国际标准化技术委员会ISO TC86/SC4、10个全国标准化委员会和4个全国标准化委员会分会，以及中国机械工程学会压力容器分会、流体工程分会等10余个行业学会、协会的依托单位。

建院60多年来，取得各类科研成果3 000余项，其中，获国家级科技奖励48项、省部级科技进步奖400余项，项目成果均在石化、能源、冶金、燃气、环保、国防军工等领域得到广泛应用。

2020年，合肥通用院着力抓好新冠肺炎疫情防控、经营平稳增长、业务高质量发展、加快科技创新、防范化解重大风险、以高质量党建引领高质量发展等重点工作，克服外部环境带来巨大挑战和新冠肺炎疫情全球蔓延的不利影响，实现利润总额2.8亿多元，再次被评为国机集团先进单位，这是自2009年以来连续第12次获此殊荣，实现“十三五”圆满收官。

【主要指标】

2020年，实现营业收入18.95亿元，利润总额2.8亿元，净利润2.5亿元，完成考核目标值104.19%；实现EVA值2.3亿元，完成考核目标值101.23%；2020年年末资产总额39.99亿元，其中归属母公司的所有者权益17.68亿元；资产负债率为45.79%，较年初的43.06%上升2.73个百分点，主要源于合同预收款较年初增加3.57亿元，导致负债占比增加。2020年合肥通用院主要经济指标完成情况见表1。

表 1 2020 年合肥通用院主要经济指标完成情况

指标名称	2019 年	2020 年	同比增长（%）
资产总额（万元）	355 436	399 946	12.52
净资产（万元）	202 389	216 819	7.12
营业收入（万元）	208 505	189 506	-9.11
利润总额（万元）	28 711	28 004	-2.46
技术开发投入（万元）	13 706	15 200	10.90
利税总额（万元）	34 829	35 033	0.59
EVA 值（万元）	22 189	23 041	3.84
全员劳动生产率〔万元 /（人·年）〕	40.83	46.93	14.94
净资产收益率（%）	12.76	11.93	下降 0.83 个百分点
总资产报酬率（%）	8.48	7.44	下降 1.04 个百分点
国有资产保值增值率（%）	115.41	112.92	下降 2.49 个百分点

【改制改革】

1. 治理亏损企业 对可能存在亏损的企业和部门，各分管院领导亲自挂帅，年初组织拟订保盈利策略，年内逐月跟踪落实，全年实现合并范围内无亏损企业，获得国机集团“无亏损企业奖”。

2.“两金压控”管理 成立“两金”领导小组和工作小组，督导“两金”清理回收工作，取得较好效果。2020 年年末原值 7.5 亿元，较年初减少 1.5 亿元，账款整体规模缩小 17%，其中，3 年以上账款 1.1 亿元，较年初减少 1 786 万元，降低 14%。

3. 资金管理 继续秉承“现金为王”经营理念，不仅在资产负债率、银行账户清理、资金集中度等方面超额完成国机集团考核指标，而且实现经营活动现金净流量 6.8 亿元，是同期净利润的 2.7 倍；合并范围内货币资金余额达到 18.3 亿元历史新高，比年初增加 5.4 亿元。

【重大项目】

1.“氢气规模化分离提纯与高压储存关键技术装备及工程应用”项目获国家科技进步奖二等奖 合肥通用院参与的该项目突破了高压氢气环境材料性能测试与评价、抗氢脆高压储氢容器与车载气瓶开发、变压吸附氢提纯与延寿关键技术，制定系列国际、国家标准规范，研制 4 类国产首台（套）重大装备，项目成果应用推动了我国氢能及氢燃料电池汽车领域技术进步。

2.“旋流强化换热设备技术及应用”项目获安徽省技术发明奖一等奖 合肥通用院负责的该项目在国家科技计划和重点工程项目持续支持下，攻克缠绕管式换热器高压、高效、低阻、大型化技术瓶颈，建立旋流强化热力设计方法，开发出 50 000m^2 旋流强化换热设备缠绕工艺，成果在炼油化工领域应用，取得了良好的经济效益。

3.“大型冷水（热泵）机组绿色制造关键技术研发与应用”项目获安徽省科技进步奖一等奖 合肥通用院负责的该项目突破了大型冷水（热泵）机组设计、加工、检测等环节的绿色制造关键技术，成果在国内外广泛推广应用，为推动大型制冷空调装备制造业的绿色发展做出了重要贡献。

4. 国家重点研发计划项目“公路运输用高压、大容量管束集装箱氢气储存技术”获批立项 该项目由合肥通用院牵头，联合浙江大学、北京化工大学等 9 家单位参加。项目将突破大容量塑料内胆材料改性与精密成型、高储氢密度Ⅳ型复合材料气瓶及管束集装箱设计制造等关键技术，研制 52MPa 大容量（1 500L 以上）Ⅳ型储氢瓶和管束集装箱，提供高密度、低成本氢气输运解决方案，加快推动我国氢能及燃料电池汽车产业发展。

5. 国家重点研发计划项目“高温高压石化承压密封件性能检测评价关键技术”获批立项 该项目由合肥通用院牵头，组织华东理工大学、南京工业大学等7家单位进行。项目将开展法兰密封件泄漏率特征参量表征、性能检测、寿命预测、质量分级等关键技术研究，研究成果将进一步提升我国高温高压密封垫片产品性能、寿命与可靠性，降低VOCs泄漏，为确保石化装置承压设备长周期安全绿色运行提供支撑。

6. 国家重点研发计划项目“数据中心和5G基站用冷却设备质量评价技术体系研究及应用示范”获批立项 该项目由合肥通用院牵头，联合中国标准化研究院、广东美的暖通设备有限公司等5家单位实施。项目将开展冷却设备的可靠性及绿色评价标准、全工况检验检测、质量认证等关键技术研究，构建质量评价服务平台，进一步提升冷却设备产品质量，为中国数据中心及5G基站的全年高效可靠运行提供支撑。

7. 国家重点研发计划项目“多相介质高参数机械密封件关键技术示范应用”获批立项 该项目由合肥通用院牵头，联合中密控股股份有限公司、清华大学等9家单位共同攻关。项目将为石油化工、煤炭深加工和海洋工程等重点领域提供具有自主知识产权的超高转速干气密封和混相介质高参数机械密封产品，解决该类高参数机械密封“卡脖子”难题，提升我国高参数机械密封产品的国际市场竞争力，并将在航空航天、军工装备等领域进一步推广应用。

【市场开拓】

1. 在工程项目方面 市政供水、污水处理、污泥处置等工程承包与设备成套业务保持良好的发展态势，累计新签合同8.57亿元，其中，合肥市第四、第六水厂设备成套项目金额合计约5.5亿元。合肥汛期期间，合肥通用院积极参与巢湖第三自来水厂被淹后的紧急抢修和复产工作。

2. 在技术服务方面 特种设备检验站继续依托技术创新，不断提高行业技术服务水平，为中石油、中石化、中海油的50余家企业提供特种设备检验服务；建立承压设备系统工程风险评估与控制技术体系（风险评估、检验检测、安全评定、在线监测等），形成行业共享软件和数据库，编制系列国家标准，显著提升我国特种设备安全管理水平；在年初新冠肺炎疫情最严重期间，特种设备检验站50余人奋战在燕山石化、武汉石化、大连西太平洋石化等石化检修一线，顺利完成相关生产装置检验维修工作。机电产品检测院在疫情缓解后加班加点完成检验检测工作，受易派客平台委托，审核企业产品任务数量2 000多家次，为国内及欧美、亚太地区等几十个国家提供数百种通用机械产品质量、可靠性、安全、节能等检验检测及国际认证检测服务，既为行业质量提升和健康发展提供技术支撑，又形成了新的利润增长点。全院累计新签技术服务合同约4.2亿元。

3. 在产品研制生产方面 积极响应市场新需求，为医药行业和兵器工业提供离心萃取机和过滤一体化设备，为煤化工项目提供专用阀门，为国防军工提供制冷设备、压缩机、泵组、风机、阀门等产品，新签合同明显增长。分离机、阀门、军品新签合同额较上年均有较大幅度增长，为产品研发生产业务后期发展奠定了良好基础，累计新签合同3.64亿元。

全年新签合同累计24.4亿元，为2021年稳定发展打下了较好基础。

【科技创新】

1. 服务战略咨询 依托院士、专家等高端智库以及充分发挥自身在行业中影响力，积极参与国家重大战略咨询研究，为政府部门宏观决策和推动制造业高质量发展献计献策。

负责中国工程院重大咨询项目“产业基础能力提升战略研究”和中财办委托中国工程院高端智库项目“‘十四五’实施产业基础再造工程顶层设计及体制机制保障研究”，提出典型产业基础能力提升的顶层设计、重点方向；负责中国工程科技发展战略安徽研究院重大战略咨询项目“安徽省装备制造产业发展战略研究”，提出安徽省装备制造业“十四五”及2035年的发展目标、重点任务和政策建议；负责中国工程院咨询课题“国家现代产业布局研究”，探索中国现代产业体系与区域发展之间的结合方式，提出优化产业布局战略发展思路。

参与中国工程院组织的未来15年需要重点关注的战略性关键核心产品与技术调研，参与科技部组织的“十四五”及面向2035年的中长期科技发展战略研究，参与科技部公共安全、高性能制造、质量技术基础、变革性技术、氢能科技、重大仪器等领域指南编制，为新一轮国家科技事业规划制定建言献策。其中，上报的“万米深海外压容器的失效破坏机制及预防措施是什么？”入选中国机械工程学会5个科学问题，对于压力容器技术在新领域新方向的拓展具有重要意义。

撰写《提升企业技术创新能力》研究报告，深入分析提升企业技术创新能力的重大意义，结合国内外典型技术创新机构功能定位、组织管理、投入机制、评估考核等情况，总结企业技术创新能力建设的成功实践经验，提出当前加强企业技术创新能力建设、打通产学研深度融合“大通道”、推动经济发展“质量变革”“效率变革”“动力变革”的重点任务和路径建议。相关建议被纳入《中共中央关于制定国民经济和社会发展第十四个五年规划和二〇三五年远景目标的建议》辅导读本。

2. 创新平台建设和管理 积极谋划筹建“国家重大装备制造产业基础研究院”，积极申报压力容器与管道安全国家技术创新中心。获批组建压力容器与管道安全安徽省技术创新中心，使合肥通用院成为省内少数几家同时拥有“一室”和“一中心”的单位；“国家压力容器与管道安全工程技术研究中心”和“压缩机技术国家重点实验室”通过国机集团运行评估，成绩均为“优秀”。合肥通用院及4家下属企业通过国家高新技术企业重新认定。“产业技术基础公共服务平台”“制冷空调设备及压力容器产品质量控制和技术评价实验室”“机械密封件及密封材料产品质量控制和技术评价实验室”通过复核认定。

3. 科研立项 面向国家重大战略需求，瞄准装备制造业高端、智能、绿色、服务等方向，围绕氢能与可再生能源、质量基础和制造基础、应用基础、公共安全、高端装备等领域，积极申报各类科研项目、课题61项（国家级31项），已立项和落实项目或课题40项（国家级15项），获专项经费8 611.50万元（比上年的7 441.71万元增长15.72%），在研项目到款13 652.74万元（比上年的8 588.20万元增长58.97%）。获批项目包括国家重点研发计划项目4项、任务4项，中国工程院咨询研究项目4项，工业和信息化部高技术船舶课题1项，安徽省科技重大专项3项，安徽省重点研发计划项目7项，安徽省自然科学基金杰青项目1项、面上项目1项、青年项目6项，安徽省重点领域补短板产品和关键技术攻关任务1项，中石化课题4项，国机集团重大专项任务1项等。

在高端装备制造领域，承担了国家重点研发计划项目“公路运输用高压、大容量管束集装箱氢气储存技术”；承担3项安徽省重点研发计划项目，开展氮化镓单晶衬底制备用高温高压大尺寸反应釜、轨道交通制动系统用大功率无油压缩机、燃气蒸汽循环燃机透平冷却器等装备的设计制造关键技术研究，对于扭转我国半导体及光电、轨道交通和冶金等行业关键装备受制于人的局面具有积极意义。

在绿色制造领域，承担国家重点研发计划项目“高温高压石化承压密封件性能检测评价关键技术”；承担2项安徽省重点研发计划项目，研究绿色工质制冷压缩机检测计量共性技术和制定建筑空调设备绿色设计评价系列标准，为制冷空调及压缩机产业绿色发展提供技术支持。

在质量基础和制造基础研究领域，承担国务院国资委1025专项“海洋油气混输增压泵轴端密封研制”和国家重点研发计划项目“多相介质高参数机械密封件关键技术示范应用”；承担国家重点研发计划项目“数据中心和5G基站用冷却设备质量评价技术体系研究及应用示范”。

在应用基础研究领域，承担8项安徽省自然科学基金项目，在承压设备非线性超声检测、超临界CO_2布雷顿循环能量利用、耐热合金组织控制与性能预测、高压氢系统橡胶密封件等方面开展基础研究，为相关装备及技术应用提供理论支撑。

4. 科研成果 各科研项目进展顺利，完成20项国家和省部级科研项目或课题验收。获国家和省部级各类科技成果奖共16项，其中：国家科技进步奖二等奖1项，省部级一等奖5项、二等奖5项、三等奖3项，省专利银奖和优秀奖各1项。此外，获国机集团优秀标准奖一等奖1项和三等奖3项。合肥通用院获国机集团“科技创新奖”和标准化工作突出贡献单位；获国机集团优秀专利奖一等奖 1 项和二等奖 1 项。

合肥通用院获授权专利 59 项，其中，国际专利 1 项、国内发明专利 46 项；获软件著作权 13 项；制修订并发布标准 36 项，其中，国际标准 1 项、国家标准 12 项，国家军用标准 5 项、行业标准 15 项、团体标准 2 项、企业标准 1 项。其中，由合肥通用院主导制定的国际标准“ISO 22153《工业阀门电动装置一般要求》”经国际标准化组织（ISO）批准发布，这是合肥通用院主导制定的首个国际标准，也是由我国主导制定的首个工业阀门电动装置国际标准，对于推动我国阀门电动装置“走出去”具有重要意义。

【管理经验】

1. 质量提升 合肥通用院持续全面开展质量提升工作。

体系改进完善，持续提高质量管理水平。持续改进质量、环境和职业健康安全管理体系，顺利完成 GB/T 45001—2020 标准转版变更，并将管理体系标准要求融入业务过程，全院产品、工程和服务质量稳定，环保和职业健康安全水平不断提高。

弘扬质量文化，树立质量品牌新优势。开展以“践行高质量发展理念，共创高质量经营绩效”主题的质量月活动；组织员工参加中央企业全面质量管理知识竞赛，提升质量管理意识；积极参加国家市场监督管理总局、安徽省市场监督管理局组织的中国质量奖、安徽省政府质量奖获奖企业抗击新冠肺炎疫情推动复工复产联合倡议等活动；开展“我身边的质量故事”专题活动，弘扬“工匠精神”。

开展标准认证服务，助力行业质量提升。充分利用挂靠的标委会平台与行业组织，在关键技术、核心领域、新兴产业等方面积极主导或参与标准制修订，机电产品检测院积极拓展国际认证检测业务，提升认证认可国际影响力，以标准引领和促进行业进步。

合肥通用院入选安徽省制造业高端品牌培育企业，再次被安徽省经信厅认定为工业和信息化领域标准化示范企业；机电产品检测院获合肥市政府质量奖；“大型原油储罐群基于风险的检测、评价技术研究与应用”项目获中国质量协会质量技术奖二等奖；“基于反硝化技术的城镇污水高标准稳定达标排放关键工艺研究和应用”和“承压设备合于使用评价技术”项目获国机质量奖（项目奖）。

2. 法律风控 合肥通用院结合国机集团风险管控要求，完善了内控体系，职工风险意识普遍提升，内控体系整体有效运行，全年未发生重大经营投资损失等风险。在法律风险管理方面，更加注重以法律手段维护保障合肥通用院权益。全院处置法律纠纷案件 28 起，其中结案 21 起，依据判决避免和挽回经济损失 973 万元。在合规风险管理方面，一方面积极跟踪相关政策法规的变更，及时调整内部政策和流程；另一方面结合国机集团风险提示函、兄弟单位风险案例、国机集团巡视、外部审计、外部检查和内部审计、内部评估发现的问题，及时组织对照自查自纠、查漏补缺和举一反三。合肥通用院整体运行合规稳健，上市公司国机通用通过上海证券交易所和安徽证监局联合抽查，评价良好。

3. 安全生产 继续认真贯彻国家安全生产的法律法规，履行国机集团规定的安全生产管理职责。强化保密教育与涉密管理，保密与业务同部署、同落实。合肥通用院全年未发生安全生产事故，没有发生失泄密事件，连续 6 年获安徽省机要局考评优秀，得到安徽省密码工作领导小组的通报表彰。

【行业交流】

继续发挥转制院所的行业职能，促进技术交流。陈学东院士应邀出席第八届先进制造业大会、长三角一体化院士论坛、中国化工学会科技创新大会、“十四五”氢能技术与产业发展研讨会等行业活动，就石化通用机械重大装备国产化、氢能储运装备技术、长期服役加氢反应器安全保障技术、提升企业自主创新能力，推进工业强基工程等与国内同行进行交流。

压力容器板块，以中国机械工程学会压力容器分会等行业组织为平台，组织参加 2020 年度美国 ASME 压力容器与管道学术会议（ASME PVP2020，线上会议）；协办 2020 年度国际结构完整性学术研讨会（ISSI-2020），来自美国、英国、日本、韩国以及国内相关单位 270 余位代表线下线上同步参会；主办中国机械工程学会压力容器分会 2020 年度常务理事（扩大）会议；主办第六届全国换热器学术会议，来自全国 120 余家单位的 200 余名代表参加会议。

流体机械板块，组织全国制冷空调行业年会及系列会议，就“聚焦制冷产业问题，推进行业健康有序发展”进行探讨；组织全国压缩机行业年会，就压缩机行业未来技术发展趋势和新技术应用进行交流；主办 2020 年全国填料与静密封行业年会，会议向行业相关单位提出加强自律、提高产品质量等倡议。

标准技术交流方面，压缩机、泵、阀门、冷冻空调、安全泄压装置、喷射设备、机械密封、分离机械、包装与食品机械、固定式压力容器等标委会组织召开标准研讨、标准审查会议；组织中国专家参加为期一周的 ISO/TC153 阀门国际网络视频会议，就 9 项在研国际标准、12 项决议进行讨论和投票表决；秘书处挂靠在合肥通用院的 ASME 第Ⅷ卷中国国际工作组在广州市召开会议，就 7 项相关议题进行深入研讨。

期刊编辑出版方面，《压力容器》杂志获国机集团优秀期刊奖一等奖，《流体机械》《包装与食品机械》杂志获二等奖。此外，《压力容器》继 2019 年获中国科技期刊卓越行动计划项目资助后，入选中国机械工程学会组织的机械工程领域高质量科技期刊 T1 级，表明其已具备或接近国际一流期刊水平，标志着《压力容器》建设迈入新的历史时期。

【党建工作】

合肥通用院党委坚决贯彻以习近平同志为核心的党中央决策部署，统筹新冠肺炎疫情防控和经济增长两大任务，以党建引领改革发展，取得了疫情防控和经济增长“双胜利”。全年未发生新冠肺炎感染病例，经济指标稳中有增。

1. 理论武装年 落实“第一议题”制度，学习习近平总书记重要讲话精神，合肥通用院党委中心组集中学习 22 次、参加报告讲座 17 场，基层党组织开展学习活动 300 余次。围绕《习近平谈治国理政》第三卷开展 10 场专题学习研讨。学习贯彻党的十九届五中全会精神，制订学习方案；组织参加国机集团培训班，邀请安徽省委讲师团专家作报告，基层支部开展全会精神学习研讨活动。开展“迁皖五十年、奋进新时代”征文活动；举办首个“机械工业纪念日”主题活动；组织撰写《工程师列传》等。

2. 组织建设年 加强组织建设，建立党员代表大会制度，选举产生 118 名党代表；加强领导班子队伍建设，完成班子成员调整和行政领导班子换届、董事会换届和“两委”换届，推进领导干部队伍年轻化；优化组织设置，新增设 1 个下属公司党委、2 个党总支，完成 19 个党支部换届，推进“一肩挑”。提升组织力，完善企业架构，明晰各治理主体权责边界；调整机构设置，提高运行效能；优化业务流程，提高工作效率。提升沟通力，增强协作意识和协同能力。坚持人才强企，响应党中央关于新冠肺炎疫情期间稳就业的号召，从国内外知名高校吸收人才 49 名。依托合肥通用院各类科研平台，培养科技人员；通过博士基金项目、青年科技基金项目，继续为青年科技人员提供支持；召开博士人才座谈会，关注高层次人才发展。合肥通用院 22 人次入选省市各类人才，入选省“115”产业创新团队、市庐州产业创新团队各 1 支。

3. 谋划布局年 服务国家战略咨询研究，为中国装备制造业发展建言献策，为国家新一轮科技发展规划编制提供技术支撑。落实创新驱动发展战略，直面国家重大技术需求和行业发展需要，加大关键核心技术攻关力度。群策群力共谋“十四五”，院党委召开“育新机、开新局”专题研讨会，谋划合肥通用院“十四五”重点方向和任务。

4. 深化提升年 贯彻“两个一以贯之”，把党的领导嵌入企业治理，落实好党委研究讨论作为董事会、经理层决策重大事项的前置程序要求，召开党委会、党委扩大会议 50 次。践行“以党建、技术创新促进质量提升，以技术创新、质量提升巩固党建工作”的融合理念。推进改革发展，牵头组建国机特检；开展对标世界一流企业管理提升行动。党委书记履行好党建第一责任人职责，带头落实党中央和国机集团重要工作部署，带头谋划党建工作与任务、加强理论学习和宣讲、深入基层调研。抓好巡视整改巡察反馈，推进国机集团巡视意见整改，做好巡视“后半篇文章”；实时监督下属企业对问题的整改。深化管党治党，压实“两个责任”，筑牢拒腐防变防线，开展“廉洁宣传教育月”等活动，任前廉洁提醒等谈心谈话 59 人次，签订“廉洁承诺书”，对公车使用、业务招待、零星采购等加强日常监督检查。

5. 扶贫攻坚年 定点扶贫，落实安徽省委部署，在安徽省界首市任寨乡杨庄村、舒庄镇大鲁村两个定点帮扶村脱贫的基础上，推进脱贫攻坚成果与乡村振兴有效衔接。实施消费扶贫，购买国机集团定点扶贫县、安徽省对口援建地区以及湖北因疫情滞销的农产品。实施教育扶贫，资助国机集团对口扶贫点河南省固始县和淮滨县大学生，为固始职业学校教师开展技能培训。

【社会责任】

1. 认真履行央企职责 履行经济发展责任，坚持稳中求进，按照质量、效益可持续发展的要求，很好完成经济发展目标，国有资产实现有效保持增值，职工收入得到提高；通过人大、政协、政府部门、行业学（协）会等多种渠道，为政府和行业科技发展规划、政策编制建言献策；以科技服务经济建设，补短板、强弱项，解决卡脖子问题，为强化国家战略科技力量和科技自立自强提供支撑，包括：为国家重大工程建设提供重要装备，为大型石化装置长周期运行安全保障提供支持，承担灾后抢险和隐患排查，开展节能与绿色制造共性技术研究，为制造企业提供各类产品性能与可靠性试验装置、提升企业自主创新能力，用标准引领行业技术进步；参与“长江大保护”项目，为长江经济带“生态优先、绿色发展”提供示范样板支撑；研究制冷剂替代技术，为碳达峰、碳中和提供支持；研究科普装备，参与多个科技馆建设项目，支持科学普及工作；发挥专业优势，为社会培养高技能职业技术人才，支持区域经济发展。

2. 支持发展教育事业 合肥通用院所属合肥通用职业技术学院克服新冠肺炎疫情影响，多措并举，积极改善运行情况，招生人数取得突破。全年共招收全日制学生 2 008 人、社会扩招学生 1 953 人，合计 3 961 人，比 2019 年增加 2 234 人。应届毕业生 767 人，初次就业率达 92.3%；为 520 名家庭经济困难学生办理助学贷款 411 万元，申请国家奖助学金 342 万元，向 2 754 人发放各类奖、助学金共 432 万元；获批安徽省高校人文社科和自然科学研究重点项目 4 项，省教育厅质量工程项目 18 项（2 项为线上教学改革重大特需项目）；承接安徽省职业教育提质培优计划任务 21 项，获省财政奖补资金 232 万元；组织学生参加技能大赛，获省级二等奖 4 项、三等奖 6 项。

【抗击疫情】

新冠肺炎疫情发生后，合肥通用院党委高度重视，把打赢疫情防控阻击战和经济发展攻坚战作为重大政治任务和首要工作，全力做好疫情防控和经济增长两项工作。

1. 迅速响应，积极行动 第一时间成立新冠肺炎疫情防控工作领导小组，认真学习习近平总书记的重要批示指示精神，研究部署疫情防范应对工作。全面摸排、精准掌握相关情况；配合所在地方政府驻点人员，于 2020 年 2 月 5 日至 3 月 19 日对院区实行封闭式管理，筑牢阻击疫情的“防火墙”；广泛做好疫情防控的宣传教育和引导，采用多种方式向广大职工和生活区居民进行疫情知识普及；购置防护物资，为疫情防控打好物质基础。

2. 响应号召，投身抗疫 为贯彻落实“统筹疫情防控与经济社会秩序恢复”的重要指示精神，承担中国工程院和安徽省应急攻关项目“公共场所有限空间基于菌毒防控的空气通风净化装备及系统研发”，综合运用多种菌毒灭除和空气净化方法，30 天内研制出除菌毒空气处理机组并实现量产，该产品送风洁净度达到万级标准，试验菌灭杀率达到 99.9%，自然菌消亡率达到 98.6%，填补该领域空白，为疫情防控期间和“后疫情”时期企事业单位科学复工、安全复工提供了安全保障。

3. 履职尽责，彰显担当 在“武汉保卫战”最吃紧的时候，通过国机集团捐赠 60 万元，支持武汉疫情防控；为支持疫情重灾区的经济发展，购买湖北省随州市农副产品慰问全院困难职工；组织党员开展抗击新冠肺炎疫情无偿献血；关心全院职工家属和离退休老人身体健康，为 3 ～ 13 岁儿童和离退休职工发放口罩。

4. 研判形势，稳步复工 在确保防疫安全的情况下，科学安排全院复工复产时间，2 月 4—10 日，部分检测试验室复工运行；2 月 10 日向井岗镇政府报送复工备案材料，所属生产型企业复工，复工率约 60%；2 月 24 日，院管理和业务部门基本全面复工，学院采取网上授课形式复课；4 月 14 日，全院复工率达 100%。

全院疑似和确诊病例均为零，经济实现平稳发展，夺取了新冠肺炎疫情防控和经济增长“双胜利”。

国机精工股份有限公司

【基本概况】

2020 年 12 月，公司名称由“洛阳轴研科技股份有限公司”变更为“国机精工股份有限公司”。证券简称由“轴研科技”变更为“国机精工”，证券代码不变，仍为 002046。

洛阳轴研科技股份有限公司成立于 2001 年 12 月，是由洛阳轴承研究所（简称轴研所）作为主发起人设立的股份有限公司，2005 年 5 月 26 日，在深圳证券交易所挂牌上市。国机精工有限公司成立于 2013 年 9 月，主要由中国机械工业国际合作有限公司（简称中机合作）、郑州磨料磨具磨削研究所有限公司（简称三磨所）、郑州白鸽磨料磨具有限公司（简称白鸽公司）等企业构成。按照国机集团的统一部署，2017 年 10 月，国机精工有限公司与洛阳轴研科技股份有限公司完成战略重组，成为国机集团精工业务的拓展平台、精工人才的聚合平台和精工品牌的承载平台。

国机精工注册资本 52 434.91 万元，现有职工 2 500 余人，从业人员 3 500 余人，总部设在郑州市新材料产业集聚区。

国机精工现有 11 家子公司，其中，6 家全资子公司：轴研所、三磨所、中机合作、中机合作（香港）公司、精工发展、阜阳轴研（正在处置）；2 家托管企业：白鸽公司、成都工具所；2 家控股子公司：爱锐网公司、精工（伊川）新材；1 家相对控股公司：中浙高铁。

国机精工主营业务涵盖轴承、工磨具及相关领域的研发制造、行业服务与技术咨询、贸易服务等，在高精度、高可靠性轴承与高速高效超硬材料制品及相关零部件研发与制造、检测与试验方面具有雄厚的实力，居国内领先地位。轴承业务板块主要从事精密及特种轴承、高铁轴承、高速机床主轴、轴承专用装备和检测仪器、轴承试验机以及轴承特种材料的研究、开发、生产和销售。旗下拥有“轴研科技”“ZYS”“ZZGT”行业知名品牌。磨料磨具业务板块主要从事普通磨料、固结磨具、涂附磨具、超硬材料及制品、行业装备的研发、生产与销售，旗下拥有“white dove 白鸽”“ZZSM 三磨”等行业知名品牌；精密工具业务板块主要从事精密切削刀具、精密测量仪器和表面改性技术三大类机械产品共性技术研究及其高新技术产品的开发、生产与销售，旗下拥有“Gμ 工研”行业知名品牌；贸易与服务业务板块包括进出口贸易、电子商务业务，旗下拥有“中磨 CAEC”“爱锐网”等行业知名品牌。

国机精工主导产品为精密及特种轴承、超硬材料及制品、行业装备和检测试验仪器等，其中，航天领域特种轴承处于国内垄断地位；高端复合超硬材料制品为世界三大供应商之一。产品广泛应用于航空航天、舰船兵器、汽车与轨道交通、电子、新能源、机床工具、石油化工、医疗器械、制冷等领域，业务遍及世界 80 多个国家与地区。

国机精工拥有国家超硬材料及制品工程技术研究中心、超硬材料制品国家重点实验室、国家磨料磨具质量监督检验中心、国家磨料磨具标准化技术委员会、盾构及掘进技术（轴承）国家重点实验室、国家轴承认可实验室、军品轴承技术开发中心、工业（滚动轴承）产品质量控制和技术评价实验室、国家轴承质量监督检验中心、全国滚动轴承标准化技术委员会、国家精密工具工程技术研究中心、国家刀具产品质量监督检验中心、国家量具量仪产品质量监督检验中心、全国刀具标准化技术委员会和全国量具量仪标准化技术委员会等科研服务平台。

【主要指标】

2020 年国机精工主要经济指标完成情况见表 1。

表 1　2020 年国机精工主要经济指标完成情况

指标名称	2019 年	2020 年	同比增长（%）
资产总额（万元）	617 434.21	625 778.19	1.35
净资产（万元）	349 375.34	352 874.83	1.00
营业收入（万元）	239 308.51	268 026.56	12.00
利润总额（万元）	3 692.59	7 912.45	114.28
技术开发投入（万元）	27 604.72	28 525.59	3.34
利税总额（万元）	18 388.62	14 447.44	-21.43
EVA 值（万元）	−8 173.00	−4 226.12	48.29
全员劳动生产率〔万元 /（人·年）〕	23.12	21.55	-6.79
净资产收益率（%）	0.54	1.53	增长 0.99 个百分点
总资产报酬率（%）	0.30	0.87	增长 0.57 个百分点
国有资产保值增值率（%）	100.28	99.68	下降 0.60 个百分点

注：上表数据口径相同，均为轴研科技合并报表 + 托管企业成都工具所和白鸽公司。

【改革改制】

1. 完善法人治理机制　修订完善董事会成员管理办法、董事会运作指引等相关制度，全面落实和维护董事会、经理层等依法合规行使职权，构建规范运作和提高效能并重的法人治理机制。

2. 健全市场化选人用人机制　制定经理层任期制、契约化和薪酬绩效管理办法并推进实施；健全岗位关键绩效指标考评体系，完善员工招聘与公开竞聘、岗位合同、薪酬与绩效等管理办法，建立能上能下、能进能出的正常流动机制。

3. 深化价值管理激励约束机制　推进上市公司第一期股权激励计划，开展岗位分红、超额利润分享、项目跟投等试点项目，让利益向创造价值的奋斗者倾斜，调动员工能动性、创造性，激活高质量发展动能。

4. 积极探索推动混合所有制改革　完成 6 项股权多元化和混合所有制改革试点项目的可行性初步论证；确定 UV 膜和陶瓷球两项科技创新与产业化项目，完成 UV 膜产业化项目股权多元化改革试点项目的可行性初步论证，明确关键任务及时间表；完成多项并购、投资项目尽调。

【重大决策】

1. 建设轴研所伊滨科技产业园（一期）项目　着眼于轴研所未来业务发展、产业转型升级、有效盘活闲置存量资产，按照“统筹规划、分步实施、逐步聚集”的原则，计划投资建设伊滨科技产业园（一期）项目，并在建设后将轴研所本部及第一产业园产业搬迁至伊滨科技产业园。该项目一期建设计划投资约 4.2 亿元，项目达产后，可实现年营业收入 10 亿元，利润总额 1.1 亿元的投资目标。

2. 建设三磨所精密超硬材料磨具产业化基地一期项目　当前，光电行业的中高端 UV 膜主要依赖进口，国内产品主要处于技术提升和市场开拓期，市场占有率较低；半导体行业的高端 UV 膜生产技术难度大，对精密加工要求较高，完全依赖进口，国内产品当前处于研发测试阶段。该项目的建设将加速 UV 膜产品的国产化，建成后可满足三磨所光电行业用 UV 膜的产业化需求，同时可满足半导体行业用 UV 膜的研发需求。该项目计划投资 6 901 万元，项目达产后可实现年含税销售收入 9 040 万元、营业收入 8 000 万元，利润总额 1 606 万元的目标。

【重大项目】

1. 新型高功率 MPCVD 法大单晶金刚石项目 通过大尺寸单晶金刚石关键技术研究和批量化生产技术研究，建成年产 30 万片 MPCVD 法大单晶金刚石生产线。高品级大单晶属于超硬材料板块中的拓展业务，不仅可以为三磨所带来超硬材料板块的收入，还可以为三磨所开展金刚石在光电热力磁等领域的功能性研究与应用奠定坚实的基础。该项目实现年营业收入 1 340 万元左右。

2. 研发实验创新中心项目 该项目建成后可满足超硬材料磨具国家重点实验室的场地需求，以国家重点实验室为科研平台，聚焦行业关键、共性制造技术和前沿应用技术，不仅有利于行业的发展，同时可以为三磨所提供研发创新的场地，帮助研究开发有市场前景的新技术、新产品、新工艺、新材料、新装备，为产品更新换代和形成新的经济增长点提供技术支持，形成具有自主知识产权的技术主导产品。

3. 推进智能制造项目落地 三磨所承担的工业和信息化部智能制造新模式项目“高性能超硬材料磨具智能制造新模式”2020 年 5 月通过河南省工信厅和财政厅联合组织的正式验收，成为我国超硬材料行业第一条智能制造示范线。该项目通过智能装备、工业软件的创新应用及高效集成，完成金属磨具、树脂磨具、陶瓷磨具 3 类制品生产线的改造升级及超硬材料磨具智能工厂建设，可具备年产 8 000 万克拉高性能超硬材料磨具、产值达 5 亿元的生产能力。

轴研所承担的国家智能制造标准化项目“数控机床及机器人精密轴承数字化车间互联互通互操作标准研究与试验验证”项目，完成 4 项智能制造标准的研究编制，建立数控机床及机器人精密轴承智能制造标准验证线。

【市场开拓】

2020 年是国机精工发展历史上值得铭记的一年。面对复杂多变的竞争环境、艰巨的企业改革发展任务，特别是新冠肺炎疫情对生产经营的冲击，国机精工聚焦“主业做实做强”，以提高经济运行质量和效益为中心，重点推进“战略引领、主业做强、管理提升、机制变革、党建融合”等各项工作，结构调整取得积极进展，机制变革迈出重要步伐，运行质量不断提高，经营绩效持续增长，各项工作再上新台阶，为企业“十四五”高质量发展奠定良好基础。

1. 下属企业轴研所 克服新冠肺炎疫情影响，紧抓特种轴承、动量轮、风电、工程机械等市场机遇，加大大客户开发力度，使客户集中度不断提高、产品结构向高附加值产品持续转型，产品销售收入稳步增长，利润总额同比大幅增长。同时带动 EVA 值、经营活动净现金流持续改善和提高，企业逐步走上高质量发展道路。2020 年，轴研所实现营业收入 64 564 万元，利润总额 8 073 万元。

在特种轴承领域，轴研所积极维护传统军工领域，深挖航天、兵工等传统客户资源，重点开发商业航天、民用航空、舰船等新领域，培育潜在市场。2020 年实现营业收入 28 465 万元，同比增长 14%；实现利润总额 11 651 万元，同比增长 10%。

在精密部件领域，调整销售策略，加强信息沟通，深入洞察市场，明确机床、3C、光伏、高线、压缩机等行业的需求方向，推动产品结构调整优化。2020 年实现营业收入 17 630 万元，同比增长 17%；实现利润总额 2 517 万元，同比增长 11%。

在重型轴承领域，围绕矿山冶金、机床、医疗等行业民用大型轴承和盾构、军民融合、工程机械等行业重大型轴承需求开展业务，并取得有效突破。2020 年实现营业收入 14 518 万元，同比增长 61%；利润总额 452 万元，同比增长 467%。

在制造服务领域，以服务拓市场，努力提高在军工、轨道交通、汽车、电力、电梯等行业的检验、试验和分析业务影响力，2020 年实现营业收入 4 239 万元，同比增长 5%；利润总额 1 899 万元，同比增长 8%。

2. 下属企业中机合作 2020 年中机合作完成营业收入 91 671 万元，利润总额 1 747 万元，同比分别增长 21.9% 和 57.1%。

（1）瞄准市场机遇，材料制品业务稳中有进。面对新冠肺炎疫情，中机合作重点提高产品在印度市场的占有率，使树脂切片等五金工具产品的销量大幅增加；抢抓国外竞争对手生产不稳定、供货异常的机会，在钢铁、汽车行业取得新进展；成功开发高档磨料和微粉业务，不断创造新的利润增长点，化危为机；在东南亚半导体市场，销售业绩实现翻倍增长。以国机精工所属制造实体主营产品、具有比较优势的行业产品及相关服务为重点，逐步完善系列化产品的海外销售渠道。

（2）坚持多措并举，综合贸易业务持续扩大。综合贸易板块主动对接国家战略，优化业务模式，调整业务结构，加强规避反倾销风险，进一步深挖双面市场的发展潜力，重点发展光伏组件出口和转口业务；整合焊材供应商资源，积极拓展新产品系列；立足国内国际双循环，完成硼酸、电池片、润滑油、有色金属等产品进口；完成粗铜加工、铜混料业务；开拓废铜、废铝的东南亚来料加工贸易、转口贸易；积极开发铝箔、己二酸等产品的新市场。

（3）融入内外循环，工程配套业务扎实推进。进一步巩固和扩大国际化经营优势，深耕“一带一路”沿线国家和新兴国家市场，挖掘国际区域发展新机遇，成功中标巴基斯坦重晶石选矿厂成套设备供货项目，持续推进土耳其碳化硼项目。

3. 下属三磨所 三磨所 2020 年营业收入较 2019 年增长 29%，实现营业收入 55 241 万元，利润总额 8 697 万元。

（1）继续优化产品结构，确定主营业务由“超硬材料制品、行业装备、行业服务”三大板块向“超硬材料、超硬材料制品、行业装备、精密特材与行业服务”五大产业支柱转型，打通产业链，构筑超硬材料板块服务平台。

（2）围绕市场需求及公司规划，不断优化主营业务结构，市场适应力进一步提升。超硬材料板块涉及汽车、半导体、光电和工模具等行业，根据产品结合剂类型进行分类，同时新增六面顶压机、金刚石大单晶和 UV 膜等新业务。

4. 托管企业白鸽公司 白鸽公司 2020 年实现营业收入 20 386 万元，亏损 3 650 万元。

（1）加强营销队伍建设。修订营销岗位说明书，明确岗位职责及工作；引进新人，解决人才断层问题；进行销售技能、产品知识培训，打造学习型团队；规范业务行为，强化销售过程管理。

（2）推进白鸽品牌形象店建设。在新乡、南京、合肥、慈溪四地建设 4 个白鸽品牌形象店。

（3）加强终端大客户开发。梳理出工具、钢铁、汽车、轴承、板材等重点行业终端大客户 15 家，并立项重点开发。

5. 托管企业成都工具所 成都工具所 2020 年实现营业收入 11 557 万元，利润总额 419 万元。

（1）持续开拓市场销售渠道。通过细化销售片区，增加销售经理的方式，加强对客户的定期访问及客户关系的维护，提高客户忠诚度，扩大产品的国内市场占有率；同时，在开拓国外市场方面也取得一定成效。

（2）积极调整产品结构。在矿山机械、煤矿支柱、海上作业机械以及军工、航空、航天等行业进行第二代金属表面处理（QPQ）技术产业化推广工作，利用技术领先优势，拓展国内市场，实现新突破。

【科技创新】

1. 加强科技创新体系建设 发布《企业研发体系建设指导意见》，完善公司总部和企业两级研发体系。三磨所超硬材料国家重点实验室完成验收前准备工作；轴研所国家级企业技术中心获国家发展改革委等六部委认定，河南省轴承创新中心、河南省技术转移示范机构获批组建。

2. 申报实施纵向重大项目 围绕国家所需，完成 35 项纵向项目申报，22 项获得批准，其中，国家科技重大专项 4 项，获 4 455 万元政府财政经费支持；组织完成 16 个国家、省部级重大项目验收；面向国家战略和“卡脖子”项目，三项 1025 重点工程项目进展顺利，风电主轴轴承通过用户空载装机试验，高铁轴承项目的 7 种型号轴承试制取得重点突破。

3. 科技创新成果丰硕 申报省部级及以上科学技术奖 17 项，获奖 14 项，其中，轴研所获国家科学技术进步奖二等奖 1 项，三磨所获国机集团、河南省科学技术进步奖二等奖 3 项；轴研所获得“国防科技创新团队”称号，再次获得国机集团“科技创新奖”。获授权专利 94 项，其中发明专利 67 项，三磨所获国机集团优秀专利一等奖 1 项；主持或参与制（修）订标准 60 项，发表论文 83 篇，其中，轴研所牵头制定发布的标准《关节轴承额定载荷系数的推导》，实现我国在滚动轴承国际标准化领域零的突破。

【经营管理】

1. 加强战略管理，推进战略落地 一是开展“十三五”规划实施情况评估。经过 5 年努力，国机精工完成董事会考核口径总营业收入 81.3 亿元、总利润 6.36 亿元，2020 年比 2015 年分别增长 53% 和 243%，基本实现规划期主要目标和重点任务。二是完善公司战略规划体系。成立“十四五”发展规划编制领导小组、专家小组及工作小组，坚持高质量发展原则，聚焦主业做实做强，以能力建设为根本、以增量文化为牵引，编制完成公司“十四五”发展规划（审议稿）。三是推进战略落地执行。聚焦主责主业，深化战略绩效闭环管理实践，使年度业务计划与全面预算同步论证、一体管控，落实重点项目、关键任务责任清单，严格动态“关差”，全年完成重点工作 95 项、完成率达 93%，完成研究课题 8 项。

2. 坚持“把产品做好”“做好的产品” 一是持续深化质量效率提升，修订《质量效率提升规划及项目管理办法》，围绕重点领域、重点产品，完成质量效率提升一级项目 9 项、二级项目 4 项，实现销售收入 9 886 万元。二是深入开展质量提升专项活动，设立公司技术质量专家委员会，建立质量专项审核人才库及工作机制，5 家企业审改问题 112 项；实施 QC 小组课题 110 项，评选质量信得过班组 23 个、质量标杆班组 4 个；1 000 余人参加中央企业质量管理知识竞赛，700 多人获得满分。三是持续推进产品结构调整。制定公司《产品结构调整规划》，完成产品结构调整一级项目 9 项、二级项目 18 项，实现销售收入 7 683 万元。其中，轴研所的“大功率风电主轴轴承”项目，攻克多项关键技术难题，打破国外长期技术垄断，实现风电轴承销售收入 4 100 万元。三磨所的“半导体封装用超薄砂轮”项目，攻克高强度、低应力镀液制备等多项关键技术，销售收入同比增长 30%。工研所“焊管刀具性能提升”项目，打破了氧化铝 CVD 涂层技术瓶颈，达到国外同类产品领先水平，销售收入同比增长 42%。确定重点新产品 92 项，实现销售收入 3.8 亿元，同比增长 25.6%。

3. 加强市场拓展，扩大品牌传播 一是强化重点市场管理。公司战略市场委员会针对重点领域、重点市场、重点业务进行指导，引导企业聚焦重点市场、攻关重点客户、抢抓市场机遇、拓展市场空间，提高市场占有率；修订发布《重点市场开发激励管理办法》，强化激励措施，调动企业开发重点市场的积极性，提升经营质量和规模。二是加大业务协同力度。举办发动机气门市场和金刚石压机等业务协同研讨会，统筹企业资源配置，协同市场开发；发挥中机合作国际化平台作用，协同开展所属企业在印度、巴西、中东、东南亚等市场的拓展，推动实施公司“走出去”战略，拓展海外发展空间。三是增强营销能力建设。组织开展“大客户营销流程与策略应用”及“基于业务领先模型的市场洞察实践”专题培训，提升洞察市场、挖掘机会的能力；组织企业营销经验交流分享，加强营销实战演练，促进相互学习、资源共享、协同创新，提升公司营销人员的能力素养。四是持续推进品牌建设。制定实施公司品牌传播方案，策划实施展会线上直播等活动，建立品牌宣传资源库，提升国机精工子品牌建设与传播；持续推动“国机集团”主品牌形象的一体化应用，助力打造“大国机”形象。

4. 深化产服融合，探索业务创新 一是实施产服融合模式创新。举办产服融合项目实践、理念交流会，深挖行业大客户需求，积极探索“产品 + 服务”集成营销新模式，打造产服融合业务生态链。二是探索产服融合 3.0 模式。以“空调压缩机零件内圆磨削方案”为抓手，以高性能主轴开发为支点，带动相关“产品 + 服务”的集成，为产业链相关方提供整体解决方案，实现增值服务，带动智能主轴、主动量仪、高性能CBN磨具和刀具等产品实现集成销售1 320万元，销售额同比增长52%。三是推进“产品+服务”业务发展。实施产服融合项目14个，实现营业收入2.1亿元，目标达成率为102%，同比增长300%。

5. 发挥平台优势，提高平台价值 进一步发挥采购物流平台优势，推进实施年度采购框架协议、量化定价机制，全年降低成本403万元；持续推进“两面”市场业务，全年实现外销收入1.3亿元，平台首次实现盈利。公共技术服务平台优势初显，聚焦磨料磨具、拓展耐火材料等领域，实施“技术+产品”业务组合，完成63项检测领域标准、16项校准领域规范及规程扩项，新增100余批次监督抽查任务；推进国家产业计量测试中心建设，开发耐磨检具、喷砂硬度机数字化提升等产品，创收近50万元。资产运营平台加强非经营性资产管理，盘活5宗土地项目，实现房屋租金收入2 178万元，完成计划的115%；严格落实新冠肺炎疫情期间租金减免政策，减免租户房租301万元，充分体现中央企业责任与担当。信息化平台深化ERP实施与应用，统一数据集成平台，试点完成与国机集团久其平台的对接和验证工作，为运营管理深度集成、信息共享和流程畅通提供平台保障。产业互联网平台以爱锐网为载体，整合“工磨具渠道+切磨抛技术”优势资源，推进原辅料超市建设，加速产品交易在线化、闭环化，2020年深度服务企业24家，线上交易额突破1亿元；实现销售收入4 490万元，同比增长91%。

6. 落实管理提升项目，提高工作效能 一是结合“对标一流高质量发展管理提升行动”，制订国机精工《2020年管理提升工作方案》，实施研究与应用专题项目8项，为公司现代企业制度建设提供知识支撑；实施管理提升项目26项，闭环项目实现收入1.17亿元，目标完成率达92%。二是推行项目责任制和服务责任制。专责推进、分层管理，对项目的进度、质量、成本等进行管控。三是加强成果推广应用。通过萃取经验、推广复制，建立管理提升知识库，将项目成果标准化、共享化、资产化。四是建立长效机制。运用互联网思维，开展“精工研习会”线上线下活动，构建“实践、总结、推广”三位一体的项目管理创新平台。

7. 加强财务管理，提高业财融合能力 一是深化全面预算管理，以全面预算为引领，建立联动互锁机制，规范全面预算编制过程管控，强化业务预算与财务预算的衔接。二是推进财务共享中心建设，成立财务共享中心建设项目组织机构，制订实施项目建设投资方案，启动招标工作。三是不断提高资金使用效益，通过加强银企合作、优化贷款结构等方式，持续降低财务费用，利息支出同比减少983万元；积极开展税收筹划，优化税务成本。四是完善财务基础管理，制修订《内部往来及关联交易管理办法》等7项财务管理制度，组织所属企业开展成本管理提升工作，试点标准成本制定，推进成本核算精细化。

8. 围绕提质增效，提高亏损治理水平 制订实施公司《2020年亏损治理专项工作方案》，坚持“一企一策”原则，坚持标本兼治，治理工作向业务部门及产品单元延伸；通过逐个研究、细化、完善治理方案，实施战略导向、目标锁定、闭环倒逼、逆向求解的工作机制；全级次存量亏损面同比下降80%，亏损额下降30%，制造企业业务单元减亏扭亏目标完成率达85%，无新增亏损企业。

9. 深化机制改革，激发内生活力

（1）加强人力资源开发力度。一是制定公司核心骨干人才管理办法，建立核心骨干人才数据库并实施动态管理。二是开展人才梯队建设及关键岗位继任计划，完善公司管理类人才梯队。三是分层次、分序列构建岗位胜任力模型，明确优秀人才标准，为培养选拔优秀人才奠定基础。四是以行动学习为主要形式，开展营销、研发、质量、党务、人力资源等专业能力提升培训14次共995人次参加，促进员工成长成才和能力提升。

（2）提升干部队伍建设水平。一是修订实施《公司领导人员管理办法》《公司干部交流管理办法》，推进人事档案专项审核工作，完善干部管理制度体系，推动干部管理制度化、规范化、科学化。二是对5家企业领导班子进行调整，提拔干部18人，交流干部11人，优化企业领导班子结构，增强干部队伍能力活力。三是坚持严管与厚爱相结合、激励与约束相统一，修订完善公司领导班子及企业、经营实体等各层级薪酬绩效管理办法，建立容错纠错机制，鼓励干部担当作为、干事创业。

（3）完善激励机制建设。一是以“科改示范行动”为契机，推进科技创新管理机制变革，制修订《科研项目管理办法》等5项制度，激发科技创新动能和活力。二是修订完善总部职能部门宽带薪酬体系及薪酬绩效管理办法，深化“薪绩挂联”，提升总部员工价值创造能力。三是探索体制机制创新改革，分层次、分阶段推进公司中长期激励机制建设，牵引试点企业“岗位分红”“超额利润分享”工作，探索“项目收益分红”“员工持股”“项目跟投”等中长期激励方式，逐步健全公司中长期激励机制。

10. 严格风险管控，确保运营效能 一是健全内控制度及流程，全面提升风险防控能力。制定实施《内部控制管理办法》，完成内控制度建设及执行情况评价，落实内控缺陷清单项目的整改。二是深化“两金”管控，严格控制新增大额“两金”，制定“两金三年压降目标及管控方案”，明确目标责任、强化考核激励，轴研所2年以上应收账款压降率达20%，1年以上应收压降1 738万元，存货周转率提高10%。三是突出重点、加大审计力度，将审计工作向业务端延伸，开展经济责任等审计34项，制定实施《审计意见整改落实管理规定》，深化结果运用，做到依法管理、合规运营。四是多种渠道积极稳妥推进阜阳轴承、阜阳轴研项目处置工作，达成阜阳轴研股权转让方案，阜阳轴承破产清算工作稳步推进。五是加强安全生产管理，制定《特种设备安全管理制度》等办法，逐级签订安全生产责任书。进行44项安全演练，对4 000余人次进行安全生产教育培训，3家企业建设完善“双重预防”体系，保持了国机集团安全生产考核A级水平。

【党建工作】

2020年是极不平凡的一年，面对突如其来的新冠肺炎疫情和复杂多变的经营环境，国机精工党委积极实施“党建巩固深化年”专项行动，党建基础更加扎实，融入中心更加有力，为党建质量水平提升和生产经营再创佳绩提供了强力支持，国机精工党建连获国机集团考评“良好”，营业收入、利润总额持续增长，均创历史最高水平。

1. 强化政治建设，党的领导在改革发展中得到进一步加强

（1）落实党组织在基层企业的领导地位和作用。坚持把新时代党的建设总要求纳入企业章程，确立党组织在企业法人治理结构中的法定地位，国机精工下属24家境内全资、控股、托管企业全面完成党建进章程工作，公司直管企业全部实现党组织书记、董事长（执行董事）由一人担任。落实党委会前置研究讨论“三重一大”程序，明晰“三会”权限和议事清单，2020年召开党委会25次，充分发挥“把方向、管大局、保落实”作用。

（2）认真执行“第一议题”制度。贯彻落实上级党组织统筹推进新冠肺炎疫情防控和复工复产、提质增效等工作部署，夺取疫情防控和生产经营“双胜利”；扎实开展“育新机、开新局”、科技创新、公司高质量发展能力构建等专题研讨，积极推进科技改革示范专项行动，制定“十四五”发展规划（讨论稿），使改革发展始终遵循正确方向。

（3）突出“做强做优做大国有企业”要求。把经营业绩作为党建工作考核的重要内容，完善党建考核评价体系和领导干部考核评价制度，考评结果与干部绩效薪酬、提拔任用挂钩，党建融入中心的导向和力度进一步增强。

（4）实施常态化督查督导机制。坚持开展领导干部和各级党组织负责人党建述职评议考核工作，落实领导班子基层联系点制度和党建工作季度例会制度，开展党的建设专项检查，党建工作提质增效升级进一步加快。

2. 强化思想建设、理论武装头脑，推动工作取得新进展

（1）党的创新理论持续入脑入心。国机精工党委坚持把学习习近平新时代中国特色社会主义思想作为首要的政治任务，落实党委理论学习中心组学习制度，带动各级党组织把党的十九届四中、五中全会精神，《习近平谈治国理政》第三卷和国机集团党委重大决策部署作为政治理论学习的重点，组织近千人次参加国机集团举办的党的十九届四中全会精神、五中全会精神和基层支部书记视频网络培训，分层级组织读书班，聘请党校专家解读党的十九届五中全会精神，分批对200多名党务干部、党员和入党积极分子进行集中培训，借助“学习强国”、国机集团“在线学习”平台、微信工作群等现代媒介抓好日常学习教育，引导广大党员干部学用结合，指导实践，推动工作，为公司高质量发展提供了强大的精神动力。

（2）围绕中心开展“高质量发展，我们怎么干”大讨论。落实国机集团党委“解放思想，推动发展”大讨论工作部署，策划制定，大讨论实施方案，以支部为单位，推动大讨论在国机精工及下属企业有效开展，各级党组织结合实际查短板，狠抓落实补弱项，有力支撑了企业生产经营和改革发展。

（3）加强舆论引导，凝聚发展能量。落实宣传工作“举旗帜、聚民心、育新人、兴文化、展形象”的使命任务，发挥公司网站、微信公众号等宣传平台的作用，积极弘扬“合力同行，创新共赢”核心价值观，大力宣传先进典型，全年发稿207篇，被国机集团媒体采用44篇，较好地展现了广大职工奋力拼搏的精神面貌和企业担当作为的良好形象。

3. 强化党管干部，干部人才队伍建设取得新成效

（1）加强干部队伍建设。及时发现、任用愿干事、真干事、干成事的干部，调整充实下属企业领导班子和总部中层干部队伍，新提拔18人，交流11人，党委管理的70后、80后干部占比达到57%，改善了领导干部队伍的年龄结构、知识结构和专业结构。

（2）加强人才队伍建设。制定核心骨干人才管理办法，建立核心骨干人才数据库并实施动态管理，分层次、分序列构建岗位胜任力模型，实施关键岗位继任计划。新增国机集团首席专家1名、享受国务院政府特殊津贴专家2名、重点领域创新团队1个。

（3）注重专业能力提升。加强爱锐学院培训体系建设，组建内训师队伍，以精准培训和行动学习为载体，开展管理、科技、营销、人力、财务等专业培训14次共995人次，组织798人参加在线学习，为公司结构调整、转型升级提供人才保障。

（4）坚持严管与厚爱，实施《公司领导人员管理办法》《公司干部交流管理办法》，完善公司领导班子及企业、经营实体等各层级薪酬绩效管理制度，建立容错纠错机制，鼓励干部担当作为、干事创业。

4. 加强“三基建设”，基层党建质量水平实现新提升

（1）健全组织建设。完成白鸽公司党委换届和爱锐科技党支部、洛轴所山东院党支部及新控股企业白鸽海格联合党支部的组建，督导34个基层支部换届选举，选优配强基层组织领导班子，现有党组织63个，其中党委6个、党总支4个、党支部53个，基本做到了党组织和党的建设工作全覆盖。

（2）建强基本队伍。实现部门负责人兼任党支部书记的新要求，深化开展党员身份亮相、岗位建功创业等活动，推动党员岗位成为干事创业、创新创效的鲜红旗帜，各单位结合实际开展了党员示范岗、党员突击队授旗授牌仪式，充分发挥党员在生产经营中的先锋模范作用。严格党员发展程序，积极从一线员工、高中职称群体和青年员工中发展党员，2020年发展党员23名，比上年增加3名。

（3）完善基本制度。制定《轴研科技关于建立容错纠错机制鼓励担当作为干事创业的实施办法（试行）》《洛阳轴研科技股份有限公司“三重一大”决策运行系统管理办法》《“三重一大”事项决策制度监督管理办法（试行）》《轴研科技领导干部谈心谈话制度（试行）》等制度办法，进一步健全党建工作制度体系。巩固“不忘初心、牢记使命”主题教育成果，完善领导班子基层调研机制，组织班子成员在5月、6月开展“双过半”“高质量发展”主题调研，深入基层调研生产经营和党的建设情况，为下属企业解决实际困难。推进实施“创先争优”与中心工作深入融合机制，引导基层党组织完善“一支部一品牌，一党员一旗帜”“党员示范岗”“党员责任区”“一对一结对子”等制度，坚持把“创新创效”活动作为企业党建工作的品牌工程，努力把党建工作成效转化为企业发展活力和竞争实力。

（4）推进基层党组织标准化规范化建设。制订工作方案，明确方法步骤，组织经验交流，落实工作措施，经基层组织自评申报、企业党委审核验收、公司党委审议通过，选树 6 个公司级示范党支部，以点带面推动基层党组织建设提质升级，实现基层党支部 100% 达标的年度目标。

5. 推进党建业务融合，围绕中心服务大局实现新突破

（1）深化“双创”工作。持续打造“双创”平台，全年实施“双创”项目 190 个，激发党员、职工在工艺改进、提高效率、改善质量、拓展市场等领域创新创效的能动性，587 名职工参与，降低成本超过 1 400 万元。

（2）推进“一支部一品牌”创建。总结各单位“一支部一课题”“一支部一特色”成功经验，制订“一支部一品牌”创建方案，引导各级党组织“围绕中心、服务大局”创建党建特色品牌，初步形成轴研所精密二支部“航天品质，匠心智造”、白鸽公司三支部“三不一创，稳质保量”、三磨所四支部“党建科研融合共建”、工研所在职四支部“三型三转三满意”、中机合作三支部“绿叶”等一批特色党建服务品牌，基层党组织凝聚力、战斗力进一步增强。

（3）实施党建重点项目。制定党建与业务深度融合工作方案，组织各级党组织围绕生产经营和党建工作重点、难点，申报实施党建重点项目 75 项，结合党员身份亮相、岗位建功创业等活动，努力将党的组织优势转化为工作优势。轴研所党委“商业航天用飞轮轴承组件产能和管理提升”项目，依托“灵芝突击队”和“时间突击队”，将产品筛选合格率由 50% 提高至 85%，研制周期缩短 31%，全年完成 150 套产品，创营业收入超过 2 000 万元。白鸽公司党委组建 8 支党员、青年突击队，命名 10 个党员示范岗，带动全体员工大力实施“提质增效专项行动”，全年实现营业收入 2 亿元，减亏 392 万元。三磨所实施“打造专业人才队伍，推动企业高质量发展”党建重点项目，通过“磨人领航”“磨人远航”“磨人启航”三级培养，开发了一批精业务、擅经营、懂管理的基层领导者和核心骨干。

6. 强化责任担当，党风廉政建设呈现新局面

（1）坚持把党风廉政建设纳入国机精工改革发展总体布局，落实党委主体责任，党组织书记履行第一责任人职责、领导班子成员履行“一岗双责”，层层签订党风廉政建设责任书，形成了一级抓一级、层层抓落实的工作格局。

（2）落实纪委监督责任，严格履行执纪问责，深挖细查问题线索，区分“四种形态”，对 7 名违规人员开展批评教育、通报批评、谈话提醒、诫勉谈话等组织处理。健全基层纪检机构，补齐纪检力量短板，充实总部纪检人员，完善了下属 7 家企业纪检机构。

（3）加强廉政警示教育，组织 133 名党员干部参加廉政教育基地学习和 357 人次观看反腐倡廉教育片，监督检查节日期间的“四风”问题。组织开展四个专项整治工作，及时纠偏，立行立改，风清气正的良好政治生态进一步巩固。

（4）强化疫情防控和复工复产监督检查，督导落实党中央和国机集团党委决策部署，保障公司生产经营平稳有序开展。

（5）推进内部巡察，对三磨所开展巡察并督导整改落实。

7. 发挥群团作用，共建共享和谐发展结出新硕果

（1）指导国机精工工会完成换届选举，健全工作制度，基层群团组织机构建设进一步加强。

（2）重视群团干部能力提升，选派 40 多名工团干部分批参加上级培训，落实党建带团建促工建，群团干部理论素养和工作能力进一步提升。

（3）关心关爱职工，做好职工健康体检、年节福利采购发放，坚持“夏送清凉、冬送温暖”，通过爱心基金和走访慰问，及时帮扶困难职工，促进成立乒羽协会，举办“中机合作杯”乒羽赛、“白鸽杯”篮球赛、“青春有你，爱在轴研”青年联谊会、“抗疫”书画篆刻摄影作品展等群体性活动，打造温馨企业，丰富职工生活。

（4）助力生产经营，引导各级工团组织以“当好主人翁、建功新时代”“青春建功新时代”为主题，结合企业实际开展“技能比武”等劳动竞赛，动员职工广泛参与技术攻关、管理提升等创新创效活动。尤其是在抗疫关键时期，各级工团组织响应党委号召，动员广大职工参与疫情防控和复工复产，为公司生产经营平稳有序、高质量发展作出了突出贡献。

【社会责任】

实施国机集团“扶智、扶志、扶产业、扶民生”精准扶贫方略，定点投入扶贫资金18万元，牵头推进信阳市淮滨县张里乡初级中学校园设施改造升级，组织消费扶贫购买农副产品114万元，助推帮扶地区产业升级，对口扶贫的信阳市淮滨县刘围村如期“脱贫摘帽”。

【抗击疫情】

2020年新冠肺炎疫情发生以来，国机精工统筹推进疫情防控和生产经营，取得疫情防控阻击战胜利。面对国内疫情防控的大战大考，上下闻令而动，主要领导提前到岗、靠前指挥，制定实施防控方案及应急预案；全体员工严格落实境内外疫情防控责任，众志成城、严守防线，为打赢疫情防控阻击战作出了重要贡献。国机精工紧抓全年经营目标不放松，统筹兼顾，第一时间复工复产，全力保障供应链畅通，开源节流、抢抓订单，保证产品交付，努力把疫情造成的影响降到最低，圆满完成“双过半”目标和年度经营任务。

中国电器科学研究院股份有限公司

【基本概况】

中国电器科学研究院股份有限公司（简称中国电研）始建于1958年，隶属于国机集团，注册资本35 450万元，拥有2 000多名员工，总部位于广州市海珠区新港西路。2016年11月，中国电研获准成为中央企业首批开展混合所有制员工持股改革试点的十家企业之一。2017年5月26日，首次召开股东大会，标志着改制顺利完成，成为由国有独资改制为“国有＋民营＋员工持股”的混合所有制企业。2019年11月5日，中国电研在上海证券交易所科创板挂牌上市。

中国电研致力于研究中国电器产品在不同的气候、机械、化学、电磁等复杂环境中的适应性和可靠性，提升电器产品质量水平，围绕电器行业的标准规范、检测评价、系统集成、电能转换、先进控制、材料保护等共性技术进行研发，取得了一系列核心技术成果；通过成果转化，为电器产品质量提升提供整体解决方案，并形成三大业务领域：质量技术服务、智能装备和环保涂料及树脂。

中国电研建有国家重点实验室、国家技术标准创新基地等10个国家级科研平台，拥有15个国际电工委员会（IEC）标准对接平台和11个国家标准平台。自2010年以来，中国电研主持和参与制（修）订近600项国际、国家、行业和地方标准，拥有20多项核心技术，同时，依托中国电研在全国的10多个产业基地和服务机构，快速实施成果转化，为全球30多个国家、1万多家客户提供优质服务，成为国内日用电器行业专业技术服务的龙头企业，亦是我国电器行业接轨国际、提高国际话语权的重要支撑平台。

【经营业绩】

2020年中国电研主要经济指标完成情况见表1。

表 1　2020 年中国电研主要经济指标完成情况

指标名称	2019 年	2020 年	同比增长（%）
资产总额（万元）	354 147.03	399 402.14	12.78
净资产（万元）	215 701.27	231 743.51	7.44
营业收入（万元）	275 239.77	251 964.72	-8.46
利润总额（万元）	27 737.81	30 896.02	11.39
技术开发投入（万元）	21 447.51	20 892.15	-2.59
利税总额（万元）	45 250.79	38 688.01	-14.50
EVA 值（万元）	30 222.35	28 939.00	-4.25
全员劳动生产率〔万元 /（人·年）〕	30.49	29.22	-4.17
净资产收益率（%）	19.63	12.83	下降 6.80 个百分点
总资产报酬率（%）	10.08	7.43	下降 2.65 个百分点
国有资产保值增值率（%）	180.15	107.70	下降 72.45 个百分点

【改革改制】

通过完善治理体制机制、完善市场化选人用人机制、强化市场化激励约束机制、激发科技创新动能和加强党的建设等措施，中国电研发展成为“共创、共享、共担”的人才事业平台和具有现代企业制度的高科技公司，公司价值不断成长、股东得到满意回报、员工个人价值得到实现。

中国电研将混合所有制员工持股作为改革起点，制定深化改革方案。树立以价值创造者为本的理念，将公司发展目标和经营战略落实到员工绩效考核中，员工绩效考核和薪酬升降、职业发展紧密挂钩。通过员工动态持股和考核激励机制改革，把即时激励和中长期激励相结合，把企业整体发展和员工个人发展牢牢捆绑在一起，充分调动各类人才积极性、主动性和创造性，增强企业活力和竞争力，实现经营业绩高速增长，员工薪酬水平也逐步与市场接轨。

【重大决策与重大项目进展情况】

2020 年 2 月，国机集团指派中国电研紧急研制新冠肺炎防疫关键紧缺的医疗防护服压条机，中国电研立即成立专项小组，调动各方资源，投入专项资金，仅用 10 天时间便完成了首批医疗防护服压条机的交付，以最快速度实现压条机批量生产。

3 月，中国电研下属威凯检测技术有限公司（简称 CVC 威凯）获批成为“医疗器械管理体系认证机构”“广东省疫情防控急需用器械应急检验服务机构”“深圳市政府采购中心应急防疫物资检测机构”，为疫情防控提供检测认证服务。

4 月，中国电研下属擎天成套公司针对海外客户医疗物资匮乏情况，快速搭建稳定可靠的医疗物资供应链体系，向阿尔及利亚供应新冠肺炎防疫物资，为海外客户抗击疫情提供支持。

5 月，中国电研立沙岛树脂基地一期试生产成功，其产能可达 4 万 t/a，市场份额将持续升级。

6—9 月，中国电研成功立项 3 项智能家电领域 IEEE 标准，成立国际电工委员会（IEC）个人护理器具用户体验评价方法工作组，任召集人。

7 月，广州新能源基地投产运营，智能汽车服务迈上新台阶。成套公司为印度 Havells 公司规划建造家电智能工厂，Discovery 探索频道对此进行专题报道，称其为“超级工厂”。

8 月，中国电研 CVC 威凯深圳公司正式投入运营，5G 服务能力全面升级。

9 月，中国电研携手海尔智家成立全球首个 OCF 联合实验室，构建 OCF 智慧家庭标准生态。国际标准化专家工作室落户中国电研 CVC 威凯，助力国际标准化人才培养。

11 月，中国电研成套公司顺利完成博世家电公司 CNC 门壳线项目安装调试，成为印度样板工程。

12月，中国电研威凯湛江基地建成投入运营，为粤西及北部湾产业高质量发展提供服务。由中国电研擎天实业公司研发的串联（32串以上）化成分容新技术的新能源电池自动检测系统在某新能源电池头部企业成功投入运行，标志着该项新技术首次实现业内投产。由中国电研擎天实业公司研制的人工核聚变装置用180MW巨型特种电源，助力中国新一代“人造太阳”流器二号M装置实现首次放电。

2020年，中国电研擎天材料公司粉末涂料用聚酯树脂绿色设计平台项目，通过广东省工业和信息化厅组织的验收。

2020年，中国电研CVC威凯被国际电工产品和零部件测试证书互认体系（IECEE CB体系）接受，成为国内新一批国家发证机构（NCB）之一；获得阿曼政府授权，成为本土首家阿曼能效认证机构并开展业务；获得认可成为巴拿马强制认证机构并开展业务；新增沙特政府食品接触材料、汽车零部件、纺织品、机械等多个产品认证资质授权；新增海湾标准化组织玩具产品认证资质授权。

【市场开拓】

中国电研克服新冠肺炎疫情影响，优化市场布局，主动融入国家发展战略，参与“一带一路”建设和粤港澳大湾区建设，各业务板块有效拓展了新业务领域，加快推动产品和服务转型，抢占中高端市场；面对国际疫情复杂多变的不利局面，中国电研于变局中开新局，国际化经营工作取得良好进展。

1. 质量技术服务板块 中国电研瞄准市场热点，拓展健康家电、医疗器械、5G通信等资质，抢抓医疗防疫物资相关检测认证市场机遇，实现逆势增长，成为中国新一批IECEE体系国家认证机构（NCB），是全国四家NCB机构之一，可直接颁发CB证书，这将大幅降低行业出口认证成本与认证周期。新增合众汽车、岚图汽车等新能源汽车品牌，华为HiLink、英国零售商NEXT、华润雪花啤酒、青岛啤酒认证；成为中国移动、中国铁塔、中电智慧、海南希尔顿、白云机场、中国人保财险质量技术服务商，以及天猫国际、考拉海购品质联盟首批成员单位及今日网红直播质检供应商，进一步扩大了行业影响力和服务领域。

2. 智能装备业务板块 中国电研是2017年工业和信息化部确定推荐的第一批23家智能制造系统解决方案供应商之一，是广东省战略性新兴产业骨干企业（智能制造领域）、广东省装备制造业骨干企业，也是国内领先的家电智能工厂系统解决方案供应商。先后与美的、奥克斯、万宝、格力、美菱、越南夏普和印度蓝星等国内外知名企业签订了家电智能装备合同。

中国电研还为国内外发电厂提供发电机智能化励磁装备，其技术水平处于国内领先地位，励磁装备市场占有率居国内前2位。2020年承接了南方电网调峰调频公司广东阳江抽水蓄能电站3×400MW机组励磁装备供货任务，该机组为目前国内单机容量最大的抽水蓄能机组。

中国电研也是国内知名的新能源电池自动检测系统提供者，客户包括比亚迪、宁德新能源、国轩高科、天津力神、宁德时代等国内主流电池厂商。中国电研在行业内率先成功应用高串串联化成分容新技术，采用该技术的串联化成分容设备在动力电池头部企业成功投入批量运行，进一步夯实了企业在该技术领域的行业领先地位。

中国电研继续巩固在“一带一路”沿线国家的市场地位，成功完成了印度IFB公司空调智能化工厂和数字化管理系统建设项目，在新冠肺炎疫情期间，通过本地化安装与远程调试，保证了该工厂在2020年4月份顺利投产。与印度DIXON公司签订了波轮式洗衣机自动化生产设备及开发模具项目，极大地提升了客户的市场竞争力。与Vinsmart公司签订多款空气净化器开发设计项目，产品开发服务类产品第一次打入越南市场。通过“远程精准指导，合作技术攻关”的服务形式，助力乌兹别克斯坦下博兹苏伊水电站机组顺利发电。

3. 环保涂料及树脂板块 2020年5月，东莞立沙岛树脂产业基地正式投产，年底顺利达到预期产能。随着基地产能的逐步释放，环保涂料及树脂板块盈利能力显著提升，聚酯树脂业务销量同比增长33%。中国电研积极寻找当地拥有资源的代理商及经销商，保证了相关业务的有效推广。截至 2020 年 12 月，其产品出口区域遍及五大洲 30 多个国家，聚酯树脂品牌在越南、韩国、俄罗斯以及中东市场得到认可；国际渠道建设取得初步成效，通过欧洲相关代理，擎天品牌树脂产品成功在英国实现销售，同时，西班牙、葡萄牙和意大利等国客户正在对树脂产品进行测试。

【科技创新】

中国电研重点布局智能制造、无线通信和绿色环保等技术领域，投入研发费用 20 892.15 万元。完成各类科技立项 146 项，其中重点项目 51 项；申请各类专利 106 项，其中发明专利 52 项。2 项专利合作条约（PCT）申请进入国家评审阶段，获各类专利授权 98 项，其中发明专利 22 项。获得计算机软件著作权 38 件，完成重点科研项目 19 项；取得重要科技成果 10 项。

中国电研与南方电网海南公司展开战略合作，共建“热带海岛环境智能电网装备适应性实验室”，该实验室纳入海南自由贸易港重点项目。国家技术标准创新基地顺利通过验收，国际标准化工作成效显著，荣获“IEC 1906”奖。

承担科技部重点研发项目 4 项，其中，作为项目总牵头承担单位 1 项、课题牵头单位 1 项、参与 2 项。牵头承担广东省重点研发项目 2 项，其中首次承担广东省 NQI 项目。承担科技部基础资源调查专项 1 项，承担工业和信息化部产业技术基础公共服务平台项目 1 项，承担基础加强计划重点基础研究项目 1 项。7 类装备产品进入省、市级首台（套）装备名录、1 类涂料产品入围市级首批次新材料目录。

开发智能门锁防火认证方案，明确智能门锁防火技术要求，为消费者采购安全可靠门锁产品提供评价方案。联合广东中创智家科学研究有限公司发布《智能家电语音交互白皮书》，推动智能语音评价向标准化、规范化方向发展；制定多份智能家电检测评价标准，明确将物联网（IoT）能力、智商水平等作为评价核心指标；开展失效分析技术研究，建立工业和家用电器产品典型失效案例库，为产品质量改进提供解决方案。对欧盟、北美、南美、东南亚、西亚等地区的安全、环保、节能政策法规进行研究，通过实验室评审活动，推进国际互认工作，通过本地化服务支持中国电器产品走向世界。

新能源电池生产自动检测技术研发取得重大突破，成功研发出具备完全自主知识产权的高串串联化成分容新技术，属国内外首创，应用该项技术可帮助用户大幅提升充放电效率、降低运营成本、提高电芯一致性、减少投运工作量。采用该技术的串联化成分容设备率先在国内投入批量运行，并已获多个订单，成为中国电研又一拳头产品。

环保涂料及树脂领域顺利完成聚酯树脂半连续釜生产工艺研究并在东莞立沙岛树脂基地成功示范应用，以自动化、信息化和智能化“三化”融合，进一步降低聚酯树脂生产能耗与原材料损耗，达到提升产能的目的；新开发的绝缘粉末涂料产品成功应用于高导铁氧体磁环粉体涂装；开拓了多个汽车动力电池导电母排绝缘粉新客户。

【标准创新】

在国际标准化方面，中国电研积极争取国际话语权，提升产业国际化竞争力。主导开展 4 项国际标准（IEC 60730-2-24 行程敏感控制器等）并推进到下一阶段；向 IEEE 提出“家用及类似用途电器智能性能评价通用要求”等 4 项智能家电领域的 IEEE 标准提案，并成功获得立项；作为 IEC TC61/WG49“家用电器循环经济与材料效率”工作组召集人，组织各国专家召开 3 次国际网络会议，初步形成家用电器循环经济与材料效率的 IEC 提案；提出并编制 5 项 IEC 新标准项目提案（电饭锅、毛发护理器具、气候试验顺序、电流敏感控制器和车辆适配器）；参与 18 次国际会议。中国电研强化标准引领，提升产业国际化竞争力，争取国际话语权。新增 1 名 IEC 1906 奖获奖专家，截至 2020 年，共有 3 名标准化专家获得 IEC 1906 奖。

在国内标准化方面，主持制（修）订各类标准 49 项，其中，国际标准 3 项、国家标准 15 项、行业标准 6 项、团体标准 20 项、企业标准 8 项。制定《“领跑者”标准评价要求 空气净化器》等 6 项电器领域“领跑者”标准评价团体标准，研究提出“领跑者”标准中的基础指标、核心指标和创新性指标，成为空气净化器、真空吸尘器、儿童智能手表、豆浆机等产品企业标准领跑者评估机构。荣获2020年优秀第三方评估机构称号。

【重点项目】

立沙岛树脂基地一期试产成功，产能达4万t/a，有效缓解了产能不足的被动局面，二期的建设将大幅提高产能及市场份额。

加快推进分支机构和实验室建设，新增实验室10个，筹建实验室15个，新设业务代表处5个。广州新扩建的汽车新能源检测基地驱动电机实验室建成投入使用，威凯深圳通信产品检测基地一期建成并投入运营，将辐射深圳、东莞、惠州等产业集群；华东燃气产品检测基地一期建成正式投入使用，开辟了全新业务领域；在武汉增资扩建综合基地，布局华中区域中心；廉江家电检测基地建成并投入使用，为粤西小家电产业的转型升级提供服务，可提升服务整个产业集群的能力；新设潮汕、合肥、成都、宁波、苏州业务代表处，开展本地化服务，提升服务能力。

组建海外安装服务小分队，前往乌兹别克斯坦开展调试服务，将其空调生产工厂打造成中亚市场标杆示范项目，得到乌兹别克斯坦总统高度称赞；保持与印度合作方紧密联系，通过远程视频指导，顺利完成博世CNC门壳线项目的安装调试，成为印度样板工程；为巴基斯坦新产品试产提供技术支持，赢得其信赖；签约公司首个越南高端客户空净项目，为开拓越南市场打下基础；针对阿尔及利亚客户需求，快速搭建稳定可靠的医疗物资供应链体系，2周内完成艰巨筹备任务。

【经营管理经验】

1. 在战略引领中谋发展 组织制定中国电研“十四五”战略规划，充分研讨，统一思想，凝聚共识，推动各板块“十四五”规划的制定。专项推进数字化转型，着力推进质量技术服务业务LIMS系统建设，推动自动化测试系统建设和家电制造信息系统研发，初步构建国家重点实验室自然环境试验站网数字化平台。组织制定科技创新“三年行动计划”，探索建立科研市场化考核机制；制定改革方案，进一步激发企业活力，促进企业可持续发展。

2. 在风险防控中抓落实 根据科创板上市要求，完善全链条法律风险防范体系，在重点环节推动合规审核、合规风险预警和处置。有效执行内控体系，加强内控评价检查和内部审计监督。组织开展领导干部任期审计，建立违规责任追究工作机制，推进违规经营责任追究工作向纵深发展。及时掌握“两金”变化和风险提示，开展逾期账款专项检查，风险控制工作获国机集团肯定，被国机集团授予“无亏损企业奖”。设立质量总监岗位，有效降低质量风险。扎实推进安全生产工作，取得积极成效。

3. 深化合规管理体系建设 全面提升依法依规治企能力，制定20项制度，修订原有制度28项，范围涉及决策管理、干部管理、人事管理、科研管理、经营管理、知识产权管理、财务管理、采购管理、安全管理、印章和公文管理、信息管理、保密管理、车辆管理、基础建设管理等公司合规运营的各个方面。将合规管理要求全面嵌入生产经营管理的各领域、各层级、各部门、各环节、各岗位，贯穿决策、执行、监督全流程。

【党建工作】

1. 坚持以政治建设为统领，加强党对企业的全面领导 坚决落实“第一议题”制度，把“两个维护”体现在学习贯彻中央精神、落实国家战略部署上。不断健全中国电研治理主体意识规则，完善党委发挥领导作用的机制，修订“企业决策事项及权限表”，进一步厘清在重大决策、选人用人等方面的职责边界，落实党委研究讨论作为决策企业“三重一大”事项前置程序的要求。以“党建巩固深化年”专项行动为抓手，开展“解放思想、推动发展”大讨论，有力推进党的建设和生产经营深度融合。加强组织建设，完善干部管理制度，完成优秀年轻干部选拔工作，形成后备干部库。提拔、任用干部33人，平均年龄39岁。

2. 加强党风廉政建设和反腐败工作 中国电研党委、纪委落实落细主体责任和监督责任，持续深化党风廉政建设和反腐败工作，持续巩固风清气正的良好发展生态。落实国机集团“四个专项”整治工作部署，认真开展自查自纠。开展领导干部履职用权、职务消费，业务公司采购管理、安全生产、不良资产核销、重大风险管控等多个专项检查，注重发现问题，抓早抓小，促进整改提升。通过廉政责任承诺全覆盖、开展廉政谈话、警示教育，涵养廉政文化，层层压实廉洁责任。对问题线索认真调查核实，对失实举报及时澄清，处置的 4 件信访举报案件，全部办理了结。深化运用“四种形态”，严肃执纪问责，对职能部门人员严重失职导致重大经济损失事件进行调查处理，追偿经济损失 17.8 万元，给予 2 名直接责任人记过处分，给予 2 名负有领导和管理责任的干部警告处分，批评教育 1 人。对业务公司设备安装安全事故中负领导责任的 3 名干部进行执纪问责，谈话提醒 3 人。制定“三年巡察全覆盖工作计划”，完善巡察工作制度，组建巡察工作队伍，首次开展并顺利完成对兰电所党委的常规巡察工作。

3. 积极开展群团工作 中国电研工会主动作为，积极采购并发放防疫物资，确保复工复产顺利进行。组织召开职代会，抓好职工合法权益维护，构建和谐劳动关系。组织职工参加专业技能竞赛和岗位培训。对困难职工进行慰问，送达国机集团“爱心基金”及工会的关心关爱。中国电研团委组织青年读书会、团干创新思维拓展、青年员工座谈会、爱心扶贫等活动，有效增强青年团员的凝聚力。中国电研团委获“国机集团五四红旗团委”称号，3 个团组织，6 名团员、团干部获国机集团表彰。

【社会责任】

1. 抓好脱贫攻坚工作 积极落实脱贫攻坚国家战略，积极参与国机集团对四川省广元市的扶贫工作，落实对口帮扶资金，承担责任项目。对口帮扶的广东省湛江市埡垉塘村实现整体脱贫，2020 年埡垉塘村贫困人口年人均收入超过 1.4 万元，实现长效稳定脱贫。中国电研工会多措并举落实消费扶贫工作，全年投入 300 多万元；团委也组织开展了扶贫支教活动。

2. 在应急保供中贡献力量 在 2020 年新冠肺炎疫情突发的紧急时期，中国电研积极响应国家和国机集团号召，不计成本、不惜代价，以战时模式，火速推进压条机的批量生产工作，帮助合作伙伴快速解决批量生产瓶颈，累计制造压条机 420 台，协助国务院驻企特派员在广东省完成压条机调拨 930 台，牵头制定技术标准，在疫情防控的关键时期为医用防护服生产作出突出贡献，受到了工业和信息化部、广东省和国机集团的表彰，3 人被评为先进个人、1 家单位被评为先进集体，中国电研还被国机集团授予“医疗物资产业链贡献奖”。

【抗击新冠肺炎疫情】

1. 坚决做好疫情防控，保障全体员工的生命健康 建立台账管理机制，持续每日排查员工行程及健康状况，针对不同风险人员采取不同防控措施；及时搜集疫情防控信息，建立疫情风险信息预警；面对海外疫情蔓延，组织境外人员进行疫情防控知识培训，提高境外疫情风险应对能力。

2. 压实疫情防控责任，确保疫情防控常态化条件下生产经营工作的正常进行 完善疫情防控程序与标准，建立疫情防控监督管理机构，加强疫情防控监督管理工作。对各分支机构、园区、生产基地疫情防控工作进行督促，重点检查职工宿舍、食堂、保安等关键区域。组织科学储备防疫物资，严防疫情反弹可能。

3. 按时高质量完成国机集团交办的压条机研制销售任务 在 2020 年疫情防控的关键时期，迅速组建压条机专项工作组，全力推进防护服压条机复产扩产工作，仅用 10 天成功研制医疗防护服压条机，累计制造压条机 420 台，协助国务院驻企特派员在广东完成压条机调拨 930 台，超额完成预定任务，支撑医用防护服生产供应，有效保障重点医用防护服企业急需，受到国务院应对新型冠状病毒肺炎疫情联防联控机制医疗物资保障组的嘉奖；同时，中国电研还向伊朗的重要客户捐赠压条机 10 台，加强与重要客户的合作关系，为战胜疫情、拓展国际市场创造了有利条件。

国机智能科技有限公司

【基本概况】

国机智能科技有限公司（简称国机智能）由国机集团与广州市政府共同投资组建，于 2015 年 12 月揭牌成立。国机智能战略布局于粤港澳大湾区、长江经济带和京津冀等国家重要战略规划实施区域，致力于机械基础技术、基础元件、基础工艺的技术研发与生产，在密封、润滑、密封胶、液压、光机电一体化等方面的研究与开发居国内先进水平；致力于智能装备及关键零部件的技术研发、生产制造、检测咨询服务，研发制造面向智能装备等自动化生产线，为工业客户提供系统的解决方案。主体企业广州机械科学研究院（简称广州机械院）具有 60 年历史，是国家首批创新型企业、国家认定企业技术中心、国家技术创新示范企业。

国机智能总部位于广州市开发区新瑞路 2 号，拥有员工 1 234 人，其中，技术研发人员 363 人、具有中级以上职称 261 人（高级职称 64 人、教授级高工 31 人）；享受政府特殊津贴 6 人；另有 14 名特聘专家组成外部智囊团。公司拥有“国家橡塑密封工程技术研究中心”“工业摩擦润滑技术国家地方联合工程中心”“国家汽车零部件技术研究开发平台（广州）”等国家级高端研发平台，“国家机器人检测与评定中心（广州）”“国家自动化装备质量监督检验中心”、国家认可实验室“广州机械科学研究院检测实验室”等国家级认证检测平台，工业和信息化部“产业技术基础公共服务平台（部省共建）”、中国机械工业联合会“机械行业中小企业公共服务示范平台”等国家级公共服务平台，以及“广东省智能工厂工程技术研究中心”等 25 个省级研发及服务平台。联合有关单位共建“国家机器人创新中心”“中国（广州）智能装备研究院”等，组建了广东省院士工作站，是全国特种加工机床标准化技术委员会秘书处单位、机械工业橡胶塑料密封标准化技术委员会秘书处单位、广东省机械工程学会摩擦学分会秘书处单位，以及中国机械工业联合会智能制造分会副理长单位等 10 余个行业组织秘书处单位、理事长单位和委员单位。

【经营业绩】

2020 年国机智能主要经济指标完成情况见表 1。

表 1　2020 年国机智能主要经济指标完成情况

指标名称	2019 年	2020 年	同比增长（%）
资产总额（万元）	207 169	206 764	-0.20
净资产（万元）	116 689	112 478	-3.61
营业收入（万元）	126 486	146 040	15.46
利润总额（万元）	563	4 853	761.99
技术开发投入（万元）	21 333	16 272	-23.72
利税总额（万元）	5 206	10 230	96.50
EVA 值（万元）	5 782	6 800	17.61
全员劳动生产率〔万元 /（人·年）〕	20.36	27.50	35.07
净资产收益率（%）	-0.53	2.74	增长 3.27 个百分点
总资产报酬率（%）	1.27	3.12	增长 1.85 个百分点
国有资产保值增值率（%）	101.19	104.55	增长 3.36 个百分点

【改革改制】

国机智能党委高度重视“国企改革三年行动”工作，迅速召开改革三年行动启动会，成立全面深化改革工作机构，编制《国机智能改革三年行动实施方案》和“国机智能改革三年行动工作台账”，从六大方面全面深化改革工作。

【重大决策进展】

1. 贯彻“六稳”，落实“六保”，积极推动高质量发展 面对新冠肺炎疫情带来的经济下行压力，国机智能坚决贯彻落实中央“六稳”“六保”工作方针和国机集团“目标不降、任务不减”工作要求，对标对表经营目标完成进度，压紧压实保增长工作任务。“三基”产业继续发挥保增长“稳定器”“压舱石”作用，密封业务全年利润总额破亿元。检测产业面对行业经济整体下滑的不利局面，守住了发展基本盘。智能产业积极开展扭亏治困，亏损户数比 2019 年减少 1 户。国机智能全面完成国机集团下达的“两利三率”经营指标，利润总额和净利润均为近 3 年来的新高，营业利润率、研发投入力度和全员劳动生产率超额完成年度指标，出色完成了保增长工作任务。

2. 全力打好疫情防控阻击战和口罩机研制攻坚战 面对严峻复杂的新冠肺炎疫情防控形势，国机智能党委行动迅速，统筹疫情防控和复工复产，迅速成立协调、监测、物资、消杀、信息等小组和应急突击队，做到机构健全、分工有序、保障有力，实施精准防控，措施得力，用心守护员工生命健康，1 000 多名员工无一例感染新冠肺炎，有力促进复工复产。

闻令而动，硬核担当，以战时状态紧急协调各方资源跨界研制口罩机，以总量 751 台（套）的业绩位列参与研制的中央企业第一，圆满完成国务院国资委、国机集团以及地方政府下达的口罩机研制保供任务。

3. 系统编制“十四五”战略发展规划 国机智能编制完成“十四五”发展战略规划，确立“11123”总体发展战略：咬定“不断提升企业的核心竞争力”这一目标，紧扣“高质量发展”这一主线，抓牢“高质量党建”这个抓手，“走实两条路径”，即传统产业数字化赋能和智能产业数字化蓄能、优势业务 3 年倍增和智能业务 3 年振兴，实施“战略引领、人才强企、机制创新”三大支撑，打造橡塑密封领域和设备润滑安全领域两个国内一流企业，发挥好广州机械院、苏州电加工机床研究所有限公司（简称苏州电加工）两个转制科研院所国家队平台作用；聚焦“工业三基”“检测认证”“智能制造”三大主业，到 2025 年实现营业收入 30 亿元、利润总额 3 亿元的总体发展目标。

【重大项目】

2020 年 1 月，由广州机械院牵头的中国（广州）智能装备研究院（筹）建设项目“机器人与关键零部件研究中心和机器人集成应用技术研究中心”顺利通过完工评价。项目历经 4 年建设，按照“1+2+4+N”工作模式，构建“智能装备研究院”平台，组建“机器人与关键零部件研究中心”“机器人集成应用技术研究中心”和机器人及智能制造研究团队，建立“核心零部件技术平台”“机器人系统技术平台”“机器人及核心部件检测技术平台”“机器人集成应用平台”4 类研发及服务平台，为行业发展提供全方位的支撑和服务，为广州地区机器人及智能制造行业发展、转型升级起到积极的推动作用，为国机智能智能板块的团队合作、协同发展奠定了良好的基础。

4 月，苏州电加工牵头完成的“精密、高效、数控电火花加工技术与应用”项目，并通过中国机械工程学会成果鉴定，项目总体技术达到国际先进水平。该项目研发了高效数字化脉冲电源、纳秒级微精加工电源；发明了脉冲电源的宏（微）观自适应控制方法、在线电极损耗补偿方法等多种工艺技术；首创自主可控、可二次开发的电加工数控系统平台；自主研制了线切割、七轴数控小孔加工、钛合金格栅网板群孔加工 3 项电火花加工高端成套装备及关键部件。项目成果成功应用于航空、航天、汽车、纺织等领域，为解决我国飞机发动机关键部件加工、舰载机防护、汽车减排等急迫性难题提供了自主可控的技术支撑。该成果荣获国机集团科学技术奖一等奖。

9 月，国机智能牵头承担的国家智能制造综合标准化专项“农机装备行业智能工厂通用集成模型标准研究和试验验证”顺利通过项目验收。该项目以农机装备行业为领域研究对象，面向智能工厂整体业务，制定相关业务的系统集成接口、集成优化模型，指导企业设计、建立和运行维护智能工厂，并通过项目实施，完善农机装备智能工厂标准体系，助力行业标准推广应用，还能指导农机装备企业智能工厂的系统集成选型与实施，加快行业智能制造建设进程。

11 月，由广州机械院牵头的国家重点研发计划“制造基础技术与关键部件”专项“橡塑密封数字化设计及制造关键技术”项目 2020 年度总结会暨阶段成果评审会顺利召开，通过审查资料、考察现场、质询与讨论等环节，评审专家一致认为本阶段的模型和解决方案等成果达到项目预期要求。

12 月，广州机械院承担的“汽车整车及零部件检测能力提升”公共服务平台项目通过主管部门验收。通过项目的实施，提升和完善了汽车整车及零部件 NVH、电磁兼容和可靠性等检测能力，建成汽车整车及零部件检测平台，可为行业提供检测服务，为企业提供系统可靠的试验检测服务、出具有公信力的试验检测报告、提供试验检测需求咨询等公共服务，促进国机智能更好地服务汽车行业企业，推动行业产品质量提高和市场开拓。

【市场开拓】

国机智能克服新冠肺炎疫情造成的不利影响，努力保持生产经营稳定发展。

1.“三基”板块（基础材料、基础元件、基础技术）逆势而上 广州国机密封科技有限公司（简称国机密封）进一步夯实核心业务锂电池、风电行业的市场领导地位，发力半导体、T1 等战略新兴产业，密封产业全年利润总额突破亿元，创历史最高纪录。广州吉盛润滑科技有限公司（简称吉盛润滑）聚焦减速器行业，汽车制冷系统产品成功应用于最大的汽车制冷系统生产商法雷奥集团。广州宝力特液压密封有限公司（简称宝力特液压）抢抓 N95 口罩机和硫化机市场需求旺盛的机遇，2020 年获得合同订单总额为 10 年来新高。

2. 检测产业稳定发展 重大装备润滑安全数字化运维平台入选国务院国资委 2020 年数字化转型优秀案例，基于工业互联网的远程监控与智能运维平台入选工业和信息化部 2020 年制造业与互联网融合发展试点示范平台，基于大数据的能源电力装备润滑安全监控与智能平台入选工业和信息化部 2020 年大数据产业发展试点示范项目。中汽检测技术有限公司（简称中汽检测）响应国家抗疫政策，火速推出《全自动口罩机标准》；牵头编制的“全自动口罩机”“超声波焊接设备热塑性织物用焊接机”2 项团体标准荣获浙江省科学技术奖一等奖；拓展机器人检测业务和认证业务，签发机器人行业首张减速器 CR 认证证书。

智能产业加快业务调整，国机智能（苏州）有限公司（简称苏州智能）特种加工业务在疫情期间成功开发熔喷板专用加工机床，系统集成业务成功签订首个智能胶接设备出口订单。国机智能技术研究院有限公司（简称北智院）以智能制造系统解决方案业务为主攻方向，中标多个行业知名企业的数字化转型建设项目，中化蓝天成功将该首台（套）产品应用于行业，中新药业实现医药行业订单零突破。

【科技创新】

1. 积极参与国家关键核心技术攻关专项 对接国家战略需求，参与“卡脖子”技术攻关。参与国家重点研发计划“智能机器人”重点专项 3 项、“固废资源化”重点专项 1 项、“制造基础技术与关键部件”重点专项 1 项等。

2. 积极参与国家重大科技战略研究 牵头及参与国家重大咨询课题 4 项，提出提升路径和主攻方向，为产业基础能力的提升提供支撑；参与中国工程院重大咨询课题“工业挥发性有机物（VOCs）泄漏综合治理战略研究”，为国家工业 VOCs 的综合治理指出解决路径。

3. 持续提升科研院所行业服务能力 2020 年新立项团体及以上技术标准 14 项，其中国家标准 3 项、行业标准 5 项；发布团体及以上技术标准 9 项，其中，国家标准 2 项。组织承办 5 场行业学术活动，承办的“第十四届全国摩擦学大会”“第 18 届全国特种加工学术会议”被中国机械工程学会评为“2019 年度最具影响力的学术会议”。《润滑与密封》杂志荣获“国机集团优秀科技期刊奖二等奖”。

4. 持续培育平台服务产业功能 2020 年，国机智能 6 家子公司通过高新技术企业认定，7 家子公司被认定为“科技型中小企业”。平台建设获各级主管单位的肯定，多个省部级平台在年度评估中获评优秀等级。

5. 科技创新取得丰硕成果 2020 年，国机智能获 9 项省部级科技奖励，其中，“精密、高效、数控电火花加工技术与应用”成果荣获“国机集团科学技术奖一等奖”“中国机械工业科技进步奖二等奖”。全年获授权专利 55 项，其中，发明专利 13 项；软件著作权授权 44 项；发表科技论文 113 篇，其中，SCI 论文 4 篇、EI 论文 2 篇。

【管理经验】

1. 人才队伍建设卓有成效 公司新进站博士后 3 人，在站人数 4 人。新提拔和进一步使用干部 4 人，在年龄和学历上均有利于干部队伍的优化。受新冠肺炎疫情影响，采用线上的方式，组织开展防疫、党建、管理能力等专项学习，学习对象涵盖中层以上干部、专业领域优秀人才、优秀年轻干部、应届毕业生及一般员工。

2. 风险防控全面加强 持续推进《违规经营投资责任追究实施办法》落实，严肃违规经营投资追责问责；持续完善客户信用额度控制，实现订单前中后 3 个阶段的信用检查，有效降低“两金”风险；实现法务参与重大经营、管理决策并提出法律意见的常态化。完成任期经济责任审计 2 项，完成 100 万以上工程的结算审核，完成专项审计 5 项。组织安全环保检查和各类专项检查，排查治理各类隐患 152 项，全年无一般及以上级别安全环保事故，无职业病例，继续保持国机集团年度 A 级安全生产单位荣誉。

3. 管理根基持续夯实 持续完善公司管理制度，持续推动“三重一大”决策和运行监管系统体系建设，以制度保障“三重一大”事项党委（基层党组织）前置研究讨论。同时，依托信息化系统实现银企直连、自助式办公、高管桌面等管理手段，从而提升公司的资金管控、办公效率、决策支撑等多方面的管理水平，夯实公司管理基础。

【党建工作】

1. 党建引领凝聚攻坚合力，在“疫情大考”中彰显政治担当 党政工团全线上阵，迅速组建口罩机事业部、临时党支部和青年突击队，“以战争时期抢造飞机大炮的速度，加快口罩机研制生产”，依托口罩机党建重点项目建设，进一步为研制生产保驾护航。

2. 强化政治引领，在落实上级各项决策部署中践行“两个维护” 坚决落实“第一议题”制度，建强党委政治核心领导核心，完善“三重一大”决策制度及党委会议制度；扎实推进“十四五”规划编制工作，召开 10 余场各类调研交流会、专题研讨会，推进优势业务 3 年倍增和智能业务 3 年振兴。落实精准扶贫任务和退休人员社会化管理工作，广东省潮州市定点扶贫红花村通过专项验收，国机集团四川省广元市朝天区定点扶贫工作新增消费扶贫 40 余万元。广州、苏州、北京按属地要求完成退休人员社会化工作。

3. 强化理论武装，以习近平新时代中国特色社会主义思想武装头脑、指导实践、推动工作 开展 10 次党委理论学习中心组学习，党委班子成员带头到基层联系点、所在基层党支部宣传宣讲党的十九届四中、五中全会精神。公司党委组织开展 6 次“育新机、开新局”专题研讨会，并与“解放思想、推动发展”大讨论有机融合。

4. 强化组织建设，打造忠诚干净担当的高素质干部队伍 11 月 22—23 日，公司举行党代会选举产生国机智能第二届党委班子和纪委班子。对吉盛润滑等 5 家下属经营实体班子进行调整，推动优秀年轻干部进入经营实体领导班子担当重任。在疫情防控阻击战一线考察识别干部，2 人入选国机集团新冠肺炎疫情防控阻击战中表现突出的“优秀青年人才库”，在口罩机研制生产中迅速成长为技术骨干的团员青年吴科龙成为广东省国资系统 7 名“火线入党”党员之一。

5. 强化作风建设，倡导“严谨科学、务实创新、担当作为” 制定《党委委员基层联系点制度》，党委班子成员分别牵头负责强化治理体系和治理能力建设、推进科研体制机制创新等 7 个课题，形成调研报告、问题解决方案、理论文章等近20篇系统化调研成果。推进“总部机关化”问题专项整改，编列六大方面15项整改措施，明确九大文件成果要求，有序推进整改落实。严格执行领导干部履职待遇和业务支出规范，修订完善《贯彻落实中央八项规定精神 进一步深化作风建设若干问题的规定》。

6. 强化“三基建设”，全面落实“党建巩固深化年”举措 全面加强制度建设，巩固“不忘初心、牢记使命”主题教育成果。陆续制定、修订完善10余项制度，编制《国机智能党建制度汇编》，发布《国机智能基层党组织工作经常性督查指导意见》。全面建强基本组织，消除“党建盲点”，调整、优化基层党组织设置，全面实现“一肩挑”；在“空白班组”企业发展2名党员。

7. 强化纪律建设，推进党风廉政建设和反腐败工作 公司领导和基层党组织书记、司管中层干部签订“党风廉政建设责任书”“廉洁承诺书”，开展新提任干部廉政谈话；开展“四个专项”问题的专项检查和整改，追回违规报销应缴未缴款项5万元；进行廉洁约谈1人次，提醒谈话5人次；党风廉政意见回复19人，处置信访举报2件；制定、完善4项巡察制度，开展对3家二级企业的巡察工作。

8. 强化意识形态责任落实，企业发展合力进一步增强 严格落实意识形态工作责任制和网络意识形态工作责任制，制定意识形态工作规则；加强对群团工作的领导，党委定期研究群团工作，开展各类主题活动；成立建言献策工作室，召开建言献策座谈会，教育引导统战成员爱国爱企。

【抗击新冠肺炎疫情】

将统筹推进疫情防控和经营发展贯穿全年，出色完成口罩机紧急研制任务，为“抗疫保供“交出满意答卷。

1. 奋力打好疫情防控阻击战 面对严峻复杂的新冠肺炎疫情防控形势，国机智能迅速行动、高效组织，成立公司党委应对疫情工作领导小组和防疫办，采取有力防控措施保障员工生命健康安全。编制《复工复产防疫专项预案》并积极组织员工参加线上培训，千方百计落实复工复产所需防疫物资，抓实抓严抓细防疫措施，动员一切力量全力保障口罩机研制现场防疫安全，做好疫情常态化防控，确保员工无感染新冠肺炎病例。

2. 全力打赢口罩机保供攻坚战 在全国抗疫最紧张的关头，国机智能闻令而动、硬核担当，迅速成立口罩机事业部和事业部临时党支部，以战时状态紧急协调各方资源跨界研制口罩机，10天交付首台（套）口罩机，20天生产出100台（套）平面口罩机，535台平面口罩机的产量居中央企业第一，被列入国家疫情防控重点保障企业名单，为国机集团在短时间内形成“三机三品”医疗防护产业链作出积极贡献，为全国抗疫大局立下汗马功劳，口罩机事业部临时党支部荣获“全国抗击新冠肺炎疫情先进集体”“全国先进基层党组织”荣誉，受到党中央、国务院、中央军委的表彰。

桂林电器科学研究院有限公司

【基本概况】

桂林电器科学研究院有限公司（简称桂林电科院）始建于1954年，1999年7月转制为科技型企业，2013年整体改制为有限责任公司，现隶属于国机集团。

经过67年的专业与产业重组，桂林电科院现已发展成为集电工电子材料（全电压等级系列电触头材料、特种塑料）及元器件、薄膜生产成套装备、聚酰亚胺薄膜产品、特种电机的研发与制造，以及行业、检测技术服务为一体的高科技型企业；是我国电工合金、绝缘材料、模具行业的技术归口单位，担负着全国相关行业发展规划、情报信息、产品标准、产品质量监督检测及组织行业进行科技攻关等行业工作，在国内外同行业中享有较高的知名度和行业地位；主导产品的中高端用户市场占有率在行业中名列前茅，是用户替代进口的首选供应商。

截至2020年，桂林电科院有从业人员688人，其中教授级高级工程师11名、高级技术职务人员64名、中级技术职务人员146名。有国家级专家1名，享受国务院特殊津贴专家6名。桂林电科院占地面积31万m^2；拥有精良的测试设备、先进的科学仪器和强大的产品开发手段，下设桂林金格电工电子材料科技有限公司、桂林格莱斯科技有限公司、桂林赛盟检测技术有限公司3家全资子公司，是我国电工合金、薄膜成套设备、绝缘材料的研发和生产基地。

【主要指标】

2020年桂林电科院主要经济指标完成情况见表1。

表1 2020年桂林电科院主要经济指标完成情况

指标名称	2019年	2020年	同比增长（%）
资产总额（万元）	87 998	99 928	13.56
净资产（万元）	57 260	57 739	0.84
营业收入（万元）	61 053	67 574	10.68
利润总额（万元）	582	2 128	265.64
技术开发投入（万元）	4 008	4 597	14.70
利税总额（万元）	2 141	4 780	123.26
EVA值（万元）	302	2 394	692.72
全员劳动生产率〔万元/（人·年）〕	16.36	21.79	33.19
净资产收益率（%）	0.83	3.77	增长2.94百分点
总资产报酬率（%）	1.36	2.88	增长1.52百分点
国有资产保值增值率（%）	100.87	101.17	增长0.30百分点

【改革改制】

桂林电科院于2013年完成由全民所有制企业向有限责任公司改制的相关工作，2020年度未涉及混合所有制改革、员工持股等情况。

桂林电科院按照《中国机械工业集团有限公司改革三年行动实施方案》，结合自身实际编制《桂林电科院改革三年行动实施方案（2020—2022年）》，具体措施包括6大类27项36小项。2020年共完成2大类5项5小项工作内容。

【重大决策与重大项目进展】

桂林电科院2020年实施的重大项目为电工电子新材料产业基地建设，其进展情况如下。

（1）土地购置。完成250.93亩（1亩≈666.67m^2）土地征集，并获得土地不动产权证。

（2）工程建设。完成建筑面积29 808m^2的低压元件厂房、24 450m^2的薄膜厂房、8 066 m^2的中高压元件厂房、3 454m^2的食堂，以及6层6 589m^2倒班宿舍及总建筑面积1 750m^2的污水处理站、备品备件库、高压供电室等厂房及配套建筑建设，另有建筑面积15 509 m^2的产品检测与生产调度中心和主大门、绿化工程进入收尾施工阶段。

（3）设备购置。完成523台（套）生产设备购置和安装，其中大型关键生产设备24台

（套），其他生产设备 499 台（套）。

（4）累计投资。国机集团批复项目固定资产投资计划 54 839 万元，2020 年投入资金 1 338 万元，形成固定资产 3 767.59 万元。

（5）投产情况。低压元件厂房于 2016 年试生产，2017 年全面投产，截至 2020 年累计完成产值 21.6 亿元；薄膜厂房 2017 年试生产，2018 年部分投产，2019 年全面投产，截至 2020 年累计完成产值 7 694 万元。

【市场开拓】

成套设备业务公司精准发力、主动出击开发国内市场，2020 年营业收入同比增长 54.72%；当年新签合同 28 项（其中工程项目 4 项，零配件合同 23 项，其他合同 1 项），生效合同额 21 053 万元，同比增长 319.47%。首次签署超亿元的合同，新签合同额创近 10 年新高。检测业务利润总额同比增长 63.09%；重点开拓新能源汽车电动机绝缘、UL 认证、电网、5G 电子产品等市场业务，成绩斐然；开发升级多台（套）新设备，实现高频脉冲试验装置和设备销售零的突破。

【产业化发展】

特种薄膜业务利润总额同比增长 388.98%，实现大幅增长；通过查找膜面黑点缺陷问题，产品质量得到改善，解决了黄膜良率的最大问题，有效减少质量损失，提高了利润空间；设计并建立尾气处理系统，提高溶剂回收率，降低原材料成本；成功开发出导热膜中试和生产试制工艺，产品性能明显优于国产同类产品，增强了可持续竞争能力。

【科研成果】

组织申报纵向项目 18 项，“绿色环保聚乳酸薄膜专用成套生产线产业化技术”项目获得国机集团重大科技专项支持。各类科技奖励全面开花，“挠性覆铜板用高性能聚酰亚胺薄膜关键技术开发及应用”获中国机械工业科学技术奖二等奖，“高可靠性低压触头材料和元件开发及产业化”“节能型 3.3 米幅宽双轴定向聚苯乙烯薄膜生产线研制”获广西科学技术进步奖三等奖，《绝缘材料》获国机集团优秀期刊奖三等奖。桂林电科院被国家知识产权局与世界知识产权组织（WIPO）共同确定为第四批技术与创新支持中心（TISC）筹建单位，同时被广西科技厅认定为“广西新型研发机构”。

提交专利申请 17 件，其中，发明专利 16 件、实用新型专利 1 件；获授权专利 23 件，其中，发明专利 10 件、实用新型专利 13 件。截至 2020 年 12 月，拥有有效专利 199 件，其中，发明专利 142 件、实用新型专利 57 件。2020 年公开发表论文 31 篇，其中发表在中文核心期刊 8 篇。

组织申报国家标准 17 项、行业标准 34 项；完成 5 项国家标准、23 项行业标准制（修）订工作。其中，桂林电科院主导制定的 GB/T 23641—2018《电气用纤维增强不饱和聚酯模塑料（SMC/BMC）》获国机集团优秀标准二等奖，GB/T 15022.8—2017《电气绝缘用树脂基活性复合物　第 8 部分：环氧改性不饱和聚酯真空压力浸渍（VPI）树脂》获 2020 年桂林市重要技术标准研制奖国家标准一等奖，JB/T 13020—2017《热锻模　技术条件》获 2020 年桂林市重要技术标准研制奖行业标准二等奖。

建成国内首条双向拉伸聚乳酸薄膜中试生产线，实现双向拉伸聚乳酸稳定出膜，获得意向客户的一致好评，收到了非常好的市场反响。

【主要管理经验】

1. 稳步推进“十四五”战略规划编制工作　强化顶层设计，抓好战略引领，认真总结企业发展规律，修订《战略管理办法》，开展“十三五”战略规划执行的评估，聘请机械工业经济管理研究院作为项目咨询单位，通过调研访谈，以及对公司现状、内外部形势、行业对标、发展环境的充分调研分析，形成《公司“十四五”规划（征求意见稿）》，桂林电科院“十四五”期间的总体发展战略及目标、业务体系构建、重点任务工程、保障措施等基本明晰。

2. 积极推动提质增效专项行动和对标管理提升实施方案落地　编制“2020 年提质增效专项行动方案和工作台账”，经桂林电科院党委审议批准后于 4 月发布实施。积极推动工作台账任务落实，2020 年度提质增效专项行动工作任务全面完成。

3. 加速智能制造应用，推动低压车间智能制造优化升级 开展SCADA+ERP融合项目，促进低压车间智能化、自动化转型升级。新增约40台设备连入SCADA系统，打通ERP与SCADA的数据通道，实现5款典型产品的数据采集、监控和自动报警功能。同时，可根据批号对产品生产过程的设备参数进行追溯，对工艺监督和质量管理意义重大。

4. 人力资源管理不断完善 落实党管干部要求，修订《中层干部管理办法》，选拔1名中层干部，开展8名中层干部试用期考核工作，进一步配齐配强干部队伍；认真落实桂林电科院《轮岗管理办法》和年度干部培养计划，加强关键风险岗位人才监督和培养，推进党务干部和经营管理人才双向交流，年度内组织相关岗位人员轮岗21人次，其中跨部门轮岗3人、实施干部交流任职3人；印发《高技能专家管理办法》，建立高技能人才发展通道，进一步完善多通道晋升机制。

5. 职业健康安全环保工作扎实开展 坚持“党政同责、一岗双责、齐抓共管、失职追责”的工作原则，与部门、下属公司、党支部、团支部和工会共签订责任书713份、双向承诺书681份，全面落实安全生产责任制；安全生产专项投入235.23万元，持续抓好技能培训，改善安防设施、作业环境；策划组织“安全生产月”系列活动，1人获得国家应急普法集团系统先进个人；做好疫情防控常态化安全隐患排查，桂林电科院安委会共组织检查12次，各部门开展检查66次，共计下发整改通知348份，各项隐患均按期完成整改；制定安全生产专项整治三年行动方案，开展危险化学品安全、消防安全及建筑物（工程建设）安全三项专项整治；持续做好应急演练，提升员工应急处置能力，组织开展应急演练共27次，参加演练人数共593人次；桂林电科院职业健康安全、环境管理体系运行有效，安全生产责任目标考核和节能减排目标考核均为优秀。

6. 条件保障工作有新的提升 通过进行电力市场化交易、容改需计算基本电费和维护供电系统提高功率因数，积极申请工业企业复工复产基本电费财政奖补资金和疫情电费减免，共节省电费285.18万元；健全保障体系，修订并发布《维修项目管理办法》《绿化管理规定》等5个制度，废止10个过时文件；“三供一业”分离移交和退休人员社会化工作进展顺利，工作进展名列国机集团和桂林市前茅。

【企业文化】

1. 企业文化宣传活动有声有色 开展丰富的企业文化活动，如：春节游园活动、庆祝“机械工业纪念日”升国旗仪式、PPT制作劳动竞赛、职工气排球联赛、“健康月”系列活动、职工羽毛球比赛等活动，不断扩大文化影响力；发布2020年版《员工手册》，重新制作宣传册、反映新形象的宣传视频和产品照片；精心打造《桂电院通讯》、微信公众号、官方网站和公司内网，多项新闻内容被国机集团转载报道；参加2020年桂林市首届品牌故事演讲大赛，展示品牌风采，弘扬企业文化，促进品牌有效传播。

2. 认真落实企业社会责任 积极履行社会责任，认真参与国机集团对四川省广元市朝天区的扶贫工作，多次派人到该扶贫地区考察调研、出谋划策，投入帮扶资金16.5万元，节假日组织购买扶贫产品。持续坚持到广西龙胜县乐江乡西腰小学开展慰问帮扶，开展互动益智活动，捐赠爱心慰问品。为湖北省新冠肺炎疫情防控捐款10万元。组织学雷锋志愿服务、国机爱心捐款、文明交通、创城清洁等一系列精神文明和社会公益活动。

3. 员工关爱厚植群众基础 如期完成职工意外医疗综合保险和重疾保险相关续保工作，开展了慰问事项专项调研，在春节、七一、国庆等节假日走访慰问老党员、劳动模范和困难职工、患病住院治疗职工，开展年度生活困难职工经济补助工作，完成职工日常慰问44人次，将职工保障体系做细做实；争取2个广西区总工会的职工疗休养名额；修订《公司职工球馆管理规定》，推动职工优惠学车、羽毛球培训班等惠民活动；不断完善职工活动场地设施，为乒乓协会、产业园倒班宿舍配备乒乓球台，职工活动环境不断优化。

【抗击疫情】

采取有效措施，积极防控突如其来的新冠肺炎疫情，保障生产经营活动的正常开展。及时跟进党中央、广西壮族自治区、桂林市政府关于疫情防控的各项要求，第一时间成立疫情防控领导小组和5个专项工作组，统筹安排疫情防控工作，认真落实防控要求，实时监控公司职工行程状态及身体健康情况，认真开展疫情防控知识宣传，全力保障各项生产经营工作任务，疫情防控工作取得较好成效。在逆境中保持经济健康稳定地增长，全年完成营业收入67 574万元，同比增长10.68%；实现利润总额642万元，同比增长43.79%，整体经营平稳正常。此外，桂林电科院通过国机集团为新冠肺炎疫情防控捐赠10万元。

第四篇

规章制度选编

中国机械工业集团有限公司下属企业领导班子和领导人员综合考核评价办法

国机党〔2020〕4 号

第一章　总　则

第一条　为深入贯彻落实习近平新时代中国特色社会主义思想，认真践行新时代党的组织路线，充分发挥干部考核评价的激励鞭策作用，不断增强中国机械工业集团有限公司（以下简称集团）干部考核评价工作的科学性、针对性、可操作性，激励广大干部新时代新担当新作为，着力建设对党忠诚、勇于创新、治企有方、兴企有为、清正廉洁的高素质专业化领导人员队伍，激发和保护企业家精神，培育具有全球竞争力的世界一流企业，根据《中国共产党章程》《中央企业领导人员管理规定》《中央企业领导班子和领导人员综合考核评价暂行办法》和有关党内法规、国家法律法规，以及《中国机械工业集团有限公司全资、控股企业领导人员管理办法》，结合集团实际情况，制定本办法。

第二条　综合考核评价坚持党管干部原则，坚持德才兼备、以德为先，坚持事业为上、注重实绩，坚持组织认可、出资人认可、市场认可、职工群众认可，坚持严管和厚爱结合、激励和约束并重，做到客观公正、突出企业特点、简便易行。

第三条　综合考核评价坚持定量考核与定性评价相结合，实行分层分类考核评价，综合运用多维度测评、个别谈话、听取意见、综合分析研判等方法进行。综合考核评价由企业领导班子综合考核评价和企业领导人员综合考核评价两部分组成。

第四条　本办法适用于列入集团党委干部管理序列的全资企业和控股企业，所称领导班子和领导人员是指列入集团党委干部管理序列的企业领导班子和领导人员。

第五条　综合考核评价结果作为企业领导班子调整和领导人员选拔任用、薪酬与激励、管理监督、培养锻炼、奖惩和退出的重要依据。

第六条　综合考核评价办法以日常管理为基础，适用于任期考核、年度考核。

第二章　考核评价内容

第七条　企业领导班子综合考核评价包括一级指标 4 项和二级指标 17 项；企业领导人员综合考核评价包括一级指标 3 项和二级指标 13 项。

第八条　企业领导班子综合考核评价一级指标包括：政治素质、经营业绩、作风形象和团结协作。

企业领导班子综合考核评价二级指标包括：其中，政治素质包括理想信念、企业党建、社会责任、发展思路；经营业绩包括业绩成果、变革创新、人才培育、可持续发展、资源整合；作风形象包括担当进取、廉洁自律、务实敬业、关心职工；团结协作包括民主决策、整体合力、有序分工、交流沟通（见附件 1）。

对企业领导班子综合考核评价，依据所设置的考核评价要点及标准进行考评（见附件 2）。

第九条　企业领导人员综合考核评价一级指标包括：素质、能力、业绩。

企业领导人员综合考核评价二级指标包括：其中，素质包括政治素质、职业操守、作风建设、廉洁从业；能力包括科学决策、推动执行、学习创新、沟通协调、团队凝聚；业绩包括履职绩效、一岗双责、协同绩效、专业绩效（见附件 3）。

对企业领导人员综合考核评价，依据所设置的考核评价要点及标准进行考评（见附件 4）。

第三章 综合考核评价

第十条 在综合考核评价工作开始之前，企业领导班子和领导人员分别撰写述职报告，内容包括履行职责、作风建设、廉洁自律、人才培育和优秀年轻干部发现培养选拔等情况，取得成绩和存在不足以及改进措施等。领导人员述职报告还包括党建责任制落实情况，协同配合其他领导班子成员取得的工作进展，本人在经营、生产、科研、管理、人才培养等方面的创新和特色等。新任职或交流不足半年的企业领导人员，提交书面述职报告，不参加综合考核评价。

第十一条 民主测评

（一）以集中会议形式召开由企业领导班子成员、中层管理人员（职能部门负责人、二级单位主要负责人）、近 2 年退出领导岗位的原领导班子成员、职工代表参加的民主测评工作会议，领导班子成员分别进行述职，提交书面述职报告，与会人员分别对领导班子和领导人员进行民主测评。

职工代表人数一般不少于参加测评会议总人数的 15%。

（二）集团领导班子成员对全部下属二级企业领导班子和领导人员进行评价。

（三）建立规范董事会的企业，外部董事、监事参与对领导班子和领导人员的评价。

（四）纪委书记（纪检组组长）、财务总监（总会计师）的履职专项考核，按照有关规定执行。根据本办法开展的对纪委书记（纪检组组长）、财务总监（总会计师）的综合考核评价结果，作为其履职专项考核的重要组成部分。

第十二条 综合考核测评主体权重

建立规范董事会企业领导班子综合测评主体的权重：集团领导班子成员占 30%；企业领导班子成员占 15%；中层管理人员和近 2 年退出领导岗位的原领导班子成员占 35%；外部董事、监事占 15%；职工代表占 5%。

未建立规范董事会企业领导班子综合测评主体的权重：集团领导班子成员占 30%；企业领导班子成员占 20%；中层管理人员和近 2 年退出领导岗位的原领导班子成员占 45%；企业职工代表占 5%。

建立规范董事会企业领导人员综合测评主体的权重：集团领导班子成员占 20%；企业领导班子正职占 12%；领导班子副职占 13%；中层管理人员和近 2 年退出领导岗位的原领导班子成员占 40%；外部董事、监事占 10%；职工代表占 5%。

未建立规范董事会企业领导人员综合测评主体的权重：集团领导班子成员占 20%；企业领导班子正职占 12%；领导班子副职占 13%；中层管理人员和近 2 年退出领导岗位的原领导班子成员占 50%；职工代表占 5%。

第十三条 个别谈话。主要了解企业领导班子的政治素质、经营业绩、团结协作和作风形象；企业领导人员的政治表现、素质、能力、业绩、廉洁从业和履行抓党建工作“一岗双责”等情况。参加个别谈话的人员主要包括领导班子成员、中层管理人员、近 2 年退出领导岗位的原领导班子成员、部分职工代表。建立规范董事会的企业，谈话范围还可以包括外部董事、监事。

第十四条 综合分析研判并形成综合考核评价报告。集团组织人事部门根据综合考核评价和日常了解掌握的情况，结合企业的行业特点、生产经营情况和企业领导人员岗位职责，对企业领导班子和领导人员进行综合分析研判，形成综合考核评价报告，提出企业领导班子调整任免建议，在征求纪检部门意见后，按照干部管理权限和流程，提请集团领导审定。

第十五条 落实中央《关于进一步激励广大干部新时代新担当新作为的意见》《推进领导人员能上能下若干规定（试行）》等有关精神，加强考核评价结果反馈及运用。建立考核评价结果反馈机制，集团组织人事部门采取适当方式向企业反馈综合考核评价情况，促进领导班子建设，引导领导班子和领导人员发扬成绩、改进不足，更好忠于职守、担当奉献。强化考核评价结果运用，将其作为企业领导班子调整和领导人员选拔任用、薪酬与激励、评先奖优、管理监督、培养锻炼、问责追责和退出的重要依据，集团党委对管理干部进行经常性谈心谈话，使政治坚定、奋发有为的领导人员得到褒奖和鼓励，使慢作为、不作为、乱作为的领导人员受到警醒和惩戒。

第十六条 企业领导班子综合考核评价结果分为优秀、良好、一般、较差。结果为“优秀”（90—100 分）的，给予鼓励；结果为“良好”（80-90 分，不含 90 分）的，进行勉励并指出不足，分析原因，促其进一步改进；结果为“一般”（70-80 分，不含 80 分）的，限期整改，并进行适当调整；结果为“较差”（70 分以下，不含 70 分）的，进行组织调整。

企业领导人员综合考核评价结果分为优秀、称职、基本称职、不称职。结果为“优秀”（90-100 分）的，给予鼓励，并将其综合考核评价情况作为培养使用的重要依据；结果为“称职”（80-90 分，不含 90 分）的，进行勉励并指出不足，分析原因，促其进一步改进；结果为“基本称职”（70-80 分，不含 80 分）的，指出问题和不足，限期改进，视具体情况进行岗位调整；结果为“不称职”（70 分以下，不含 70 分）的，不再继续聘任或免职。

第十七条 综合考核评价结果为不称职或连续 2 次为基本称职的企业领导人员，以及正职领导人员综合考核评价得分连续 2 次靠后、副职领导人员连续 2 次排名末位，经分析研判确属不胜任或者不适宜担任现职的，原则上调整岗位或退出领导班子。

第十八条 企业领导人员任期内除因不可抗力外，未完成主要工作目标的、对重大决策失误或者重大事故负有责任的、给企业造成巨大损失的、在廉洁从业方面存在违法违纪问题的，根据具体情况进行组织处理。

第四章 附 则

第十九条 集团下属企业参照本办法制定本企业的领导班子和领导人员综合考核评价办法，按照管理权限对下属企业领导班子和领导人员实施考核评价。

第二十条 本办法由集团组织人事部门负责解释。

第二十一条 本办法自印发之日起施行。原《中国机械工业集团有限公司所属企业领导班子和领导干部综合考核评价办法》（国机人〔2014〕308 号）同时废止。

附件：1. 企业领导班子综合考核评价指标及权重

2. 企业领导班子综合考核评价要点及标准

3. 企业领导人员综合考核评价指标及权重

4. 企业领导人员综合考核评价要点及标准

中国机械工业集团有限公司外部董监事管理暂行办法

国机人〔2020〕204 号

第一章 总 则

第一条 为进一步完善中国机械工业集团有限公司（以下简称集团）下属企业法人治理结构，规范下属企业董事会、监事会的建设和运行，加强对外部董监事的管理，切实保障集团的合法权益，不断推进中国特色现代企业制度建设，根据有关法律、行政法规以及集团公司章程的相关规定，结合集团实际，制定本办法。

第二条 本办法适用于集团向直接管理的下属二级企业（以下简称下属企业）派出的外部董事、外部监事（以下简称外部董事或外部监事，统称外部董监事）。

第三条 本办法所称外部董监事，是指由集团委派、推荐，由下属企业以外人员担任，且在下属企业不担任董事会、监事会以外其他职务的董事、监事。其中，专职外部董监事是指由集团委派、推荐，按照集团党委管理的现职领导人员进行管理，专职在下属企业担任外部董监事的人员。

第二章 任职条件

第四条 担任外部董监事应当具备下列基本条件：

（一）具有较高的政治素质，自觉用习近平新时代中国特色社会主义思想武装头脑，增强“四个意识”、坚定“四个自信”、做到“两个维护”，坚决执行党和国家的方针政策，严守党的政治纪律和政治规矩，在思想上政治上行动上同以习近平同志为核心的党中央保持高度一致。

（二）具有强烈的事业心和责任感，职业操守和个人品行良好，坚持原则、担当尽责、诚实守信、廉洁自律。

（三）具有履行岗位职责所需的专业能力，在企业党的建设、战略规划、创新发展、国际化经营、财务会计、资本运作、风险管控等方面具有一定的专长。

（四）具有集团下属企业的管理经验；或者累计10年以上企业经营管理或者相关工作经历，履职业绩突出；或者在相关专业领域享有较高知名度和良好职业声誉。

（五）外部董监事首次聘任时，年龄一般不超过63周岁，专职外部董监事一般不超过60周岁。年满68周岁不再续聘。

（六）一般应当具有大学本科及以上文化程度或者相关专业高级及以上职称。

（七）具有正常履行职责的心理素质和身体条件。

（八）符合有关法律、行政法规规定的相关资格条件，上市公司的董事、监事还应符合相关监管机构规定的资格条件。

第五条 外部董监事从符合第四条任职基本条件的下列人员中选聘：

（一）列入集团党委管理的正职级及以上干部。根据需要，列入集团党委管理的副职级干部中，表现优秀的也可纳入选用范围。不担任主席的外部监事可从集团总部部门内设机构正职级及以上干部，或下属企业相应职级的干部中选聘。

（二）第（一）项中的退出领导岗位的干部（如下属企业的高级顾问、专务等）和退休干部。

（三）其他符合条件的人员。

第六条 因违规违纪违法或者受到责任追究被免职、解聘的人员，以及按照有关任职禁入规定、失信联合惩戒规定不得担任国有企业董事、监事和高级管理人员的，不得担任外部董监事。

第三章 选 聘

第七条 外部董监事的选聘和管理，坚持党管干部、党管人才原则，发挥市场机制作用，突出政治标准和专业能力，坚持事业为上、以事择人，坚持权利、义务和责任相统一，坚持严管和厚爱结合、激励和约束并重。

第八条 遴选外部董监事人选，坚持从规范下属企业董事会、监事会建设和运作需要出发，放宽视野、拓宽来源，知事识人、好中选优。人选经批准后纳入集团外部董监事人才库。

第九条 外部董监事的选拔任用方式和工作程序按照《中国机械工业集团有限公司全资、控股企业领导人员管理办法》的规定，采取组织推荐、委托推荐、个人自荐等方式推荐人选，主要从履职经历、专业素养、工作业绩等方面，综合分析人选的胜任力。

第十条 下属企业董事会、监事会应当保持专业经验的多元化和能力结构的互补性。根据企业发展战略和业务特点，董事会应合理配备讲政治、懂业务、善管理的专业人才。

第十一条 拟任外部董监事对相关下属企业存在应予回避情形的，应当实行任职回避。退休干部拟推荐担任外部董监事的，需本人同意并提出书面申请。

第十二条 外部董监事的任期与下属企业董事会、监事会的届期一致。任期届满经集团考核称职可以续聘的，需重新履行聘任手续。外部董监事在同一企业连续任职一般不超过6年。

第十三条 专职外部董监事同时任职的企业一般不超过5家，其他外部董监事同时任职的企业一般不超过3家。

第四章 履职管理

第十四条 外部董监事应当忠实、勤勉履行下列职责义务：

（一）贯彻执行党和国家方针政策、战略部署，履行《公司法》规定的各项职责，落实国资委关于中央企业改革发展的相关部署要求，忠实维护集团和下属企业的合法权益。

（二）落实集团对下属企业的管控要求，执行集团的战略规划、重大决策；通过下属企业董事会落实集团年度工作任务和要求，推动下属企业完成集团安排部署的年度重点工作任务。

（三）认真参加董事会、监事会会议，深入研究会议议案和相关材料，对所议事项客观、充分地发表明确意见，并对董事会、监事会的决议承担责任。

1.除因不可抗力、身体原因、集团临时工作安排等特殊情况外，外部董监事应尽可能亲自出席董事会会议，每年度外部董事亲自出席董事会会议的次数、外部监事亲自出席监事会会议和列席董事会会议的次数不得少于会议总数的四分之三。因故不能出席董事会、监事会会议的，应当事先认真审阅会议材料，形成明确意见，书面委托其他董事、监事行使表决权。

2.认为董事会、监事会违法违规决策，或者董事会、监事会的决议明显损害集团、企业利益和职工合法权益的，应当明确提出反对意见，必要时向集团专项报告。

（四）投入足够的时间和精力履职，外部董监事每年在同一企业履职的时间应不少于30个工作日。

1.通过调研、查阅下属企业财务报告和相关资料、参加下属企业有关会议、听取经理层和企业相关部门汇报、与有关方面沟通等方式，了解掌握下属企业改革发展、经营管理以及董事会、监事会决议落实情况等。

2.加强对下属企业发展战略的研究，围绕业务发展、管理变革以及加强和改进董事会、监事会建设及运行等，提供有价值的意见建议。外部董事应积极参与并认真开展董事会专门委员会的工作。

3.对于所发现的重大决策风险和生产经营重大问题，特别是可能或已发生的重大损失、重大经营危机、重大财务问题等，及时向董事会、监事会提出警示并向集团提交专项报告。

4.参加集团和下属企业召开的有关专题会议、组织的相关培训等。

5.每年底向集团提交年度履职报告。除年度履职基本情况外，年度履职报告还应包括下属企业经营综合情况重点分析，对下属企业执行战略规划、内控及风险管理、存在的主要问题提出意见建议等。

（五）遵守法律、行政法规，遵守集团的规章制度以及下属企业的公司章程和规章制度，保守国家秘密和集团、下属企业商业秘密、技术秘密等。

（六）承担集团交办的其他工作。

第十五条 下属企业的董事会办公室、内部审计机构（或其他相应职能部门，以下简称董事会\监事会服务支撑部门）每年年底应制订下一年度董事会会议计划、监事会会议计划和监督检查计划、调研计划等工作安排报集团董事会办公室、审计部备案。在不违反相关规定的前提下，下属企业应在每次董事会现场会议召开5日前，将会议通知报集团董事会办公室，由集团安排有关人员列席下属企业董事会会议。

第十六条 下属企业董事会会议的次数，应当确保满足董事会履行各项职责的需要。下属企业董事会每年应至少召开2次定期会议。董事会定期会议和涉及投资并购、资产处置、改革重组等重大、复杂议案的董事会临时会议应当以现场会议形式举行。

第十七条 下属企业监事会每年应至少召开1次会议，监事会会议应当以现场会议形式举行。外派监事可以提议召开临时监事会会议。

第十八条 下属企业董事会、监事会每年应至少安排董事、监事开展1-2次工作调研，包括企业调研、重点项目调研、专题调研等。下属企业召开工作会、战略研讨会、经营分析会等重要会议，应当安排外部董监事列席。

第十九条 根据集团有关管理规定需报集团总经理办公会以上层级审批的项目（以下简称重大项目），下属企业应在总经理办公会或相关会议审议前将项目材料报送外部董事，外部董事可以结合项目具体情况通过列席总经理办公会、听取专题汇报或其他适当的方式进一步了解项目相关信息。

外部董事决定列席总经理办公会或听取专题汇报的，下属企业应当及时组织外部董事参加总经理办公会或听取专题汇报。

第二十条 外部董事应在认真研判的基础上，向集团提交其个人对于重大项目的意见建议（无论拟同意、弃权还是反对）。外部董事应于集团对重大项目进行审议前将其对重大项目的意见通过集团董事会办公室转交相关部门。

第二十一条 集团对重大项目形成意见后，由集团董事会办公室将相关意见通知外部董事，作为外部董事对重大项目进行决策时的依据。如下属企业最终决策结果与集团的意见不一致，

外部董事应在相关决策会议后5日内将有关审议情况书面报集团董事会办公室。

第二十二条 外部监事根据《公司法》和下属企业公司章程的规定对下属企业董事、高级管理人员执行职务的行为进行监督。

第二十三条 外部董监事在履职过程中认为确需集团加强政策指导、业务咨询或需要进行情况反映的，应当及时通过集团董事会办公室、审计部联系相关部门进行沟通，征询相关意见建议。

第二十四条 下属企业董事会应每半年组织召开1次企业经营情况专题会，听取高级管理人员对本企业经营运行整体情况分析并提出意见建议。外部监事列席企业经营情况专题会。

第二十五条 下属企业应当建立外部董监事履职台账，详实记录外部董监事参加会议、发表意见、表决结果、开展调研、参加培训、提出指导和咨询意见等方面的情况。

下属企业应于每年一月底将上述外部董监事履职有关情况以及下属企业董事会、监事会整体工作开展情况一并汇总整理，形成企业董事会、监事会年度工作报告分别提交集团董事会办公室、审计部。

第五章 履职支撑与服务

第二十六条 各企业董事会秘书应协助本企业董事会并指导子公司开展中国特色现代企业制度建设和公司治理机制建设等工作，组织下属企业董事会、监事会服务支撑部门做好外部董监事的履职支撑与服务工作。

第二十七条 集团董事会办公室、审计部以及下属企业董事会、监事会服务支撑部门是外部董监事的履职管理服务部门，负责为外部董监事履职提供必要的支撑服务、日常联系以及文件、资料等的接收送达等事宜，负责组织、协调、支持外部董监事完成本办法规定的各项履职要求和工作任务。

第二十八条 集团董事会办公室、审计部应当为外部董监事履职提供必要的支撑和服务保障。

（一）在符合保密规定的前提下，及时传达宣贯党中央、国务院决策部署，国资委和国家有关部门印发的涉及企业改革发展监管的重要文件，以及集团的重要管理制度、发展战略、滚动规划等文件和要求，主动开展政策、管理要求的

指导、宣传工作。

（二）对外部董监事提交的重大项目意见、专项报告以及报送的有关信息和反映的有关问题尽快提交集团相关部门进行处理。及时答复外部董监事征询意见和要求，向外部董监事通报需要关注的重要问题。

（三）加强与外部董监事的信息沟通。为外部董监事提供咨询服务，加强与外部董监事的沟通联络。根据工作需要，安排外部董监事参加或者列席集团有关会议。定期组织开展外部董监事履职培训，召开履职经验交流、案例研讨会等。

（四）审计部指导下属企业内部审计机构做好监事会监督检查工作的业务支撑，统筹监事会监督与内部审计监督有机融合，发挥监督合力。

（五）做好外部董监事履职所需的其他支撑服务工作。

第二十九条 下属企业董事会、监事会服务支撑部门应当为外部董监事履职提供必要的支撑和服务保障。

（一）将集团以及本企业制定的有关管理制度及相关重要文件、通知要求等及时送达外部董监事。

（二）除有特殊规定外，向外部董监事开放本企业电子办公、数据报告等信息系统。每季度向外部董监事提供企业经营报告、财务报告及其他相关资料，及时向外部董监事通报本企业经营管理重大事项。对外部董监事的问询，企业应如实全面给予答复。

（三）董事会定期会议、监事会会议的通知、议案及相关材料，应当在会议召开 10 日前送达外部董监事；除特别紧急的情况以外，董事会临时会议通知、议案及相关材料，应当至少在会议召开 5 日前送达外部董监事。上市公司章程有特别规定的，按照特别规定执行。

下属企业高级管理人员应当对提交董事会、监事会审议的议案及相关材料的真实性、准确性负责。

（四）安排外部董监事列席本企业相关重要会议，组织开展履职培训等。

（五）为外部董监事履职提供必要的办公条件、公务出行、调研等的服务保障。

专职外部董监事除参加会议、调研、学习培训等活动外，日常主要在集团或任职的一家下属企业办公，根据专职外部董监事的具体情况确定。

（六）做好外部董监事履职所需的其他支撑服务工作。

第六章 退 出

第三十条 按照从严掌握原则，专职外部董监事根据有关规定办理免职和退休手续后且符合本办法相关规定的，可以转任非专职外部董监事。

第三十一条 外部董监事有下列情形之一的，应当予以解聘：

（一）专职外部董监事按规定办理退休手续且不再续聘的。

（二）因工作需要解聘的。

（三）本人申请辞职并被批准的。

（四）因健康原因，不适合继续任职的。

（五）除不可抗力等特殊情况以外，在同一企业履职的时间或者出席董事会、监事会会议次数未达到本办法相关规定的。

（六）擅自离职的。

（七）履职过程中对集团或者下属企业有不诚信行为的。

（八）年度评价结果为不称职或者连续两个年度评价结果为基本称职的。

（九）违反党的纪律或者受到责任追究，应当予以解聘的。

（十）其他不适合继续任职的情形。

第三十二条 外部董监事解聘或者不再续聘后，继续对所知悉的国家秘密以及集团、下属企业商业秘密、技术秘密负有保密责任和义务，保密期限按照国家以及集团、下属企业的有关规定执行。

第七章 附 则

第三十三条 集团对参股企业推荐派出的董事、监事参照本办法相关规定进行管理。

第三十四条 有关法律、行政法规以及相关监管机构对上市公司董事、监事有特别规定的，按照该特别规定执行。

第三十五条 下属企业应参照本办法的规定制定本企业对子公司董事、监事的管理办法，不断加强对所出资企业的有效管控。

第三十六条 本办法由集团人力资源部（党委组织部）、董事会办公室和审计部负责解释。

第三十七条 本办法自印发之日起施行。《中国机械工业集团有限公司董事、监事管理暂行办法》（国机人〔2009〕349 号）、《中国机械工业集团有限公司外部董事履职管理暂行办法》（国机董办〔2012〕3 号）、《中国机械工业集团有限公司专职外部董事管理暂行办法》（国机人〔2016〕290 号）、《中国机械工业集团有限公司派出外部监事信息沟通实施办法》（国机审〔2019〕157 号）、《中国机械工业集团有限公司关于所属企业监事会工作的指导意见》（国机审〔2019〕158 号）同时废止。

中国机械工业集团有限公司派驻监事会管理暂行办法

国机人〔2020〕205 号

第一章 总 则

第一条 为健全中国机械工业集团有限公司（以下简称集团）对下属二级企业的监督工作机制，保障集团合法权益，根据有关法律法规，结合集团实际，制定本办法。

第二条 集团设立派驻监事会，由集团派出，对集团负责，代表集团对下属企业公司治理、党建、经营管理等各方面情况实施综合监督，以促进集团全面了解掌握企业情况，确保企业健康发展，国有资产保值增值。

第三条 派驻监事会与下属企业是监督与被监督的关系，派驻监事会不参与、不干预下属企业的经营决策和经营管理活动。派驻监事会的数量由集团根据工作需要确定，每个派驻监事会可监管多家下属二级企业。下属企业根据《中华人民共和国公司法》和公司章程依法设立企业自身的监事会。

第四条 派驻监事会成员由主席 1 人、办公室主任 1 人、监事若干人组成。根据工作需要，派驻监事会成员可兼任所监管的下属二级企业监事会主席或监事。

第二章　派驻监事会成员任职条件

第五条　派驻监事会成员应当具备下列基本条件：

（一）具有较高的政治素质，自觉用习近平新时代中国特色社会主义思想武装头脑，增强“四个意识”、坚定“四个自信”、做到“两个维护”，坚决执行党和国家的方针政策，严守党的政治纪律和政治规矩，在思想上政治上行动上同以习近平同志为核心的党中央保持高度一致。

（二）具有强烈的事业心和责任感，职业操守和个人品行良好，坚持原则、担当尽责、诚实守信、廉洁自律。

（三）具有履行岗位职责所需的综合管理能力，在企业党的建设、战略规划、经营管理、财务会计、资本运作、风险管控等方面具有一定的专长。

（四）具有一定的领导岗位工作经验；或者累计10年以上企业经营管理或者相关工作经历。

（五）一般应当具有大学本科及以上文化程度或者相关专业高级及以上职称。

（六）具有正常履行职责的心理素质和身体条件。

（七）符合有关法律、行政法规规定的相关资格条件。

第六条　派驻监事会成员从符合第五条任职条件的下列现职人员中选派：

（一）派驻监事会主席一般从集团党委管理的正职级及以上干部中选派，根据工作需要，列入集团党委管理的副职级干部中，表现优秀的也可纳入选用范围。办公室主任一般从集团党委管理的副职级及以上干部中选派。监事一般从集团总部部门内设机构副职级及以上干部，或下属企业相应职级的干部中选派。

（二）第（一）项中的退出领导岗位的现职人员（如下属企业的高级顾问、专务等）。

（三）其他符合条件的人员。

第七条　因违规违纪违法或者受到责任追究被免职或者解聘的人员，不得担任派驻监事会成员。

第三章　派驻监事会成员选聘

第八条　选聘派驻监事会成员，坚持党管干部、党管人才原则，发挥市场机制作用，突出政治标准和专业能力，坚持事业为上、以事择人，坚持权利、义务和责任相统一，坚持严管和厚爱结合、激励和约束并重。坚持放宽视野、拓宽来源，知事识人、好中选优。

第九条　派驻监事会成员的选拔任用方式和工作程序按照干部管理权限，根据《中国机械工业集团有限公司全资、控股企业领导人员管理办法》等相关规定执行，采取组织选拔、委托推荐、个人自荐等方式进行，主要从履职经历、专业素养、工作业绩等方面，综合分析人选的胜任力。

第十条　派驻监事会成员实行回避原则，不得在其曾经工作过的企业或者其近亲属担任高级管理职务的企业所归属监督的派驻监事会中任职。

第十一条　派驻监事会成员在同一派驻监事会连续任职一般不超过6年。

第十二条　派驻监事会作为干部培养锻炼的重要平台。

第四章　派驻监事会工作职责

第十三条　派驻监事会主要履行下列职责：

（一）监督检查企业贯彻落实习近平总书记重要指示批示精神、党和国家的方针政策、党中央重大决策部署的情况，贯彻执行有关法律、行政法规和规章制度的情况。

（二）监督检查企业贯彻执行国务院国资委等上级有关部门以及集团有关部署和要求的情况。

（三）监督检查企业公司治理情况，建立和执行章程和各方面制度以及“三重一大”决策制度的情况，党委、董事会、经理层行使职权的情况。

（四）监督检查企业党委落实党建责任，加强党建工作，推进基层党组织和干部队伍、党员队伍建设，以及干部履职尽责、担当作为的情况。

（五）监督检查企业的国有资产运行和保值增值情况。检查企业战略规划、财务预决算执行情况，检查企业资产重组、重大投资、企业改制及产权转让的规范情况，检查企业贯彻集团意志、维护集团合法权益的情况。

（六）监督检查董事、经理等企业领导人员的经营行为以及企业负责人绩效合同的执行情况，配合集团相关人事、经营管理需要对企业经营管理情况进行评价，对下属企业领导班子成员提出任免考核及奖惩建议等。

（七）监督检查集团年度财务决算报告、审计报告、内部控制评价报告、全面风险管理报告中涉及企业的重点关注事项（如有）的整改情况，监督检查下属企业重大风险事项的整改情况（包括但不限于重大诉讼仲裁案件、重大损失事项、重大安全事故等），对企业重大风险、重大问题提出预警和报告。

（八）监督检查集团交办的其他工作。

第十四条 派驻监事会开展监督工作采取下列方式：

（一）列席监管企业党委会、董事会、总经理办公会等涉及“三重一大”决策事项的有关会议，参加企业年度工作会、战略研讨会、经营分析会、投资评审会等重要会议。

（二）根据需要不定期对监管企业及其重点项目和有关工作进行专项检查，或开展调研活动。

（三）核查企业的财务、资产状况以及党建、经营管理情况，了解企业重大风险事项，向干部职工了解情况、听取意见，必要时可要求企业负责人作出说明。

（四）查阅企业经营管理、财务会计、党建等有关资料，深入了解企业各方面情况。

第十五条 派驻监事会根据对下属企业实施监督的需要，必要时可以聘请注册会计师事务所对企业进行审计，也可以建议集团审计部门依规对下属企业进行专项审计。

第十六条 派驻监事会应当及时向集团提交相关工作报告。工作报告主要包括：季度工作报告、年度工作报告、专题会议报告、专项检查报告。

（一）季度工作报告是派驻监事会季度工作总结及下一季度工作安排的报告，一般在季度末或下一季度初报送，第四季度报告与年度工作报告合并报送。

（二）年度工作报告是派驻监事会年度工作总结、对所监督企业整体情况进行评价及下一年度工作安排的报告，一般在年末或下一年初报送。

（三）专题会议报告是派驻监事会召开有关重要专题会议后，就会议主要内容、反映的问题以及提出的意见建议形成的报告，应当在专题会议后及时报送。

（四）专项检查报告是派驻监事会根据开展专项检查或调研的情况形成的报告，应当在专项检查或调研完成后及时报送。

第十七条 派驻监事会在监督检查中发现下属企业经营行为有可能危及国有资产安全、造成国有资产流失或者侵害国有资产所有者权益以及认为应当立即报告的其他紧急情况，应当及时向集团提出专项报告。

第十八条 派驻监事会不得向下属企业透露专项检查工作报告的内容。派驻监事会成员必须对专项检查工作报告内容保密，并不得泄露企业的商业秘密。

派驻监事会监管上市公司的，派驻监事会成员应作为证券交易内幕信息知情人，严格遵守上市公司监管相关规定，在内幕信息公开前，不得违法违规买卖上市公司证券，或泄露内幕信息，或者建议他人买卖该证券。

第五章 履职支撑与服务保障

第十九条 集团办公室为派驻监事会提供工作支撑和服务。

（一）及时传达宣贯党中央、国务院决策部署，国务院国资委和国家有关部门重要文件精神，集团党委部署和要求，集团战略规划、重要管理制度等文件精神。

（二）对派驻监事会提交的重要工作报告以及有关信息、有关问题提交集团相关部门进行处理，并及时向派驻监事会通报需要关注的重要问题。

（三）建立派驻监事会信息沟通平台，加强沟通联络，根据需要安排派驻监事会成员参加或者列席集团有关会议，定期组织开展履职培训、经验交流会等活动。

（四）做好派驻监事会履职所需的其他服务保障工作。

第二十条 下属企业应当支持配合派驻监事会的工作。

（一）将企业的战略规划、管理制度及相关重要文件等材料及时报送派驻监事会。定期向派驻监事会提供企业党建报告、经营报告、财务报告等材料，及时向派驻监事会通报企业党建和经营管理重大事项。对派驻监事会的问询，应如实全面准确给予答复。

（二）安排派驻监事会成员列席企业党委会、董事会、总经理办公会；参加年度工作会、党建工作会、战略研讨会、经营分析会、投资评审会等企业重要会议。涉及企业重大改革、职工利益等有关会议，根据派驻监事会监督需要安排列席。

（三）按照派驻监事会要求安排专题会议、专项检查和调研等活动。

（四）相关企业要配合派驻监事会做好履职工作台账，派驻监事会每年在每家企业履职不少于规定的工作日。

（五）集团安排专门企业为派驻监事会履职提供必要的办公条件和生活保障。

（六）做好派驻监事会履职所需的其他支撑服务工作。

第二十一条 派驻监事会开展监督检查工作所需费用由监管下属企业统一列支。

第六章 责任追究

第二十二条 派驻监事会成员履职过程中有下列情形之一的，应当依照有关规定追究责任：

（一）对发现的下属企业重大违法违纪违规问题隐匿不报或者严重失职的。

（二）与下属企业串通编造虚假工作报告，或者报告的重大情况、反映的重大问题严重失实的。

（三）利用职务便利接受或者谋取不正当利益，或者违反竞业禁止义务，自营或者为他人经营与下属企业相同或者类似业务，给下属企业造成损失的。

（四）泄露国家秘密和集团、下属企业商业秘密、技术秘密，损害国家、集团或者企业利益的。

（五）违反有关履职待遇及报酬相关规定的。

（六）其他应当追究责任的情形。

第二十三条 下属企业有下列行为之一的，对企业主要负责人及其他直接责任人员，应当依照有关规定追究责任：

（一）拒绝、阻碍派驻监事会依法履行职责的。

（二）拒绝、无故拖延向派驻监事会提供财务状况和经营管理情况等有关资料的。

（三）隐匿、篡改、伪报重要情况和有关资料，提供虚假信息的。

（四）有阻碍派驻监事会监督检查的其他行为。

第七章 退　出

第二十四条 派驻监事会成员有下列情形之一的，应当予以解聘：

（一）按规定办理退休手续的。

（二）因工作需要解聘的。

（三）本人申请辞职并被批准的。

（四）因健康原因，不适合继续任职的。

（五）除不可抗力等特殊情况以外，未按规定履行派驻监事会职责的。

（六）擅自离职的。

（七）履职过程中对集团或者下属企业有不诚信行为的。

（八）年度评价结果为不称职或者连续两个年度评价结果为基本称职的。

（九）违反党的纪律或者受到责任追究，应当予以解聘的。

（十）其他不适合继续任职的情形。

第二十五条 派驻监事会成员解聘或者不再续聘后，继续对所知悉的国家秘密以及集团、下属企业商业秘密、技术秘密负有保密责任和义务，保密期限按照国家以及集团、下属企业的有关规定执行。

第八章 附 则

第二十六条 有关法律法规有特别规定的，按照特别规定执行。

第二十七条 本办法由集团人力资源部（党委组织部）和办公室负责解释。

第二十八条 本办法自印发之日起施行。

中国机械工业集团有限公司
因公出访人员审批管理规定

第一章 总 则

第一条 为加强中国机械工业集团有限公司（以下简称“集团”）因公出访人员审批管理，明确职责，简化程序，提高效率，依据有关政策，结合集团实际，制定本规定。

第二条 因公出访人员是指临时出国（境）从事公务的人员或因公外派常驻人员。

第二章 因公出访人员选派条件

第三条 因公出访人员应当具备下列条件：

（一）具有良好的政治素质，牢固树立“四个意识”，坚定“四个自信”，做到“两个维护”，认真贯彻执行党的基本路线和各项方针政策，思想健康，作风正派，遵章守纪，廉洁自律；

（二）在对外交往合作中，坚持国家利益至上，自觉维护国家主权、安全和发展利益；

（三）具备出国（境）执行公务的业务能力和外语水平，因公外派常驻人员应具备相应的身体条件、心理素质和适应能力。

第四条 具有下列情形之一的，原则上不得批准因公出访：

（一）属于退（离）休人员的；

（二）试用期未满的；

（三）受到党纪政纪撤职以上处分未满5年的；

（四）违反外事纪律造成不良影响的；

（五）配偶及子女同团、同期出访同一国家或地区的；

（六）其他不适宜执行公务的。

第五条 国家法律规定不准出国（境）的，不得批准因公出访。

第六条 因涉嫌违纪违法已被有关机关立案调查的，不得批准因公出访。

第三章 因公出访人员审批权限

第七条 因公出访人员的审批工作由集团党委统一领导。

第八条 集团党委负责下列因公出访人员的审批，具体事宜由集团人力资源部办理：

（一）集团党委管理的领导人员；

（二）集团总部员工。

第九条 各企业党组织依据人事行政隶属关系、干部管理权限 和外事审批权限，分级负责各企业因公出访人员的审批工作。

第十条 因公外派常驻人员依据《中国机械工业集团有限公司驻外人员管理办法》办理。

第四章 因公出访人员审批程序

第十一条 各企业在办理因公出访任务审批时，填写《因公临时出国人员备案表》或《因公临时赴港澳人员备案表》《因公临时赴台人员备案表》（以下简称“《备案表》”见附件），履行因公出访人员审批手续。

集团人力资源部负责审批的因公出访人员，《备案表》需提交集团人力资源部。原则上，二级企业主要负责人（党委书记、董事长、总经理）的《备案表》，由二级企业主要负责人互相审批；二级企业其他领导班子成员的《备案表》，由二级企业主要负责人审批。

第十二条 核心涉密人员、重要涉密人员因公出访，需报集团保密管理部门核准。一般涉密人员，由集团人力资源部负责审批的，报集团保密管理部门核准；由各企业负责审批的人员，报企业保密管理部门核准。

第十三条 跨地区、跨部门组团的因公出访人员或组团企业临时借用的人员，按其行政隶属关系和干部管理权限，征得同意后，再办理因公出访审批手续。

第五章 责任追究

第十四条 派出企业对因公出访人员审批负有第一责任，应根据因公出访任务确定合适人选，对出访人员的思想政治素质、业务能力、廉洁自律、家庭及本人健康等方面情况严格把关。

第十五条 各企业要指定专人负责因公出访人员审批工作，出访人员本人应回避。

第十六条 各企业履行监督管理职责不力，对因公出访人员违反纪律规定的行为未及时予以纠正和处理的，要追究派出企业的责任。

因公出访人员审批部门，应加强与纪检监察、外事、财务等部门的沟通协调，切实做好因公出访人员的审批工作。发现弄虚作假或违反审批规定的行为，情节较轻者，给予批评教育，并责令作出检查；情节较重者，按照有关规定给予党纪、政纪处分。

因公出访人员发生违规违纪问题，派出企业应书面报告情况并 提出处理意见，报集团人力资源部。

第十七条 集团人力资源部对因公出访人员审批工作进行检查或抽查。

第六章 附 则

第十八条 各企业应参照本管理规定制定本企业因公出访人员管理制度，明确选派条件、审批权限、审批程序、责任追究等内容，切实加强因公出访人员审批管理工作。

第十九条 本规定由集团人力资源部负责解释。

第二十条 本规定自颁布之日起实行，原《中国机械工业集团有限公司因公出国及赴港、澳、台人员审批管理暂行办法》（国机人〔2012〕311号）同时废止。

附件：

《因公临时出国人员备案表》

《因公临时赴港澳人员备案表》

《因公临时赴台人员备案表》

附件 1

因公临时出国人员备案表

<table>
<tr><td>姓名</td><td></td><td>性别</td><td></td><td>出生年月</td><td colspan="2"></td><td>政治面貌</td><td></td></tr>
<tr><td colspan="2">工作单位及职务、是否为涉密人员及涉密等级</td><td colspan="5"></td><td>健康状况</td><td></td></tr>
<tr><td rowspan="5">家庭主要成员情况</td><td>称谓</td><td colspan="2">姓名</td><td>年龄</td><td>政治面貌</td><td colspan="3">工作单位、职务及居住地(是否取得外国国籍、境外长期或永久居留权)</td></tr>
<tr><td></td><td colspan="2"></td><td></td><td></td><td colspan="3"></td></tr>
<tr><td></td><td colspan="2"></td><td></td><td></td><td colspan="3"></td></tr>
<tr><td></td><td colspan="2"></td><td></td><td></td><td colspan="3"></td></tr>
<tr><td></td><td colspan="2"></td><td></td><td></td><td colspan="3"></td></tr>
<tr><td colspan="2">组团单位</td><td colspan="4"></td><td colspan="2">在团组中拟任职务</td><td></td></tr>
<tr><td colspan="2">出国任务、所赴国家（地区）及停留时间</td><td colspan="7"></td></tr>
<tr><td colspan="2">出国任务审批单位</td><td colspan="7"></td></tr>
<tr><td colspan="2">最近一次因公出国时间、所赴国家(地区)及任务</td><td colspan="7"></td></tr>
<tr><td>人员派出单位意见</td><td colspan="8">负责人签字：　　　　　　　　　　单位盖章
年　月　日　　　　　　　　　　年　月　日</td></tr>
<tr><td>说明</td><td colspan="8">本表由因公临时出国人员所在单位填写，按照干部管理权限，报组织人事部门备案，并抄报外事审批部门。</td></tr>
</table>

附件 2

因公临时赴港澳人员备案表

<table>
<tr><td>姓名</td><td></td><td>性别</td><td></td><td>出生年月</td><td colspan="2"></td><td>政治面貌</td><td></td></tr>
<tr><td colspan="2">工作单位及职务、是否为涉密人员及涉密等级</td><td colspan="5"></td><td>健康状况</td><td></td></tr>
<tr><td rowspan="5">家庭
主要
成员
情况</td><td>称谓</td><td colspan="2">姓名</td><td>年龄</td><td>政治面貌</td><td colspan="3">工作单位、职务及居住地(是否取得外国国籍、境外长期或永久居留权)</td></tr>
<tr><td></td><td colspan="2"></td><td></td><td></td><td colspan="3"></td></tr>
<tr><td></td><td colspan="2"></td><td></td><td></td><td colspan="3"></td></tr>
<tr><td></td><td colspan="2"></td><td></td><td></td><td colspan="3"></td></tr>
<tr><td></td><td colspan="2"></td><td></td><td></td><td colspan="3"></td></tr>
<tr><td colspan="2">组团单位</td><td colspan="4"></td><td colspan="2">在团组中拟任职务</td><td></td></tr>
<tr><td colspan="2">出访任务、所赴地区及停留时间</td><td colspan="7"></td></tr>
<tr><td colspan="2">出访任务审批单位</td><td colspan="7"></td></tr>
<tr><td colspan="2">最近一次因公赴港澳时间及任务</td><td colspan="7"></td></tr>
<tr><td>人员
派出
单位
意见</td><td colspan="8">负责人签字：　　　　　　单位盖章
年　月　日　　　　　　年　月　日</td></tr>
<tr><td>说明</td><td colspan="8">本表由因公临时赴港澳人员所在单位填写，按照干部管理权限，报组织人事部门备案，并抄报外事(港澳事务)审批部门。</td></tr>
</table>

附件 3

因公临时赴台人员备案表

<table>
<tr><td>姓名</td><td></td><td>性别</td><td></td><td>出生年月</td><td colspan="2"></td><td>政治面貌</td><td></td></tr>
<tr><td colspan="2">工作单位及职务、是否为涉密人员及涉密等级</td><td colspan="5"></td><td>健康状况</td><td></td></tr>
<tr><td rowspan="5">家庭主要成员情况</td><td>称谓</td><td>姓名</td><td colspan="2">年龄</td><td>政治面貌</td><td colspan="3">工作单位、职务及居住地（是否取得外国国籍、境外长期或永久居留权）</td></tr>
<tr><td></td><td></td><td colspan="2"></td><td></td><td colspan="3"></td></tr>
<tr><td></td><td></td><td colspan="2"></td><td></td><td colspan="3"></td></tr>
<tr><td></td><td></td><td colspan="2"></td><td></td><td colspan="3"></td></tr>
<tr><td></td><td></td><td colspan="2"></td><td></td><td colspan="3"></td></tr>
<tr><td colspan="2">组团单位</td><td colspan="4"></td><td colspan="2">在团组中拟任职务</td><td></td></tr>
<tr><td colspan="2">赴台任务及停留时间</td><td colspan="7"></td></tr>
<tr><td colspan="2">赴台任务审批单位</td><td colspan="7"></td></tr>
<tr><td colspan="2">最近一次因公赴台时间及任务</td><td colspan="7"></td></tr>
<tr><td>人员派出单位意见</td><td colspan="8">负责人签字：　　　　　　　　　　单位盖章
年　　月　　日　　　　　　　　　　年　　月　　日</td></tr>
<tr><td>说明</td><td colspan="8">本表由因公临时赴台人员所在单位填写，按照干部管理权限，报组织人事部门备案，并抄报台办。</td></tr>
</table>

第五篇

荣誉汇编

2020 年全国及省部级、中央企业和国机集团先进集体及先进个人

中国机械工业集团有限公司主要排名及荣誉

1. 综合排名

世界 500 强企业排名第 284 位

中国 500 强企业排名第 71 位

2. 机械行业排名

中国机械工业企业百强第 1 名

3. 对外贸易排名

中国对外贸易企业 500 强第 24 位

4. 汽车贸易和服务

中国最大的汽车贸易和服务商

5. 国际工程设计公司排名

ENR 国际工程设计企业 225 强第 69 位

6. 国际承包商排名

ENR 全球最大 250 家国际承包商第 35 位

7. 国务院国资委考核

中央企业业绩考核 A 级企业

全国及省部级、中央企业和国机集团先进集体及个人

一、全国先进集体

1. 全国工人先锋号

中国二重万航模锻有限责任公司 8 万吨模锻压力机班组

二重装备核电石化公司核电容器厂铆焊工段核电班

2. 全国文明单位

中国中元国际工程有限公司

3. 全国抗击新冠肺炎疫情先进集体

国机智能科技有限公司口罩机事业部临时党支部

4. 全国五四红旗团委

苏美达股份有限公司团委

5. 全国先进基层党组织

国机智能科技有限公司口罩机事业部临时党支部

6. 全国青年安全生产示范岗

中国汽车工业工程有限公司团委中汽昌兴机加车间车工组

7. 全国示范性劳模和工匠人才创新工作室

中国一拖集团有限公司技术中心薛志飞劳模创新工作室

8.2020 年度对外承包工程行业 AAA 级信用企业

中工国际工程股份有限公司

9.2020 年度对外承包工程行业 A 级企业

中工国际工程股份有限公司

10. 国家高新技术企业

中国浦发机械工业股份有限公司所属中机工程有限公司

11. 国家级“专精特新”小巨人企业

江苏林海动力机械集团有限公司

二、全国先进个人

1. 全国优秀共产党员

黄锡璆　中工国际工程股份有限公司

2. 全国劳动模范

薛志飞　中国一拖集团有限公司

李会东　恒天重工股份有限公司

3. 全国三八红旗手

杨桂香　中国一拖集团有限公司

4. 全国抗击新冠肺炎疫情先进个人

黄锡璆　中工国际工程股份有限公司

刘海涛　中国恒天集团有限公司

施丽君　苏美达股份有限公司

5. 全国优秀共青团干部

李令敏　中国机械工业建设集团有限公司

6. 全国优秀共青团员

杨韵霖　国机重型装备集团股份有限公司

7. 全国优秀工会工作者

田　鹏　中国一拖集团有限公司

王文波　中国三安建设集团有限公司

8. 全国机械冶金建材行业工匠

陈浩然　中国一拖集团有限公司

9.2020 年享受政府特殊津贴专家

张建华　中机国际工程设计研究院有限责任公司

黄玉明　中国机械设备工程股份有限公司

10.“振兴杯”全国青年职业技能大赛国机选拔赛一等奖

陈　曦　苏美达股份有限公司团委

11.“振兴杯”全国青年职业技能大赛国机选拔赛二等奖

彭　伟　孔伟栋　苏美达股份有限公司团委

12.“中国梦・劳动美”第七届全国职工书法美术作品展三等奖。

张明惠　刘鑫　苏美达股份有限公司工会

三、中央企业先进集体

1. 中央企业先进基层党组织

中国中元国际工程有限公司党委

中国汽车工业工程有限公司党委

中机国际所属西麦克国际展览有限责任公司党委

2. 中央企业第二批基层示范党支部

二重（德阳）重型装备有限公司铸锻公司铸锻厂锻造党支部

3. 中央企业抗击新冠肺炎疫情先进集体

中国中元国际工程有限公司

邵阳纺织机械有限责任公司

4. 中央企业青年文明号

中机国际工程设计研究院有限责任公司新能源工程所

5. 中央企业五四红旗团支部

二重（德阳）重型装备有限公司铸锻公司铸造厂团总支

6. 中央企业五四红旗团委

机械工业第六设计研究院有限公司团委

7. 第一届中央企业实践社会主义核心价值观主题微电影（微视频）优秀奖

苏美达股份有限公司

四、中央企业先进个人

1. 中央企业劳动模范

邹建福　中国国机重工集团常林有限公司

2. 中央企业抗击新冠肺炎疫情先进个人

费书国　沈阳仪表科学研究院有限公司

耿佃云　经纬纺织机械有限公司

杜英杰　恒天重工股份有限公司

沈圆圆　恒天嘉华非织造有限公司

3. 中央企业青年岗位能手

马海宽　中国重型机械研究院股份公司

五、省部级先进集体

1. 湖南省直机关先进基层党组织

中机国际工程设计研究院有限责任公司中机国际工程公司第二党支部

2. 海南省国资系统新冠肺炎疫情防控工作先进基层党组织

中共中国机械工业海南股份有限公司委员会

3. 河南省五一劳动奖状

恒天重工股份有限公司

4. 陕西省工人先锋号

中国重型机械研究院股份公司轧制所

5. 江苏省五一巾帼标兵岗

江苏苏美达五金工具有限公司业务八部

江苏林海动力机械集团有限公司林机通机事业部工场装配线班组

6. 安徽省工人先锋号

合肥通用机械研究院有限公司环境公司环保工程事业部污水处理项目团队

7. 陕西省工人先锋号

中国三安建设集团有限公司张家港分公司热卷板车间检修班组

8. 河南省文明单位

机械工业第六设计研究院有限公司

9. 四川省五四红旗团支部

中国二重万航模锻综合团支部

10. 四川省五四青年奖章集体

二重装备核电石化公司新一代核电主管道研制团队

11. 江苏省部属企业优秀班组

江苏苏美达电力运营有限公司山东光伏运维中心班组 江苏苏美达五金工具有限公司智能电池包班组 南京苏美达创元制衣有限公司裁剪班组

12. 江苏省青年安全生产示范岗

江苏苏美达五金工具有限公司机加工中心

13. 天津市企业技术中心

天津工程机械研究院有限公司

14. "相约自贸港·共创新海南"2020 年职工趣味运动会优秀组织奖、"凝心聚力"项目三等奖

中国机械工业海南股份有限公司

15.2018—2019 年度河南省省长质量奖

郑州磨料磨具磨削研究所有限公司

16. 第二批数字广西建设标杆引领重点示范项目

桂林金格电工电子材料科技有限公司

17.2019 年度质量信誉考核优秀企业

中进汽贸服务有限公司

18. 浙江省科技型中小企业

中国浦发机械工业股份有限公司中机工程有限公司

19. 甘肃省脱贫攻坚先进集体

中国浦发机械工业股份有限公司所属甘肃蓝科石化高新装备股份有限公司

20. 安徽省"115"产业创新团队

合肥通用机械研究院有限公司环境公司极端工况泵及成套设备技术工程应用研究创新团队

21.2020 年江西省智能制造标杆企业

国机智骏汽车有限公司

六、省部级先进个人

1. 河南省优秀共产党员

郭立辉 中国机械设备工程（河南）有限公司

2. 浙江省国资国企系统优秀共产党员

金 丹 杭州照相机械研究所有限公司

3. 湖南省直机关优秀党务工作者

王晓艳 阳战锋 中机国际工程设计研究院有限责任公司

4. 浙江省国资国企系统优秀党务工作者

任 森 杭州照相机械研究所有限公司

5. 湖南省劳动模范

杨正峰 邵阳纺织机械有限责任公司

6. 天津市劳动模范

吴 健 天津电气科学研究院有限公司

7. 安徽省五一劳动奖章

张德友 合肥通用机械研究院有限公司

8. 河南省建设劳动奖章

姚绍辉 中国机械工业第四建设工程有限公司

9. 江苏省五一巾帼标兵

郭天炜 苏美达股份有限公司

10. 安徽省五一巾帼标兵

张秀平 合肥通用机械研究院有限公司

11. 河南省五一巾帼标兵

司玉梅 中国一拖集团有限公司

12. 河南省抗击新冠肺炎疫情工作中表现突出的共产党员

肖 斌 中国一拖集团有限公司

13. 四川省抗击新冠肺炎疫情先进个人

刘红军 国机重型装备集团股份有限公司

14. 四川省三八红旗手

夏丽华 二重（德阳）重型装备有限公司

15. 四川省优秀共青团干部

马晨鹏 二重（德阳）重型装备有限公司

喻 丁 中国机械工业建设集团有限公司德阳安装技师学院

16. 江苏省优秀共青团干部

陈子尧 苏美达股份有限公司团委

17. 四川省优秀共青团员

徐常顺 二重（德阳）重型装备有限公司

18. 河南省优秀共青团员

王奕澄 中国一拖集团有限公司

19. 陕西省优秀共青团员

曹 威 机械工业勘察设计研究院有限公司

20. 江苏省优秀共青团员

章 越 庄杏瑜 苏美达股份有限公司团委

21. 甘肃省脱贫攻坚先进个人

侯立强　中国浦发机械工业股份有限公司所属甘肃蓝科石化高新装备股份有限公司

22. 江苏省部属企业优秀班组长

沈银峰　新大洋造船有限公司钳工班组

孟晓华　江苏苏美达家纺实业有限公司打样车间

仇正国　江苏苏美达铝业有限公司热处理班组

23. 安徽省最美科技工作者

黄明亚　合肥通用机械研究院有限公司

24. 第三届河南省杰出专业技术人才

王东青　中国一拖集团有限公司

25. 安徽省向上向善好青年

董　杰　王汝金　合肥通用机械研究院有限公司

26. 河南省向上向善好青年

肖小赛　中国一拖集团有限公司

27. 安徽省省直机关优秀女性

曲本连　合肥通用机械研究院有限公司

28. 广东省抗击新冠肺炎疫情先进个人

吴科龙　国机智能科技有限公司

29. 第三届“四川工匠”

何朝锐　二重（德阳）重型装备有限公司

30. 河南省技术能手

杨庆源　恒天重工股份有限公司

31. 城镇困难职工解困脱困工作先进个人

曹　明　国机重型装备集团股份有限公司

32. 山西省青年科技奖

杨　超　机械工业勘察设计研究院有限公司

33. 江苏省第五届会计领军人才培养选拔录取人员

张　信　王　翔　苏美达股份有限公司

七、其他

1. 全国纺织行业抗击新冠肺炎疫情先进集体

恒天重工股份有限公司

2. 全国“安康杯”竞赛安全文化宣传工作先进单位

中国三安建设集团有限公司

3. 全国纺织行业创新型班组

经纬智能纺织机械有限公司电热厂硬铬组

4. 全国企业文化最佳实践企业

苏美达股份有限公司

5. 2020 中国经销商集团百强排行榜第 7 位

国机汽车股份有限公司

6. 全国厂务公开民主管理先进单位

中国汽车工业工程有限公司

7. 2020 中国汽车流通行业知名品牌企业

国机汽车股份有限公司

8. 2020 年度可持续信息披露卓越企业

国机汽车股份有限公司

9. 2020 年度社会责任优秀企业

国机汽车股份有限公司

10. 中国会展业金熊猫奖

中国机械国际合作股份有限公司

11. 全国厂务公开民主管理示范单位

经纬智能纺织机械有限公司

12. 招标代理机构十大品牌

苏美达国际技术贸易有限公司

13. 最具社会责任感上市公司

苏美达股份有限公司

14. 全国纺织行业党建工作先进企业

青岛宏大纺织机械有限公司

经纬智能纺织机械有限公司

15. 中国重型机械行业首批信用等级 AAA 企业

北京起重运输机械设计研究院有限公司

16. 2020 年陕西省 BIM 大赛技能组二等奖

中国三安建设集团有限公司

17. 2020 年陕西省 BIM 大赛综合组二等奖

中国三安建设集团有限公司

八、国机集团先进单位、先进个人及单项奖

（一）2020 年度先进单位

中国联合工程有限公司

苏美达股份有限公司

中国恒天集团有限公司

中国电器科学研究院股份有限公司

合肥通用机械研究院有限公司

（二）2020 年度单项奖

保增长突出贡献奖

中国联合工程有限公司

医疗物资产业链培育奖

中国恒天集团有限公司

苏美达股份有限公司

国机智能科技有限公司

中国电器科学研究院股份有限公司

海外疫情防控和应急处置奖

中国机械设备工程股份有限公司

中工国际工程股份有限公司

市场开拓贡献奖

中国一拖集团有限公司

安全生产奖

苏美达股份有限公司

国机重型装备集团股份有限公司

中国一拖集团有限公司

科技创新奖

合肥通用机械研究院有限公司

国机精工股份有限公司

亏损企业治理奖

中国海洋航空集团有限公司

国机资产管理有限公司

无亏损企业奖

中国联合工程有限公司

中国电器科学研究院股份有限公司

合肥通用机械研究院有限公司

（三）2020 年度总部先进集体

纪委办公室

人力资源部（党委组织部）

党委巡视巡察工作领导小组办公室（党委党风廉政建设办公室）

战略投资部（全面深化改革办公室）

（四）2020 年度总部先进个人

王锡岩　刘祖晴　秦汉军　王小虎　王惠芳
翟祥辉　曹建红　郝　平　朱学新　张喜军
赵芳莉　程思榕　陈　勤　毕　磊　孙玉峰
曲　鑫　孟　超　王　玉　李　晶　王　意
王　锋　林　萌　刘　维　魏晨光　王　刚
刘　扬　郭晋峰　董丽红　辛彦龙　肖　军
张　宏　张雪超　彭　鹏　焦迪清　申昊阳
朱绍勇　李　伟　白　桦　姜　垚　张晓东
吴长林　陈　达　常　乐　岳德高　陈舒琦
吴　璇　魏晓媚　严　慧　王钰薇　刘钰辰
曾维佳　刘　艾

2020 年全国、机械行业及省部级科学技术奖

一、国家科学技术进步奖

二等奖

氢气规模化分离提纯与高压储存关键技术装备及工程应用　合肥通用机械研究院有限公司

高性能滚动轴承加工关键技术与应用　洛阳轴承研究所有限公司

二、中国机械工业科学技术奖

一等奖

生物质发电厂燃料自动化、智能化储运系统关键技术研究与应用　北京起重运输机械设计研究院有限公司

高端五轴联动超高压水切割装备研发及其航空航天制造应用　合肥通用机械研究院有限公司

深海高性能海水液压元件关键技术及应用　合肥通用机械研究院有限公司

高品质低消耗板坯连铸生产线关键装备的研发与应用　中国重型机械研究院股份公司

沈阳鼓风机集团股份有限公司 CAP1400 屏蔽电机主泵试验台　中国联合工程有限公司

旱田智能高效种植关键技术及装备　中国农业机械化科学研究院

二等奖

中国自动化（吴忠）产业园一期工程智能物流系统　中国中元国际工程有限公司

基于立体空间离散点阵数字化视觉拟合技术的系列化科教装备研制　合肥通用机械研究院有限公司

制冷系统及热泵安全、环境要求与影响评价

系列国家标准　合肥通用机械研究院有限公司

GB/T 33509—2017《机械密封通用规范》合肥通用机械研究院有限公司

高稳定性铂族金属测温材料关键技术及应用　重庆材料研究院有限公司

挠性覆铜板用高性能聚酰亚胺薄膜关键技术开发及应用　桂林电器科学研究院有限公司

精密、高效、数控电火花加工技术与应用　国机智能科技有限公司下属苏州电加工机床研究所有限公司

3 300+2 850mm“1+4”铝板带热连轧机工程成套设备研制　二重（德阳）重型装备有限公司

板带热轧生产线全流程智能化设计软件系统及工程应用　二重（德阳）重型装备有限公司

新型高得率节能型木质纤维制备系统　镇江中福马机械有限公司

基于载荷谱的工程机械动力系统及元件基础试验平台技术研究与应用　天津工程机械研究院有限公司

ISO 10987—3:2017《土方机械二手机器国际标准》　天津工程机械研究院有限公司

村镇有机废弃物高效清洁好氧发酵智能技术装备　中国农业机械化科学研究院

三等奖

高参数管壳式换热器轻量化关键技术研究及应用　合肥通用机械研究院有限公司

边坡支护桩锚体系的研究与应用　机械工业勘察设计研究院有限公司

北汽（镇江）汽车有限公司涂装车间生产线 M+E 项目　中国汽车工业工程有限公司

河西基地乘用车能力提升与环保改善涂装项目 M+E+U1 总承包　中国汽车工业工程有限公司

汽车关键零部件高效精密成型磨削用超硬材料砂轮开发及应用　郑州磨料磨具磨削研究所有限公司

大型风电场运行维护关键技术及应用　国机智能科技有限公司下属广州机械科学研究院有限公司

新型轮式拖拉机智能制造新模式应用　国机智能科技有限公司

柴油机颗粒物来源解析与多场协同后处理关键技术与应用　国机智能科技有限公司下属中汽检测技术有限公司

620℃超超临界火电机组大型关键铸件研制及产业化　二重（德阳）重型装备有限公司

节能环保型兰炭生产工艺及装备的研发应用　二重（德阳）重型装备有限公司

《板坯连铸机》系列标准　二重（德阳）重型装备有限公司

重庆金世利航空材料有限公司航空钛合金项目　中国联合工程有限公司

浙江双环传动机械股份有限公司双环产业园建设项目　中国联合工程有限公司

杭叉新能源叉车涂装与总装智能装备研发项目　中国联合工程有限公司

设施蔬菜清洁高效育苗移栽技术与装备　中国农业机械化科学研究院

三、全国首届机械工业设计创新大赛

金奖（概念组）

东方红 LF2204 无人驾驶轮式拖拉机　中国一拖集团有限公司

铜奖（产品组）

东方红 LY120 至 140 轮式拖拉机　中国一拖集团有限公司

四、第十届绿色制造科学技术进步奖技术创新类

二等奖

桥式起重机轻量化关键技术研究及其绿色制造技术应用　北京起重运输机械设计研究院有限公司

五、中国物流与采购联合会科学技术奖

科技进步奖二等奖

北京新机场货运区工程　中国中元国际工程有限公司

六、中国有色金属工业科学技术奖

三等奖

高性能精密工业铝材有效摩擦挤压成形关键技术与装备　中国重型机械研究院股份公司

七、中国石油和化学工业联合会科学技术奖

三等奖

400 万 t/a 煤炭间接液化项目关键仪表国产化研发与应用　合肥通用机械研究院有限

公司

八、中国质量协会质量技术奖

二等奖

大型原油储罐群基于风险的检测评价技术研究与应用　合肥通用机械研究院有限公司

九、绿色制造科学技术进步奖（技术创新奖）

二等奖

分离机高效节能新技术及资源提取回收工程应用　合肥通用机械研究院有限公司

十、中国仪器仪表学会科学技术奖

一等奖

重大装备仪器仪表用精密游丝及微细材料关键技术　重庆材料研究院有限公司

十一、2020年抗疫期间研发医疗物资制造装备专项科技进步奖

特等奖

高质高效医疗防护制品制造装备关键技术及产业化应用　国机智能科技有限公司

一等奖

医用全自动口罩机关键技术研究与产业化应用　国机智能科技有限公司

《全自动口罩机》GDMES团体标准 国机智能科技有限公司下属中汽检测技术有限公司

《超声波焊接设备热塑性织物用焊接机》团体标准　国机智能科技有限公司下属中汽检测技术有限公司

十二、重庆市科学技术进步奖

三等奖

新型导电游丝及仪表微细丝材料关键技术开发与应用　重庆材料研究院有限公司

十三、四川省科学技术进步奖

二等奖

《复杂孔系大型球体原位制造中主动测量与精准引导关键技术》　二重（德阳）重型装备有限公司

航空钛合金大型框梁类关键构件整体模锻技术　中国第二重型机械集团德阳万航模锻有限责任公司

三等奖

620℃超超临界火电机组大型关键铸件研制及产业化　二重（德阳）重型装备有限公司

十四、内蒙古自治区科学技术进步奖

二等奖

太阳能干燥关键技术装备研发　中国农业机械化科学研究院

十五、陕西省科学技术进步奖

一等奖

古建筑抗震及振动控制关键技术与应用　机械工业勘察设计研究院有限公司

二等奖

高品质低能耗板坯连铸生产线关键装备的研发与应用　中国重型机械研究院股份公司

高品质超薄镀锡原板平整及二次冷轧工艺装备自主研发与应用　中国重型机械研究院股份公司

高品质特殊钢特超厚板连铸技术及创新平台　中国重型机械研究院股份公司

LG-730-HLS伺服控制两辊冷轧管机　中国重型机械研究院股份公司

三等奖

连铸高品质钢生产过程智能控制技术及其应用　中国重型机械研究院股份公司

大弯曲度圆钢高性能精密矫直工艺装备及其产业化　中国重型机械研究院股份公司

超低品位铁矿综合开发关键技术及其应用　中国重型机械研究院股份公司

节能环保型兰炭生产工艺及装备的研发应用　中国重型机械研究院股份公司

十六、河南省科学技术进步奖

二等奖

数字化绿色铸造成套技术集成开发及应用　中国一拖集团有限公司

高效精密长寿命大高径比CBN内圆磨砂轮关键技术开发及应用　郑州磨料磨具磨削研究所有限公司

复杂环境中动态工件视觉检测与智能诊断关键技术研究及应用　郑州磨料磨具磨削研究所有限公司

三等奖

工业汽车涂装车间生产用U形杆悬摆输送机

系统　中国汽车工业工程有限公司

十七、辽宁省科学技术进步奖

三等奖

高端装备用高强度环境适应性系列传感器　沈阳仪表科学研究院有限公司

600MW 示范快堆循环泵检修密封系统关键技术开发及应用　沈阳仪表科学研究院有限公司

十八、广西壮族自治区科学技术进步奖

三等奖

高可靠性低压触头材料和元件开发及产业化项目　桂林电器科学研究院有限公司、桂林金格电工电子材料科技有限公司

塑料机械专用链铗关键技术开发及应用　桂林电器科学研究院有限公司

特高压交直流滤波电容器国产化关键技术与保护策略研究及产业化应用　桂林赛盟检测技术有限公司

十九、安徽省科学技术进步奖

一等奖

旋流强化换热设备技术及应用　合肥通用机械研究院有限公司

大型冷水（热泵）机组绿色制造关键技术研发与应用　合肥通用机械研究院有限公司

二十、宁夏回族自治区科学技术进步奖

三等奖

400 万 t/a 煤炭间接液化项目关键仪表国产化研发与应用　合肥通用机械研究院有限公司

二十一、2020 年广东省第三届 BIM 应用大赛

三等奖

珠海斗门区珠峰科创中心 BIM 应用工程　中机国际工程设计研究院有限责任公司

二十二、安徽省专利奖

银奖

一种适用于低温载冷剂的冷水机组试验装置（CN201210038864.3）　合肥通用机械研究院有限公司

优秀奖

一种高温氢气环境材料性能试验装置（CN201510316095.2）　合肥通用机械研究院有限公司

2020 年全国及行业、省区市优秀工程奖

一、2020—2021 年度第一批中国建设工程鲁班奖

通州区再生能源发电厂项目　中国机械工业第四建设有限公司

二、国家优质工程奖

丰台区丽泽金融商务区 E-18 地块商业金融项目 中国机械设备工程股份有限公司

沈阳恒隆市府广场一期（2 号办公楼、宴会厅）项目 中国电力工程有限公司所属北京兴电国际工程管理有限公司

福清核电 3、4 号机组工程　中国海洋航空集团有限公司

阜外华中心血管病医院建设项目一标段　机械工业第六设计研究院有限公司

农业路快速通道工程（雄鹰东路 - 金源东街）机械工业第六设计研究院有限公司

开封新区中心商务区博物馆和规划馆项目　机械工业第六设计研究院有限公司

三、2020 年全国及行业优秀勘察设计奖（新冠肺炎应急救治设施设计奖）

一等奖

怀柔区应急感染救治区建设项目、深圳市第三人民医院二期工程应急院区项目、宜昌市中心人民医院江南院区住院综合楼（应急改造项目）、

解放军总医院海南医院医联体发热门诊扩建工程　中国中元国际工程有限公司

二等奖

中大五院凤凰山病区（珠海市应急病区）佛山市第四人民医院扩建工程（临时）项目　中国中元国际工程有限公司

四、优秀“抗疫建筑”

优秀设计奖

解放军总医院海南医院医联体江林院区工程　中国中元国际工程有限公司

优秀方案奖

海口市防疫应急改造预备定点医院项目　中国中元国际工程有限公司

五、2020 年工程勘察设计质量管理小组活动成果大赛

一等奖

降低道路沉降观测点破坏率　机械工业勘察设计研究院有限公司

二等奖

提高大厚度挖方区地基回弹变形监测标志预埋成功率　机械工业勘察设计研究院有限公司

六、全国优秀工程咨询成果奖

二等奖

宜昌三峡保税物流中心工程可行性研究报告　中国联合工程有限公司

三等奖

昆明市五华区垃圾焚烧发电厂异地重建项目可行性研究报告　中国联合工程有限公司

泰顺县域总体规划研究（2015—2035 年）　中国联合工程有限公司

七、2020 年度机械工业优秀工程设计成果奖

一等奖

泸州军民合用机场迁建工程　中国中元国际工程有限公司

南宁市图书馆、清华大学生物医学院　中国中元国际工程有限公司

苏州大学附属第二医院高新区医院扩建医疗项目　中国中元国际工程有限公司

长春新区政务综合服务中心　中国中元国际工程有限公司

北京新机场南航基地航空食品设施项目　中国中元国际工程有限公司

洛阳正大国际城市广场暨市民中心西地块 7 号楼　中国汽车工业工程有限公司

二等奖

北京大学生命科学科研大楼　中国中元国际工程有限公司

天津医科大学总医院滨海医院一期工程　中国中元国际工程有限公司

青岛万达英慈医院、顺义区后沙峪镇公共设施项目　中国中元国际工程有限公司

东方影都秀场　中国中元国际工程有限公司

援塞内加尔竞技摔跤场　中国中元国际工程有限公司

中国航信高科技产业园区后勤服务楼、北京新机场能源工程　中国中元国际工程有限公司

国机智骏汽车有限公司赣州工厂项目　中国汽车工业工程有限公司

洛阳绿洲九期工程 184 ～ 187 号、189 ～ 195 号、商务会所、幼儿园、商业及地下车库　中国汽车工业工程有限公司

三等奖

琼海官塘假日度假酒店　中国中元国际工程有限公司

青海省第五人民医院门诊医技住院综合楼建设项目　中国中元国际工程有限公司

天津中医药大学第二附属医院迁址新建一期项目　中国中元国际工程有限公司

秦皇岛黄金海岸地中海酒店　中国中元国际工程有限公司

援坦桑尼亚达累斯萨拉姆大学中国图书馆　中国中元国际工程有限公司

河北医科大学第四医院新建医技病房楼　中国中元国际工程有限公司

北京新机场南航基地货运设施项目　中国中元国际工程有限公司

湖北省武汉市武昌地区餐厨废弃物处置项目　中国中元国际工程有限公司

力合·科技大厦　中国汽车工业工程有限公司

上海汇众汽车制造有限公司灵石路厂区修缮改造项目　中国汽车工业工程有限公司

八、2020 年度机械工业优秀工程勘察设计咨询成果奖

一等奖

贵州航天智能制造产业集群公司贵州航天智能制造基础件产业集群建设项目　机械工业第六设计研究院有限公司

二等奖

兰州真空装备产业园项目（一期）可行性研究报告　机械工业第六设计研究院有限公司

宁夏达源再生资源开发有限公司新厂区建设项目可行性研究报告　机械工业第六设计研究院有限公司

郑卢双枢纽航空物流基地可行性研究报告　机械工业第六设计研究院有限公司

驻马店市生活垃圾无害化综合处理再生利用项目可行性研究报告　机械工业第六设计研究院有限公司

三等奖

杨伙盘煤电一体化 2×660MW 建设工程地质灾害危险性评估　机械工业勘察设计研究院有限公司

陕西省天然气股份有限公司富县至宜川输气管道工程地质灾害危险性评估　机械工业勘察设计研究院有限公司

二重（德阳）重型装备有限公司飞轮储能装置智能工厂建设项目可行性研究报告　机械工业第六设计研究院有限公司

海马新能源汽车有限公司跨细分类生产新能源轿车技改项目申请报告　机械工业第六设计研究院有限公司

内蒙古自治区太仆寺旗超硬材料产业发展规划（2019—2028 年）　机械工业第六设计研究院有限公司

援苏丹孔子学院项目可行性研究报告及立项建议书　机械工业第六设计研究院有限公司

九、2020 年度机械工业优秀工程咨询成果奖

一等奖

定州市沼气（生物天然气）综合利用与开发项目　中机国际工程设计研究院有限责任公司

第二次全国污染源普查工业污染源产排污量核算方法及指南编制——金属制品等行业　中国汽车工业工程有限公司

汝南县生活垃圾焚烧发电项目环境影响报告书　中国汽车工业工程有限公司

武汉城市生活垃圾焚烧发电环保提标改造项目可行性研究报告　中国联合工程有限公司

杭州西站枢纽站房区域综合配套设施及疏解通道项目可行性研究报告　中国联合工程有限公司

浙江省首批未来社区创建试点杭州、宁波、台州等 4 个试点实施方案研究　中国联合工程有限公司

二等奖

博世汽车部件（长沙）有限公司扩建电子驱动产品生产项目　中机国际工程设计研究院有限责任公司

贵州省六盘水市六枝特区六枝河综合治理项目可行性研究报告　中机国际工程设计研究院有限责任公司

长沙市望城区生活垃圾转运站项目　中机国际工程设计研究院有限责任公司

长沙县捞刀河、浏阳河水体达标实施方案（2019—2021 年）　中机国际工程设计研究院有限责任公司

沩水河流域水污染防治综合整治方案　中机国际工程设计研究院有限责任公司

猎德涌流域广深铁路、五山路合流渠箱清污分流改造工程可行性研究报告　中机国际工程设计研究院有限责任公司

东风铸锻自动化水平评估与诊断项目　中国汽车工业工程有限公司

北京新能源汽车股份有限公司北京高端智能生态工厂项目可行性研究报告　中国汽车工业工程有限公司

中国电科院武汉科研基地搬迁改造项目可行性研究报告　中国联合工程有限公司

宝坻区生活垃圾焚烧发电项目申请报告　中国联合工程有限公司

内蒙古兴发科技有限公司背压式机组项目可行性研究报告　中国联合工程有限公司

萧山城市文化公园可行性研究报告　中国联

合工程有限公司

昆明宝象临空国际产业园项目概念规划　中国联合工程有限公司

西安西电变压器有限责任公司超（特）高压变压器智能制造数字化车间项目　中国联合工程有限公司（中联西北工程设计研究院有限公司）

三等奖

蓄冰盘管生产线建设项目投资可行性研究报告　中机国际工程设计研究院有限责任公司

中车株洲电力机车有限公司转向架城轨构架整合升级项目　中机国际工程设计研究院有限责任公司

浙江豪情汽车制造有限公司西安分公司项目　中国汽车工业工程有限公司

洛阳荣川再生资源回收有限公司锌灰综合利用项目环评报告书　中国汽车工业工程有限公司

巴威装备制造（唐山）有限责任公司生产基地建设项目可行性研究报告　中国联合工程有限公司

武汉宜化塑业有限公司改建工程项目可行性研究报告　中国联合工程有限公司

杭叉新能源叉车智能工厂项目申请报告　中国联合工程有限公司

连云港晨兴环保产业有限公司扩建项目申请报告　中国联合工程有限公司

芜湖绿洲环保能源有限公司垃圾焚烧发电改造项目申请报告　中国联合工程有限公司

建德市乡村振兴课题研究　中国联合工程有限公司

西安标准工业股份有限公司临潼生产区搬迁项目　中国联合工程有限公司（中联西北工程设计研究院有限公司）

西安航空基地航空七路等四条市政道路工程　中国联合工程有限公司（中联西北工程设计研究院有限公司）

十、2020年度机械工业优秀工程勘察设计成果奖

一等奖

伊拉克卡拉桥6000TPD水泥生产线项目岩土工程勘察　机械工业勘察设计研究院有限公司

中海城·B地块项目试坑浸水试验及桩基浸水试验　机械工业勘察设计研究院有限公司

南县人民医院异址新建项目　中机国际工程设计研究院有限责任公司

福田银座A、B座　中国联合工程有限公司

良渚遗址申遗——中联·华能厂（良渚考古与保护中心）改造及西侧景观提升工程　中国联合工程有限公司

哥伦比亚GECELCA3.2燃煤电厂　中国联合工程有限公司

20万t/a无碱玻璃纤维池窑拉丝生产线项目——3号制纱车间、4号制纱车间　中国联合工程有限公司（中机中联工程有限公司）

陕西富平热电新建行政办公楼及综合服务区项目　中国联合工程有限公司（中联西北工程设计研究院有限公司）

西安交通大学曲江校区前沿科学技术大楼（协同创新中心）　中国联合工程有限公司（中联西北工程设计研究院有限公司）

四川南车共享铸造有限公司数字化铸造工厂示范工程　机械工业第六设计研究院有限公司

二等奖

洛川县地形图测绘　机械工业勘察设计研究院有限公司

陕西永利国际金融中心钢筋混凝土钻孔灌注桩试验　机械工业勘察设计研究院有限公司

F级50MW燃机整机试验系统工程建设项目　中国联合工程有限公司

浙江惠远生物科技有限公司二期扩建项目　中国联合工程有限公司

杭政储出〔2007〕73号地块B-03-1、B-03-2地块（远洋国际中心）　中国联合工程有限公司

杭州未来科技城学术交流中心　中国联合工程有限公司

嘉兴光伏科技展示馆工程　中国联合工程有限公司

建德市寿昌镇小城镇综合整治提升工程　中国联合工程有限公司

互联网安防产业基地　中国联合工程有限公司

福建永荣科技有限公司年产60万t己内酰胺项目一期工程（年产20万t己内酰胺）动力

站　中国联合工程有限公司

中安联合煤化有限责任公司煤制 170 万 t/a 甲醇及转化烯烃项目动力中心　中国联合工程有限公司

浙江物产环能浦江热电有限公司热电联产项目　中国联合工程有限公司

衢州市区生活垃圾焚烧发电项目　中国联合工程有限公司

萧山区 4 000t/d 污泥处理工程项目　中国联合工程有限公司

清远市黄腾峡生态旅游景区景观廊桥项目　中国联合工程有限公司（中机中联工程有限公司）

重庆高新技术产业开发区规划环境影响报告书　中国联合工程有限公司（中机中联工程有限公司）

重庆市建设内陆国际物流枢纽重点项目前期工作　中国联合工程有限公司（中机中联工程有限公司）

大学城复线隧道工程可行性研究报告　中国联合工程有限公司（中机中联工程有限公司）

西安高新软件新城小学　中国联合工程有限公司（中联西北工程设计研究院有限公司）

立讯全预制装配整体式PC框架建筑项目　机械工业第六设计研究院有限公司

河南省工程建设标准《民用建筑信息模型应用标准》　机械工业第六设计研究院有限公司

三等奖

老挝南俄 4 水电站工程地形测量　机械工业勘察设计研究院有限公司

西安锐信投资有限公司全球交换技术中心及软件工厂项目岩土工程勘察　机械工业勘察设计研究院有限公司

西安万兴达酒店基坑支护及降水工程设计　机械工业勘察设计研究院有限公司

新建西安至成都铁路西安至江油段（陕西境内）工程质量第三方检测（XCJC-1 标段）　机械工业勘察设计研究院有限公司

16R405《暖通动力常用仪表安装》　中机国际工程设计研究院有限责任公司

18R409《管道穿墙、屋面套管》　中机国际工程设计研究院有限责任公司

渭南市中心区供水（北水厂）工程　中机国际工程设计研究院有限责任公司

新化县经济开发区污水处理、涉重金属废水治理项目　中机国际工程设计研究院有限责任公司

长沙复地湘府路项目　中机国际工程设计研究院有限责任公司

宏发海沧工业园项目　中国联合工程有限公司

景德镇市中心城区陶瓷老工厂搬迁改造及保护利用项目－邑山陶瓷工业综合体项目一期　中国联合工程有限公司

杭政储处〔2013〕40 号地块（万科大都会 79 号）　中国联合工程有限公司

金都夏宫　中国联合工程有限公司

江北膜幻动力小镇客厅建设项目　中国联合工程有限公司

扬州中集通华专用车有限公司半挂车电泳涂装（KTL）自动化生产线项目　中国联合工程有限公司

龙湖大学城 U2 项目五期 8-8 号楼及地下车库（C）区工程　中国联合工程有限公司（中机中联工程有限公司）

渝中总部经济园区 D 地块　中国联合工程有限公司（中机中联工程有限公司）

鲁能•北渝星城　中国联合工程有限公司(中机中联工程有限公司)

重庆瀚渝再生资源有限公司环保资源化再生利用及处理工程　中国联合工程有限公司（中机中联工程有限公司）

江苏常柴机械有限公司轻型发动机及铸造搬迁项目可行性研究报告　中国联合工程有限公司（中机中联工程有限公司）

高科麓湾住宅小区配套学校项目　中国联合工程有限公司（中联西北工程设计研究院有限公司）

中煤科工集团西安研究院有限公司智能钻探装备及煤层气开发产业基地项目 2 号厂房　中国联合工程有限公司（中联西北工程设计研究院有限公司）

山崎马扎克机床（辽宁）有限公司大连工厂项目　机械工业第六设计研究院有限公司

中国石油科技创新基地（A-45地块）北京石油机械厂搬迁改造项目　机械工业第六设计研究院有限公司

阜外华中心血管病医院（河南省心血管病医院）建设项目　机械工业第六设计研究院有限公司

十一、2019年度中国照明电器协会景观照明设计奖

一等奖

杭政储出（2011）12号地块项目大跨吊顶泛光照明　中国联合工程有限公司

二等奖

象山影视基地项目建筑外立面之照明设计（一期工程＋二期工程）　中国联合工程有限公司

三等奖

良渚建机厂（梦栖小镇）一期、二期、三期照明　中国联合工程有限公司

十二、2020年度全国优秀焊接工程

一等奖

恒力石化（大连）炼化有限公司2000万t/a炼化一体化项目　中国机械工业第一建设有限公司

濮阳市盛通聚源新材料有限公司年产13万t聚碳酸酯项目　中国机械工业建设集团有限公司（中国机械工业机械工程有限公司）

伊拉克萨拉哈丁电站工程项目超大直径钢管制作安装工程　中国机械工业第四建设有限公司

赛得利黏胶国际（印尼）工程两条年产12.5万t差别化化学纤维项目　中国三安建设集团有限公司

优秀奖

首都机场2号换热站及热力管网更新改造项目　中国机械工业第四建设有限公司

八角电厂热力管网配套（八角电厂至青岛大街）项目工程　中国机械工业建设集团有限公司

十三、2020年度中国电力优质工程

安哥拉SOYO Ⅰ联合循环电厂2×380MW工程　中国机械设备工程股份有限公司

十四、有色金属建设行业（部级）优秀工程设计奖

一等奖

精密工具产业园建设项目传统刀片、数控刀具及辅助工程　中机国际工程设计研究院有限责任公司

十五、第十一届“创新杯”建筑信息模型（BIM）应用大赛

特等成果奖

曲靖卷烟厂原贮丝房、成型车间搬迁改造BIM应用　机械工业第六设计研究院有限公司

一等成果奖

宁波卷烟厂“十二五”易地技术盖章一期全生命周期BIM应用　机械工业第六设计研究院有限公司

开封恒大童世界主题乐园　机械工业第六设计研究院有限公司

十六、北京市结构长城杯

金质奖

中关村科技园区丰台园产业基地东区三期工程　中国电力工程有限公司所属北京兴电国际工程管理有限公司

银质奖

国家体育馆2022冬奥改建项目——新建训练馆　中国电力工程有限公司所属北京兴电国际工程管理有限公司

十七、北京市建筑（竣工）长城杯

金质奖

北京新机场南航基地项目（配套中心等6项）工程　中国电力工程有限公司所属北京兴电国际工程管理有限公司

十八、北京市市政基础设施竣工长城杯

金质奖

北京地铁8号线三期工程机电专业设备安装工程二标段　中国电力工程有限公司所属北京兴电国际工程管理有限公司

北京地铁8号线三期工程机电专业设备安装工程三标段、北京地铁8号线三期南延工程机电专业设备安装工程　中国电力工程有限公司所属北京兴电国际工程管理有限公司

康延杏西支、岭杏西支 110kV 线路和杏张 35kV 线路迁改工程　中国电力工程有限公司所属北京兴电国际工程管理有限公司

银质奖

普安屯外电源电力隧道建设工程　中国电力工程有限公司所属北京兴电国际工程管理有限公司

十九、湖南省优秀工程咨询成果奖

一等奖

常德市污水净化中心 PPP 项目厂内扩建及尾水深度处理工程　中机国际工程设计研究院有限责任公司

湖南湘江新区海绵城市建设技术导则（试行）　中机国际工程设计研究院有限责任公司

二等奖

长沙市建筑垃圾资源化综合利用基地（试行）　中机国际工程设计研究院有限责任公司

保定天威保变电气股份有限公司超特高压变压器智能制造技术改造项目　中机国际工程设计研究院有限责任公司

湘江新区智慧水务建设一期（龙王港流域智慧水务建设）设计项目可行性研究报告　中机国际工程设计研究院有限责任公司

三等奖

梅溪湖国际新城能源综合利用规划　中机国际工程设计研究院有限责任公司

贵州省六盘水市六枝特区郎岱花果山景区湿地公园一及村庄建筑立面改造建设项目可行性研究报告　中机国际工程设计研究院有限责任公司

长沙市金霞污水处理厂扩容提标工程　中机国际工程设计研究院有限责任公司

醴陵市城乡生活垃圾预处理及焚烧发电项目　中机国际工程设计研究院有限责任公司

盐城市市区污泥集中处置项目　中机国际工程设计研究院有限责任公司

二十、湖南省优秀工程勘察设计奖

一等奖

湖南省交通勘察设计大楼　中机国际工程设计研究院有限责任公司

二等奖

马尔代夫 1500 住房项目　中机国际工程设计研究院有限责任公司

南县人民医院异址新建项目　中机国际工程设计研究院有限责任公司

清水塘地区重金属污染水塘治理工程——大湖重金属污染治理工程　中机国际工程设计研究院有限责任公司

邵阳市第一中学整体搬迁建设项目　中机国际工程设计研究院有限责任公司

湘江风光带公厕系列　中机国际工程设计研究院有限责任公司

三等奖

怀化经开区舞阳大道一期工程　中机国际工程设计研究院有限责任公司

隆平水稻博物馆及配套建筑工程　中机国际工程设计研究院有限责任公司

渭南市中心区供水（北水厂）工程　中机国际工程设计研究院有限责任公司

翁源县第二人民医院建设工程　中机国际工程设计研究院有限责任公司

新化县经济开发区污水处理、涉重金属废水治理项目　中机国际工程设计研究院有限责任公司

长沙市明达中学扩建项目　中机国际工程设计研究院有限责任公司

长沙县东八线电力走廊公共绿地设计项目　中机国际工程设计研究院有限责任公司

二十一、2020 年度陕西省优秀工程勘察设计奖

一等奖

西安国际金融中心基坑支护及降水工程设计　机械工业勘察设计研究院有限公司

上海市金山区新江水质净化二期及配套管网工程　机械工业勘察设计研究院有限公司

麓湾国际社区 DK-1、DK-3　中国联合工程有限公司（中联西北工程设计研究院有限公司）

西安高新创汇社区 C 区小学（现更名为西安高新第九小学）　中国联合工程有限公司（中联西北工程设计研究院有限公司）

国家增材制造创新中心能力建设项目　中国联合工程有限公司（中联西北工程设计研究院有

限公司）

西安阎良国家航空高技术产业基地第一实验小学　中国联合工程有限公司（中联西北工程设计研究院有限公司）

中联西北工程设计研究院科技办公楼　中国联合工程有限公司（中联西北工程设计研究院有限公司）

二等奖

委内瑞拉中央电厂6号600MW蒸汽轮机发电机组项目基坑支护及降水工程设计　机械工业勘察设计研究院有限公司

靖边能化园煤油气资源综合利用一期填平补齐工程　机械工业勘察设计研究院有限公司

西安创业咖啡街区拓展建设项目测绘　机械工业勘察设计研究院有限公司

悦秀城一期　中国联合工程有限公司（中联西北工程设计研究院有限公司）

铂悦项目　中国联合工程有限公司（中联西北工程设计研究院有限公司）

高科麓湾住宅小区配套学校项目　中国联合工程有限公司（中联西北工程设计研究院有限公司）

西安高新创汇社区D区小学　中国联合工程有限公司（中联西北工程设计研究院有限公司）

中交二公局西安高新科研办公楼　中国联合工程有限公司（中联西北工程设计研究院有限公司）

美苑楼尚　中国联合工程有限公司（中联西北工程设计研究院有限公司）

中金（西安）重钢生产基地一期项目　中国联合工程有限公司（中联西北工程设计研究院有限公司）

西安天伟电子系统有限公司连续波雷达系统产品军民两用防务技术项目　中国联合工程有限公司（中联西北工程设计研究院有限公司）

陕西中烟工业有限公司澄城卷烟厂易地技术改造项目联合工房　机械工业第六设计研究院有限公司

三等奖

机场线项目机场站后配线桩基托换T3A引桥变形监测　机械工业勘察设计研究院有限公司

中储西安东兴分公司及周边棚户区改造项目1号（停车楼）基坑支护工程　机械工业勘察设计研究院有限公司

陕西斗门水库试验段工程安全监测系统工程　机械工业勘察设计研究院有限公司

中国铁建·逸园二期　中国联合工程有限公司（中联西北工程设计研究院有限公司）

陕西出版传媒产业基地　中国联合工程有限公司（中联西北工程设计研究院有限公司）

安康市公共卫生服务中心　中国联合工程有限公司（中联西北工程设计研究院有限公司）

搜宝中心　中国联合工程有限公司（中联西北工程设计研究院有限公司）

新长安广场二期项目　中国联合工程有限公司（中联西北工程设计研究院有限公司）

中煤科工集团西安研究院有限公司智能钻探装备及煤层气开发产业基地项目2号厂房　中国联合工程有限公司（中联西北工程设计研究院有限公司）

二十二、陕西省2020年度工程勘察设计优秀QC小组成果大赛

一等奖

延安分公司生产技术QC小组　机械工业勘察设计研究院有限公司

二等奖

工程总承包QC小组　机械工业勘察设计研究院有限公司

勘察三公司QC小组　机械工业勘察设计研究院有限公司

测绘工程院QC小组　机械工业勘察设计研究院有限公司

三等奖

“丝路”QC小组　机械工业勘察设计研究院有限公司

试验中心QC小组　机械工业勘察设计研究院有限公司

二十三、2020年度重庆市优秀工程勘察设计

一等奖

重庆市第三垃圾焚烧发电厂　中国联合工程有限公司（中机中联工程有限公司）

重庆南开两江学校　中国联合工程有限公司（中机中联工程有限公司）

二等奖

重庆南开两江学校结构设计　中国联合工程有限公司（中机中联工程有限公司）

清远市黄腾峡生态旅游景区景观廊桥项目　中国联合工程有限公司（中机中联工程有限公司）

计算机辅助设计智能化协同设计平台　中国联合工程有限公司（中机中联工程有限公司）

三等奖

观音桥商圈智能系统建设项目　中国联合工程有限公司（中机中联工程有限公司）

H 项目周边排水通道工程（二期）　中国联合工程有限公司（中机中联工程有限公司）

沱江滨江路道路工程（沱江西路及规划二路）　中国联合工程有限公司（中机中联工程有限公司）

北部新区经开园鸳鸯组团 D 标准分区（D12、D13、D14、D15、D16-1、D16-2、D16-3、D16-5）2-2、2-4 号地块项目（金开融府一二期）　中国联合工程有限公司（中机中联工程有限公司）

重庆市公安局高新技术产业开发区业务技术用房（指挥中心）　中国联合工程有限公司（中机中联工程有限公司）

周贡植故居修缮布展项目文物主体修缮工程　中国联合工程有限公司（中机中联工程有限公司）

潜能商都　中国联合工程有限公司（中机中联工程有限公司）

总部广场二期项目　机械工业第六设计研究院有限公司

二十四、2020 年度河南省优秀工程勘察设计奖

一等奖

中国石油科技创新基地（A-45 地块）北京石油机械厂搬迁改造项目　机械工业第六设计研究院有限公司

包河智汇工园一期工程　机械工业第六设计研究院有限公司

援多哥政府办公楼项目　机械工业第六设计研究院有限公司

河南省《民用建筑信息模型应用标准》　机械工业第六设计研究院有限公司

安徽合肥技师学院方案设计　机械工业第六设计研究院有限公司

河南工业大学粮食科创实验中心项目方案设计　机械工业第六设计研究院有限公司

郑州市第七人民医院滨河院区建设项目方案设计　机械工业第六设计研究院有限公司

援赞比亚国际会议中心项目方案设计　机械工业第六设计研究院有限公司

援突尼斯综合医院项目方案设计　机械工业第六设计研究院有限公司

二等奖

南阳建业凯旋广场　机械工业第六设计研究院有限公司

宝丰建业城　机械工业第六设计研究院有限公司

河南中医学院学生综合实训中心项目　机械工业第六设计研究院有限公司

河南省人力资源和社会保障综合服务中心　机械工业第六设计研究院有限公司

河南省《市政工程信息模型应用标准（道路桥梁）》　机械工业第六设计研究院有限公司

河南省《市政工程信息模型应用标准（综合管廊）》　机械工业第六设计研究院有限公司

安阳市文体中心建设工程 PPP 项目方案设计　机械工业第六设计研究院有限公司

援西非国家经济共同体总部办公楼项目方案设计　机械工业第六设计研究院有限公司

中原网球中心二期工程建筑设计方案　机械工业第六设计研究院有限公司

商丘市回民中学规划建筑设计　机械工业第六设计研究院有限公司

驻马店市第三人民医院方案设计　机械工业第六设计研究院有限公司

援喀麦隆国民议会大楼项目方案设计（变更场址后方案）　机械工业第六设计研究院有限公司

中国旭阳集团河北科研中心规划项目方案设计　机械工业第六设计研究院有限公司

三等奖

乐山市人民医院国际医疗康养中心（新区医院）方案设计　机械工业第六设计研究院有限公司

援塞内加尔外交部办公楼项目方案设计　机械工业第六设计研究院有限公司

河南省消防总队培训基地三期项目方案设计　机械工业第六设计研究院有限公司

二十五、2020年度浙江省勘察设计行业优秀勘察设计成果奖

一等奖

中国平安杭州综合创新产业园项目　中国联合工程有限公司

宁波前洋E商小镇电子商务产业基地项目　中国联合工程有限公司

二等奖

杭州未来科技城学术交流中心　中国联合工程有限公司

良渚遗址申遗——中联·华能厂（良渚考古与保护中心）改造及西侧景观提升工程　中国联合工程有限公司

钱江世纪城学军中学附属文渊中学　中国联合工程有限公司

衢州市火车站片区基础设施配套工程　中国联合工程有限公司

三等奖

聚光科技青山湖科技城智慧物联科技产业园（一期）　中国联合工程有限公司

二十六、2020年度浙江省勘察设计行业优秀工程总承包项目

一等奖

杭州未来科技城学术交流中心工程总承包项目　中国联合工程有限公司

二等奖

江干区九堡中心单元文体中心工程总承包项目　中国联合工程有限公司

二十七、2019年度浙江省建设工程钱江杯奖（优质工程）

互联网安防产业基地I标段　中国联合工程有限公司

淳安县生活垃圾环保处理项目　中国联合工程有限公司

萧山区4 000t/d污泥处理工程项目A标段　中国联合工程有限公司

二十八、2020年陕西省工程建设优秀质量管理小组

I类成果奖

深、大基坑内降水井封堵施工新方法　中国机械工业建设集团有限公司　中国三安建设集团有限公司

提高二手设备安装精度的一次合格率　中国三安建设集团有限公司

II类成果奖

提高项目党建工作与生产经营的融合率　中国三安建设集团有限公司

提高空心楼板结构内置芯模抗浮固定一次合格率　中国机械工业建设集团有限公司　中国三安建设集团有限公司

二十九、2020年安徽省质量管理小组三等质量技术成果奖

降低冲孔灌注桩砼充盈系数QC活动　中国机械工业第五建设有限公司

提高船台滑道油漆作业交付合格率　中国机械工业第五建设有限公司

三十、2020年度河南省“中州杯”（省优质工程）**项目**

太古广场1号楼及地下车库　机械工业第六设计研究院有限公司

开封众意馨园小区（A区）1～6号楼　机械工业第六设计研究院有限公司

金石·假日广场1号、2号、4号、5号住宅楼　机械工业第六设计研究院有限公司

漯河恒大名都12号地块5号楼　机械工业第六设计研究院有限公司

漯河恒大御景（18号、19号地块）9号楼　机械工业第六设计研究院有限公司

海马公园二期（B6地块）　机械工业第六设计研究院有限公司

郑发大厦项目（一期）工程　机械工业第六设计研究院有限公司

郑州航空港经济综合实验区（郑州新郑综合保税区）河东第五棚户区4号地、7号地建设项

目 机械工业第六设计研究院有限公司

河南建设大厦 机械工业第六设计研究院有限公司

三十一、2020 年度天津市建设工程“优质结构评价”

天津市武清区京能雍清丽苑一期项目一标段 15 号楼、16 号楼、20 号楼、地下车库 中国电力工程有限公司所属北京兴电国际工程管理有限公司

天津市武清区京能雍清丽苑一期项目二标段 7 号楼、30 号楼 中国电力工程有限公司所属北京兴电国际工程管理有限公司

天津市西青区中北镇首创禧润园项目 1 号楼、7 号楼 中国电力工程有限公司所属北京兴电国际工程管理有限公司

三十二、2020 年“海河杯”天津市优秀勘察设计奖

一等奖

国机智骏汽车有限公司赣州工厂项目 中国汽车工业工程有限公司

三等奖

天津力神电池股份有限公司电动汽车动力电池扩建项目 中国汽车工业工程有限公司

三十三、2020 年度“雪莲杯”优质工程奖

西藏自治区自然科学博物馆 中国机械工业建设集团有限公司中机建（上海）钢结构股份有限公司

三十四、2020 年广东省工程建设优秀质量管理小组一类成果奖

光明文化艺术中心降低单元式玻璃幕墙渗水点数 中国机械工业建设集团有限公司、中国机械工业第二建设工程有限公司

三十五、2019—2020 年度湖北省建设优质工程（楚天杯）

十堰万达广场住宅 12 幢、14 幢 机械工业第六设计研究院有限公司

三十六、2019—2020 年度河南省工程建设优质工程奖

中国移动（洛阳）呼叫中心一期二阶段工程生产指挥调度楼 MC-1 机械工业第六设计研究院有限公司

郑州市轨道交通 14 号线一期工程 机械工业第六设计研究院有限公司

阜外华中心血管病医院建设项目一标段 机械工业第六设计研究院有限公司

平顶山·名门世家项目 6 号、9 号楼工程 机械工业第六设计研究院有限公司

节能与新能源客车生产基地生产配套项目宇通研发办公楼、行政办公楼、职工食堂及三号地块地下车库工程 机械工业第六设计研究院有限公司

（排名不分先后）

2020 年先进个人事迹

2020 年全国劳动模范——李会东

2020 年 11 月 24 日，恒天重工股份有限公司（简称恒天重工）钳工李会东被授予“全国劳动模范”称号，在北京人民大会堂受到中共中央和国务院的隆重表彰。

李会东，男，34 岁，汉族，中共党员，钳工高级技师。2007 年 6 月参加工作以来，李会东同志一直在恒天重工所属企业郑州恒天重型装备有限公司机加工部做钳工工作，现担任机加工部专项班班长。近些年来，他在参加的各类技术比武中取得了多项优异成绩，迄今仍是国机集团、河南省、郑州市为数不多的技术比武领跑者之一。他工作兢兢业业，精益求精，有丰富的工作经验，是不可多得的复合型技术人才。给整个企业员工队伍带来了新的风气，树立了良好的榜样，充分展示了新时期 80 后青年员工的精神风貌和工匠

精神。

1. 扎根生产一线，勇挑重担、争创一流 从不懂到精通，从干简单技术工作到干技术难度高的复杂工作，他一步一个脚印，踏踏实实地完成每一项生产任务。公司承担了加工海军装备产品任务，要求极其严格。如7A固定连接框是国内某驱逐舰关键零件之一，材料为不锈钢，此零件经过机械加工以后会产生变形，精度超差。要想精度恢复到要求范围以内，就得一点一点校平修正。经过反复思考摸索研究，李会东发现零件共有18处变形点，他仔细查找变化规律反复试验，不到两天就圆满完成了第一件，现在一天能干10件。

2. 立足岗位，积极创新，带好徒弟，助力企业发展 以李会东名字命名的“李会东劳模创新工作室”（以下简称工作室）成立于2015年11月8日，目前有成员49人，工作室在解决生产难题和生产瓶颈中，起到了关键作用。自成立起，工作室积极吸纳肯学习、肯钻研的优秀人才加入团队，始终注重发挥劳模及各类先进人物的引领作用，立足公司现有条件、生产工艺、生产现场，充分调动工作室全体成员的积极性，围绕生产工作中的难点、热点问题，组织实施技术创新、技术攻关、小改小革、技能培训等方面的工作。截至目前，完成创新成果68项，在公司节能降耗、提高生产效率、提高生产质量方面累计节约600余万元。另外，工作室申报国家专利8项，其中2项为发明专利；完成QC小组任务2项。2018年4月，工作室被郑州市总工会授予“郑州市示范性劳模创新工作室”；2019年6月，被河南省总工会授予“河南省示范性劳模创新工作室”。

工作室2019年累计培训员工400余人次，培养出一批年轻的优秀生产骨干。工作室积极鼓励技术能手参加省市级、国家级各类技术比武，积极做好选手的赛前技术指导、理论辅导以及心理疏导等一系列服务工作，使一批年轻职工在与同行业选手比武中脱颖而出，逐步形成了公司的高技能人才梯队。李会东的徒弟杨庆源2019年4月荣获“河南省五一劳动奖章”，在2020年10月28日举行的第六届河南省职工技术运动会钳工决赛上又一举夺魁。曾经，2018年9月李会东与杨庆源师徒二人在恒天集团第七届职工职业技能大赛中一举包揽钳工第一名与第二名的好成绩。

3. 抗疫保供冲锋在前，大显身手 在2020年年初的全国防疫阻击战中，国务院应对新冠肺炎疫情联防联控机制物资保障组向恒天重工下达了研制生产医用防护服压条机的紧急任务。

根据公司整体部署，2月11日，李会东第一时间来到现场，负责配合产品设计、工艺制定和安装调试工作。李会东全程参与了压条机研发生产，在形成技术材料以后，公司迅速先行小批量投入生产，由于是第一次加工生产，组装过程中，暴露出一些问题，针对这些问题他提出两点技术解决建议：一是为使压条机高质量出产，建议在铝结构零件关键部位丝孔增加钢丝螺套，既满足零部件的使用性能，又能有效提高机器的使用寿命，试验效果明显；二是在试车过程中，发现密封压条压入防护服时，压条不平整，有皱纹现象，这可能直接影响前线医护人员的生命安全，经反复检查发现，上下压辊有少量轴向窜动问题，他建议增加调整垫，消除了下压辊的轴向间隙，使压条再压入防护服时起皱、不平整的现象消除。

2月11—26日，从研发、到投入生产、组装，李会东和团队很少回家。他觉得，不能直接到抗疫第一线支援，能在后方贡献自己的一份力量，生产出更多的压条机，让用户厂家加工出更多的医用防护服支援抗疫第一线的医护人员，有效缓解急用医用物资短缺的问题，一切的辛苦和付出都是值得的！

2020年全国劳动模范——薛志飞

薛志飞，男，1972年6月出生，中共党员，中国一拖技术中心教授级高级工程师，中国一拖工程技术类一级专家，洛阳市优秀专家，主要从事中国一拖东方红拖拉机产品的研发工作，用科技创新助力中国一拖农机装备振兴与高质量发展。

1. 十年磨一剑，引领国内动力换挡拖拉机产品技术发展 为追赶国际农机产品先进技术，他和团队成员从第一张图设计开始，克服技术封锁，先后破解拖拉机动力换挡传动系等 10 余项重大技术难题，实现 30 余项技术创新。2014 年东方红 -LZ2704 动力换挡拖拉机产品上市，打破国外农机巨头在中国高端农机产品市场的垄断局面，迫使国外动力换挡拖拉机单台价格下降 40 万元左右。十年间，他带领团队完成东方红 80 ～ 270 马力六个系列、20 个品种动力换挡拖拉机产品的商品化研发，截至目前，该系列拖拉机完成产品产值约 12.7 亿元。

2. 自主创新，实现无级变速拖拉机技术新突破 自中国一拖承担国家重点项目“400 马力无级变速拖拉机”开发以来，薛志飞带领项目组成员先后解决了无级变速传动系、电控提升系统、整机控制系统等 10 余项“卡脖子”技术难题，成功实现 400 马力无级变速拖拉机整机开发，打破了国外技术垄断，填补了我国在无级变速拖拉机领域的技术空白，为我国高端农机产品研发树立了典范。

3. 放眼未来，布局新产品研发与前沿产品技术融合 为进一步缩小与世界农机主流产品的技术差距，他和团队成员相继开展无人驾驶拖拉机、电动 / 混动拖拉机、自动转向拖拉机等前沿性技术研发。他们研发的 LF1104-C 无人驾驶拖拉机，在 2018 年央视一套《机智过人》节目中，荣获“智能先锋”称号；20 马力纯电动拖拉机、自动转向拖拉机等技术的研发应用与储备，为我国农业机械化、智能化发展提供了有力支撑。

4. 身先士卒，服务“市场”与“现场”成效显著 近年来，薛志飞下稻田、赴麦区，撰写调研报告 30 份，提出问题整改、后续研发等建议 153 项。快速完成了 LX 系列 150 ～ 220 马力 5 款市场急需的拖拉机整机的开发，实现销售 30 亿元。他带领团队深入生产现场，进行东方红“LY1104 精品拖拉机”项目研发，先后制订改进措施 40 余项，该产品综合性能达到国际先进水平。

5. 创新传承，以劳模工作室为平台发挥模范带头作用 2015 年以薛志飞为领头人的“薛志飞劳模创新工作室”挂牌成立。5 年来，工作室实施攻关项目 313 项，完成率 100%；培养出 2 名洛阳市优秀专家、5 名中国一拖一级专家和 10 名二级专家，连续 5 年被中国一拖授予“优秀劳模创新工作室”荣誉称号，2016 年被评选为“河南省示范劳模工作室”，2020 年被评为全国示范性劳模和工匠人才创新工作室。他所带领的团队申报专利 200 余项，获授权专利 180 项；获省、市级科技进步奖 15 项。

薛志飞本人获得中国一拖和省部级各类科技进步奖 32 项，获得授权专利 32 项，其中发明专利 2 项，完成论文、标准制定 13 篇（项）。先后荣获中国一拖劳动模范，洛阳市五一劳动奖章，洛阳市第八批优秀专家，河南省五一劳动奖章，河南省劳动模范等荣誉称号。

2020 年全国劳动模范——韩增德

韩增德，研究员，现任中国农业机械化科学研究院首席专家，享受国务院政府特殊津贴专家。

参加工作以来，一直从事农业机械研发工作，主持了国家“863”计划、科技支撑计划、重点研发计划等项目 8 项，攻克了高效采棉、棉模成型、玉米穗茎兼收、玉米籽粒直收、水稻高效清选、水田密封等关键技术，为我国棉花、玉米、水稻等收获技术与装备的进步做出了突出的贡献。共发表论文 40 篇（其中 EI 收录 15 篇），获授权专利 14 项，获科技鉴定成果 11 项，曾获国家科技进步奖二等奖 1 项，省部级科技奖励 4 项。是我国农业收获机械的知名专家。

多年来，他带领科研团队，在国家“863”计划、科技支撑计划、国家重点研发计划等的支持下，先后研发了 5 行、3 行、6 行水平摘锭式采棉机，填补了国内空白。2008 年，第一批国产采棉机的面世，彻底结束了我国不能生产采棉机的历史，让棉农用上物美价廉的国产采棉机。目前，国产采棉机已占据市场保有量的三分之一。玉米收获机械方面，研制的 9QS8 型不分行玉米青饲机实现了立式圆盘扶持切割、横纵向玉米植株的有序输送、喂入和较高的切碎质量，获中国机械工业科学技术奖一等奖，国家科学技术进步奖二等奖。作为第 3 完成人参与完成的“东北玉米全价值仿生收获关键技术与装备”项目 2019 年获得国家技术发明奖二等奖。

全国三八红旗手——杨桂香

杨桂香，女，43 岁，中国一拖技术中心产品设计高级工程师、工程技术类二级专家。近年来，由她负责研发的东方红 70 ～ 90 马力（1 马力 =735.499W）动力换挡传动系，打破了国外在动力换档拖拉机领域的技术垄断，填补了国内空白，将拖拉机传动系技术从传统的机械换挡转为智能的动力换挡，实现了多个重大创新，缩小了与欧美等发达国家的技术差距。

杨桂香参加了中国一拖所有大马力轮式拖拉机的产品开发，参与完成了中国一拖动力换挡系列产品传动系的开发，开启了中国一拖乃至国内动力换挡拖拉机系列化里程。在国家“十一五”重大科技支撑计划“200 马力动力换挡拖拉机开发项目”中，杨桂香作为该项目的主要研发人员，怀孕期间坚持参与完成该项目的副变速箱、后传动箱、分动箱的设计、相关技术文件编写和零件加工试制阶段的服务。直到孩子出生的前一天，她还在沟通解决工作上的难题。经过她和团队的共同努力，从设计流程、制造装配和工艺试验的各个方面，都实现了高标准、高精度、高要求的预期目标，使公司原有产品的技术及制造体系得到全面升级。

杨桂香主持的 LF70-90 马力 Hi-Lo 动力换挡/动力换向传动系开发项目，充分利用 RPC 系列传动系统的动力换挡技术，通过传动系形成高、中、低搭配，不仅满足国内外不同层次客户的需求，还适应国内拖拉机市场产品结构类型的调整变化，该项目获中国一拖第十三届“青年科技创新行动”成果二等奖。

杨桂香主持完成的 LY1104 拖拉机传动系强化项目，完成对原传动系存在的锥齿轮打齿、轴承点蚀、油温过高等问题的改进设计，实现两大技术创新：一是实现拖拉机传动系可选装部件的超级大融合，在同一个传动系平台上，可同时选用 Hi-Lo、动力换向、爬行、逆行等部件，实现多种功能配置，极大地提高了原产品的适应性；二是开发设计的超级爬行挡功能，时速最低可达 0.137km/h，远低于目前国内拖拉机爬行速度 0.3 ～ 0.4 km/h，且爬行挡高区段速度不与正常档位速度叠加，速度分布更加合理，填补了国内空白。

杨桂香参与设计的大马力轮式拖拉机近 3 年取得突出成就，实现销售 49 376 台，产值 537.9 亿元，创造效益 6.91 亿元。她负责的项目有 7 项获得各种奖励；9 项被认定为科技成果，其中 1 项为国际先进；获授权专利 40 项，其中发明专利 6 项；发表学术论文 4 篇。

身为洛阳市、涧西区两级人大代表当中的女代表，杨桂香先后提出十余项建议，其中解决本地科研人员子女就学议题得到人大常务委员会高度重视。

全国抗疫先进个人——刘海涛

刘海涛　男，1964 年 11 月生，博士研究生，1984 年 7 月参加工作，1992 年 8 月加入中国共产党，高级工程师，现任中国恒天党委书记、董事长

2020 年年初，新冠肺炎疫情发生，刘海涛同志带领中国恒天迅速行动，用战时方式强力推进医疗物资生产和医用防护材料装备攻关，创造出央企第一家紧急转产医用口罩、第一家成功研制医用防护服压条机、熔喷无纺布日产能全国第一和 12 天供应、安装国内首条新建熔喷无纺布生产线等优异成绩，在医用纺织防护材料及纺织装备制造的核心领域发挥了积极的作用。

1. 迅速行动抓落实，当好战时指挥员　刘海涛主动放弃休假，第一时间安排部署，主持召开 8 次专题党委会、69 次专项工作协调会，抓好疫情防控责任落实。连续多天高强度奋战至凌晨三四点，三个多月基本没有休过周末，统筹协调，指导下属企业充分发挥专业优势，不惜代价扩能、转产紧缺医疗物资。带领中国恒天跑出了“央企速度”、彰显了“国机担当”，有力地保障了口罩、熔喷布等医疗防护物资和核心原材料，压条机、口罩机、非织造布生产线等关键设备的生产和供应。

2. 挂帅一线抓产能，打好应急物资保障战　刘海涛统筹核心资源，督导企业紧急转产扩产。在指导下属企业恒天嘉华于 2020 年 1 月 26 日（大年初二）全面复工复产的同时，紧急协调

安排 4 亿元资金，支持企业贮备生产原材料和紧急转产医用平面口罩。恒天嘉华调动所有生产资源，不惜代价、不计成本，迅速提高熔喷布产量，口罩和熔喷布产量位列央企第一，有力地支援了国家的抗疫阻击战。

与时间赛跑，刘海涛挂帅一线，指导下属中纺科技宏大研究院和邵阳纺机提前高质量完成向中石化提供 18 条非织造布生产线、向中国石油提供 3 条非织造布生产线任务，向其他客户提供了 45 条无纺布生产线，产品质量达到 KN95 以上。宏大研究院承担的燕山石化熔喷无纺布生产线 3 月 6 日一次开车成功，是疫情暴发以来国内首个建成投产的新建熔喷布生产线；项目建设仅用了 12 天时间，创造出非织造布成套装备工程建设“奇迹”。

3. 靠前指挥解难题，打赢装备制造攻关战 作为“国家保障队”的一员，刘海涛带领中国恒天战斗队在关键环节发力，开展技术攻关。他不分昼夜、亲自指挥恒天重工紧急投入防护服压条机的研制，连续奋战 9 天，研制成功央企首台医用防护服压条机，730 台压条机火速驰援防护服生产厂家，圆满完成了工业和信息化部统筹调拨任务。全力支持经纬纺机勇担防疫物资紧缺设备 N95 口罩机技术攻关及产能突破任务，1 个月内从无到有，相继成功研制 N95 全自动、半自动口罩机，3 个月内向国内外客户提供了 151 台设备，极大地缓解了医用 N95 口罩机设备紧缺的矛盾。

刘海涛勇担当、能担当、善担当，带领中国恒天坚决完成了国务院国资委、工业和信息化部和国机集团下达的急难险重任务，医用平面口罩、N95 口罩机、防护服压条机、熔喷布及熔喷布生产设备五类产品产量均位列央企第一，得到了国务院、国务院国资委和湖北省委省政府、武汉市委市政府的高度肯定与赞扬。

全国优秀工会工作者——田鹏

田鹏，男，58 岁，中国一拖集团有限公司工会主席。近年来，田鹏同志以维护职工合法权益为主线，推进职工素质提升工程，打造中国一拖“网上练兵网上双创”在线平台，实现线上线下互动创新的职工经济技术活动；努力发展和谐劳动关系，形成制度化、常态化和体系化的三级维权、帮扶“送温暖”机制；建设以职工活动中心、游泳中心、体育馆、休闲广场和“幸福 10 号”俱乐部为主要内容的职工文体活动圈，满足职工日益增长的健身和文化需求；全力构建职工服务体系，创建以城市现代生活 + 互联网的职工现代生活服务平台，为广大职工提供现代生活服务的解决方案；突出特色品牌，创新方式方法，不断加强工会自身建设，团结带领广大职工为实现企业发展和职工的幸福生活做出突出贡献。

1. 大力加强思想政治引领，广大职工干事创业的正能量更加强劲 带领中国一拖各级工会组织深入开展“中国梦·劳动美”主题宣传教育，推动习近平新时代中国特色社会主义思想落地生根。充分发挥职工文体协会作用，持续开展“中国梦·劳动美”职工演讲、职工好声音、最美家庭·最美母亲、读书与分享、摄影比赛等系列活动；“东方红，为梦想永拼搏”文艺汇演参加职工 1 000 余人，19 场劳动模范扭亏脱困形势任务宣讲会共有 6 100 多名职工参加。组织庆祝新中国成立七十周年和中国一拖建成投产六十周年系列纪念活动，“歌唱祖国”大合唱比赛参与职工共 880 人，升旗仪式及向国旗宣誓职工共 1 000 人，《我和我的祖国》快闪点击超过 2 万人次。

2. 广泛开展群众性建功立业活动，彰显工人阶级主力军作用 组织开展“践行新理念、建功‘十三五’”主题劳动竞赛，7 人次获得省市及中央企业劳动模范称号，23 人次获得全国及省市五一劳动奖章荣誉称号，9 人次获得省市工匠及大工匠荣誉称号，9 个集体获得全国及省市先进集体。积极开展“双创”“金点子”活动，组织职工提出“双创”项目 33 770 个，创造效益 7 100 余万元，32 项成果申报国家专利，6 个劳模工作室荣获全国及省市先进劳模创新工作室称号。组织参加国机集团，省、市多项职业技能大赛，56 名职工获奖。组织开展绝招绝技演示和技术答疑，开展网上练兵、网上双创活动，平台访问达 45 万余人次，9 436 人参与答题闯关 175 万次，受到河南省全委及总工会领导的高度评价。

3. 不断加大源头参与力度，维护职工合法权益成效更加显著 健全以职工代表大会为基本形式的民主管理制度，审议通过了14个与职工切身利益相关的文件。职代会对企业提出的26条意见建议落实率达90%。完善企业厂务公开制度，组织职工代表巡视，各类安全隐患整改率达99.6%，职业病危害体检率100%，发病率为0。完善工资协商机制，推动落实职工带薪年休假、最低工资保障等制度落实，工资集体协议签订率达到100%。不断完善职工诉求机制，畅通职工维权诉求渠道，劳动争议调处率100%。通过职工代表座谈会、维权热线、工会主席接待日等形式，不同程度地解决职工代表提出的问题。

4. 积极构建服务职工的工作体系，企业和谐劳动关系更加稳定 强化三级联动帮扶体系，组织修订帮扶救助管理办法，共发放各类救助金384.62万元，持续开展的“金秋助学”活动、“我们的老爸老妈，我们的工厂，谢谢您”主题感恩活动及困难职工子弟暑期打工等帮扶措施受到上级工会的高度评价。推动职工服务体系建设，策划开展广场活动日、社区推广日、年货节、老年文化节等活动，打造“幸福10号”职工服务品牌，在公益性、服务性的基础上，做优做强工会资产，扩大服务职工的范围和方式。

5. 加强工会自身建设，“学习型、服务型、创新型”工会组织更加充满活力 持续加强工会基础管理工作，通过模范职工之家创建活动提升基层工会工作水平。全面落实全国总工会《基层工会经费收支管理办法》。加强“智慧工会”建设，重点推进网上练兵、网上双创等工作；持续构建创新型工会组织，开展工会系统季度“创新奖”评选活动；“幸福10号”职工服务体系建设、“网上双创、网上练兵”模拟闯关联赛等创新工作影响广泛，推动“学习型、服务型、创新型”工会组织不断迈上新台阶。

全国机械冶金建材行业工匠——陈浩然

陈浩然，男，1974年9月出生，中共党员，中国一拖焊工高级技师，参加工作25年来，在平凡的工作岗位上，凭着对事业的执着追求和一丝不苟的精神，立足岗位学习，带头攻坚克难，为企业的发展做出积极贡献。

1. 立足岗位学习，技能竞赛获佳绩 陈浩然同志自进厂工作以来，勤学苦练，虚心好学，不知多少个夜晚，在下班后，独自进行焊接练习，在电火花的飞溅中技术突飞猛进，先后取得特种作业资格证和手工焊条电弧焊压力容器焊接操作证。人们常说，好焊工是用焊条堆出来的，他对此深信不疑。他一有空闲就拿起焊枪进行练习，此外他又分别学习掌握不锈钢、铝材、热熔管的焊接，技能得到快速提升。2010年陈浩然同志代表中国一拖参加国机集团的电焊工技术比武，获得手工电弧焊第一名的佳绩。2011年他考取氩弧焊压力容器操作证，2014年取得高级焊工技师证书，2015年被国机集团聘为首席技师。2016年获得全国技术能手称号，成为享受“国务院特殊津贴”专家，被中国一拖东方红劳模创新工作室聘为电焊技术导师；2017年被评为“河洛工匠”和洛阳理工大学生创新创业导师。

2. 勇于技术革新，带头攻坚克难 在中国一拖工业园埋地蒸汽管道、压空管道、氧气站氨水管道、不锈钢管道和铸锻公司型砂再生线煤气管道施工中，他通过大量实践，极大地提高X光拍片一次成功率，保证了焊接质量和工程进度。他在天惠能源安装公司大力推广二氧化碳气体保护焊技术，在大量的框架预制件焊接和管道焊接中，使用二氧化碳气体保护焊取代原有的手工焊条电弧焊，降低了焊工的劳动强度，成倍地提高了工作效率和工作质量。在中国一拖20号支架处高空煤气管道泄漏事故处理中，他临危不乱，头戴防毒面具爬上高空，顶着烈焰，在带压的情况下一点点地将漏点焊死，去除安全生产的重大隐患，受到工友们的一致好评。

3. 发挥劳模工作室作用，做好技能传承 作为劳模创新工作室带头人，他发挥劳模带头示范作用，两年多来，他带领10名工作室成员完成各种创新项目50余项，为企业解决大量的生产技术难题。同时积极参加中国一拖网上练兵活动，利用自身技术优势，协助编写网上练兵题库用于职工技能提升。他在公司大力支持下，组建中国一拖焊工培训基地，为新入厂员工提供技术培训，并为在岗焊工拓展焊接技能提供良好条件。他充分利用培训基地资源，组织参加 2018 年中国一拖技术运动会焊工技能竞赛、2019 年中国机械工业集团公司第二届焊接技能大赛、2020 年河南省机械冶金建材行业电焊工技能大赛等。他业余时间编写《铸铁外壳焊接工艺》《带压焊补可靠性探讨》《压力管道焊接工艺指导书》，填补了中国一拖能源分公司相关领域空白，得到一致好评。他积极做好传帮带，培养氩弧焊工 4 人，二保焊工 10 人。2016 年获得中国一拖“优秀劳模创新工作室”称号，2017 年荣获“国家技能大师工作室”等荣誉称号。

全国创新争先奖、何梁何利基金科学与技术进步奖（农学奖）**获得者——陈志**

陈志，工学博士，研究员，博士生导师，曾担任中国农业机械化科学研究院院长、中国机械工业集团有限公司副董事长、总工程师、中央研究院院长等职务，现任中国农业机械工业协会会长、中国农业机械化科学研究院首席专家、土壤植物机器系统技术国家重点实验室主任。中国农业大学、吉林大学、山东农业大学兼职教授，享受国务院政府特殊津贴专家。陈志长期从事农业机械化工程技术研究，在农业机械设计理论和重大装备研发方面具有深厚造诣，是我国农业工程发展战略研究领域具有重要影响力的知名专家。策划、主持完成了 10 多项国家重大项目和战略研究课题，获得一批技术成果并转化应用。曾获国家科学技术进步奖二等奖 3 项，省部级奖励 7 项，获授权专利 20 余项，主编、编著著作 13 部，发表论文 90 余篇，培养博士、硕士研究生近 40 名。

中央企业劳动模范——殷扣宏

殷扣宏，男，1971 年 11 月生，现任林海股份有限公司经销公司经理。1992 年，殷扣宏进入林海集团，1998 年进入销售部开始从事销售工作。多年来，他长期坚持在销售一线，自加压力、刻苦钻研、勤奋努力，为林海集团经营目标实现作出了卓越的贡献。

殷扣宏主动适应市场竞争的新形势，积极配合做好销售改革，通过与销售商合作成立公司、将销售员模拟为经销商采用承包、战略产品承包等销售方式，创新营销模式，落实责权利，使得整个销售部人员的积极性被调动起来了，整个销售队伍的面貌焕然一新。殷扣宏每年有 200 天以上出差在外，经常随身带上产品出差，及时现场介绍和演示公司新开发的产品，始终深入市场一线，促成了一笔笔订单。

他积极做好市场调研，将第一手市场信息分析提炼后反馈给公司领导和部门，为产品开发贡献“金点子”。经过调研了解到老式风力灭火机及水泵在灭火过程中有时并不能发挥很好的效果，他建议将风力灭火改成水灭火，对老式水泵进行更新换代。最终开发出体积小、重量轻、扬程远，便于携带的 8 马力泵。针对水源远的问题，将泵进行串联使用，发挥水泵灭火的最大效能。水灭火的思路指明了产品开发的方向，消防 UTV 等一系列产品相继开发成功并投放市场，成为公司又一利润增长点。

他特别重视售后服务。2018 年 4 月，济南发生森林火灾，在得知信息后，他连夜带领人员赶到火灾现场，和森林防火人员共同战斗。他自己动手并指导现场人员使用公司的消防产品，泵串联、远程供水系统、背负式风机齐上阵，为扑灭山火发挥了主导作用。

殷扣宏舍小家，顾大家，克服家庭困难。2012 年，他的父亲被查出肺癌，但因工作的原因，陪伴、照顾父亲的日子很少，一年多后父亲去世，给他留下了永远的愧疚。

作为经理，他以身作则，带头发挥党员先锋模范作用，团结大家一起干好工作。他经常组织员工深入车间一线学习产品性能和维护、保养技术，邀请专业技术人员讲解产品的使用方法和性能。针对销售人员长期出差在外，他主动与员工沟通，关心员工家庭和生活，激发员工的工作热情，努力使员工能够热爱企业，立足岗位，勤奋工作，自觉为企业发展争作贡献。

由于他工作积极努力，业绩突出以及对公司的卓越贡献，2015 年被评为江苏林海动力机械集团有限公司劳动模范，2016 年获新泰州建设功臣荣誉奖章，2016 年获中国机械工业集团有限公司劳动模范称号，2019年获中央企业劳动模范称号。

中央企业劳动模范——邹建福

邹建福，男，1969年11月生，现任国机重工集团常林有限公司首席技师。他秉承对工作追求卓越的理念，践行着精益求精的“工匠精神”，扎根工程机械技术制造一线30多年，经过上百个项目的锤炼，造就他“危急时刻站得出来，关键时刻顶得上去，攻关时刻拿得出手”的优良品质，被称为“结构件制作工艺巧匠”。

他参与公司承接的现代、阿特拉斯、卡尔马、沃勒等众多知名跨国企业结构件产品的制造和工装设计工作，其中“挖掘机下车架侧框工艺改进”获得“神华杯”银奖。他一次次攻克结构件制作难关，推进焊接机器人用的焊接翻转架胎具的设计，以较少的投入满足客户需求；他设计的胎具结构巧妙，让客户惊讶不已；他以“邹建福首席技师工作室”为平台，积极做好“传、帮、带”，把结构件制作的技艺毫无保留地传授给年轻技术人员，展示崇高的职业品格。他先后获得常州市五一劳动奖章，并连续两届被评为国机重工集团公司首席技师，于2019年9月获得中央企业劳动模范称号。

中央企业抗击新冠肺炎疫情先进个人——刘小虎

刘小虎作为时任中国中元国际工程有限公司主要负责人，在抗击疫情战斗中，站在一线，靠前指挥，迅速响应上级的部署要求，积极主动部署、落实，发挥国机所长，服务国家需要，不畏艰险、勇于担当，甘于奉献，体现出一名党员领导干部在危急关头敢于挺身而出的先锋表率作用。

2020年1月23日（农历腊月二十九），在接到国机集团指令后，他第一时间组织召开应急工作部署会议，成立了中国中元应急指挥领导小组并担任组长，亲自审核《关于新型冠状病毒肺炎疫情应急医疗设施建设中国中元行动方案》，部署安排成立技术专家组和应急突击队，同时部署整理小汤山应急医院图纸及相关资料，当天下午即向武汉发去修订完善的小汤山医院全套图纸，部署与武汉方面的即时联络通道，为火神山医院的建设提供24h的技术支持服务。与此同时，他要求公司有关单位和专业技术人员火速做好其他地区应急设施技术保障工作，向11个省市政府机构无偿提供小汤山图纸及技术支持，完成全国各地应急传染病医疗设施的设计项目共14项、工程承包和项目管理2项。《新型冠状病毒感染的肺炎传染病应急医疗设施设计标准》《传染病医院应急救治设施设计导则》《负压病房设计导则》等技术文件的编制与发布，有力地支撑了全国抗疫应急设施建设，得到同行业广泛赞誉。他对公司疫情防控工作毫不放松，建立中国中元抗击疫情工作日报机制，不辞辛劳，每日审阅疫情防控工作情况，并提出工作要求。协调解决公司疫情防控物资，有效保障员工身体健康。落实防控责任，带队检查公司在京各办公区防控措施的落实情况，建立公司本部办公区疫情防控情况日巡制度，指导公司各单位落实公司防控要求。在做好疫情防控的前提下，抓好中国中元复工复产工作。听取公司各生产单位生产经营情况汇报，积极采取有效措施，确保全年生产经营目标完成。自2月10日复工以来，接连中标了深圳太子湾医院项目设计和洛阳市儿童医院工程总承包（EPC）项目，洛阳儿童医院总承包项目是公司迄今为止单个合同额最大的医疗建筑工程EPC项目。

在刘小虎带领下，中国中元在抗击新冠肺炎疫情中的优异作为，得到了社会各界的广泛好评。

2020年第四届杰出工程师青年奖获得者——刘立晶

刘立晶，女，1976年生人，毕业于中国农业大学，获工学博士学位，研究员，博士生导师。长期从事保护性耕作技术和关键装备研究、设计与开发工作，在保护性耕作技术理论研究方面具有深厚的造诣。曾承担多项国家级课题，她扎根黑土地，以多项创新成果推动我国农机现代化产业技术进步。作为土壤植物机器系统国家重点实验室的技术负责人，她带领团队，针对农机核心零部件性能评价受农时、季节限制的“瓶颈问题”，研制出“排种器性能测试系统”，将四季农时与不同的耕作环境“锁在”多环境耦合因素评价实验室中，大大缩短了先进核心部件的研发周期。近年来，团队先后成功研发出填补国内空白、达到国际先进水平的玉米高速免耕精密播种成套技术与装备，高速气流输送式排种、排肥成套技术与装备，引领着国内农机行业发展的方向。刘立晶以“十年磨一剑”的精神，坚持技术创新为产业服务的工作目标，将科研成果落在大地上。截至目前，其创新成果 80% 转化为工程应用，累计服务农耕面积超过 5 500 万亩（1 亩 ≈ 666.67m²），使农业收入直接增加 45 亿元，化肥利用率提高 15.2% 以上，为我国农业产业的绿色发展、农机技术的现代化和我国东北“黑土地”的保护性耕作作出了巨大的贡献。

河南省五一巾帼标兵——司玉梅

司玉梅，中国一拖齿轮厂小齿车间制齿（倒角）工，2019 年承接各类新产品零件加工近百种。

1. 质量放心岗 司玉梅工作中钻劲十足，大轮拖零件 LY1504.37.213-1 模数大、齿数大、相邻两齿间槽窄，加工中刀具干涉，很容易打到齿面，司玉梅连续 3 天不厌其烦地反复摸索解决办法，最终将刀杆磨细后，解决了加工干涉难题；中轮拖零件 M300.37.120A 发货量大，月产量 3000 余件，受零件结构限制，精车后导致倒角定位面较小，容易出现齿偏现象，她与技术员不断改进装夹定位方式，经批量验证，消除齿偏现象，提高了质量稳定性。由于对“质”的重视，她所加工的零件被称为“免检零件”。

2. 车间女汉子 司玉梅所在的车间 60% 以上的零件需要倒角，由于品种多，需要频繁调整机床，效率不高。看到这种情况，她提前和上道插齿工序沟通，为了不占用下午有效出产时间，她中午让同事带饭回来，自己留在现场提前做好切换品种的准备。高产月时，同岗位职工因病住院，她主动承担起两人的工作，一人同时操作三台倒角机，胳膊肿、疼得抬不起来，她咬牙坚持，实现单人月产量 76 个品种、5 000 余件，实现“量”的突破。

3. 创效女能人 “勤钻研，善攻关”是她的特点，司玉梅工作中积累了许多解决难题的实用“窍门”，全年完成“双创”项目 5 项，直接创效 3 万余元。在重汽零件 WG2210100258 加工中，如果按原工艺，不仅加工时间长，对操作者技能的要求也非常高，还无法保证零件品质。她向技术员建议，将光轴开槽，做单键用来对齿，使对齿调整的难度大大降低，单件调整时间由 3min 缩短至 2min，批次合格率由 70% 提升至 100%。

“不讲条件，力保出产”是她常挂在嘴边的话，反映她对工作的热爱、对初心的坚守，在企业提质增效中彰显先锋模范作用。

河南省、洛阳市疫情防控中表现突出的共产党员——肖斌

肖斌，中国一拖生产经营部部长、党支部书记，负责中国一拖生产运行管控模式及战略采购平台的建设工作。2020 年，先后被评为河南省、洛阳市疫情防控中表现突出的共产党员，中国一拖“战疫情保春耕”先进个人等。

1. 积极策划，主动应对，确保企业复工复产 2020 年新年伊始，突发的新冠肺炎疫情打乱了企业的正常生产和经营秩序。中国一拖作为农业机械生产企业，一季度是传统销售旺季，产销量占全年 40% 以上。元月份受疫情影响，公司同期生产严重滞后，全力恢复产能成为公司的当务之急。肖斌带领部门员工主动放弃春节休假，从 2 月 3 日开始，主动积极策划复产复工方案，组织整理复工复产申请、方案。排查万余名复岗人员信息，确保 2 月 10 日如期复工复产。

2. 协调配套供应，精准组织生产，全面提升产能供应 复工复产不是孤军奋战的“独角戏”，疫情期间如果上下游配套企业不复工，供应链没有保证，公司就无法全面恢复生产。针对洛阳 168 家供应商不能复工复产，严重影响企业生产供应的情况，肖斌同志连夜组建工作小组，冒着被病毒感染的风险，冲在一线，不分日夜、不畏辛苦，现场蹲点，协调解决供应商复工审批、原料供应、人员返岗、物流运输等 58 个关键问题，16 个生产制造疑难问题。在多方努力之下，最终在 3 月初实现本市供应商复工，供应商复工率达到 98%，为公司全面复工复产打下坚实基础。

针对疫情影响下的企业欠产问题，他科学组织排定生产计划，调动内外部所有资源，将产能发挥到极限，保障春耕备耕的需求。他带领团队针对11家所属单位33项瓶颈和短板问题，分类制订具体措施，每天派专人跟踪落实并进行“碰头”分析，对各类问题提前预警，做到可知、可控，累计协调解决各类生产供应问题1 015项。在团队的共同努力下，迅速将公司产能由2月份的30%提升至满负荷生产。

3. 助力产销同增长，生产采购两手抓，党员本色得彰显 2020年，东方红大中轮拖产销量、国内市场占有率实现同比增长，市场占有率继续保持行业第一。其中，3月份较上年同期，大轮拖增产75%，中轮拖增产14%，柴油机增产71%，重拖装配下线创历史新高，实现抓疫情防控与抓生产组织“两不误”，为公司“战疫情保春耕”做突出贡献。

2018—2020年度国机集团优秀共产党员——李可茵

李可茵，现年46岁，大学本科学历，毕业于天津财经大学。1997—2013年就职于中国海外工程有限责任公司；2013年年底调入中国电力工程有限公司被派往厄瓜多尔负责现场财务工作；2016年回国在国机集团资产财务部工作、2018年起任部门副总经理，主要负责财务管理处相关项目融资、财务等工作。

1. 注重学习，提高政治素质和业务能力 “打铁还需自身硬”，只有过硬的政治素质和业务能力，才能胜任不断变化的工作环境。李可茵同志自调入中国电力工程有限公司后，一直认真学习党的路线方针政策，深刻领会其精髓，牢记党的宗旨，把握发展机遇。同时，她时刻不忘加强自身专业学习，面对新的环境和新的工作任务，不管是在国内工作，还是驻外期间，李可茵同志每天都至少安排0.5h的读书时间，自我充电，不断提升思想觉悟和业务水平。一名优秀的共产党员，仅仅有较好的业务能力是不够的，李可茵同志在工作之余，坚持学习党的路线方针政策、学习习近平关于党风廉政建设和反腐败斗争、论群众路线、厉行节约等重要论述摘编等。时时刻刻以党员的标准严格衡量、约束自己的言行。在日常工作中，与领导和同事相处融洽，相互信任，相互尊重。作为资产财务部副经理，她清楚地认识到岗位的责任和意义，尽力发挥团队的作用，忠于职守，对于分管的工作，不扯皮、勤沟通，以身作则，营造和谐氛围。做到“配合不讲条件，工作不畏艰难”。按照民主集中制的要求，做到科学决策，民主决策，大大提高了自身的管理水平。

2. 勤政务实，克服困难，力争各项工作圆满完成 2013年年底至2016年4月，李可茵同志被派到厄瓜多尔项目现场负责财务工作。除了日常的内部财务工作外，她与当地的会计师及税务顾问积极沟通交流，完善了当地项目的对外账务处理工作。按照财务工作要充分与项目结合的原则，她定时到项目现场进行实地走访，充分掌握项目情况，结合项目进展，妥善处理和完成了项目对外的财务工作。面对项目执行中遇到的每一个难题，李可茵同志始终牢固树立责任意识，主动作为，强化沟通交流，对项目管理工作做出了经得起时间考验的成绩。

3. 恪尽职守，以身作则，发挥党员先锋模范作用 李可茵同志遵守公司各项规章制度，劳动纪律，按照公司流程办理各项工作。时刻做好自己的本职工作，发挥共产党员先锋模范带头作用。工作中，大事小事都以身作则。对于领导安排的临时性工作，从不推脱，从全局的高度出发想问题，办事情。作为负责项目财务管理的副经理，公司各个现场需要财务部支持的时候，李可茵同志都会积极组织部门专业人员一起探讨发生的问题，自己带头，奔赴现场一线，找出问题关键，为公司的现场项目排忧解难。

2019年2月，自埃塞俄比亚项目现场发生重大税务审计及处罚以来，李可茵克服家里有80岁老父亲老母亲需要照顾的实际困难，先后7次前往现场与项目经理、外部律师、外部会计一起，为了公司在当地的合法权益，与当地税务局、审计师、法官据理力争，取得较好的阶段性成果。2020年年春节后，国内发生新冠肺炎疫情，埃塞俄比亚当地疫情形势不明，她还是毅然决然奔赴现场继续解决项目税务难题；8月份新冠疫苗试接种开始预约，她就立刻报名接种，成为公司第一批试接种人员中的一员；8月底她再“回”

埃塞俄比亚，这时项目分包商人员发生了聚集性疫情，先后有 10 名人员确诊，她和项目经理一起为了大家的安危，四处奔波，落实满足疫情防控要求的隔离医院与酒店。

在平凡的岗位上做出不平凡的事迹，这就是一个普通共产党员的毕生追求。李可茵同志时时警醒自己是一名共产党员，牢记入党誓词，堂堂正正做人，踏踏实实做事，始终维护共产党员积极向上的良好形象。

国机集团抗击新冠肺炎疫情先进个人——胡清波

胡清波，男，1977 年 8 月 24 日生人。现就职于中机国际工程设计研究院有限责任公司（简称中机国际），教授级高级工程师。

2020 年 1 月 27 日，正值大年初三。中设集团所属中机国际接到一项紧急设计任务——长沙市新冠肺炎应急医院设计。中机国际第一时间响应，紧急协商，将这个重要的任务交给医疗建筑设计所。胡清波接到通知时，正值 27 日中午在湘西探亲的高速公路上，他马上就近进入服务区，依据项目特点，根据设计人员个人情况，在踊跃报名的同事中挑选 40 多人组建设计团队，并委托往回赶的副所长蒋耀华，在长沙的副所长吴健雄组织在长沙的建筑设计人员首先启动应急医院方案设计。为了保证设计人员的安全，想方设法购买 1 000 只口罩，委托同事袁富坡带回长沙。28 日他从湘西赶回后，与方案组一起优化、审定方案，交各专业设计人员进行施工图设计。29 日中午，在团队满负荷紧张工作的背景下，又接到江西丰城城投公司的请求，希望赶快出一个应急方案，晚上市领导需要研究讨论，在这紧急情况下，与同事张石成一起设计满足其需要的建筑方案，给领导决策。30 日在丰城市领导研究方案的过程中，积极配合城投公司对几个应急方案进行论证，初步达成利用现有的乡镇卫生院进行隔离，放弃新建应急医院方案的共识。在这之后，未雨绸缪，他依据丰城市的现实情况，继续优化方案，以备需要。2 月 5 日晚上 11 点，接到丰城市城投公司领导电话，市领导根据疫情的发展情况，决定建设 200 个床位的应急医院。之前准备优化的应急方案为开工建设争取了时间，各专业的同事能马上进入工作状态。在应急医院设计的过程中，他发挥自身的专业优势，以及丰富的经验，始终把握“应急”的特点，快速建造的技术难点，突破常规，协调各专业力量进行创造性的设计与问题处理。

2020 年国机集团突出贡献专家——张炜

张炜，男，1962 年出生，安徽庐江人，教授级高级工程师，合肥工业大学、长安大学兼职教授，博士生导师。1983 年毕业于合肥工业大学水文地质与工程地质专业，1988 年、2004 年先后获合肥工业大学理学硕士及西安交通大学 MBA。现任国机海南发展有限公司党委书记、董事长，中国成套工程有限公司党委书记、董事长，曾长期担任机械工业勘察设计研究院总工程师、院长等职务，2006 年当选全国工程勘察设计大师。

张炜同志一直致力于我国岩土工程技术和企业管理的创新与发展。在我国湿陷性黄土工程性质、特殊土的地基处理及桩基技术、平山造地关键技术、非洲及南亚特殊岩土评价与地基处理技术等方面有较深入的研究。他作为项目负责人主持完成的国家科技支撑计划项目“黄土丘陵沟壑区（延安新区）工程建设关键技术研究与示范”及“郑州至西安高速铁路桥梁桩基试验研究”“西安财经学院新校区一期工程岩土工程勘察与试验”“‘一带一路’沿线国家特殊工程地质条件研究与应用”等重大研究及工程项目，部分成果填补了该领域国内空白，达到国际先进水平。先后获国家科技进步奖二等奖 1 项，国家优秀勘察设计奖 12 项，省部级科学技术奖、优秀勘察设计奖 20 多项。主编、参编国家、行业及地方技术标准，已出版 7 项，正在编制的 5 项。

张炜同志现兼任中国土木工程学会土力学岩土工程分会副理事长，中国地质学会工程地质专业委员会副主任，国际工程地质与环境协会（IAEG）会员，国际力学及岩土工程学会（ISSMGE）会员。

第六篇

重大经营项目汇编

工 程 承 包

（2020 年完工，合同金额 5 000 万美元以上）

一、孟加拉帕德玛水厂项目

承建单位：中工国际工程股份有限公司。

签约时间：2012 年 9 月 25 日。

项目概况：1997 年开始跟踪该项目，开发历程长达十几年，最终于 2012 年 9 月 25 日签署对外商务合同。项目业主是孟加拉达卡市供排水局（Dhaka Water Supply & Sewerage Authority），资金来源为中国进出口银行的“两优”贷款，合同金额为 29 080 万美元。

该项目位于孟加拉达卡市，建设内容为建造一处取水泵站，一座日处理能力 45 万 t 的净水厂，一处加压泵站及总长 33km 的大口径原水和净水输水管线，包括设计、供货、施工、安装和调试等。该项目采用了较多新技术，主要包括：大口径长距离输水技术和以高效澄清池为核心工艺的水处理技术，这两项技术都是首次应用于孟加拉国。

经济或社会效益：该项目的建成为当地居民提供清洁的地表饮用水，有效提升了达卡市地表水源供水系统的能力，惠及约 300 万当地居民。有效遏制当地地下水过度开采导致的地质危害，实现用水安全、卫生条件改善，促进了当地经济发展和生态环境保护。

二、连云港荣泰化工低温乙烯、液氨储罐总承包项目及连云港荣泰码头配套低温乙烯、液氨储运系统总承包项目

承建单位：中国浦发机械工业股份有限公司。

签约时间：2018 年 8 月。

项目概况：为保证项目顺利推进，该项目配备了优秀的设计、采购和项目管理团队，于 2018 年 12 月 14 日正式开工。项目组的成员牢牢抓住项目建设质量、进度、安全等关键环节，根据现场实际情况主动协调好各分包单位任务，科学合理安排工序，妥善解决实际问题；特别是在 2020 年克服了新冠肺炎疫情防控带来的巨大挑战，统筹疫情防控与施工管理等各项事宜，将疫情对项目施工的影响降到最低，按时完成了项目节点计划，12 月全部完成竣工验收。

经济或社会效益：项目合同总金额 5.2 亿元。该项目开创了公司近年来空分业务单项合同签约金额的新高，也打破了石化低温仓储行业单项合同规模，使公司重新回到低温储运领域领头羊的位置，重塑了公司的品牌形象。

三、老挝 230kV 南萨输变电项目

承建单位：中国机械设备工程股份有限公司。

签约时间：2015 年 5 月。

项目概况：项目位于老挝东北部，包括 3 条 230kV 输电线路和 2 座 230kV 变电站。项目 2016 年 8 月正式开工建设，2019 年 7 月按期完工并顺利移交。

经济或社会效益：项目的完工为当地电力持续稳定供给提供了有力保障。该项目获得老挝能源矿产部及老挝国家电力公司表彰，被评选为“2019 年度老挝能源矿产部优质工程”。

四、老挝乌江电站Ⅱ期输变电项目

承建单位：中国机械设备工程股份有限公司。

签订时间：2016 年 3 月。

项目概况：该项目位于老挝北部，横跨琅勃拉邦省、乌多姆赛省、丰沙里省，包括 3 条 230kV 输电线路工程、1 条 115kV 输电线路工程和 3 座变电站工程，是老挝北部区域电网的重要组成部分。主要包括勘测、设计、采购、运输、施工、调试、运行和质量保证。项目于 2020 年 7 月底顺利通过业主验收，并得到业主的高度评价。

经济或社会效益：项目的带电投运为老挝北部地区稳定供电提供了有力保障，为当地人民生产生活带来极大便利。

五、安哥拉万博（Huambo）电气化及进户线项目

承建单位：中国机械设备工程股份有限公司。

签约时间：2016 年 6 月。

项目概况：项目所在地为安哥拉中部地区万博（Huambo）省万博市。该项目包括万博市变电站、输电线路及中低压配网的建设。

经济或社会效益：该项目属于民生工程，旨在发展安哥拉城市电网建设，改善居民用电情况。建成后，将保障万博市居民的电力供应，以提高当地人民生活水平。

六、吉利汽车西安基地涂装厂生产设备总承包项目

承建单位：国机汽车股份有限公司。

签约时间：2018 年 5 月。

项目概述：吉利汽车西安基地坐落于西安市经开区泾渭新城，占地面积 5 000 余亩（1 亩 ≈ 666.7m^2）。主要包括新能源汽车整车制造、零部件生产、物流配套，以及冲压、焊装、涂装、总装的四大工艺厂房及与之配套的管理中心、生活配套区等各项辅助设施。涂装车间设备 2019 年 5 月进场，施工期间恰逢新冠肺炎疫情，项目部严格执行消毒，检查措施，落实两码检查及核酸检测，实现了整个施工期间安全及疫情防控零事故。2020 年 9 月顺利完成面漆投漆，为吉利“星越 L”上市奠定了坚实的基础。该项目前处理电泳首次采用摆杆中间返回结构，设备操作维护更加便捷；喷漆采用 B1B2 免中涂工艺，运营成本减少约 2 700 万元/年，一次投资降低约 1 600 万元，单班减少约 20 人；首次使用机器人喷涂的水性阻尼液态阻尼材料（SSD），车身减重 3 ～ 5kg，减少了车身颗粒、缩孔等问题。

经济或社会效益：该项目生产的新车型“星越 L”市场反响良好，已批量生产 1 万多台，正在陆续投放市场。

七、上海汽车集团股份有限公司新建年产 24 万台乘用车宁德产能项目

承建单位：国机汽车股份有限公司。

签约时间：2018 年 6 月。

项目概述：该项目位于福建省宁德市蕉城区七都镇三屿工业园区。厂区占地面积约 2 100 亩，新建整车厂四大工艺车间，新建 VDC、试车跑道、110kV 降压站、宿舍区等配套设施，主要建筑面积约 42 万 m^2。该项目为应对当地多雨天气和吹沙填海的特殊地理环境，因地制宜适时适度的采用不同的技术特色：①冲压车间逆作业。由于项目所在地夏秋季节雨水极多，台风频繁，故冲压车间施工工序采取逆作业施工，即先施工上部主体，屋面断水，再开挖施工地下深基坑特构，大大缩短冲压车间施工工期；②双轮铣（SMC 工法）深基坑支护。由于冲压车间局部特构深度达 8m 和场地沙土难成型的特性，车间深基坑支护采用国内先进的 SMC 工法，成型后反插型钢，有效保证了冲压车间特构施工的进度、质量和安全；③进一步拓展预制构件在涂装车间的应用。楼面和大部分屋面均为预制预应力梁装配式结构，其中倒 T 型预应力主梁跨度达到 21m，大大减少了脚手架搭设工程量和现浇混凝土施工的安全及质量风险。

经济或社会效益：上汽宁德整车厂建设项目一期规划年产能 24 万辆。2019 年 11 月 28 日，宁德整车厂生产节拍 30JPH 达纲（1h 可以生产 30 台车）具备了新能源车和传统汽车共线生产的能力，成为上汽服务东南沿海、辐射东南亚市场的重要整车基地，这也是继上海临港工厂、南京浦口工厂、郑州工厂之后上汽集团自主品牌乘用车的第四座工厂。

八、江铃富山工厂涂装车间项目

承建单位：国机汽车股份有限公司。

签约时间：2018 年 1 月。

项目概述：该项目占地面积 33 800m^2，建筑面积 71 196m^2，规划生产福特 SUV 车型。2020 年 2 月，因市政规划，江铃股份青云谱厂区确认整体搬迁，轻型载货汽车产能急需转移至富山基地。江铃富山涂装车间已建成的生产线设备需要通过改造，才能满足导入江铃轻型载货汽车系列产品混线生产需求。面对前所未有的挑战，中汽工程富山涂装项目部疫情期间，克服重重困难，快速响应，不分昼夜，大胆创新攻坚，为江铃福特小蓝基地产能优化与产线集约投资提供了有力支撑。

江铃福特富山工厂涂装车间生产线项目是中汽工程目前在江铃汽车股份有限公司承建的规模最大的涂装生产线总承包项目，通过此项目首次进入福特体系。项目采用福特全球标准，具备年产 30 万辆 SUV 整车及商用车产能，涵盖福特及江铃产品，生产线及装备的自动化、柔性化程度达到国际先进水平，是中汽工程“定制化解决方案，高端服务的成功实践”又一个成功实践。

经济或社会效益：江铃富山工厂是江铃和福特携手共同打造的国际领先、国内一流的绿色智能数字化标杆工厂，是江铃股份第一个新能源汽车生产基地。涂装项目采用福特全球标准，开创性采用双橇自动分合方案，全行业首创实现了乘用车与商用车混线、智能柔性生产工程案例；同时，为行业提供了一种创新混线生产工艺方案及智能组合的柔性输送方式，探索汽车行业在生产过程中可扩展性和灵活性核心需求解决方案。

九、巴基斯坦卡拉奇 K-2/K-3 核电取排水工程项目

承建单位：中国海洋航空集团有限公司。

签约时间：2016 年 6 月。

项目概述：中国海航积极响应“一带一路”倡议，贯彻国机集团核电“走出去”战略，继续发挥水工工程细分领域核电水工业务在国内的领军优势地位，2016 年 6 月，经过前期艰苦谈判，所属中海工程建设总局正式与巴基斯坦签约并开始实施第一个国外工程总承包项目——巴基斯坦卡拉奇 K-2/K-3 核电站取排水工程，合同金额3.22亿美元。

经济或社会效益：该项目是我国自主知识产权的 ACP1000 核电机组第一个海外出口项目的配套海工工程，开启了中国海航独立承担海外工程项目的新篇章。项目于 2020 年执行完毕，得到业主的高度肯定和赞扬，并收到业主颁发的优秀竣工证书。

十、白俄罗斯酒店商务办公综合体项目

承建单位：中国机械工业建设集团有限公司。

签约时间：2015 年 1 月。

项目概况：该项目位于白俄罗斯明斯克，是为白俄罗斯酒店商务办公综合体建设所需的生活临时设施区域设计及建设、生产临时建筑建设；合同范围内的桩基工程（含试桩）、降水工程；宾馆、银行、餐厅、会议中心及合同范围内的地下停车场的土建施工，运动中心钢结构的安装；除 3 号办公楼之外所有子项的供货、安装工程、调试和中间验收；配合项目整体的验收和移交工作。工程规模 14 万 m^2，合同金额为 50 693.59 万元。

经济或社会效益：项目利润 2 331.91 万元 .

十一、福建申远新材料有限公司二期年产 40 万 t 聚酰胺一体化项目动力车间工程总承包

承建单位：中国联合工程有限公司。

签约时间：2018 年 5 月。

项目概述：该项目建设内容为年产 40 万吨聚酰胺一体化项目动力车间配备 3 台 240t/h 高温高压锅炉 +2 台 25MW 高温高压抽汽背压式汽轮发电机组（2 用 1 备），远期预留 1 台 240t/h 高温高压锅炉 +1 台 25MW 高温高压汽轮机。项目执行过程中，项目管理团队采用矩阵化管理模式，加强协调管理，强化责任意识，始终以精细化管理为核心，使得整个项目的设计、采购、施工均达到了国内先进水平。

经济或社会效益：该项目建立了完整的聚酰胺产业链，为实现我国化纤工业“十三五”发展指导意见中化纤及纺织的一体化生产，提高产业链掌控能力和综合竞争力，做出积极贡献。项目获得业主颁发的优秀总承包商、最佳安全协作承包商、优秀质量管理单位等各项荣誉。

十二、宁波杭州湾新区南洋小城拆迁安置房工程

承建单位：中国联合工程有限公司。

签约时间：2016 年 10 月。

项目概况：该项目总占地面积 61 906m^2，总建筑面积 161 393.09m^2，工程总投资 73 000 万元。工程含建筑单体共 18 栋楼，主要户型包括 80m^2、120m^2 及 160m^2，可安置居民 840 户。工程整体上体现欧式尊贵时尚住宅区的定位，布局重塑法式风情的中轴、秩序和节奏。材质上主要采用玻璃及真石漆，利用钢筋混凝土塑造线脚，既保证住宅品质，又具有经济性。

经济或社会效益：该项目是宁波新区首个采

用工程总承包（EPC）模式建设的试点项目，为宁波杭州湾新区首个安置“上楼”项目，对新区后续安置具有重要的示范作用；该项目也是杭州湾新区首个海绵城市建设项目。项目荣获“宁波市建筑工程优质结构奖”。

十三、梅城镇小城镇环境综合整治工程一、二期工程总承包项目

承建单位：中国联合工程有限公司。

签约时间：2018 年 8 月。

项目概况：该项目主要建设内容包括城镇道路建设与提升、街道景观整治、园林绿地建设、城市广场建设及门户景观提升等。为在各关键节点前完成作业任务，制订包括设计进度、采购进度、施工进度等在内的总进度计划，在施工过程中及时发现问题，及时反馈和处理问题，以保证项目施工过程中能高效的处理问题，确保进度目标。

经济或社会效益：该项目得到了浙江省、杭州市各级领导认可。浙江省内各县市多次组织乡镇参观学习。2020 年，严州古城（梅城镇）荣获“艾里缇斯”国际大奖，被誉为“最美中国文化旅游镇”。其中龙山书院、范公祠工程荣获了 2020 年下半年度杭州市建设工程“西湖杯”结构优质奖。

设计、咨询、勘察项目

（2020 年完工，合同金额 500 万元以上）

一、宁波新世界广场

设计单位：中国中元国际工程有限公司。

签约时间：2014 年 6 月。

项目概况：项目位于宁波市，临近三江口城市核心区，隔香格里拉与甬江相望。共包括 11 个地块，功能包含了 K11 商场、酒店、办公楼、住宅、城市公园、地下停车库等，是一个大型的城市综合体项目。

经济或社会效益：项目内部融合了城市出行、高端居住、商务办公、购物休闲、酒店、艺术欣赏等多重功能；外部通过项目城市综合体的带动作用，与老外滩、庆安会馆、城隍庙、鼓楼等旅游景点进行串联，成为宁波市面向世界的城市窗口。作为宁波市重点项目之一，宁波新世界广场以一个与历史共生、与未来共融的崭新生活空间，为三江口翻开新的辉煌篇章，为宁波缔造新的城市地标与名片。

二、民航运行管理中心、气象中心及民航情报管理中心工程

设计单位：中国中元国际工程有限公司。

签约时间：2016 年 11 月。

项目概况：项目位于北京首都机场附近，建筑面积 7.5 万 m^2，由具有世界先进水平流量管理系统的运行管理中心、亚洲航空气象中心和新一代航空情报管理中心、后勤中心和发信台组成。方案以巧妙的设计将 4 个独立的中心有机串联，并通过舒适、能源、环境、主动性等一系列主动式技术手段，实现了健康舒适与节能环保的平衡。

经济或社会效益：项目建成后，可大幅度提高民航空中管理运行保障能力，提高民航流量管理、航空气象和航行情报服务能力以及统筹航空公司、机场和空中交通管理部门及军民航之间的运行协调能力，对进一步提高我国民航的国际地位和影响力具有重大意义。

三、中金所技术研发基地

设计单位：中国中元国际工程有限公司。

签约时间：2016 年 1 月。

项目概况：项目位于上海市浦东新区，总用地面积约 80.72 亩（1 亩 ≈ 666.67m^2），规划分二期实施。园区分为 3 大功能区：分别为生产区、配套区、二期建设预留区。本次建设的一期工程包含数据机房及配套ECC、动力中心、配套办公、地下车库、连廊等，总建筑面积9.87万m^2。

经济或社会效益：项目在机房等级、系统配置、智能化管理、绿色节能措施、新产品新技术应用等方面都走到了国内前列。作为上海市重点建设项目，中金所技术研发基地是助力上海国际金融中心建设的关键环节。

四、积水潭医院新龙泽院区

设计单位：中国中元国际工程有限公司。

签约时间：2021年3月。

项目概况：项目位于北京市昌平区，规划床位数800床，总建筑面积143 053m^2。日门诊量2 400人次，洁净手术室28间，ICU床位60张，百级层流病房14间。是集医疗、教学、科研、保健、康复、急救为一体的现代化三级甲等综合医院及区域医疗中心。

经济或社会效益：作为北京市旧城保护和人口疏解政策出台后首个区与区对接建设的保障房配套医院项目，该项目承担着北京西城区旧城疏解民生服务保障的重任，受到市委、市政府的高度关注，并被称为疏解典范。同时作为距离京张高铁出京最近的公共建筑，也成为城市的重要节点，受到首都规划委员会的高度关注。积水潭医院入驻新龙泽院区是响应中央疏解非首都功能战略部署的重要政治任务，可再现中轴线历史文化、恢复银锭观山景观，解决北京市昌平区回龙观地区80万人民看病问题。

五、丽水经济技术开发区机场安置工程全过程代建开发项目设计

设计单位：中国浦发机械工业股份有限公司。

签约时间：2019年7月。

项目概况：项目实施过程共经历了建筑方案设计、初步设计、建筑施工图设计、景观专业方案设计、景观专业扩初设计、景观专业施工图设计、公共部分精装修方案设计、公共部分精装修施工图设计八个阶段。从项目启动到提交成果历时138天。项目的设计考虑到片区各个方向的便捷联系，紧邻“金丽温”高速公路隧道，东侧为自然景观，基地周围环境设计为优美场地。

项目总用地面积61 349m^2，容积率2.16，建筑密度20%，拟建总建筑面积196 238.33m^2，设计使用年限为50年。工程性质为高层住宅、配套用房、邻里中心和一栋18个班的幼儿园；按照二星级绿色建筑设计标准设计，配建一处平战结合式甲类防空地下室。

经济或社会效益：合同金额1 025.58万元。

六、合肥市轨道交通3号线工程第三方监测DSFJC1标

设计单位：机械工业勘察设计研究院有限公司。

签订时间：2015年1月31日。

项目概况：该项目于2014年12月26日生效，2021年1月5日获得项目完工证书。监测范围包括14座车站、15个区间，方兴大道站至四里河路站、怀宁路主变及其110kV和35kV地下电力廊道、翡翠湖停车场及其出入段线。该项目线路较长，具有下穿河流、侧穿潜山路桥墩等实施难点，施工风险较大。

经济或社会效益：轨道交通3号线的开通运营，标志着安徽省合肥市轨道交通正式由“换乘时代”迈入“线网时代”。不仅改善了城市交通环境，方便市民出行、促进区域经济社会协调发展、进一步强化合肥市作为全国重要综合性交通枢纽的地位，也极大地提升了“大湖名城　创新高地”的形象与气质。

七、深圳市城市轨道交通5号线延长线工程第三方监测（5024标）项目

设计单位：机械工业勘察设计研究院有限公司。

签订时间：2016年3月16日。

项目概况：该项目2016年3月生效，2019年9月通过竣工验收，深圳市城市轨道交通5号线延长线于2019年9月开通运营。该项目范围包括深圳市城市轨道交通5号线延长线四站四区间，线路长度6.62km；工作内容包括地铁车站及区间建设过程中的周边环境监测、与施工相关的监测和线路日常巡检。

经济或社会效益：深圳市城市轨道交通5号线延长线南起赤湾站，北至5号线前海湾站南端，经过南山区、前海片区。作为深圳市轨道网络的重要组成部分，深圳市城市轨道交通5号线延长线建成后将前海、宝安、龙岗、龙华地区有机地结合起来，对实现前海未来职住平衡、支持沿线开发、承担沿线中心区域居民出行、保证城市总体规划实施、缓解城区交通压力、加强前海与周边地区联系有着重要的意义。

八、珠海淇澳岛帆船游艇基地港口工程（一期）优化勘察设计

设计单位：中国海洋航空集团有限公司。

签约时间：2018 年 5 月 10 日。

项目概况：该项目为中国海洋航空集团有限公司内部协同项目，建设单位为中海总局珠海淇澳岛帆船游艇基地项目经理部，合同金额 370 万元。本期工程用海面积 13.0hm^2，建设防波堤总长 696.1m，建设 10 ～ 36m 游艇泊位 127 个，防波堤包括东、西防波堤，其中，东防波堤长 373.2m，包括 173.2m 原防波堤及 200m 新建防波堤；新建西防波堤长 322.9m。工程挖泥总量为 76 万 m^3。该项目是广东省目前最大的游艇码头，总投资约 1.8 亿元。

经济或社会效益：该游艇码头项目弥补了珠海市缺少“水上娱乐休闲”功能的问题，随着该游艇码头项目的运营，可大大增加群众休闲度假的乐趣，增加就业机会，提高城市品位，进一步改善投资环境，从而吸引了更多的外商投资。

九、陆丰市渔港经济区（湖东一级渔港）前期工作

设计单位：中国海洋航空集团有限公司。

签约时间：2020 年 6 月 18 日。

项目概况：该项目建设单位为广东省陆丰市湖东镇人民政府，合同金额 279.8 万元。为三级渔港，根据《全国沿海渔港建设规划（2018-2025 年）》的要求，拟通过建设，申报创建国家一级渔港。结合湖东渔港的情况，建设投资估计为 2 亿元。

经济或社会效益：改善了陆丰市渔港的生产作业条件，提升了综合服务能力和科学管理水平，有助于吸引更多渔船来港作业，增加鱼货卸港量和交易量，建立以渔业贸易物流为核心，集加工、科研、休闲等为一体的特色产业链，提升陆丰市海洋渔业的发展水平；推动以城乡公共服务设施均等化为特征的城乡统筹发展，形成良好的创业环境、产业业态和经济增长点，实现投资环境的全面改善，有助于集聚人流、物流、资金流，进一步加大就业岗位的有效供给，促进当地渔民的转产转业。

十、周口颐科中心设计项目

设计单位：中国农业机械科学研究院。

签约时间：2020 年 6 月 3 日。

项目概况：该项目合同金额 550 万元，由一组高 139m、总面积 20 万 m^2 的生态商务商业综合体组成，总投资 8 亿元。项目位于河南省周口市东新区门户位置，坐享文昌大道与黄山路两条主干道，紧邻高铁东站，接驳繁华，周边学校、医院、住宅一应俱全。

经济或社会效益：该项目建筑功能设计部分充分考虑了商业功能的灵活性、衍变性、前瞻性和合理性，以满足商业能够适应不同时代、不同要求的变迁，遵循“功能决定(建筑)形式”的建筑精神，也体现了“实用、美观、经济”的地方特色。

十一、故城—三台制鞋产业园项目

设计单位：中国农业机械科学研究院。

签约时间：2020 年 8 月 27 日。

项目概况：项目金额 1 400 万元。位于河北省衡水市故城县衡德工业园区，总占地 4 633.35 亩，总建筑面积 4 092 611m^2，项目总投资 150 亿元。新建厂房、库房、综合办公楼、生活基地、鞋材交易市场等。

经济或社会效益：项目完成后，预计可搬迁企业 140 家，解决 12 000 人就业，年产值 71.6 亿元，对于稳定社会、增加城乡居民收入、带动制鞋产业升级、推动地方经济及提升城市形象，发挥重要作用。

十二、武汉航天城同济医院（筹）建设项目

设计单位：中国农业机械科学研究院。

签约时间：2020 年 10 月 28 日。

项目概况：项目金额 800 万元，主要包括 2 栋综合医疗楼（其中，B 区 13 层，A 区 3 层），1 栋 4 层感染楼，1 栋 4 层行政后勤楼，1 个污水地下处理间（地上地下各 1 层）及一个 1 层单建地下室，总用地面积 148 059.65m^2，总建筑面积 214 998.9m^2，总投资额为 200 877.52 万元，于 2021 年 7 月底竣工，2021 年 10 月底交付使用。

经济或社会效益：该医院能容纳 1 500 个床位，具有快速平疫转换的能力，进可为三级甲等全科医院，退可为突发医疗事故的抵御防线，对于全面提升医疗机构传染病救治能力及基层防控能力、推进卫生健康信息化建设发挥重要作用，构筑起保护人民群众健康和生命安全的有力屏障。

十三、山西（太原）智能高端装备产业园

设计单位：机械工业第六设计研究院有限公司。

签约时间：2020 年 12 月 18 日。

项目概况：该项目总投资约 50 亿元，规划用地总面积约 1 656 亩，建筑面积约 30 万 m^2，主要生产矿山设备、起重设备、焦化设备、工程机械及核电设备等产品。

经济或社会效益：该项目规划设计以“精细化，国际化，高端化，智慧化”为目标，采用焊接流水生产线、机器人焊接、智能检测、机器人喷涂、智能装配线、智能仓储物流等技术，打造工艺先进，高质高效的生产管控系统，构建自动化下料中心、焊接加工中心、涂装中心，着力打造建设具有国际一流竞争力的现代智能装备制造基地。

十四、河北白沙烟草石家庄卷烟厂制丝工艺优化升级暨钻石（荷花）品牌专线项目设计

设计单位：机械工业第六设计研究院有限公司。

签约时间：2020 年 1 月 16 日。

项目概况：该项目建位于河北白沙烟草有限责任公司石家庄卷烟厂现有厂区内，为改扩建工程，总投资约 5.3 亿元。

经济或社会效益：项目实施后将完成河北中烟“荷花”品牌专用制叶丝线建设，满足“荷花”品牌精细化加工特色工艺需求。

十五、仙桃市非织布特色小镇中小企业产业园（孵化园）

设计单位：机械工业第六设计研究院有限公司。

签约时间：2020 年 9 月 30 日。

项目概况：该项目占地面积约 473 亩，总建筑面积约 32 万 m^2。

经济或社会效益：该产业园是湖北省仙桃市倾力打造的“四基地两中心”的国家非织造布制品生产基地，项目建成后，将成为全球具有较大影响力的非织造制品孵化基地、非织造制品创新创业基地、非织造制品转型升级示范基地。

十六、厦门金鹭硬质合金工业园（一期）

设计单位：机械工业第六设计研究院有限公司。

签约时间：2020 年 3 月 31 日。

项目概况：该项目建筑面积 8 万 m^2，包括两栋合金棒材生产车间以及辅助生产设施、生活设施等，年产棒材 7 000t。

经济或社会效益：该项目按绿色、智能工厂的标准进行设计，运用 BIM 技术手段，将工业技术、数字化技术和智能化管理充分融合，实现生产作业的流程化、标准化，工艺装备的机械化、自动化，生产过程的智能化、绿色化，生产管理的数字化及资源的优化配置。

十七、开封恒大童世界

设计单位：机械工业第六设计研究院有限公司。

签约时间：2020 年 9 月 24 日。

项目概况：该项目总投资 1 000 亿元，建筑面积 48.6 万 m^2，是以中国历史名著、神话传说，古希腊、古埃及、古阿拉伯、西欧等世界经典童话神话为背景，专为 2 ～ 15 岁少年儿童打造的全室内、全天候、全季节世界顶级童话神话主题公园。

经济或社会效益：该项目是开封自新中国成立以来最大的文化项目，也是推进郑汴一体化深度发展的重大项目。

十八、登封市人民医院东迁建设项目

设计单位：机械工业第六设计研究院有限公司。

签约时间：2020 年 8 月 6 日。

项目概况：该项目总投资 8 亿元，总用地 169.14 亩，总建筑面积 16.8 万 m^2。

主要包括：门诊楼、病房楼、医技楼、健康管理中心、急救中心、行政办公楼和科教楼等。

经济或社会效益：该项目由西到东分为综合

医疗区、康复花园和专科医疗区 3 大部分，康复花园提升整个医院区域使用质量，同时将专科医疗区与综合医疗区分开，互不影响，可满足非常时期，如疫情时期独立院区设置的需要。

十九、郑州理工职业学院新校区

设计单位：机械工业第六设计研究院有限公司。

签约时间：2020 年 4 月 17 日。

项目概况：该项目总用地面积 473 亩，建筑面积 36 万 m^2，可容纳学生 2～2.5 万人，包括教学区、实训区、宿舍区和运动区等。

经济或社会效益：项目建成后，将极大地提升郑州理工职业学院教育教学硬件水平，为学院升本工作提供有力支持，为当地改善文教基础设施提供有效助力。

二十、援塞拉利昂国家体育场大修项目

设计单位：机械工业第六设计研究院有限公司。

签约时间：2020 年 10 月 26 日。

项目概况：该项目位于塞拉利昂首都弗里敦市。体育场总建筑面积 43 334m^2，由 3 部分组成：3 万人体育场，1 500 人游泳馆；200 个床位运动员公寓以及室外网球场、篮球场等练习场地。

经济或社会效益：该体育场是塞拉利昂目前最大的体育场馆，可满足塞拉利昂举办非洲杯、西非足球联赛等地区性国际比赛、国内足球和田径比赛的要求，同时，还具有举办政治集会、宗教宣讲、商业和国庆日庆祝活动等多项功能，是首都弗里敦市标志性建筑，也是中塞两国友谊的象征。

二十一、河南省直青年人才公寓

设计单位：机械工业第六设计研究院有限公司。

签约时间：2020 年 1 月 17 日。

项目概况：该项目包括文华苑、博学苑，其中，文华苑总投资 32 亿元，建筑面积 55 万 m^2；博学苑总投资 26 亿元，建筑面积 44.6 万 m^2。

经济或社会效益：该项目是河南省“筑巢引凤”重点民生工程，也是河南省首批大体量装配式建筑示范项目，装配率高达 60%。

二十二、太行水镇景观工程设计

设计单位：机械工业第六设计研究院有限公司。

签约时间：2020 年 3 月 24 日。

项目概况：项目总用地面积 500 亩，总建筑面积 37 万 m^2，总投资 20 亿元。

经济或社会效益：项目规划结构为一园、两街、四区，通过一条南北向主轴线有机关联。规划业态丰富，生态自然，文化厚重，遵循可持续发展的原则，形成游、学、食、住为一体的生态绿岛、活力之城。

二十三、绵阳开茂水厂

设计单位：机械工业第六设计研究院有限公司。

签约时间：2020 年 10 月 26 日。

项目概况：该项目设计规模为 30 万 m^3/d，设计内容包括取水工程、净水厂工程、输水工程。其中，取水工程主要含取水枢纽、原水输水渠等；净水厂工程包括取水和净水及污泥处置等；输水管工程长约 80km，管径 1 600mm，包括管道及附属设施等。

经济或社会效益：该项目为绵阳市的第二供水主动脉，将为北川、安州和高新区沿线进行供水。

二十四、中国陶瓷电商物流园全过程咨询项目

设计单位：机械工业第六设计研究院有限公司。

签约时间：2020 年 6 月 30 日。

项目概况：该项目总投资 28 亿元，总建筑面积 70 万 m^2，服务内容包含项目策划、工程勘察、仓储 BIM 应用、工程设计、造价咨询、工程监理、项目运营咨询服务等方面。

经济或社会效益：该项目建设期为 2020～2024 年，致力于打造成为海峡西岸国家级物流枢纽和面向世界的国际性陶瓷电商智慧物流园区。

二十五、郑州国际物流园物流基地一期

设计单位：机械工业第六设计研究院有限公司。

签约时间：2020 年 10 月 16 日。

项目概况：项目占地约 324 亩，总建筑面积 21 万 m^2，主要建设电商仓储中心、快递分拨中心、冷链配送中心，服务涵盖前期咨询、勘察、规划设计、全过程造价咨询等多项内容。

经济或社会效益：该项目聚焦河南省物流发展战略布局，是郑州市推进国家物流枢纽布局和建设的重点项目。

二十六、宁波农副产品物流中心项目Ⅱ期

设计单位：机械工业第六设计研究院有限公司。

签约时间：2020 年 9 月 28 日。

项目概况： 该项目总投资约 5 亿元，占地面积 242 亩，总建筑面积约 12 万 m^2，建成包括蔬菜、水果、蛋禽肉、冻品等全品服务。

经济或社会效益：该项目是浙江省宁波市重点工程，也是推进农副产品批发市场转型升级，提升中心城区品质，确保全市农产品安全的民生工程，建成后将成为全国农副产品骨干流通网络节点，满足宁波及周边 1 000 万人口的消费需求。

二十七、浙江师范大学行知学院迁建项目

设计单位：中国联合工程有限公司。

签约时间：2014 年 10 月。

项目概况：作为大型标志性建筑，其建筑立意提炼了地域文脉和场所精神，兰花是兰溪市市花，故图书馆设计取义于此，将“兰”作为形态抽象化处理，实现了公司在大型标志性建筑上的重要探索。浙江师范大学行知学院项目为兰溪市政府联合高校振兴地方的市重点工程。项目作为异形建筑，变化的体量、复杂的功能对结构设计提出了巨大挑战，建筑设计与结构设计的紧密配合，最终将兰花般自由的形态落于实际，经各专业历时五年的鼎力配合，逐一攻克了设计施工难题。

经济或社会效益：图书馆于 2019 年建成使用，得到了校方及社会各界的一致赞誉。项目荣获钱江杯一等奖、西湖杯二等奖。

二十八、镇海中学台州分校项目全过程咨询项目

设计单位：中国联合工程有限公司。

签约时间：2018 年 12 月。

项目概况：该项目总建筑面积 105 320m^2，包括教学办公楼、行政办公与多功能报告厅、图书电教中心、初中部（含初中北教学楼、南教学楼、实验楼）、高中部（含高中北教学楼、南教学楼、实验楼）、食堂与风雨操场、1—4 号学生宿舍楼、5 号学生公寓（教师宿舍）共 15 个单体建筑及校大门、室外运动场及地下停车库。设计 60 班级，可容纳 2 700 学生。

经济或社会效益：项目于 2020 年 08 月 20 日按计划目标交付使用，保障了镇海中学台州分校按计划在浙江省台州市椒江落户，赢得了政府各级领导、各部门、人民大众的高度认可，为台州市基础教育提升提供了良好的物质基础。

二十九、安徽首矿大昌金属材料有限公司煤气发电项目

设计单位：中国联合工程有限公司。

签约时间：2018 年 8 月。

项目概况：该项目建设内容为新建亚临界超高温煤气发电机组，机组配置为 2×260t/h 煤气锅炉 +2×N80 纯凝式汽轮机 +2×85MW 发电机，用企业富余煤气发电，符合国家鼓励和支持的资源综合利用政策，不仅解决煤气排放带来的环境问题，而且有助于企业节能减排、提高经济效益。85MW 亚临界超高温机组，是煤气发电领域最先进、高效的技术，该参数的 85MW 机组更是首次应用于煤气发电项目。

该项目机组在同等燃料消耗情况下发电效率约 41.2%，比在役最先进煤气发电机组的发电效率高约 2 个百分点，全厂热耗降低约 10%，年节约标准煤约 2.52 万 t。项目利润总额达 6 000 万元 / 年，年发电量达 6.8×108kW·h。

经济或社会效益：项目每台锅炉配 SCR 脱硝、干法脱硫及布袋除尘进行脱硝脱硫除尘，处理后的烟气达到 GB 13223—2011《火电厂大气污染物排放标准》中燃气轮机组排放限值标准，变害为宝、减少煤气排放造成的环境污染。项目用钢厂富裕煤气发电进行资源综合利用，同等替代其他燃料发电，有利于缓解能源紧张。项目的建设、运营还提供了新的就业岗位。

三十、中国自动化（吴忠）产业园建设项目

设计单位：中国联合工程有限公司。

签约时间：2015 年 3 月。

项目概况：该项目合同金额为 718 万元。项目一期总投资 10 亿元，建筑面积 184 323m^2。为多品种、小批量、定制化生产的高端控制阀智能制造车间：依托数字化设计平台，开展智能制造、智能物流和数字化装配具体建设，实现零件加工、物流管控、组装及检测全过程的自动化、数字化、网络化、智能化。新建“流体控制装备及技术重点实验室”，建成各类行业先进的阀门试验装置：建成目前国内最大的阀门流量系数和流阻系数测量装置，研制行业领先的控制阀低温（介质）试验装置、控制阀动态高温试验装置、深海环境模拟高压试验仓。

经济或社会效益：该项目巩固了吴忠仪表龙头企业的地位，成为国内唯一一家能够与美国、德国顶级品牌抗衡的控制阀制造企业。项目的成功投产，对于推进我国高端控制阀研发制造国产化、替代进口具有十分重要的作用。

三十一、义乌市阳光大道立交化改造提档工程

设计单位：中国联合工程有限公司。

签约时间：2016 年 7 月。

项目概况：该项目是中国联合工程有限公司第一个城市高架快速路工程，工程包含了一座大型互通立交、5.9km 主线高架桥和长 6km、宽 70m 地面主干道，工程投资 15 亿元。合理运用技术手段解决小商品市场特有的客货交通掺杂的快速路交通模式；通过少支架施工方案攻克了在中心城区不阻断交通的施工技术难题；采用大悬臂桥梁横断面设计，为桥下主干路提供了充足空间。

经济或社会效益：项目建成通车后，大幅提升了义乌丝路新区的城市环境，完善了浙江省义乌市环线快速路路网，有效地解决了义乌市东部地区过境交通难题。主要标段获得浙江省住建厅“2020 年浙江省建设工程钱江杯（优质工程）”奖。

贸 易 项 目

（2020 年完成、合同金额 5 000 万元以上）

一、凌云工业股份有限公司下属子分公司

实施单位：中国机械设备工程股份有限公司。

签约时间：2020 年 1 月。

项目概况：货物买方为凌云工业股份有限公司（简称凌云公司）各子分公司，隶属中国兵器工业集团，是国企上市公司。该公司是大众、福特、通用、长安、北汽、上汽等汽车主机厂的一级零部件生产配套企业，主要生产汽车的防撞梁、保险杠、门槛等部件。中经东源进出口有限责任公司（简称东源公司）自 2013 年起成为凌云公司合格供应商，与凌云公司各子分公司签订供货合同，在风险管控方面，对凌云公司各子分公司投保中信保贸易险。东源公司采购的货物上游企业是世界著名钢铁企业 ArcelorMittal，SSAB，新日铁等制造商，也是汽车主机厂认可的材料制造商，质量、信誉有保障。

经济或社会效益：该贸易业务已执行 8 年，2020 年该项目共进口金额 700 万美元，实现营业收入 15 800 万元。目前项目进展顺利，已成为东源公司长期稳定业务。

二、捷豹路虎进口汽车项目

实施单位：国机汽车股份有限公司。

签约时间：2020 年 8 月 1 日。

项目概述：中进汽贸继续为捷豹路虎（中国）投资有限公司提供车辆进口、自理（代理）清关、仓储、物流服务，并在此基础上，不断探讨延伸业务的可能。

经济或社会效益：2020 年，实现营业收入

52.81 亿元。

三、阿斯顿马丁认证、进口、物流服务项目

实施单位：国机汽车股份有限公司。

签约时间：认证项目 2017 年 8 月，进口物流项目 2020 年 8 月。

项目概述：中进汽贸作为阿斯顿马丁品牌国内唯一授权进口商，为阿斯顿马丁公司提供车辆的车型认证、一般贸易车辆进口、物流及特殊车辆进口服务，并提供 CCC 认证及目录维护管理服务。

经济或社会效益：2020 年，实现营业收入 4.47 亿元。

四、特斯拉物流服务项目

实施单位：国机汽车股份有限公司。

签约时间：2020 年 4 月。

项目概述：2020 年，中进汽贸继续为特斯拉中国提供天津港、上海港进口特斯拉车辆的清关、商检、仓储、检测、车辆维护、运输服务，并在此基础上，成功拓展特斯拉国产车物流服务业务。

经济或社会效益：2020 年实现营业收入 0.7 亿元。

五、菲克进口汽车项目

实施单位：国机汽车股份有限公司。

签约时间：2018 年 7 月。

项目概述：2020 年，中进汽贸直面新冠肺炎疫情影响，积极配合菲克厂家达成采购和销售进度计划，加强物流安全管控，保持高效服务质量，助力主力车型市场销量稳步提升，为双方的持续战略合作奠定了坚实的基础。

经济或社会效益：2020 年，实现营业收入 43 亿元。

六、国产合资及自主品牌

实施单位：国机汽车股份有限公司。

签约时间：2020 年 1 月。

项目概述：2020 年，中进汽贸继续发挥“批发 + 仓储物流 + 零售”各板块资源协同优势，紧盯市场动向，把握合作机遇，推进与上汽大众、一汽大众、广汽传祺等 23 个品牌主机厂及大搜车、京腾租车、花生好车等新零售平台的合作。

经济或社会效益：2020 年，实现营业收入 50 亿元。

七、大众进口汽车项目

实施单位：国机汽车股份有限公司。

签约时间：2019 年 7 月。

项目概述：2020 年，中进汽贸不断配合大众汽车（中国）销售有限公司提升、完善批售管理能力体系，不断加强资金风险、合同风险、融资风险管控，协助大众品牌完成年度销售目标及国Ⅴ车辆清库。

经济或社会效益：2020 年，实现营业收入 82 亿元。

八、奔驰改装车项目

实施单位：国机汽车股份有限公司。

签约时间：2020 年 5 月。

项目概述：2020 年，中进汽贸通过福建奔驰汽车有限公司授权改装企业——江苏车驰汽车销售有限公司完成 290 台改装底盘车批量销售，为进一步成为福建奔驰汽车有限公司的大客户合作伙伴奠定基础。

经济或社会效益：2020 年，实现营业收入 1 亿元。

九、保时捷项目

实施单位：国机汽车股份有限公司。

签约时间：2019 年 8 月。

项目概述：2020 年，中进汽贸继续为保时捷（中国）汽车有限公司提供车辆进口清关、仓储、物流服务，并根据厂家的需求，新增提供空运及天津港保税服务，进一步增加与厂家的合作黏性。

经济或社会效益：2020 年，实现营业收入 5 800 万元。

十、进口福特整车批售项目

实施单位：国机汽车股份有限公司。

签约时间：2019 年 1 月。

项目概述：中进进口在 2019 年 1 月 1 日与福特中国签订福特进口整车分销合同，作为福特全系进口车型国内唯一分销商，从事福特进口车分销工作。合同有效期至 2020 年 12 月 31 日。

社会或经济效益：2020 年采购福特进口汽车 3 756 台，完成批量销售 4 996 台，销售收入 18.76 亿元。

十一、进口林肯整车批售项目

实施单位：国机汽车股份有限公司。

签约时间：2020 年 7 月。

项目概述：中进进口于 2020 年 7 月 1 日与福特中国签订林肯进口整车分销合同，作为林肯全系进口车型国内唯一分销商，从事林肯进口车分销工作。合同有效期至 2020 年 12 月 31 日。

社会或经济效益：2020 年采购林肯进口汽车 11 085 台，完成批量销售 8 600 台，销售收入 36.91 亿元。

十二、进口福特、进口林肯整车港口服务项目

实施单位：国机汽车股份有限公司。

签约时间：2020 年 1 月。

项目概述：中进进口完成与福特中国进口汽车的港口服务合同续签，为福特中国提供报关报检、仓储、整备、质量提升、物流等服务。中进进口不断完善设施建设和港口布局，打造适合于整车流通的国内外全方位服务与能力体系。中进进口于 2020 年 7 月承接全部林肯品牌的港口操作，实现 3 133 台实车物权交接；其中，上海基地 2 203 台；天津基地 930 台；并在 2020 年 12 月 25 日上海港关闭前圆满完成全部车辆资产的销售和转仓。此外，2020 年 12 月 11 日 608 辆进口福特、林肯汽车在抵港当天通过保税存储的方式进入天津东疆综合保税区。此批车辆是天津东疆综合保税区自 12 月 4 日顺利通过验收之后完成的天津港首批大规模抵港中规车的保税仓储。综保项目为中进进口与福特中国不断深化业务合作链条开拓了新的方向。

社会或经济效益：2020 年共到港 12 575 台，完成整备 13 940 台次，质量提升 9 235 台，发运 12 730 台，保养 38 642 台。

十三、古巴化肥出口项目

实施单位：国机汽车股份有限公司。

签约时间：2020 年 7 月。

项目概述：2020 年 5 月，古巴进口商向中汽进出口发出化肥采购询价，涉及产品具有一定的生产难度和较高技术要求，在征求古方及最终客户的意见后，中汽进出口会同工厂总结经验进行技术攻关，最终技术指标被古方接受。在产品生产过程中，中汽进出口派人全程监控生产过程，每日定时抽样在实验室进行化验，结果全部记录；在产品运输集港过程中，中汽进出口派专人赴港口仓库监督接卸货，做到全过程监管，确保产品品质，包装质量和装船均达到要求。

经济或社会效益：单笔订单金额 1 600 万美元，实现了对应的回款，营业收入超过 1 亿元。化肥是古巴农业非常重要的生产资料之一，古方收到并实际使用后，对产品质量和交货给予很高评价。

第七篇

大事记

2020年中国机械工业集团有限公司大事记

1月9日

国机集团党委书记、董事长张晓仑主持召开党委常委会，把学习贯彻习近平总书记在“不忘初心、牢记使命”主题教育总结大会上的重要讲话精神作为2020年度党委常委会“第一议题”。

1月9日

国机集团召开“不忘初心、牢记使命”主题教育总结大会，党委书记、董事长张晓仑传达中央“不忘初心、牢记使命”主题教育总结大会精神，总结回顾集团开展主题教育的特色做法和工作成效，并对集团各级党组织和广大党员干部“不忘初心、牢记使命”，推动企业改革发展和党的建设各项工作提出明确要求。

1月15日

中共中央政治局常委、国务院总理李克强主持召开座谈会，听取专家学者和企业界人士对《政府工作报告（征求意见稿）》的意见建议。国机集团党委书记、董事长张晓仑参加会议并代表中央企业发言。

1月23日

国机集团党委书记、董事长张晓仑主持召开新冠肺炎疫情防控工作部署会议，传达国务院国资委党委关于切实做好新型冠状病毒感染的肺炎疫情防控工作的通知精神，对集团做好防控工作进行了部署安排，同时成立了疫情防控工作领导小组和办公室。

1月26日

国机集团再次召开疫情防控工作领导小组会议，传达学习中央政治局会议精神和习近平总书记重要讲话精神，对集团疫情防控工作进行再部署、再安排。

1月28日

国机集团向湖北省捐款3 000万元，以国机大爱和守望相助精神支持湖北省抗击疫情。

2月1日

国机集团召开疫情防控工作领导小组第3次会议。领导小组听取了疫情防控主要工作开展情况汇报，部署集团复工复产、开展境外业务疫情防控等工作。

2月7日

国务院国资委党委书记、主任郝鹏一行来到国机集团总部，调研疫情防控工作，并现场连线位于湖北省仙桃市的国机集团下属企业恒天嘉华非织造有限公司，了解医疗防护物资生产供应情况，为战斗在一线的干部职工送去慰问与祝福。

2月11日

国机集团党委书记、董事长张晓仑主持召开党委常委会，学习习近平总书记在北京调研指导新型冠状病毒肺炎疫情防控工作时的重要讲话精神，围绕进一步加强医疗防护物资保障、复工复产等内容，研究部署下一步工作，特别强调要全力以赴组织口罩、防护服等医疗防护物资生产，加快医用口罩生产设备及防护服压条机的投资与生产。

2月13日

国机集团恒天嘉华非织造有限公司平面外科口罩产能达到日产110万片，提前两天完成目标任务。

2月19日

国机集团恒天重工股份有限公司设计制造的医用防护服压条机通过工信部的鉴定和验收，标志着中央企业首台医用防护服压条机诞生，防护服供应紧缺的问题将得到有效缓解。

2月21日

国机集团和招商局集团以视频的形式召开中白工业园开发建设高层协调会。

2月27日

国机集团召开加强党的建设、统筹推进疫情

防控和复工复产工作视频会，传达学习十九届中央纪委四次全会精神，持续落实新时代党的建设总要求，全面推动 2020 年集团党的建设及党风廉政建设和反腐败工作，做好安全生产、风险防控和疫情防控、复工复产各项工作。

2 月 28 日

国机集团在上海证券交易所市场成功簿记发行中国机械工业集团有限公司公开发行 2020 年公司债券（第一期）（疫情防控债），发行规模 20 亿元，部分募集资金将用于各类防疫物资生产投入，保障企业积极响应疫情防控工作。

3 月 5 日

国机集团召开疫情防控法律保障专项工作组工作会议，听取了专项工作组有关疫情防控法律保障工作情况汇报。

3 月 9 日

国机集团党委书记、董事长、医疗物资保障领导小组组长张晓仑主持召开集团医疗物资保障领导小组工作推进会，传达落实国务院国资委领导关于尽快提高熔喷布产量的任务要求，对集团的疫情防控工作和医疗防护物资供应保障工作进行再部署。

4 月 13 日

国机集团成功簿记发行中国机械工业集团有限公司公开发行 2020 年公司债券（第二期），发行规模 20 亿元，发行利率 2.67%，期限 3+2 年，募集资金将用于补充流动资金，支持成员企业开展生产活动。

4 月 14 日

国机集团召开境外疫情防控工作视频巡检会。会议通过视频检查了中工国际埃塞俄比亚瓦尔凯特糖厂项目部、中机建设伊拉克卡尔巴拉炼化一体化项目部的境外现场疫情防控工作情况。

4 月 27 日

中央企业境外疫情防控专题讲座在国机集团中国联合工程有限公司举行，讲座由国务院国资委主办，国机集团承办。

5 月 18 日

国机集团党委召开 2020 年定点扶贫专项巡视动员部署会，传达全国巡视工作会议暨十九届中央第五轮巡视动员部署会精神，宣布集团党委定点扶贫专项巡视组组长授权任职及任务分工。此轮巡视派出 4 个巡视组，用一个月时间，巡视对口帮扶山西省平陆县、四川省广元市朝天区、河南省固始县和淮滨县 4 个县（区）的牵头及相关配合企业的党委工作。

5 月 22—24 日

国机集团党委第一、二、三、四专项巡视组对下属企业开展定点扶贫专项巡视动员会分别召开。此次专项巡视紧紧围绕落实党中央脱贫攻坚方针政策、落实集团党委定点扶贫工作要求、落实纪委监督责任和有关职能部门监管责任，以及落实定点扶贫过程中各类监督检查发现问题整改任务“四个落实”开展监督检查。

5 月 28 日

国机集团组织召开“十四五”科技发展规划编制工作启动会。

6 月 2—4 日

国机集团党委举办全系统“学习贯彻党的十九届四中全会精神培训班”。此次培训结合疫情防控常态化要求，以视频会议 + 网络直播的形式进行，让广大员工能同步参加学习，培训人数达万人以上。

6 月 5 日

“国机集团”学习强国号正式上线。

6 月 5 日

国机集团党委在京召开下属二级企业纪委书记调整宣布会（集体谈话会）。

6 月 8 日

国机重型装备集团股份有限公司上市仪式在上海证券交易所举行。退出 A 股市场五年后，国机重装以全新面貌回归。

6 月 24 日

国机集团定点扶贫视频巡检在集团总部、扶贫牵头企业、定点扶贫现场同时展开。从“云端”深入扶贫现场，在直播中身临其境地感受国机扶贫给贫困地区带来的切实变化。

7 月 1 日

国机集团召开全系统视频会议，隆重庆祝中国共产党成立 99 周年。

7 月 3 日

国机集团召开领导班子（扩大）会议。受中央组织部领导委托，中央组织部干部局负责同志宣布了党中央关于中国机械工业集团有限公司总经理任职的决定：吴永杰同志任中国机械工业集团有限公司董事、总经理、党委副书记，免去其中国船舶集团有限公司董事、党组副书记职务。

7月6日

2020年度“中国机械工业集团有限公司优秀科技期刊奖”评审会在集团总部召开，会议评选出2020年度获奖提名名单。

7月9日

国机集团党委在京召开集团派驻监事会宣布会。此前，为强化对国机集团管控，围绕国有资本投资、企业改革试点工作需要，结合中央巡视整改要求，国机集团党委研究决定设立了集团派驻监事会。

7月10日

国机集团召开党委理论学习中心组会议，结合学习习近平总书记在主持中央政治局第21次集体学习时的重要讲话精神和关于意识形态工作的重要论述，深入贯彻新时代党的组织路线，学习意识形态有关文件精神。

7月15日

国机集团与惠州市政府举行惠州湾产业新城合作建设框架协议签约仪式，将共同建设具有世界级水准的惠州湾产业新城。

7月14日

国机集团党委书记、董事长张晓仑率团考察江西省赣州市，会见了江西省委副书记、赣州市委书记李炳军，并见证国机集团中国成套工程有限公司与赣州市人民政府签署战略合作协议。

7月17日

国机集团召开党委常委会议，传达学习中央宣传部、中央组织部关于认真组织学习《习近平谈治国理政》第三卷的通知精神，研究部署有关工作。

7月20日

国务院国资委公布了2019年度中央企业负责人经营业绩考核A级企业名单，国机集团再获A级。

7月20日

国机集团召开2020年年中工作会议。上半年，国机集团生产经营实现平稳发展，顺利实现“双过半”目标。

7月29日

国机集团与中国通用技术（集团）控股有限责任公司在国机集团总部签署战略合作框架协议。

7月30日

美国《工程新闻纪录》杂志（ENR）2020年各项排名结果揭晓，国机集团再次上榜。在全球最大250家国际承包商排名中，国机集团位列第25位。在全球最大225家国际工程设计公司排名中，国机集团位列第59位。

8月5日

国机集团与中国长江三峡集团有限公司在京签署战略合作框架协议。

8月6日

国机集团召开党委理论学习中心组专题会议，系统学习《习近平谈治国理政》第三卷。

8月7日

首个国机集团机械工业纪念日系列活动在京举行。

8月10日

2020年《财富》世界500强排行榜发布，国机集团位列第281位。

8月27日

中共中国机械工业集团有限公司党校（简称国机党校）正式揭牌成立。国机党校由国机集团党委直接领导，负责贯彻落实集团党委关于教育培训工作的部署要求。

8月24—25日

国机集团党委第一、二、三巡视组分别召开常规巡视国机汽车、中工国际党委和提级巡视重材院党委工作动员会。

8月27日

“育新机、开新局”国机集团“十四五”规划研讨会在京召开。

9月2日

国机集团与中国石油天然气集团有限公司在京签署深化战略合作框架协议。

9月3日

国机集团与中国石油化工集团有限公司在京签署战略合作框架协议。

9月8日

全国抗击新冠肺炎疫情表彰大会在北京人民

大会堂隆重举行。国机集团共有 2 名个人、1 个集体获得 5 项表彰。

9 月 10 日

国机集团党委书记、董事长张晓仑率队考察吉林省，与吉林省委书记巴音朝鲁，省委副书记、省长景俊海会谈，并共同见证国机集团与吉林省人民政府签署战略合作框架协议。

9 月 16 日

2019 年中国机械工业百强企业名单公布，国机集团连续 12 年位列中国机械工业百强榜首。

9 月 25 日

国机集团总部召开党员大会，增补集团总部机关党委委员、选举集团总部机关纪委委员和总部出席集团第二次党员代表大会的代表。

9 月 28 日

2020 中国企业 500 强名单发布，国机集团位列第 71 位。

10 月 15 日

国机集团组织召开党委理论学习中心组专题会议，进一步贯彻落实习近平总书记关于深化国企改革的重要论述，系统学习《国企改革三年行动方案（2020—2022 年）》。

10 月 16 日

国机集团召开第三季度经营运行分析会。

10 月 23 日

“国机集团第一届建筑信息模型（BIM）技术应用技能大赛”在河南省郑州市圆满闭幕。

11 月 2 日

国机集团党委召开党委常委会，传达学习党的十九届五中全会精神，专题研究部署集团深入贯彻落实党的十九届五中全会精神有关事项。

11 月 6 日

“第三届中国国际进口博览会国机集团交易分团签约仪式”在国家会展中心（上海）举行。国机集团与 8 个国际合作伙伴签署 8 项协议，内容涉及机械设备、原材料、矿产等总金额达 50 多亿美元的商品。

11 月 9 日

国机集团 2020 年科技大会在京召开，总结集团“十三五”科技创新成绩，部署“十四五”及今后一个时期科技创新的目标方向、重点任务与具体举措。

11 月 12 日

国机集团召开抗击新冠肺炎疫情表彰大会暨先进事迹报告会，深入学习贯彻习近平总书记在全国抗击新冠肺炎疫情表彰大会上的重要讲话精神，回顾总结集团抗疫工作，表彰抗疫先进。

11 月 17 日

国机集团召开巡视整改责任约谈会，对 3 家被巡视企业进行巡视整改责任约谈。

11 月 26 日—12 月 4 日

国机集团举办学习贯彻党的十九届五中全会精神培训班暨《习近平谈治国理政》第三卷读书班。

12 月 5 日

国机集团与青岛市人民政府签署战略合作协议。

12 月 8 日

国机集团召开党委理论学习中心组会议，围绕贯彻落实党的十九届五中全会精神进行深入研讨。

12 月 12 日

国机海南发展有限公司在海南省海口市正式揭牌。

12 月 13 日

国机集团与海南省人民政府签署深化战略合作协议。

12 月 11 日

国机集团中国机械设备工程股份有限公司与阿根廷交通部在当地时间 12 月 11 日上午签署阿根廷贝尔格拉诺货运铁路改造项目补充协议五和北巴塔哥尼亚走廊铁路改造项目合作备忘录。增补协议合同总金额为 8.16 亿美元。阿根廷总统阿尔贝托·费尔南德斯见证。

12 月 23 日

国务院国资委党委在京举行第五届“央企楷模”发布活动，国机集团中国中元国际工程有限公司顾问首席总建筑师黄锡璆荣获“央企楷模”称号。

12 月 29 日

国机集团以视频会议形式在京召开 2021 年工作会议。会议现场发布了“国机集团 2020 年十件大事”。

第八篇

附录

国家科学技术奖励条例

国令第 731 号

（1999 年 5 月 23 日中华人民共和国国务院令第 265 号发布　根据 2003 年 12 月 20 日《国务院关于修改〈国家科学技术奖励条例〉的决定》第一次修订　根据 2013 年 7 月 18 日《国务院关于废止和修改部分行政法规的决定》第二次修订　2020 年 10 月 7 日中华人民共和国国务院令第 731 号第三次修订）

第一章　总　　则

第一条　为了奖励在科学技术进步活动中做出突出贡献的个人、组织，调动科学技术工作者的积极性和创造性，建设创新型国家和世界科技强国，根据《中华人民共和国科学技术进步法》，制定本条例。

第二条　国务院设立下列国家科学技术奖：

（一）国家最高科学技术奖；

（二）国家自然科学奖；

（三）国家技术发明奖；

（四）国家科学技术进步奖；

（五）中华人民共和国国际科学技术合作奖。

第三条　国家科学技术奖应当与国家重大战略需要和中长期科技发展规划紧密结合。国家加大对自然科学基础研究和应用基础研究的奖励。国家自然科学奖应当注重前瞻性、理论性，国家技术发明奖应当注重原创性、实用性，国家科学技术进步奖应当注重创新性、效益性。

第四条　国家科学技术奖励工作坚持中国共产党领导，实施创新驱动发展战略，贯彻尊重劳动、尊重知识、尊重人才、尊重创造的方针，培育和践行社会主义核心价值观。

第五条　国家维护国家科学技术奖的公正性、严肃性、权威性和荣誉性，将国家科学技术奖授予追求真理、潜心研究、学有所长、研有所专、敢于超越、勇攀高峰的科技工作者。

国家科学技术奖的提名、评审和授予，不受任何组织或者个人干涉。

第六条　国务院科学技术行政部门负责国家科学技术奖的相关办法制定和评审活动的组织工作。对涉及国家安全的项目，应当采取严格的保密措施。

国家科学技术奖励应当实施绩效管理。

第七条　国家设立国家科学技术奖励委员会。国家科学技术奖励委员会聘请有关方面的专家、学者等组成评审委员会和监督委员会，负责国家科学技术奖的评审和监督工作。

国家科学技术奖励委员会的组成人员人选由国务院科学技术行政部门提出，报国务院批准。

第二章　国家科学技术奖的设置

第八条　国家最高科学技术奖授予下列中国公民：

（一）在当代科学技术前沿取得重大突破或者在科学技术发展中有卓越建树的；

（二）在科学技术创新、科学技术成果转化和高技术产业化中，创造巨大经济效益、社会效益、生态环境效益或者对维护国家安全做出巨大贡献的。

国家最高科学技术奖不分等级，每次授予人数不超过 2 名。

第九条　国家自然科学奖授予在基础研究和应用基础研究中阐明自然现象、特征和规律，做出重大科学发现的个人。

前款所称重大科学发现，应当具备下列条件：

（一）前人尚未发现或者尚未阐明；

（二）具有重大科学价值；

（三）得到国内外自然科学界公认。

第十条 国家技术发明奖授予运用科学技术知识做出产品、工艺、材料、器件及其系统等重大技术发明的个人。

前款所称重大技术发明，应当具备下列条件：

（一）前人尚未发明或者尚未公开；

（二）具有先进性、创造性、实用性；

（三）经实施，创造显著经济效益、社会效益、生态环境效益或者对维护国家安全做出显著贡献，且具有良好的应用前景。

第十一条 国家科学技术进步奖授予完成和应用推广创新性科学技术成果，为推动科学技术进步和经济社会发展做出突出贡献的个人、组织。

前款所称创新性科学技术成果，应当具备下列条件：

（一）技术创新性突出，技术经济指标先进；

（二）经应用推广，创造显著经济效益、社会效益、生态环境效益或者对维护国家安全做出显著贡献；

（三）在推动行业科学技术进步等方面有重大贡献。

第十二条 国家自然科学奖、国家技术发明奖、国家科学技术进步奖分为一等奖、二等奖 2 个等级；对做出特别重大的科学发现、技术发明或者创新性科学技术成果的，可以授予特等奖。

第十三条 中华人民共和国国际科学技术合作奖授予对中国科学技术事业做出重要贡献的下列外国人或者外国组织：

（一）同中国的公民或者组织合作研究、开发，取得重大科学技术成果的；

（二）向中国的公民或者组织传授先进科学技术、培养人才，成效特别显著的；

（三）为促进中国与外国的国际科学技术交流与合作，做出重要贡献的。

中华人民共和国国际科学技术合作奖不分等级。

第三章 国家科学技术奖的提名、评审和授予

第十四条 国家科学技术奖实行提名制度，不受理自荐。候选者由下列单位或者个人提名：

（一）符合国务院科学技术行政部门规定的资格条件的专家、学者、组织机构；

（二）中央和国家机关有关部门，中央军事委员会科学技术部门，省、自治区、直辖市、计划单列市人民政府。

香港特别行政区、澳门特别行政区、台湾地区的有关个人、组织的提名资格条件，由国务院科学技术行政部门规定。

中华人民共和国驻外使馆、领馆可以提名中华人民共和国国际科学技术合作奖的候选者。

第十五条 提名者应当严格按照提名办法提名，提供提名材料，对材料的真实性和准确性负责，并按照规定承担相应责任。

提名办法由国务院科学技术行政部门制定。

第十六条 在科学技术活动中有下列情形之一的，相关个人、组织不得被提名或者授予国家科学技术奖：

（一）危害国家安全、损害社会公共利益、危害人体健康、违反伦理道德的；

（二）有科研不端行为，按照国家有关规定被禁止参与国家科学技术奖励活动的；

（三）有国务院科学技术行政部门规定的其他情形的。

第十七条 国务院科学技术行政部门应当建立覆盖各学科、各领域的评审专家库，并及时更新。评审专家应当精通所从事学科、领域的专业知识，具有较高的学术水平和良好的科学道德。

第十八条 评审活动应当坚持公开、公平、公正的原则。评审专家与候选者有重大利害关系，可能影响评审公平、公正的，应当回避。

评审委员会的评审委员和参与评审活动的评审专家应当遵守评审工作纪律，不得有利用评审委员、评审专家身份牟取利益或者与其他评审委员、评审专家串通表决等可能影响评审公平、公

正的行为。

评审办法由国务院科学技术行政部门制定。

第十九条　评审委员会设立评审组进行初评，评审组负责提出初评建议并提交评审委员会。

参与初评的评审专家从评审专家库中抽取产生。

第二十条　评审委员会根据相关办法对初评建议进行评审，并向国家科学技术奖励委员会提出各奖种获奖者和奖励等级的建议。

监督委员会根据相关办法对提名、评审和异议处理工作全程进行监督，并向国家科学技术奖励委员会报告监督情况。

国家科学技术奖励委员会根据评审委员会的建议和监督委员会的报告，作出各奖种获奖者和奖励等级的决议。

第二十一条　国务院科学技术行政部门对国家科学技术奖励委员会作出的各奖种获奖者和奖励等级的决议进行审核，报国务院批准。

第二十二条　国家最高科学技术奖报请国家主席签署并颁发奖章、证书和奖金。

国家自然科学奖、国家技术发明奖、国家科学技术进步奖由国务院颁发证书和奖金。

中华人民共和国国际科学技术合作奖由国务院颁发奖章和证书。

第二十三条　国家科学技术奖提名和评审的办法、奖励总数、奖励结果等信息应当向社会公布，接受社会监督。

涉及国家安全的保密项目，应当严格遵守国家保密法律法规的有关规定，加强项目内容的保密管理，在适当范围内公布。

第二十四条　国家科学技术奖励工作实行科研诚信审核制度。国务院科学技术行政部门负责建立提名专家、学者、组织机构和评审委员、评审专家、候选者的科研诚信严重失信行为数据库。

禁止任何个人、组织进行可能影响国家科学技术奖提名和评审公平、公正的活动。

第二十五条　国家最高科学技术奖的奖金数额由国务院规定。

国家自然科学奖、国家技术发明奖、国家科学技术进步奖的奖金数额由国务院科学技术行政部门会同财政部门规定。

国家科学技术奖的奖励经费列入中央预算。

第二十六条　宣传国家科学技术奖获奖者的突出贡献和创新精神，应当遵守法律法规的规定，做到安全、保密、适度、严谨。

第二十七条　禁止使用国家科学技术奖名义牟取不正当利益。

第四章　法律责任

第二十八条　候选者进行可能影响国家科学技术奖提名和评审公平、公正的活动的，由国务院科学技术行政部门给予通报批评，取消其参评资格，并由所在单位或者有关部门依法给予处分。

其他个人或者组织进行可能影响国家科学技术奖提名和评审公平、公正的活动的，由国务院科学技术行政部门给予通报批评；相关候选者有责任的，取消其参评资格。

第二十九条　评审委员、评审专家违反国家科学技术奖评审工作纪律的，由国务院科学技术行政部门取消其评审委员、评审专家资格，并由所在单位或者有关部门依法给予处分。

第三十条　获奖者剽窃、侵占他人的发现、发明或者其他科学技术成果的，或者以其他不正当手段骗取国家科学技术奖的，由国务院科学技术行政部门报国务院批准后撤销奖励，追回奖章、证书和奖金，并由所在单位或者有关部门依法给予处分。

第三十一条　提名专家、学者、组织机构提供虚假数据、材料，协助他人骗取国家科学技术奖的，由国务院科学技术行政部门给予通报批评；情节严重的，暂停或者取消其提名资格，并由所在单位或者有关部门依法给予处分。

第三十二条　违反本条例第二十七条规定的，由有关部门依照相关法律、行政法规的规定予以查处。

第三十三条　对违反本条例规定，有科研诚信严重失信行为的个人、组织，记入科研诚信严重失信行为数据库，并共享至全国信用信息共享平台，按照国家有关规定实施联合惩戒。

第三十四条 国家科学技术奖的候选者、获奖者、评审委员、评审专家和提名专家、学者涉嫌违反其他法律、行政法规的，国务院科学技术行政部门应当通报有关部门依法予以处理。

第三十五条 参与国家科学技术奖评审组织工作的人员在评审活动中滥用职权、玩忽职守、徇私舞弊的，依法给予处分；构成犯罪的，依法追究刑事责任。

第五章 附 则

第三十六条 有关部门根据国家安全领域的特殊情况，可以设立部级科学技术奖；省、自治区、直辖市、计划单列市人民政府可以设立一项省级科学技术奖。具体办法由设奖部门或者地方人民政府制定，并报国务院科学技术行政部门及有关单位备案。

设立省部级科学技术奖，应当按照精简原则，严格控制奖励数量，提高奖励质量，优化奖励程序。其他国家机关、群众团体，以及参照公务员法管理的事业单位，不得设立科学技术奖。

第三十七条 国家鼓励社会力量设立科学技术奖。社会力量设立科学技术奖的，在奖励活动中不得收取任何费用。

国务院科学技术行政部门应当对社会力量设立科学技术奖的有关活动进行指导服务和监督管理，并制定具体办法。

第三十八条 本条例自 2020 年 12 月 1 日起施行。

总理 李克强

2020 年 10 月 7 日

〔来源：中国政府网〕

国务院办公厅关于深化商事制度改革进一步为企业松绑减负激发企业活力的通知

国办发〔2020〕29 号

党中央、国务院高度重视商事制度改革。近年来，商事制度改革取得显著成效，市场准入更加便捷，市场监管机制不断完善，市场主体繁荣发展，营商环境大幅改善。但从全国范围看，“准入不准营”现象依然存在，宽进严管、协同共治能力仍需强化。为更好统筹推进新冠肺炎疫情防控和经济社会发展，加快打造市场化、法治化、国际化营商环境，充分释放社会创业创新潜力、激发企业活力，经国务院同意，现将有关事项通知如下：

一、推进企业开办全程网上办理

（一）全面推广企业开办“一网通办”

2020 年年底前，各省、自治区、直辖市和新疆生产建设兵团全部开通企业开办“一网通办”平台，做到企业开办全程网上办理，进一步压减企业开办时间至 4 个工作日内或更少。在此基础上，探索推动企业开办标准化、规范化试点。

（二）持续提升企业开办服务能力

依托“一网通办”平台，推行企业登记、公章刻制、申领发票和税控设备、员工参保登记、住房公积金企业缴存登记线上“一表填报”申请办理。具备条件的地方实现办齐的材料线下“一个窗口”一次领取，或者通过寄递、自助打印等实现不见面办理。在加强监管、保障安全前提下，大力推进电子营业执照、电子发票、电子印章在更广领域运用。

二、推进注册登记制度改革取得新突破

（三）加大住所与经营场所登记改革力度

支持各省级人民政府统筹开展住所与经营场

所分离登记试点。市场主体可以登记一个住所和多个经营场所。对住所作为通信地址和司法文书（含行政执法文书）送达地登记，实行自主申报承诺制。对经营场所，各地可结合实际制定有关管理措施。对于市场主体在住所以外开展经营活动、属于同一县级登记机关管辖的，免于设立分支机构，申请增加经营场所登记即可，方便企业扩大经营规模。

（四）提升企业名称自主申报系统核名智能化水平

依法规范企业名称登记管理工作，运用大数据、人工智能等技术手段，加强禁限用字词库实时维护，提升对不适宜字词的分析和识别能力。推进与商标等商业标识数据库的互联共享，丰富对企业的告知提示内容。探索“企业承诺 + 事中事后监管”，减少“近似名称”人工干预。加强知名企业名称字号保护，建立名称争议处理机制。

三、简化相关涉企生产经营和审批条件

（五）推动工业产品生产许可证制度改革

将建筑用钢筋、水泥、广播电视传输设备、人民币鉴别仪、预应力混凝土铁路桥简支梁 5 类产品审批下放至省级市场监管部门。健全严格的质量安全监管措施，加强监督指导，守住质量安全底线。进一步扩大告知承诺实施范围，推动化肥产品由目前的后置现场审查调整为告知承诺。开展工业产品生产许可证有关政策、标准和技术规范宣传解读，加强对企业申办许可证的指导，帮助企业便利取证。

（六）完善强制性产品认证制度

扩大指定认证实施机构范围，提升实施机构的认证检测一站式服务能力，便利企业申请认证检测。防爆电气、燃气器具和大容积冰箱转为强制性产品认证费用由财政负担。简化出口转内销产品认证程序。督促指导强制性产品指定认证实施机构通过开辟绿色通道、接受已有合格评定结果、拓展在线服务等措施，缩短认证证书办理时间，降低认证成本。做好认证服务及技术支持，为出口转内销企业提供政策和技术培训，精简优化认证方案，安排专门人员对认证流程进行跟踪，合理减免出口转内销产品强制性产品认证费用。

（七）深化检验检测机构资质认定改革

将疫情防控期间远程评审等应急措施长效化。2021 年在全国范围内推行检验检测机构资质认定告知承诺制。全面推行检验检测机构资质认定网上审批，完善机构信息查询功能。

（八）加快培育企业标准“领跑者”

优化企业标准“领跑者”制度机制，完善评估方案，推动第三方评价机构发布一批企业标准排行榜，形成2020 年度企业标准“领跑者”名单，引导更多企业声明公开更高质量的标准。

四、加强事中事后监管

（九）加强企业信息公示

以统一社会信用代码为标识，整合形成更加完善的企业信用记录，并通过国家企业信用信息公示系统、“信用中国”网站或中国政府网及相关部门门户网站等渠道，依法依规向社会公开公示。

（十）健全失信惩戒机制

落实企业年报“多报合一”政策，进一步优化工作机制，大力推行信用承诺制度，健全完善信用修复、强制退出等制度机制。依法依规运用各领域严重失信名单等信用管理手段，提高协同监管水平，加强失信惩戒。

（十一）推进实施智慧监管

在市场监管领域，进一步完善以“双随机、一公开”监管为基本手段、以重点监管为补充、以信用监管为基础的新型监管机制。健全完善缺陷产品召回制度，督促企业履行缺陷召回法定义务，消除产品安全隐患。推进双随机抽查与信用风险分类监管相结合，充分运用大数据等技术，针对不同风险等级、信用水平的检查对象采取差异化分类监管措施，逐步做到对企业信用风险状况以及主要风险点精准识别和预测预警。

（十二）规范平台经济监管行为

坚持审慎包容、鼓励创新原则，充分发挥平台经济行业自律和企业自治作用，引导平台经济有序竞争，反对不正当竞争，规范发展线上经济。依法查处电子商务违法行为，维护公平有序的市场秩序，为平台经济发展营造良好营商环境。

各地区、各部门要认真贯彻落实本通知提出

的各项任务和要求，聚焦企业生产经营的堵点痛点，加强政策统筹协调，切实落实工作责任，认真组织实施，形成工作合力。市场监管总局要会同有关部门加强工作指导，及时总结推广深化商事制度改革典型经验做法，协调解决实施中存在的问题，确保各项改革措施落地见效。

国务院办公厅

2020 年 9 月 1 日

（此件公开发布）

〔来源：中国政府网〕

国务院办公厅关于加快发展外贸新业态新模式的意见

国办发〔2021〕24 号

新业态新模式是我国外贸发展的有生力量，也是国际贸易发展的重要趋势。加快发展外贸新业态新模式，有利于推动贸易高质量发展，培育参与国际经济合作和竞争新优势，对于服务构建新发展格局具有重要作用。为深入贯彻党中央、国务院决策部署，促进外贸新业态新模式健康持续创新发展，经国务院同意，现提出以下意见：

一、总体要求

（一）指导思想

以习近平新时代中国特色社会主义思想为指导，全面贯彻落实党的十九大和十九届二中、三中、四中、五中全会精神，坚持稳中求进工作总基调，立足新发展阶段、贯彻新发展理念、构建新发展格局，以供给侧结构性改革为主线，深化外贸领域“放管服”改革，推动外贸领域制度创新、管理创新、服务创新、业态创新、模式创新，拓展外贸发展空间，提升外贸运行效率，保障产业链供应链畅通运转，推动高质量发展。

（二）基本原则

坚持鼓励创新。充分发挥市场在资源配置中的决定性作用，更好发挥政府作用，进一步释放市场主体活力。开展先行先试，鼓励在外贸领域广泛运用新技术新工具，推动传统业态转型升级，细化贸易分工，提升专业化水平，促进业态融合创新，不断探索新的外贸业态和模式。

坚持包容审慎。统筹发展和安全，坚持在发展中规范、在规范中发展。建立健全适应外贸新业态新模式发展的政策体系。完善信息数据、信用体系、知识产权保护等方面标准、制度。科学合理界定平台责任。加强事中事后监管，持续优化营商环境，促进公平竞争。

坚持开放合作。统筹国内国际两个市场、两种资源，坚持互利共赢开放战略，促进贸易和投资自由化便利化。加强部门、地方、行业、企业间协作联动，提升政府管理和服务效能。积极探索建立适应和引领外贸新业态新模式发展的国际规则，推动高水平开放。

（三）发展目标

到 2025 年，外贸新业态新模式发展的体制机制和政策体系更为完善，营商环境更为优化，形成一批具有国际竞争力的行业龙头企业和产业集群，产业价值链水平进一步提升，对外贸和国民经济的带动作用进一步增强。到 2035 年，外贸新业态新模式发展水平位居创新型国家前列，法律法规体系更加健全，贸易自由化便利化程度达到世界先进水平，为贸易高质量发展提供强大动能，为基本实现社会主义现代化提供强劲支撑。

二、积极支持运用新技术新工具赋能外贸发展

（四）推广数字智能技术应用

运用数字技术和数字工具，推动外贸全流程各环节优化提升。发挥“长尾效应”，整合碎片化订单，拓宽获取订单渠道。大力发展数字展会、社交电商、产品众筹、大数据营销等，建立线上线下融合、境内境外联动的营销体系。集成外贸供应链各环节数据，加强资源对接和信息共享。到2025年，外贸企业数字化、智能化水平明显提升。(商务部牵头,各有关单位按职责分工负责)

（五）完善跨境电商发展支持政策

在全国适用跨境电商企业对企业（B2B）直接出口、跨境电商出口海外仓监管模式，完善配套政策。便利跨境电商进出口退换货管理。优化跨境电商零售进口商品清单。稳步开展跨境电商零售进口药品试点工作。引导企业用好跨境电商零售出口增值税、消费税免税政策和所得税核定征收办法。研究制定跨境电商知识产权保护指南，引导跨境电商平台防范知识产权风险。到2025年，跨境电商政策体系进一步完善，发展环境进一步优化，发展水平进一步提升。（商务部牵头，财政部、海关总署、税务总局、国家外汇局、国家药监局、国家知识产权局按职责分工负责）

（六）扎实推进跨境电子商务综合试验区建设

扩大跨境电子商务综合试验区（以下简称综试区）试点范围。积极开展先行先试，进一步完善跨境电商线上综合服务和线下产业园区“两平台”及信息共享、金融服务、智能物流、电商诚信、统计监测、风险防控等监管和服务“六体系”，探索更多的好经验好做法。鼓励跨境电商平台、经营者、配套服务商等各类主体做大做强，加快自主品牌培育。建立综试区考核评估和退出机制，2021年组织开展考核评估。到2025年，综试区建设取得显著成效，建成一批要素集聚、主体多元、服务专业的跨境电商线下产业园区，形成各具特色的发展格局，成为引领跨境电商发展的创新集群。（商务部牵头，中央网信办、国家发展改革委、工业和信息化部、财政部、交通运输部、人民银行、海关总署、税务总局、市场监管总局、银保监会、国家邮政局、国家外汇局按职责分工负责）

（七）培育一批优秀海外仓企业

鼓励传统外贸企业、跨境电商和物流企业等参与海外仓建设，提高海外仓数字化、智能化水平，促进中小微企业借船出海，带动国内品牌、双创产品拓展国际市场空间。支持综合运用建设—运营—移交（BOT）、结构化融资等投融资方式多元化投入海外仓建设。充分发挥驻外使领馆和经商机构作用，为海外仓企业提供前期指导服务，协助解决纠纷。到2025年，力争培育100家左右在信息化建设、智能化发展、多元化服务、本地化经营等方面表现突出的优秀海外仓企业。（商务部牵头，外交部、国家发展改革委、银保监会按职责分工负责）

（八）完善覆盖全球的海外仓网络

支持企业加快重点市场海外仓布局，完善全球服务网络，建立中国品牌的运输销售渠道。鼓励海外仓企业对接综试区线上综合服务平台、国内外电商平台等，匹配供需信息。优化快递运输等政策措施，支持海外仓企业建立完善物流体系，向供应链上下游延伸服务，探索建设海外物流智慧平台。推进海外仓标准建设。到2025年，依托海外仓建立覆盖全球、协同发展的新型外贸物流网络，推出一批具有国际影响力的国家、行业等标准。（商务部牵头，国家发展改革委、交通运输部、市场监管总局、国家邮政局按职责分工负责）

三、持续推动传统外贸转型升级

（九）提升传统外贸数字化水平

支持传统外贸企业运用云计算、人工智能、虚拟现实等先进技术，加强研发设计，开展智能化、个性化、定制化生产。鼓励企业探索建设外贸新业态大数据实验室。引导利用数字化手段提升传统品牌价值。鼓励建设孵化机构和创新中心，支持中小微企业创业创新。到2025年，形成新业态驱动、大数据支撑、网络化共享、智能化协作的外贸产业链供应链体系。（商务部牵头，各有关单位按职责分工负责）

（十）优化市场采购贸易方式政策框架

完善市场采购贸易方式试点动态调整机制，设置综合评价指标，更好发挥试点区域示范引领作用。支持各试点区域因地制宜探索创新，吸纳更多内贸主体开展外贸，引导市场主体提高质量、改进技术、优化服务、培育品牌，提升产品竞争力，放大对周边产业的集聚和带动效应。到2025年，力争培育10家左右出口超千亿元人民币的内外贸一体化市场，打造一批知名品牌。（商务部牵

头，国家发展改革委、财政部、海关总署、税务总局、市场监管总局、国家外汇局按职责分工负责）

（十一）提升市场采购贸易方式便利化水平

进一步优化市场采购贸易综合管理系统，实现源头可溯、风险可控、责任可究。继续执行好海关简化申报、市场采购贸易方式出口的货物免征增值税等试点政策，优化通关流程。扩大市场采购贸易预包装食品出口试点范围。对在市场采购贸易综合管理系统备案且可追溯交易真实性的市场采购贸易收入，引导银行提供更为便捷的金融服务。（商务部牵头，国家发展改革委、财政部、人民银行、海关总署、税务总局、市场监管总局、国家外汇局按职责分工负责）

四、深入推进外贸服务向专业细分领域发展

（十二）进一步支持外贸综合服务企业健康发展

落实落细集中代办退税备案工作，提高工作效率。对已经办理代办退税备案但尚未进行过首次申报退（免）税实地核查的生产企业，在收到首次委托代办退税业务申报信息后，进一步提高实地核查工作效率。引导外贸综合服务企业（以下简称综服企业）规范内部风险管理，提升集中代办退税风险管控水平。进一步落实完善海关“双罚”机制，在综服企业严格履行合理审查义务，且无故意或重大过失情况下，由综服企业和其客户区分情节承担相应责任。到 2025 年，适应综服企业发展的政策环境进一步优化。（商务部牵头，海关总署、税务总局按职责分工负责）

（十三）提升保税维修业务发展水平

进一步支持综合保税区内企业开展维修业务，动态调整维修产品目录，研究将医疗器械等产品纳入目录。支持自贸试验区内企业按照综合保税区维修产品目录开展“两头在外”的保税维修业务，由自贸试验区所在地省级人民政府对维修项目进行综合评估、自主支持开展，对所支持项目的监管等事项承担主体责任。探索研究支持有条件的综合保税区外企业开展高技术含量、高附加值、符合环保要求的自产出口产品保税维修，以试点方式稳妥推进，加强评估，研究制定管理办法和维修产品清单。到 2025 年，逐步完善保税维修业务政策体系。（商务部牵头，财政部、生态环境部、海关总署、税务总局按职责分工负责）

（十四）稳步推进离岸贸易发展

鼓励银行探索优化业务真实性审核方式，按照展业原则，基于客户信用分类及业务模式提升审核效率，为企业开展真实合规的离岸贸易业务提供优质的金融服务，提升贸易结算便利化水平。在自贸试验区进一步加强离岸贸易业务创新，支持具备条件并有较强竞争力和管理能力的城市和地区发展离岸贸易。（商务部、人民银行、国家外汇局按职责分工负责）

（十五）支持外贸细分服务平台发展壮大

支持在营销、支付、交付、物流、品控等外贸细分领域共享创新。鼓励外贸细分服务平台在各区域、各行业深耕垂直市场，走“专精特新”之路。鼓励外贸企业自建独立站，支持专业建站平台优化提升服务能力。探索区块链技术在贸易细分领域中的应用。到 2025 年，形成一批国际影响力较强的外贸细分服务平台企业。（商务部牵头，各有关单位按职责分工负责）

五、优化政策保障体系

（十六）创新监管方式

根据外贸业态发展需要，适时研究完善相关法律法规，科学设置“观察期”和“过渡期”。引入“沙盒监管”模式，为业态创新提供安全空间。推动商务、海关、税务、市场监管、邮政等部门间数据对接，在优化服务的同时，加强对逃税、假冒伪劣、虚假交易等方面的监管。完善外贸新业态新模式统计体系。（商务部牵头，海关总署、税务总局、市场监管总局、国家统计局、国家邮政局按职责分工负责）

（十七）落实财税政策

充分发挥外经贸发展专项资金、服务贸易创新发展引导基金作用，引导社会资本以基金方式支持外贸新业态新模式发展。积极探索实施促进外贸新业态新模式发展的税收征管和服务措施，优化相关税收环境。支持外贸新业态新模式企业适用无纸化方式申报退税。对经认定为高新技术企业的外贸新业态新模式企业，可按规定享受高新技术企业所得税优惠政策。（财政部、商务部、

税务总局按职责分工负责）

（十八）加大金融支持力度

深化政银企合作，积极推广“信易贷”等模式，鼓励金融机构、非银行支付机构、征信机构、外贸服务平台等加强合作，为具有真实交易背景的外贸新业态新模式企业提供便利化金融服务。鼓励符合条件的外贸新业态新模式企业通过上市、发行债券等方式进行融资。加快贸易金融区块链平台建设。加大出口信用保险对海外仓等外贸新业态新模式的支持力度，积极发挥风险保障和融资促进作用。（国家发展改革委、财政部、商务部、人民银行、银保监会、证监会、国家外汇局、进出口银行、中国出口信用保险公司按职责分工负责）

（十九）便捷贸易支付结算管理

深化贸易外汇收支便利化试点，支持更多符合条件的银行和支付机构依法合规为外贸新业态新模式企业提供结算服务。鼓励研发安全便捷的跨境支付产品，支持非银行支付机构“走出去”。鼓励外资机构参与中国支付服务市场的发展与竞争。（人民银行、国家外汇局按职责分工负责）

六、营造良好环境

（二十）维护良好外贸秩序

加强反垄断和反不正当竞争规制，着力预防和制止外贸新业态领域垄断和不正当竞争行为，保护公平竞争，防止资本无序扩张。探索建立外贸新业态新模式企业信用评价体系，鼓励建立重要产品追溯体系。支持制定外贸新业态领域的国家、行业和地方标准，鼓励行业协会制定相关团体标准。（商务部、国家发展改革委、海关总署、市场监管总局按职责分工负责）

（二十一）推进新型外贸基础设施建设

支持外贸领域的线上综合服务平台、数字化公共服务平台等建设。鼓励电信企业为外贸企业开展数字化营销提供国际互联网数据专用通道。完善国际邮件互换局（交换站）和国际快件处理中心布局。开行中欧班列专列，满足外贸新业态新模式发展运输需要。（商务部、国家发展改革委、工业和信息化部、国家邮政局、中国国家铁路集团有限公司按职责分工负责）

（二十二）加强行业组织建设和专业人才培育

依法推动设立外贸新业态领域相关行业组织，出台行业服务规范和自律公约。鼓励普通高校、职业院校设置相关专业。引导普通高校、职业院校与企业合作，培养符合外贸新业态新模式发展需要的管理人才和高素质技术技能人才。（商务部、教育部、民政部按职责分工负责）

（二十三）深化国际交流合作

积极参与世贸组织、万国邮联等多双边谈判，推动形成电子签名、电子合同、电子单证等方面的国际标准。加强知识产权保护、跨国物流等领域国际合作，参与外贸新业态新模式的国际规则和标准制定。加强与有关国家在相关领域政府间合作，推动双向开放。大力发展丝路电商，加强“一带一路”经贸合作。推动我国外贸新业态新模式与国外流通业衔接连通。鼓励各地方、各试点单位、各企业开展国际交流合作。（商务部牵头，各地方人民政府、各有关单位按职责分工负责）

七、做好组织实施

（二十四）加强组织领导

充分发挥国务院推进贸易高质量发展部际联席会议制度作用，加强部门联动、央地协同，统筹协调解决重大问题。各地区、各有关部门要按照职责分工抓好贯彻落实，密切协作配合，及时出台相关措施，继续大胆探索实践。商务部要会同有关部门加强工作指导，确保各项措施落地见效。（商务部牵头，各地方人民政府、各有关单位按职责分工负责）

（二十五）做好宣传推广

不断总结推广好经验好做法。加强舆论引导，宣介外贸新业态新模式发展成效。积极营造鼓励创新、充满活力、公平竞争、规范有序的良好氛围，促进外贸新业态新模式健康持续创新发展。（商务部牵头，各地方人民政府、各有关单位按职责分工负责）

国务院办公厅

2021年7月2日

（此件公开发布）

〔来源：中国政府网〕

国务院关于加快建立健全绿色低碳循环发展经济体系的指导意见

国发〔2021〕4 号

建立健全绿色低碳循环发展经济体系，促进经济社会发展全面绿色转型，是解决我国资源环境生态问题的基础之策。为贯彻落实党的十九大部署，加快建立健全绿色低碳循环发展的经济体系，现提出如下意见。

一、总体要求

（一）指导思想

以习近平新时代中国特色社会主义思想为指导，深入贯彻党的十九大和十九届二中、三中、四中、五中全会精神，全面贯彻习近平生态文明思想，认真落实党中央、国务院决策部署，坚定不移贯彻新发展理念，全方位全过程推行绿色规划、绿色设计、绿色投资、绿色建设、绿色生产、绿色流通、绿色生活、绿色消费，使发展建立在高效利用资源、严格保护生态环境、有效控制温室气体排放的基础上，统筹推进高质量发展和高水平保护，建立健全绿色低碳循环发展的经济体系，确保实现碳达峰、碳中和目标，推动我国绿色发展迈上新台阶。

（二）工作原则

坚持重点突破。以节能环保、清洁生产、清洁能源等为重点率先突破，做好与农业、制造业、服务业和信息技术的融合发展，全面带动一二三产业和基础设施绿色升级。

坚持创新引领。深入推动技术创新、模式创新、管理创新，加快构建市场导向的绿色技术创新体系，推行新型商业模式，构筑有力有效的政策支持体系。

坚持稳中求进。做好绿色转型与经济发展、技术进步、产业接续、稳岗就业、民生改善的有机结合，积极稳妥、韧性持久地加以推进。

坚持市场导向。在绿色转型中充分发挥市场的导向性作用、企业的主体作用、各类市场交易机制的作用，为绿色发展注入强大动力。

（三）主要目标

到 2025 年，产业结构、能源结构、运输结构明显优化，绿色产业比重显著提升，基础设施绿色化水平不断提高，清洁生产水平持续提高，生产生活方式绿色转型成效显著，能源资源配置更加合理、利用效率大幅提高，主要污染物排放总量持续减少，碳排放强度明显降低，生态环境持续改善，市场导向的绿色技术创新体系更加完善，法律法规政策体系更加有效，绿色低碳循环发展的生产体系、流通体系、消费体系初步形成。到 2035 年，绿色发展内生动力显著增强，绿色产业规模迈上新台阶，重点行业、重点产品能源资源利用效率达到国际先进水平，广泛形成绿色生产生活方式，碳排放达峰后稳中有降，生态环境根本好转，美丽中国建设目标基本实现。

二、健全绿色低碳循环发展的生产体系

（四）推进工业绿色升级

加快实施钢铁、石化、化工、有色、建材、纺织、造纸、皮革等行业绿色化改造。推行产品绿色设计，建设绿色制造体系。大力发展再制造产业，加强再制造产品认证与推广应用。建设资源综合利用基地，促进工业固体废物综合利用。全面推行清洁生产，依法在“双超双有高耗能”行业实施强制性清洁生产审核。完善“散乱污”企业认定办法，分类实施关停取缔、整合搬迁、整改提升等措施。加快实施排污许可制度。加强工业生产过程中危险废物管理。

（五）加快农业绿色发展

鼓励发展生态种植、生态养殖，加强绿色食品、有机农产品认证和管理。发展生态循环农业，提高畜禽粪污资源化利用水平，推进农作物秸秆综合利用，加强农膜污染治理。强化耕地质量保护与提升，推进退化耕地综合治理。发展林业循环经济，实施森林生态标志产品建设工程。大力推进农业节水，推广高效节水技术。推行水产健康养殖。实施农药、兽用抗菌药使用减量和产地环境净化行动。依法加强养殖水域滩涂统一规划。完善相关水域禁渔管理制度。推进农业与旅游、教育、文化、健康等产业深度融合，加快一二三产业融合发展。

（六）提高服务业绿色发展水平

促进商贸企业绿色升级，培育一批绿色流通主体。有序发展出行、住宿等领域共享经济，规范发展闲置资源交易。加快信息服务业绿色转型，做好大中型数据中心、网络机房绿色建设和改造，建立绿色运营维护体系。推进会展业绿色发展，指导制定行业相关绿色标准，推动办展设施循环使用。推动汽修、装修装饰等行业使用低挥发性有机物含量原辅材料。倡导酒店、餐饮等行业不主动提供一次性用品。

（七）壮大绿色环保产业

建设一批国家绿色产业示范基地，推动形成开放、协同、高效的创新生态系统。加快培育市场主体，鼓励设立混合所有制公司，打造一批大型绿色产业集团；引导中小企业聚焦主业增强核心竞争力，培育“专精特新”中小企业。推行合同能源管理、合同节水管理、环境污染第三方治理等模式和以环境治理效果为导向的环境托管服务。进一步放开石油、化工、电力、天然气等领域节能环保竞争性业务，鼓励公共机构推行能源托管服务。适时修订绿色产业指导目录，引导产业发展方向。

（八）提升产业园区和产业集群循环化水平

科学编制新建产业园区开发建设规划，依法依规开展规划环境影响评价，严格准入标准，完善循环产业链条，推动形成产业循环耦合。推进既有产业园区和产业集群循环化改造，推动公共设施共建共享、能源梯级利用、资源循环利用和污染物集中安全处置等。鼓励建设电、热、冷、气等多种能源协同互济的综合能源项目。鼓励化工等产业园区配套建设危险废物集中贮存、预处理和处置设施。

（九）构建绿色供应链

鼓励企业开展绿色设计、选择绿色材料、实施绿色采购、打造绿色制造工艺、推行绿色包装、开展绿色运输、做好废弃产品回收处理，实现产品全周期的绿色环保。选择100家左右积极性高、社会影响大、带动作用强的企业开展绿色供应链试点，探索建立绿色供应链制度体系。鼓励行业协会通过制定规范、咨询服务、行业自律等方式提高行业供应链绿色化水平。

三、健全绿色低碳循环发展的流通体系

（十）打造绿色物流

积极调整运输结构，推进铁水、公铁、公水等多式联运，加快铁路专用线建设。加强物流运输组织管理，加快相关公共信息平台建设和信息共享，发展甩挂运输、共同配送。推广绿色低碳运输工具，淘汰更新或改造老旧车船，港口和机场服务、城市物流配送、邮政快递等领域要优先使用新能源或清洁能源汽车；加大推广绿色船舶示范应用力度，推进内河船型标准化。加快港口岸电设施建设，支持机场开展飞机辅助动力装置替代设备建设和应用。支持物流企业构建数字化运营平台，鼓励发展智慧仓储、智慧运输，推动建立标准化托盘循环共用制度。

（十一）加强再生资源回收利用

推进垃圾分类回收与再生资源回收“两网融合”，鼓励地方建立再生资源区域交易中心。加快落实生产者责任延伸制度，引导生产企业建立逆向物流回收体系。鼓励企业采用现代信息技术实现废物回收线上与线下有机结合，培育新型商业模式，打造龙头企业，提升行业整体竞争力。完善废旧家电回收处理体系，推广典型回收模式和经验做法。加快构建废旧物资循环利用体系，加强废纸、废塑料、废旧轮胎、废金属、废玻璃等再生资源回收利用，提升资源产出率和回收利用率。

（十二）建立绿色贸易体系

积极优化贸易结构，大力发展高质量、高附加值的绿色产品贸易，从严控制高污染、高耗能产品出口。加强绿色标准国际合作，积极引领和参与相关国际标准制定，推动合格评定合作和互认机制，做好绿色贸易规则与进出口政策的衔接。深化绿色“一带一路”合作，拓宽节能环保、清洁能源等领域技术装备和服务合作。

四、健全绿色低碳循环发展的消费体系

（十三）促进绿色产品消费

加大政府绿色采购力度，扩大绿色产品采购范围，逐步将绿色采购制度扩展至国有企业。加强对企业和居民采购绿色产品的引导，鼓励地方采取补贴、积分奖励等方式促进绿色消费。推动电商平台设立绿色产品销售专区。加强绿色产品和服务认证管理，完善认证机构信用监管机制。推广绿色电力证书交易，引领全社会提升绿色电力消费。严厉打击虚标绿色产品行为，有关行政处罚等信息纳入国家企业信用信息公示系统。

（十四）倡导绿色低碳生活方式

厉行节约，坚决制止餐饮浪费行为。因地制宜推进生活垃圾分类和减量化、资源化，开展宣传、培训和成效评估。扎实推进塑料污染全链条治理。推进过度包装治理，推动生产经营者遵守限制商品过度包装的强制性标准。提升交通系统智能化水平，积极引导绿色出行。深入开展爱国卫生运动，整治环境脏乱差，打造宜居生活环境。开展绿色生活创建活动。

五、加快基础设施绿色升级

（十五）推动能源体系绿色低碳转型

坚持节能优先，完善能源消费总量和强度双控制度。提升可再生能源利用比例，大力推动风电、光伏发电发展，因地制宜发展水能、地热能、海洋能、氢能、生物质能、光热发电。加快大容量储能技术研发推广，提升电网汇集和外送能力。增加农村清洁能源供应，推动农村发展生物质能。促进燃煤清洁高效开发转化利用，继续提升大容量、高参数、低污染煤电机组占煤电装机比例。在北方地区县城积极发展清洁热电联产集中供暖，稳步推进生物质耦合供热。严控新增煤电装机容量。提高能源输配效率。实施城乡配电网建设和智能升级计划，推进农村电网升级改造。加快天然气基础设施建设和互联互通。开展二氧化碳捕集、利用和封存试验示范。

（十六）推进城镇环境基础设施建设升级

推进城镇污水管网全覆盖。推动城镇生活污水收集处理设施“厂网一体化”，加快建设污泥无害化资源化处置设施，因地制宜布局污水资源化利用设施，基本消除城市黑臭水体。加快城镇生活垃圾处理设施建设，推进生活垃圾焚烧发电，减少生活垃圾填埋处理。加强危险废物集中处置能力建设，提升信息化、智能化监管水平，严格执行经营许可管理制度。提升医疗废物应急处理能力。做好餐厨垃圾资源化利用和无害化处理。在沿海缺水城市推动大型海水淡化设施建设。

（十七）提升交通基础设施绿色发展水平

将生态环保理念贯穿交通基础设施规划、建设、运营和维护全过程，集约利用土地等资源，合理避让具有重要生态功能的国土空间，积极打造绿色公路、绿色铁路、绿色航道、绿色港口、绿色空港。加强新能源汽车充换电、加氢等配套基础设施建设。积极推广应用温拌沥青、智能通风、辅助动力替代和节能灯具、隔声屏障等节能环保先进技术和产品。加大工程建设中废弃资源综合利用力度，推动废旧路面、沥青、疏浚土等材料以及建筑垃圾的资源化利用。

（十八）改善城乡人居环境

相关空间性规划要贯彻绿色发展理念，统筹城市发展和安全，优化空间布局，合理确定开发强度，鼓励城市留白增绿。建立“美丽城市”评价体系，开展“美丽城市”建设试点。增强城市防洪排涝能力。开展绿色社区创建行动，大力发展绿色建筑，建立绿色建筑统一标识制度，结合城镇老旧小区改造推动社区基础设施绿色化和既有建筑节能改造。建立乡村建设评价体系，促进补齐乡村建设短板。加快推进农村人居环境整治，因地制宜推进农村改厕、生活垃圾处理和污水治理、村容村貌提升、乡村绿化美化等。继续做好农村清洁供暖改造、老旧危房改造，打造干净整洁有序美丽的村庄环境。

六、构建市场导向的绿色技术创新体系

（十九）鼓励绿色低碳技术研发

实施绿色技术创新攻关行动，围绕节能环保、清洁生产、清洁能源等领域布局一批前瞻性、战略性、颠覆性科技攻关项目。培育建设一批绿色技术国家技术创新中心、国家科技资源共享服务平台等创新基地平台。强化企业创新主体地位，支持企业整合高校、科研院所、产业园区等力量建立市场化运行的绿色技术创新联合体，鼓励企业牵头或参与财政资金支持的绿色技术研发项目、市场导向明确的绿色技术创新项目。

（二十）加速科技成果转化

积极利用首台（套）重大技术装备政策支持绿色技术应用。充分发挥国家科技成果转化引导基金作用，强化创业投资等各类基金引导，支持绿色技术创新成果转化应用。支持企业、高校、科研机构等建立绿色技术创新项目孵化器、创新创业基地。及时发布绿色技术推广目录，加快先进成熟技术推广应用。深入推进绿色技术交易中心建设。

七、完善法律法规政策体系

（二十一）强化法律法规支撑

推动完善促进绿色设计、强化清洁生产、提高资源利用效率、发展循环经济、严格污染治理、推动绿色产业发展、扩大绿色消费、实行环境信息公开、应对气候变化等方面法律法规制度。强化执法监督，加大违法行为查处和问责力度，加强行政执法机关与监察机关、司法机关的工作衔接配合。

（二十二）健全绿色收费价格机制

完善污水处理收费政策，按照覆盖污水处理设施运营和污泥处理处置成本并合理盈利的原则，合理制定污水处理收费标准，健全标准动态调整机制。按照产生者付费原则，建立健全生活垃圾处理收费制度，各地区可根据本地实际情况，实行分类计价、计量收费等差别化管理。完善节能环保电价政策，推进农业水价综合改革，继续落实好居民阶梯电价、气价、水价制度。

（二十三）加大财税扶持力度

继续利用财政资金和预算内投资支持环境基础设施补短板强弱项、绿色环保产业发展、能源高效利用、资源循环利用等。继续落实节能节水环保、资源综合利用以及合同能源管理、环境污染第三方治理等方面的所得税、增值税等优惠政策。做好资源税征收和水资源费改税试点工作。

（二十四）大力发展绿色金融

发展绿色信贷和绿色直接融资，加大对金融机构绿色金融业绩评价考核力度。统一绿色债券标准，建立绿色债券评级标准。发展绿色保险，发挥保险费率调节机制作用。支持符合条件的绿色产业企业上市融资。支持金融机构和相关企业在国际市场开展绿色融资。推动国际绿色金融标准趋同，有序推进绿色金融市场双向开放。推动气候投融资工作。

（二十五）完善绿色标准、绿色认证体系和统计监测制度

开展绿色标准体系顶层设计和系统规划，形成全面系统的绿色标准体系。加快标准化支撑机构建设。加快绿色产品认证制度建设，培育一批专业绿色认证机构。加强节能环保、清洁生产、清洁能源等领域统计监测，健全相关制度，强化统计信息共享。

（二十六）培育绿色交易市场机制

进一步健全排污权、用能权、用水权、碳排放权等交易机制，降低交易成本，提高运转效率。加快建立初始分配、有偿使用、市场交易、纠纷解决、配套服务等制度，做好绿色权属交易与相关目标指标的对接协调。

八、认真抓好组织实施

（二十七）抓好贯彻落实

各地区各有关部门要思想到位、措施到位、行动到位，充分认识建立健全绿色低碳循环发展经济体系的重要性和紧迫性，将其作为高质量发展的重要内容，进一步压实工作责任，加强督促落实，保质保量完成各项任务。各地区要根据本地实际情况研究提出具体措施，在抓落实上投入更大精力，确保政策措施落到实处。

（二十八）加强统筹协调

国务院各有关部门要加强协同配合，形成工作合力。国家发展改革委要会同有关部门强化统筹协调和督促指导，做好年度重点工作安排部署，及时总结各地区各有关部门的好经验好模式，探

索编制年度绿色低碳循环发展报告，重大情况及时向党中央、国务院报告。

（二十九）深化国际合作

统筹国内国际两个大局，加强与世界各个国家和地区在绿色低碳循环发展领域的政策沟通、技术交流、项目合作、人才培训等，积极参与和引领全球气候治理，切实提高我国推动国际绿色低碳循环发展的能力和水平，为构建人类命运共同体作出积极贡献。

（三十）营造良好氛围

各类新闻媒体要讲好我国绿色低碳循环发展故事，大力宣传取得的显著成就，积极宣扬先进典型，适时曝光破坏生态、污染环境、严重浪费资源和违规乱上高污染、高耗能项目等方面的负面典型，为绿色低碳循环发展营造良好氛围。

国务院

2021 年 2 月 2 日

〔来源：中国政府网〕

国务院关于实施金融控股公司准入管理的决定

国发〔2020〕12 号

为加强对非金融企业、自然人等主体控股或者实际控制金融机构的监督管理，规范金融控股公司行为，防范系统性金融风险，现作出如下决定：

一、对金融控股公司实施准入管理

中华人民共和国境内的非金融企业、自然人以及经认可的法人控股或者实际控制两个或者两个以上不同类型金融机构，具有本决定规定情形的，应当向中国人民银行提出申请，经批准设立金融控股公司。

（一）本决定所称金融控股公司，是指依照《中华人民共和国公司法》和本决定设立的，控股或者实际控制两个或者两个以上不同类型金融机构，自身仅开展股权投资管理、不直接从事商业性经营活动的有限责任公司或者股份有限公司。

（二）本决定所称金融机构的类型包括：

1. 商业银行（不含村镇银行，下同）、金融租赁公司；

2. 信托公司；

3. 金融资产管理公司；

4. 证券公司、公募基金管理公司、期货公司；

5. 人身保险公司、财产保险公司、再保险公司、保险资产管理公司；

6. 国务院金融管理部门认定的其他机构。

（三）本决定所称应当申请设立金融控股公司的规定情形，是指具有下列情形之一：

1. 控股或者实际控制的金融机构中含商业银行的，金融机构的总资产不少于人民币 5 000 亿元，或者金融机构总资产少于人民币 5 000 亿元但商业银行以外其他类型的金融机构总资产不少于人民币 1 000 亿元或者受托管理的总资产不少于人民币 5 000 亿元；

2. 控股或者实际控制的金融机构中不含商业银行的，金融机构的总资产不少于人民币 1 000 亿元或者受托管理的总资产不少于人民币 5 000 亿元；

3. 控股或者实际控制的金融机构总资产或者受托管理的总资产未达到上述第一项、第二项规定的标准，但中国人民银行按照宏观审慎监管要求认为需要设立金融控股公司。

二、设立金融控股公司的条件和程序

（一）申请设立金融控股公司，除应当具备《中华人民共和国公司法》规定的条件外，还应当具备以下条件：

1. 实缴注册资本额不低于人民币 50 亿元，且不低于所直接控股金融机构注册资本总和的 50%；

2. 股东、实际控制人信誉良好，且符合相关法律、行政法规及中国人民银行的有关规定；

3. 有符合任职条件的董事、监事和高级管理人员；

4. 有为所控股金融机构持续补充资本的能力；

5. 有健全的组织机构和有效的风险管理、内部控制制度等其他审慎性条件。

（二）中国人民银行应当自受理设立金融控股公司申请之日起 6 个月内作出批准或者不予批准的书面决定；决定不予批准的，应当说明理由。

经批准设立的金融控股公司，由中国人民银行颁发金融控股公司许可证，凭该许可证向市场监督管理部门办理登记，领取营业执照。未经中国人民银行批准，不得登记为金融控股公司，不得在公司名称中使用“金融控股”、“金融集团”等字样。

依照本决定规定应当设立金融控股公司但未获得批准的，应当按照中国人民银行会同国务院银行保险监督管理机构、国务院证券监督管理机构提出的要求，采取转让所控股金融机构的股权或者转移实际控制权等措施。

（三）金融控股公司变更名称、住所、注册资本、持有 5% 以上股权的股东、实际控制人，修改公司章程，投资控股其他金融机构，增加或者减少对所控股金融机构的出资或者持股比例导致控制权变更或者丧失，分立、合并、解散或者破产，应当向中国人民银行提出申请。中国人民银行应当自受理申请之日起 3 个月内作出批准或者不予批准的书面决定。

三、其他规定

（一）本决定施行前已具有本决定规定应当申请设立金融控股公司情形的，应当自本决定施行之日起 12 个月内向中国人民银行申请设立金融控股公司。逾期未申请的，应当按照中国人民银行会同国务院银行保险监督管理机构、国务院证券监督管理机构提出的要求，采取转让所控股金融机构的股权或者转移实际控制权等措施。

（二）非金融企业或者经认可的法人控股或者实际控制的金融资产占其并表总资产的 85% 以上且符合本决定规定应当申请设立金融控股公司情形的，也可以依照本决定规定的设立金融控股公司条件和程序，申请将其批准为金融控股公司。

（三）中国人民银行根据本决定制定设立金融控股公司条件、程序的实施细则，并组织实施监督管理，可以采取相关审慎性监督管理措施。

本决定自 2020 年 11 月 1 日起施行。

国务院

2020 年 9 月 11 日

（此件公开发布）

〔来源：中国政府网〕

新时期促进集成电路产业和软件产业高质量发展的若干政策

国发〔2020〕8 号

集成电路产业和软件产业是信息产业的核心，是引领新一轮科技革命和产业变革的关键力量。《国务院关于印发鼓励软件产业和集成电路产业发展若干政策的通知》（国发〔2000〕18 号）、

《国务院关于印发进一步鼓励软件产业和集成电路产业发展若干政策的通知》（国发〔2011〕4号）印发以来，我国集成电路产业和软件产业快速发展，有力支撑了国家信息化建设，促进了国民经济和社会持续健康发展。为进一步优化集成电路产业和软件产业发展环境，深化产业国际合作，提升产业创新能力和发展质量，制定以下政策。

一、财税政策

（一）国家鼓励的集成电路线宽小于28纳米（含），且经营期在15年以上的集成电路生产企业或项目，第一年至第十年免征企业所得税。国家鼓励的集成电路线宽小于65纳米（含），且经营期在15年以上的集成电路生产企业或项目，第一年至第五年免征企业所得税，第六年至第十年按照25%的法定税率减半征收企业所得税。国家鼓励的集成电路线宽小于130纳米(含)，且经营期在10年以上的集成电路生产企业或项目，第一年至第二年免征企业所得税，第三年至第五年按照25%的法定税率减半征收企业所得税。国家鼓励的线宽小于130纳米（含）的集成电路生产企业纳税年度发生的亏损，准予向以后年度结转，总结转年限最长不得超过10年。

对于按照集成电路生产企业享受税收优惠政策的，优惠期自获利年度起计算；对于按照集成电路生产项目享受税收优惠政策的，优惠期自项目取得第一笔生产经营收入所属纳税年度起计算。国家鼓励的集成电路生产企业或项目清单由国家发展改革委、工业和信息化部会同相关部门制定。

（二）国家鼓励的集成电路设计、装备、材料、封装、测试企业和软件企业，自获利年度起，第一年至第二年免征企业所得税，第三年至第五年按照25%的法定税率减半征收企业所得税。国家鼓励的集成电路设计、装备、材料、封装、测试企业条件由工业和信息化部会同相关部门制定。

（三）国家鼓励的重点集成电路设计企业和软件企业，自获利年度起，第一年至第五年免征企业所得税，接续年度减按10%的税率征收企业所得税。国家鼓励的重点集成电路设计企业和软件企业清单由国家发展改革委、工业和信息化部会同相关部门制定。

（四）国家对集成电路企业或项目、软件企业实施的所得税优惠政策条件和范围，根据产业技术进步情况进行动态调整。集成电路设计企业、软件企业在本政策实施以前年度的企业所得税，按照国发〔2011〕4号文件明确的企业所得税“两免三减半”优惠政策执行。

（五）继续实施集成电路企业和软件企业增值税优惠政策。

（六）在一定时期内，集成电路线宽小于65纳米（含）的逻辑电路、存储器生产企业，以及线宽小于0.25微米（含）的特色工艺集成电路生产企业（含掩模版、8英寸及以上硅片生产企业）进口自用生产性原材料、消耗品，净化室专用建筑材料、配套系统和集成电路生产设备零配件，免征进口关税；集成电路线宽小于0.5微米（含）的化合物集成电路生产企业和先进封装测试企业进口自用生产性原材料、消耗品，免征进口关税。具体政策由财政部会同海关总署等有关部门制定。企业清单、免税商品清单分别由国家发展改革委、工业和信息化部会同相关部门制定。

（七）在一定时期内，国家鼓励的重点集成电路设计企业和软件企业，以及第（六）条中的集成电路生产企业和先进封装测试企业进口自用设备，及按照合同随设备进口的技术（含软件）及配套件、备件，除相关不予免税的进口商品目录所列商品外，免征进口关税。具体政策由财政部会同海关总署等有关部门制定。

（八）在一定时期内，对集成电路重大项目进口新设备，准予分期缴纳进口环节增值税。具体政策由财政部会同海关总署等有关部门制定。

二、投融资政策

（九）加强对集成电路重大项目建设的服务和指导，有序引导和规范集成电路产业发展秩序，做好规划布局，强化风险提示，避免低水平重复建设。

（十）鼓励和支持集成电路企业、软件企业加强资源整合，对企业按照市场化原则进行的重组并购，国务院有关部门和地方政府要积极支持引导，不得设置法律法规政策以外的各种形式的限制条件。

（十一）充分利用国家和地方现有的政府投资基金支持集成电路产业和软件产业发展，鼓励社会资本按照市场化原则，多渠道筹资，设立投资基金，提高基金市场化水平。

（十二）鼓励地方政府建立贷款风险补偿机制，支持集成电路企业、软件企业通过知识产权质押融资、股权质押融资、应收账款质押融资、供应链金融、科技及知识产权保险等手段获得商业贷款。充分发挥融资担保机构作用，积极为集成电路和软件领域小微企业提供各种形式的融资担保服务。

（十三）鼓励商业性金融机构进一步改善金融服务，加大对集成电路产业和软件产业的中长期贷款支持力度，积极创新适合集成电路产业和软件产业发展的信贷产品，在风险可控、商业可持续的前提下，加大对重大项目的金融支持力度；引导保险资金开展股权投资；支持银行理财公司、保险、信托等非银行金融机构发起设立专门性资管产品。

（十四）大力支持符合条件的集成电路企业和软件企业在境内外上市融资，加快境内上市审核流程，符合企业会计准则相关条件的研发支出可作资本化处理。鼓励支持符合条件的企业在科创板、创业板上市融资，通畅相关企业原始股东的退出渠道。通过不同层次的资本市场为不同发展阶段的集成电路企业和软件企业提供股权融资、股权转让等服务，拓展直接融资渠道，提高直接融资比重。

（十五）鼓励符合条件的集成电路企业和软件企业发行企业债券、公司债券、短期融资券和中期票据等，拓宽企业融资渠道，支持企业通过中长期债券等方式从债券市场筹集资金。

三、研究开发政策

（十六）聚焦高端芯片、集成电路装备和工艺技术、集成电路关键材料、集成电路设计工具、基础软件、工业软件、应用软件的关键核心技术研发，不断探索构建社会主义市场经济条件下关键核心技术攻关新型举国体制。科技部、国家发展改革委、工业和信息化部等部门做好有关工作的组织实施，积极利用国家重点研发计划、国家科技重大专项等给予支持。

（十七）在先进存储、先进计算、先进制造、高端封装测试、关键装备材料、新一代半导体技术等领域，结合行业特点推动各类创新平台建设。科技部、国家发展改革委、工业和信息化部等部门优先支持相关创新平台实施研发项目。

（十八）鼓励软件企业执行软件质量、信息安全、开发管理等国家标准。加强集成电路标准化组织建设，完善标准体系，加强标准验证，提升研发能力。提高集成电路和软件质量，增强行业竞争力。

四、进出口政策

（十九）在一定时期内，国家鼓励的重点集成电路设计企业和软件企业需要临时进口的自用设备（包括开发测试设备）、软硬件环境、样机及部件、元器件，符合规定的可办理暂时进境货物海关手续，其进口税收按照现行法规执行。

（二十）对软件企业与国外资信等级较高的企业签订的软件出口合同，金融机构可按照独立审贷和风险可控的原则提供融资和保险支持。

（二十一）推动集成电路、软件和信息技术服务出口，大力发展国际服务外包业务，支持企业建立境外营销网络。商务部会同相关部门与重点国家和地区建立长效合作机制，采取综合措施为企业拓展新兴市场创造条件。

五、人才政策

（二十二）进一步加强高校集成电路和软件专业建设，加快推进集成电路一级学科设置工作，紧密结合产业发展需求及时调整课程设置、教学计划和教学方式，努力培养复合型、实用型的高水平人才。加强集成电路和软件专业师资队伍、教学实验室和实习实训基地建设。教育部会同相关部门加强督促和指导。

（二十三）鼓励有条件的高校采取与集成电路企业合作的方式，加快推进示范性微电子学院建设。优先建设培育集成电路领域产教融合型企业。纳入产教融合型企业建设培育范围内的试点企业，兴办职业教育的投资符合规定的，可按投资额 30% 的比例，抵免该企业当年应缴纳的教育费附加和地方教育附加。鼓励社会相关产业投资基金加大投入，支持高校联合企业开展集成电路人才培养专项资源库建设。支持示范性微电子学院和特色化示范性软件学院与国际知名大学、跨国公司合作，引进国外师资和优质资源，联合培养集成电路和软件人才。

（二十四）鼓励地方按照国家有关规定表彰和奖励在集成电路和软件领域作出杰出贡献的高端人才，以及高水平工程师和研发设计人员，完善股权激励机制。通过相关人才项目，加大力度引进顶尖专家和优秀人才及团队。在产业集聚区或相关产业集群中优先探索引进集成电路和软件人才的相关政策。制定并落实集成电路和软件人才引进和培训年度计划，推动国家集成电路和软件人才国际培训基地建设，重点加强急需紧缺专业人才中长期培训。

（二十五）加强行业自律，引导集成电路和软件人才合理有序流动，避免恶性竞争。

六、知识产权政策

（二十六）鼓励企业进行集成电路布图设计专有权、软件著作权登记。支持集成电路企业和软件企业依法申请知识产权，对符合有关规定的，可给予相关支持。大力发展集成电路和软件相关知识产权服务。

（二十七）严格落实集成电路和软件知识产权保护制度，加大知识产权侵权违法行为惩治力度。加强对集成电路布图设计专有权、网络环境下软件著作权的保护，积极开发和应用正版软件网络版权保护技术，有效保护集成电路和软件知识产权。

（二十八）探索建立软件正版化工作长效机制。凡在中国境内销售的计算机（含大型计算机、服务器、微型计算机和笔记本电脑）所预装软件须为正版软件，禁止预装非正版软件的计算机上市销售。全面落实政府机关使用正版软件的政策措施，对通用软件实行政府集中采购，加强对软件资产的管理。推动重要行业和重点领域使用正版软件工作制度化规范化。加强使用正版软件工作宣传培训和督促检查，营造使用正版软件良好环境。

七、市场应用政策

（二十九）通过政策引导，以市场应用为牵引，加大对集成电路和软件创新产品的推广力度，带动技术和产业不断升级。

（三十）推进集成电路产业和软件产业集聚发展，支持信息技术服务产业集群、集成电路产业集群建设，支持软件产业园区特色化、高端化发展。

（三十一）支持集成电路和软件领域的骨干企业、科研院所、高校等创新主体建设以专业化众创空间为代表的各类专业化创新服务机构，优化配置技术、装备、资本、市场等创新资源，按照市场机制提供聚焦集成电路和软件领域的专业化服务，实现大中小企业融通发展。加大对服务于集成电路和软件产业的专业化众创空间、科技企业孵化器、大学科技园等专业化服务平台的支持力度，提升其专业化服务能力。

（三十二）积极引导信息技术研发应用业务发展服务外包。鼓励政府部门通过购买服务的方式，将电子政务建设、数据中心建设和数据处理工作中属于政府职责范围，且适合通过市场化方式提供的服务事项，交由符合条件的软件和信息技术服务机构承担。抓紧制定完善相应的安全审查和保密管理规定。鼓励大中型企业依托信息技术研发应用业务机构，成立专业化软件和信息技术服务企业。

（三十三）完善网络环境下消费者隐私及商业秘密保护制度，促进软件和信息技术服务网络化发展。在各级政府机关和事业单位推广符合安全要求的软件产品和服务。

（三十四）进一步规范集成电路产业和软件产业市场秩序，加强反垄断执法，依法打击各种垄断行为，做好经营者反垄断审查，维护集成电路产业和软件产业市场公平竞争。加强反不正当竞争执法，依法打击各类不正当竞争行为。

（三十五）充分发挥行业协会和标准化机构的作用，加快制定集成电路和软件相关标准，推广集成电路质量评价和软件开发成本度量规范。

八、国际合作政策

（三十六）深化集成电路产业和软件产业全球合作，积极为国际企业在华投资发展营造良好环境。鼓励国内高校和科研院所加强与海外高水平大学和研究机构的合作，鼓励国际企业在华建设研发中心。加强国内行业协会与国际行业组织的沟通交流，支持国内企业在境内外与国际企业开展合作，深度参与国际市场分工协作和国际标准制定。

（三十七）推动集成电路产业和软件产业“走出去”。便利国内企业在境外共建研发中心，更好利用国际创新资源提升产业发展水平。国家发展改革委、商务部等有关部门提高服务水平，为企业开展投资等合作营造良好环境。

九、附则

（三十八）凡在中国境内设立的符合条件的集成电路企业（含设计、生产、封装、测试、装备、材料企业）和软件企业，不分所有制性质，均可享受本政策。

（三十九）本政策由国家发展改革委会同财政部、税务总局、工业和信息化部、商务部、海关总署等部门负责解释。

（四十）本政策自印发之日起实施。继续实施国发〔2000〕18号、国发〔2011〕4号文件明确的政策，相关政策与本政策不一致的，以本政策为准。

国务院

2020年7月27日

（此件公开发布）

〔来源：中国政府网〕

“工业互联网+安全生产”行动计划（2021—2023年）

工信部联信发〔2020〕157号

“工业互联网+安全生产”是通过工业互联网在安全生产中的融合应用，增强工业安全生产的感知、监测、预警、处置和评估能力，加速安全生产从静态分析向动态感知、事后应急向事前预防、单点防控向全局联防的转变，提升工业生产本质安全水平。为贯彻落实习近平总书记关于“深入实施工业互联网创新发展战略”“提升应急管理体系和能力现代化”“从根本上消除事故隐患”的重要指示精神，推进《关于深化新一代信息技术与制造业融合发展的指导意见》深入实施，实现发展规模、速度、质量、结构、效益、安全相统一，制定本行动计划。

一、总体要求

（一）指导思想

以习近平新时代中国特色社会主义思想为指导，深入贯彻党的十九大和十九届二中、三中、四中全会精神，贯彻新发展理念，坚持工业互联网与安全生产同规划、同部署、同发展，构建基于工业互联网的安全感知、监测、预警、处置及评估体系，提升工业企业安全生产数字化、网络化、智能化水平，培育“工业互联网＋安全生产”协同创新模式，扩大工业互联网应用，提升安全生产水平。

（二）行动目标

到 2023 年底，工业互联网与安全生产协同推进发展格局基本形成，工业企业本质安全水平明显增强。一批重点行业工业互联网安全生产监管平台建成运行，“工业互联网＋安全生产”快速感知、实时监测、超前预警、联动处置、系统评估等新型能力体系基本形成，数字化管理、网络化协同、智能化管控水平明显提升，形成较为完善的产业支撑和服务体系，实现更高质量、更有效率、更可持续、更为安全的发展模式。

二、重点任务

（一）建设“工业互联网＋安全生产”新型基础设施

1. 建设网络监管平台。整合现有安全生产数据、平台和系统，构建企业级和行业级工业互联网安全生产监管平台，实现安全生产全过程、全要素、全产业链的连接和监管，具备安全感知、监测、预警、处置、评估等功能，提升跨部门、跨层级的安全生产联动联控能力。

2. 提升数据服务能力。依托国家工业互联网大数据中心，建设“工业互联网＋安全生产”行业分中心和数据支撑平台，建立安全生产数据目录，加强数据技术攻关，开发标准化数据交换接口、分析建模以及可视化等工具集，对接重点行业工业互联网安全生产监管平台，开展数据支撑服务，加速安全生产数据资源在线汇聚、有序流动和价值挖掘。

（二）打造基于工业互联网的安全生产新型能力

3. 建设快速感知能力。分行业制定安全风险感知方案，围绕人员、设备、生产、仓储、物流、环境等方面，开发和部署专业智能传感器、测量仪器及边缘计算设备，打通设备协议和数据格式，构建基于工业互联网的态势感知能力。

4. 建设实时监测能力。制定工业设备、工业视频和业务系统上云实施指南，加快高风险、高能耗、高价值设备和 ERP、MES、SCM 及安全生产相关系统上云上平台，开发和部署安全生产数据实时分析软件、工具集和语义模型，开展“5G+智能巡检”，实现安全生产关键数据的云端汇聚和在线监测。

5. 建设超前预警能力。基于工业互联网平台的泛在连接和海量数据，建立风险特征库、失效数据库，分行业开发安全生产风险模型，推进边缘云和 5G+ 边缘计算能力建设，下沉计算能力，实现精准预测、智能预警和超前预警。

6. 建设应急处置能力。建设安全生产案例库、应急演练情景库、应急处置预案库、应急处置专家库、应急救援队伍库和应急救援物资库，基于工业互联网平台开展安全生产风险仿真、应急演练和隐患排查，推动应急处置向事前预防转变，提升应急处置的科学性、精准性和快速响应能力。

7. 建设系统评估能力。开发基于工业互联网的评估模型和工具集，对安全生产处置措施的充分性、适宜性和有效性进行全面准确的评估，对安全事故的损失、原因和责任主体等进行快速追溯和认定，为查找漏洞、解决问题提供保障，实现对企业、区域和行业安全生产的系统评估。

（三）深化工业互联网和安全生产的融合应用

8. 深化数字化管理应用。支持工业企业、重点园区在工业互联网建设中，将数字孪生技术应用于安全生产管理。实现关键设备全生命周期、生产工艺全流程的数字化、可视化、透明化，提升企业、园区安全生产数据管理能力。

9. 深化网络化协同应用。基于工业互联网安全生产监管平台，推动人员、装备、物资等安全生产要素的网络化连接、敏捷化响应和自动化调配，实现跨企业、跨部门、跨层级的协同联动，加速风险消减和应急恢复，将安全生产损失降低到最小。

10.深化智能化管控应用。依托工业互联网平台，开展重点行业安全管理经验知识的软件化沉淀和智能化应用，加快工艺优化、预测性维护、智能巡检、风险预警、故障自愈、网格化安全管理等工业APP和解决方案的应用推广，实现安全生产的可预测、可管控。

（四）构建“工业互联网+安全生产”支撑体系

11.坚持协同部署。加强工业互联网和安全生产在工程、专项和试点工作中的统筹协调，将安全生产作为工业互联网建设和应用的重要任务，系统谋划、统一布局。建设国家、省市县、园区和企业多级协同的工业互联网安全生产监管平台和监测体系，提升工业互联网服务经济运行监测和工业基础监测的能力。

12.聚焦本质安全。聚焦设计安全、生产安全、服务安全、变更安全等关键环节，通过应用试点，以海量应用加速信息技术产品创新应用，推动生产工艺、测试工具等工业基础能力迭代优化，提升本质安全水平。

13.完善标准体系。聚焦“工业互联网+安全生产”新技术新模式新业态，落实工业互联网与安全生产标准同规划、同部署、同发展，加快制修订国家标准和行业标准，鼓励社会组织制定团体标准。开发自动化贯标工具，通过贯标推广新技术、新应用，提升安全生产的规范化水平。

14.培育解决方案。坚持分业施策，围绕化工、钢铁、有色、石油、石化、矿山、建材、民爆、烟花爆竹等重点行业，制定“工业互联网+安全生产”行业实施指南。建设面向重点行业的工业互联网平台，开发安全生产模型库、工具集和工业APP，培育一批行业系统解决方案提供商和服务团队。

15.强化综合保障。完善国家工控安全监测网络。以试点示范和防护贯标为引领，支持企业工业互联网、工控安全产品和解决方案的开发和应用。落实企业网络安全主体责任，实施工业互联网企业网络安全分类分级管理，提升企业安全防护水平。

三、保障措施

（一）明确责任分工

工业和信息化主管部门负责工业互联网在安全生产中的应用，组织开发技术和解决方案。应急管理部门负责创新基于工业互联网的安全生产监管方式，加强对企业接入工业互联网安全生产监管平台的管理，建立与行政许可换证挂钩等激励约束机制。双方共同建立“工业互联网+安全生产”工作推进机制，定期通报成果，明确时间进度，强化督促检查。中国工业互联网研究院负责技术开发和数据支撑平台建设和运行，中国安全生产科学研究院负责工业互联网安全生产监管平台建设和运行。工业企业严格落实安全生产主体责任，坚持工业互联网与安全生产同规划、同部署、同发展。

（二）加大支持力度

依托工业互联网创新发展工程等专项加大对“工业互联网+安全生产”方向的资金投入，支持基础共性技术产品研发、公共服务平台建设和解决方案提供商培育。依托现有渠道，争取对企业技改等方面的支持。鼓励地方设立专项，引导企业加大投入，支持开展技术改造，提升工业安全生产的感知、监测、预警、处置和评估能力。

（三）开展试点应用

组织开展“工业互联网+安全生产”试点应用，遴选一批可复制、易推广的园区和企业标杆应用，培育一批解决方案提供商。推动技术创新和应用创新，加快互联网、大数据、人工智能、区块链等新一代信息技术在“工业互联网+安全生产”领域的融合创新与推广应用，探索安全生产管理新方式，推动现场检查向线上线下相结合检查转变、一次性检查向持续监测转变，提升行政管理效率。

（四）加强日常演练

督促企业完善应急预案，加强专兼职应急队伍建设及应急物资装备配备，基于工业互联网实现要素资源的网络化协同和智能化调配，增强应急处置支撑能力。建设应急演练虚拟仿真环境，开展日常培训、线上应急演练和实战演练，提升综合保障能力。

（五）建设人才队伍

开发基于工业互联网的仿真培训考试系统，建设安全生产培训考试智能监控体系，加快专业人才培养。建设“工业互联网+安全生产”人才培养和评价体系，加强实训基地和“新工科”建设，汇聚产学研用优质资源，培养复合型人才队伍。

工业和信息化部

应急管理部

2020年10月10日

〔来源：工业和信息化部官网〕

推动物流业制造业深度融合创新发展实施方案

发改经贸〔2020〕1315号

物流业是支撑国民经济发展的基础性、战略性、先导性产业，制造业是国民经济的主体，是全社会物流总需求的主要来源。推动物流业制造业融合发展，是深化供给侧结构性改革，推动经济高质量发展的现实需要；是进一步提高物流发展质量效率，深入推动物流降本增效的必然选择；是适应制造业数字化、智能化、绿色化发展趋势，加快物流业态模式创新的内在要求。当前，我国物流业制造业融合发展趋势不断增强，在推动降低制造业成本水平等方面取得积极成效，但融合层次不够高、范围不够广、程度不够深，与促进形成强大国内市场，构建现代化经济体系的总体要求还不相适应。特别是应对新冠肺炎疫情和推动复工复产期间，供应链弹性不足、产业链协同不强、物流业制造业联动不够等问题凸显，直接影响到产业平稳运行和正常生产生活秩序。为进一步深入推动物流业制造业深度融合、创新发展，保持产业链供应链稳定，推动形成以国内大循环为主体、国内国际双循环相互促进的新发展格局，特制定本方案。

一、总体要求

（一）指导思想

以习近平新时代中国特色社会主义思想为指导，全面贯彻党的十九大和十九届二中、三中、四中全会精神，牢固树立和深入践行新发展理念，紧紧围绕高质量发展要求，以深化供给侧结构性改革为主线，充分发挥市场在资源配置中的决定性作用，更好发挥政府作用，统筹推动物流业降本增效提质和制造业转型升级，促进物流业制造业协同联动和跨界融合，延伸产业链，稳定供应链，提升价值链，为实体经济高质量发展和现代化经济体系建设奠定坚实基础。

（二）发展目标

到2025年，物流业在促进实体经济降本增效、供应链协同、制造业高质量发展等方面作用显著增强。探索建立符合我国国情的物流业制造业融合发展模式，制造业供应链协同发展水平大幅提升，精细化、高品质物流服务供给能力明显增强，主要制造业领域物流费用率不断下降；培育形成一批物流业制造业融合发展标杆企业，引领带动物流业制造业融合水平显著提升；初步建立制造业物流成本核算统计体系，对制造业物流成本水平变化的评估监测更加及时准确。

二、紧扣关键环节，促进物流业制造业融合创新

（三）促进企业主体融合发展

支持物流企业与制造企业通过市场化方式创新供应链协同共建模式，建立互利共赢的长期战略合作关系，进一步增强响应市场需求变化、应对外部冲击的能力，提高核心竞争力。引导制造企业结合实际系统整合其内部分散在采购、制造、销售等环节的物流服务能力，以及铁路专用线、仓储、配送等存量设施资源，向社会提供专业化、高水平的综合物流服务。（各部门按职能分工负责）

（四）促进设施设备融合联动

在国土空间规划和产业发展规划中加强物流业制造业有机衔接，统筹做好工业园区等生产制造设施，以及物流枢纽、铁路专用线等物流基础设施规划布局和用地用海安排。（发展改革委、工业和信息化部、自然资源部、交通运输部、国家邮政局、国家铁路集团按职责分工负责）积极推进生产服务型国家物流枢纽建设，充分发挥国家物流枢纽对接干线运力、促进资源集聚的显著优势，支撑制造业高质量集群化发展。（发展改革委、交通运输部、国家邮政局负责）支持大型工业园区新建或改扩建铁路专用线、仓储、配送等基础设施，吸引第三方物流企业进驻并提供专业化物流服务。（发展改革委、工业和信息化部、国家邮政局、国家铁路集团按职责分工负责）

（五）促进业务流程融合协同

推动制造企业与第三方物流、快递企业密切合作，在生产基地规划、厂内设施布局、销售渠道建设等方面引入专业化物流解决方案，结合生产制造流程合理配套物流设施设备，具备条件的可结合实际共同投资建设专用物流设施。加快发展高品质、专业化定制物流，引导物流、快递企业为制造企业量身定做供应链管理库存、线边物流、供应链一体化服务等物流解决方案，增强柔性制造、敏捷制造能力。（发展改革委、工业和信息化部、商务部、国家邮政局按职责分工负责）

（六）促进标准规范融合衔接

建立跨部门工作沟通机制，对涉及物流业制造业融合发展的国家标准、行业标准和地方标准，在立项、审核、发布等环节广泛听取相关部门意见，加强标准规范协调衔接；支持行业协会等社会团体结合实际研究制定物流业制造业融合发展的团体标准，引导和规范物流业制造业融合创新。鼓励制造企业在产品及包装设计、生产中充分考虑物流作业需要，采用标准化物流装载单元，促进1 200mm×1 000mm标准托盘和600mm×400mm包装基础模数从商贸、物流等领域向制造业领域延伸，提高托盘、包装箱等装载单元标准化和循环共用水平。（发展改革委、工业和信息化部、交通运输部、商务部、市场监管总局、国家邮政局按职责分工负责）

（七）促进信息资源融合共享

促进工业互联网在物流领域融合应用，发挥制造、物流龙头企业示范引领作用，推广应用工业互联网标识解析技术和基于物联网、云计算等智慧物流技术装备，建设物流工业互联网平台，实现采购、生产、流通等上下游环节信息实时采集、互联共享，推动提高生产制造和物流一体化运作水平。推动将物流业制造业深度融合信息基础设施纳入数字物流基础设施建设，夯实信息资源共享基础。支持大型工业园区、产业集聚区、物流枢纽等依托专业化的第三方物流信息平台实现互联互通，面向制造企业特别是中小型制造企业提供及时、准确的物流信息服务，促进制造企业与物流企业高效协同。积极探索和推进区块链、第五代移动通信技术（5G）等新兴技术在物流信息共享和物流信用体系建设中的应用。（发展改革委、工业和信息化部、交通运输部、国家邮政局按职责分工负责）

三、突出重点领域，提高物流业制造业融合水平

（八）大宗商品物流

推动和支持钢铁、有色金属、建材等大型制造业企业和工业园区提高煤炭、原油、矿石、粮食等大宗商品中长期运输合同比例以及铁路、水路等清洁运输比例。扩大面向大型厂矿、制造业基地的“点对点”直达货运列车开行范围。鼓励铁路、水路运输企业与制造业大客户签订量价互保协议，实现互惠共赢。依托具备条件的国家物流枢纽发展现代化大宗商品物流中心，促进大宗商品物流降本增效。（发展改革委、工业和信息化部、交通运输部、国家铁路集团按职责分工负责）

（九）生产物流

鼓励制造业企业适应智能制造发展需要，开展物流智能化改造，推广应用物流机器人、智能仓储、自动分拣等新型物流技术装备，提高生产物流自动化、数字化、智能化水平。加强大型装备等大件运输管理和综合协调，不断优化跨省大件运输并联许可服务。加快商品车物流基地建设，优化铁路运输组织模式，稳定衔接车船班期，提高商品车铁路、水路运输比例；优化商品车城市配送通道，便利合规车辆运输车通行。（发展改革委、工业和信息化部、公安部、交通运输部、国家邮政局、国家铁路集团按职责分工负责）

（十）消费物流

鼓励邮政、快递企业针对高端电子消费产品、医药品等单位价值较高以及纺织服装、工艺品等个性化较强的产品提供高品质、差异化寄递服务，促进精益制造和定制化生产发展。稳步推进国家骨干冷链物流基地建设，推动提高生鲜农产品产业化发展水平。推动构建全国性、区域性冷链物流公共信息平台，促进相关企业数据交换，逐步实现冷链信息全程透明化和可追溯。鼓励企业根据市场需求，提升港区及周边冷链存储能力。支持生鲜农产品及食品全程冷链物流体系建设，加快农产品产地“最先一公里”预冷、保鲜等商品化处理和面向城市消费者“最后一公里”的低温加工配送设施建设。（发展改革委、工业和信息化部、交通运输部、农业农村部、商务部、市场监管总局、国家邮政局按职责分工负责）

（十一）绿色物流

引导制造企业在产品设计、制造等环节充分考虑全生命周期物流跟踪管理，推动产品包装和物流器具绿色化、减量化、循环化。鼓励企业针对家用电器、电子产品、汽车等废旧物资构建线上线下融合的逆向物流服务平台和回收网络，促进资源循环利用以及逆向物流、再制造发展。支持具备条件的城市和制造、商贸企业开展逆向物流试点，探索符合我国国情的逆向物流发展模式。（发展改革委、工业和信息化部、商务部、国家邮政局按职责分工负责）

（十二）国际物流

发挥国际物流协调保障机制、全国现代物流工作部际联席会议等作用，加强顶层设计，构建现代国际物流体系，保障进口货物进得来，出口货物出得去。加强国际航空、海运、中欧班列等国际干线物流通道以及物流枢纽、制造业园区统筹布局和协同联动，支持外向型制造企业发展。支持制造企业利用中欧班列拓展“一带一路”沿线国家市场。加快培育与我国生产制造、货物贸易规模相适应的骨干海运企业和国际海运服务能力。围绕国际产能和装备制造合作重点领域，鼓励骨干制造企业与物流、快递企业合作开辟国际市场，培育一批具有全球采购、全球配送能力的国际供应链服务商。发展面向集成电路、生物制药、高端电子消费产品、高端精密设备等高附加值制造业的全流程航空物流，促进“买全球”“卖全球”。支持邮政、快递企业与制造企业深度合作，打造安全可靠的国际国内生产型寄递物流体系。（发展改革委、工业和信息化部、交通运输部、商务部、民航局、国家邮政局、国家铁路集团按职责分工负责）

（十三）应急物流

研究制定健全应急物流体系的实施方案，建立以企业为主体的应急物流队伍，在发生重大突发事件时确保主要制造产业链平稳运行。支持物流、快递企业和应急物资制造企业深度合作，研究制定应急保障预案，提高紧急情况下关键原辅料、产成品等调运效率。补齐医疗等应急物资储备设施短板，完善医疗等应急物资储备体系，提高实物储备和产能储备能力。在工业园区等生产制造设施、物流枢纽等物流基础设施规划布局、功能设计中充分考虑产品生产、调运及原辅料供应保障等需要，确保紧急情况下物流通道畅通，增强相关制造产业链在受到外部冲击时的快速恢

复能力。（发展改革委、工业和信息化部、自然资源部、交通运输部、国家邮政局、国家铁路集团按职责分工负责）

四、加强统筹引导，优化融合发展的政策环境

（十四）营造良好市场环境

深入推进放管服改革，对物流业制造业融合发展新业态、新模式实施包容审慎监管。取消不合理的市场准入限制，确保各类市场主体平等参与市场竞争。严格落实国务院和相关部门已出台的物流降成本措施，为物流业制造业融合创新发展创造良好条件。支持行业协会加强行业自律和诚信建设，持续改善物流行业信用环境，增强制造企业与物流企业战略合作的信心和意愿。（各相关部门按职责分工负责）

（十五）加大政策支持力度

充分利用现有政策渠道支持物流标准化设施设备推广、铁路专用线建设、农产品冷链物流发展等。鼓励有条件的制造企业剥离物流资产成立独资或合资物流企业，符合条件的按照有关规定享受财税政策。支持制造企业在不改变用地主体和规划条件的前提下，利用存量厂房、土地资源发展生产性物流服务，其土地用途可暂不变更。加快修订铁路专用线管理相关文件，完善专用线共建共用机制，规范专用线收费项目标准和收费行为。（发展改革委、工业和信息化部、财政部、自然资源部、国家铁路局、国家铁路集团按职责分工负责）

（十六）创新金融支持方式

鼓励银行保险机构按照风险可控、商业可持续的原则，开发服务物流业制造业深度融合的金融产品和服务。鼓励供应链核心制造企业或平台企业与金融机构深度合作，整合物流、信息流、资金流等信息，为包括物流、快递企业在内的上下游企业提供增信支持，妥善促进供应链金融发展。支持社会资本设立物流业制造业融合发展产业投资平台，拓宽融资支持渠道。（发展改革委、银保监会按职责分工负责）

（十七）发挥示范引领作用

支持骨干物流、快递、制造企业兼并重组、做大做强，在危化品物流、逆向物流及服务先进制造等专业化程度高的领域培育形成一批技术水平高、服务能力强的企业，打造物流业制造业融合创新品牌。研究修订推荐性国家标准《企业物流成本构成与计算》，选取若干企业开展物流成本统计核算试点，研究建立制造业物流成本核算统计体系。鼓励龙头企业发起成立物流业制造业融合创新发展专业联盟，促进协同联动和跨界融合。在重点领域梳理一批物流业制造业深度融合创新发展典型案例，总结推广物流降成本、改造提升传统制造业等方面的成功经验。（发展改革委、工业和信息化部、交通运输部、市场监管总局、国家邮政局按职责分工负责）

（十八）强化组织协调保障

依托全国现代物流工作部际联席会议机制推进物流业制造业融合发展，加强跨部门政策统筹和工作协调，及时研究解决物流业制造业融合发展面临的突出问题，营造良好政策环境。充分利用科研院校、骨干企业等社会研究力量，搭建覆盖产学研用的咨询服务平台，为促进物流业制造业融合发展提供智力支持。依托主要行业协会建立物流业制造业融合发展动态监测和第三方评估机制，研究制定融合发展统计和评价体系，定期发布研究报告，为相关政府部门决策提供参考，引导行业健康发展。（各相关部门按职责分工负责）

国家发展改革委　工业和信息化部　公安部　财政部　自然资源部　交通运输部　农业农村部　商务部　市场监管总局　银保监会　国家铁路局　民航局　国家邮政局　中国国家铁路集团有限公司

2020 年 8 月 22 日

〔来源：工业和信息化部官网〕

关于加快培育发展制造业优质企业的指导意见

工信部联政法〔2021〕70 号

制造业优质企业聚焦实业、做精主业，创新能力强、质量效益高、产业带动作用大，在制造强国建设中发挥领头雁、排头兵作用。加快培育发展制造业优质企业，是激发市场主体活力、推动制造业高质量发展的必然要求，是防范化解风险隐患、提升产业链供应链自主可控能力的迫切需要。为贯彻落实党中央、国务院决策部署，加快培育发展以专精特新“小巨人”企业、制造业单项冠军企业、产业链领航企业（以下简称“小巨人”企业、单项冠军企业、领航企业）为代表的优质企业，现提出以下意见。

一、准确把握培育发展优质企业的总体要求

以习近平新时代中国特色社会主义思想为指导，全面贯彻党的十九大和十九届二中、三中、四中、五中全会精神，立足新发展阶段，贯彻新发展理念，构建新发展格局，以推动企业高质量发展为主题，坚持系统观念，统筹发展和安全，健全体系、完善政策、优化服务，着力增强自主创新能力，着力发挥引领带动作用，推动优质企业持续做强做优做大，促进提升产业链供应链现代化水平，推进制造强国建设不断迈上新台阶。

二、构建优质企业梯度培育格局

分类制定完善遴选标准，选树“小巨人”企业、单项冠军企业、领航企业标杆。健全梯度培育工作机制，引导“专精特新”中小企业成长为国内市场领先的“小巨人”企业，聚焦重点行业和领域引导“小巨人”等各类企业成长为国际市场领先的单项冠军企业，引导大企业集团发展成为具有生态主导力、国际竞争力的领航企业。力争到 2025 年，梯度培育格局基本成型，发展形成万家“小巨人”企业、千家单项冠军企业和一大批领航企业。（工业和信息化部、国务院国资委按照职责分工负责）

三、提高优质企业自主创新能力

支持参与制造业创新中心、国家工程技术研究中心等创新平台建设，承担国家重大科技项目、重大技术装备创新发展工程。引导参与信息技术应用创新重大工程，推广经验成果。推动产业数字化发展，大力推动自主可控工业软件推广应用，提高企业软件化水平。依托优质企业组建创新联合体或技术创新战略联盟，开展协同创新，加大基础零部件、基础电子元器件、基础软件、基础材料、基础工艺、高端仪器设备、集成电路、网络安全等领域关键核心技术、产品、装备攻关和示范应用。推动国家重大科研基础设施和大型科研仪器向优质企业开放，建设生产应用示范平台和产业技术基础公共服务平台。（科技部、工业和信息化部、国务院国资委按照职责分工负责）

四、促进提升产业链供应链现代化水平

充分发挥优质企业在增强产业链供应链自主可控能力中的中坚作用，组织参与制造业强链补链行动，做强长板优势，补齐短板弱项，打造新兴产业链条，提升产业链供应链稳定性和竞争力。组织领航企业开展产业链供应链梳理，鼓励通过兼并重组、资本运作、战略合作等方式整合产业资源，提升产业链竞争力和抗风险能力。支持参与全国供应链创新与应用示范创建，培育一批制造业现代供应链示范企业。推动优质企业中的国有资本向关系国家安全、国民经济命脉的重要行业领域集中，加快在关键环节和中高端领域布局。鼓励增强根植性，引导有意愿的单项冠军企业、领航企业带动关联产业向中西部和东北地区有序转移，促进区域协同发展。（工业和信息化部、财政部、商务部、国务院国资委、证监会按照职

责分工负责）

五、引导优质企业高端化智能化绿色化发展

对标世界一流企业，加快推进新一代信息技术和制造业融合发展，加大技术改造力度，加强质量品牌建设，参与国际技术规范、标准制定，提高中高端供给能力。实施智能制造工程、制造业数字化转型行动和5G应用创新行动，组织实施国有企业数字化转型行动计划，打造一批制造业数字化转型标杆企业，培育一批综合性强、带动面广的示范场景，建设和推广工业互联网平台，开展百万工业APP培育行动，实施网络安全分类分级管理，积极发展服务型制造新模式新业态。支持参与实施工业低碳行动和绿色制造工程，在落实碳达峰、碳中和目标中发挥示范引领作用。（工业和信息化部、国务院国资委按照职责分工负责）

六、打造大中小企业融通发展生态

建设大中小企业融通发展平台载体，支持领航企业整合产业链资源，联合中小企业建设先进制造业集群、战略性新兴产业集群、创新型产业集群等。鼓励领航企业对上下游企业开放资源，开展供应链配套对接，与中小企业建立稳定合作关系，构建创新协同、产能共享、供应链互通的新型产业发展生态。（工业和信息化部、国务院国资委按照职责分工负责）

七、促进优质企业加强管理创新和文化建设

实施企业管理提升专项行动，鼓励推动组织管理变革，加强全面质量管理、强化资源集约管理和配置、做好风险防控，创新生产经营模式，提升全要素生产率。弘扬企业家精神和工匠精神，加强企业诚信建设。加大企业社会责任建设力度，增强风险防范和价值创造能力。引导企业重视企业文化建设，提高企业员工凝聚力、创造力和社会认同感。（工业和信息化部、国务院国资委按照职责分工负责）

八、提升优质企业开放合作水平

鼓励领航企业、单项冠军企业积极在全球布局研发设计中心，优化生产网络和供应链体系，有效对接和利用全球资源。以共建“一带一路”为重点，构建区域产业链共同体，更好融入全球产业链供应链。支持企业实施“抱团出海”行动，牵头建设境外经贸合作区。鼓励地方有序建设中外合作园区，吸引更多的全球高端要素、高端制造能力，支撑促进企业发展。（商务部、工业和信息化部、科技部、国务院国资委按照职责分工负责）

九、完善金融财政和人才政策措施

发挥各类政府引导基金作用，鼓励社会资本出资组建优质企业培育基金。加强企业融资能力建设和上市培育，支持符合条件的优质企业在资本市场上市融资和发行债券。发挥国家产融合作平台作用，整合企业信用信息，支持投贷联动、投投联动，引导金融机构为优质企业提供精准、有效的金融支持。用好现有资金渠道，支持“专精特新”中小企业高质量发展。支持引进高端人才，联合高等院校、科研机构建设先进制造业实训基地。持续加强企业经营管理人才培训，实施工业和信息化职业技能提升行动计划。鼓励各地研究制定符合国际通行规则的支持政策措施。（财政部、证监会、工业和信息化部、国务院国资委按照职责分工负责）

十、加强对优质企业的精准服务

分级构建优质企业培育库，建立“企业直通车”制度，及时掌握企业诉求，指导用好惠企政策，协调解决土地、用工、用能等问题。组织行业协会、商会等梳理企业需求，提供信息咨询、产品推广、人才培训、知识产权等专业化服务。加大宣传力度，编制发布企业案例集，推广地方典型经验，开展经验交流，组织“万家优质企业行”活动，打造“优质企业”名片。（工业和信息化部牵头、相关部门按照职责分工负责、有关行业协会配合相关工作）

各地工业和信息化主管部门要会同相关部门建立健全横向协同、上下联动的培育发展工作体系和常态化工作推进机制，加强与各类规划衔接，结合实际制定政策措施，形成工作合力，抓好工作落实。

工业和信息化部　科技部
财政部　商务部
国务院国有资产监督管理委员会
中国证券监督管理委员会
2021年6月1日

〔来源：工业和信息化部官网〕

关于加快推动区块链技术应用和产业发展的指导意见

工信部联信发〔2021〕62号

区块链是新一代信息技术的重要组成部分，是分布式网络、加密技术、智能合约等多种技术集成的新型数据库软件，通过数据透明、不易篡改、可追溯，有望解决网络空间的信任和安全问题，推动互联网从传递信息向传递价值变革，重构信息产业体系。为贯彻落实习近平总书记在中央政治局第十八次集体学习时的重要讲话精神，发挥区块链在产业变革中的重要作用，促进区块链和经济社会深度融合，加快推动区块链技术应用和产业发展，提出以下意见。

一、总体要求

（一）指导思想

以习近平新时代中国特色社会主义思想为指导，深入贯彻落实党的十九大和十九届二中、三中、四中、五中全会精神，立足新发展阶段、贯彻新发展理念、构建新发展格局，围绕制造强国和网络强国战略部署，以培育具有国际竞争力的产品和企业为目标，以深化实体经济和公共服务领域融合应用为路径，加强技术攻关，夯实产业基础，壮大产业主体，培育良好生态，实现产业基础高级化和产业链现代化。推动区块链和互联网、大数据、人工智能等新一代信息技术融合发展，建设先进的区块链产业体系。

（二）基本原则

应用牵引。发挥市场优势，以应用需求为导向，积极拓展应用场景，推进区块链在重点行业、领域的应用，以规模化的应用带动技术产品迭代升级和产业生态的持续完善。

创新驱动。坚持把区块链作为核心技术自主创新的重要突破口，明确主攻方向，加大投入力度，推动协同攻关，提升创新能力；坚持补短板和锻长板并重，推动产业加速向价值链中高端迈进。

生态培育。充分发挥企业在区块链发展中的主体作用，加快培育具有国际竞争力的产品和企业，构建先进产业链，打造多方共赢的产业体系。

多方协同。推动整合产学研用金各方力量，促进资源要素快捷有效配置。加强政府、企业、高校、研究机构的协同互动，探索合作共赢新模式。

安全有序。坚持发展与安全并重，准确把握区块链技术产业发展规律，加强政

策统筹和标准引导，强化安全技术保障能力建设，实现区块链产业科学发展。

（三）发展目标

到2025年，区块链产业综合实力达到世界先进水平，产业初具规模。区块链应用渗透到经济社会多个领域，在产品溯源、数据流通、供应链管理等领域培育一批知名产品，形成场景化示范应用。培育3～5家具有国际竞争力的骨干企业和一批创新引领型企业，打造3～5个区块链产业发展集聚区。区块链标准体系初步建立。形成支撑产业发展的专业人才队伍，区块链产业生态基本完善。区块链有效支撑制造强国、网络强国、数字中国战略，为推进国家治理体系和治理能力现代化发挥重要作用。

到2030年，区块链产业综合实力持续提升，产业规模进一步壮大。区块链与互联网、大数据、人工智能等新一代信息技术深度融合，在各领域实现普遍应用，培育形成若干具有国际领先水平的企业和产业集群，产业生态体系趋于完善。区块链成为建设制造强国和网络强国，发展数字经

济，实现国家治理体系和治理能力现代化的重要支撑。

二、重点任务

（一）赋能实体经济

1. 深化融合应用。发挥区块链在优化业务流程、降低运营成本、建设可信体系等方面的作用，培育新模式、新业态、新产业，支撑数字化转型和产业高质量发展。

2. 供应链管理。推动企业建设基于区块链的供应链管理平台，融合物流、信息流、资金流，提升供应链效率，降低企业经营风险和成本。通过智能合约等技术构建新型协作生产体系和产能共享平台，提高供应链协同水平。

3. 产品溯源。在食品医药、关键零部件、装备制造等领域，用区块链建立覆盖原料商、生产商、检测机构、用户等各方的产品溯源体系，加快产品数据可视化、流转过程透明化，实现全生命周期的追踪溯源，提升质量管理和服务水平。

4. 数据共享。利用区块链打破数据孤岛，实现数据采集、共享、分析过程的可追溯，推动数据共享和增值应用，促进数字经济模式创新。利用区块链建设涵盖多方的信用数据平台，创新社会诚信体系建设。

（二）提升公共服务

1. 推动应用创新。推动区块链技术应用于数字身份、数据存证、城市治理等公共服务领域，支撑公共服务透明化、平等化、精准化，提升人民群众生活质量。

2. 政务服务。建立基于区块链技术的政务数据共享平台，促进政务数据跨部门、

跨区域的共同维护和利用，在教育就业、医疗健康和公益救助等公共服务领域开展应用，促进业务协同办理，深化“一网通办”改革，为人民群众带来更好的政务服务体验。

3. 存证取证。利用区块链建立数字化可信证明，在司法存证、不动产登记、行政执法等领域建立新型存证取证机制。发挥区块链在版权保护领域的优势，完善数字版权的确权、授权和维权管理。

4. 智慧城市。利用区块链促进城市间在信息、资金、人才、征信等方面的互联互通和生产要素的有序流动。深化区块链在信息基础设施建设领域的应用，实现跨部门、跨行业的集约部署和共建共享，支撑智慧城市建设。

（三）夯实产业基础

1. 坚持标准引领。推动区块链标准化组织建设，建立区块链标准体系。加快重点和急需标准制定，鼓励制定团体标准，深入开展标准宣贯推广，推动标准落地实施。积极参加区块链全球标准化活动和国际标准制定。

2. 构建底层平台。在分布式计算与存储、密码算法、共识机制、智能合约等重点领域加强技术攻关，构建区块链底层平台。支持利用传感器、可信网络、软硬件结合等技术加强链上链下数据协同。推动区块链与其他新一代信息技术融合，打造安全可控、跨链兼容的区块链基础设施。

3. 培育质量品牌。鼓励区块链企业加强质量管理，推广先进质量工程技术和方法，提高代码质量和开发效率。发展第三方质量评测服务，构建区块链产品和服务质量保障体系。引导企业主动贯标，开展质量品牌建设活动。

4. 强化网络安全。加强区块链基础设施和服务安全防护能力建设，常态化开展区块链技术对重点领域安全风险的评估分析。引导企业加强行业自律，建立风险防控机制和技术防范措施，落实安全主体责任。

5. 保护知识产权。加强区块链知识产权管理，培育一批高价值专利、商标、软件著作权，形成具有竞争力的知识产权体系。鼓励企业探索通过区块链专利池、知识产权联盟等模式，建立知识产权共同保护机制。

（四）打造现代产业链

1. 研发区块链“名品”。整合产学研用专业力量，开展区块链产品研发，着力提升产品创新水平。面向防伪溯源、数据共享、供应链管理、存证取证等领域，建设一批行业级联盟链，加大应用推广力度，打造一批技术先进、带动效应强的区块链“名品”。

2.培育区块链“名企”。统筹政策、市场、资本等资源，培育一批具有国际竞争力的区块链“名企”，发挥示范引领作用。完善创新创业环境，培育孵化区块链初创企业；鼓励在细分领域深耕，走专业化发展道路，打造一批独角兽企业。引导大企业开放资源，为中小企业提供基础设施，构建多方协作、互利共赢的产业生态。

3.创建区块链“名园”。鼓励地方结合资源禀赋，突出区域特色和优势，按照“监管沙盒”理念打造区块链发展先导区。支持基础条件好的园区建设区块链产业“名园”，优化政策、人才、应用等产业要素配置，通过开放应用场景等方式，支持区块链企业集聚发展。

4.建立开源生态。加快建设区块链开源社区，围绕底层平台、应用开发框架、测试工具等，培育一批高质量开源项目。完善区块链开源推进机制，广泛汇聚开发者和用户资源，大力推广成熟的开源产品和应用解决方案，打造良性互动的开源社区新生态。

5.完善产业链条。坚持补短板和锻长板并重，开展强链补链，构建现代化的产业链。针对薄弱环节，组织上下游企业协同攻关，夯实产业基础；建立先进的产业链管理体系，增强产业链韧性。

（五）促进融通发展

1.推进“区块链＋工业互联网”。推动区块链与标识解析融合创新，构建基于标识解析的区块链基础设施，提升“平台＋区块链”技术融合应用能力，打造基于区块链技术的工业互联网新模式、新业态。

2.推进“区块链＋大数据”。加快建设基于区块链的认证可溯大数据服务平台，促进数据合规有序的确权、共享和流动，充分释放数据资源价值。发展基于区块链的数据管理、分析应用等，提升大数据管理和应用水平。

3.推进“区块链＋云计算”。基于云计算构建区块链应用开发、测试验证和运行维护环境，为区块链应用提供灵活、易用、可扩展的支撑，降低区块链应用开发门槛。

4.推进“区块链＋人工智能”。发展基于区块链的人工智能训练、算法共享等技术和方法，推动分布式人工智能模式发展。探索利用人工智能技术提升区块链运行效率和节点间协作的智能化水平。

三、保障措施

（一）积极推进应用试点

支持具有一定产业基础的地方，面向实体经济和民生服务等重点领域，选择成熟的应用场景，遴选一批推广能力强的单位开展区块链应用试点，形成一批应用效果好的区块链底层平台、产品和服务。

（二）加大政策支持力度

依托国家产业发展工程，支持区块链产业发展。通过组织区块链大赛等方式，丰富行业应用。支持符合条件的区块链企业享受软件税收优惠政策。探索利用首版次保险补偿、政府采购等政策，促进区块链研发成果的规模化应用。

（三）引导地方加快探索

鼓励地方立足实际，研究制定支持区块链产业发展的政策措施，从用地、投融资、人才等方面强化产业发展的要素保障，建立区块链产品库和企业库。支持区块链发展先导区创建“中国软件名园”。

（四）构建公共服务体系

支持专业服务机构发展区块链培训、测试认证、投融资等服务，完善产业公共服务体系。加强创业创新载体建设，加快对各类创新型区块链企业的孵化，支持中小企业成长。

（五）加强产业人才培养

依托“新工科”和特色化示范性软件学院建设，支持高校设置区块链专业课程，开展区块链专业教育。通过建设人才实训基地等方式，加强区块链职业技术教育。培育产业领军型人才和高水平创新团队，形成一批区块链领域的“名人”。

（六）深化国际交流合作

围绕“一带一路”倡议，建设区块链国际合作交流平台，在技术标准、开源社区、人才培养等领域加强区块链国际合作。鼓励企业拓展国际交流合作渠道，提升国际化发展水平和层次。

工业和信息化部

中央网络安全和信息化委员会办公室

2021 年 5 月 27 日

（本文略有修改）

〔来源：工业和信息化部官网〕

基础电子元器件产业发展行动计划（2021—2023 年）

工信部电子〔2021〕5 号

信息技术产业是关系国民经济安全和发展的战略性、基础性、先导性产业，也是世界主要国家高度重视、全力布局的竞争高地。电子元器件是支撑信息技术产业发展的基石，也是保障产业链供应链安全稳定的关键。当前我国电子元器件产业存在整体大而不强、龙头企业匮乏、创新能力不足等问题，制约信息技术产业发展。面对百年未有之大变局和产业大升级、行业大融合的态势，加快电子元器件及配套材料和设备仪器等基础电子产业发展，对推进信息技术产业基础高级化、产业链现代化，乃至实现国民经济高质量发展具有重要意义。为深入贯彻落实党中央、国务院决策部署，持续提升保障能力和产业化水平，支持电子元器件领域关键短板产品及技术攻关，特制定本行动计划。

一、总体要求

（一）指导思想

以习近平新时代中国特色社会主义思想为指导，全面贯彻落实党的十九大和十九届二中、三中、四中、五中全会精神，以推动高质量发展为主题，以深化供给侧结构性改革为主线，以改革创新为根本动力，以做强电子元器件产业、夯实信息技术产业基础为目标，以关键核心技术为主攻方向，支持重点行业市场应用，建立健全产业链配套体系，推动基础电子元器件产业实现高质量发展，保障国家信息技术产业安全。

（二）总体目标

到 2023 年，优势产品竞争力进一步增强，产业链安全供应水平显著提升，面向智能终端、5G、工业互联网等重要行业，推动基础电子元器件实现突破，增强关键材料、设备仪器等供应链保障能力，提升产业链供应链现代化水平。

——产业规模不断壮大。电子元器件销售总额达到 21 000 亿元，进一步巩固我国作为全球电子元器件生产大国的地位，充分满足信息技术市场规模需求。

——技术创新取得突破。突破一批电子元器件关键技术，行业总体创新投入进一步提升，射频滤波器、高速连接器、片式多层陶瓷电容器、光通信器件等重点产品专利布局更加完善。

——企业发展成效明显。形成一批具有国际竞争优势的电子元器件企业，力争 15 家企业营收规模突破 100 亿元，龙头企业营收规模和综合实力有效提升，抗风险和再投入能力明显增强。

二、重点工作

（一）提升产业创新能力

攻克关键核心技术。实施重点产品高端提升行动，面向电路类元器件等重点产品，突破制约行业发展的专利、技术壁垒，补足电子元器件发展短板，保障产业链供应链安全稳定。

专栏 1　重点产品高端提升行动

电路类元器件。重点发展微型化、片式化阻容感元件，高频率、高精度频率元器件，耐高温、耐高压、低损耗、高可靠半导体分立器件及模块，小型化、高可靠、高灵敏度电子防护器件，高性能、多功能、高密度混合集成电路。

连接类元器件。重点发展高频高速、低损耗、小型化的光电连接器，超高速、超低损耗、低成本的光纤光缆，耐高压、耐高温、高抗拉强度电气装备线缆，高频高速、高层高密度印制电路板、集成电路封装基板、特种印制电路板。

机电类元器件。重点发展高压、大电流、小型化、低功耗控制继电器，小型化、高可靠开关按钮，小型化、集成化、高精密、高效节能微特电机。

传感类元器件。重点发展小型化、低功耗、集成化、高灵敏度的敏感元件，温度、气体、位移、速度、光电、生化等类别的高端传感器，新型 MEMS 传感器和智能传感器，微型化、智能化的电声器件。

功能材料类元件。重点发展高磁能积、高矫顽力永磁元件，高磁导率、低磁损耗软磁元件，高导热、电绝缘、低损耗、无铅环保的电子陶瓷元件。

光通信器件。重点发展高速光通信芯片、高速高精度光探测器、高速直调和外调制激光器、高速调制器芯片、高功率激光器、光传输用数字信号处理器芯片、高速驱动器和跨阻抗放大器芯片。

构建多层次联合创新体系。支持企业、高等院校及科研院所加强合作，在电子元器件领域探索成立制造业创新中心，加大关键共性技术、前沿引领技术、现代工程技术、颠覆性技术研发力度，搭建产学研用紧密结合的协同创新和成果转化平台。鼓励各地围绕特色或细分领域，开展关键技术研发与产业化，形成差异化发展。

完善知识产权布局。鼓励企业、高等院校及科研院所提升知识产权保护意识，完善知识产权管理制度并开展国内外知识产权布局。探索建立专利池，围绕电子元器件开展专利分析和预警。开展知识产权试点企业培育工作。

（二）强化市场应用推广

支持重点行业市场应用。实施重点市场应用推广行动，在智能终端、5G、工业互联网和数据中心、智能网联汽车等重点行业推动电子元器件差异化应用，加速产品吸引社会资源，迭代升级。

专栏 2　重点市场应用推广行动

智能终端市场。瞄准智能手机、穿戴式设备、无人机、VR/AR 设备、环境监测设备等智能终端市场，推动微型片式阻容元件、微型大电流电感器、微型射频滤波器、微型传感器、微特电机、高端锂电等片式化、微型化、轻型化、柔性化、高性能的电子元器件应用。

5G、工业互联网和数据中心市场。抢抓全球 5G 和工业互联网契机，围绕 5G 网络、工业互联网和数据中心建设，重点推进射频阻容元件、中高频元器件、特种印制电路板、高速传输线缆及连接组件、光通信器件等影响通信设备高速传输的电子元器件应用。

新能源汽车和智能网联汽车市场。把握传统汽车向电动化、智能化、网联化的新能源汽车和智能网联汽车转型的市场机遇，重点推动车规级传感器、电容器（含超级电容器）、电阻器、频率元器件、连接器与线缆组件、微特电机、控制继电器、新型化学和物理电池等电子元器件应用。

工业自动化设备市场。利用我国工业领域自动化、智能化升级的机遇，面向工业机器人和智能控制系统等领域，重点推进伺服电机、控制继电器、传感器、光纤光缆、光通信器件等工业级电子元器件的应用。

高端装备制造市场。面向我国蓬勃发展的高铁列车、民用航空航天、海洋工程装备、高技术船舶、能源装备等高端装备制造领域，推动海底光电缆、水下连接器、功率器件、高压直流继电器等高可靠电子元器件的应用。

强化产业链深层次合作。推动电子元器件及其配套材料和设备仪器企业、整机企业加强联动，共同开展产品研制，加快新型电子元器件的产业化应用。引导上下游企业通过战略联盟、资本合作、技术联动等方式，形成稳定合作关系。

加速创新型产品应用推广。面向人工智能、先进计算、物联网、新能源、新基建等新兴需求，开发重点应用领域急需的小型化、高性能、高效率、高可靠电子元器件，推动整机企业积极应用创新型产品，加速元器件产品迭代升级。

（三）夯实配套产业基础

突破关键材料技术。支持电子元器件上游电子陶瓷材料、磁性材料、电池材料等电子功能材料，电子浆料等工艺与辅助材料，高端印制电路板材料等封装与装联材料的研发和生产。提升配套能力，推动关键环节电子专用材料研发与产业化。

提升设备仪器配套能力。支持技术难度大、应用价值高、通用性强、对电子元器件行业带动大的配套电子专用设备与仪器，如刻蚀显影设备等工艺设备、显微 CT 等检测分析仪器的研发及产业化，提升设备仪器质量和可靠性水平。

健全产业配套体系。鼓励和引导化工、有色金属、轻工机械、设备仪器等企业进入电子元器件领域，开展关键材料、设备的研发和生产，推进产学研用协同创新，实现全产业链协同发展，增强试验验证能力，提升关键环节配套水平。

（四）引导产业转型升级

提升智能化水平。引导企业搭建数字化设计平台、全环境仿真平台和材料、工艺、失效分析数据库，基于机器学习与人工智能技术，推进关键工序数字化、网络化改造，优化生产工艺及质量管控系统，开展智能工厂建设，提升智能制造水平。

专栏 3　智能制造推进行动

推广智能化设计。引导国内软件企业开发各类电子元器件仿真设计软件，鼓励使用虚拟现实、数字孪生等先进技术开展工业设计，提高企业设计水平。

加快智能化改造。围绕连接器与线缆组件、电子变压器、电声器件、微特电机等用工量大且以小批量、多批次订单为主的分支行业，探索和推广模块化、数字化生产方式，加快智能化升级。

培育工业互联网平台。鼓励和支持产业基础较好的分支行业，探索工业互联网建设模式，鼓励龙头企业面向行业开放共享业务系统，带动产业链上下游企业开展协同设计和协同供应链管理。

推广绿色制造。推进全行业节能节水技术改造，加快应用清洁高效生产工艺，开展清洁生产，降低能耗和污染物排放强度，实现绿色生产。优化电子元器件产品结构设计，开发高附加值、低消耗、低排放产品。制定电子元器件行业绿色制造相关标准，完善绿色制造体系。

专栏 4　绿色制造提升行动

建设绿色工厂。按照厂房集约化、原料无害化、生产洁净化、废物资源化、能源低碳化原则引导电子元器件企业建设绿色工厂，加大节能环保投入，实施节能环保技术提升工程，鼓励企业采用信息化、智能化技术处理污染物并实时监控，将企业的环保执行措施与企业信用等级挂钩。

生产绿色产品。严格执行《电器电子产品有害物质限制使用管理办法》等政策，鼓励骨干企业开展产品全生命周期的绿色化设计，加快轻量化、模块化、集成化、高可靠、长寿命、易回收的新型电子元器件产品应用。

发展绿色园区。加强电子元器件相关产业园区企业与其他企业的合作，推动基础设施共建共享。发展循环经济，加强余热余压废热资源和水资源循环利用。

搭建绿色供应链。支持骨干企业实施可持续的绿色供应链管理战略，实施绿色伙伴式供应商管理，加强对上游供应商的环保考核，优先将绿色工厂发展成供应商，优先采购绿色产品。

培育优质企业。鼓励龙头企业通过兼并重组、资本运作等方式整合资源、扩大生产规模、增强核心竞争力、提高合规履责和抗风险能力。培育一批具有自主知识产权、产品附加值高、有核心竞争力的专精特新“小巨人”和制造业单项冠军企业。

（五）促进行业质量提升

加强标准化工作。加强关键核心技术和基础共性技术的标准研制，持续提升标准的供给质量和水平。引导社会团体加快制定发布具有创新性和国际性的团体标准。鼓励企事业单位和专家积极参与国际标准化活动，开展国际标准制定。

提升质量品牌效益。优化产品设计、改造技术设备、完善检验检测，推广先进质量文化与技术。引导企业建立以质量为基础的品牌发展战略，丰富品牌内涵，提升品牌形象和影响力。开展质量兴业、品牌培育等活动，定期发布质量品牌报告。

优化市场环境。引导终端企业优化电子元器件产品采购模式，倡导优质廉价，避免低价恶性竞争、哄抬价格、肆意炒作等非理性市场行为，推动构建公平、公正、开放、有序的市场竞争环境。

（六）加强公共平台建设

建设分析评价公共平台。支持有能力、有资质的企事业单位建设国家级电子元器件分析评价公共服务平台，加强质量品质和技术等级分类标准建设，围绕电子元器件各领域开展产品检测分析、评级、可靠性、应用验证等服务，为电子系统整机设计、物料选型提供依据。

建设科技服务平台。支持地方、园区、企事业单位建设一批公共服务平台，开展知识产权培训与交易、科技成果评价、市场战略研究等服务。鼓励建设专用电子元器件生产线，为 MEMS 传感器、滤波器、光通信模块驱动芯片等提供流片服务。

建设创新创业孵化平台。支持电子元器件领域众创、众包、众扶、众筹等创业支撑平台建设，推动建立一批基础电子元器件产业生态孵化器、加速器，鼓励为初创企业提供资金、技术、市场应用及推广等扶持。

（七）完善人才引育机制

加大人才培养力度。深化产教融合，推动高等院校优化相关学科建设和专业布局。鼓励企业建立企业研究院、院士和博士后工作站等创新平台，建立校企结合的人才综合培训和实践基地，支持企业开展员工国内外在职教育培训。

加强人才引进培育。多渠道引进高端人才和青年人才，加快形成具有国际领先水平的专家队伍。发挥行业组织及大专、高等院校作用，鼓励企业培育和引进掌握关键技术的科技领军人才和团队，为产业发展提供智力支持。

引导人才合理流动。引导企业通过合规途径招聘人才，保障人才在企业间的正常流动，加强职业道德宣传，降低人员流动损失，鼓励企业为人才创造有利的成长空间，提升福利待遇，完善人才职业晋升通道，提升电子元器件行业人才归属感。

三、保障措施

（一）加强产业统筹协调

建立健全电子元器件产业发展协调机制，加强协同配合和统筹推进，积极推动解决产业发展中重大事项和重点工作。加强央地合作，指导各地统筹规划基础电子元器件重点项目布局，适时推进主体集中和区域集聚。做好重点领域监测分析和跟踪研究，加强与现行相关政策衔接，有序推进各项行动。

（二）加大政策支持力度

围绕电子元器件产业，推动生产、应用、融资等合作衔接，加快市场化推广应用。充分利用产业基础再造等渠道支持创新突破。鼓励制造业转型升级基金等加大投资力度，引导地方投资基金协同支持。发挥市场机制作用，鼓励社会资本参与，吸引风险投资、融资租赁等多元化资金支持产业发展。

（三）优化产业发展环境

加强对电子元器件行业垄断、倾销、价格保护、侵犯知识产权等不正当竞争行为的预警和防范，维护公平竞争、健康有序的市场发展环境。促进行业诚信经营、依法纳税、节能环保、和谐用工。引导电子元器件行业信用体系建设，推行企业产品标准、质量、安全自我声明和监督制度。

（四）深化国际交流合作

落实“一带一路”倡议，拓展电子元器件产业国际交流合作渠道，加强与相关国际组织、标准化机构等交流沟通，推动与国际先进技术及产业链对接。推动电子元器件产业国内国际相互促进，鼓励全球领先企业来华设立生产基地和研发机构，支持骨干企业开拓海外市场，与境外机构开展多种形式的技术、人才、资本等合作，构建开放发展、合作共赢的产业格局。

工业和信息化部

2021 年 1 月 15 日

〔来源：工业和信息化部官网〕

推进工业文化发展实施方案（2021—2025 年）

工信部联政法〔2021〕54 号

为深入贯彻习近平总书记关于建设社会主义文化强国的重要讲话精神，落实党中央、国务院关于实施中华优秀传统文化传承发展工程的意见等文件部署，更好发挥工业文化在推进制造强国和网络强国建设中的支撑作用，制定本方案。

一、总体要求

（一）指导思想

以习近平新时代中国特色社会主义思想为指导，全面贯彻党的十九大和十九届二中、三中、四中、五中全会精神，坚持新发展理念，以深化供给侧结构性改革为主线，坚持以社会主义核心价值观引领文化建设，把工业文化建设作为推动制造业高质量发展的重要内容，完善工业文化发展体系，强化承载重要文化的工业遗产的保护利用，弘扬中国工业精神，促进文化与产业融合发展，丰富中国制造的文化内涵，培育工业文化的新业态新模式，不断增强国家文化软实力和中华文化影响力。

（二）基本原则

政策引领。发挥政府在方向引导、政策支持、试点示范等方面的积极作用，统筹整合资源，加强分类分级指导，明确发展路径。

需求导向。以满足产业发展需求为出发点和落脚点，探索工业文化软实力支撑制造业高质量发展的有效路径，发挥市场主体作用，加强市场推广应用，激发工业文化活力。

协同推进。建立健全部门协同工作机制，加强统筹协调，形成工作合力。发挥地方和行业组织作用，形成各类主体共同推进的工作格局。

融合发展。发挥工业文化赋能产业发展的作用，提高设计创新、质量品牌、管理服务等文化要素驱动能力，促进企业提质增效、产业转型升级。

（三）主要目标

通过五年努力，工业文化支撑体系基本完善，理论研究与应用实践进一步深入，工业文化新载体更为丰富，初步形成分级分类的工业遗产保护利用体系和分行业分区域的工业博物馆体系；打造一批具有工业文化特色的旅游示范基地和精品路线，建立一批工业文化教育实践基地，传承弘扬工业精神；推动工业文化在服务全民爱国主义教育，满足并引领人民群众文化需要，增强人民精神力量等方面发挥积极作用，推动形成工业文化繁荣发展的新局面。

二、重点任务

（四）弘扬工业文化价值内涵

深入挖掘工业文化内涵，以社会主义核心价值观和爱国主义教育为引领，弘扬企业家精神、创新精神、工匠精神、劳模精神、诚信精神等，与时俱进、集成创新，阐释工业文化当代价值，提升中国特色工业软实力，为制造业高质量发展提供强大精神动力。深化工业文化基础研究，丰富和完善工业文化理论体系，加强研究成果转化应用，夯实工业文化发展基础。（工业和信息化部牵头，国家发展改革委、教育部、人力资源社会保障部、文化和旅游部、国资委、国家文物局参与）

（五）促进工业文化与产业融合发展

加强工业文化助推行业发展的路径模式研究，支持行业协会等各类机构开展工业文化赋能产业发展专项活动，利用新模式、新业态，实施文化＋产品系列行动，充分挖掘文化要素对品牌建设、品质提升、提质增效的潜力，提升产业、企业和产品竞争力。加强企业文化建设，引导企业将工业文化融入创新管理的各环节。有效保护利用工业的遗存遗迹、标识标记、风情风貌，打造文化地标，延续城市文脉，以文化振兴带动城市振兴。（工业和信息化部牵头，国家发展改革委、文化和旅游部、国家文物局、国资委参与）

（六）推动工业旅游创新发展

建立健全并积极推广工业旅游相关标准和规范，支持各地依托当地工业遗产和老旧厂房、工业博物馆、现代工厂等工业文化特色资源，打造各类工业旅游项目，创建一批工业旅游示范基地。开发工业旅游创意产品，打造一批沉浸式工业文化体验产品和项目，推出工业旅游精品线路，构建工业旅游目的地。支持文旅装备协同创新发展，拓展文化消费新空间。指导相关社会组织和活动平台建设。（文化和旅游部、工业和信息化部牵头，国家发展改革委、国家文物局、国资委参与）

（七）开展工业文化教育实践

发挥工业文化研学教育功能，鼓励各地利用工业遗产、老旧厂房等设施培育一批工业文化研学实践基地（营地）。创新工业文化研学课程设计，开展工业科普教育，培养科学兴趣，掌握工业技能。（工业和信息化部牵头，教育部、文化和旅游部、国家文物局、国资委参与）

推进工业文化进校园，加强普通高等学校和职业学校的相关专业、学科建设，支持开展理论研究和教学实践，将工业文化有机融入精品课程，推动工业文化学科体系建设（教育部、工业和信息化部牵头，国资委参与）。鼓励大国工匠、工程师、企业家进讲堂，围绕工业道路、工业创造、工业精神等方面，传承弘扬优秀工业文化。（工业和信息化部牵头，教育部、国资委参与）

（八）提高工业遗产保护利用水平

持续开展国家工业遗产认定，发布国家工业遗产名单，鼓励地方因地制宜开展省、市级工业遗产调查、评估、认定，形成分级保护利用体系。修订《国家工业遗产管理暂行办法》，开展工业遗产保护立法研究。（工业和信息化部牵头，国家发展改革委、国家文物局、国资委参与）

积极推动将符合条件的工业遗产纳入文物保护体系，价值突出的推荐申报世界文化遗产。推动制定保护准则和指南，建立工业遗产保护与修复的工艺过程规范和效果评价标准，促进关键技术研发应用。（工业和信息化部、国家文物局牵头）

统筹工业遗产保护利用与城市转型发展，将老工业城市工业遗产纳入老工业城市更新改造政策支持范围，结合地方资源特色和历史传承，将工业遗产融入城市发展格局，保持功能协调、风格统一。（国家发展改革委牵头，工业和信息化部、文化和旅游部、国家文物局、国资委参与）

构建工业遗产保护利用项目库。鼓励利用工业遗产和老旧厂房资源，建设工业遗址公园、工业博物馆，打造工业文化产业园区、特色街区、创新创业基地、文化和旅游消费场所，培育工业旅游、工业设计、工艺美术、文化创意等新业态、新模式，不断提高活化利用水平。（工业和信息化部牵头，国家发展改革委、文化和旅游部、国家文物局、国资委参与）

（九）完善工业博物馆体系

发挥工业博物馆展示历史、展现当下、展望未来的作用，探索建设国家级行业博物馆、国家（网上）数字工业博物馆，支持各地建设具有地域特色的城市工业博物馆，鼓励企业建设博物馆或工业展馆、纪念馆。支持运用新一代信息技术打造数字化、可视化、互动化、智能化新型工业博物馆。（工业和信息化部、国家文物局牵头，国家发展改革委、国资委参与）

探索建立工业博物馆联合认证、共建共管机制，发布工业博物馆名录，鼓励参加博物馆评估定级，引导文物系统富裕资源在运营管理、充实藏品、保护修复、开放服务等方面支持工业博物馆规范发展。创建一批工业博物馆，实施工业博物馆品牌培育提升行动，强化工业博物馆专业化建设，提升管理与服务水平，形成具有示范性和影响力的工业博物馆文化品牌。（工业和信息化部、国家文物局牵头）

鼓励利用和共享馆藏资源，开发教育、文创、娱乐、科普产品，举办各类工业文化主题展览、科普教育、文创体验和研学实践活动。（国家文物局、工业和信息化部牵头，教育部、文化和旅游部参与）

（十）加大传播与交流

鼓励创作工业题材的文化作品，通过工业影视作品、工业文学作品征集活动、高峰论坛等方式，宣传工业故事、典型人物，弘扬中国工业精神，践行社会主义核心价值观。支持媒体开设工业频道和专栏，传播工业声音。通过国家工业遗产发布、现场经验交流、新媒体宣传等多种方式和渠道，做好工业遗产保护利用项目宣传推介。（工业和信息化部牵头，文化和旅游部、国家发展改革委、国资委、国家文物局、相关行业协会参与）

依托“一带一路”建设，加强文化交流和多层次文明对话，推动国际工业文化交流合作，促进工业文化走出去，塑造和传播新时代中国工业形象。（工业和信息化部牵头，文化和旅游部、国家文物局、国家发展改革委、国资委、相关行业协会参与）

（十一）健全工业文化发展体系

发挥规划和政策引导作用，统筹加强工业文化建设。完善基础制度和标准体系。加强各类工业文化资源统筹利用，促进工业文化资源数字化，推动工业文化产业数字化建设，鼓励数字技术在工业文化企业、体验产品和项目建设中的应用。加快发展新型文化业态、消费模式，丰富工业文化载体，扩大优质工业文化产品供给，满足人民群众文化需求。（教育部、工业和信息化部、文化和旅游部、国资委、国家文物局按职责分工负责）

三、保障措施

（十二）拓宽资金支持渠道

加强产融合作，发挥试点示范作用，建立详实完备的工业文化企业数据库，为项目合作提供优质、精准的信息和服务。用好中央预算内投资等投资政策，鼓励社会资本设立文化产业发展基金，推动工业文化重大项目建设。鼓励地方积极完善支持政策，开展工业旅游、工业研学、产融合作、工业遗产和老旧厂房保护利用等试点示范。（国家发展改革委、工业和信息化部、教育部、财政部、文化和旅游部、国资委、国家文物局按职责分工负责）

（十三）健全人才保障体系

结合制造业与教育融合发展工程的实施，深化产教融合校企合作，强化人才培养培训，培养更多高技能人才和大国工匠。围绕工业文化学术研究、教育培训、经营管理、宣传推广等领域，打造一批领军人才。加强专业人才队伍建设，培育一批工业遗产、工业博物馆、工业旅游以及其他工业文化新业态等方面专业人才。鼓励设立工业文化智库。（工业和信息化部、教育部、人力资源社会保障部、文化和旅游部、国家文物局、国资委按职责分工负责）

（十四）发挥中介机构作用

充分发挥行业协会和各类社会组织作用。支持行业组织研究制定标准规范，开展工业文化资源调查，建立资源库，加强工业文化产业的市场监测和经济运行分析，发布研究报告；引导工业文化的研究应用与推广，宣贯相关政策，指导企业开展文化建设、管理创新、国际交流等工作。支持高校、高职院校、企事业单位和地方建立专业化程度高、业务能力强的工业文化相关机构，打造一批工业文化领域公共服务平台，充分调动社会力量参与工业文化建设，营造共商共建共享的良好氛围。（相关行业协会等中介组织负责）

四、组织实施

（十五）加强统筹协调

各部门加强统筹协调，发挥职能作用，做好业务指导，在资源整合、要素供给、项目实施、人才保障、环境营造、宣传教育等方面提供支持，加强制度、政策、标准的协调对接，形成工作合力，确保各项工作取得实效。（工业和信息化部牵头，国家发展改革委、财政部、教育部、人力资源社会保障部、文化和旅游部、国家文物局、

国资委参与）

（十六）抓好细化落实

各地要建立和完善推动工业文化发展的工作机制，结合本地实际，研究制定本地区“十四五”期间推动工业文化发展的实施细则方案，明确目标任务，合力推进实施一批重点项目、重点工程。持续开展工业文化资源调查、评估和认定，健全资源数据库，丰富省市级名录。认真总结成功案例和经验做法，加强宣传推广，为工业文化发展营造良好社会环境。（各地工业和信息化主管部门牵头、相关部门参与）

工业和信息化部　国家发展和改革委员会

教育部　财政部　人力资源和社会保障部

文化和旅游部　国务院国有资产监督管理委员会

国家文物局

2021 年 5 月 11 日

〔来源：工业和信息化部官网〕

关于扩大战略性新兴产业投资培育壮大新增长点增长极的指导意见

发改高技〔2020〕1409 号

为深入贯彻落实党中央、国务院关于在常态化疫情防控中扎实做好“六稳”工作，全面落实“六保”任务，扩大战略性新兴产业投资、培育壮大新的增长点增长极的决策部署，更好发挥战略性新兴产业重要引擎作用，加快构建现代化产业体系，推动经济高质量发展，现提出如下意见：

一、总体要求

以习近平新时代中国特色社会主义思想为指导，全面贯彻党的十九大和十九届二中、三中、四中全会精神，统筹做好疫情防控和经济社会发展工作，坚定不移贯彻新发展理念，围绕重点产业链、龙头企业、重大投资项目，加强要素保障，促进上下游、产供销、大中小企业协同，加快推动战略性新兴产业高质量发展，培育壮大经济发展新动能。

——聚焦重点产业领域。着力扬优势、补短板、强弱项，加快适应、引领、创造新需求，推动重点产业领域形成规模效应。

——打造集聚发展高地。充分发挥产业集群要素资源集聚、产业协同高效、产业生态完备等优势，利用好自由贸易试验区、自由贸易港等开放平台，促进形成新的区域增长极。

——增强要素保障能力。按照“资金跟着项目走、要素跟着项目走”原则，引导人才、用地、用能等要素合理配置、有效集聚。

——优化投资服务环境。通过优化营商环境、加大财政金融支持、创新投资模式，畅通供需对接渠道，释放市场活力和投资潜力。

二、聚焦重点产业投资领域

（一）加快新一代信息技术产业提质增效。加大 5G 建设投资，加快 5G 商用发展步伐，将各级政府机关、企事业单位、公共机构优先向基站建设开放，研究推动将 5G 基站纳入商业楼宇、居民住宅建设规范。加快基础材料、关键芯片、高端元器件、新型显示器件、关键软件等核心技术攻关，大力推动重点工程和重大项目建设，积极扩大合理有效投资。稳步推进工业互联网、人工智能、物联网、车联网、大数据、云计算、区块链等技术集成创新和融合应用。加快推进基于信息化、数字化、智能化的新型城市基础设施建设。围绕智慧广电、媒体融合、5G 广播、智慧水利、智慧港口、智慧物流、智慧市政、智慧社区、智慧家政、智慧旅游、在线消费、在线教育、医疗健康等成长潜力大的新兴方向，实施中小企业数字化赋能专项行动，推动中小微企业“上云用数赋智”，培育形成一批支柱性产业。实施数字乡村发展战略，加快补全农村互联网基础设施短板，加强数字乡村产业体系建设，鼓励开发满足农民生产生活需求的信息化产品和应用，发展农村互联网新业态新模式。实施“互联网+”农产品出村进城工程，推进农业农村大数据中心和重要农产品全产业链大数据建设，加快农业全产业链的数字化转型。（责任部门：发展改革委、工业和信息化部、科技部、教育部、住房城乡建设部、交通运输部、水利部、农业农村部、商务部、卫生健康委、广电总局、国铁集团等按职责分工负责）

（二）加快生物产业创新发展步伐。加快推动创新疫苗、体外诊断与检测试剂、抗体药物等产业重大工程和项目落实落地，鼓励疫苗品种及工艺升级换代。系统规划国家生物安全风险防控和治理体系建设，加大生物安全与应急领域投资，加强国家生物制品检验检定创新平台建设，支持遗传细胞与遗传育种技术研发中心、合成生物技术创新中心、生物药技术创新中心建设，促进生物技术健康发展。改革完善中药审评审批机制，促进中药新药研发和产业发展。实施生物技术惠民工程，为自主创新药品、医疗装备等产品创造市场。（责任部门：发展改革委、卫生健康委、科技部、工业和信息化部、中医药局、药监局等按职责分工负责）

（三）加快高端装备制造产业补短板。重点支持工业机器人、建筑、医疗等特种机器人、高端仪器仪表、轨道交通装备、高档五轴数控机床、节能异步牵引电动机、高端医疗装备和制药装备、航空航天装备、海洋工程装备及高技术船舶等高端装备生产，实施智能制造、智能建造试点示范。研发推广城市市政基础设施运维、农业生产专用传感器、智能装备、自动化系统和管理平台，建设一批创新中心和示范基地、试点县。鼓励龙头企业建设“互联网+”协同制造示范工厂，建立高标准工业互联网平台。（责任部门：发展改革委、工业和信息化部、住房城乡建设部、农业农村部、国铁集团等按职责分工负责）

（四）加快新材料产业强弱项。围绕保障大飞机、微电子制造、深海采矿等重点领域产业链供应链稳定，加快在光刻胶、高纯靶材、高温合金、高性能纤维材料、高强高导耐热材料、耐腐蚀材料、大尺寸硅片、电子封装材料等领域实现突破。实施新材料创新发展行动计划，提升稀土、钒钛、钨钼、锂、铷铯、石墨等特色资源在开采、冶炼、深加工等环节的技术水平，加快拓展石墨烯、纳米材料等在光电子、航空装备、新能源、生物医药等领域的应用。（责任部门：发展改革委、工业和信息化部等按职责分工负责）

（五）加快新能源产业跨越式发展。聚焦新能源装备制造“卡脖子”问题，加快主轴承、IGBT、控制系统、高压直流海底电缆等核心技术部件研发。加快突破风光水储互补、先进燃料电池、高效储能与海洋能发电等新能源电力技术瓶颈，建设智能电网、微电网、分布式能源、新型储能、制氢加氢设施、燃料电池系统等基础设施网络。提升先进燃煤发电、核能、非常规油气勘探开发等基础设施网络的数字化、智能化水平。大力开展综合能源服务，推动源网荷储协同互动，有条件的地区开展秸秆能源化利用。（责任部门：发展改革委、工业和信息化部、自然资源部、能源局等按职责分工负责）

（六）加快智能及新能源汽车产业基础支撑能力建设。开展公共领域车辆全面电动化城市示范，提高城市公交、出租、环卫、城市物流配送等领域车辆电动化比例。加快新能源汽车充/换电站建设，提升高速公路服务区和公共停车位的快速充/换电站覆盖率。实施智能网联汽车道路测试和示范应用，加大车联网车路协同基础设施建设力度，加快智能汽车特定场景应用和产业化发展。支持建设一批自动驾驶运营大数据中心。以支撑智能汽车应用和改善出行为切入点，建设城市道路、建筑、公共设施融合感知体系，打造基于城市信息模型（CIM）、融合城市动态和静态数据于一体的“车城网”平台，推动智能汽车与智慧城市协同发展。（责任部门：发展改革委、工业和信息化部、住房城乡建设部、交通运输部等按职责分工负责）

（七）加快节能环保产业试点示范。实施城市绿色发展综合示范工程，支持有条件的地区结合城市更新和城镇老旧小区改造，开展城市生态环境改善和小区内建筑节能节水改造及相关设施改造提升，推广节水效益分享等合同节水管理典型模式，鼓励创新发展合同节水管理商业模式，推动节水服务产业发展。开展共用物流集装化体系示范，实现仓储物流标准化周转箱高效循环利用。组织开展多式联运示范工程建设。发展智慧农业，推进农业生产环境自动监测、生产过程智能管理。试点在超大城市建立基于人工智能与区块链技术的生态环境新型治理体系。探索开展环境综合治理托管、生态环境导向的开发（EOD）模式等环境治理模式创新，提升环境治理服务水平，推动环保产业持续发展。加大节能、节水环保装备产业和海水淡化产业培育力度，加快先进技术装备示范和推广应用。实施绿色消费示范，鼓励绿色出行、绿色商场、绿色饭店、绿色电商等绿色流通主体加快发展。积极推行绿色建造，加快推动智能建造与建筑工业化协同发展，大力发展钢结构建筑，提高资源利用效率，大幅降低能耗、物耗和水耗水平。（责任部门：发展改革委、科技部、工业和信息化部、自然资源部、生态环境部、住房和城乡建设部、交通运输部、农业农村部、商务部、国铁集团等按职责分工负责）

（八）加快数字创意产业融合发展。鼓励数字创意产业与生产制造、文化教育、旅游体育、健康医疗与养老、智慧农业等领域融合发展，激发市场消费活力。建设一批数字创意产业集群，加强数字内容供给和技术装备研发平台，打造高水平直播和短视频基地、一流电竞中心、高沉浸式产品体验展示中心，提供VR旅游、AR营销、数字文博馆、创意设计、智慧广电、智能体育等多元化消费体验。发展高清电视、超高清电视和5G高新视频，发挥网络视听平台和产业园区融合集聚作用，贯通内容生产传播价值链和电子信息设备产业链，联动线上线下文化娱乐和综合信息消费，构建新时代大视听全产业链市场发展格局。（责任部门：发展改革委、教育部、工业和信息化部、农业农村部、文化和旅游部、广电总局、体育总局等按职责分工负责）

三、打造产业集聚发展新高地

（九）深入推进国家战略性新兴产业集群发展工程。构建产业集群梯次发展体系，培育和打造10个具有全球影响力的战略性新兴产业基地、100个具备国际竞争力的战略性新兴产业集群，引导和储备1 000个各具特色的战略性新兴产业生态，形成分工明确、相互衔接的发展格局。适时启动新一批国家战略性新兴产业集群建设。培育若干世界级先进制造业集群。综合运用财政、土地、金融、科技、人才、知识产权等政策，协同支持产业集群建设、领军企业培育、关键技术研发和人才培养等项目。（责任部门：发展改革委、科技部、工业和信息化部、财政部、人力资源社会保障部、自然资源部、商务部、人民银行、知识产权局等按职责分工负责）

（十）增强产业集群创新引领力。启动实施产业集群创新能力提升工程。发挥科技创新中心、综合性国家科学中心创新资源丰富的优势，推动特色产业集群发展壮大。依托集群内优势产学研单位联合建设一批产业创新中心、工程研究中心、产业计量测试中心、质检中心、企业技术中心、标准创新基地、技术创新中心、制造业创新中心、产业知识产权运营中心等创新平台和重点地区承接产业转移平台。推动产业链关键环节企业建设产业集群协同创新中心和产业研究院。（责任部门：发展改革委、科技部、工业和信息化部、市场监管总局、中科院、知识产权局等按职责分工负责）

（十一）推进产城深度融合。启动实施产业集群产城融合示范工程。以产业集群建设推动生产、生活、生态融合发展，促进加快形成创新引领、要素富集、空间集约、宜居宜业的产业生态综合体。加快产业集群交通、物流、生态环保、水利等基础设施数字化改造。推进产业集群资源环境设施共建共享、能源资源智能利用、污染物集中处理等设施建设。探索“核心承载区管理机构＋投资建设公司＋专业运营公司”建设新模式，推进核心承载区加快向企业综合服务、产业链资源整合、价值再造平台转型。推动符合条件的战略性新兴产业集群通过市场化方式开展基础设施领域不动产投资信托基金（REITs）试点。（责任部门：发展改革委、住房城乡建设部、交通运输部、水利部、证监会、国铁集团等按职责分工负责）

（十二）聚焦产业集群应用场景营造。启动实施产业集群应用场景建设工程。围绕5G、人工智能、车联网、大数据、区块链、工业互联网等领域，率先在具备条件的集群内试点建设一批应用场景示范工程，定期面向特定市场主体发布应用场景项目清单，择优评选若干新兴产业应用场景进行示范推广，并给予应用方一定支持。鼓励集群内企业发展面向定制化应用场景的“产品+服务”模式，创新自主知识产权产品推广应用方式和可再生能源综合应用，壮大国内产业循环。（责任部门：发展改革委、工业和信息化部、住房城乡建设部、能源局、知识产权局等按职责分工负责）

（十三）提高产业集群公共服务能力。实施产业集群公共服务能力提升工程。依托行业协会、专业机构、科研单位等建设一批专业化产业集群促进机构。推进国家标准参考数据体系建设。建设产业集群创新和公共服务综合体，强化研发设计、计量测试、标准认证、中试验证、检验检测、智能制造、产业互联网、创新转化等产业公共服务平台支撑，打造集技术转移、产业加速、孵化转化等为一体的高品质产业空间。在智能制造、绿色制造、工业互联网等领域培育一批解决方案供应商。支持有条件的集群聚焦新兴应用开展5G、数据中心、人工智能、工业互联网、车联网、物联网等新型基础设施建设。（责任部门：发展改革委、工业和信息化部、住房城乡建设部、商务部、市场监管总局、中科院等按职责分工负责）

四、增强资金保障能力

（十四）加强政府资金引导。统筹用好各级各类政府资金、创业投资和政府出资产业投资基金，创新政府资金支持方式，强化对战略性新兴产业重大工程项目的投资牵引作用。鼓励地方政府设立战略性新兴产业专项资金计划，按市场化方式引导带动社会资本设立产业投资基金。围绕保障重点领域产业链供应链稳定，鼓励建立中小微企业信贷风险补偿机制，加大对战略性新兴产业的支持力度。（责任部门：发展改革委、工业和信息化部、财政部等按职责分工负责）

（十五）提升金融服务水平。鼓励金融机构创新开发适应战略性新兴产业特点的金融产品和服务，加大对产业链核心企业的支持力度，优化产业链上下游企业金融服务，完善内部考核和风险控制机制。鼓励银行探索建立新兴产业金融服务中心或事业部。推动政银企合作。构建保险等中长期资金投资战略性新兴产业的有效机制。制订战略性新兴产业上市公司分类指引，优化发行上市制度，加大科创板等对战略性新兴产业的支持力度。加大战略性新兴产业企业（公司）债券发行力度。支持创业投资、私募基金等投资战略性新兴产业。（责任部门：人民银行、银保监会、证监会、发展改革委等按职责分工负责）

（十六）推进市场主体投资。依托国有企业主业优势，优化国有经济布局和结构，加大战略性新兴产业投资布局力度。鼓励具备条件的各类所有制企业独立或联合承担国家各类战略性新兴产业研发、创新能力和产业化等建设项目。支持各类所有制企业发挥各自优势，加强在战略性新兴产业领域合作，促进大中小企业融通发展。修订外商投资准入负面清单和鼓励外商投资产业目录，进一步放宽或取消外商投资限制，增加战略性新兴产业条目。（责任部门：发展改革委、工业和信息化部、商务部、国资委等按职责分工负责）

五、优化投资服务环境

（十七）深化“放管服”改革。全力推动重大项目“物流通、资金通、人员通、政策通”。深化投资审批制度改革，推进战略性新兴产业投资项目承诺制审批，简化、整合项目报建手续，深化投资项目在线审批监管平台应用，加快推进全程网办。全面梳理新产业、新业态、新模式准入和行政许可流程，精简审批环节，缩短办理时限，推行“一网通办”。（责任部门：发展改革委牵头，各部门按职责分工负责）

（十八）加快要素市场化配置。充分发挥市场在资源配置中的决定性作用，更好发挥政府作用。统筹做好用地、用水、用能、环保等要素配置，将土地林地、建筑用砂、能耗等指标优先保障符合高质量发展要求的重大工程和项目需求。

加强工业用地市场化配置，鼓励地方盘活利用存量土地。（责任部门：发展改革委、自然资源部、生态环境部、住房城乡建设部、水利部、商务部等按职责分工负责）

（十九）完善包容审慎监管。推动建立适应新业态新模式发展特点、以信用为基础的新型监管机制。规范行政执法行为，推进跨部门联合“双随机、一公开”监管和“互联网＋监管”，细化量化行政处罚标准。（责任部门：发展改革委牵头，各部门按职责分工负责）

（二十）营造良好投资氛围。各地区、各部门要积极做好政策咨询和宣传引导工作，以“线上线下”产业招商会、优质项目遴选赛、政银企对接会、高端论坛等形式加强交流合作，增强企业投资意愿，激发社会投资创新动力和发展活力，努力营造全社会敢投资、愿投资、善投资战略性新兴产业发展的良好氛围。（责任部门：发展改革委牵头，各部门按职责分工负责）

国家发展改革委

科技部

工业和信息化部

财政部

2020 年 9 月 8 日

〔来源：国家发展改革委官网〕

关于进一步加强中央企业境外国有产权管理有关事项的通知

国资发产权规〔2020〕70 号

为进一步加强中央企业境外国有产权管理，提高中央企业境外管理水平，优化境外国有产权配置，防止境外国有资产流失，根据《中央企业境外国有产权管理暂行办法》（国资委令第 27 号）等有关规定，现就有关事项进一步通知如下：

一、中央企业要切实履行境外国有产权管理的主体责任，将实际控制企业纳入管理范围。落实岗位职责，境外产权管理工作应当设立专责专岗，确保管理要求落实到位。

中央企业要立足企业实际，不断完善相关制度体系，具备条件的应当结合所在地法律、监管要求和自身业务，建立分区域、分板块等境外产权管理操作规范及流程细则，提高境外国有产权管理的针对性和有效性。

二、中央企业要严格境外产权登记管理，应当通过国资委产权管理综合信息系统（以下简称综合信息系统）逐级申请办理产权登记，确保及时、完整、准确掌握境外产权情况。

三、中央企业要加强对个人代持境外国有产权和特殊目的公司的管理，持续动态管控。严控新增个人代持境外国有产权，确有必要新增的，统一由中央企业批准并报送国资委备案。对于个人代持境外国有产权，要采取多种措施做好产权保护，并根据企业所在地法律和投资环境变化，及时予以调整规范。对于特殊目的公司，要逐一论证存续的必要性，依法依规及时注销已无存续必要的企业。确有困难的，要明确处置计划，并在年度境外产权管理状况报告中专项说明。

四、中央企业要强化境外国有资产交易的决策及论证管理，境外国有产权（资产）对外转让、企业引入外部投资者增加资本要尽可能多方比选意向方。具备条件的，应当公开征集意向方并竞价交易。

中央企业在本企业内部实施重组整合，境外企业国有产权在国有全资企业之间流转的，可以比照境内国有产权无偿划转管理相关规定，按照所在地法律法规，采用零对价、1 元（或 1 单位相关货币）转让方式进行。

五、中央企业要加强境外资产评估管理，规范中介机构选聘工作，条件允许的依法选用境内评估机构。

中央企业要认真遴选评估（估值）机构，并对使用效果进行评价，其中诚实守信、资质优良、专业高效的，可以通过综合信息系统推荐给其他中央企业参考，加强中介机构的评价、共享工作。

六、中央企业在本企业内部实施重组整合，中央企业控股企业与其直接、间接全资拥有的子企业之间或中央企业控股企业直接、间接全资拥有的子企业之间转让所持境外国有产权，按照法律法规、公司章程规定履行决策程序后，可依据评估（估值）报告或最近一期审计报告确认的净资产值为基础确定价格。

注销已无存续必要的特殊目的公司，已无实际经营、人员的休眠公司，或境外企业与其全资子企业以及全资子企业之间进行合并，中央企业经论证不会造成国有资产流失的，按照法律法规、公司章程规定履行决策程序后，可以不进行评估（估值）。

七、中央企业要加大境外产权管理监督检查力度，与企业内部审计、纪检监察、巡视、法律、财务等各类监督检查工作有机结合，实现境外检查全覆盖。每年对境外产权管理状况进行专项分析，包括但不限于境外产权主要分布区域、资产规模、经营业务、公司治理、上一年度个人代持境外国有产权和特殊目的公司整体情况及规范情况、境外国有资产评估（估值）及流转情况、境外产权监督检查情况等。

中央企业对境外产权管理中出现的重要情况和重大问题要及时请示或报告国资委。

八、中央企业及各级子企业经营管理人员违反境外国有产权管理制度等规定，未履行或未正确履行职责，造成国有资产损失或其他严重不良后果的，按照《中央企业违规经营投资责任追究实施办法（试行）》（国资委令第 37 号）等有关规定，对相关责任人严肃追究责任，重大决策终身问责；涉嫌违纪违法的问题和线索，移送有关部门查处。

九、各地方国有资产监督管理机构可参照本通知，结合实际情况，制定境外国有产权管理操作细则。

国务院国资委

2020 年 11 月 20 日

〔来源：国务院国有资产管理委员会官网〕

关于深化中央企业内部审计监督工作的实施意见

国资发监督规〔2020〕60 号

为有效推动中央企业构建集中统一、全面覆盖、权威高效的审计监督体系，贯彻落实党中央、国务院关于深化国有企业和国有资本审计监督的工作部署，根据《中华人民共和国企业国有资产法》《中华人民共和国审计法》，按照《中共中央 国务院关于深化国有企业改革的指导意见》（中发〔2015〕22 号）、《国务院办公厅关于加强和改进企业国有资产监督防止国有资产流失的意见》（国办发〔2015〕79 号）、《审计署关于内部审计工作的规定》（审计署令第 11 号）等有关要求，制定本意见。

一、总体要求

深入贯彻落实党中央、国务院关于加快建立健全国有企业、国有资本审计监督体系和制度的工作部署，围绕形成以管资本为主的国有资产监管体制，推动中央企业建立符合中国特色现代企业制度要求的内部审计领导和管理体制机制，做到应审尽审、凡审必严，促进中央企业落实党和国家方针政策以及国有资产监管各项政策制度。深化企业改革，服务企业发展战略，提升公司治理水平和风险防范能力，助力中央企业加快实现转型升级、高质量发展和做强做优做大。

二、强化统一管控能力，进一步完善内部审计领导和管理体制机制

（一）建立健全内部审计领导体制

建立健全党委（党组）、董事会（或主要负责人）直接领导下的内部审计领导体制。党委（党组）要加强对内部审计工作的领导，不断健全和完善党委（党组）领导内部审计工作的制度和工作机制，强化对内部审计重大工作的顶层设计、统筹协调和督促落实。董事会负责审议内部审计基本制度、审计计划、重要审计报告，决定内部审计机构设置及其负责人，加强对内部审计重要事项的管理。董事长具体分管内部审计，是内部审计工作第一责任人。加快建立总审计师制度，协助党组织、董事会（或主要负责人）管理内部审计工作。经理层接受并积极配合内部审计监督，落实对内部审计发现问题的整改。内部审计机构向党委（党组）、董事会（或主要负责人）负责并报告工作。

（二）切实发挥董事会审计委员会管理和指导作用

落实董事会审计委员会作为董事会专门工作机构的职责，审计委员会要定期或不定期召开有关会议并形成会议记录、纪要，加强对审计计划、重点任务、整改落实等重要事项的管理和指导，督促年度审计计划及任务组织实施，研究重大审计结论和整改落实工作，评价内部审计机构工作成效，及时将有关情况报告董事会或提请董事会审议。

（三）不断完善集团统一管控的内部审计管理体制

强化集团总部对内部审计工作统一管控，统一制定审计计划、确定审计标准、调配审计资源，加快形成“上审下”的内部审计管理体制。推动所属二级子企业及二级以下重要子企业设置内部审计机构，未设置内部审计机构的子企业内部审计工作由上一级审计机构负责。所属子企业户数多、分布广或人员力量薄弱的企业，需设立审计中心或区域审计中心，规范开展集中审计或区域集中审计。各级内部审计机构审计计划、审计报告、审计发现问题、整改落实情况以及违规违纪违法问题线索移送等事项，在向本级党委（党组）及董事会报告的同时，应向上一级内部审计机构报告，审计发现的重大损失、重要事件和重大风险应及时向集团总部报告。

（四）健全内部审计制度体系

在不断完善内部审计各项制度规定基础上，对落实党和国家方针政策、国企改革重点任务、国有资产监管政策以及境外国有资产监管、内控体系建设等重要事项、重点领域和关键环节，补短板、填空白，持续构建符合国有资产监管要求和公司治理需要的企业内部审计制度体系。

（五）强化激励约束机制

落实审计工作结果签字背书责任制度，明确审计项目负责人及相关审计人员对审计结论和审计程序分别承担相应的审计责任。研究制定本企业审计质量考评标准，推动审计人员绩效考核结果与薪酬兑现、职业晋升、任职交流等挂钩，探索建立与其他业务部门差异化的内部审计考核体系，作为被审计对象的同级业务部门不参与对内部审计机构及其负责人的绩效测评。对审计工作中存在失职、渎职的要严肃追责问责，涉嫌违纪违法的，按程序移送纪检监察机构处理。下一级内部审计机构负责人任免和年度绩效考核结果需报上一级内部审计机构备案。

三、有效履行工作职责，全面提升内部审计监督效能

（六）积极推动内部审计监督无死角、全覆盖

坚持应审尽审、凡审必严，在贯彻执行党和国家重大方针政策、国资监管工作要求、完成国企改革重点任务、领导人员履行经济责任以及管理、使用和运营国有资本情况等方面全面规范开

展各类审计监督，重点关注深化国有企业改革进程中的苗头性、倾向性、典型性问题。对所属子企业确保每5年至少轮审1次；对重大投资项目、重大风险领域和重要子企业实施重点审计，确保每年至少1次。企业可以根据审计工作需要，规范购买社会审计服务开展相关工作。

（七）加快推动内部审计信息化建设与应用

按照国有资产监管信息化建设要求，落实经费和技术保障措施，构建与“三重一大”决策、投资、财务、资金、运营、内控等业务信息系统相融合的“业审一体”信息化平台。及时准确提供审计所需电子数据，并根据审计人员层级赋予相应的数据查询权限。信息化基础较好的企业要积极运用大数据、云计算、人工智能等方式，探索建立审计实时监督平台，对重要子企业实施联网审计，提高审计监督时效性和审计质量。

（八）加强企业内部监督协同配合

加强与企业监事会、纪检监察、巡视以及法律、财务、违规责任追究等部门的沟通协调，将各方面集中反映的问题领域作为重点关注事项。通过联席会议、联合检查等方式，加强信息通报与交流、问题线索移送与协查等工作协同，对内部监督发现的共性问题或警示性问题在一定范围内进行通报，提高企业内部监督透明度和影响力。

（九）提升审计队伍专业化、职业化水平

选拔政治过硬、德才兼备、具备专业技能和业务知识的复合型人才充实审计队伍，鼓励审计人员参加相关执业资格考试。加大与财务、内控、运营、采购、销售、企业管理等业务部门之间的人员交流力度，拓宽内部审计人员职业发展通道，将内部审计岗位打造成企业内部人才培养和选拔任用的重要平台。落实审计专项经费预算，配备与企业规模、审计业务量等相适应的审计人员，打造专业化、职业化的内部审计工作队伍。

四、聚焦经济责任，促进权力规范运行和责任有效落实

（十）深化和改善经济责任审计工作

贯彻落实党中央、国务院关于深化和改善经济责任审计工作要求，围绕权力运行和责任落实，坚持以对领导人员任职期间审计为主，对所属二级子企业主要领导人员履行经济责任情况任期内至少审计1次，对掌握重要资金决策权、分配权、管理权、执行权和监督权等关键岗位的主要领导人员加大审计力度。完善定性评价与定量评价相结合的审计评价体系，落实“三个区分开来”要求，审慎作出评价和结论，鼓励探索创新，激励担当作为，保护企业领导人员干事创业的积极性、主动性、创造性。

（十一）规范有效开展经济责任审计

聚焦经济责任，突出对党和国家重大方针政策、国资监管工作要求、企业改革发展目标任务等落实情况，企业法人治理结构的健全完善、投资经营、风险管控、内控体系建设与运行、整改落实等方面以及领导人员廉洁从业和贯彻落实中央八项规定精神情况的监督检查。研究确定经济责任审计中长期规划，制定年度审计计划，强化审计计划刚性约束，不断完善企业内部经济责任审计组织协调、审计程序、审计评价、审计结果运用等工作机制。建立健全经济责任审计情况通报、责任追究、整改落实、结果公告等制度，有效落实企业领导人员经济责任。

五、突出关键环节，强化对重点领域的监督力度

（十二）围绕提质增效稳增长开展全面监督

适应常态化疫情防控和国际形势变化，结合经营业绩考核指标，重点关注会计政策和会计估计变更、合并报表范围调整、期初数大额调整、收入确认、减值计提等会计核算事项，保障会计信息真实性。加大对成本费用管控目标实现情况、应收账款和存货“两金”管控目标完成情况、资金集中管控情况、人工成本管控情况以及降杠杆减负债等工作的审计力度。

（十三）突出主责主业专项监督

围绕持续推动国有资本布局优化，聚焦主责主业发展实体经济等工作要求，加大对非主业、非优势业务的“两非”剥离和无效资产、低效资产的“两资”处置情况的审计力度。将打通供应链、稳住产业链等工作落实情况以及投资项目负面清单执行、长期不分红甚至亏损的参股股权清理、通过股权代持或虚假合资等方式被民营企业挂靠等情况纳入内部审计重要任务。对国有资产监管机构政策措施和监管要求落实情况进行跟踪审计，推动各项工作要求落实到位。

（十四）对混合所有制改革全过程进行审计监督

将混合所有制改革过程中的决策审批、资产评估、交易定价、职工安置等环节纳入内部审计重点工作任务，及时纠正混合所有制改革过程中出现的问题和偏差。规范开展混合所有制改革中参股企业的审计，通过公司章程、参股协议等保障国有股东审计监督权限，对参股企业财务信息和经营情况进行审计监督，坚决杜绝“只投不管”现象。

（十五）强化大额资金管控监督

针对近年来电子支付、网络交易等新兴资金结算手段的普遍使用等资金管理新形态，重点关注关键岗位授权、不相容岗位分离等内控环节的健全完善及执行情况，深入揭示资金审批、结算、对账等各日常业务环节的薄弱点。对资金中心等资金管理机构每年至少应当审计 1 次，对负责资金审批和具体操作的关键岗位和重要环节应进行常态化监督。

（十六）加强对赌模式并购投资监督

将使用对赌模式开展的并购投资项目纳入内部审计重点工作任务，对对赌期内的被并购企业开展跟踪审计，对赌期结束后开展专项审计。重点关注对赌指标完成情况的真实性、完整性以及作为分期支付投资款或限售股份解禁、收取对赌补偿等程序重要依据的合规性，及时揭示问题，防止国有资产流失。

（十七）加大对高风险金融业务的监督力度

加大对金融业务领域贯彻中央重大决策部署、执行国家宏观调控和经济金融政策等方面审计力度，重点关注脱离主业盲目发展金融业务、脱实向虚、风险隐患较大业务清理整顿，以及投机开展金融衍生业务、“一把手”越权操作、超授权交易等内容。对重点金融子企业和信托、债券、金融衍生品等高风险金融业务每年至少开展 1 次专项审计，切实防止风险交叉传导。

（十八）落实对“三重一大”事项的跟踪审计

对重大决策、重要项目安排和大额资金使用情况进行全过程跟踪审计。加强对可行性研究论证、尽职调查、资产评估、风险评估等对重大决策、重要项目具有重要影响环节的监督力度，强化对决策规范性、科学性的监督，促进企业提高投资经营决策水平。

六、强化境外内部审计，有力保障境外国有资产安全完整

（十九）加大境外企业内部审计监督力度

结合境外企业所在国家或地区的法律法规及政治、经济、文化特点，研究制定境外内部审计制度规定，在与外方签订的投资协议（合同）或公司章程等法定文件中推动落实中方审计权限。切实推进境外审计全覆盖、常态化，对重点境外经营投资项目（投资额 1 亿美元以上）或重要境外企业（机构），每年至少应审计 1 次。完善审计方式方法，配备具备外语能力、熟悉国际法律的复合型审计人员，探索开展向重要境外企业（机构）和重大境外项目派驻审计人员，根据工作需要可聘请境内外中介机构提供服务支持。

（二十）突出境外内部审计重点关注领域

聚焦境外经营投资立项、决策、签约、风险管理等关键环节，围绕境外经营投资重点领域以及境外大额资金使用、大额采购等重要事项，对重大决策机制、重要管控制度和内控体系有效性进行监督，保障境外国有资产安全，提升国际化经营水平。

七、加强内控体系审计，促进提升企业内控体系有效性

（二十一）规范有效开展内控审计

将企业内控体系审计纳入内部审计重点工作任务，围绕企业内部权力运行和责任落实、制度制定和执行、授权审批控制和不相容职务分离控制等开展监督，倒查企业内控体系设计和运行缺陷。突出重大风险防控审计，重点检查企业重大风险评估、监测、预警和重大风险事件及时报告和应急处置等工作开展情况，以及企业合规建设、合规审查、合规事件应对等情况。规范开展对投资决策、资金管理、招投标、物资采购、担保、委托贷款、高风险贸易业务、金融衍生业务、PPP 业务等重点环节、重要事项以及行业监管机构发现的风险和问题的专项内控审计，切实促进提升内控体系有效性。

八、压实整改落实责任，促进审计整改与结果运用

（二十二）压实整改落实责任

内部审计机构对审计发现问题整改落实负有监督检查责任，被审计单位对问题整改落实负有主体责任，单位主要负责人是整改第一责任人，相关业务职能部门对业务领域内相关问题负有整改落实责任。加快建立完善审计整改工作制度，完善整改落实工作规范和流程，强化内部审计机构监督检查职责，积极构建各司其职、各负其责的整改工作机制，促进整改落实工作有效落地。

（二十三）强化整改跟踪审计及审计结果运用

密切结合国家审计、巡视巡察、国资监管等各类监督发现问题的整改落实，建立和完善问题整改台账管理及“销号”制度，由内部审计机构制定统一标准并对已整改问题进行审核认定、验收销号。对长期未完成整改、屡审屡犯的问题开展跟踪审计和整改“回头看”等，细化普遍共性问题举一反三整改机制，确保真抓实改、落实到位。建立审计通报制度，将审计发现问题及整改成效依法依规在企业一定范围内进行通报。将内部审计结果及整改情况作为干部考核、任免、奖惩的重要依据之一，对审计发现的违规违纪违法问题线索，按程序及时移送相关部门或纪检监察机构处理。

九、加强出资人对内部审计工作的监管，组织开展检查评价和责任追究

（二十四）强化对内部审计工作的监管

国资委指导中央企业按照国家审计机关对内部审计工作有关要求，围绕国资监管重点任务研究制订本企业年度内部审计工作计划，有效开展内部审计各项工作。加强对内部审计工作的统筹谋划和资源整合，充分发挥内部审计力量在国资监管工作中的专业优势。各中央企业要定期向国资委报送年度审计计划、年度工作报告等情况，及时报送审计发现的重大资产损失、重要事件和重大风险等情况。认真做好对企业报送的年度内部审计工作报告审核工作，持续加强企业内部审计工作情况的汇总、分析和评价。

（二十五）建立健全出资人检查评估工作机制

国资委探索研究制定内部审计工作效能评估指标体系，对企业内部审计体系建设、审计监督、整改落实等工作开展抽查，对审计计划执行、审计质量控制、审计结果运用等工作效能进行评估，每 5 年全部评估 1 次。对内部审计工作开展不力和存在重大问题的企业印发提示函或通报，压紧压实内部审计监督责任。

（二十六）加大内部审计责任追究力度

中央企业内部审计机构对重大事项应列入审计计划而不列入，或发现重大问题后拖延不查、敷衍不追、隐匿不报等失职渎职行为，要严肃追究直接责任人员的责任及企业相应领导人员的分管或协管责任；对重大问题应当发现而未发现、查办不力或审计程序不到位的，要逐级落实责任，坚决追责问责。

各省、自治区、直辖市及计划单列市和新疆生产建设兵团国资委可以参照本意见，制定本地区所出资企业内部审计工作监督管理相关工作规范。

国务院国资委

2020 年 9 月 28 日

〔来源：国务院国有资产管理委员会官网〕

国有企业公司章程制定管理办法

国资发改革规〔2020〕86 号

第一章 总 则

第一条 为深入贯彻习近平新时代中国特色社会主义思想，坚持和加强党的全面领导，建设中国特色现代企业制度，充分发挥公司章程在公司治理中的基础作用，规范公司章程管理行为，根据《中国共产党章程》、《中华人民共和国公司法》（以下简称《公司法》）、《中华人民共和国企业国有资产法》（以下简称《企业国有资产法》）等有关规定，按照《国务院办公厅关于进一步完善国有企业法人治理结构的指导意见》（国办发〔2017〕36 号）等文件的要求，结合国有企业实际，制定本办法。

第二条 国家出资并由履行出资人职责的机构监管的国有独资公司、国有全资公司和国有控股公司章程制定过程中的制订、修改、审核、批准等管理行为适用本办法。

第三条 本办法所称履行出资人职责的机构（以下简称出资人机构）是指国务院国有资产监督管理机构和地方人民政府按照国务院的规定设立的国有资产监督管理机构，以及国务院和地方人民政府根据需要授权代表本级人民政府对国有企业履行出资人职责的其他部门、机构。

第四条 国有企业公司章程的制定管理应当坚持党的全面领导、坚持依法治企、坚持权责对等原则，切实规范公司治理，落实企业法人财产权与经营自主权，完善国有企业监管，确保国有资产保值增值。

第二章 公司章程的主要内容

第五条 国有企业公司章程一般应当包括但不限于以下主要内容：

（一）总则；

（二）经营宗旨、范围和期限；

（三）出资人机构或股东、股东会（包括股东大会，下同）；

（四）公司党组织；

（五）董事会；

（六）经理层；

（七）监事会（监事）；

（八）职工民主管理与劳动人事制度；

（九）财务、会计、审计与法律顾问制度；

（十）合并、分立、解散和清算；

（十一）附则。

第六条 总则条款应当根据《公司法》等法律法规要求载明公司名称、住所、法定代表人、注册资本等基本信息。明确公司类型（国有独资公司、有限责任公司等）；明确公司按照《中国共产党章程》规定设立党的组织，开展党的工作，提供基础保障等。

第七条 经营宗旨、范围和期限条款应当根据《公司法》相关规定载明公司经营宗旨、经营范围和经营期限等基本信息。经营宗旨、经营范围应当符合出资人机构审定的公司发展战略规划；经营范围的表述要规范统一，符合工商注册登记的管理要求。

第八条 出资人机构或股东、股东会条款应当按照《公司法》《企业国有资产法》等有关法律法规及相关规定表述，载明出资方式，明确出资人机构或股东、股东会的职权范围。

第九条 公司党组织条款应当按照《中国共产党章程》《中国共产党国有企业基层组织工作条例（试行）》等有关规定，写明党委（党组）或党支部（党总支）的职责权限、机构设置、运行机制等重要事项。明确党组织研究讨论是董事会、经理层决策重大问题的前置程序。

设立公司党委（党组）的国有企业应当明确党委（党组）发挥领导作用，把方向、管大局、保落实，依照规定讨论和决定企业重大事项；明确坚持和完善“双向进入、交叉任职”领导体制及有关要求。设立公司党支部（党总支）的国有企业应当明确公司党支部（党总支）围绕生产经营开展工作，发挥战斗堡垒作用；具有人财物重大事项决策权的企业党支部（党总支），明确一般由企业党员负责人担任书记和委员，由党支部（党总支）对企业重大事项进行集体研究把关。

对于国有相对控股企业的党建工作，需结合企业股权结构、经营管理等实际，充分听取其他股东包括机构投资者的意见，参照有关规定和本条款的内容把党建工作基本要求写入公司章程。

第十条　董事会条款应当明确董事会定战略、作决策、防风险的职责定位和董事会组织结构、议事规则；载明出资人机构或股东会对董事会授予的权利事项；明确董事的权利义务、董事长职责；明确总经理、副总经理、财务负责人、总法律顾问、董事会秘书由董事会聘任；明确董事会向出资人机构（股东会）报告、审计部门向董事会负责、重大决策合法合规性审查、董事会决议跟踪落实以及后评估、违规经营投资责任追究等机制。

国有独资公司、国有全资公司应当明确由出资人机构或相关股东推荐派出的外部董事人数超过董事会全体成员的半数，董事会成员中的职工代表依照法定程序选举产生。

第十一条　经理层条款应当明确经理层谋经营、抓落实、强管理的职责定位；明确设置总经理、副总经理、财务负责人的有关要求，如设置董事会秘书、总法律顾问，应当明确为高级管理人员；载明总经理职责；明确总经理对董事会负责，依法行使管理生产经营、组织实施董事会决议等职权，向董事会报告工作。

第十二条　设立监事会的国有企业，应当在监事会条款中明确监事会组成、职责和议事规则。不设监事会仅设监事的国有企业，应当明确监事人数和职责。

第十三条　财务、会计制度相关条款应当符合国家通用的企业财务制度和国家统一的会计制度。

第十四条　公司章程的主要内容应当确保出资人机构或股东会、党委（党组）、董事会、经理层等治理主体的权责边界清晰，重大事项的议事规则科学规范，决策程序衔接顺畅。

第十五条　公司章程可以根据企业实际增加其他内容。有关内容必须符合法律、行政法规的规定。

第三章　国有独资公司章程的制定程序

第十六条　国有独资公司章程由出资人机构负责制定，或者由董事会制订报出资人机构批准。出资人机构可以授权新设、重组、改制企业的筹备机构等其他决策机构制订公司章程草案，报出资人机构批准。

第十七条　发生下列情形之一时，应当依法制定国有独资公司章程：

（一）新设国有独资公司的；

（二）通过合并、分立等重组方式新产生国有独资公司的；

（三）国有独资企业改制为国有独资公司的；

（四）发生应当制定公司章程的其他情形。

第十八条　出资人机构负责修改国有独资公司章程。国有独资公司董事会可以根据企业实际情况，按照法律、行政法规制订公司章程修正案，报出资人机构批准。

第十九条　发生下列情形之一时，应当及时修改国有独资公司章程：

（一）公司章程规定的事项与现行的法律、行政法规、规章及规范性文件相抵触的；

（二）企业的实际情况发生变化，与公司章程记载不一致的；

（三）出资人机构决定修改公司章程的；

（四）发生应当修改公司章程的其他情形。

第二十条　国有独资公司章程草案或修正案由公司筹备机构或董事会制订的，应当在审议通过后的5个工作日内报出资人机构批准，并提交下列书面文件：

（一）国有独资公司关于制订或修改公司章程的请示；

（二）国有独资公司筹备机构关于章程草案的决议，或董事会关于章程修正案的决议；

（三）章程草案，或章程修正案、修改对照说明；

（四）产权登记证（表）复印件、营业执照副本复印件（新设公司除外）；

（五）公司总法律顾问签署的对章程草案或修正案出具的法律意见书，未设立总法律顾问的，由律师事务所出具法律意见书或公司法务部门出具审查意见书；

（六）出资人机构要求的其他有关材料。

第二十一条 出资人机构收到请示材料后，需对材料进行形式审查。提交材料不齐全的，应当在 5 个工作日内一次性告知补正。

第二十二条 出资人机构对公司章程草案或修正案进行审核，并于 15 个工作日内将审核意见告知报送单位，经沟通确认达成一致后，出资人机构应当于 15 个工作日内完成审批程序。

第二十三条 出资人机构需要征求其他业务相关单位意见、或需报请本级人民政府批准的，应当根据实际工作情况调整相应期限，并将有关情况提前告知报送单位。

第二十四条 国有独资公司章程经批准，由出资人机构按规定程序负责审签。

第二十五条 国有独资公司在收到公司章程批准文件后，应当在法律、行政法规规定的时间内办理工商登记手续。

第四章 国有全资、控股公司章程的制定程序

第二十六条 国有全资公司、国有控股公司设立时，股东共同制定公司章程。

第二十七条 国有全资公司、国有控股公司的股东会负责修改公司章程。国有全资公司、国有控股公司的董事会应当按照法律、行政法规及公司实际情况及时制订章程的修正案，经与出资人机构沟通后，报股东会审议。

第二十八条 发生下列情形之一时，应当及时修改国有全资公司、国有控股公司章程：

（一）公司章程规定的事项与现行法律、行政法规、规章及规范性文件相抵触的；

（二）企业的实际情况发生变化，与公司章程记载不一致的；

（三）股东会决定修改公司章程的；

（四）发生应当修改公司章程的其他情形。

第二十九条 出资人机构委派股东代表参加股东会会议。股东代表应当按照出资人机构对公司章程的意见，通过法定程序发表意见、进行表决、签署相关文件。

第三十条 出资人机构要按照《公司法》规定在股东会审议通过后的国有全资公司、国有控股公司章程上签字、盖章。

第三十一条 国有全资公司、国有控股公司章程的草案及修正案，经股东会表决通过后，公司应当在法律、行政法规规定的时间内办理工商登记手续。

第五章 责任与监督

第三十二条 在国有企业公司章程制定过程中，出资人机构及有关人员违反法律、行政法规和本办法规定的，依法承担相应法律责任。

第三十三条 国有独资公司董事会，国有全资公司、国有控股公司中由出资人机构委派的董事，应当在职责范围内对国有企业公司章程制定过程中向出资人机构报送材料的真实性、完整性、有效性、及时性负责，造成国有资产损失或其他严重不良后果的，依法承担相应法律责任。

第三十四条 国有全资公司、国有控股公司中由出资人机构委派的股东代表违反第二十九条规定，造成国有资产损失的或其他严重不良后果的，依法承担相应法律责任。

第三十五条 出资人机构应当对国有独资公司、国有全资公司、国有控股公司的章程执行情况进行监督检查，对违反公司章程的行为予以纠正，对因违反公司章程导致国有资产损失或其他严重不良后果的相关责任人进行责任追究。

第六章 附 则

第三十六条 出资人机构可以结合实际情况，出台有关配套制度，加强对所出资国有企业的公司章程制定管理。

第三十七条 国有企业可以参照本办法根据实际情况制定所出资企业的公司章程制定管理办法。

第三十八条 国有控股上市公司章程制定管理应当同时符合证券监管相关规定。

第三十九条 金融、文化等国有企业的公司章程制定管理，另有规定的依其规定执行。

第四十条 本办法自公布之日起施行。

国务院国资委

财政部

2020 年 12 月 31 日

〔来源：国务院国有资产管理委员会官网〕

2020 年中国机械工业百强企业名单

序号	企业名称	省、自治市、直辖市	2020 年营业收入（亿元）
1	潍柴控股集团有限公司	山东省	3 048.83
2	中国机械工业集团有限公司	北京市	2 878.13
3	上海电气（集团）总公司	上海市	1 606.30
4	三一集团有限公司	湖南省	1 253.18
5	中联重科股份有限公司	湖南省	651.09
6	新疆特变电工集团有限公司	新疆维吾尔自治区	609.68
7	新疆金风科技股份有限公司	新疆维吾尔自治区	562.65
8	广州智能装备产业集团有限公司	广东省	539.23
9	广西玉柴机器集团有限公司	广西壮族自治区	474.93
10	正泰集团股份有限公司	浙江省	442.21
11	远东控股集团有限公司	江苏省	434.98
12	卧龙控股集团有限公司	浙江省	395.87
13	中国东方电气集团有限公司	四川省	381.72
14	中国一重集团有限公司	黑龙江省	372.90
15	白云电气集团有限公司	广东省	346.12
16	三花控股集团有限公司	浙江省	327.48
17	临沂临工机械集团	山东省	326.53
18	郑州煤矿机械集团股份有限公司	河南省	265.19
19	哈尔滨电气集团有限公司	黑龙江省	263.95

（续）

序号	企业名称	省、自治市、直辖市	2020 年营业收入（亿元）
20	广西柳工集团有限公司	广西壮族自治区	262.68
21	浙江省机电集团有限公司	浙江省	245.19
22	江苏上上电缆集团有限公司	江苏省	229.05
23	海天塑机集团有限公司	浙江省	222.60
24	浙江人本实业有限公司	浙江省	201.62
25	中国西电集团有限公司	陕西省	191.59
26	云南云内动力集团有限公司	云南省	169.43
27	山东电工电气集团有限公司	山东省	166.32
28	大全集团有限公司	江苏省	164.20
29	陕西鼓风机（集团）有限公司	陕西省	155.81
30	卫华集团有限公司	河南省	148.77
31	许继集团有限公司	河南省	135.86
32	太原重型机械集团有限公司	山西省	134.25
33	南京高速齿轮制造有限公司	江苏省	133.94
34	德力西集团有限公司	浙江省	133.83
35	山东时风（集团）有限责任公司	山东省	130.76
36	安徽叉车集团有限责任公司	安徽省	125.95
37	安徽天康（集团）股份有限公司	安徽省	120.00
38	杭叉集团股份有限公司	浙江省	114.52
39	兰州兰石集团有限公司	甘肃省	112.70
40	大连冰山集团有限公司	辽宁省	111.02
41	平高集团有限公司	河南省	109.79
42	沈阳鼓风机集团股份有限公司	辽宁省	108.78
43	福建龙净环保股份有限公司	福建省	101.81
44	杭州制氧机集团股份有限公司	浙江省	100.21
45	北京京城机电控股有限责任公司	北京市	99.29
46	山东五征集团	山东省	95.28
47	中国四联仪器仪表集团有限公司	重庆市	94.85
48	风帆有限责任公司	河北省	93.78
49	山河智能装备股份有限公司	湖南省	93.77
50	青岛汉河集团股份有限公司	山东省	89.33

（续）

序号	企业名称	省、自治市、直辖市	2020年营业收入（亿元）
51	天津市金桥焊材集团股份有限公司	天津市	86.36
52	大连重工·起重集团有限公司	辽宁省	81.97
53	福建南平太阳电缆股份有限公司	福建省	79.41
54	江苏恒立液压股份有限公司	江苏省	78.55
55	杭州东华链条集团有限公司	浙江省	78.26
56	无锡华东重型机械股份有限公司	江苏省	76.42
57	无锡华光环保能源集团股份有限公司	江苏省	76.42
58	中国铁建重工集团股份有限公司	湖南省	72.82
59	山推工程机械股份有限公司	山东省	70.98
60	中信重工机械股份有限公司	河南省	63.18
61	泰豪科技股份有限公司	江西省	60.45
62	杭州电缆股份有限公司	浙江省	58.14
63	烟台冰轮集团有限公司	山东省	53.78
64	杭州锅炉集团股份有限公司	浙江省	53.56
65	开山控股集团股份有限公司（开山集团）	浙江省	52.16
66	江苏华朋集团有限公司	江苏省	50.98
67	杭州汽轮动力集团有限公司	浙江省	50.79
68	湘电集团有限公司	湖南省	49.86
69	瓦房店轴承集团有限责任公司	辽宁省	47.46
70	人民电器集团有限公司	浙江省	47.11
71	天津大桥焊材集团有限公司	天津市	45.28
72	安徽全柴集团有限公司	安徽省	44.57
73	洛阳LYC轴承有限公司	河南省	42.16
74	秦川机床工具集团	陕西省	40.95
75	广东电缆厂有限公司	广东省	40.61
76	南京汽轮电机（集团）有限责任公司	江苏省	40.45
77	日立建机（中国）有限公司	安徽省	39.15
78	四川空分设备（集团）有限责任公司	四川省	38.31
79	上海凯泉泵业（集团）有限公司	上海市	35.84
80	济南二机床集团有限公司	山东省	35.50
81	江麓机电集团有限公司	湖南省	35.39

（续）

序号	企业名称	省、自治市、直辖市	2020 年营业收入（亿元）
82	东睦新材料集团股份有限公司	浙江省	32.83
83	和利时科技集团有限公司	北京市	32.36
84	豫飞重工集团有限公司	河南省	31.65
85	浙江中控技术股份有限公司	浙江省	31.59
86	浙江菲达环保科技股份有限公司	浙江省	31.11
87	北京精雕科技集团有限公司	北京市	29.14
88	华立科技股份有限公司	浙江省	28.92
89	四川宏华石油设备有限公司	四川省	27.31
90	沈阳新松机器人自动化股份有限公司	辽宁省	26.60
91	重庆康明斯发动机有限公司	重庆市	26.13
92	南方泵业股份有限公司	浙江省	24.42
93	扬力集团股份有限公司	江苏省	24.28
94	常熟开关制造有限公司（原常熟开关厂）	江苏省	24.16
95	常柴股份有限公司	江苏省	22.96
96	苏州海陆重工股份有限公司	江苏省	20.25
97	北京电力设备总厂有限公司	北京市	19.81
98	张家港中集圣达因低温装备有限公司	江苏省	19.81
99	厦门厦工机械股份有限公司	福建省	19.20
100	杭州前进齿轮箱集团股份有限公司	浙江省	19.18

〔来源：中国机械工业联合会官网〕

2021 年中国 500 强前 100 强排行榜

2021 年中国 500 强上榜企业的总营业收入达到 53 万亿元，较 2020 年增长 5%；净利润达到 4.3 万亿元，较 2020 年增长约 2%。和 2020 年相比，2021 年上榜企业营业收入和净利润涨幅均大幅下降。

受新冠肺炎疫情影响，2021 年上榜企业的年营业收入门槛接近 174 亿元，比 2020 年的近 178 亿元降低了 2.3%。

2020 年中国的 GDP 突破 100 万亿元，2021 年榜单上的 500 家上榜企业的营业收入总和，超过了中国当年 GDP 的 1/2。

2021 年榜单排名前 3 位的格局没用改变，

依次是中国石油化工股份有限公司、中国石油天然气股份有限公司和中国建筑股份有限公司。中国平安保险（集团）股份有限公司列第4位，仍是非国有企业第1位。两家民营上市企业京东集团股份有限公司（简称京东）和阿里巴巴集团控股有限公司（简称阿里巴巴）的排名均有提升，其中，京东排名上升至第11位，阿里巴巴名列第14位。

2021年共有31家新上榜和重新上榜公司，其中，贝壳集团公司（简称贝壳）首次上榜，以704.8亿元的营业收入排名第164位。农夫山泉股份有限公司也是首次上榜，以约228.8亿元的营业收入位列第421位。

在盈利能力方面，与2020年情况相同，最赚钱的10家上榜公司除了几大商业银行和保险公司之外，仍是阿里巴巴、中国移动有限公司和腾讯控股有限公司（简称腾讯）。这10家公司2020年的总利润约为1.74万亿元，超过全部上榜公司利润总和的40%。

此次榜单中有26家上榜企业未能盈利，亏损总额约为1 675亿元，为2020年的两倍。居亏损榜首位的是海南航空控股股份有限公司，亏损额超过640亿元。同样因为受新冠肺炎疫情影响，另外3家航空公司，中国国际航空股份有限公司、中国东方航空集团有限公司、中国南方航空股份有限公司位列亏损榜第2至4位。这4家航空公司共计亏损超过1 010亿元。

在所有上榜企业中，位居净资产收益率（ROE）榜榜首的是牧原股份，得益于2020年猪肉价格的走高，该公司ROE接近54.5%。ROE榜第2位是刚刚重组改名的冠捷电子，ROE超过49%。ROE最高的10家企业中，房地产企业占了5家，其中，仁恒置地集团有限公司的ROE为35%，位居ROE榜单第3位。

疫情导致增长分化，受新冠肺炎疫情影响较小的线上活动相关服务实现良好增长。在过去一年中，按照《财富》（中文版）的行业划分标准，500强榜单中，互联网服务行业上榜公司的收入同比增长19%，而交通运输、物流、仓储业、港口、纺织服装等行业整体收入则受到新冠肺炎疫情较为明显的冲击。作为数字经济新型基础建设的电子和电子元器件、计算机、通信和通信设备等行业整体则取得较为稳健的增长，新基建目前占比仍较小，未来空间广阔。

数字经济成为中国经济增长的重要引擎。排名不断攀升的京东、阿里巴巴、腾讯，以及新上榜的公司贝壳，都是数字经济的典型代表。数字经济已经被提升到国家战略高度，在传统行业担当经济稳定增长的基石同时，数字经济将为中国经济高质量的发展提供动力。2021年中国500强前100强排行榜见表1。

表1　2021年中国500强前100强排行榜

排名		公司名称	营业收入（亿元）	利润（亿元）
2021年	2020年			
1	1	中国石油化工股份有限公司	21 059.84	329.24
2	2	中国石油天然气股份有限公司	19 338.36	190.02
3	3	中国建筑股份有限公司	16 150.23	449.44
4	4	中国平安保险（集团）股份有限公司	12 183.15	1 430.99
5	6	中国中铁股份有限公司	9 747.49	251.88
6	8	中国铁建股份有限公司	9 103.25	223.93
7	5	中国工商银行股份有限公司	8 826.65	3 159.06
8	10	中国人寿保险股份有限公司	8 249.61	502.68

（续）

排名		公司名称	营业收入（亿元）	利润（亿元）
2021 年	2020 年			
9	9	中国移动有限公司	7 680.70	1 078.43
10	11	中国建设银行股份有限公司	7 558.58	2 710.50
11	13	京东集团股份有限公司	7 458.02	494.05
12	7	上海汽车集团股份有限公司	7 421.32	204.31
13	12	中国农业银行股份有限公司	6 579.61	2 159.25
14	18	阿里巴巴集团控股有限公司	6 442.08	1 589.49
15	15	中国交通建设股份有限公司	6 275.86	162.06
16	14	中国人民保险集团股份有限公司	5 836.96	200.69
17	16	中国银行股份有限公司	5 655.31	1 928.70
18	20	中国恒大集团	5 072.48	80.76
19	17	中国中信股份有限公司	4 917.38	503.59
20	25	腾讯控股有限公司	4 820.64	1 598.47
21	19	碧桂园控股有限公司	4 628.56	350.22
22	22	国药控股股份有限公司	4 564.15	71.87
23	21	绿地控股集团股份有限公司	4 560.62	149.98
24	31	厦门建发股份有限公司	4 329.49	45.04
25	24	中国太平洋保险（集团）股份有限公司	4 221.82	245.84
26	27	万科企业股份有限公司	4 191.12	415.16
27	23	联想控股股份有限公司	4 175.67	38.68
28	28	物产中大集团股份有限公司	4 039.66	27.46
29	29	中国电力建设股份有限公司	4 019.55	79.87
30	30	中国冶金科工股份有限公司	4 001.15	78.62
31	26	中国电信股份有限公司	3 935.61	208.50
32	37	厦门象屿股份有限公司	3 602.15	13.00
33	48	厦门国贸集团股份有限公司	3 510.89	26.12
34	32	海航科技股份有限公司	3 366.94	-97.89
35	43	江西铜业股份有限公司	3 185.63	23.20
36	34	中国联合网络通信股份有限公司	3 038.38	55.21

（续）

排名		公司名称	营业收入（亿元）	利润（亿元）
2021 年	2020 年			
37	38	招商银行股份有限公司	2 904.82	973.42
38	36	中国邮政储蓄银行股份有限公司	2 862.02	641.99
39	35	美的集团股份有限公司	2 857.10	272.23
40	33	宝山钢铁股份有限公司	2 844.37	126.77
41	41	中国能源建设股份有限公司	2 703.28	46.80
42	40	中国建材股份有限公司	2 547.62	125.53
43	39	苏宁易购集团股份有限公司	2 522.96	-42.75
44	46	交通银行股份有限公司	2 462.00	782.74
45	50	小米集团	2 458.66	203.56
46	44	保利发展控股集团股份有限公司	2 432.08	289.48
47	49	中国太平保险控股有限公司	2 402.12	58.24
48	42	中国神华能源股份有限公司	2 332.63	391.70
49	51	上海建工集团股份有限公司	2 313.27	33.51
50	66	融创中国控股有限公司	2 305.87	356.44
51	47	中国中车股份有限公司	2 276.56	113.31
52	53	兖州煤业股份有限公司	2 149.92	71.22
53	52	海尔智家股份有限公司	2 097.26	88.77
54	62	新华人寿保险股份有限公司	2 065.38	142.94
55	58	兴业银行股份有限公司	2 031.37	666.26
56	63	潍柴动力股份有限公司	1 974.91	92.07
57	55	上海浦东发展银行股份有限公司	1 963.84	583.25
58	57	上海医药集团股份有限公司	1 919.09	44.96
59	56	中国铝业股份有限公司	1 859.94	7.41
60	59	中国民生银行股份有限公司	1 849.51	343.09
61	71	龙湖集团控股有限公司	1 845.47	200.02
62	72	华润置地有限公司	1 795.87	298.10
63	60	华润医药集团有限公司	1 782.36	29.32
64	61	北京汽车股份有限公司	1 769.73	20.29

（续）

排名		公司名称	营业收入（亿元）	利润（亿元）
2021年	2020年			
65	67	万洲国际有限公司	1 765.03	57.11
66	68	安徽海螺水泥股份有限公司	1 762.43	351.30
67	77	紫金矿业集团股份有限公司	1 715.01	65.09
68	70	中远海运控股股份有限公司	1 712.59	99.27
69	54	珠海格力电器股份有限公司	1 704.97	221.75
70	64	华能国际电力股份有限公司	1 694.39	45.65
71	74	中国再保险（集团）股份有限公司	1 681.95	57.11
72	65	广汇汽车服务集团股份公司	1 584.42	15.16
73	80	比亚迪股份有限公司	1 565.98	42.34
74	45	中国海洋石油有限公司	1 553.72	249.56
75	91	顺丰控股股份有限公司	1 539.87	73.26
76	99	恒力石化股份有限公司	1 523.73	134.62
77	82	中升集团控股有限公司	1 483.48	55.40
78	116	新城发展控股有限公司	1 461.19	101.78
79	78	中国光大银行股份有限公司	1 424.79	378.24
80	79	中国中煤能源股份有限公司	1 409.61	59.04
81	81	上海电气集团股份有限公司	1 372.85	37.58
82	73	复星国际有限公司	1 366.29	80.18
83	88	京东方科技集团股份有限公司	1 355.53	50.36
84	92	世茂集团控股有限公司	1 353.53	126.28
85	101	招商局蛇口工业区控股股份有限公司	1 296.21	122.53
86	—	陕西建工集团股份有限公司	1 277.23	28.29
87	86	中国通信服务股份有限公司	1 226.49	30.81
88	94	湖南华菱钢铁股份有限公司	1 165.28	63.95
89	87	国电电力发展股份有限公司	1 164.21	26.33
90	102	美团	1 147.95	47.08
91	341	一汽解放集团股份有限公司	1 136.81	26.72
92	151	洛阳栾川钼业集团股份有限公司	1 129.81	23.29
93	100	九州通医药集团股份有限公司	1 108.60	30.75
94	97	中国化学工程股份有限公司	1 099.95	36.59

（续）

排名		公司名称	营业收入（亿元）	利润（亿元）
2021年	2020年			
95	126	新希望六和股份有限公司	1 098.25	49.44
96	89	昆仑能源有限公司	1 092.51	58.73
97	136	浙商中拓集团股份有限公司	1 089.77	5.55
98	110	北京金隅集团股份有限公司	1 080.05	28.44
99	98	东风汽车集团股份有限公司	1 079.64	107.92
100	84	河钢股份有限公司	1 076.57	16.98

注：1.《财富》中国500强排行榜由中金公司财富管理部与《财富》（中文版）合作编制完成。

2. 本排行榜覆盖范围包括在中国境内外上市的所有中国公司。

3. 本榜所依据数据为上市公司在各证券交易所正式披露的最新年报。

4. 本榜以人民币为统一计价标准；除另有注明外，营业收入与利润所涉及人民币汇率均按2020年平均汇率（中国人民银行公布的交易中间价）换算，其中：1港币=0.889 3元人民币；1美元=6.897 6元人民币；1新加坡元=4.999 1元人民币；总资产与股东权益所涉及人民币汇率均按2020年最后一个交易日中国人民银行公布的交易中间价换算。

5. 本榜所采用财务数据，以该公司公布的中国国内会计准则核算之数据为首选，以国际会计准则核算之数据为候选。

6. 本榜所采用的市值数据以该公司2020年最后一个交易日收盘价数据为准，对于多地上市公司，区分不同地区上市的股份价格和股份数量分别计算市值，然后加总。2021年新上市公司，采用上市首日收盘价计算市值。

7. 本榜排名不构成对相关公司二级市场的任何操作建议。

8. 凡财务年度截至日非12月31日的公司，均按其季报及中报数据调整为自然年度对应数据，如阿里巴巴、玖龙纸业等。

9. 因好未来无法调整为自然年对应数据，并且财务年截至日为2021年2月28日，因此统计口径调整为2020年3月1日至2021年2月28日。

10. 本排行榜统计截止日为2021年5月15日，部分公司因未发最新年报未纳入统计范围。

11. 上市公司市值仅供参考。

〔来源：财富中文网〕

2021年世界500强中国上榜企业名单

2021年公布的世界500强营业收入（2020年）达到316 919亿美元，比2019年的营业收入有所降低。企业利润16 487亿美元，比2019年下降20%。企业的营业收入和利润下降的直接原因显然与2020年新冠肺炎疫情在全球蔓延有关。新冠肺炎疫情的蔓延导致全球供应链中断，西欧、北美、东亚这些地区的经济活动发展停滞。世界500强的经营收缩，导致收益下降。

2020年世界500强企业的销售收入下降，使得进入世界500强排行榜的门槛（最低销售收入）从2019年的254亿美元下降到240亿美元。

2020年排行榜中企业，有45家跌出了2021年排行榜，占全榜总数的9%。这个比例大大高于每年的平均数。一般情况下，每年跌出排行榜的企业数量占全榜的5%左右。例如，2019年有26家企业是重新进入或新进入排行榜企业，换言之，2018年排行榜上的企业到2019年有约5%跌出了排行榜。这一数据也表明，2020年有相当多的世界 500 强企业的经营状况不佳。

一、中国企业在排行榜中的领先地位进一步加强

2021 年，不计算台湾地区的企业，中国大陆有 135 家企业进入《财富》世界 500 强（加上台湾地区企业，中国上榜企业数达到 143 家）。美国 2021 年上榜企业比上年增加 1 家，达到 122 家。中国上榜企业数量进一步超越美国。自 1995 年《财富》世界 500 强排行榜发布以来，还没有其他国家或地区的企业像中国企业这样迅速地增加在排行榜中的数量。2001—2020 年进入世界 500 强的中国大陆企业数量如图 1 所示。

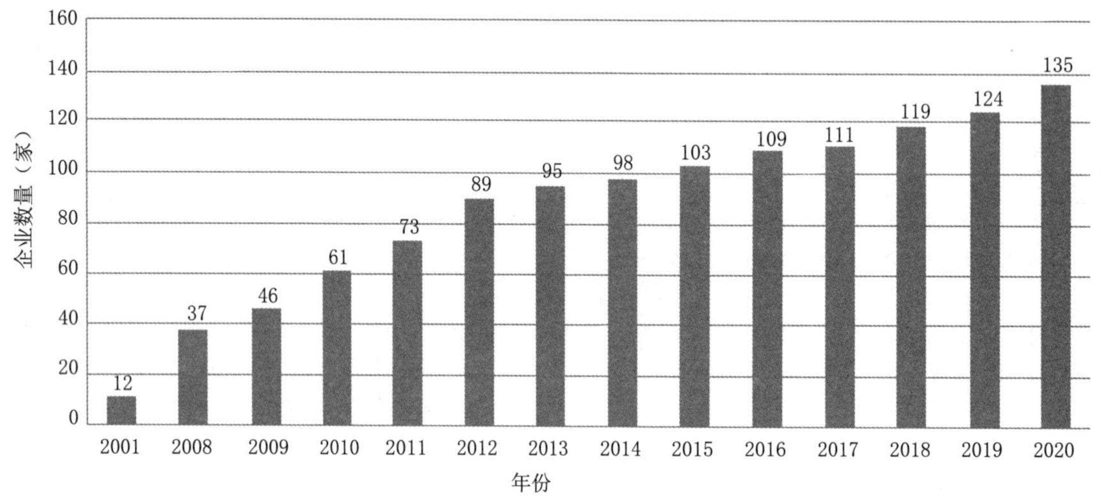

图 1 2001—2020 年进入世界 500 强的中国大陆企业数量

资料来源：根据《财富》杂志历年数据整理。

二、中国企业的经营状况明显改善

进入 2021 年排行榜的中国企业不仅数量增加，而且企业经营状况大大改善。与中国企业自己相比，2021 年上榜企业平均销售收入达到 661 亿美元，略少于 2020 年上榜企业的 669 亿美元；平均利润达到 35.4 亿美元，与 2020 年的 35.6 亿美元也基本持平；销售收益率达到 5.4%，与 2020 年持平；净资产收益率为 8.7%，略低于 2020 年。显然，2021 年上榜中国企业的经营状况基本与上年持平。考虑到 2020 年新冠肺炎疫情给企业经营带来的困难，中国企业能够取得与上年基本持平的经营业绩确属不易。

与其他国家和地区的世界 500 强进行横向比较，中国企业的经营状况超过了全球企业的平均水平。2021 年，中国上榜企业的平均销售收入为 661 亿美元，超过世界 500 强的平均销售收入 634 亿美元；中国上榜企业的平均利润为 35 亿美元，超过世界 500 强的平均利润 33 亿美元；世界 500 强净资产平均为 392 亿美元，中国上榜企业净资产平均 390 亿美元。中国上榜企业的销售收益率为 5.4%，世界 500 强企业为 5.2%；中国上榜企业净资产收益率为 8.7%，世界 500 强的净资产收益率为 8.4%。中国企业的销售收益率和净资产收益率这两项重要指标均超过世界 500 强的平均数。

过去，中国上榜企业经营指标与美国等先进国家企业的相比，差距比较大。2021 年的排行榜上中国企业销售收益率 5.4%，美国企业为 8.6%，美国企业的销售收益率是中国企业的 1.6 倍。中国企业平均净资产收益率为 9.8%，美国企业则达到 17%，是中国企业的近两倍。

2021 年排行榜上的 135 家中国大陆（含香港）企业的销售收益率达到 5.35%，美国 122 家企业的销售收益率为 6.47%，是中国大陆（含香港）企业的 1.2 倍。中国上榜企业净资产收益率为 8.7%，美国上榜企业净资产收益率为 11.8%，是中国上榜企业的 1.36 倍。与 2020 年相比，中国企业与美国企业的差距大大缩小。

一般情况下，经营管理水平提升是中国企业规模扩大和经营质量提升的内在原因。然而，

2020年中国企业如此迅速地扩大规模和改善经营，显然也受益于中国有效地遏制了新冠肺炎疫情，使得企业迅速恢复和扩大生产，中国企业的国外订单增加使得其对外贸易的扩大。

以国际贸易为例，2020年中国贸易规模和国际市场份额均创历史新高。根据中国商务部提供的数据，2020年中国货物进出口总额为32.2万亿元，同比增长1.9%，是全球唯一实现贸易正增长的主要经济体。其中，出口额为17.9万亿元，增长4.0%；进口额为14.2万亿元，下降0.7%；贸易顺差3.7万亿元，增长27.4%。全年进出口额和出口规模均创历史新高。国际贸易的增长对中国企业经营的恢复和稳定发展具有重要意义。

与中国企业相比，其他国家企业受到2020年新冠肺炎疫情影响而迟迟难以全面恢复生产和经营。以世界500强排行榜上的美国企业为例，2020年上榜企业的销售收益率从2019年的8.6%下降到6.47%，净资产收益率则从17.0%减少到11.8%。两个经营指标均大幅度下滑。同期，上榜中国企业的这两个指标均与2019年持平。因此，中国企业的经营指标与美国企业大幅度接近。

考虑到新冠肺炎疫情这个特殊因素，一方面我们为中国企业的进步，包括企业在应对新冠肺炎疫情中竞争力的大幅提升感到高兴。另一方面，也应该看到后疫情时代其他国家企业恢复经营将对中国企业带来竞争压力。

三、中国企业仍然面临从大到强的严峻挑战

2021年，是中国加入世界贸易组织20年。20年来，中国企业融入全球市场，与全球产业链连接，实现了从小到大稳步发展。2020年，中国大陆企业在世界500强排行榜上的数量达到124家，第一次超过美国。2021年，中国大陆企业数量进一步增加到135家，领先地位进一步增强。可以说，中国目前已经拥有最多的世界最大的企业。

现在的问题是，中国企业发展到了一个新阶段，如何从做大到做强？

近年来，中国领导人多次提出，要“培育具有全球竞争力的世界一流企业”。具有全球竞争力的世界一流企业并不仅仅是规模大，而应该是全球竞争力强；不仅仅技术和产品等硬实力要强，而且管理和文化等软实力也要强。企业规模大是企业竞争力强的一个因素，但是大不等于强。许多企业并不大，往往并不为人所知，但确实是其业务领域的翘楚，即人们所谓的“隐形冠军”。

企业大不等于强也体现在世界500强排行榜的变化上。每年发布新的世界500强排行，总有一些企业由于竞争力不强，从榜单中跌出。

2019年世界500强排行榜上的26家企业跌出了2020年的排行榜。2018年上榜企业中则有25家跌出了2019年的排行榜。每年发布世界500强排行榜时，总是有5%左右的企业跌出新榜单。

因此，切不可以把做大等同于做强。我们应该把更多的精力集中到做强上来，更加关注培育具有全球竞争力的世界一流企业。

四、转换思路，专注“专精特新”的技术与产品

我国企业规模不断扩大，但是不少进入世界500强的企业的竞争能力并不强。其关键原因在于缺乏创新的产品，以及制造创新产品的核心零部件及软件。

信息与通信技术（ICT）产业体现着现代高新技术发展的水平。2021年，美国有19家归入ICT产业的企业（不含航天和防务类企业）进入世界500强。中国则有9家ICT企业（不含家用电器、航天和防务类企业）进入世界500强。与美国上榜的ICT企业相比，除了个别企业，多数中国ICT企业往往缺乏自主创新的产品和技术。而美国上榜的ICT企业往往拥有独到的创新技术和产品。

有评论认为，“中国制造在西方的商场里，德日制造在中国的工厂里，美国制造在中国的实验室里”。这里说的美国制造是指科研仪器设备。世界最大的科学仪器公司就是美国赛默飞世尔科技公司。2020年该公司营业收入为322.18亿美元，在世界500强中排名第380位，比2020年排名上升118位。截至目前，中国共有1 000多家科学仪器厂，大部分产值低于1 000万元。而据美国化学会的数据，2018年全球科学仪器行业前20位企业中，有美国企业8家、欧洲企业

7 家、日本企业 5 家，没有一家中国企业。

此外，随着现代制造业的发展，软件行业变得越来越重要。在这个领域里，我国企业与先进国家企业也有着不小的差距。

尽管国产智能手机已经取得世界领先地位，但在智能手机的操作系统上，两家世界 500 强企业谷歌公司和苹果公司所控制的移动操作系统安卓（Android）和 iOS 的市场占比分别高达 81.5% 和 18.4%，几乎控制了整个智能手机的操作系统市场。

值得注意的是，我国工业软件发展处在落后地位。工业软件相当于企业的神经系统，控制着整个企业的运行。离开工业软件，设计工作基本不可能进行。但是在目前的中国工业软件市场上，国产软件只占据了 1/10。

核心零部件、关键材料以及工业软件往往都是中小企业制造或开发出来，大型企业在构建全球产业链过程中对这些专业化、精细化和特色化的产品及这些企业加以整合，从而形成强大的可持续发展的竞争力。具有强大竞争力的全球产业链往往都是高度专业化分工与紧密的全球化合作形成的。正因为如此，在追求企业做大做强之时，越来越多的企业追求专业化、精细化，掌握“独门绝活”，成为业内的“隐形冠军”。

近年来，芯片在现代企业发展以及国家经济发展中的关键作用逐渐受到关注。制造芯片的核心设备光刻机被誉为芯片之母。目前制造高端芯片的光刻机，多数企业只用荷兰阿斯麦公司的产品，而阿斯麦并不是世界 500 强的企业。如果不是因为美国制裁中兴和华为，国内很少有人知道它。

国务院副总理刘鹤指出，我们强调“专精特新”，就是要鼓励创新，做到专业化、精细化和特色化。各企业家要以“专精特新”为方向，聚焦主业、苦练内功、强化创新，把企业打造成为掌握独门绝技的“单打冠军”或者“配套专家”。

五、强化合规竞争力是中国企业面临的新挑战

2020 年，受新冠肺炎疫情影响，全球多数国家经济发展停滞甚至萎缩，而中国经济仍然取得了正增长。中国企业规模进一步扩大，经营状况大为改善。2021 年排行榜上的中国企业不仅数量大幅度增加，而且经营指标超过全球平均水平并且与美国企业接近，中国企业的硬实力明显提升。

目前中国企业面临的挑战是，如何在进一步增强硬实力的同时，强化软实力，特别是合规竞争力。

强化合规管理、增强合规竞争力是近年来全球企业发展的新趋势。据调查，最近 20 年国际组织和发达国家政府都加大对企业合规监管。全球企业纷纷建立合规管理体系应对外部监管，同时重构企业合规文化、提升合规竞争力。强化合规管理已经从反腐败专项合规扩展到包括竞争规则合规（反垄断）、金融规则合规（反洗钱）、贸易规则合规（遵守出口管制以及经济制裁之规），以及数据保护合规、知识产权合规等全面合规。合规已经成为企业参与全球竞争必须跨越的门槛，同时也成为企业重要的软实力。

然而，合规风险是中国企业不熟悉、但又十分严峻的风险。事实上，这是走向世界的中国企业面临的主要风险。

自中美贸易摩擦发生以来，美国等发达国家加强了对我国企业的合规监管。目前已经有 400 余家中国企业被列入美国商务部产业安全局实体清单和财政部的“特别指定国民名单”。

自 2017 年“中兴事件”发生以来，中央和国务院积极倡导和推进企业合规管理。中国政府及监管机构加大了对企业合规经营的监管。2021 年 4 月 10 日，国家市场监督管理总局依法作出行政处罚决定，责令阿里巴巴集团控股有限公司停止违法行为，并处以其 2019 年中国境内销售额 4 557.12 亿元 4% 的罚款，共计 182.28 亿元。与此同时，国家市场监督管理总局会同中央网信办、税务总局召开了互联网平台企业行政指导会。要求 34 家互联网平台企业发布《依法合规经营承诺》。这些企业包括百度、京东等进入世界 500 强的著名互联网平台企业。

中国银保监会发布《关于开展银行业保险业“内控合规管理建设年”活动的通知》，要求银行和保险公司等金融企业开展内控合规建设。这个要求涉及了进入世界 500 强的中国 10 家大型银行、9家大型保险公司，以及大批上榜集团公司所属的财务公司。

如果说，过去中国企业强化合规主要是应对国际合规监管压力。那么，现在中国企业强化合规管理不仅是为了遵循国际通行的合规监管要求，而且也是为了遵循中国政府的合规监管要求。

值得注意的是，一年多以来，中国政府积极应对西方国家单边制裁，对与中国国家安全主权和发展利益相抵触的规则不承认不遵循不执行。2021年6月，中国出台了《中华人民共和国反外国制裁法》。企业在全球化经营中，既需要知晓和遵循国际规则，也需要知晓和遵循中国的规则。强化合规管理成为企业制定和实施全球发展战略的一个决定性因素。

中国企业强化合规管理还刚刚开始，企业还有很长的路要走。当全球产业链重构，特别是全球竞争规则重构的时候，企业应该抓住这次机会，改变“软实力”落后的状态，加快合规管理体系建设，在参与全球产业链重构中提升中国企业的合规竞争力。

中国企业只有把握全球企业合规发展新趋势，加强企业合规体系建设和合规文化的培育，增强企业合规竞争力，才能成长为具有全球竞争力的企业，才能真正做大做强。

2021年世界500强榜单中，上榜中国企业的数量虽然增加，经营状况有所改善，但是，后新冠肺炎疫情时代，全球产业链将重组，全球企业竞争规则也将重构。中国企业将面临更严峻的挑战，包括提升合规竞争力在内的软实力。2021年世界500强中国上榜企业名单见表1。

表1　2021年世界500强中国上榜企业名单

排名		企业名称（中英文）	营业收入（亿美元）	利润（亿美元）	总部所在城市
2021年	2020年				
2	3	国家电网有限公司（STATE GRID）	3 866.18	55.80	北京
4	4	中国石油天然气集团有限公司（CHINA NATIONAL PETROLEUM）	2 839.58	45.75	北京
5	2	中国石油化工集团有限公司（SINOPEC GROUP）	2 837.28	62.05	北京
13	18	中国建筑集团有限公司（CHINA STATE CONSTRUCTION ENGINEERING）	2 344.25	35.78	北京
16	21	中国平安保险（集团）股份有限公司（PING AN INSURANCE）	1 915.09	207.39	深圳
20	24	中国工商银行股份有限公司（INDUSTRIAL & COMMERCIAL BANK OF CHINA）	1 827.94	457.83	北京
22	26	鸿海精密工业股份有限公司（HON HAI PRECISION INDUSTRY）	1 819.45	34.57	新北
25	30	中国建设银行股份有限公司（CHINA CONSTRUCTION BANK）	1 720.00	392.83	北京
29	35	中国农业银行股份有限公司（AGRICULTURAL BANK OF CHINA）	1 538.85	312.93	北京
32	45	中国人寿保险（集团）公司（CHINA LIFE INSURANCE）	1 445.89	46.48	北京
35	50	中国铁路工程集团有限公司（CHINA RAILWAY ENGINEERING GROUP）	1 413.84	16.39	北京
39	43	中国银行股份有限公司（BANK OF CHINA）	1 340.46	279.52	北京
42	54	中国铁道建筑集团有限公司（CHINA RAILWAY CONSTRUCTION）	1 319.92	14.86	北京
44	49	华为投资控股有限公司（HUAWEI INVESTMENT & HOLDING）	1 291.84	93.62	深圳
56	65	中国移动通信集团有限公司（CHINA MOBILE COMMUNICATIONS）	1 118.26	129.20	北京
59	102	京东集团股份有限公司（JD.COM）	1 080.87	71.60	北京
60	52	上海汽车集团股份有限公司（SAIC MOTOR）	1 075.55	29.61	上海
61	78	中国交通建设集团有限公司（CHINA COMMUNICATIONS CONSTRUCTION）	1 068.68	11.65	北京
63	132	阿里巴巴集团控股有限公司（ALIBABA GROUP HOLDING）	1 058.66	222.24	杭州

（续）

排名		企业名称（中英文）	营业收入（亿美元）	利润（亿美元）	总部所在城市
2021年	2020年				
65	92	中国五矿集团有限公司（CHINA MINMETALS）	1 020.15	4.91	北京
66	89	中国第一汽车集团有限公司（CHINA FAW GROUP）	1 010.76	28.67	长春
67	107	恒力集团有限公司（HENGLI GROUP）	1 007.73	23.73	苏州
68	91	正威国际集团有限公司（AMER INTERNATIONAL GROUP）	1 002.81	18.52	深圳
69	79	中国华润有限公司（CHINA RESOURCES）	994.38	43.30	香港
70	295	山东能源集团有限公司（SHANDONG ENERGY GROUP）	978.61	11.62	济南
72	111	中国宝武钢铁集团有限公司（CHINA BAOWU STEEL GROUP）	976.43	36.29	上海
74	90	中国邮政集团有限公司（CHINA POST GROUP）	963.04	46.98	北京
85	100	东风汽车公司集团有限公司（DONGFENG MOTOR）	868.56	11.16	武汉
90	112	中国人民保险集团股份有限公司（PEOPLE’S INSURANCE CO.OF CHINA）	842.90	29.04	北京
91	105	中国南方电网有限责任公司（CHINA SOUTHERN POWER GRID）	836.99	9.99	广州
92	64	中国海洋石油集团有限公司（CHINA NATIONAL OFFSHORE OIL）	832.96	48.02	北京
101	108	国家能源投资集团有限责任公司（CHINA ENERGY INVESTMENT）	807.16	41.02	北京
107	157	中国电力建设集团有限公司（POWERCHINA）	784.87	6.89	北京
109	145	中国医药集团有限公司（SINOPHARM）	772.78	12.59	北京
112	136	中粮集团有限公司（COFCO）	768.56	13.78	北京
115	126	中国中信集团有限公司（CITIC GROUP）	746.89	38.43	北京
122	152	中国恒大集团（CHINA EVERGRANDE GROUP）	735.14	11.70	深圳
124	134	北京汽车集团有限公司（BEIJING AUTOMOTIVE GROUP）	721.47	3.40	北京
126	158	中国电信集团有限公司（CHINA TELECOMMUNICATIONS）	714.01	18.86	北京
127	154	中国兵器工业集团有限公司（CHINA NORTH INDUSTRIES GROUP）	710.18	15.11	北京
132	197	腾讯控股有限公司（TENCENT HOLDINGS）	698.64	231.66	深圳
137	162	交通银行股份有限公司（BANK OF COMMUNICATIONS）	676.06	114.09	上海
138	463	晋能控股集团有限公司（JINNENG HOLDING GROUP）	675.35	0.08	太原
139	147	碧桂园控股有限公司（COUNTRY GARDEN HOLDINGS）	670.80	50.76	佛山
140	163	中国航空工业集团有限公司（AVIATION INDUSTRY CORP. OF CHINA）	669.64	9.16	北京
142	176	绿地控股集团股份有限公司（GREENLAND HOLDING GROUP）	660.96	21.74	上海
148	234	厦门建发集团有限公司（XIAMEN C&D）	641.12	9.53	厦门
149	75	太平洋建设集团有限公司（PACIFIC CONSTRUCTION GROUP）	640.38	22.18	乌鲁木齐
151	109	中国中化集团有限公司（SINOCHEM）	635.44	8.09	北京
158	193	中国太平洋保险（集团）股份有限公司（CHINA PACIFIC INSURANCE（GROUP））	611.86	35.63	上海
159	224	联想集团有限公司（LENOVO GROUP）	607.42	11.78	香港
160	208	万科企业股份有限公司（CHINA VANKE）	607.41	60.17	深圳

（续）

排名		企业名称（中英文）	营业收入（亿美元）	利润（亿美元）	总部所在城市
2021年	2020年				
161	164	中国化工集团有限公司（CHEMCHINA）	604.92	-8.16	北京
162	189	招商银行股份有限公司（CHINA MERCHANTS BANK）	604.33	141.08	深圳
163	235	招商局集团有限公司（CHINA MERCHANTS GROUP）	602.81	59.19	香港
170	210	物产中大集团股份有限公司（WUCHAN ZHONGDA GROUP）	585.46	3.98	杭州
171	284	厦门国贸控股集团有限公司（XIAMEN ITG HOLDING GROUP）	582.79	2.86	厦门
174	191	中国保利集团有限公司（CHINA POLY GROUP）	580.72	19.49	北京
176	206	广州汽车工业集团有限公司（GUANGZHOU AUTOMOBILE INDUSTRY GROUP）	577.24	5.76	广州
177	187	中国建材集团有限公司（CHINA NATIONAL BUILDING MATERIAL GROUP）	571.15	1.03	北京
189	298	厦门象屿集团有限公司（XMXYG）	543.24	2.79	厦门
194	253	中国光大集团股份公司（CHINA EVERBRIGHT GROUP）	534.29	25.71	北京
196	222	兴业银行股份有限公司（INDUSTRIAL BANK）	533.14	96.56	福州
198	217	中国铝业集团有限公司（ALUMINUM CORP. OF CHINA）	531.91	3.21	北京
200	218	河钢集团有限公司（HBIS GROUP）	527.61	0.06	石家庄
201	220	上海浦东发展银行股份有限公司（SHANGHAI PUDONG DEVELOPMENT BANK）	526.28	84.44	上海
213	250	友邦保险集团有限公司（AIA GROUP）	503.59	57.79	香港
220	273	陕西煤业化工集团有限责任公司（SHAANXI COAL & CHEMICAL INDUSTRY）	493.14	1.21	西安
224	239	中国民生银行股份有限公司（CHINA MINSHENG BANKING）	490.76	49.72	北京
225	343	江西铜业集团有限公司（JIANGXI COPPER）	488.20	1.95	贵溪
231	264	中国远洋海运集团有限公司（CHINA COSCO SHIPPING）	479.98	14.71	上海
234	265	陕西延长石油（集团）有限责任公司（SHAANXI YANCHANG PETROLEUM（GROUP））	475.29	1.61	西安
235	269	和硕（PEGATRON）	475.18	6.86	台北
239	243	浙江吉利控股集团有限公司（ZHEJIANG GEELY HOLDING GROUP）	471.91	13.52	杭州
240	—	中国船舶集团有限公司（CHINA STATE SHIPBUILDING）	468.45	18.75	上海
248	266	中国华能集团有限公司（CHINA HUANENG GROUP）	457.50	3.12	北京
251	362	台积公司（TAIWAN SEMICONDUCTOR MANUFACTURING）	454.78	173.44	新竹
255	—	浙江荣盛控股集团有限公司（ZHEJIANG RONGSHENG HOLDING GROUP）	447.26	6.27	杭州
260	290	中国联合网络通信股份有限公司（CHINA UNITED NETWORK COMMUNICATIONS）	440.34	8.00	北京
279	329	青山控股集团有限公司（TSINGSHAN HOLDING GROUP）	424.48	11.29	温州
282	308	山东魏桥创业集团有限公司（SHANDONG WEIQIAO PIONEERING GROUP）	418.79	12.36	滨州
284	281	中国机械工业集团有限公司（SINOMACH）	417.12	5.71	北京

（续）

排名		企业名称（中英文）	营业收入（亿美元）	利润（亿美元）	总部所在城市
2021年	2020年				
288	307	美的集团股份有限公司（MIDEA GROUP）	414.07	39.45	佛山
293	316	国家电力投资集团有限公司（STATE POWER INVESTMENT）	403.23	3.44	北京
301	353	中国能源建设集团有限公司（CHINA ENERGY ENGINEERING GROUP）	394.39	5.08	北京
307	352	中国航天科技集团有限公司（CHINA AEROSPACE SCIENCE & TECHNOLOGY）	387.42	27.35	北京
308	351	江苏沙钢集团有限公司（JIANGSU SHAGANG GROUP）	386.65	11.45	张家港
309	—	浙江恒逸集团有限公司（ZHEJIANG HENGYI GROUP）	385.62	1.52	杭州
311	455	盛虹控股集团有限公司（SHENGHONG HOLDING GROUP）	384.40	5.20	苏州
315	367	安徽海螺集团有限责任公司（ANHUI CONCH GROUP）	379.30	18.78	芜湖
320	332	中国航天科工集团有限公司（CHINA AEROSPACE SCIENCE & INDUSTRY）	376.97	19.55	北京
324	377	广达电脑公司（QUANTA COMPUTER）	370.43	8.60	桃园
328	324	苏宁易购集团股份有限公司（SUNING.COM GROUP）	365.65	-6.20	南京
332	354	阳光龙净集团有限公司（YANGO LONGKING GROUP）	362.64	5.40	福州
334	386	中国电子信息产业集团有限公司（CHINA ELECTRONICS）	359.31	-0.97	北京
336	369	金川集团股份有限公司（JINCHUAN GROUP）	359.07	3.60	金昌
338	422	小米集团（XIAOMI）	356.33	29.50	北京
339	396	仁宝电脑（COMPAL ELECTRONICS）	356.19	3.18	台北
343	424	泰康保险集团股份有限公司（TAIKANG INSURANCE GROUP）	354.76	34.84	北京
344	392	中国太平保险集团有限责任公司（CHINA TAIPING INSURANCE GROUP）	354.61	4.15	香港
346	374	国泰金融控股股份有限公司（CATHAY FINANCIAL HOLDING）	351.24	25.33	台北
349	361	中国中车集团有限公司（CRRC GROUP）	347.78	7.48	北京
351	434	中国兵器装备集团有限公司（CHINA SOUTH INDUSTRIES GROUP）	344.55	8.53	北京
352	370	中国华电集团有限公司（CHINA HUADIAN）	344.40	5.85	北京
353	328	长江和记实业有限公司（CK HUTCHISON HOLDINGS）	343.47	37.58	香港
354	381	中国电子科技集团有限公司（CHINA ELECTRONICS TECHNOLOGY GROUP）	343.11	18.80	北京
359	296	雪松控股集团有限公司（CEDAR HOLDINGS GROUP）	338.37	0.50	广州
363	423	上海建工集团股份有限公司（SHANGHAI CONSTRUCTION GROUP）	335.26	4.86	上海
364	—	融创中国控股有限公司（SUNAC CHINA HOLDINGS）	334.18	51.66	香港
371	493	中国核工业集团有限公司（CHINA NATIONAL NUCLEAR）	326.63	11.88	北京
372	301	怡和集团（JARDINE MATHESON）	326.47	-3.94	香港
375	—	敬业集团有限公司（JINGYE GROUP）	325.28	6.07	石家庄
384	459	山东钢铁集团有限公司（SHANDONG IRON & STEEL GROUP）	319.90	1.29	济南
388	403	富邦金融控股股份有限公司（FUBON FINANCIAL HOLDING）	318.38	30.65	台北
390	—	新希望控股集团有限公司（NEW HOPE HOLDING GROUP）	316.06	5.15	成都
396	442	深圳市投资控股有限公司（SHENZHEN INVESTMENT HOLDINGS）	311.44	16.61	深圳

（续）

排名		企业名称（中英文）	营业收入（亿美元）	利润（亿美元）	总部所在城市
2021年	2020年				
400	401	鞍钢集团有限公司（ANSTEEL GROUP）	308.86	2.59	鞍山
403	485	山西焦煤集团有限责任公司（SHANXI COKING COAL GROUP）	304.54	1.60	太原
405	435	海尔智家股份有限公司（HAIER SMART HOME）	303.95	12.87	青岛
407	456	铜陵有色金属集团控股有限公司（TONGLING NONFERROUS METALS GROUP）	303.01	-0.26	铜陵
411	429	首钢集团有限公司（SHOUGANG GROUP）	300.54	0.43	北京
415	—	新华人寿保险股份有限公司（NEW CHINA LIFE INSURANCE）	295.45	20.72	北京
421	452	纬创集团（WISTRON）	286.95	2.95	台北
425	—	潍柴动力股份有限公司（WEICHAI POWER）	286.22	13.34	潍坊
428	468	海亮集团有限公司（HAILIANG GROUP）	284.67	1.17	杭州
430	477	中国通用技术（集团）控股有限责任公司（CHINA GENERAL TECHNOLOGY）	283.79	5.58	北京
431	—	北京建龙重工集团有限公司（BEIJING JIANLONG HEAVY INDUSTRY GROUP）	283.62	4.94	北京
433	—	浙江省交通投资集团有限公司（ZHEJIANG COMMUNICATIONS INVESTMENT GROUP）	281.68	7.07	杭州
435	465	中国大唐集团有限公司（CHINA DATANG）	279.28	3.17	北京
437	473	上海医药集团股份有限公司（SHANGHAI PHARMACEUTICALS HOLDING）	278.13	6.52	上海
439	490	广西投资集团有限公司（GUANGXI INVESTMENT GROUP）	277.08	0.41	南宁
444	443	新疆广汇实业投资（集团）有限责任公司	274.48	0.59	乌鲁木齐
451	496	中国中煤能源集团有限公司（CHINA NATIONAL COAL GROUP）	271.05	4.85	北京
456	—	龙湖集团控股有限公司（LONGFOR GROUP HOLDINGS）	267.46	28.99	香港
460	—	广州市建筑集团有限公司（GUANGZHOU MUNICIPAL CONSTRUCTION GROUP）	266.82	1.27	广州
468	—	广州医药集团有限公司（GUANGZHOU PHARMACEUTICAL HOLDINGS）	260.70	2.99	广州
470	—	华润置地有限公司（CHINA RESOURCES LAND）	260.27	43.52	香港
471	—	云南省投资控股集团有限公司（YUNNAN PROVINCIAL INVESTMENT HOLDING GROUP）	258.87	2.79	昆明
474	—	万洲国际有限公司（WH GROUP）	255.89	8.28	香港
481	499	华阳新材料科技集团有限公司（HUAYANG NEW MATERIAL TECHNOLOGY GROUP）	251.88	-1.73	阳泉
486	—	紫金矿业集团股份有限公司（ZIJIN MINING GROUP）	248.55	9.43	龙岩
488	436	珠海格力电器股份有限公司（GREE ELECTRIC APPLIANCES）	247.10	32.14	珠海
497	—	中国再保险（集团）股份有限公司（CHINA REINSURANCE（GROUP））	243.76	8.28	北京

〔来源：财富中文网〕

2021 年度 ENR 全球最大 250 家国际承包商中国企业上榜名单

2021 年度美国《工程新闻纪录（ENR）》“全球最大 250 家国际承包商”榜单发布。250 家上榜企业 2020 年的国际新签合同总额为 5 204 亿美元，较 2019 年下降 17%；国际营业总额为 4 204 亿美元，较 2019 年下降 11.1%。其中，在 2020 年度与 2021 年度连续两年上榜的 229 家企业中，36.7% 的上榜企业国际营业额有所提升，63.3% 的企业营业额出现下滑。

中国内地企业（以下简称中国企业）共有 78 家企业入围 2021 年度全球最大 250 家国际承包商，入围数量较 2020 年增加 4 家。中国上榜企业数量继续蝉联各国榜首，美国以 41 家上榜企业居第 2 位，土耳其位列第 3 位（40 家），意大利位列第 4 位（12 家），日本和韩国并列第 5 位（11 家）。

从各国上榜企业国际营业总额来看，中国企业在 2020 年实现国际营业额为 1 074.6 亿美元，同比下降 8.9%，占 250 家上榜企业国际营业总额的 25.6%，较 2019 年提升 0.2 个百分点。西班牙企业以 626.06 亿美元居第 2 位，占榜单企业营业总额的 14.9%；法国企业以 459.87 亿美元列第 3 位，占比 10.9%；德国企业以 333.33 亿美元排第 4 位，占比 7.9%；韩国企业则以 214.18 亿美元列第 5 位，占比 5.1%。

有 3 家中国企业进入榜单前 10 强，分别是中国交通建设集团有限公司（排名第 4 位，国际营业额为 213.48 亿美元）、中国电力建设集团有限公司（排名第 7 位，国际营业额为 130.08 亿美元）、中国建筑股份有限公司（排名第 9 位，国际营业额为 107.46 亿美元）；有 9 家中国企业进入榜单 50 强。西班牙 ACS 集团以 366.87 亿美元的国际营业额排名榜首，德国企业霍克蒂芙（HOCHTIEF）以 275.36 亿美元的国际营业额排名第 2 位，法国企业万喜（VINCI）以 234.63 亿美元的国际营业额位居第 3 位。

2021 年度上榜的 78 家中国企业的平均国际营业额为 13.78 亿美元，平均国际业务占比（国际营业额/全球营业额）为 9.6%。上榜的前 10 家中国企业平均国际营业额为 77.54 亿美元，平均国际业务占比为 10.9%；榜单前 10 家外国企业平均国际营业额为 162.29 亿美元，平均国际业务占比为 68.6%。

地区市场业务规模方面，欧洲市场超过亚洲市场占据首位，250 家上榜企业在该地区的营业额合计为 1 059.79 亿美元，占营业总额的 25.2%；亚洲市场排第 2 位，占营业总额的 21.5%；其次是美国市场、中东市场、非洲市场、拉美及加勒比市场，占比分别为 16.2%、13.2%、11.5%、5.2%。在地区市场业务前 10 强榜单中，中国企业除未能进入欧洲、美国、加拿大市场的前 10 强外，在其他市场前 10 榜单中均占有席位。在非洲市场，中国企业业务依旧领先，中国交建、中国电建、中国中铁、中国铁建、中国建筑、江西国际 6 家企业入围前 10 强；在亚洲市场，中国交建、中国电建、中国建筑、中国中铁、中国中原 5 家企业入围前 10 强；在中东市场，中国企业表现也可圈可点，中国电建、中国建筑、中国铁建、中国能建、上海电气 5 家企业上榜；此外，中国交建、中国铁建 2 家企业进入拉丁美洲和加勒比市场前 10 强。各国承包商在各区域市场各有所长，其中，中国企业在非洲和亚洲市场继续保持领先地位，份额分别达到 61% 与 49%，值得一提的是在中东市场，中国企业市场份额取得较大增长，达到 34%，位居首位；欧洲企业在美国、欧洲、加拿大、拉丁美洲和加勒比市场业务优势较为明显，市场份额分别达到81.6%、76.3%、53.9%与53.5%，在中东、亚洲、非洲市场，市场份额分别为25.4%、24.4%、19.6%；美国企业业务主要集中在加拿大，市场份额为26.8%。

专业业务领域方面，250家上榜企业在交通运输建设领域的营业额合计为1 305.39亿美元（占营业总额的31.1%），其次是房屋建筑、石油化工、电力工程领域，这4个领域营业额合计占比79.8%。在2021年度各业务领域排名前10强的企业榜单中，除通信工程领域外，均有中国企业上榜。其中，在电力工程领域，中国电建、中国能建、国机集团、上海电气、中国中原5家企业上榜；在交通运输建设领域，中国交建、中国中铁、中国铁建3家企业上榜；在房屋建筑领域，中国建筑、中国交建2家企业上榜；石油化工领域，中国石油工程股份、中国化学工程2家企业上榜；水利工程领域，中国电建、中国能建2家企业上榜；供排水与污水处理领域，中国交建、中国能建2家企业上榜；工业建设领域，中冶科工上榜；制造加工领域，中材国际上榜。

与2020年度相比，2021年入围的78家中国企业中，有34家排名上升，其中上升幅度最大的为上海电气，排名从第160位上升至第51位，其次为新疆生产建设兵团，排名从第168位上升至113位，河北建工排名从第241位上升至186位；32家企业排名下降；6家企业与2020年度排名持平；6家为新上榜企业。在2020年新冠肺炎疫情全球蔓延、国际形势深刻复杂变化等多重因素影响下，中国对外承包工程行业整体表现超出预期，充分展现了行业发展的强大韧性与巨大潜力。

在ENR同期发布的“最大250家全球承包商”榜单中（以国内与国际营业额合计排序），共8家中国企业进入前10强，其中，中国建筑、中国中铁、中国铁建、中国交建、中国电建包揽前5名，中冶科工排名第6位，上海建工排名第8位，绿地大基建集团排名第9位，体现了中国企业在全球基建行业的领军地位。2021年度ENR“全球最大250家国际承包商”上榜中国企业名单见表1。

表1　2021年度ENR“全球最大250家国际承包商”上榜中国企业名单

名次	排名		企业名称
	2021年	2020年	
1	4	4	中国交通建设集团有限公司
2	7	7	中国电力建设集团有限公司
3	9	8	中国建筑股份有限公司
4	11	12	中国铁建股份有限公司
5	13	13	中国中铁股份有限公司
6	19	22	中国化学工程集团有限公司
7	21	15	中国能源建设股份有限公司
8	33	34	中国石油集团工程股份有限公司
9	35	25	中国机械工业集团有限公司
10	51	160	上海电气集团股份有限公司
11	53	41	中国冶金科工集团有限公司
12	55	63	中国中原对外工程有限公司
13	60	54	中国中材国际工程股份有限公司
14	63	62	中信建设有限责任公司

（续）

名次	排名		企业名称
	2021 年	2020 年	
15	67	73	中国通用技术（集团）控股有限责任公司
16	72	81	中国江西国际经济技术合作有限公司
17	73	111	中国电力技术装备有限公司
18	75	85	江西中煤建设集团有限公司
19	78	95	哈尔滨电气国际工程有限责任公司
20	81	90	北方国际合作股份有限公司
21	84	82	浙江省建设投资集团股份有限公司
22	86	70	中石化炼化工程（集团）股份有限公司
23	89	97	中国水利电力对外有限公司
24	90	139	山东高速集团有限公司
25	93	101	上海建工集团股份有限公司
26	94	58	青建集团股份公司
27	100	96	中国地质工程集团有限公司
28	105	110	中石化中原石油工程有限公司
29	106	106	云南省建设投资控股集团有限公司
30	107	99	江苏省建筑工程集团有限公司
31	108	122	江苏南通三建集团股份有限公司
32	109	105	北京城建集团有限责任公司
33	111	93	特变电工股份有限公司
34	113	168	新疆生产建设兵团建设工程（集团）有限责任公司
35	117	117	北京建工集团有限责任公司
36	119	146	烟建集团有限公司
37	121	107	中国河南国际合作集团有限公司
38	123	123	中国东方电气集团有限公司
39	124	120	中国江苏国际经济技术合作集团有限公司
40	127	126	安徽省华安外经建设（集团）有限公司
41	129	138	中国武夷实业股份有限公司
42	132	143	江西省水利水电建设集团有限公司
43	135	144	中鼎国际工程有限责任公司
44	143	136	中地海外集团有限公司
45	157	185	上海城建（集团）公司
46	148	145	中钢设备有限公司
57	155	133	中国有色金属建设股份有限公司

（续）

名次	排名		企业名称
	2021年	2020年	
48	159	127	中国航空技术国际工程有限公司
49	167	—	西安西电国际工程有限责任公司
50	171	154	沈阳远大铝业工程有限公司
51	172	148	中国成套设备进出口集团有限公司
52	173	186	山西建设投资集团有限公司
53	174	178	安徽建工集团股份有限公司
54	175	188	山东德建集团有限公司
55	176	194	龙信建设集团有限公司
56	177	187	山东淄建集团有限公司
57	180	191	湖南建工集团有限公司
58	184	198	浙江省东阳第三建筑工程有限公司
59	186	241	河北建工集团有限责任公司
60	189	205	南通建工集团股份有限公司
61	190	201	浙江交工集团股份有限公司
62	192	221	湖南路桥建设集团有限责任公司
63	193	240	江苏中南建筑产业集团有限责任公司
64	194	208	江西省建工集团有限责任公司
65	197	140	中国建材国际工程集团有限公司
66	199	167	天元建设集团有限公司
67	200	207	重庆对外建设（集团）有限公司
68	202	204	中国甘肃国际经济技术合作有限公司
69	207	—	绿地大基建集团有限公司
70	210	—	正太集团有限公司
71	211	232	南通四建集团有限公司
72	213	210	四川公路桥梁建设集团有限公司
73	217	—	中国大连国际经济技术合作集团有限公司
74	219	202	山东科瑞石油装备有限公司
75	221	233	中铝国际工程股份有限公司
76	228	—	蚌埠市国际经济技术合作有限公司
77	232	—	江苏南通二建集团有限公司
78	242	177	江联重工集团股份有限公司

备注：“—”表示该企业2020年度未入围榜单。

〔来源：中国对外承包工程商会官网〕

2020 年度中国机械工业科学技术奖授奖项目目录

2020 年度中国机械工业科学技术奖技术发明类 特等奖（1 项）

项目编号	项目名称	完成单位
2003002	飞秒激光跟踪测量技术及应用	中国科学院微电子研究所、中国科学院西安光学精密机械研究所、清华大学

2020 年度中国机械工业科学技术奖技术发明类 一等奖（10 项）

项目编号	项目名称	完成单位
2001020	滚动功能部件服役性能成套测评方法与装备及性能提升关键技术	南京理工大学、南京工艺装备制造有限公司、陕西汉江机床有限公司、山东博特精工股份有限公司、广东凯特精密机械有限公司、国家机床质量监督检验中心、张家港斯克斯精密机械科技有限公司
2001035	汽车动力总成全流程数字化制造技术及成套装备生产线	上海交大智邦科技有限公司、上海交通大学、武汉华中数控股份有限公司
2002041	岛礁与偏远地区多能源系统高效高质供电关键技术及应用	湖南大学、中国人民解放军国防科技大学、科华恒盛股份有限公司、株洲变流技术国家工程研究中心有限公司、广西电网有限责任公司电力科学研究院、湖南工业大学
2003011	跨尺度微纳制造过程的关键检测技术及其应用	浙江大学、中国工程物理研究院机械制造工艺研究所
2006063	宽负荷全场景高效多联机关键技术及应用	珠海格力电器股份有限公司、珠海格力节能环保制冷技术研究中心有限公司
2007016	二维（2D）电液流量伺服阀关键技术及应用	浙江工业大学、河南航天液压气动技术有限公司
2009069	火星车复合式移动系统设计及运动性能模拟验证关键技术	哈尔滨工业大学、北京空间飞行器总体设计部、北京卫星环境工程研究所
2009075	深海高性能海水液压元件关键技术及应用	华中科技大学、合肥通用机械研究院有限公司※、吴忠仪表有限责任公司、中国船舶重工集团有限公司第七一〇研究所、中国科学院宁波材料技术与工程研究所
2011016	中重型燃气内燃机关键技术及应用	清华大学、东风商用车有限公司、无锡威孚环保催化剂有限公司、西安交通大学、中国石油集团济柴动力有限公司、常州易控汽车电子股份有限公司、北京理工大学
2011042	重型天然气发动机稀释快速高效燃烧技术开发及应用	天津大学、广西玉柴机器股份有限公司、昆明贵研催化剂有限责任公司

2020 年度中国机械工业科学技术奖技术发明类二等奖（9 项）

项目编号	项目名称	完成单位
2002030	新一代金属氧化物避雷器关键技术及装备	清华大学、西安西电避雷器有限责任公司、南阳中祥电力电子股份有限公司、温州益坤电气股份有限公司、抚顺电瓷制造有限公司
2002097	挠性覆铜板用高性能聚酰亚胺薄膜关键技术开发及应用	桂林电器科学研究院有限公司※
2004001	全流程机器人作业的高效铝锭连续铸造生产线关键技术及工程应用	兰州理工大学、兰州爱赛特机电科技有限公司、沈阳铝镁设计研究院有限公司、山西中铝华润有限公司
2004020	重型复杂锻件绿色制造关键技术及应用	中国第一重型机械股份公司、天津重型装备工程研究有限公司
2004056	全系列高端大采高采煤机关键技术研发及工程应用	山东科技大学、天地科技股份有限公司、中国煤矿机械装备有限责任公司、西安煤矿机械有限公司
2006018	一种适用于大扭矩阀门的平行双导向执行机构研制及应用	成都迈可森流体控制设备有限公司
2006023	海洋石油井控装备关键技术与工业化应用	中国石油大学（华东）、河北华北石油荣盛机械制造有限公司、烟台杰瑞石油装备技术有限公司、中海油安全技术服务有限公司
2009049	磁敏智能材料减振关键技术及应用	北京交通大学、重庆大学、清华大学
2009068	超常金属精微构件制造关键技术及应用	大连理工大学、河南理工大学、重庆材料研究院有限公司※、河南优克电子材料有限公司、河南森格材料科技有限公司

2020 年度中国机械工业科学技术奖技术发明类三等奖（6 项）

项目编号	项目名称	完成单位
2002094	集束海底电缆系统	中天科技海缆股份有限公司
2007018	高强度抗振动的空心滚子轴承开发研究	瓦房店冶金轴承集团有限公司
2007022	一种用于生产手机及电源等产品智能制造的关键创新技术	鹰星精密工业（深圳）有限公司
2008012	边坡支护桩锚体系的研究与应用	机械工业勘察设计研究院有限公司※、陕西中机岩土工程有限责任公司、西安理工大学、西安天睿岩土工程有限责任公司、西安建筑科技大学
2009038	铝合金凝固控制及 4G/5G 通信基站大型薄壁件流变压铸产业化	珠海市润星泰电器有限公司、北京科技大学
2009077	非晶磁性防盗标签阵列制造关键技术、成套装备及工程应用	南京工程学院、中船重工鹏力（南京）智能装备系统有限公司、常州市亚森电子有限公司

2020 年度中国机械工业科学技术奖科技进步类

特等奖（8 项）

项目编号	项目名称	完成单位
2002009	新一代大容量调相机研发及工程应用	国家电网有限公司、中国电力科学研究院有限公司、上海电气电站设备有限公司上海发电机厂、哈尔滨电机厂有限责任公司、清华大学、南京南瑞继保电气有限公司、国电南瑞科技股份有限公司、国家电网有限公司直流建设分公司、国网经济技术研究院有限公司、东方电气集团东方电机有限公司、国网湖北省电力有限公司电力科学研究院、国网山东省电力公司电力科学研究院、国网四川综合能源服务有限公司四川电力工程分公司、国网辽宁省电力有限公司电力科学研究院、国网湖南省电力有限公司电力科学研究院、江苏方天电力技术有限公司、国网甘肃省电力公司电力科学研究院、国网内蒙古东部电力有限公司电力科学研究院、中国能源建设集团天津电力建设有限公司、国网江苏省电力有限公司、国网湖南省电力有限公司、国网上海市电力公司、国网新疆电力有限公司、国家电网有限公司华东分部、国家电网公司华中分部、国网北京市电力公司电力科学研究院、国网山东省电力公司经济技术研究院
2002017	非平稳载荷永磁电机近限设计技术及应用	浙江大学、上海电气风电集团股份有限公司、中车株洲电机有限公司、上海电机系统节能工程技术研究中心有限公司、中国电子科技集团公司第二十一研究所、杭州易泰达科技有限公司
2006065	大型蒸汽裂解装置用离心压缩机组的研制	沈阳鼓风机集团股份有限公司、沈阳透平机械股份有限公司、中海壳牌石油化工有限公司、中海油惠州石化有限公司、大连理工大学
2007034	长寿命低噪声高精度行星排关键技术及应用	北京航空航天大学、盛瑞传动股份有限公司、内蒙古第一机械集团有限公司
2009061	异质材料钎焊、扩散焊关键技术及应用	郑州机械研究所有限公司、哈尔滨工业大学、杭州华光焊接新材料股份有限公司、中铁工程装备集团有限公司、江苏科技大学、广东工业大学、华侨大学、哈尔滨焊接研究院有限公司、中机智能装备创新研究院（宁波）有限公司、青岛海尔特种电冰箱有限公司、广东美芝制冷设备有限公司、中煤科工集团西安研究院有限公司、海信（山东）冰箱有限公司、格力电器（郑州）有限公司、核工业西南物理研究院、自贡硬质合金有限责任公司、中国电子科技集团公司第十四研究所、卧龙电气南阳防爆集团股份有限公司、北京航空航天大学、福建万龙金刚石工具有限公司、河南黄河旋风股份有限公司、申科滑动轴承股份有限公司、富耐克超硬材料股份有限公司、洛阳金鹭硬质合金工具有限公司、华北水利水电大学、河南豪丰农业装备有限公司、江苏师范大学
2010025	大型工程机械装备智能化终端与运维平台关键技术及产业化应用	上海交通大学、徐州重型机械有限公司、中国铁建重工集团股份有限公司、中铁工程装备集团有限公司、上海宝信软件股份有限公司、上海工业自动化仪表研究院有限公司、大连理工大学、济南大学
2010035	超大直径泥水平衡盾构机自主设计制造关键技术及应用	中铁工程装备集团有限公司、中南大学、大连理工大学、郑州轻工业大学、中铁隧道局集团有限公司、中铁一局集团有限公司
2011022	高效高可靠性柴油机关键技术及应用	潍柴动力股份有限公司、天津大学、山东大学、昆明贵研催化剂有限责任公司

2020年度中国机械工业科学技术奖科技进步类一等奖（28项）

项目编号	项目名称	完成单位
2001029	难加工材料高承载结构件高速精密切削成套技术及应用	北京理工大学、北京北方车辆集团有限公司、山西柴油机工业有限责任公司、北京北一机床股份有限公司、齐齐哈尔北方机器有限责任公司、西北工业集团有限公司、北京动力机械研究所、北京卫星制造厂有限公司
2001031	高精轧辊系统高效智能制造关键技术及产业化	清华大学、山东钢铁集团日照有限公司、华辰精密装备(昆山)股份有限公司、昆山华辰新材料科技有限公司
2002010	大容量岸基变频供电系统的关键技术及产业化应用	卧龙电气驱动集团股份有限公司、卧龙电气集团辽宁荣信电气传动有限公司、浙江大学、厦门国际邮轮母港集团有限公司、深圳招商蛇口国际邮轮母港有限公司、上海吴淞口国际邮轮港发展有限公司、天津国际邮轮母港有限公司、蛇口集装箱码头有限公司、厦门集装箱码头集团有限公司、上海沪东集装箱码头有限公司
2002040	D-C-100000/500串联变压器技术开发与工程应用	西安西电变压器有限责任公司
2002066	电力装备自主可控专用芯片技术攻关与开发应用	南方电网数字电网研究院有限公司、南方电网科学研究院有限责任公司、中国南方电网电力调度控制中心、北京四方继保自动化股份有限公司、浙江大学、广东电网有限责任公司佛山供电局、广西电网有限责任公司电力科学研究院、长园深瑞继保自动化有限公司、南京国电南自电网自动化有限公司、北京翼辉信息技术有限公司
2002086	高效率电力电子变压器及其交直流灵活组网关键技术与应用	国网江苏省电力有限公司电力科学研究院、中国科学院电工研究所、许昌开普检测研究院股份有限公司、中国电力科学研究院有限公司、浙江大学
2002093	溧阳高稳定性抽水蓄能机组国产化关键技术研究与应用	哈尔滨电机厂有限责任公司、江苏国信溧阳抽水蓄能发电有限公司
2002133	10GW超大容量特高压换流阀关键技术研究与设备研制	西安西电电力系统有限公司
2004008	超深矿井安全高效重载提升关键技术及产业化应用	中信重工机械股份有限公司、河南科技大学、重庆大学、中南大学、中国矿业大学、洛阳矿山机械工程设计研究院有限责任公司、洛阳中重自动化工程有限责任公司
2004021	生物质发电厂燃料自动化、智能化储运系统关键技术研究与应用	北京起重运输机械设计研究院有限公司※
2004025	重型卧式铝挤压成套装备关键技术研发及工程应用	太原重工股份有限公司、太重（天津）滨海重型机械有限公司、西安交通大学、辽宁忠旺集团有限公司
2004030	高品质低能耗板坯连铸生产线关键装备的研发与应用	中国重型机械研究院股份公司※
2005006	大型智能化水产饲料关键技术装备的研发及产业化	江苏丰尚智能科技有限公司、江苏牧羊控股有限公司、扬州大学、江苏牧羊集团有限公司
2005029	旱田智能高效种植关键技术及装备	中国农业机械化科学研究院※、河南科技大学、吉林大学、河南豪丰农业装备有限公司、南通富来威农业装备有限公司

（续）

项目编号	项目名称	完成单位
2006003	国家大型油气储运设施服役安全关键技术及应用	中国特种设备检测研究院、华中科技大学、中国石油化工股份有限公司天津分公司、中特检科技发展（北京）有限公司、爱德森（厦门）电子有限公司、南京市锅炉压力容器检验研究院
2006053	长输成品油管网关键设备与管控系统创新及产业化应用	中国石化销售股份有限公司华南分公司、中国石油大学（北京）、西安航天动力研究所、西安航天泵业有限公司、浙江中控技术股份有限公司、西安交通大学、东北大学、广东华南智慧管道研究院、扬州恒春电子有限公司
2006055	驱动用高效高可靠变转速工业汽轮机关键技术及应用	杭州汽轮机股份有限公司、大连理工大学、浙江大学、机械科学研究院浙江分院有限公司
2006071	高端五轴联动超高压水切割装备研发及航空航天制造应用	合肥通用机械研究院有限公司※、武汉大学、成都飞机工业(集团)有限责任公司、南京大地水刀股份有限公司、沈阳奥拓福科技股份有限公司、广州华臻机械设备有限公司
2007009	新型三维微细电火花电极制备与关键技术研究及产业化	深圳市银宝山新科技股份有限公司、深圳大学
2007050	高性能轻量化高端大型滚动轴承关键技术研究及产业化	瓦房店轴承集团国家轴承工程技术研究中心有限、公司、瓦房店轴承集团有限责任公司、瓦房店轴承股份有限公司
2008044	沈阳鼓风机集团股份有限公司CAP1400 屏蔽电机主泵试验台	中国联合工程有限公司※、沈阳鼓风机集团股份有限公司
2009033	新一代火箭贮箱大型整体过渡环组件制造技术	中南大学、中国运载火箭技术研究院、西南铝业（集团）有限责任公司、清华大学
2009082	热模锻件在线自动化三维测量技术及装备	华中科技大学、湖北三环锻造有限公司、江苏太平洋精锻科技股份有限公司、岭南师范学院、湖北三环车桥有限公司、西安航天精密机电研究所、武汉新威奇科技有限公司、武汉惟景三维科技有限公司
2010050	海上大直径超长桩施工关键技术、装备与应用	江苏科技大学、上海雄程海洋工程股份有限公司、上海交通大学、常州力安液压设备有限公司、舟山市质量技术监督检测研究院、江苏大洋海洋装备有限公司、江苏省船舶设计研究所有限公司
2013028	机械装备控制系统实时通信关键技术标准及其测试装置	山东建筑大学、山东大学、国家机床质量监督检验中心、中国科学院沈阳计算技术研究所有限公司、上海新时达机器人有限公司、天津大学、山东易码智能科技股份有限公司
2013062	《钢板弹簧 技术条件》国际标准研究	中机生产力促进中心、东风汽车底盘系统有限公司、江西方大长力汽车零部件有限公司、富奥辽宁汽车弹簧有限公司、中国第一汽车股份有限公司技术中心、重庆红岩方大汽车悬架有限公司、南京汽车集团有限公司汽车工程研究院、江西远成汽车技术股份有限公司
2014008	《机械工程学报》	《机械工程学报》编辑部
2015040	高精度模块化人机协作机器人关键技术及产业化	北京航空航天大学、遨博（北京）智能科技有限公司

2020年度中国机械工业科学技术奖科技进步类二等奖（124项）

项目编号	项目名称	完成单位
2001015	汽车轻量化铝合金轮毂高可靠性加工设备及自动化生产线	北京博鲁斯潘精密机床有限公司
2001023	精密、高效、数控电火花加工技术与应用	苏州电加工机床研究所有限公司※、苏州三光科技股份有限公司、清华大学、上海交通大学、武汉华中数控股份有限公司、烟台环球机床附件集团有限公司
2001028	高速精密VMC系列立式加工中心关键技术研究及应用	山东蒂德精密机床有限公司、山东大学、山东永华机械有限公司
2001032	高马赫数飞行器复杂构件超高温成形装备及关键技术	北京机科国创轻量化科学研究院有限公司、北京航星机器制造有限公司、重庆江东机械有限责任公司、北京航空航天大学、哈尔滨工业大学
2002001	紧凑型550kV气体绝缘金属封闭开关设备研制	河南平高电气股份有限公司
2002005	新一代高效超临界660MW等级汽轮机研制与应用	上海电气电站设备有限公司
2002015	超（超）临界火电机组高温高压调节阀自主化研制与应用	上海发电设备成套设计研究院有限责任公司、上海上发院发电成套设备工程有限公司
2002018	高效通用锅炉设计制造技术及工程应用	浙江大学、哈尔滨锅炉厂有限责任公司、杭州锅炉集团股份有限公司、无锡华光锅炉股份有限公司、江联重工集团股份有限公司、东方菱日锅炉有限公司、泰山集团股份有限公司
2002021	主从协同X射线智能检测机器人研制与应用	云南电网有限责任公司
2002022	发电机组涉网控制系统优化关键技术及装备	广西电网有限责任公司电力科学研究院、南方电网科学研究院有限责任公司、武汉大学、中国大唐集团有限公司广西分公司
2002025	350MW超临界配风扇磨Π型锅炉研制及应用	哈尔滨锅炉厂有限责任公司、哈电发电设备国家工程研究中心有限公司
2002028	特高压输电工程用节能降耗新型导线研发与应用研究	远东电缆有限公司
2002039	平行高速传输线及互连组件关键技术	浙江兆龙互连科技股份有限公司
2002043	能源互联网用500kV及以下XLPE绝缘交流海底光电缆研制与大规模应用	江苏中天科技股份有限公司、中天科技海缆股份有限公司
2002045	柔性直流配电成套装备研制及工程应用	南方电网科学研究院有限责任公司、贵州电网有限责任公司电力科学研究院、深圳供电局有限公司、北京四方继保自动化股份有限公司、清华大学、贵州大学、荣信汇科电气技术有限责任公司
2002047	附生藻类对复合外绝缘的影响及防治技术	国网四川省电力公司电力科学研究院、清华大学深圳国际研究生院、成都拓利科技股份有限公司、国网江西省电力有限公司电力科学研究院、成都清威科技有限公司、河北硅谷化工有限公司

（续）

项目编号	项目名称	完成单位
2002049	高可靠空冷发电机电磁与热交换结构设计的关键技术与应用	北京交通大学、新疆金风科技股份有限公司、哈尔滨电机厂有限责任公司、国网内蒙古东部电力有限公司、华北电力大学
2002050	上百千伏超多电平换流器装备关键试验技术及工程应用	南方电网科学研究院有限责任公司、华北电力大学、南京南瑞继保工程技术有限公司、西安西电电力系统有限公司、荣信汇科电气技术有限责任公司、北京四方继保自动化股份有限公司
2002058	海岛及偏远地区智能微电网关键技术、产业化	南京南瑞继保电气有限公司、国网浙江省电力有限公司电力科学研究院、国网浙江省电力公司嘉兴供电公司、国网江苏省电力有限公司连云港供电分公司、常州博瑞电力自动化设备有限公司
2002063	超超临界二次再热汽轮机关键技术及工程应用	东方电气集团东方锅炉股份有限公司、东方电气集团东方汽轮机有限公司
2002074	10GW 特高压直流工程用换流变压器研制及工程应用	特变电工沈阳变压器集团有限公司、沈阳工业大学、沈阳变压器研究院股份有限公司
2002079	10 ～ 500kV 复合材料杆塔工程化应用关键技术	国网电力科学研究院武汉南瑞有限责任公司、国网辽宁省电力有限公司、武汉大学、国网山东省电力公司、湖北省电力勘测设计院有限公司、全球能源互联网研究院有限公司
2002096	锡盟—泰州 ±800kV 特高压直流输电工程泰州站网侧 1 000kV 换流变压器研制	西安西电变压器有限责任公司
2002130	新一代集约化 800kV 交流成套开关设备研究与应用	西安西电开关电气有限公司
2003001	数字化计量技术研究及新型检测溯源装备研制	云南电网有限责任公司、云南省计量测试技术研究院、国网四川省电力公司、江苏凌创电气自动化股份有限公司、东南大学、重庆大学、昆明理工大学
2003007	索驱动高速并联机器人关键技术与成套装备	清华大学、中国石油大学（北京）、固高科技（深圳）有限公司、合肥工业大学、天津超众机器人科技有限公司、武汉斯卡普机器人技术有限公司、上海翼克机器人有限公司
2003015	电能表动态计量性能评估关键技术研究及应用	国网冀北电力有限公司计量中心、北京化工大学、国网冀北电力有限公司、烟台东方威思顿电气有限公司、威胜集团有限公司
2003024	高功率脉冲辐射场综合诊断系统	四川蜀兴优创安全科技有限公司、中国工程物理研究院激光聚变研究中心、中国工程物理研究院计量测试中心
2003030	高稳定性铂族金属测温材料关键技术及应用	重庆材料研究院有限公司※、国机集团科学技术研究院有限公司※
2004011	重大装备油膜轴承关键技术及产业化	太原科技大学、太原重工股份有限公司、中国矿业大学
2004012	板带热轧生产线全流程智能化设计软件系统及工程应用	燕山大学、太原理工大学、一重集团大连工程技术有限公司、二重（德阳）重型装备有限公司※
2004040	大型露天矿自移式排岩成套装备关键技术研究及应用	太原重工股份有限公司
2004044	基于智能制造的高品质薄带钢轧机振动控制关键技术及应用	北京科技大学、北京中科凯思科技有限公司、北京科大迈捷科技有限公司、北京炎凌嘉业机电设备有限公司、智迈德股份有限公司
2004045	3 300+2 850mm“1+4”铝板带热连轧机工程成套设备研制	二重（德阳）重型装备有限公司※、北京科技大学、广西柳州银海铝业股份有限公司
2004049	运载火箭移动发射平台脐带塔	大连华锐重工起重机有限公司、北京航天发射技术研究所、大连华锐重工集团股份有限公司

（续）

项目编号	项目名称	完成单位
2004050	2 500t/h 双侧连续卸船机	大连华锐重工集团股份有限公司
2005004	农用无人机关键技术研发与产业化	广东技术师范大学、仲恺农业工程学院、浙江大学、广州刀锋智能科技有限公司、腾云航空科技（深圳）有限公司、广州市从化华隆果菜保鲜有限公司、惠州市四季绿农产品有限公司
2005011	200 ～ 260 马力动力换挡拖拉机智能化关键技术研发及产业化	雷沃重工股份有限公司、中国农业大学、北京农业智能装备技术研究中心、南京农业大学
2005013	村镇有机废弃物高效清洁好氧发酵智能技术装备	农业农村部规划设计研究院、中机华丰（北京）科技有限公司、北京沃土天地生物科技股份有限公司
2005025	新型高得率节能型木质纤维制备系统	镇江中福马机械有限公司※
2005027	MSK800 系列数控横梃生产线	南通跃通数控设备股份有限公司、中国林业科学研究院木材工业研究所
2006004	水下油气生产系统用 ROV 驱动阀门国产化研制及工程应用	苏州纽威阀门股份有限公司、海洋石油工程股份有限公司
2006022	大型石化装置用节能环保智能控制柱塞式高温掺合阀	浙江石化阀门有限公司
2006029	生活垃圾焚烧高湿烟气脱酸除尘技术装备研发及应用	科林环保技术有限责任公司、南京工业大学、广州环投南沙环保能源有限公司、南京杰科丰环保技术装备研究院有限公司
2006030	油田含油废弃物高效热相分离处置技术与装备	杰瑞环保科技有限公司、西南石油大学
2006033	大型煤矿智能化刮板输送机用行星减速器关键技术研发及产业化	山东华成中德传动设备有限公司、中国矿业大学
2006040	起重机械重要零部件及结构智能测试评估关键技术研究	上海市特种设备监督检验技术研究院
2006056	大型氧化脱氢制丁二烯装置生成气压缩机组研制	中国船舶重工集团公司第七一一研究所、中国石化工程建设有限公司、上海齐耀螺杆机械有限公司
2006066	大型高效合成气制乙二醇装置关键设备	沈阳透平机械股份有限公司、沈阳鼓风机集团股份有限公司
2006070	基于立体空间离散点阵数字化视觉拟合技术的系列化科教装备研制	合肥通用机械研究院有限公司※、河北省科学技术馆、合肥通用环境控制技术有限责任公司
2006076	PET 瓶高速无菌吹灌旋技术及成套装备研发与产业化	江苏新美星包装机械股份有限公司、江苏科技大学
2006084	新型旋流泵内部流动机理研究及系列产品开发	江苏大学、南通大学、尚宝罗江苏节能科技股份有限公司、亚太泵阀有限公司、新界泵业集团股份有限公司、浙江丰球克瑞泵业有限公司、上海连成（集团）有限公司
2006086	36 万 t/a 高效宽工况硝酸四合一机组研发及应用	西安陕鼓动力股份有限公司、万华化学集团股份有限公司、赛鼎工程有限公司
2006088	智能化氢气增压加注系统研制开发	江苏国富氢能技术装备股份有限公司、张家港氢云新能源研究院有限公司
2007005	车辆中大型冲压件铸造模具制造关键技术及产业化	一汽模具制造有限公司、吉林大学

（续）

项目编号	项目名称	完成单位
2007011	高精度圆锥滚子制造关键技术研究及产业化	江苏力星通用钢球股份有限公司、如皋市力星滚子科技有限公司
2007028	新能源汽车大型复杂铝合金结构件及其模具、材料、成型关键技术与产业化应用	宁波合力模具科技股份有限公司
2007029	新能源汽车电机铁心高速冲压级进模具研究与产业化	宁波震裕科技股份有限公司
2007031	XCA1600 吨全地面起重机上的核心液压控制元件研发及产业化	圣邦集团有限公司、徐州重型机械有限公司
2007043	超高压大流量电液比例伺服二通插装阀	山东泰丰智能控制股份有限公司、浙江大学、中国第二重型机械集团德阳万航模锻有限责任公司※
2007049	4.0MW 风电齿轮箱全系列轴承技术研发及应用	瓦房店轴承集团国家轴承工程技术研究中心有限公司、瓦房店轴承股份有限公司、瓦房店轴承集团有限责任公司
2007053	低发热长寿命圆柱滚子高速数控加工中心主轴轴承产品的研发	浙江天马轴承集团有限公司
2008010	绿色涂装工艺技术及智能装备研究与应用	机械工业第九设计研究院有限公司
2008015	华龙一号三代堆型高可靠性核级人员闸门关键技术研究与研制	深圳中广核工程设计有限公司、中广核工程有限公司
2008026	汽车生产线数字化设计及仿真整体解决方案	东风设计研究院有限公司
2008027	新型高效湿式静电除尘超低排放成套技术与工程应用	上海电力大学、上海电气电站环保工程有限公司、上海明华电力科技有限公司
2008028	基于翻盘式分拣的大型机场行李处理系统关键技术及应用	民航成都物流技术有限公司、中国民用航空总局第二研究所
2008030	基于物联网控制的储能式太阳能+多能互补智能系统	包头市汉诺威工业装备科技有限责任公司
2008033	中国自动化（吴忠）产业园一期工程智能物流系统	中国中元国际工程有限公司※、吴忠仪表有限责任公司
2008039	新一代液氧煤油发动机总装建设项目	中国启源工程设计研究院有限公司、西安航天发动机有限公司、新时代（西安）设计研究院有限公司
2009003	复杂长轴类件控形控性锻造工艺及自动化、智能化成套技术	北京机电研究所有限公司
2009004	航天用大型铝合金构件高效射流热处理技术研发与应用	北京机电研究所有限公司、上海航天设备制造总厂有限公司
2009005	高品质不锈钢均质化复合制备技术及产业化应用	北京科技大学、阳江十八子集团有限公司、北京机科国创轻量化科学研究院有限公司
2009021	大型非能动核电厂钢制安全壳关键技术及应用	上海核工程研究设计院有限公司、山东核电设备制造有限公司、鞍钢股份有限公司、宝山钢铁股份有限公司、四川大西洋焊接材料股份有限公司、中国核工业第五建设有限公司
2009022	半熔态铸轧宽幅铜铝复合板带箔关键技术及应用	河南科技大学、洛阳铜一金属材料发展有限公司
2009037	大型风电机组安装用预应力基础结构件及其制造装备	中国船舶重工集团公司第七一三研究所、中船重工海为郑州高科技有限公司

（续）

项目编号	项目名称	完成单位
2009047	高钢级管道完整性关键技术及应用	中国石油天然气集团公司管材研究所、中国石油天然气股份有限公司西部管道分公司、中国石油工程建设有限公司
2009056	复杂海况下大型高稳性海工承载装备设计制造关键技术及应用	南通泰胜蓝岛海洋工程有限公司、同济大学、上海泰胜风能装备股份有限公司、上海同力建设机器人有限公司
2009060	长效防腐防污多功能涂层与修复技术的研究及应用	武汉材料保护研究所有限公司、武汉材保表面新材料有限公司、佛山科富科技有限公司、佛山市宝索机械制造有限公司
2009062	多元多尺度复合刀具涂层设计与制造技术研发	天津职业技术师范大学、中国科学院金属研究所、安泰天龙（天津）钨钼科技有限公司
2009067	高强韧洁净焊丝开发及应用	山东索力得焊材股份有限公司、郑州机械研究所有限公司、江苏科技大学、沈阳航空航天大学、郑州大学、中机智能装备创新研究院（宁波）有限公司、上海交通大学
2009076	大荷载高机动飞机关键部件延寿技术与应用	国营芜湖机械厂、中国科学技术大学
2009078	多材料轻量化车体耦合设计中的关键性问题研究及应用	中国汽车技术研究中心有限公司、大连理工大学、首钢集团有限公司、山东钢铁集团日照有限公司
2009079	复合微合金化机械工程用钢的系列开发与创新应用	中信金属股份有限公司、中国汽车工程研究院股份有限公司、钢铁研究总院、海天塑机集团有限公司、山东雷帕得汽车技术股份有限公司、吉林公主岭经济开发区信通模具有限公司、东莞市豪斯特热冲压技术有限公司
2009085	高马赫燃气流自主排导发射筒关键技术研究	上海机电工程研究所、上海交通大学、上海航天设备制造总厂有限公司
2010001	基于载荷谱的工程机械动力系统及元件基础试验平台技术研究与应用	天津工程机械研究院有限公司※、三一重机有限公司
2010004	推土机等工程机械减振降噪关键技术及应用	山推工程机械股份有限公司、山东大学、潍柴动力股份有限公司、天津大学、山重建机有限公司
2010007	重型叉车关键技术研发及产业化	安徽合力股份有限公司、合肥工业大学
2010008	面向基础施工的高适应性伸缩臂履带起重机关键技术研发及产业化	徐工集团工程机械股份有限公司建设机械分公司
2010017	全地形矿用铰接式自卸车核心技术研究及产业化	徐州徐工矿业机械有限公司、东南大学
2010034	环保型高品质混凝土搅拌站	湖南中联重科混凝土机械站类设备有限公司、中联重科股份有限公司
2010039	应急救援高速挖掘机研发与应用	贵州詹阳动力重工有限公司
2011011	高效节能混合动力发动机技术及系统研发与应用	比亚迪汽车工业有限公司、华南理工大学、华南农业大学、清华大学、东北大学
2011012	超大型拼接式船用曲轴关键制造技术研究及应用	上海电机学院、上海船用曲轴有限公司、大连华锐船用曲轴有限公司、上海电气上重铸锻有限公司、上海昌强重工机械有限公司、河北宏润核装备科技股份有限公司
2011026	WP4.1N/WP4.6N 国五国六柴油机开发	潍柴动力股份有限公司、潍柴动力扬州柴油机有限责任公司
2011044	船用中速双燃料发动机关键技术研发及产业化	淄柴动力有限公司

（续）

项目编号	项目名称	完成单位
2011046	先进可变气门正时系统关键技术及其应用	绵阳富临精工机械股份有限公司
2011049	柴油发动机高性能铸造材质工艺开发及应用	广西玉柴机器股份有限公司、广西大学
2012010	柴油机故障模式检测仪器和维修工具的设计与应用	一汽解放大连柴油机有限公司
2012012	自主开发涂胶机器人宽度校准系统实现质量管控	一汽－大众汽车有限公司
2012018	起重机转台结构件自动化加工方法的研究与应用	徐州重型机械有限公司
2013001	土方机械二手机器国际标准（ISO 10987-3：2017）	天津工程机械研究院有限公司※、中国龙工控股有限公司、山东临工工程机械有限公司、广西柳工机械股份有限公司、厦门厦金机械股份有限公司、福建省闽旋科技股份有限公司
2013014	GB/T 32880 电能质量经济性评估系列国家标准	中机生产力促进中心、国网山西省电力公司电力科学研究院、国网江苏省电力有限公司电力科学研究院、华北电力大学、华南理工大学、安徽大学
2013015	基于云边协同计算的配电网状态感知分析技术与系统研发应用	国网江苏省电力有限公司电力科学研究院、河海大学、中国科学院上海高等研究院、全球能源互联网研究院有限公司、上海科梁信息工程股份有限公司、国网江苏省电力有限公司苏州供电分公司
2013021	油气管道安全仪表系统的功能安全系列标准研制技术研究和工程应用	机械工业仪器仪表综合技术经济研究所、中国石油天然气股份有限公司管道分公司、中国石油天然气股份有限公司西南管道分公司、中国石油天然气管道工程有限公司、浙江中控技术股份有限公司
2013040	核电站仪控电装备一站式试验验证平台	上海工业自动化仪表研究院有限公司、上海仪器仪表自控系统检验测试所有限公司、中国科学院上海应用物理研究所、上海国缆检测中心有限公司
2013052	GB/T 33509—2017《机械密封通用规范》	合肥通用机械研究院有限公司※、中密控股股份有限公司（原四川日机密封件股份有限公司）、丹东克隆集团有限责任公司、昆山密友机械密封有限公司、北京化工大学、浙江工业大学、四川大学
2013053	制冷系统及热泵安全、环境要求与影响评价系列国家标准	合肥通用机械研究院有限公司※、合肥通用机电产品检测院有限公司、合肥通用环境控制技术有限责任公司、大金(中国)投资有限公司、宁波博浪热能科技有限公司、中国制冷空调工业协会、天津大学
2013057	低压电器可靠性关键技术研究与系列标准制定	上海电器科学研究所（集团）有限公司、河北工业大学、上海电器科学研究院、上海良信电器股份有限公司、杭州之江开关股份有限公司、中山市开普电器有限公司、浙江正泰电器股份有限公司
2013059	《再制造 企业技术规范》（GB/T 33221—2016）等 2 项国家标准	中机生产力促进中心、中国人民解放军陆军装甲兵学院、合肥工业大学
2013060	《产品几何技术规范（GPS） 几何公差 检测与验证》（GB/T 1958—2017）	中机生产力促进中心、郑州大学、北京市计量检测科学研究院、上海大学、深圳市计量质量检测研究院、上海市计量测试技术研究院、中车大连机车车辆有限公司
2013067	电动控制阀门执行器安全要求等系列国际标准（IEC 61010-2-202:2016）	机械工业仪器仪表综合技术经济研究所、浙江中控自动化仪表有限公司、福建上润精密仪器有限公司、中国电子技术标准化研究院

（续）

项目编号	项目名称	完成单位
2013068	制造过程物联系列关键技术标准	北京机械工业自动化研究所有限公司、中国海洋大学、中国科学院自动化研究所、潍柴动力股份有限公司、中国机电一体化技术应用协会
2014003	《风力发电机组原理与应用》（第3版）	沈阳工业大学、机械工业出版社
2014004	《数控刀具选用指南》（第2版）	哈尔滨理工大学、机械工业信息研究院金属加工杂志社
2015001	光纤通信无源光波导芯片制造关键技术及产业化	中南大学、湖南新中合光电科技股份有限公司
2015012	大型电商物流中心机器人及智能化调度系统研发与应用	北京京东乾石科技有限公司、北京信息科技大学、北京京邦达贸易有限公司、北京京东尚科信息技术有限公司、天津京东深拓机器人科技有限公司
2015026	高强钢热成形智能制造系统	济南奥图自动化股份有限公司
2015028	SIRD-3000 配电房轮式巡检机器人	杭州申昊科技股份有限公司
2015029	高强韧铝合金车轮智慧工厂	浙江万丰摩轮有限公司
2015032	面向大跨距、高温等工况的高效生产物流机器人系统关键技术及集成应用	山东大学、北京航空航天大学、青岛科捷机器人有限公司、齐鲁工业大学、山东亚历山大智能科技有限公司
2015035	城市轨道交通车门系统智能诊断及运维平台研究	广州地铁集团有限公司、南京康尼机电股份有限公司、南京航空航天大学
2015046	大载流三维表面共形电路的高可靠增材制造技术与应用	哈尔滨工业大学（威海）、工业和信息化部威海电子信息技术综合研究中心、威海神舟信息技术研究院
2015053	面向电气装备的云平台智能制造与运维系统研究及应用	上海电器科学研究所（集团）有限公司、上海交通大学

2020 年度中国机械工业科学技术奖科技进步类三等奖（184 项）

项目编号	项目名称	完成单位
2001011	i5T5 系列智能车床	沈阳优尼斯智能装备有限公司
2001017	高功率半导体激光焊接智能装备关键技术及产业化	东莞理工学院、大族激光科技产业集团股份有限公司
2001018	异种金属激光微焊接关键技术及产业化	大族激光科技产业集团股份有限公司
2001019	三维阵列式多层有序金刚石刀头的增材制造及其高效智能制造装备	汕头市悦熙机械设备有限公司、汕头大学、北京安泰钢研超硬材料制品有限责任公司、汕头轻工装备研究院
2001034	标准型数控系统的产业化的研究开发	广州数控设备有限公司
2001036	大长径比高性能硬质合金螺旋内冷深孔钻的开发与产业化	株洲钻石切削刀具股份有限公司
2001040	YK3610III 数控卧式滚齿机	四川普什宁江机床有限公司

（续）

项目编号	项目名称	完成单位
2001041	汽车关键零部件高效精密成型磨削用超硬材料砂轮开发及应用	郑州磨料磨具磨削研究所有限公司※
2002004	输电线路金属腐蚀评估和差异化防护关键技术及产业化应用	南方电网科学研究院有限责任公司、清华大学深圳国际研究生院、广州广华智电科技有限公司
2002006	全新一代超临界 350MW 两缸两排汽汽轮机研制及工程应用	上海电气电站设备有限公司
2002007	变电站高压开关设备程序化操作关键技术及应用	平高集团有限公司、河南平高电气股份有限公司、国网河北省电力有限公司雄安新区供电公司
2002016	兆瓦级节能型直流综合电力系统关键技术	中国船舶重工集团公司第七一一研究所
2002027	百万千瓦等级 VVER 压水堆机组单体式除氧器研制与应用	哈尔滨锅炉厂有限责任公司、生态环境部核与辐射安全中心
2002031	高压开关设备机械状态多元感知关键技术研究及应用	云南电网有限责任公司、昆明电器科学研究所、武汉黉门电工科技有限公司
2002032	城市电网高电能质量关键技术和装备研究及其应用	深圳供电局有限公司、清华大学、华南理工大学、四川大学、苏州华天国科电力科技有限公司
2002033	介电响应机理研究、成套技术开发及在油纸绝缘设备状态诊断的应用	深圳供电局有限公司、西安交通大学
2002035	现代制造业优质供电关键技术、装备与应用	广东电网有限责任公司广州供电局电力试验研究院、四川大学、上海交通大学、武汉科力源电气有限公司、深圳市盛弘电气股份有限公司
2002038	高压自愈式电容器关键技术及产业化应用	中国电力科学研究院有限公司、无锡市电力滤波有限公司、华北电力大学（保定）、荣信汇科电气技术有限责任公司、卧龙电气集团辽宁荣信电气传动有限公司
2002054	6～220kV 高压电缆系列振荡波检测装置及其校验平台开发与应用	广东电网有限责任公司广州供电局、华北电力大学、清华大学深圳国际研究生院、北京榕科电气有限公司
2002055	直接接入送端 750kV、受端 1 000kV 电网换流变压器关键技术研究及应用	山东电力设备有限公司、山东电工电气集团有限公司、国家电网公司有限公司直流技术中心、国网经济技术研究院有限公司
2002059	串联型变压器保护关键技术	南京南瑞继保电气有限公司、国网江苏省电力有限公司南京供电分公司、国网福建省电力有限公司、南京南瑞继保工程技术有限公司
2002065	大型接地工程故障诊断与防控关键技术及应用	国网河南省电力公司电力科学研究院、郑州机械研究所有限公司、河南九域恩湃电力技术有限公司、重庆大学、全球能源互联网研究院有限公司
2002073	特高压直流输电 10GW 工程用系列干式直流套管关键设备研发及产业化	特变电工沈阳变压器集团有限公司、沈阳工业大学
2002075	大型套管油浸式绝缘安全状态的无损测评技术及应用	云南电网有限责任公司、西南交通大学、重庆大学、西安西电高压套管有限公司
2002080	智能集中监控直流电源系统	许继集团有限公司、许继电源有限公司
2002081	一二次融合环保型气体绝缘开关设备研制与应用	许继集团有限公司、许昌许继德理施尔电气有限公司、许昌许继软件技术有限公司
2002088	电网高压电缆系统故障机理及供电可靠性提升关键技术研究	南方电网科学研究院有限责任公司、广东电网有限责任公司珠海供电局、深圳供电局有限公司、广东电网有限责任公司广州供电局、西安交通大学

（续）

项目编号	项目名称	完成单位
2002089	基于国产密码的智能用电计量安全体系与装备关键技术及规模应用	南方电网科学研究院有限责任公司、北京智芯微电子科技有限公司、中国南方电网有限责任公司
2002095	试验仪器智能化管控平台关键技术研发及应用	国网江苏省电力有限公司检修分公司、国电南京自动化股份有限公司、机械工业北京电工技术经济研究所
2002106	抽水蓄能发电电动机变压器组继电保护关键技术研究及应用	广东蓄能发电有限公司、南京南瑞继保工程技术有限公司、清华大学、南方电网调峰调频发电有限公司
2002110	葛洲坝巨型轴流式水轮发电机组增容改造关键技术研究	东方电气集团东方电机有限公司
2002111	华龙一号核岛安注箱、硼注箱及核级换热器设备的国产化制造	东方电气集团东方锅炉股份有限公司
2002116	燃煤 NOx 高效还原机理研究及复合多级燃尽风技术研发与应用	东方电气集团东方锅炉股份有限公司、上海交通大学
2002119	特高压直流工程人工短路关键电气量暂态分布、测试技术与应用	云南电网有限责任公司、清华大学、南方电网科学研究院有限责任公司
2002120	1 200MV·A/500kV 级超大容量三相自耦变压器关键技术研究	保定天威保变电气股份有限公司
2002123	海上大功率新型风电机组用中压耐扭电缆关键技术及应用研究	远东电缆有限公司
2002126	高品质多工况系列化高压断路器关键技术及推广应用	江苏省如高高压电器有限公司、南通大学、思源电气股份有限公司
2002132	高压、特高压系列化直流隔离开关和接地开关的研制及工程应用	西安西电高压开关有限责任公司
2003005	VOCs 在线污染源识别质谱系统	广州禾信仪器股份有限公司、暨南大学、昆山禾信质谱技术有限公司、上海大学
2003013	核电厂一回路重要机械设备状态监测技术研究及应用	中广核工程有限公司、陕西卫峰核电子有限公司
2003016	面向泛在电力物联网的电测量设备智能检测系统关键技术研究	哈尔滨电工仪表研究所有限公司、黑龙江省电工仪器仪表工程技术研究中心有限公司
2003017	大型乙烯裂解气压缩机组全自动优化控制节能增效技术	北京康吉森自动化设备技术有限责任公司
2003025	高端控制装备及软件系统的研发与应用项目	上海工业自动化仪表研究院有限公司
2003029	自由曲面渐进多焦点眼用镜片的制备方法	苏州科技大学、苏州苏大明世光学股份有限公司、常州工学院
2003031	智能防雷大通流在线插拔电涌保护器（SPD）	上海辰竹仪表有限公司
2004002	移动式破碎筛分成套技术及装备	河南黎明重工科技股份有限公司、郑州机械研究所有限公司、安徽工业大学、郑州轻工业大学
2004009	大型辊压机行星齿轮减速器关键技术与应用	中信重工机械股份有限公司、洛阳矿山机械工程设计研究院有限责任公司
2004022	自动化立体仓库关于多规格托盘多种尺寸货物应用的关键技术	北京起重运输机械设计研究院有限公司※
2004023	DZY100/160/135 柔性连续运输系统研制	中国煤炭科工集团太原研究院有限公司、山西天地煤机装备有限公司

（续）

项目编号	项目名称	完成单位
2004029	基于姿态可控的核废物处理智能化起重装备关键技术研发	河南卫华重型机械股份有限公司
2004031	三代核电大型多功能环行起重机研制	太原重工股份有限公司
2004035	超长全封闭空间转弯曲线带式输送机在最高海拔高度的应用	四川省自贡运输机械集团股份有限公司
2004038	用于大型飞机壁板的塔式数控法向钻铆系统研制与应用	成都飞机工业（集团）有限责任公司
2004039	煤矿综采液压支架高效制造关键技术开发及应用	郑州煤矿机械集团股份有限公司
2004043	洁净型防爆双梁起重机研究及应用	河南省矿山起重机有限公司
2004046	适应最低 0.8m 半悬式薄煤层大功率电牵引采煤机研制	天地科技股份有限公司上海分公司、天地上海采掘装备科技有限公司
2004055	矿井提升装备运行安全保障关键技术研究及应用	太原科技大学、山西能源学院、鹤壁万丰矿山机械制造有限公司
2005005	大豆浓缩蛋白提取和应用研究及智能化装备研发	山东凯斯达机械制造有限公司、河南工业大学、济宁市机械设计研究院
2005017	设施蔬菜清洁高效育苗移栽技术与装备	现代农装科技股份有限公司、山东华龙农业装备股份有限公司、浙江博仁工贸有限公司、中国农业机械化科学研究院※、佳木斯大学
2005020	专用数控系统智能化多功能高效木工柔性生产线	南兴装备股份有限公司
2005022	玉米穗茎兼收收获机研发与应用	山东省农业机械科学研究院、山东理工大学、山东国丰机械有限公司
2005024	绿茶精准化管理技术与智能化加工装备研究	浙江大学、中国农业科学院茶叶研究所、浙江工业大学、浙江丰凯机械股份有限公司、浙江上洋机械股份有限公司
2005028	鸡生长性能测定喂料机的研发	广东省现代农业装备研究所、广东广兴牧业机械设备有限公司、温氏食品集团股份有限公司
2006007	电厂用高效双速循环水泵节能降耗关键技术研究与产业化	沈阳工业泵制造有限公司、湛江电力有限公司
2006011	“华龙一号”等百万千瓦核电机组 MSR 先导式安全阀的研制	哈电集团哈尔滨电站阀门有限公司
2006019	3000 型页岩气大型压裂成套装备研究及产业化开发	烟台杰瑞石油服务集团股份有限公司、中国石油大学（华东）、烟台杰瑞石油装备技术有限公司
2006020	高效板式换热器系列研发和产业化	浙江万享科技股份有限公司、湖州师范学院
2006028	钛制强制循环泵的研发	西安泵阀总厂有限公司
2006031	基于钠碱法的船舶废气洗涤脱硫设备及系统设计关键技术研究	中国船舶重工集团公司第七一一研究所
2006037	污泥处理专用高压隔膜压滤机	景津环保股份有限公司
2006038	TDB-250L 柔性多工位高效吹塑智能化生产线	苏州同大机械有限公司、江苏科技大学
2006041	高参数管壳式换热器轻量化关键技术研究及应用	中国特种设备检测研究院、合肥通用机械研究院有限公司※、清华大学、北京化工大学、中国石化工程建设有限公司

（续）

项目编号	项目名称	完成单位
2006048	制冷压缩机环保冷媒与冷冻机油的匹配性关键技术研发及产业化	中国家用电器研究院、广东美芝制冷设备有限公司、中家院（北京）检测认证有限公司
2006049	16HP 大规格变频转子式压缩机及拓展应用的关键技术	上海海立电器有限公司
2006052	基于视觉技术及逻辑分配方法的智能数粒机	达尔嘉（广州）标识设备有限公司
2006059	气固两相输送闸阀关键技术及产业化	浙江理工大学、浙江固特气动科技股份有限公司
2006067	160 t 油气井带压作业装备研制	中石化四机石油机械有限公司
2006072	高性能低振动低噪声舰船用泵关键技术及产业化	江苏振华海科装备科技股份有限公司、江苏大学
2006078	悬臂式整体齿轮增速离心泵系列化设计及工程运用	北京航天石化技术装备工程有限公司
2006080	华龙一号（ACP1000）安全壳延伸功能地坑阀	中核苏阀科技实业股份有限公司、中国核电工程有限公司
2006083	硼酸输送核级往复泵研制及工程应用	重庆水泵厂有限责任公司、中国中原对外工程有限公司、中广核工程有限公司
2006085	乡村污水双泥膜（BCO-MBR）流态优化与泥膜协同处理工艺及成套装备产业化	常州大学、常州武农生态能源工程有限公司、安徽黄河水处理科技股份有限公司、江苏今创嘉蓝环保科技有限公司、常州水中天生态园林有限公司
2006094	大型制造企业规模化分布式光伏利用与能源智慧管理关键技术及应用	上海理工大学、上海安悦节能技术有限公司
2007007	耐高温非金属密封板（垫）	浙江国泰萧星密封材料股份有限公司
2007012	非线性弧形齿蜗杆传动装备与健康运维关键技术研发及应用	江南大学、上海交通大学、海安市申菱电器制造有限公司
2007017	160 km 快捷货车轴承首台突破项目	上海联合滚动轴承有限公司
2007025	表面气辅模具技术研究及应用	青岛海信模具有限公司
2007026	微注塑一体成型模具技术	昆山嘉华电子有限公司
2007037	低发热长寿命高速数控加工中心主轴用角接触混合陶瓷球轴承	浙江天马轴承集团有限公司
2007038	大型机载雷达天线座用薄壁重载高精度轴承关键技术及应用	中国电子科技集团公司第十四研究所、洛阳轴承研究所有限公司※、河南科技大学、重庆大学
2007041	高压液压柱塞泵关键技术及应用	林德液压（中国）有限公司、山东大学、潍柴动力股份有限公司
2007042	超大型施工机械用大口径薄壁液压缸关键制造技术及成套装备	徐州徐工液压件有限公司、江苏徐工工程机械研究院有限公司
2007047	有卸载功能的大兆瓦新型风电变桨轴承研发及应用	瓦房店轴承集团国家轴承工程技术研究中心有限公司、瓦房店轴承集团有限责任公司、瓦房店轴承集团风电轴承有限责任公司
2008001	广汽本田第三生产线整车与发动机污水处理站项目	东风设计研究院有限公司
2008006	性能化建筑营造技术在工程项目中的应用研究	北方工程设计研究院有限公司、河北工业大学
2008019	节能环保型兰炭生产工艺及装备的研发应用	陕西冶金设计研究院有限公司

（续）

项目编号	项目名称	完成单位
2008020	河西基地乘用车能力提升 & 环保改善涂装项目、M+E+U1 总承包	中国汽车工业工程有限公司※、机械工业第四设计研究院有限公司
2008021	北汽（镇江）汽车有限公司涂装车间生产线 M+E 项目	中国汽车工业工程有限公司※、机械工业第四设计研究院有限公司
2008029	软岩隧道安全快速施工关键技术与装备	西南石油大学、中铁隧道集团二处有限公司
2008032	浙江双环传动机械股份有限公司双环产业园建设项目	中国联合工程有限公司※
2008034	建筑隔震技术在医疗建筑设计中的应用	中国中元国际工程有限公司※
2008036	海洋工程 DCM 工法软基处理船舶及施工成套技术研究	中交天和机械设备制造有限公司、中交疏浚技术装备国家工程研究中心有限公司
2008037	特变电工国家特高压工程技术研究中心及 ±1 100kV 变压器研发制造基地项目	中国启源工程设计研究院有限公司
2008043	杭叉新能源叉车涂装与总装智能装备研发项目	中国联合工程有限公司※、杭叉集团股份有限公司
2008046	重庆金世利航空材料有限公司航空钛合金项目	中国联合工程有限公司※、重庆金世利航空材料有限公司
2009006	城轨车辆用分块式橡胶弹性车轮的研发及产业化	中车戚墅堰机车车辆工艺研究所有限公司、同济大学、常州中车铁马科技实业有限公司
2009024	620℃超超临界火电机组大型关键铸件研制及产业化	二重（德阳）重型装备有限公司※
2009035	金属板带高精度加工关键技术及装备	广东工业大学、广州日宝钢材制品有限公司、广东科盈智能装备制造有限公司
2009036	核电设备数字化设计平台关键技术研究与应用	中广核工程有限公司
2009040	大型风电场运行维护关键技术及应用	广州机械科学研究院有限公司※、华南理工大学、华中科技大学、广东电科院能源技术有限责任公司、广东粤电湛江风力发电有限公司
2009044	低温深层绿色可控离子渗入技术及其产业化	湖南红宇智能制造有限公司、西华大学、深圳市凯卓立液压设备股份有限公司
2009048	超长服役年限商用车混合动力传动系统关键技术及应用	江苏大学、南京金龙客车制造有限公司、苏州海格新能源汽车电控系统科技有限公司、埃马克（中国）机械有限公司、北京理工大学
2009053	低耗能智能化海洋采油平台网电修井系统	胜利油田高原石油装备有限责任公司、山东理工大学
2009063	高端钻探机械关键部件表面防护涂层技术及其工程化应用	中国地质大学（北京）、中国人民解放军陆军装甲兵学院、南京工程学院、广东省工业分析检测中心、北方工业大学
2009065	卫生用品全自动高速柔性生产成套装备关键技术研发及产业化	南京工程学院、江苏金卫机械设备有限公司
2009066	多功能柔性辐射防护复合材料研发及应用	中广核研究院有限公司、阳江核电有限公司
2009080	绿色化轮胎用超高强度超细钢帘线关键技术研发与产业化	南京工程学院、东南大学、张家港市骏马钢帘线有限公司、江苏永钢集团有限公司

（续）

项目编号	项目名称	完成单位
2009081	高频电磁脉冲TIG焊关键技术及其在矿物绝缘防火电缆制造中的应用	沈阳工业大学、沈阳伊思特机器人自动化科技有限公司
2010010	高效施工的系列地下连续墙液压抓斗研发及产业化	徐州徐工基础工程机械有限公司
2010011	基于极限工况下大深度压实的单钢轮压路机研发及产业化	徐工集团工程机械股份有限公司道路机械分公司
2010012	硬岩巷道钻爆施工装备关键技术研究及应用	徐州徐工铁路装备有限公司
2010014	不限幅高空作业车关键技术研究及应用	徐州徐工随车起重机有限公司
2010016	300～700t级超大型液压挖掘机四轮一带关键技术研究及应用	徐州徐工矿业机械有限公司
2010018	海上风电施工专用大型嵌岩钻机及施工关键技术研究应用	江苏龙源振华海洋工程有限公司、平煤建工集团特殊凿井工程有限公司
2010029	高性能电动工业车辆集成驱动关键技术研发及应用	杭叉集团股份有限公司、杭州杭叉桥箱有限公司
2010033	ZR360C-3旋挖钻机	上海中联重科桩工机械有限公司
2010036	隧道掘进机螺旋推进式破岩伺服试验机研制及应用	中铁隧道局集团有限公司、郑州机械研究所有限公司、盾构及掘进技术国家重点实验室、成都理工大学、洛阳理工学院
2010040	Power DT2000抗离析、超大型、多用途“变形金刚”结构摊铺机	陕西中大力鼎科技有限公司、长安大学
2010046	V系列装载机研发及产业化	徐工集团工程机械股份有限公司科技分公司
2010048	自行走升降工作平台安全智能化控制关键技术研究及应用	徐工消防安全装备有限公司
2011001	柴油机颗粒物来源解析与多场协同后处理关键技术及应用	常熟理工学院、江苏大学、清华大学苏州汽车研究院（相城）、中汽检测技术有限公司
2011004	高性能小排量增压直喷汽油机开发与应用	长城汽车股份有限公司
2011019	基于多匹配点的定距桨混合动力系统技术及应用	中国船舶重工集团公司第七一一研究所、上海港复兴船务有限公司
2011023	中型高速发动机排放升级开发及应用	潍柴动力股份有限公司
2011024	油电混合动力专用发动机关键技术及产业化	潍柴动力股份有限公司、西安交通大学
2011032	发动机密封关键技术及应用	潍柴动力股份有限公司
2011038	牵引车用柴油机可靠及节能关键技术与应用	潍柴动力股份有限公司
2011039	可靠节能舒适农业装备动力关键技术开发与产业化	潍柴动力股份有限公司

（续）

项目编号	项目名称	完成单位
2011041	船用大功率中速柴油机开发及产业化	潍柴重机股份有限公司
2011045	混合动力总成台架试验系统	南通常测机电设备有限公司
2011047	500kW 高氢炼化尾气发电机组	淄博淄柴新能源有限公司
2011048	转台式双工位发动机在线冷试关键技术与装备	上海华依科技集团股份有限公司
2012002	机械外挤压锁紧套选配方法及应用	山西航天清华装备有限责任公司
2012004	一种工字环槽测量工装	西安陕鼓动力股份有限公司
2012008	DHT400 混动变速器 A 样机壳体快速试制技术	中国第一汽车股份有限公司研发总院
2012011	模具裕度和稳定性提升项目	一汽－大众汽车有限公司
2012013	新技术研发解决冷金属过渡焊道焊偏问题	一汽－大众汽车有限公司
2012016	超大型蓄能项目底环铺焊设备研发及应用	哈尔滨电机厂有限责任公司
2012021	降低薄厚板对接及薄壁大箱型结构反馈率	徐州重型机械有限公司
2012024	灭弧室装配关键技术研究及应用	平高集团有限公司
2012032	一种管束冷却器脉冲式清洗技术	一汽奔腾轿车有限公司
2012034	铸造专用磨制试样机设计开发	安徽合力股份有限公司合肥铸锻厂
2013004	高耗能环境试验设备能效测试系列国家标准及外文版研制与应用	机械工业仪器仪表综合技术经济研究所、广东产品质量监督检验研究院、中国质量认证中心、广州五所环境仪器有限公司、杭州雪中炭恒温技术有限公司
2013009	YE4、TYE4、YZTE4 等系列超超高效率电动机标准	上海电机系统节能工程技术研究中心有限公司、山东华力电机集团股份有限公司、广东省东莞电机有限公司、浙江江潮电机实业有限公司、佳木斯电机股份有限公司
2013012	《锤上钢质自由锻件　复杂程度分类及折合系数》（GB/T 33216—2016）	中机第一设计研究院有限公司、兰州兰石集团有限公司铸锻分公司、北京机电研究所有限公司、湖北三环锻造有限公司
2013016	《无动力厌氧生物滤池法餐饮业污水处理器》（标准号 JB/T 12914—2016）	宁波丽景环保科技有限公司、绍兴市质量技术监督检测院、宜兴市产品质量和食品安全检验检测中心、华汇工程设计集团股份有限公司
2013017	《机械安全　危险能量控制方法　上锁/挂牌》（标准号 GB/T 33579—2017）	苏州澳昆智能机器人技术有限公司、皮尔磁工业自动化（上海）有限公司、立宏安全设备工程（上海）有限公司、中机生产力促进中心、南京林业大学光机电仪工程研究所
2013022	《板坯连铸机》系列标准（J B/T 12938.1 ～ 4—2016）	中国重型机械研究院股份公司※
2013027	《机械安全　安全设计与精益制造指南》（标准号 GB/T 33940—2017）	福建省闽旋科技股份有限公司、机械科学研究总院集团有限公司、南京林业大学光机电仪工程研究所、华测检测认证集团股份有限公司、广东汇兴精工智造有限公司

（续）

项目编号	项目名称	完成单位
2013032	《充电电气系统与设备安全导则》（GB/T 33587—2017）	机械工业北京电工技术经济研究所、上海电动工具研究所（集团）有限公司、上海电器设备检测所有限公司、苏州电器科学研究院股份有限公司、威凯检测技术有限公司※
2013034	甲醇汽车推广应用适应性评估及重大政策研究	中国内燃机工业协会、天津大学、中国汽车技术研究中心有限公司、浙江吉利控股集团有限公司、中国石油和化学工业联合会醇醚燃料及醇醚清洁汽车专业委员会
2013037	GB/T 34928—2017、GB/T 34929—2017 两项国家标准	大力电工襄阳股份有限公司、机械工业北京电工技术经济研究所、上海雷诺尔科技股份有限公司、万洲电气股份有限公司、大禹电器科技股份有限公司
2013038	ISO 5288：2017《同步带传动 术语》	中机生产力促进中心、无锡市贝尔特胶带有限公司、宁波凯驰胶带有限公司、浙江三星胶带有限公司、宁波伏龙同步带有限公司
2013045	新能源汽车产业化推进措施研究及应用	中国汽车技术研究中心有限公司
2013050	基于国际互认的机电产品检测能力信息规范化、管理研究与应用	中国合格评定国家认可中心、中国机械工业联合会
2013051	SF_6气体绝缘装备放电特性研究、系列检测装置研发及工程应用	广东电网有限责任公司广州供电局、中国电器科学研究院股份有限公司※、上海华爱色谱分析技术有限公司、上海交通大学、北京兴泰学成仪器有限公司
2013058	机器人测评关键技术研究及应用	上海电器科学研究所（集团）有限公司、上海电器科学研究院、上海大学、上海电器设备检测所有限公司、上海添唯认证技术有限公司
2013066	高压开关设备型式试验导则系列标准（NB/T 42099—2016、NB/T 42138—2017 等）	西安高压电器研究院有限责任公司
2014001	《有限元法基本原理及应用》（第二版）	常州工学院、常州大学
2014005	《汽车车身噪声与振动控制》	重庆长安汽车股份有限公司、机械工业出版社
2015006	新型轮式拖拉机智能制造新模式应用	中国一拖集团有限公司※、厦门大学、国机智能科技有限公司※、机械工业第四设计研究院有限公司、一拖（洛阳）开创装备科技有限公司
2015008	燃气计量表智能制造数字化车间系统集成及应用	中国船舶重工集团公司第七一六研究所
2015010	增材制造用材料与设备的产业化技术开发及其应用	上海材料研究所、中国航发上海商用航空发动机制造有限责任公司、广东汉邦激光科技有限公司、上海交通大学医学院附属第九人民医院、上海产业技术研究院
2015011	航空标准件数字化拣选配送系统的研制与应用	成都飞机工业（集团）有限责任公司、成都联星微电子股份有限公司、成都师范学院
2015014	配电网状态感知、故障自愈及清洁能源接入控制关键技术与应用	广西电网有限责任公司电力科学研究院、广西电网有限责任公司南宁供电局、广西大学、南方电网科学研究院有限责任公司、广东电网有限责任公司电力科学研究院

（续）

项目编号	项目名称	完成单位
2015016	电力设备巡检诊断与操控机器人关键技术研究及示范应用	天津理工大学、天津市三源电力设备制造有限公司、国网天津市电力公司、天津中德应用技术大学
2015023	燃气计量表智能制造关键工艺装备及系统	中船重工鹏力（南京）智能装备系统有限公司
2015027	基于工业互联网的大型机电设备预测性维护关键技术研究与应用	山东科大机电科技股份有限公司、山东科技大学、苏州德姆斯信息技术有限公司
2015034	基于热水器（壁挂炉）柔性制造的机器人自动化包装生产线	佛山隆深机器人有限公司
2015037	汽车供应链质量风险智能预警系统的开发与应用	上汽通用五菱汽车股份有限公司
2015042	面向复杂环境的提升系统智能感知与监控关键技术及应用	重庆理工大学、重庆邮电大学、重庆市特种设备检测研究院、怡达快速电梯有限公司、重庆红岩建设机械制造有限责任公司
2015045	面向新能源汽车智慧型电控系统关键技术研发及产业化	中国汽车技术研究中心有限公司、中汽研(天津)汽车工程研究院有限公司
2015052	特种移动探测与作业机器人关键技术与应用	山东省科学院自动化研究所
2015054	“互联网+”煤机装备数字化设计平台与知识库系统	太原理工大学、太重煤机有限公司、山西煤矿机械制造股份有限公司

注：标※为国机集团下属单位。

〔来源：中国机械工业联合会网站〕

第九篇

企业风采

树立国机之品牌 展示企业之风采

中国机械设备工程股份有限公司

China Machinery Engineering Corporation

中国机械设备工程股份有限公司（简称中设集团），成立于1978年，是我国早期成立的工贸公司，是世界500强企业中国机械工业集团有限公司的核心子公司。

历经40多年发展，中设集团已经成为一家以工程承包和产业开发业务为核心，融合贸易、设计、勘察、物流、研发等全产业链支撑的大型、国际化、综合性企业集团，能够提供区域综合开发及各种类型工程项目的前期规划、设计、投资、融资、建设、运营、维护等“一站式”定制化解决方案。

中设集团打造了以工程承包、贸易与服务、设计咨询、投资和资产运营以及新兴业务组成的“4+x”业务组合，并以“一带一路”沿线国家和国内重点区域为主要市场，积极服务“双循环”新发展格局的构建，在国内外市场均有亮眼业绩。

作为“一带一路”倡议的先行者，中设集团业务遍布160多个国家和地区，在近60个国家和地区拥有海外工程项目业绩，设立了9个海外区域中心和100多个海外派驻机构，并在继续加大区域化、属地化建设，以深度掌控全球产业链供应链、服务构建双循环。

在国内市场，中设集团在京津冀、粤港澳大湾区、长三角、长江经济带、黄河流域、海南自贸区等国家区域协调发展重点领域，均有开发和建设项目。

中巴经济走廊旗舰项目

巴基斯坦塔尔煤矿及电站项目

新能源项目

阿联酋艾尔达芙拉PV2太阳能电站项目

肯尼亚基佩托风电项目

乌克兰尼科波尔光伏电站项目

巴基斯坦NJ水电项目

鲁班奖项目

获得鲁班奖的安哥拉SOYO I联合循环电站项目

获得鲁班奖的白俄罗斯别列佐夫42.7万kW联合循环电站项目

获得鲁班奖的土耳其EREN(1+1)600MW超临界燃煤机组电站项目

中工国际工程股份有限公司
CHINA CAMC ENGINEERING CO., LTD.

中工国际工程股份有限公司（简称中工国际）于2001年5月22日正式挂牌成立，于2006年6月19日在深圳证券交易所成功上市。

伴随着经济全球化的步伐和我国改革开放进程，中工国际不断发展壮大。中工国际聚焦工程承包、设计咨询、高端装备研发与制造、投资运营、贸易物流五大业务板块，为客户提供勘察设计、规划咨询、融资投资、设备供应或采购、施工、运营维护等综合服务。不仅具有大型复杂工程项目的总包能力，同时还拥有代表中国医疗建筑高水平的设计及工程公司，和我国起重运输机械行业综合技术实力领先的高科技型企业。

20年来，中工国际积极践行“走出去”战略和“一带一路”倡议，努力服务京津冀协同发展、粤港澳大湾区建设、海南自贸区建设等国家区域战略。秉承“以客户需求为核心、以价值创造者为本”的经营理念，努力成为技工贸一体化、投建营全价值链发展的国际化工程服务商。

玻利维亚乌尤尼35t/a钾盐制造厂项目

横琴口岸及综合交通枢纽开发工程项目

斯里兰卡延河农业灌溉项目

可可托海滑雪场脱挂索道项目

孟加拉帕德玛水厂项目

中白工业园北京大街标志性建筑——园区合资公司办公楼和A区标准厂房

中国福马机械集团有限公司是中国专用设备研发、制造、销售的大型企业，是中国林业机械协会的会长单位。中国福马以“动力装备、林业装备、工程与贸易”为三大主业，形成了汽油机及配套机械、柴油机及配套机械、新能源动力及配套机械、人造板机械、造纸机械、森林种植采伐机械、机电产品贸易与工程总承包等七大业务板块。中国福马积累了小动力机械、摩托车制造及人造板机械制造几十年的生产经营经验，生产制造的各类人造板机械产品处于国内先进地位，是全国大型摩托车发动机定点生产企业和摩托车上目录企业，公司产品处于国内领先水平，多次被中国质量协会用户委员会认定为“全国用户满意产品”。产品出口到美国、加拿大、日本、德国、东南亚等130多个国家和地区，享有较高市场声誉。

中国福马机械集团有限公司
CHINA FOMA(GROUP)CO.,LTD.

地址：北京市朝阳区安苑路20号世纪兴源大厦　邮政编码：100029
电话：010-84898622　传真：010-84898421　网址：www.chinafoma.com

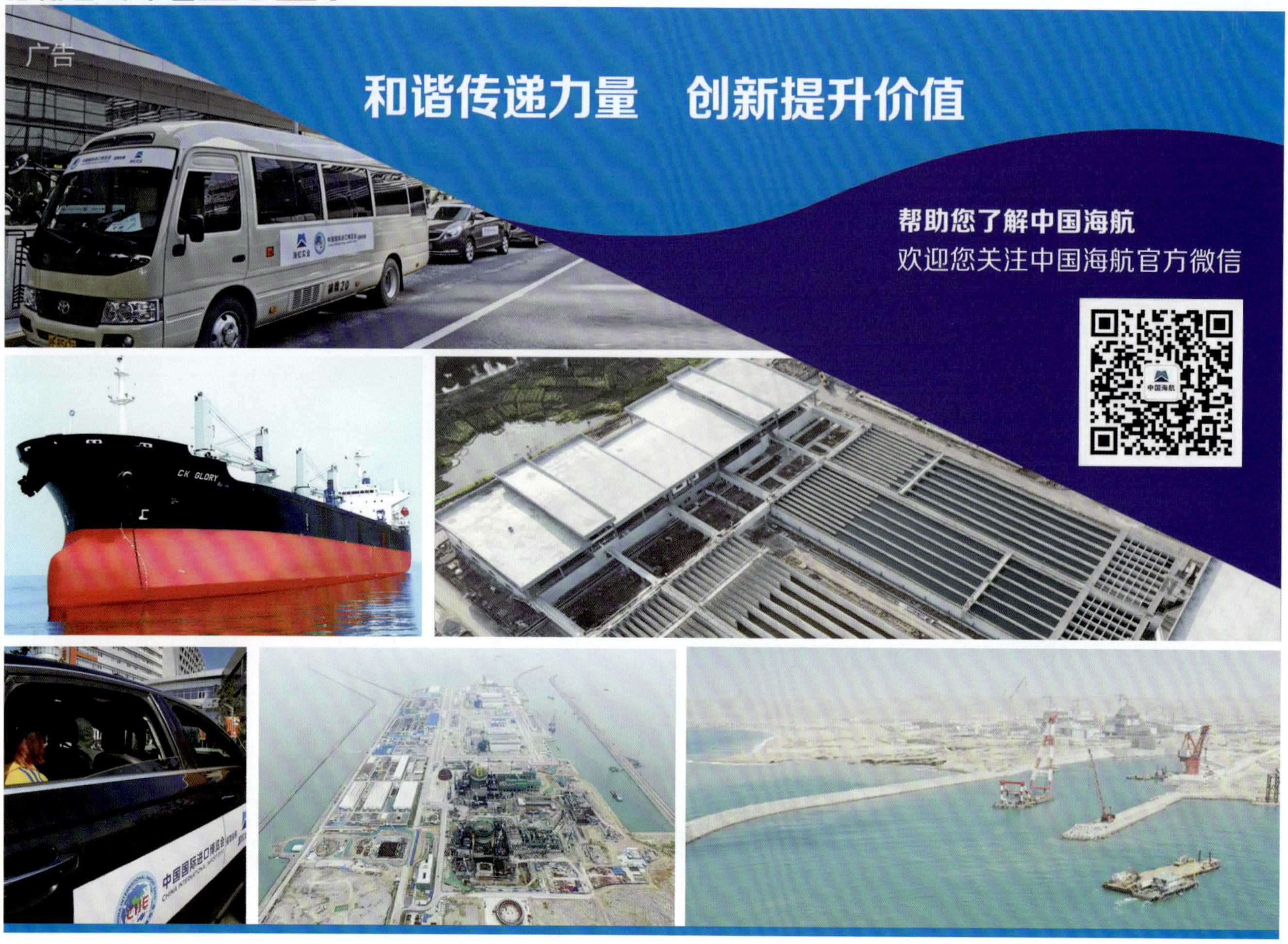

中国海洋航空集团有限公司（简称中国海航）的前身是1985年组建成立的中国海洋航空公司，现为世界500强企业——中国机械工业集团有限公司的全资二级子公司，总部设在北京，子公司及分支机构主要分布于大连、秦皇岛、北京、青岛、苏州、上海、巢湖、重庆、宁波、厦门、广州、海口和三亚等地区，多数单位分布在沿海地区。

中国海航的业务领域涉及工程承包、医药健康、国际贸易、文化旅游、航运物流、置业管理等。工程承包领域，拥有港口与航道、建筑和市政施工总承包、钢结构工程专业承包等6个壹级资质及8个贰级资质，承建了大量的港口、码头、机场、道路、桥梁、核电水工、地下洞库、工业与民用建筑等工程建设任务，获多项中国建筑工程鲁班奖、国家优质工程金奖，特别是在核电水工领域处于国内领先地位。医药健康领域拥有两家医药生产和一家医药流通企业，25项医药研发专利，三类医疗器械生产资质和三类医疗器械经营资质。国际贸易领域业务范围辐射亚洲、非洲、拉丁美洲和欧洲等多个地区。在文化旅游服务领域具有境内外旅行社业务经营许可，并具备酒店、餐饮、食品、城市客运和汽车租赁服务等特营资质。航运物流领域，拥有多种类型船舶组成的运输船队，可为中外客户承运油料、粮食等各种商品；参股的航空公司下属上市企业——中信海洋直升机股份公司，拥有亚洲大型的直升机队，可为海洋石油勘探开发和各类应急救援提供直升机专业飞行服务。在置业管理服务领域，拥有房地产开发及物业服务二级资质及分布在沿海城市的多处物业及数十家宾馆。

中国海航秉承“合力同行，创新共赢”的企业理念，致力于“严，和，实”企业文化建设，矢志打造成为“国内一流、国际知名的工程承包商和综合性服务企业集团”，竭力为社会和客户提供精品工程和优质服务。

地址：北京市丰台区南四环路128号诺德中心2号楼10层
邮编：100070　电话：010-83921899
传真：010-83921898　网址：www.coagi.com.cn

中国自控系统工程有限公司
China CACS Engineering Corporation

甘肃会展中心

青岛港二期、三期油码头

北京大兴国际机场航空油料工程

巴西500kV亚马逊河大跨越输电工程

淄博市妇幼保健院新院区

巴基斯坦Zephyr 50MW风力发电项目

中国自控系统工程有限公司（简称中国自控）前身是成立于1980年的原国家机械工业部门直属的中国自动化控制系统总公司，现隶属于中国机械工业集团有限公司，是以工程承包为核心业务，集贸易、研发以及技术服务为一体的国有独资公司。

中国自控自成立以来，完成工程承包、设备成套、进出口贸易、软件开发、技术服务等国内外项目数千余项，市场遍及亚洲、非洲、美洲等100多个国家和地区，业务范围涵盖输变电工程、新能源与环境工程、自动化工程、智能建筑工程、安防工程及信息系统集成等，业务领域涉及交通、石化、建材、电力、市政、信息处理与应用、智能制造和智慧工业。其工程业绩曾多次荣获国家各类奖项及省市级各类奖项。

地址：北京市朝阳区团结湖北路2号　电话：010-65823388　邮编：100026　传真：010-65821616

国机资产管理有限公司
SINOMACH CAPITAL MANAGEMENT CORPORATION

公司简介

国机资产管理有限公司（简称国机资产）成立于2011年1月26日，是中国机械工业集团有限公司（简称国机集团）的全资子公司，为国机集团的资产管理战略平台，是一家以资产处置、资产运营、资产投资为核心业务的专业化综合性资产管理公司。

国机资产根据国有经济结构布局战略性调整要求，围绕国企改革重组总体部署，坚持市场化、企业化运作原则，积极服务国机集团内部改革发展，主动寻求外部市场机会，有效地促进资产流转和资本流动，参与新兴产业孵化培育，广泛开展专业化的资产管理与运营。

秉承“创新、责任、共赢”的核心价值观，贯彻创新、协调、绿色、开放、共享的新发展理念，积极探索资产管理新方法、新模式，以服务国机集团战略所需为主题，以提升能力建设为主线，以改革激发活力为根本动力，致力于打造“央企一流资产管理公司”。

2020年1月16日，国机集团党委书记、董事长张晓仑，人力资源部（党委组织部）部长秦汉军，团委书记冯雪峰一行赴国机资产所属国机西南大厦开展工作调研

2020年2月18日，国机集团党委常委、纪委书记雷光华到国机资产监督检查新冠肺炎疫情防控和复工复产工作。集团纪委办公室副主任曹建红陪同检查

2020年5月22日，国机资产与中原资产管理有限公司签署战略合作协议

国机资产北京置业工体西里小区防控岗被朝阳区授予“防疫先锋岗”称号

2020年8月13日，国机集团总经理、党委副书记吴永杰到国机资产进行调研

2020年9月30日，国机西南大厦成功点亮国机集团主品牌形象，为“点亮国机”接力行动交出答卷，为庆祝新中国成立71周年献礼

2020年11月12日，国机资产国机时代置业（北京）有限公司赵飞荣获“国机集团抗击疫情先进个人”称号

2020年12月，国机集团授予国机资产管理有限公司2020年度“亏损企业治理奖”（左）国机资产管理有限公司获得北京产权交易所颁发的优质服务奖”（中）国机资产管理有限公司获得上海联合产权交易所颁发的资本运营金奖（右）

联系电话 010－65802288
地址：北京市西城区广安门外大街178号11、12层
邮编：100055 传真：010-65802010
http://www.sino-capital.com.cn

公司简介 Company Profile

国机集团科学技术研究院有限公司（简称国机研究院）成立于2010年，是国机集团向“创新型国机”迈进的战略部署，是国机集团重要的科技子集团，以及增强集团整体技术创新能力的重要创新主体。

国机研究院始终秉持以科技创新助力国机集团进入世界一流企业的建设目标，充分发挥“国家需求对接、科技资源整合、核心技术研发、高端人才聚集、体制机制改革、科技服务/咨询”六大平台功能，围绕“关键基础材料、先进基础制造工艺、核心基础零部件/元器件、质量技术基础、基础工业软件”等领域，聚焦“关键基础材料、重要元器件、高端装备、智能制造、科技服务”等主业，积极实现在“国家科技项目、国家平台建设、关键核心技术、国家科技奖励、高层次人才/创新团队、经济规模/盈利能力、体制机制和行业影响力”八个方面的突破，对标国内外知名研发机构，紧盯国家战略需求，瞄准关键核心技术特别是“卡脖子”“短板”问题，加强创新资源整合，加深产业业务融合，加大科技研发投入，加快科技成果转化，综合实力不断增强。

国机研究院积极推进科技创新体系建设，现有国家工程（技术）中心3个，国家重点实验室1个，国家企业技术中心1个，国家地方联合工程实验室1个，博士后工作站2个，国家和行业生产力促进中心各1个，行业质检中心10个（其中国家中心6个），国际标委会1个，全国标准化委员会7个，行业标委会2个，各类省部级科研平台30余个。

截至2020年年底，国机研究院资产总额达到36.5亿元，实现主营业务收入20亿元。员工总数2115人，其中，中国科学院院士1人，中国工程院院士2人，国家百千万人才3人，各类领军人才30人，享受政府特殊津贴36人，正高级职称101人。

广告

国机资本控股有限公司
Sinomach Capital Holdings Co., Ltd.

国机资本控股有限公司成立于2015年8月，是由国机集团联合部分所属企业及建信（北京）投资基金管理有限责任公司等19家股东单位共同发起设立，注册资本23.7亿元。

国机资本是在全球经济深度调整、科技与产业急速变革的大背景下，根据国家产业转型升级的改革思路和国机集团整体发展的战略需要，为完善产业布局、优化配置资源而成立的专业化资本运作平台和金融服务平台。国机资本将依托国机集团丰富的产业资源和雄厚的科研实力，秉承市场化的商业原则，以提高投资收益与效率为首任，广泛开展专业化的资本运作。坚持“以退为进，进退并重”的投资理念，努力成为发现和创造价值、实现效益增长的行业领军企业。

http://www.sinomach-capital.com

国机融资租赁有限公司
Sinomach Financial Leasing Co., Ltd.

国机商业保理有限公司
Sinomach Commercial Factoring Co., Ltd.

国机融资租赁有限公司（简称国机租赁）是中国机械工业集团有限公司（简称国机集团）在产融投资板块打造的融资租赁平台，2018 年 5 月在天津市自贸区东疆港区成立，注册资本金约 2.14 亿美元，其中，国机集团持股 92.53%。

国机商业保理有限公司（简称国机保理）是国机集团所属的商业保理平台，2020 年 12 月在北京市通州区成立，注册资本金为 5 亿元，是国机集团全资子公司。

国机租赁和国机保理（简称公司）依托国机集团的产业资源优势，以良好的品牌、风险管控和信用状况与多家银行、金融机构等建立战略合作关系，注重打造专业化的人才团队和“融资、融物、融智，融合、融汇、融通”的服务理念，塑造公司的核心竞争力。除服务于国机集团内企业外，公司积极贯彻落实“乡村振兴”“碳达峰、碳中和”等国家战略，积极助力国机集团打造农业机械、纺织机械等装备供应链“链长”，稳步开展设备设施、工程贸易等融资租赁及商业保理业务，为客户提供全方位、专业化、多元化的金融服务。

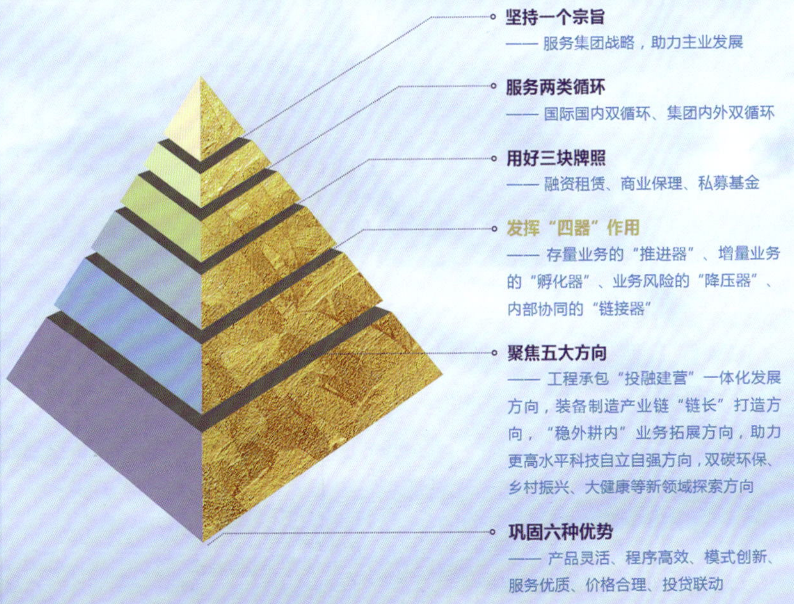

坚持一个宗旨
—— 服务集团战略，助力主业发展

服务两类循环
—— 国际国内双循环、集团内外双循环

用好三块牌照
—— 融资租赁、商业保理、私募基金

发挥“四器”作用
—— 存量业务的“推进器”、增量业务的“孵化器”、业务风险的“降压器”、内部协同的“链接器”

聚焦五大方向
—— 工程承包“投融建营”一体化发展方向，装备制造产业链“链长”打造方向，“稳外耕内”业务拓展方向，助力更高水平科技自立自强方向，双碳环保、乡村振兴、大健康等新领域探索方向

巩固六种优势
—— 产品灵活、程序高效、模式创新、服务优质、价格合理、投贷联动

推进器
大型丙烷脱氢二期扩建项目 
服务单位：国机重装、苏美达

孵化器 
顺义 26.88MW农村分布式户用光伏项目
服务单位：CMEC、国机资本

降压器 
PTHY3 万锭纺纱设备项目
服务单位：恒天（经纬纺机）

连接器 
年产万吨级铸铁管及管件项目
服务单位：苏美达、中机六院、国机铸锻

地址：北京市西城区广安门外大街 178 号
邮编：100055
电话：010-63328801
邮箱：gjzl@sinomach-leasing.com

100t垃圾熔融裂解处理装备

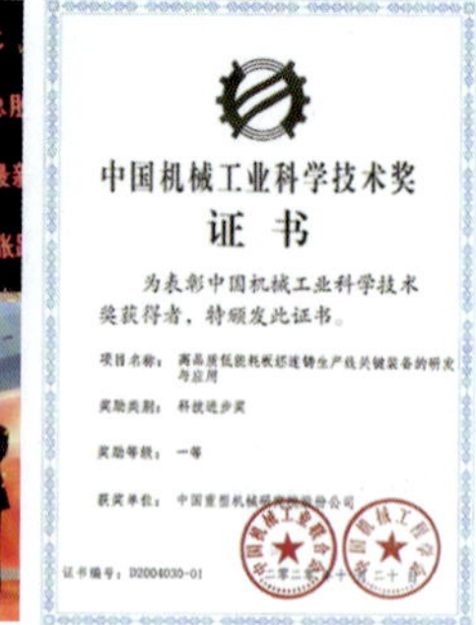

2020年6月8日，国机重装成功登陆上交所主板

二重装备成功研制出“华龙一号”试验台泵壳

二重装备成功研制300兆瓦级F级燃机超纯净钢压气机轮盘锻件

二重装备成功研制白鹤滩水电机组上冠

万航模锻成功研制C919后机身Y型连接锻件

中国重机200MW柬埔寨重油、天然气双燃料电厂工程

中国重机200MW柬埔寨重油、天然气双燃料电厂工程

无人驾驶
LF1104
LF2204

中国一拖集团有限公司
YTO GROUP CORPORATION

广告

广告

中国联合工程有限公司是以原机械工业第二设计研究院为核心，联合多家国家甲级勘察设计单位组建的大型科技型工程公司，隶属于中央大型企业集团、世界500强企业 —— 中国机械工业集团有限公司，总部设在杭州。

中国联合现有员工6000多人，专业技术人员占95%以上。曾在我公司工作过的中国工程院、中国科学院院士7人，全国工程勘察设计大师8人，现在职全国工程勘察设计大师1人、“新世纪百千万人才工程”国家人选1人、享受政府特殊津贴专家92人、具有高级技术职称的专家1635人（含正高级工程师176名），具有各类国家注册工程技术人员1900人次。具有美国项目管理专业协会（PMI）认证项目管理专业人士（PMP）80人。

公司具有工程设计综合甲级资质；具有多个行业的工程咨询甲级资质和工程造价咨询甲级资质；具有城乡规划编制甲级资质；具有工程勘察专业类（岩土工程）甲级资质；具有施工图审查、压力管道等专项设计资质；具有建筑工程施工总承包壹级、工程监理综合资质；具有直接对外经营权。是浙江省工程总承包试点企业、全过程工程咨询试点企业。

作为我国早期组建的国家大型综合性设计单位， 经过近七十年的纵横驰骋和市场竞争的风雨磨砺，公司服务领域早已从单一的机械行业扩展到建筑、电力、规划、市政等二十多个行业。服务方式也从工程设计向前后延伸到工程咨询、勘察、规划、建设监理、项目管理、项目代建、建筑施工、采购、试车、工程总承包和全过程工程咨询等。公司为适应我国勘察设计业改革与发展新形势，不断调整业务结构，在继续做精做强设计咨询业务的同时，积极开拓工程总承包、项目管理和项目代建业务，大力提升EPC总承包和全过程工程咨询服务能力，积极参与国际竞争。

多年来，公司遵循“与顾客共同创造价值”的经营理念和“设计精湛，构筑经典，超越期望，追求卓越；生态和谐，节能降耗，绿色环保，创新发展；安全第一，预防为主，以人为本，综合治理”的管理方针，完成了20000多项工程；主编、参编国家、地方和行业标准、规范100余项；获得国家科技进步奖28项（一等奖2项）、国家各类工程技术奖100多项、各类省部级奖1000多项。

公司连年被授予“重合同守信用”企业称号，获得AAA企业信用评定等级。在建设领域的全国一万多家勘察设计单位综合实力和营业收入排名中，连年进入百强榜，2020年公司位列第11位；在美国《工程新闻记录杂志》ENR对中国工程设计企业60强的排名中，连年位于榜单前列。

公司将凭借强大的综合优势，竭诚为国内外业主提供各类工程建设全方位，全过程服务。

浙江美术馆

杭州国际会议中心

杭州来福士广场

阿里巴巴西溪园区

超速动平衡实验室

三峡水电站大型水轮机转轮整体热处理炉

印度尼西亚T.J.AWAR煤电厂

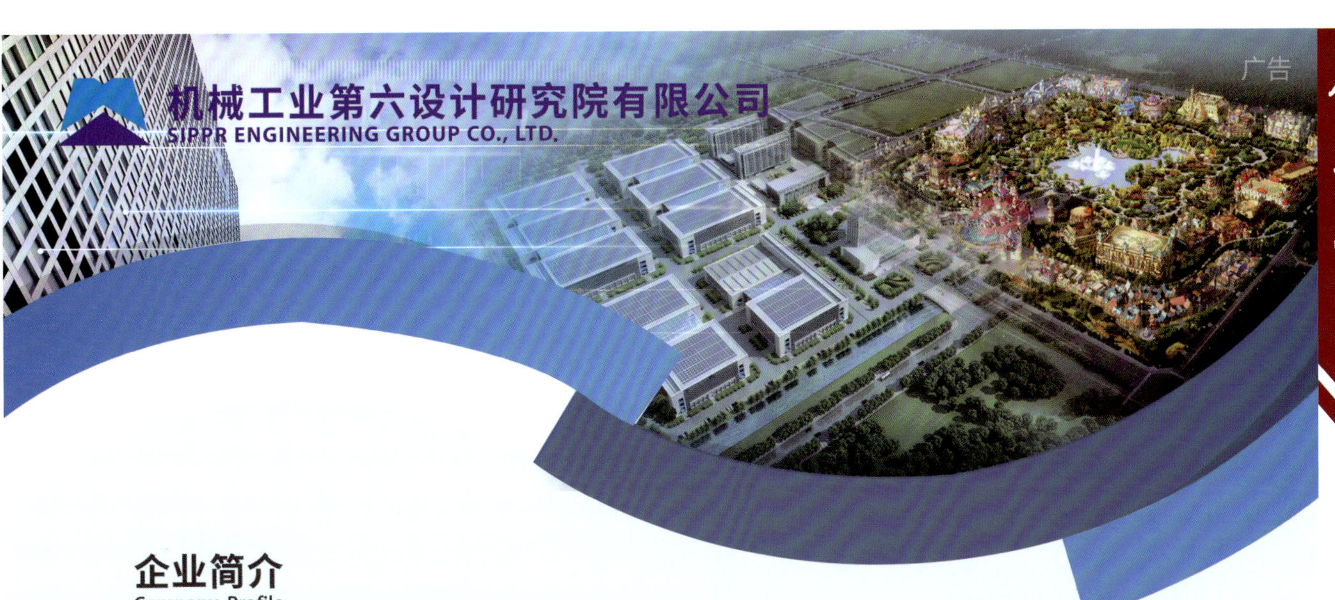

企业简介
Company Profile

机械工业第六设计研究院有限公司（以下简称中机六院）创建于1951年，隶属中央直管国有重要骨干企业、世界500强企业集团——中国机械工业集团有限公司。

中机六院拥有中国工程院院士1人、中国工程设计大师1人、河南省勘察设计大师3人、享受政府特殊津贴专家24人、研究员级高级工程师88人、高级工程师689人，以及各类国家注册工程师1309人次。

中机六院拥有全国工程设计综合甲级资质、工程监理综合资质、建筑工程施工总承包一级资质和建筑智能化设计甲级资质、工程造价咨询甲级等专业资质；具有国家商务部门援外设计、援外监理等资格。业务涵盖工业、民用与市政工程等领域，项目遍布全国各省、自治区、直辖市和世界70个国家与地区。

70年来，中机六院完成大中型工程项目20000余项；先后牵头或参与国家绿色与智能制造重大科技专项40余项；主编、参编国家和行业标准、规范62项；荣获中国土木工程创新奖詹天佑奖2项，国家科技进步奖6项，国家优秀工程设计金、银、铜奖10项，鲁班奖及国家优质工程奖37项，各类省部级奖800余项；获得国家授权专利282项，其中发明专利18项，软件著作权登记255项。

中机六院是国内机床工具与无机非金属行业专业设计院，是国内烟草、铸造、煤炭机械、石化机械、风电机械、重矿机械、工程机械、轨道交通装备、农业机械等行业和领域的设计强院。在智能与信息化、智能工厂、绿色建筑、大型工厂和园区规划、企业生产流程再造、高难度结构、暖通空调、工业除尘、大型公用建筑、市政和环境工程等方面具有国内先进的工程技术。

中机六院建有绿色建筑信息模型化国家地方联合工程实验室、博士后科研工作站、河南省绿色与智能工程技术诊断院士工作站、河南省工厂数字化建造工程技术研究中心等7个科研平台，在工业与信息化深度融合、绿色与数字化技术应用方面走在同行前列。近年来牵头负责或承担了20项国家重大科研项目，进一步巩固和提升了公司在绿色、智能制造等领域的技术优势。

中机六院秉承“敢为人先，永争一流”的企业精神，竭力“打造国内一流的绿色与智能工程服务商”，为客户提供工程建设领域的全过程、全方位服务，为社会、客户、员工创造更大价值！

中国陶瓷电商物流园全过程工程咨询项目

援塞拉利昂国家体育场维修项目

太行水镇景观工程

电话：0371-67606888/67606088/67606087　网址：www.sippr.cn
地址：河南省郑州市中原西路126号　邮编：450007

广告

国机精工股份有限公司

SINOMACH Precision Industry Co.,Ltd.

股票代码：国机精工002046

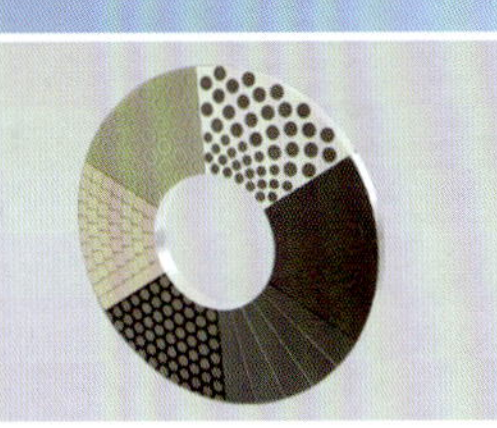

主营业务领域

- 轴承
- 磨料磨具
- 精密工具
- 贸易与服务

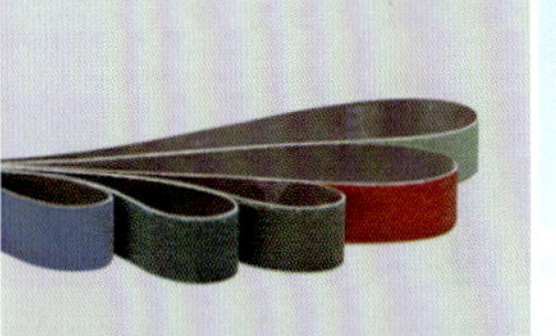

愿景

世界一流的精密制造服务商

国机精工股份有限公司（简称国机精工），前身为洛阳轴研科技股份有限公司，2020年12月完成更名，是涵盖轴承、磨料磨具、精密工具、贸易与服务等领域的多元化、国际化的科技型、创新型企业。

主要应用范围

航空航天、汽车与轨道交通、能源环保、船舶兵器、机床工具、石油化工、电子、冶金、建筑等国民经济重要产业。

主要成员企业

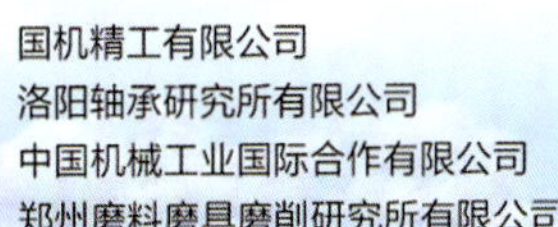

国机精工有限公司
洛阳轴承研究所有限公司
中国机械工业国际合作有限公司
郑州磨料磨具磨削研究所有限公司
白鸽磨料磨具有限公司
成都工具研究所有限公司
国机精工（伊川）新材料有限公司
河南爱锐科技有限公司

广告

中国电器科学研究院股份有限公司(简称中国电研，CEI）始建于1958年，隶属于中国机械工业集团有限公司，是集科技研发、科技服务和科技产业为一体的国家创新型企业。2019年成功登陆上交所科创板（股票代码688128）。

中国电研深耕电器产品环境适应性研究，致力于提升电器及相关产品质量技术，围绕电器及相关行业技术标准、检测评价、制造装备、防护材料等关键技术领域开展科学研究，形成质量技术服务、智能装备、环保涂料及树脂三大业务，提供电器产品质量提升整体解决方案，是国内领先的电器行业专业技术服务商。

公司建有工业产品环境适应性国家重点实验室、国家技术标准创新基地（家用电器及电器附件国际标准化）、国家日用电器质量监督检验中心、国家智能汽车零部件质量监督检验中心等12个国家科技研发和技术服务平台，15个IEC国际标准对接平台和11个国家标准平台，是我国电器行业接轨国际、提高国际话语权的重要支撑平台，国内电器领域领先的应用型研究机构和技术创新平台。

质量技术服务

集基础研究、标准化、检测、认证、检验、计量、能力验证及质量提升延伸服务（实验室技术服务、培训等）的权威第三方质量技术服务品牌。服务领域覆盖智能家居、智能汽车、5G通信、智能装备、医疗健康、消费用品、轨道交通等行业。

中国强制性产品认证指定认证机构及指定实验室，IECEE CB体系国家认证机构（NCB），也是中国首批CB试验室（CBTL）之一。

智能装备

家电智能工厂解决方案：智能制造与试验装备、定制化零部件、家电智能装配生产线、智能涂装线、智能专机设备、家电智能检测系统、环境试验设备和试验室。

励磁装备与新能源电池自动检测系统：电站电网设备、大功率电源设备新能源设备。

公司入选智能制造系统解决方案供应商推荐目录。

环保涂料及树脂

材料领域：粉末涂料、聚酯树脂、水性涂料，聚酯树脂产品源于国家“863”计划科研成果，国内知名的环保涂料制造商，多个产品获评“广东省名牌产品”“中国粉末涂料十大特色产品”等殊荣。

汽车铝轮毂粉末涂料、卷钢高速彩涂粉末涂料技术，铝型材粉末涂料用聚酯树脂、不含有机锡环保聚酯树脂以及功能性聚酯树脂等技术引领行业技术发展。

地址：广东省广州市海珠区新港西路204号 电话：020-89050853 邮编：510300 网址：www.cei1958.com

企业简介

起源：始建于1959年，中苏合作框架协议的一部分，原名“广州热带机床研究所”，原机械工业部门直属的一类研究机构、国家机械行业技术归口单位。致力于机械基础元件、基础制造工艺、基础材料的研究和应用。

转制：1999年7月转制为科技型企业进入国机集团。2011年改制更名为广州机械科学研究院有限公司。具有深厚的技术底蕴和较高的行业认可。

转型：2015年12月25日，国机集团以广州机械科学研究院有限公司为主体，与广州市政府部门共同投资成立国机智能；2016年苏州电加工及北智院重组进入国机智能。致力于成为国机集团智能制造板块的旗舰企业和国内智能行业的领头羊。

主责主业

三基业务

- 密封业务
- 润滑业务
- 液压业务

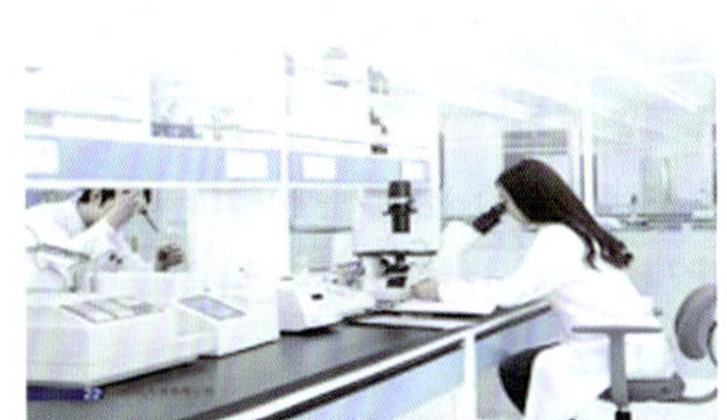

检测业务

- 油液检测
- 汽车零部件检测

智能业务

- 机器人关键核心零部件及智能装备（含智能特种加工机床）
- 系统集成解决方案（智能工厂）
- 智能远程运维

产业布局

广州总部及研发检测基地

广州黄埔智能装备研发中心

北京国机智能研发基地

广州黄埔永和生产基地

广州黄埔智能装备价值创新园

苏州国机智能研发及产业基地

国家荣誉

国机智能科技有限公司
SINOMACH Intelligence Technology Co., Ltd.
电话：020-32387859　网址:www.sinomach-it.com
地址：广东省广州市黄埔区科学城新瑞路2号（510535）